Andreas Hilger (Hrsg.)
Die Sowjetunion und die Dritte Welt

Schriftenreihe der Vierteljahrshefte für Zeitgeschichte
Band 99

Im Auftrag des
Instituts für Zeitgeschichte München – Berlin
herausgegeben von

Helmut Altrichter   Horst Möller
Hans-Peter Schwarz   Andreas Wirsching

Redaktion:
Johannes Hürter und Jürgen Zarusky

Die Sowjetunion und die Dritte Welt

UdSSR, Staatssozialismus
und Antikolonialismus im Kalten Krieg
1945–1991

Herausgegeben von

Andreas Hilger

R. Oldenbourg Verlag München 2009

Bibliografische Information der Deutschen Nationalbibliothek

Die Deutsche Nationalbibliothek verzeichnet diese Publikation in der Deutschen Nationalbibliografie; detaillierte bibliografische Daten sind im Internet über <http://dnb.d-nb.de> abrufbar.

© 2009 Oldenbourg Wissenschaftsverlag GmbH, München
Rosenheimer Straße 145, D - 81671 München
Internet: oldenbourg.de

Das Werk einschließlich aller Abbildungen ist urheberrechtlich geschützt. Jede Verwertung außerhalb der Grenzen des Urheberrechtsgesetzes ist ohne Zustimmung des Verlages unzulässig und strafbar. Dies gilt insbesondere für Vervielfältigungen, Übersetzungen, Mikroverfilmungen und die Einspeicherung und Bearbeitung in elektronischen Systemen.

Umschlagentwurf: Thomas Rein, München und Daniel Johnson, Hamburg
Umschlagabbildung: Indira Gandhi und Leonid Breschnew bei dessen Staatsbesuch in Indien, 26. November 1973; Archiv der Zeitschrift „Rodina"

Gedruckt auf säurefreiem, alterungsbeständigem Papier (chlorfrei gebleicht).

Satz: Typodata GmbH, München
Druck: Grafik + Druck GmbH, München
Bindung: Thomas Buchbinderei GmbH, Augsburg

ISBN 978-3-486-59153-8
ISSN 0506-9408

Inhalt

Andreas Hilger
Sowjetunion, Staatssozialismus und Dritte Welt, 1945–1991
Einleitung **7**

Wiebke Bachmann
Tel Aviv, 1948: Nationale Interessen und sowjetischer „Antiimperialismus" **19**

Céline Marangé
Genf, 1954: Zwischen Ideologie und Realpolitik
Die Rolle des sozialistischen Lagers auf der Genfer Indochina-
Friedenskonferenz **39**

Elizabeth Bishop
Assuan, 1959: Sowjetische Entwicklungspolitik –
die Perspektive der „Gender-History"........................ **67**

Rossen Djagalov und Christine Evans
Moskau, 1960: Wie man sich eine sowjetische Freundschaft
mit der Dritten Welt vorstellte **83**

Il'ja V. Gajduk
New York, 1960: Die Sowjetunion und die dekolonialisierte Welt
auf der Fünfzehnten Sitzung der UN-Vollversammlung **107**

Ragna Boden
Jakarta, 1965: Zur Rolle kommunistischer Parteien in der Dritten Welt ... **121**

Galia Golan
Sinai, 1967: Die sowjetische Politik und der arabisch-israelische Krieg ... **143**

Christopher Andrew und Kristian Gustafson
Santiago de Chile, 1970: Der Kalte Krieg im Südkegel – der KGB in Chile **165**

Hari Vasudevan
New Delhi, 1971: Der indisch-sowjetische Vertrag und seine Bedeutung
Die Perspektive der bilateralen Wirtschaftsbeziehungen **181**

Bernd Schäfer
Phnom Penh/Saigon, 1975: Vietnamesisch-kambodschanische und
chinesisch-sowjetische Machtkonkurrenz in Südostasien **201**

Ulrich van der Heyden
Soweto, 1976: Die Südafrika-Politik der DDR **219**

Radoslav Yordanov
Addis Abeba, 1977: Brüderliche Militärhilfe und globale militärische
Strategie
Die sowjetische Verwicklung in den Konflikt zwischen Äthiopien
und Somalia **239**

Bernhard Chiari
Kabul, 1979: Militärische Intervention und das Scheitern der
sowjetischen Dritte-Welt-Politik in Afghanistan **259**

Abkürzungen **281**

Autoren dieses Bandes **287**

Personenregister **291**

Andreas Hilger
Sowjetunion, Staatssozialismus und Dritte Welt, 1945–1991

Einleitung

I

Nach dem teuer erkauften Sieg im Zweiten Weltkrieg stellte sich Stalin die Aufgabe, sowjetische Sicherheit und Weltgeltung zu bewahren und auszubauen.[1] In diesem doppelten Kontext gewannen Unabhängigkeitsbestrebungen in Asien besondere Bedeutung für die Abwehr des „imperialistischen Weltmachtstrebens" der USA durch das „anti-imperialistische und demokratische Lager" unter sowjetischer Führung.[2] Ždanovs berühmte Zweiteilung der Welt verortete Indonesien und Vietnam „nahe" der sozialistischen Gruppe, während Indien, Ägypten und Syrien in sowjetischen Augen mit ihr „sympathisierten".[3] Bekanntlich hielten Stalin und seine Nachfolger auf lange Sicht an der weltrevolutionären Perspektive fest, und so nahm sich die UdSSR unter Chruščev (unter deutlicher Rückbesinnung auf Lenin[4]) mit neuem Elan der Aufbruchbewegung[5] in verschiedenen Regionen der südlichen Erdhalbkugel an. Das Parteiprogramm der KPdSU von Oktober 1961 wies der „revolutionäre[n] Kraft" der „junge[n] souveräne[n] Staaten" eine wichtige Rolle in der globalen Auseinandersetzung zwischen „Imperialismus" und Sozialismus zu.[6] Unter Brežnev schließlich sollte die Präsenz der Sowjetunion in der sogenannten – und zunehmend auch von sozialistischer Seite so bezeichneten[7] – Dritten Welt ihren Höhepunkt erreichen, um sich im Rahmen der internationalen Umbauarbeiten Gorbačevs deutlich zu

---

[1] Grundlegend hier Vladislav M. Zubok, A Failed Empire. The Soviet Union in the Cold War from Stalin to Gorbachev, Chapel Hill 2007; Geoffrey Roberts, Stalin's Wars. From World War to Cold War, 1939–1953, New Haven 2006; Melvyn P. Leffler, For the Soul of Mankind. The United States, the Soviet Union, and the Cold War, New York 2007; Vladislav Zubok/Constantine Pleshakov, Inside the Kremlin's Cold War: from Stalin to Khrushchev, Cambridge 1996; Aleksandr Fursenko/Timothy Naftali, Khrushchev's Cold War: the Inside Story of an American Adversary, New York 2006.
[2] Zum sowjetischen Sprachgebrauch vgl. Stefan Wiederkehr, „Weltherrschaftsstreben des Imperialismus" statt „Kalter Krieg": Vom Ende des Zweiten Weltkriegs bis zum Tode Stalins (1945–1953), in: Forum für osteuropäische Ideen- und Zeitgeschichte 7 (2003), H. 1, S. 53–83.
[3] Rede Andrej A. Ždanovs auf der VI. Sitzung der Gründungskonferenz der Kominform am 25.9.1947, in: Giuliano Procacci (Hrsg.), The Cominform. Minutes of the Three Conferences 1947/1948/1949, Mailand 1994, S. 219–227.
[4] Vgl. u. a. die Neuausgabe V. I. Lenin, The National Liberation Movement in the East, Moskau 1957.
[5] Eindringlich beschrieben von Vijay Prashad, The Darker Nations. A People's History of the Third World, London 2007. Daneben Dietmar Rothermund, Delhi, 15. August 1947. Das Ende kolonialer Herrschaft, München 1998.
[6] Programm der Kommunistischen Partei der Sowjetunion. Beschlossen vom XXII. Parteitag der KPdSU am 31. Oktober 1961, Moskau 1962, S. 52–60, Zitat S. 53.
[7] Zum sowjetischen Sprachgebrauch vgl. Ragna Boden, Die Grenzen der Weltmacht. Sowjetische Indonesienpolitik von Stalin bis Brežnev, Stuttgart 2006, S. 99f. Allgemein siehe B. R. Tomlinson, What Was the Third World?, in: Journal of Contemporary History 38 (2003), S. 307–321; Ulrich Menzel, Das Ende der Dritten Welt und das Scheitern der großen Theorie, Frankfurt a. M. 1992. Die ideologische Terminologie sowjetischer Beobachter wird beispielhaft erläutert in: Karen Brutenz, Die befreiten Länder in der Welt von heute, Berlin 1981; Geschichte der sowjetischen Außenpolitik 1945 bis 1970, hrsg. von B. N. Ponomarev u. a., Frankfurt a. M. 1971.

verringern;[8] doch auch der letzte Generalsekretär der KPdSU zählte die „Entwicklungsländer" zu den „realen Verbündeten" beziehungsweise Aktivposten der Sowjetunion gegenüber den USA.[9]

Schon dieser knappe Abriss verdeutlicht, dass die Moskauer Politik ihre Beziehungen zur Dritten Welt nach 1945[10] kontinuierlich im Kontext der System- und Machtkonkurrenz mit sogenannten imperialistisch-kapitalistischen Staaten bewertete. Von daher war es naheliegend, dass zeithistorische sowie, weitaus intensiver, politologische Untersuchungen im Kalten Krieg dieser Problematik besondere Aufmerksamkeit widmeten. Nach dessen Ende infolge des Zusammenbruchs des realsozialistischen Lagers wurden solche Forschungen – mit einer gewissen Folgerichtigkeit – weitgehend eingestellt.[11] Daher blieben die für die Erforschung der sowjetischen Kontakte zur Dritten Welt durch die Öffnung der Moskauer (und anderer osteuropäischer bzw. asiatischer) Archive ab Ende der 1980er Jahre entstandenen neuen Möglichkeiten weitgehend ungenutzt, sieht man von Untersuchungen zu Brennpunkten des Kalten Kriegs ab.[12] Darüber hinaus wurden programmatische Neuerungen der Geschichte der Internationalen Beziehungen, die sich aus den Überlegungen einer New Cold War History, allgemeinen Debatten um Erweiterung und Erneuerung der Geschichte internationaler Beziehungen sowie einer post-kolonialen Theorienlandschaft ergaben, anfangs weder für sowjetische noch für sozialistische Außenbeziehungen zur

---

[8] W. Raymond Duncan/Carolyn McGiffert, Moscow and the Third World under Gorbachev, Boulder 1990; Roger E. Kanet (Hrsg.), The Soviet Union, Eastern Europe and the Third World, Cambridge 1987; Alvin Z. Rubinstein, Moscow's Third World Strategy, Princeton 1988.

[9] Unterredung Honecker mit Gorbačev am 20.4.1986 in Berlin, in: Daniel Küchenmeister (Hrsg.), Honecker – Gorbatschow. Vieraugengespräche, Berlin 1993, S. 78-105, Zitat S. 96; Rede Gorbačevs auf der Tagung der Außenminister des Warschauer Pakts am 25.3.1987, Stiftung Archiv Parteien und Massenorganisationen der DDR im Bundesarchiv (SAPMO), DY 30/11742.

[10] Die Vorkriegsgeschichte stand vorrangig unter dem Signum der Komintern, deren Erforschung mittlerweile eine beeindruckende Bandbreite aufweist. Vgl. etwa Sobhanlal Datta Gupta, Comintern and the Destiny of Communism in India, 1919-1943: Dialectics of Real and a Possible History, Kalkutta 2006; Komintern i Latinskaja Amerika. Sbornik dokumentov, hrsg. von N. P. Kalmykov u. a., Moskau 1998. Projekte und Tendenzen dokumentiert der jährliche International Newsletter of Communist Studies, http://www.mzes.uni-mannheim.de/projekte/incs/ (Zugriff 15.1.2009; auch gedruckt als Anlage zum Jahrbuch für Historische Kommunismusforschung).

[11] Als Bilanz lesen sich Stephan Merl, Entstalinisierung, Reformen und Wettlauf der Systeme 1953-1964, in: Stefan Plaggenborg (Hrsg.), Handbuch der Geschichte Russlands, Bd. 5: 1945-1991. Vom Ende des Zweiten Weltkriegs bis zum Zusammenbruch der Sowjetunion, Lieferung 3-4, Stuttgart 2002, S. 175-318, hier S. 304-308, sowie Stefan Plaggenborg, „Entwickelter Sozialismus" und Supermacht 1964-1985, in: Ebenda, Lieferung 5-6, Stuttgart 2002, S. 319-517, hier S. 462-470.

[12] Prominente Beispiele sind Aleksandr Fursenko/Timothy Naftali, „One hell of a gamble". Khrushchev, Castro, and Kennedy, 1958-1964, New York 1997; Natalia I. Yegorova, The „Iran Crisis" of 1945-1946: A View from the Russian Archives, Washington 1996; Ilya V. Gaiduk, The Soviet Union and the Vietnam War, Chicago 1996; Kathryn Weathersby, „Should we fear this?" Stalin and the Danger of War with America, Washington 2002. In den 1990er Jahren setzte zudem die Publikation wichtiger Quelleneditionen und aussagekräftiger Memoiren ein: Rossija i Afrika. Dokumenty i materialy XVIII v. – 1960 g., 2 Bde., Moskau 1999; Rossija – Kuba 1902-2002. Dokumenty imaterialy, Moskau 2004; Rossija – Ekvador 1945-2005. Dokumenty i materialy, Moskau 2005; Bliznevostočnyj konflikt 1947-1956. Iz dokumentov archiva vnešnej politiki Rossijskoj Federacii, 2 Bde., Moskau 2003; Prezidium CK KPSS 1954-1964, 3 Bde., Moskau 2003-2008; Nikita S. Chruščev, Vremja, ljudi, vlast'. Vospominanija. 4 Bde., Moskau 1999; Karen N. Brutenc, Tridcat' let na Staroj ploščadi, Moskau 1998; M. S. Kapica, Na raznych paralleljach. Zapiski diplomata, Moskau 1996; Oleg Trojanovskij, Čerez gody i rasstojanija, Moskau 1997. Im gegebenen Zusammenhang weitgehend unergiebig: Anastas I. Mikojan, Mikojan, Tak bylo. Razmyšlenija o minuvšem, Moskau 1999.

Dritten Welt nach 1945 überhaupt fruchtbar gemacht;[13] ein Blick auf die Forschungslandschaft zum westlichen Pendant genügte, um die Chancen derartig erweiterter Ansätze erahnen zu lassen.[14]

Erst in jüngster Zeit deutet sich eine Rückbesinnung der Forschung auf die Thematik an, deren Relevanz für das Verständnis globaler Entwicklungen und Konstellationen auf der Hand liegt.[15] Dabei weisen die neueren Arbeiten[16] im Kern die methodische und thematische Auffächerung auf, die sich mittlerweile für die gesamte Forschung über die Außenbeziehungen der UdSSR (und ihrer Verbündeten) nach 1945 konstatieren lässt.[17]

Die Verbindung der Ost-Süd-Beziehungen mit dem Ost-West-Konflikt bleibt ein wichtiger Schwerpunkt.[18] In diesem Bereich haben aktengestützte Analysen, die kontinuierlich an regionaler Dichte gewinnen, das Eigengewicht der sogenannten Peripherie eindeutiger herausgearbeitet, als es in Debatten bis Ende der 1980er Jahre möglich war.[19] Derartige

---

[13] U.a. Odd Arne Westad (Hrsg.), Reviewing the Cold War. Approaches, Interpretations, Theory, London 2000; Jenseits des Eurozentrismus. Postkoloniale Perspektiven in den Geschichts- und Kulturwissenschaften, hrsg. von Sebastian Conrad u.a., Frankfurt a. M. 2002; Internationale Geschichte. Themen, Ergebnisse, Aussichten, hrsg. von Wilfried Loth u.a., München 2000; Globalgeschichte. Theorien, Ansätze, Themen, hrsg. von Sebastian Conrad u.a., Frankfurt a. M. 2007; Johannes Paulmann (Hrsg.), Auswärtige Repräsentationen. Deutsche Kulturdiplomatie nach 1945, Köln 2005; Jessica C. E. Gienow-Hecht/Frank Schumacher (Hrsg.), Culture and International History, New York 2003; Transnationale Geschichte. Themen, Tendenzen und Theorien, hrsg. von Gunilla Budde, Sebastian Conrad und Oliver Janz, Göttingen 2006.
[14] Exemplarische Demonstration des Ungleichgewichts: Bernd Greiner (Hrsg.), Heiße Kriege im Kalten Krieg, Hamburg 2006; Themenheft von Archiv für Sozialgeschichte, 48 (2008): Dekolonisation 1945–1990. Exemplarisch für erweiterte Forschungen über West-Süd-Beziehungen im gegebenen Kontext u.a.: Andrew Rotter, Comrades at Odds. The United States and India, 1947–1964, Ithaca 2000; Staging Growth: Modernization, Development, and the Global Cold War, hrsg. von David Engerman u.a., Amherst 2003.
[15] Programmatisch Odd Arne Westad, The Global Cold War. Third World Interventions and the Making of Our Times, Cambridge 2007. Weiterhin Themenheft von Outre-mers. Revue d'histoire, 94 (2007), Nr. 354–355: L'URSS et le Sud. Vgl. bereits Geir Lundestad, East, West, North, South: Major Developments in International Politics since 1945, Oxford ⁴1999.
[16] Hier ist kein vollständiger Forschungsbericht angestrebt, sondern es werden schwerpunktmäßig ausgewählte Arbeiten angeführt.
[17] Tobias Rupprecht, Die Sowjetunion und die Welt im Kalten Krieg. Neue Forschungsperspektiven auf eine vermeintlich hermetisch abgeschottete Gesellschaft, in: Jahrbücher für Geschichte Osteuropas, 2009 – in Vorbereitung. Ich möchte Herrn Rupprecht hier herzlich für die Überlassung des Manuskripts danken! Vgl. ferner Nikolaus Katzer, Ideologie und Pragmatismus in der sowjetischen Außenpolitik, in: Aus Politik und Zeitgeschichte, Nr. 1-2, 2009, S. 3–10.
[18] Vgl. hierzu generell die Aktivitäten des Cold War International History Projects mit seinen Bulletins und Working Papers: http://www.wilsoncenter.org/index.cfm?fuseaction=topics.home&topic_id=1409.
[19] U.a. Czeslaw Tubilewicz, Taiwan and the Soviet Union during the Cold War: Enemies or Ambiguous Friends?, in: Cold War History 5 (2005), S. 75–86; Michael Share, The Soviet Union, Hong Kong, and the Cold War, 1945–1970, Washington 2003; Maxim Matusevich, No Easy Row for a Russian Hoe: Ideology and Pragmatism in Nigerian-Soviet Relations, 1960–1991, Trenton 2003; S. V. Mazov, Politika SSSR v Zapadnoj Afrike 1956–1964. Neizvestnye stranicy istorii cholodnoj vojny, Moskau 2008; Christopher Andrew/Vasili Mitrokhin, The World Was Going Our Way: the KGB and the Battle for the Third World, New York 2005; Aleksandr Lyakhovskiy, Inside the Soviet Invasion of Afghanistan and the Seizure of Kabul, December 1979, Washington 2007; Jesse Ferris, Soviet Support for Egypt's Intervention in Yemen, 1962–1963, in: Journal of Cold War Studies 10 (2008), No. 4, S. 5–36; Sergei Mazov, The USSR and the Former Italian Colonies, 1945–50, in: Cold War History 3 (2003), S. 49–78; Sergei Mazov, Soviet Aid to the Gizenga Government in the Former Belgian Congo (1960–61) as Reflected in Russian Archives, in: Cold War History 7 (2007), S. 425–437; Boden, Die Grenzen; Dima P. Adamsky, „Zero-Hour for the Bears": Inquiring into the Soviet Decision to Intervene in the Egyptian-Israeli Cold

Untersuchungen zeigen die deutlichen Grenzen auf, die Länder der Dritten Welt gerade den ab 1945 wirkungsmächtigen ideologischen Erwartungshaltungen wie geostrategischen Erwägungen der Moskauer Führung zogen.[20] Daneben kristallisieren sich Handlungsspielraum und Selbständigkeit vermeintlicher „Stellvertreter" der sozialistischen Supermacht und eigene Agenden ihrer direkten Bundesgenossen immer deutlicher heraus;[21] zudem spielten ehrgeizige Akteure sowjetischer Teilrepubliken zumindest in der frühen Nachkriegszeit eine Rolle für die bilateralen Beziehungen des Gesamtstaats.[22] Bewegten sich ihre Aktivitäten letztlich im Akzeptanz- bzw. Hegemonierahmen der Moskauer Vorstellungen, so stellten die offenen Friktionen innerhalb der sozialistischen Bruderschaft die globale Ausstrahlungs- und Wirkungskraft des von der UdSSR und ihrem Umfeld vertretenen Sozialismus grundsätzlicher in Frage.[23]

Eine zweite Stoßrichtung aktueller Analysen greift kulturgeschichtliche Erweiterungen nun auch für die Wechselbeziehungen zwischen Süd und Ost auf – sie erschöpften sich keineswegs in staatlichen Interaktionen.[24] Über das Verständnis des Ost-West-Konflikts als

War of Attrition, 1969–70, in: Cold War History 6 (2006), S. 113-136; The Soviet Union and the June 1967 Six Day War, hrsg. von Yaacov Ro'I und Boris Morozov, Washington 2008; Mervyn J. Bain, Soviet-Cuban Relations 1985 to 1991: Changing Perceptions in Moscow and Havana, Lanham 2007; Vladimir Shubin, The Hot „Cold War". The USSR in Southern Africa, London 2008.

[20] Zur frühen Relevanz ideologischer Überlegungen vgl. Larisa M. Efimova, Stalin and the Revival of the Communist Party of Indonesia, in: Cold War History 5 (2005), S. 107-120; Indo-Soviet Relations: New Russian Evidence, hrsg. von Andreas Hilger u.a., Februar 2009, http://www.php.isn.ethz.ch/collections/colltopic.cfm?lng=en&id=56154 (Zugriff vom 24.7.2009); Andreas Hilger, Revolutionsideologie, Systemkonkurrenz oder Entwicklungspolitik? Sowjetisch-indische Wirtschaftsbeziehungen in Chruschtschows Kaltem Krieg, in: Archiv für Sozialgeschichte 48 (2008), S. 389-410.

[21] U.a. Piero Gleijeses, Moscow's Proxy? Cuba and Africa 1975-1988, in: Journal of Cold War Studies 8 (2006), No. 4, S. 98-146; Johannes H. Voigt, Die Indienpolitik der DDR. Von den Anfängen bis zur Anerkennung (1952-1972), Köln 2008; Jordan Baev (Hrsg.), Bulgaria and the Middle East Conflict during the Cold War Years, CD-ROM, Washington 2006; Guy Laron, Cutting the Gordian Knot: the Post-WW II Egyptian Quest for Arms and the 1955 Czechoslovak Arms Deal, Washington 2007; Ulf Engel/Hans-Georg Schleicher, Die beiden deutschen Staaten in Afrika. Zwischen Konkurrenz und Koexistenz 1949–1990, Hamburg 1998; Shu Guang Zhang, Constructing „Peaceful Coexistence": China's Diplomacy toward the Geneva and Bandung Conferences, 1954–55, in: Cold War History 7 (2007), S. 509-528; Sergey S. Radchenko, The Soviets' Best Friend in Asia: the Mongolian Dimension of the Sino-Soviet Split, Washington 2003; Bernd Schaefer, North Korean „Adventurism" and China's Long Shadow, 1966–1972, Washington 2004; Klaus Storkmann, „Aktive Solidarität"? Akteure und Motive des politischen Entscheidungsprozesses zu Militärhilfen der DDR für die sogenannte Dritte Welt, in: Zeitschrift des Forschungsverbundes SED-Staat (2008), Nr. 24, S. 131-153.

[22] Jamil Hasanli, At the Dawn of the Cold War. The Soviet-American Crisis over Iranian Azerbaijan, 1941-1946, Lanham 2006.

[23] U. a. Lorenz M. Lüthi, The Sino-Soviet Split. Cold War in the Communist World, Princeton 2008; The Third Indochina War. Conflict between China, Vietnam and Cambodia, 1972-1979, hrsg. von Odd Arne Westad und Sophie Quinn-Judge, London 2006; Mari Olsen, Soviet-Vietnam Relations and the Role of China, 1949–64. Changing Alliances, London 2006; Yinghong Cheng, Sino-Cuban Relations during the Early Years of the Castro Regime, 1959-1966, in: Journal of Cold War Studies 9 (2007), No. 3, S. 78-114; Chen Jian, The Tibetan Rebellion of 1959 and China's Changing Relations with India and the Soviet Union, in: Journal of Cold War Studies 8 (2006), No. 3, S. 51-101; Pierre Asselin, Choosing Peace. Hanoi and the Geneva Agreement on Vietnam, 1954–1955, in: Journal of Cold War Studies 9 (2007), No. 2, S. 95-126.

[24] Zu entsprechenden Untersuchungsansätzen sowjetischer Außenbeziehungen allgemein vgl. Jan C. Behrends, Erfundene Freundschaft. Propaganda für die Sowjetunion in Polen und in der DDR, Köln 2006; David Caute, The Dancer Defects. The Struggle for Cultural Supremacy during the Cold War, Oxford 2003; Patryk Babiracki, Imperial Heresies: Polish Students in the Soviet Union, 1948-1957, in:

Konkurrenzangebot von Ideologien und Lebensentwürfen an die Dritte Welt hinaus werden hier bislang – vielfach anhand afrikanischer Beispiele – Interaktionen sozialistischer Akteure im weitesten Sinne mit Bürgern der Dritten Welt, korrespondierende Fremd- und Selbstbilder, Erfahrungsprozesse und Zuschreibungen sowie Rückwirkungen internationaler Verbindungen aller Ebenen auf Gesellschaft, Kultur und Individuen des sogenannten Ostblocks und ihrer Gegenüber diskutiert.[25] Insgesamt erfasst die Aufbruchstimmung die verschiedenen Regionen, Perioden, Methoden und Themenfelder noch recht ungleichmäßig. Vor diesem Hintergrund ist es geboten, Ansätze und Fokussierungen der recht versprengten internationalen Forschung zusammenzuführen, um Erkenntnisse und Perspektiven zu bestimmen. Der vorliegende Sammelband zielt somit auf eine Vermessung des Forschungsfelds, die sich nicht auf die Vermittlung vorhandener Ergebnisse beschränkt. Vielmehr werden anhand der ausgewählten Fallstudien relevante Problemfelder und Dimensionen der Beziehungen sozialistischer Staaten zur Dritten Welt benannt sowie weiße Flecken der Forschung ausgewiesen und damit weitere Arbeiten angeregt.

Die ausgewählten Fallstudien sind nach dem Vorbild früherer analytischer Zugriffe auf epochale Themen[26] chronologisch entlang herausragender Ereignisjahre und -orte organisiert, die sich als Kristallisationspunkte (als Kulmination, Ausdruck oder Auftakt) relevanter Beziehungsstränge und -ebenen darstellen. Dabei wurde Wert darauf gelegt, die Multidimensionalität und regionale Vielfalt sozialistischer Aktivitäten mit ihren entsprechenden langfristigen Verschiebungen in den Blick zu nehmen. In ihrer Gesamtheit leisten die Untersuchungen die gebotene Erweiterung der Analyse der Beziehungen zwischen UdSSR und Dritter Welt um die wichtige Dimension des „sozialistischen Weltsystems" – mitsamt seiner „Abweichungen". Sie bereiten in der Analyse inhärenter Konfliktlinien die ganze thematische sowie methodische Bandbreite des Forschungsfelds auf; die vielfältigen aktuellen Forschungsrichtungen und -schwerpunkte ergänzen sich dabei gewinnbringend. Angesichts dieser übergeordneten Zielsetzung und eingedenk des begrenzten zur Verfügung stehenden Raums wurde bewusst darauf verzichtet, alle traditionell „prominenten" Ereig-

---

Ab Imperio 4 (2007), S. 199-235; Sovetskoe zazerkal'e. Inostrannych turizm v SSSR v 1930-1980-e gody, Moskau 2007; Themenheft von Kritika, 9 (2008), Nr. 4: Passing through the Iron Curtain; Themenheft von Osteuropa, 58 (2008), Nr. 3: Transfergeschichte(n). Peripherie und Zentrum in Europa; Tobias Rupprecht, Socialist InterNationalism. Envisioning and Experiencing National and Internationalism in the Soviet Union, Tagungsbericht, Humboldt-Universität zu Berlin, 10.-11. 7. 2008, in: http://hsozkult.geschichte.hu-berlin.de/tagungsberichte/id=2224&sort=datum&order=down&search=Maike+Lehmann (Zugriff 13. 1. 2009).
[25] Themenheft von Cahiers du monde russe, 47 (2006), Nr. 1-2: Repenser le Dégel. Versions du socialisme, influences internationales et société soviétique; Maxim Matusevich (Hrsg.), Africa in Russia, Russia in Africa. Three Centuries of Encounters, Trenton 2007; Hubertus Büchel, In Afrika helfen. Akteure westdeutscher „Entwicklungshilfe" und ostdeutscher „Solidarität" 1955-1975, in: Archiv für Sozialgeschichte 48 (2008), S. 333-365; Charles Quist-Adade, In the Shadows of the Kremlin and the White House. Africa's Media Image from Communism to Post-communism, Lanham 2001; Payal Banerjee, Chinese Indians in Fire: Refractions of Ethnicity, Gender, Sexuality and Citizenship in Postcolonial India's Memories of the Sino-Indian War, in: China Report 43 (2007), S. 437-463; Martha Vogel, Roter Teufel – mächtiger mugāhid. Widerstandsbilder im sowjetisch-afghanischen Krieg 1979-1989, Wien 2008; Ben Fowkes/Bülent Gökay, Unholy Alliance: Muslims and Communists – an Introduction, in: Journal of Communist Studies and Transition Politics 25 (2009), S. 1-31.
[26] 20 Tage im 20. Jahrhundert, hrsg. von Norbert Frei u. a., München 1997-2004; Tage deutscher Geschichte im 20. Jahrhundert, hrsg. von Dirk Blasius und Wilfried Loth, Göttingen 2006.

nisse des Kalten Kriegs in der Dritten Welt (wie den Koreakrieg oder die Kubakrise)[27] zu berücksichtigen.

II

Wiebke Bachmann wirft am Beispiel der sowjetisch-palästinensischen Beziehungen der Kriegs- und Nachkriegsjahre Kernfragen auf, die für die Diskussion sowjetischer Diplomatie im Spannungsfeld von Dekolonisation und Ost-West-Konflikt von bleibender Bedeutung sind: sie stellt zutreffend den enormen Einfluss regionaler, d. h. arabischer wie jüdischer Interessen und Entwicklungen sowohl auf Konzeption als auch auf Ausgestaltung der sowjetischen Palästina-Politik heraus. Die Frage nach dem Gewicht ideologischer beziehungsweise strategischer Antriebsmomente von Moskauer Entscheidungen wird um das dynamische Wechselverhältnis zwischen Außenbeziehungen und innergesellschaftlichen Prozessen der UdSSR erweitert. Erst dieses komplexe Zusammenspiel erklärt sowohl die frühe Anerkennung Israels als auch den bald darauf folgenden Abbruch der Beziehungen durch Stalins Sowjetunion.

Im Anschluss demonstriert *Céline Marangé* am Beispiel der Genfer Indochina-Konferenz die Internationalisierung des Blickfelds der sozialistischen Diplomatie, wie sie sich aus den Parallelprozessen von chinesischem Aufstieg, anhaltenden Dekolonisationsprozessen in Asien und der post-stalinistischen Neupositionierung Moskaus ergab. Verlauf und Ergebnisse der Konferenz verweisen einerseits auf das Spannungsverhältnis zwischen dem internationalistischen Anspruch sozialistischer Staaten und ihren nationalen Schwerpunktsetzungen, zum anderen auf das Konfliktpotential, das sich aus der Teilkongruenz sozialistischer und nationalistischer Anti-Kolonialismen ergab. Die Antagonismen konnten durch Gegensätze zwischen „europäischen" und „asiatischen" Orientierungen noch verschärft werden, die über Diplomatie und Strategie hinaus ethnische und kulturelle Dimensionen in sich bargen.

Der Aufsatz von *Elizabeth Bishop* führt diese kulturgeschichtliche Perspektive am Beispiel sowjetisch-ägyptischer Bindungen in die Gesamtbetrachtung ein. Die sowjetische Unterstützung für den Bau des Assuan-Staudammes war nicht nur ein entwicklungspolitisches Großereignis. Die Planungs- und Bauarbeiten brachten im Rahmen offizieller Kampagnen zugleich neue, häufig genug erste direkte Kontakte sowjetischer „Spezialisten" mit den fremden – nicht-sozialistischen – Freunden mit sich. Eine Beschreibung individueller Begegnungs- und Erfahrungshorizonte erfordert neue Zugänge und ermöglicht eigene Akzentsetzungen: Indem Bishop Erfahrungen des Moskauer Jugendfestivals (1957) mit Maßstäben der „männlichen" Welt sowjetischer Auslandshilfe in Beziehung setzt, entwickelt sie eine *gender history* des Kalten Kriegs. Ins Allgemeine gewendet, thematisiert diese auch die Interdependenz von Fremderfahrung und Selbstbild in sozialistischen Auslandsprojekten.

Djagalov und Evans nehmen diese Aspekte für den Bildungssektor als einem prägenden Kernbereich internationaler und -kultureller Relationen auf. Die 1960 in Moskau gegründete „Universität der Völkerfreundschaft" (1961 nach dem ermordeten Ministerpräsidenten des Kongo, Patrice Lumumba, benannt) war offizielles Symbol für die sowjetische Bereitschaft, „jungen" Gesellschaften zu helfen – und sie anzuleiten. Studenten der Dritten

---

[27] Den Stand der Forschung geben hier wieder: Rolf Steininger, Der vergessene Krieg. Korea 1950–1953, München 2006; Fursenko/Naftali, Khrushchev's Cold War.

Welt sahen sich indes in Moskau - wie an anderen Hochschulorten der UdSSR - nicht nur mit unerwarteten rassistischen Vorurteilen und neuer Bevormundung konfrontiert. Der Alltag stellte Versprechungen oder Hoffnungen der Gastgeber und Gäste auf ein solidarisches, angenehmes Leben in Frage, und die zwiespältigen Erfahrungen unterstrichen die Überforderung der sowjetischen Beziehungen zur Dritten Welt mit einer Vielzahl inkompatibler Aufgaben.

Das ebenso ambitionierte wie ambivalente sowjetische Sendungsbewusstsein zeigte sich auch in der offiziellen Diplomatie Chruščevs. Sein internationaler Aktionismus drückte sich 1960 auch in der denkwürdigen Teilnahme an den Debatten der Fünfzehnten UN-Vollversammlung aus. Der tatsächliche Lenker der sowjetischen Außenpolitik ging von einer quasi natürlichen Allianz zwischen Zweiter und Dritter Welt aus: diese Annahme manifestierte sich im Entwurf einer Resolution, die zur sofortigen weltweiten Entkolonialisierung aufrief. Auch der Vorschlag zur Reorganisation des Generalsekretariats der Vereinten Nationen in eine Trojka-Struktur setzte das Einverständnis asiatischer, afrikanischer und lateinamerikanischer Nationen voraus. *Il'ja Gajduks* präzise Analyse sowjetischer Entscheidungsprozesse betont die besondere Relevanz der Persönlichkeit des Ersten Sekretärs in den sowjetischen Außenbeziehungen.

Doch nicht nur Chruščev unterschätzte deutlich das Gewicht von Eigeninteressen innerhalb der Dritten Welt. Vertreter der post-kolonialen Länder hatten sich ihrerseits auf Gefahren und Chancen, die eine differenzierte sozialistische Staatengemeinschaft mit sich brachte, einzustellen. Besonders das sowjetisch-chinesische Verhältnis beeinflusste zunehmend die Ost-Süd-Beziehungen, und zwar nicht nur auf staatlicher Ebene. Aufgrund der staatlich-parteiamtlichen Doppelstruktur internationaler sozialistischer Kontakte dienen die Aktivitäten kommunistischer Parteien als zusätzlicher Sensor für internationale Verschiebungen. Ausgehend vom Beispiel der indonesischen Kommunistischen Partei (PKI), beschreibt *Ragna Boden* Möglichkeiten und Grenzen transnationaler kommunistischer Parteiarbeit unter den Bedingungen von Ost-West-Konflikt, chinesisch-sowjetischem Schisma sowie innergesellschaftlichen Auseinandersetzungen zwischen kommunistischen, nicht- und anti-kommunistischen Kräften. Die Doppelgleisigkeit der sowjetischen Außenbeziehungen erwies sich vor dem Hintergrund des kontinuierlichen Wandels staatlicher, internationaler wie parteipolitisch-ideologischer Kraftfelder als zusätzliches Hindernis für die Formulierung und Umsetzung einer stringenten, kohärenten Außenpolitik. Die Entwicklung und Zerschlagung der PKI stehen somit für die höchst prekäre Zwischenbilanz sozialistischer Beziehungen zur Dritten Welt, wie sie sich 1965, nach 20 stürmischen Jahren von Ost-West-Konflikt und Anti-Kolonialismus, darstellte.

Nationale und regionale Eigenentwicklungen, der endgültige Zerfall sozialistischer Einheit und die Dynamik des Kalten Kriegs sollten in den folgenden Jahrzehnten weiterhin die Ost-Süd-Beziehungen prägen. Der Nahe Osten erwies sich auch für Chruščevs Nachfolger als besondere Herausforderung. *Galia Golan* legt dar, dass im Nahen Osten - nach dem frühen Seitenwechsel Moskaus - der Ausbau der sowjetischen Stellung zwar als wichtiger Positionsgewinn im Kalten Krieg zählte - zugleich aber fürchtete der Kreml negative Rückkopplungen des schwelenden Regionalkonflikts, der die Gefahr einer direkten Konfrontation der Sowjetischen Armee mit der westlichen Supermacht in sich barg. Diese Umkehrrelation musste mit bilateralen Beziehungsmustern, Selbstbildern beziehungsweise Prestigedenken der UdSSR kollidieren. Aus dieser Gemengelage heraus waren Kriege wie 1967 und 1973 nicht zu verhindern; sie bedingte zugleich die arabische Unzufriedenheit mit der sowjetischen Unterstützung - trotz immenser Militärhilfe Moskaus.

Militärische Hilfsleistungen der UdSSR stellten bei weitem nicht das einzige Mittel dar, mit dem potentielle Verbündete in der Dritten Welt an den Ostblock gebunden werden sollten. *Christopher Andrew und Kristian Gustafson* diskutieren im Fall Chiles – ein weiterer Beleg für den globalen Anspruch sowjetischer Entscheidungsträger – die lange Zeit unterschätzten geheimdienstlichen Aspekte der Ost-Süd-Beziehungen. Aus sowjetischer Perspektive steht die Karriere von Salvador Allende für die schwierige internationale Kooperation des KGB mit kubanischen Diensten und für das innersowjetisch bedeutsame Wechselverhältnis zwischen bürokratischen Interessen und Außenpolitik. In der internationalen Beziehungsgeschichte unterstreichen Aufstieg und Sturz Allendes wiederum die Bedeutung nationaler Resonanzböden für sozialistische Aktivitäten im Ausland. Ausländische Dienste beziehungsweise Interessen konnten auch in Chile nur an autochthone Entwicklungen anknüpfen.

Dieser Befund gilt auch für außenwirtschaftliche Beziehungen. Handel, Kredite und industrielle (sowie, seltener, landwirtschaftliche) Projekthilfen der UdSSR waren seit den 1950er Jahren ein wichtiges Mittel sowjetischer Beziehungspflege. Indien stellte einen ebenso frühen wie dauerhaften Schwerpunkt osteuropäischer Unternehmungen dar. *Hari Vasudevan* erinnert daran, dass auch die Artikel des indisch-sowjetischen Freundschaftsvertrags von 1971 mehrheitlich nicht-militärischen Aspekten der Zusammenarbeit gewidmet waren. Das Abkommen unterstreicht daher die hohe Bedeutung, die Länder der Dritten Welt – unter Heranziehung eigener Bewertungsmaßstäbe – wirtschaftspolitischen Dimensionen der Beziehungen zu sozialistischen Staaten beimaßen, die nicht durch Konzentration auf Stellvertreterkriege oder Militärbündnisse in den Hintergrund gedrängt werden dürfen.

Auf der anderen Seite wollten oder konnten sich Partner und Konkurrenten in der Dritten Welt bekanntermaßen keinesfalls auf den friedlichen Wettbewerb allein verlassen – diese Militarisierung betraf auch Konstellationen innerhalb des zerstrittenen sozialistischen Lagers. Daher kam Südostasien auch 20 Jahre nach der bereits angesprochenen Genfer Konferenz immer noch nicht zur Ruhe. *Bernd Schäfer* untersucht hier die globalen und regionalen, ideologischen und strategischen Konkurrenzlinien innerhalb der sozialistischen Welt, die sich Mitte der 1970er Jahre im ehemaligen Indochina überschnitten. Angesichts der sozialistischen Zerrissenheit bedeutete der endgültige Abzug der USA aus Vietnam schon längst keinen automatischen Einflussgewinn des „Ostblocks" mehr – weltrevolutionärer Schwung, Optimismus und alternativer Gestaltungsanspruch, die in den 1950er Jahren entstanden waren, hatten sich Mitte der 1970er Jahre, als Zeitgenossen Zugewinne für den Sozialismus auf der ganzen Welt verzeichneten, schon überlebt.

Afrika galt damaligen Beobachtern als Ort besonderer sozialistischer Erfolge. *Ulrich van der Heyden* wirft in seiner Beschreibung der Südafrikapolitik der DDR einen kritischen Blick auf ostdeutsche Aktivitäten und westliche Perzeptionen und leistet damit einen Beitrag zur Untersuchung der spezifisch deutschen Ausformung der Systemkonkurrenz in der Dritten Welt. Die Boykottierung des Apartheid-Regimes ab Anfang der 1960er Jahre war für die DDR wirtschaftlich ein Verlust, der angesichts ideologischer Grundüberzeugungen, (welt)öffentlicher Meinung und potentieller Erträge im Propagandakrieg gegen den Westen in Kauf genommen wurde; das Engagement des Ministeriums für Staatssicherheit verweist erneut auf wichtige, systemimmanente Spezifika sozialistischer Außenpolitik. Van der Heyden führt an seinem Beispiel eindrücklich vor Augen, dass Frontstellungen des Kalten Kriegs in der Dritten Welt mit gesellschaftlichen oder internationalen Ansprüchen von Ost und West über Kreuz liegen konnten – die Parallelentwicklungen führten zu gegenläufigen Gewinnrechnungen oder Periodisierungen. Ostdeutsche Hoffnungen auf erweiterte Wirtschaftskontakte mit einem Südafrika nach der Apartheid gingen mit der DDR unter.

Natürlich betrieb auch die UdSSR in Afrika Globalpolitik. *Radoslav Yordanov* stellt in seiner Fallstudie zum äthiopisch-somalischen Konflikt indes wiederum mit gutem Recht die Planmäßigkeit ihres Engagements in Frage. Zusätzlich zu den Einflüssen paralleler beziehungsweise konkurrierender kapitalistischer oder sozialistischer Schachzüge lenkt Yordanov den Blick auf die Bedeutung der Akteure vor Ort – die Diplomaten – die sich ihrerseits der Wirkungskraft ihrer lokalen Partner kaum entziehen konnten. Yordanovs Bemühungen um die Rekonstruktion der Abläufe illustriert eindrucksvoll, wie Erforschung und Diskussion sozialistischer internationaler Beziehungen nach 1945 immer noch mit intensiver detektivischer Archivarbeit verbunden sind.

Der abschließende Beitrag von *Bernhard Chiari* über die sowjetische Invasion in Afghanistan 1979 beschreibt die faktische Bankrotterklärung von Planern und Akteuren sozialistischer Außenbeziehungen im Spannungsfeld von Dekolonisation und Kaltem Krieg. In Krieg und Besatzungspolitik manifestierten sich die fehlende Attraktivität des real-sozialistischen Modells und die Schwäche seiner Vertreter. Der Krieg entlarvte das hohle Pathos sozialistischer Völkerfreundschaft und -solidarität und desavouierte die Zweite Welt in den Augen der Dritten. Die sowjetische Parteiführung demonstrierte ihre Untauglichkeit für konstruktive Außenpolitik, sowjetische Geheimdienste und Militär stießen in Afghanistan schnell an ihre Grenzen. Die UdSSR hatte sich und ihre Verbündeten, hatte das von ihr vertretene und für sich beanspruchte Gesamtprojekt Sozialismus in eine Sackgasse hineinmanövriert. Gorbačevs neue Prioritätensetzungen waren mit neuer Zurückhaltung und versöhnlichen Akzentsetzungen in der Dritten Welt verbunden. Erst jetzt sah sich die Führung der UdSSR zu Denkansätzen in der Lage, die angesichts systemübergreifender Herausforderungen Systemgegensätze überwölbten. Das abrupte Ende der UdSSR beendete diesen Ansatz.

III

Insgesamt demonstrieren alle Beiträge die Vielschichtigkeit der Geschichte der internationalen Beziehungen der Sowjetunion, ihrer sozialistischen Partner sowie ihrer Konkurrenten mit der Dritten Welt. Sie illustrieren die Notwendigkeit multiperspektivischer, integraler Zugriffe, will man Gesamtdimension und historische Prägekraft dieser Relationen erfassen. Die Ausweitung bilateraler zu multilateralen Beziehungsfeldern ist ein wesentliches Merkmal dieser ungefähr fünf Jahrzehnte umfassenden Phase. Diese Ausdehnung steigerte das Konflikt- und Reibungspotential zwischen und innerhalb der Lager.

Inwieweit dieser Befund aus staats-, militär-, geheimdienst- und wirtschaftspolitischen Kooperationen für alle kulturgeschichtlichen Fragestellungen trägt, wird sich erst noch in weiteren Forschungen erweisen müssen. Doch bereits die vorliegenden Analysen unterstreichen die Reichweite und Aussagekraft dieser konzeptionellen Erweiterungen. Die Bedeutung offizieller Repräsentanten (wie Chruščev oder Sinicyn), spezifischer „staatlicher" Praktiken (wie der intensive Einsatz von Geheimdiensten), das erwiesene Wechselspiel von Öffentlichkeit, Kulturdiplomatie, Propaganda, Entwicklungsmodellen, Gesellschaft und Außenbeziehungen sprechen auch hinsichtlich der Gebiete „hinter dem Eisernen Vorhang" für eine Kombination der verschiedenen Ansätze. Dabei steht es außer Frage, dass viele vermeintlich „klassische" Fragestellungen noch ihrer angemessenen Bearbeitung harren.

Nur kursorisch können hier zukünftige Forschungsfelder genannt werden: Aus regionaler Perspektive gesehen, sind Fallstudien zu Südamerika (auf neuer Aktenbasis) dünn gesät, in Asien wird sich die Forschung weiterhin um Staaten des Mittleren Ostens und Südostasiens bemühen müssen. In Afrika bleibt u. a. etwa die Geschichte der Beziehungen zum Kongo oder zu Südafrika ein wichtiges Arbeitsgebiet, doch auch das Engagement am Horn von Afrika wirft offenkundig weiterhin Fragen auf. Konzeptionell bleiben neben einer wirklich gleichgewichtigen Beachtung von Ost- und Süd-Perspektiven in bilateralen Beziehungen für das „sozialistische Lager" zeitlich und regional gebundene Korrelationen von Ideologie, Strategie, von internen und internationalen Interessenlagen und Entwicklungsprozessen, von inneren Machtverhältnissen und -kämpfen sowie von internen und externen Informationsflüssen bedeutsam. Das Verhältnis von innerer Nationalitätenpolitik und internationalem Anti-Kolonialismus, letztlich die Spannung zwischen anti-imperialistischer Politik auf der einen sowie Imperialcharakter und Hegemonialanspruch sozialistischer Großmächte auf der anderen Seite sind zentrale Themen, die mit methodischer Vielfalt angegangen werden müssen; des Nachdenkens wert ist in diesem Kontext auch eine – gegebenenfalls komparative – Erfassung von Politikanteilen und Erfahrungsräumen sowjetischer (chinesischer?) Teilrepubliken.

Jenseits solch bilateraler Ansätze fehlen weitgehend länder- und regionenübergreifende Untersuchungen. Hier sollte es zum einen um Abstimmungs- und Koordinierungsprozesse innerhalb des Ostblocks einschließlich der Gewichtung nationaler Anliegen gehen; die weitere Untersuchung der Aktivitäten des RGW, die sich keineswegs nur auf wirtschaftspolitische Felder im engeren Sinn beschränken lassen, sind eine Möglichkeit. Im Gegenzug ist es an der Zeit, Gruppierungen wie z. B. die Blockfreien-Bewegung, die Gruppe 77 oder afrikanische, asiatische oder lateinamerikanische Regionalverbünde (neu) hinsichtlich ihrer Beziehungen zu und Vorstellungen über sozialistische Länder und Ziele zu untersuchen. Schon die Rolle Jugoslawiens in der Blockfreien-Bewegung wirft die Frage nach dem politischen und gesellschaftlichen Umgang der Dritten Welt mit innersozialistischen Grabenkämpfen auch jenseits des sowjetisch-chinesischen Konflikts auf. Im Gegensatz zum Einmarsch in Afghanistan etwa führten die sowjetischen Invasionen in der Tschechoslowakei 1968 und in Ungarn 1956 nur zu verhaltenen Protesten.[28] Die Berücksichtigung blinder Flecken der kollektiven beziehungsweise bilateralen Beziehungsgeschichte wird nicht nur Maßstäbe beider Seiten analysieren, sondern auch Stellenwert, geteilte Zugänge oder wechselseitige Wahrnehmungen etwa von Fragen von Bevölkerungs- und Klimaentwicklung diskutieren. Derartige Probleme werden sich gerade bei der weiteren Untersuchung gemeinsamer oder übergreifender Aktivitäten von Zweiter und Dritter Welt in internationalen (und transnationalen) Organisationen wie der UN und ihren Institutionen (UNESCO u. a.) aufdrängen.

Darüber hinaus bleibt die differenzierte Einordnung aller Ebenen und Aspekte von Ost-Süd-Beziehungen in den Nord-Süd-Kontext ein Erfordernis: Untersuchungen unter den Schlagworten von „Moderne" und „Modernisierung" oder ordnungspolitische Modelle bieten einen möglichen Rahmen für vergleichende Studien etwa amerikanischer und sowjetischer Beziehungen zu Staaten und Regionen der Dritten Welt[29], dürfen aber deutliche Asymmetrien zwischen den Implikationen der Konstruktionen „Ost" und „West" nicht aus

---

[28] Vgl. Andreas Hilger, Moskau und die Entwicklungsländer, in: Prager Frühling. Das internationale Krisenjahr 1968, Beiträge, hrsg. von Stefan Karner u. a., Köln 2008, S. 299–315.
[29] Vgl. Stefan Plaggenborg, Experiment Moderne. Der sowjetische Weg, Frankfurt a. M. 2006.

den Augen verlieren. Die Forschung tut sich etwa mit der genauen Definition des „Europa"-Begriffs zu schwer, als dass man unreflektiert alle ein „Europa" voraussetzenden Konzepte handhaben könnte. Bezugspunkte mit angemessener Reichweite werden für einen Vergleich sowjetischer und chinesischer Unternehmungen erst noch geklärt werden müssen, zumal hier asynchrone Entwicklungen nach 1945 noch wesentlich schärfer akzentuiert sind. Schließlich steht die Nachhaltigkeit vergangener Beziehungen und Projekte in Politik und Gesellschaft der beteiligten Nationen zur Debatte. Regionale oder multilaterale Zusammenschlüsse, wirtschaftliche wie kulturelle Verflechtungen oder Abgrenzungen, Inhalte neuerer (und älterer) Identitäts- und Nationenbildungen, gesellschaftliche Bedrohungsvorstellungen, globale Ideen oder Vorurteile, die sich heute beobachten lassen, sind ohne Rückgriff auf Denkmodelle, internationale Konstellationen, Interaktionen und Lebenswelten der zweiten Hälfte des 20. Jahrhunderts in ihrer Wirkungs- und Deutungsmacht kaum angemessen – kritisch – zu erfassen. Diese Entwicklungen waren 1945 bis 1991 in hohem Maße vom Wechselspiel von Ost-West-Konflikt und post-kolonialen Beziehungen durchsetzt. Ohne die gleichgewichtige Einbeziehung der Ost-Süd-Achse in ihrer ganzen thematischen und regionalen Bandbreite wird die Gesamtinterpretation dieser Geschichte zwangsläufig verzerrt bleiben.

* * *

Ein Sammelband wie der vorliegende lässt sich nur mit der Unterstützung vieler realisieren. Ich möchte die Gelegenheit nutzen, um zumindest einigen hierfür zu danken. Zunächst den Autoren, nicht nur für ihre gelungenen Beiträge, sondern auch für ihre engagierte und geduldige Kooperation. Mein Dank richtet sich auch an die Herausgeber der „Schriftenreihe der Vierteljahrshefte für Zeitgeschichte", die mit der Aufnahme des Bandes in die Reihe die Durchführung des Gesamtprojekts mit ermöglicht haben. Bedanken möchte ich mich bei den Redakteuren der Schriftenreihe, Dr. Jürgen Zarusky und PD Dr. Johannes Hürter, für die sorgfältige und kompetente Betreuung der Arbeiten von Anfang an. Die Idee zu dem Band ging u. a. aus eigenen Forschungen zur Geschichte sowjetischer Beziehungen mit Indien und Pakistan hervor. Diese konnten nur mit Hilfe der DHI in Moskau und London sowie der Gerda Henkel Stiftung, Düsseldorf, vorangetrieben werden, denen ich daher auch an dieser Stelle meinen Dank für die Unterstützung aussprechen möchte. Abschließend möchte ich mich bei den Übersetzern bedanken, die für die gelungenen Übertragungen aus dem Englischen und Französischen gesorgt haben. Englische und französische Quellenangaben wurden in den Originalsprachen belassen, um die eindeutige Identifizierung dieser Archivdokumente zu gewährleisten.

Hamburg, Februar 2009   Andreas Hilger

18

Wiebke Bachmann
Tel Aviv, 1948: Nationale Interessen und sowjetischer „Antiimperialismus"

1. Einführung

Die Forschung zum Kalten Krieg hat seit den 1990er Jahren nicht nur durch die neu zugänglichen Archive etwa in Osteuropa und Asien, sondern auch durch methodische und theoretische Erweiterungen erheblich an Schwung gewonnen. Im Kontext des Kalten Krieges als Machtkampf der Großmächte um Einfluss und Lebenskonzepte kommt dabei der „Dritten Welt" als Austragungsort für Konflikte oder als Objekt für „missionarische Entwicklungsarbeit" große Bedeutung zu[1], ebenso aber wird verstärkt auch die Rolle von Regionalstaaten als „junior actors"[2] im Ost-West-Konflikt betrachtet.

Dabei stellt sich die Frage, inwieweit der Kalte Krieg für Entwicklungen des „Südens" als dominierende Analysekategorie in jeder Hinsicht sinnvoll ist. Prägend waren hier in vielen Fällen zunächst nicht die Interessen der Großmächte, sondern nationale Emanzipationsprozesse sowie politische, kulturelle und wirtschaftliche Positionierungen. Diese Schwerpunktsetzung bezeichne ich als „Regiozentrik"[3], da sie sich nur auf die jeweilige geopolitische und kulturelle Region bezog. Die regionale Politik war nicht in erster Linie vom Kalten Krieg, sondern von eigenen Nationalinteressen dominiert, die sich aus der historischen Lage der Staaten, der kolonialen Vergangenheit und aus neuen wirtschaftlichen Entwicklungen ergaben. Der Kalte Krieg mit der spezifischen „Freiheitsrhetorik" beider Großmächte und der Zerfall der alten Kolonialreiche bildeten einen Hintergrund, der nicht zuletzt neue Manövriermöglichkeiten für kleinere Staaten bot. Regionalstaaten nutzten die internationalen Strukturen, um ihre nationalen und regionalen Interessen voranzutreiben und sich hierfür internationale politische wie militärische Unterstützung zu sichern. Nationalbewegungen bzw. Staaten in Asien, dem Nahen Osten und in Afrika instrumentalisierten die internationalen Rahmenbedingungen für ihre eigenen nationalen Bestrebungen: Der Wandel des internationalen Systems und der Kalte Krieg dienten der Umsetzung eigener Interessen der „Dritte Welt"-Staaten als Katalysator.

Von daher erfordern gerade die ersten zwei Jahrzehnte der Nachkriegszeit eine genaue Analyse der überlappenden Dynamiken von Kaltem Krieg und Dekolonisation. Die ersten bedeutenden Beziehungen zwischen der UdSSR und Staaten der „Dritten Welt" erreichten, wie die Beispiele Indiens und Ägyptens zeigen, bis Mitte der 1950er Jahre bereits ei-

---

[1] Vladislav Zubok, A Failed Empire. The Soviet Union in the Cold War from Stalin to Gorbachev, Chapel Hill 2007; Odd Arne Westad, The Global Cold War. Third World Interventions and the Making of Our Times, Cambridge 2005; Richard N. Rosecrance, Bipolarity, Multipolarity and the Future, in: Journal of Conflict Resolution 10 (1966), S. 314-327; Simon J. Ball, The Cold War. An International History 1947-1991, London 1998; Bernd Stöver, Der Kalte Krieg. Geschichte eines radikalen Zeitalters 1947-1991, München 2007.
[2] Tony Smith, New Bottles for New Wine: A Pericentric Framework for the Study of the Cold War, in: Diplomatic History 24 (2000), H. 4, S. 567-591.
[3] In Anlehnung an die gängigen Begriffe „Eurozentrik" oder auch „Ethnozentrik" plädiere ich für den Begriff „Regiozentrik", der das Phänomen einer regionalen Perspektive bei der Gestaltung der Außenpolitik postkolonialer Länder besonders zum Ausdruck bringt.

nen ersten Höhepunkt, so dass gerade die Entwicklungen dieser Beziehungen entscheidende Aussagen über den ursprünglichen Charakter und die Motivationen beider Seiten zulassen.

Die bisherige Forschung hat sich indes vor allem auf die Ära ab Mitte der 1950er Jahre, insbesondere dann auf die „Stellvertreterkriege" ab den 1960er Jahren konzentriert.[4] Die Verhärtung der Fronten im Kalten Krieg und steigende soziale und ökonomische Anforderungen der „Dritten Welt" konnten bis dahin allerdings schon neue Akzente setzen.

Ein Beispiel für die unabhängige Interessenpolitik des „Südens" stellt die Entwicklung im Nahen Osten mit der Gründung des israelischen Staates im Mai 1948 dar. Wie im Folgenden gezeigt wird, entwickelte sich hier aufgrund mehrerer Faktoren eine Interessenparallelität zwischen dem sowjetischen „Antiimperialismus" und jüdischen Nationalstaats-Aspirationen, ohne dass von einer Allianz im Kalten Krieg gesprochen werden kann. Viel eher handelte es sich um eine zeitlich begrenzte Konstellation, die nicht zuletzt auf die Initiative zionistischer[5] Politiker zurückzuführen war.[6]

2. Sowjetischer „Antiimperialismus" im Nahen Osten

Der Nahe Osten spielte aus Sicht der sowjetischen Politik bis kurz nach Kriegsende eine eher untergeordnete Rolle. Traditionell gehörte die Region zur britischen Einflusssphäre, so dass es in diesem Sinne keine sowjetische Nahostpolitik gab. Die Interessen der UdSSR konzentrierten sich wie in Europa und Asien zunächst auf die direkten Nachbarstaaten, hier vor allem den Iran und die Türkei. In diesem Gebiet wirkte das Muster der Zarenzeit nach, das Expansion und Einflussnahme als Verteidigungsstrategie nutzte. Daneben hatte der traditionelle orthodoxe Missionsgedanke gegenüber „unzivilisierten Völkern" in der Oktoberrevolution seine Fortsetzung gefunden: Das Mutterland der Revolution sollte nun anderen Ländern sozialen und politischen Fortschritt, das neue Bündnis zugleich den Sieg der Weltrevolution bringen.[7] Das langfristig angestrebte Ziel war die „Verschmelzung" der

---

[4] Beispielhaft Westad, The Global Cold War, passim.
[5] Der Zionismus als national-jüdische Bewegung geht auf Theodor Herzls Programmschrift „Der Judenstaat" von 1896 zurück. 1897 wurde der erste Zionistenkongress einberufen. Ziel der Zionisten war die Gründung eines jüdischen Staates in Palästina. Während sich viele jüdische Aktivisten und Politiker weltweit als Zionisten verstanden, so war der Zionismus für die sowjetische Propaganda eine jüdische bourgeois-reaktionäre Ideologie, die die Idee des Klassenkampfes bei den jüdischen Arbeitern untergrübe.
[6] Maßgeblich hierfür ist die Quellensammlung Sovetsko-izrail'skie otnošenija. Sbornik dokumentov 1941–1953, 2 Bde., Moskau 2000 (im Folgenden SIO), englische Ausgabe: Documents on Israeli-Soviet Relations 1941–1953, London 2000. Eine erste Auseinandersetzung mit diesen Dokumenten findet sich bei Laurent Rucker, Moscow's Surprise: The Soviet-Israeli Alliance of 1947–1949, in: Cold War International History Project (CWIHP), Working Paper No. 46, Washington 2005. Eine eher populärwissenschaftliche Darstellung ohne direkte Quellennachweise bietet L. Mlečin, Začem Stalin sozdal Izrail'?, Moskau 2005. Ergänzend werden Dokumente der sowjetischen Vertretungen in Syrien und Ägypten (Archiv Vnešnej Politiki Rossijskoj Federacii, AVP RF) sowie Analysen der britischen Botschaft in Kairo (Public Record Office, PRO) herangezogen.
[7] Vgl. programmatisch Vladimir I. Lenin, Die sozialistische Revolution und das Selbstbestimmungsrecht der Nationen (Januar/Februar 1916), in: Vladimir I. Lenin, Werke, Bd. 22: Dezember 1915–Juli 1916, Berlin 1960, S. 147; ders., A Caricature of Marxism and „Imperialist Economism" (August/Oktober 1916), in: Lenin on the National Liberation Movement. In Commemoration of the 90th Anniversary of the Birth of Lenin, Peking 1960, S. 4. Vgl. auch Boris Meissner, Triebkräfte und Faktoren der sowjetischen Außenpolitik, in: Boris Meissner/Gotthold Rhode (Hrsg.), Grundfragen sowjetischer Außenpolitik, Stuttgart u. a. 1970, S. 9–40, hier S. 14.

„unterdrückten Nationen" mit den sozialistischen Staaten. Vor diesem Hintergrund wurde im September 1920 der Kongress für die „Völker des Orients" in Baku organisiert. Die Resonanz aus den arabischen Ländern war jedoch gering. Immerhin bildeten sich im Nahen Osten kurze Zeit später kommunistische Parteien. Sie setzten sich allerdings in erster Linie zunächst aus ethnischen Minderheiten und Intellektuellen zusammen.

Den Kampf der klassenübergreifenden nationalen Befreiungsbewegungen betrachtete Stalin mit Skepsis. Bereits 1913 sprach er von der grundsätzlichen Schädlichkeit des „Nationalismus", worunter er explizit auch die Bewegungen des „Zionismus" und des „Pan-Islamismus" subsumierte.[8] Die Erfahrungen in China 1927, wo die nationalistische Kuomintang die ursprünglich mit ihr verbündeten Kommunisten blutig unterdrückt hatte, verstärkten Stalins Misstrauen gegenüber „bürgerlich" dominierten nationalen Bewegungen, so dass er die Kolonien nunmehr als bloßes Objekt der immer verbissener tobenden kapitalistischen Verteilungskämpfe einstufte.[9]

Der Zweite Weltkrieg führte nicht nur zu einem Bündnis der UdSSR mit „imperialistischen" Ländern. Vielmehr rückte der hohe Bedarf an Öl für die Kriegsindustrie sowie die enorme strategische und militärpolitische Bedeutung die Mittelmeer-Anrainerstaaten des Nahen Ostens ins Moskauer Blickfeld. Ivan M. Majskij, der sowjetische Botschafter in London, regte daher 1943 mit Blick auf die Aufnahme diplomatischer Beziehungen zu Ägypten eine neue Propaganda-Offensive an.[10] Moskau startete im August 1943 Radiosendungen für die Region in arabischer Sprache, und vor allem nach Kriegsende intensivierte die „Allunions-Gesellschaft für kulturelle Beziehungen mit dem Ausland" (VOKS) ihre Tätigkeit besonders in Syrien und im Libanon. Gleichzeitig bemühte sich der Kreml erfolglos um eine entsprechende Ausweitung des strategischen Einflusses etwa in der Türkei, in Libyen oder im Iran. In der Überzeugung, dass letztlich nur „loyale" Regime in den Nachbarstaaten der UdSSR die sowjetische territoriale Sicherheit gewährleisten könnten[11], förderte Stalin zugleich territoriale Ansprüche von Armeniern und Georgiern gegen die Türkei und Unabhängigkeitsbestrebungen von Aserbaidschanern und Kurden im Iran. Dahinter stand auch im Nahen Osten das Kalkül, dass, wenn die nationalen Bewegungen auch nicht dazu beitragen könnten, den westlichen Einfluss ganz zu beseitigen und sowjetunionfreundliche Regime zu installieren, die Unruhen zumindest ausreichenden Druck auf die Regierungen ausüben würden, um der UdSSR zu Konzessionen zu verhelfen.[12]

Anders verhielt es sich zunächst in Bezug auf die arabischen Staaten. Offiziell verhielt sich Stalin bei Angelegenheiten, die die alte britische Machtsphäre betrafen, zurückhaltend.[13] Hinter den Kulissen bemühte sich die UdSSR allerdings bereits 1945, Propaganda zu betreiben und die Unabhängigkeitsbestrebungen in diesen Ländern zu fördern. Diese Bemühungen blieben jedoch relativ erfolglos, da es kaum Gruppen gab, die sich hiervon hätten beeinflussen lassen. Dagegen kam die Entwicklung in Syrien und Libanon der Sow-

---

[8] Josef V. Stalin, Marxismus und nationale Frage, Berlin 1955, S. 4.
[9] Rechenschaftsbericht an den XVIII. Parteitag: Über die Arbeit des CK VKP (b) 1939, in: Josef V. Stalin, Werke, Bd. 14: Februar 1934 – April 1945, Dortmund 1976, S. 99.
[10] USSR/Russia – Egypt: 50 Years of Cooperation, Documents, in: International Affairs 10 (1939), S. 87.
[11] Interview mit dem Korrespondenten der „Pravda" anlässlich der Rede Churchills in Fulton (USA), März 1946, in: Josef V. Stalin, Werke, Bd. 15: Mai 1945 – Dezember 1952, S. 49.
[12] Zubok, A Failed Empire, S. 42.
[13] Palästina und Transjordanien waren britisches Mandatsgebiet, Ägypten und der Irak hatten in den 1930er Jahren langfristige Verträge über britische Militärsonderrechte abgeschlossen.

jetunion sehr entgegen. Schon im Mai 1945 wandte sich Syrien direkt an Stalin und erbat „wohlwollende Einmischung, um von Frankreich den Rückzug seiner Truppen und die Respektierung der Unabhängigkeit Syriens zu erreichen".[14] Im Februar 1946 unterzeichneten die beiden Länder geheime Abkommen mit der UdSSR, in denen ihnen Unterstützung für die vollkommene Unabhängigkeit garantiert und wirtschaftliche, kulturelle und militärische Beziehungen angestrebt wurden.[15]

Während die Sowjetunion die Proteste und Unruhen gegen die französischen Truppen sowie das Unabhängigkeitsbestreben hier von der gesamten Bevölkerung getragen sah[16], stellte sich in Moskauer Augen die Situation in Ägypten, dem strategisch und geopolitisch wichtigsten Land in der Region, vollkommen anders dar. Obwohl es hier nach Ende des Krieges zu starken Protesten gegen die britische Militärpräsenz und zu offenen Unruhen gekommen war, blieb die innere Entwicklung von Uneinigkeit geprägt. Versuche der ägyptischen Regierung, die Verhandlungen mit Großbritannien über einen vorzeitigen Truppenabzug zum Abschluss zu bringen, blieben auch 1946 und 1947 erfolglos. Über die Verhandlungen mit Großbritannien spaltete sich die ägyptische Gesellschaft. Im Laufe des Jahres 1946 ging die Regierung unter Ministerpräsident Ismail Sidki massiv gegen Oppositionelle im eigenen Land vor, um den Widerstand gegen eine entgegenkommende Einigung mit Großbritannien abzuschwächen. Neben der starken Oppositionspartei Wafd wurden auch die wenigen Kommunisten verfolgt. Zudem behinderte die ägyptische Regierung die Verbreitung sowjetischen Propagandamaterials.[17]

Im Dezember 1946 übernahm Mahmud Fahmi Al Nukraschi das Amt des Ministerpräsidenten. Auch er definierte den vollständigen britischen Truppenabzug aus Ägypten als politisches Hauptziel[18] und versuchte, es über eine Internationalisierung der bilateralen Verhandlungen zu erreichen. Nukraschi legte noch im Dezember 1946 der Generalversammlung der Vereinten Nationen eine Resolution zum „unverzüglichen" Abzug ausländischer Truppen von fremdem Territorium vor. Diese allgemeine Resolution wurde zwar einstimmig angenommen, doch im Sicherheitsrat drängten die westlichen Vertreter nur auf weitere direkte ägyptisch-britische Verhandlungen.[19] Der sowjetische Delegierte Gromyko unterstützte die Forderung nach einem sofortigen, vollständigen britischen Truppenabzug, stieß sich aber am ägyptischen Herrschaftsanspruch über den Sudan.[20] Demge-

---

[14] AVP RF, f. 128, op. 3, d. 4, p. 2, s. 10, 23. 5. 1945, Telegramm Kamil Mardams, Ministerratsvorsitzender Syriens, an Stalin.
[15] Der Vertragstext lautete folgendermaßen: „The USSR agree to support the Syrian government in all steps which the latter may undertake in order to establish complete independence." Hieraus geht nicht hervor, welcher Art die Unterstützung sein könnte. Allerdings weist der Nachsatz darauf hin, dass die Sowjetunion dabei vor allem UN-Entscheide im Auge hatte: „The USSR will back Syrian demands for immediate evacuation of all French and British troops." Rami Ginat, The Soviet Union and Egypt 1945–1955, London 1993, S. 69f.
[16] AVP RF, f. 128, op. 4, d. 7, p. 3, 14. 1. 1946, TASS-Bericht über die Lage in Syrien und Libanon.
[17] AVP RF, f. 87, op. 6, d. 10, s. 1ff., Juli 1947, Mission in Kairo an den Leiter der Nahostabteilung des Außenministeriums der UdSSR, I. V. Samylovskij.
[18] The National Archives of the UK (TNA): Public Record Office (PRO), FO 371, 53320, S. 2, 10. 12. 1946, Bericht Bowkers, britische Botschaft in Kairo an das Foreign Office über die Regierungserklärung Nukraschis.
[19] George Kirk, The Middle East 1945–1950, London u. a. 1954, S. 130ff.
[20] Rede Gromykos vor dem Sicherheitsrat am 20. 8. 1947, zitiert bei: Yaacov Ro'i, From Encroachment to Involvement. A Documentary Study of Soviet Policy in the Middle East, 1945–1973, Jerusalem 1974, S. 44.

mäß dementierte der Kreml auch ägyptische Presseberichte über direkte sowjetisch-ägyptische Verhandlungen und blieb insgesamt zurückhaltend.[21]

Zudem entsprach die politische Stimmung in Ägypten nicht den Erwartungen Moskaus. Diese richtete sich zwar vehement gegen die Briten. Doch wurde vor allem der politische Islam gestärkt, da die ägyptische Regierung ihn als Substrat kultureller Identität zur Herstellung einer antibritischen Öffentlichkeit instrumentalisierte.[22] Schließlich hatte auch die Gründung der Arabischen Liga (22. März 1945) schon zur kritischen Distanz der Sowjetunion gegenüber Ägypten beigetragen. Die UdSSR lehnte Bewegungen wie Panarabismus und Panislamismus aus ideologischen Gründen als bürgerlich-imperialistische Manöver ab und interpretierte die aktuelle Gruppierung vor allem als britische Tarnorganisation.[23]

Auf diese Weise lief 1947 alles auf das Scheitern der sowjetischen Bemühungen um die Schwächung des britischen Einflusses im gesamten Nahen Osten heraus, während der US-amerikanische Einfluss merklich zunahm.[24] Angesichts der wachsenden Diskrepanzen mit den Westmächten nach dem Krieg und der zunehmenden westlichen Militärpräsenz in Asien und Europa kam dem Nahen Osten in Moskauer Augen eine immer größere Bedeutung zu. Wenn der Kreml einen einseitigen westlichen Einfluss in der Region verhindern wollte, dann mussten die eigenen antiimperialistischen Aktivitäten dort intensiviert werden. Da aber eine direkte Konfrontation mit Großbritannien oder den USA vermieden werden sollte, boten sich kaum direkte Handlungsmöglichkeiten. Dagegen sah Moskau in der Interessenkonfrontation der beiden Westmächte im Nahen Osten, insbesondere in Palästina, neue Chancen auf Mitbestimmung und eigene Einflussnahmen vor Ort.

3. Jüdische Nationalstaatsinteressen

Unabhängig von Moskauer Ambitionen hatte die Jewish Agency schon früh eine Strategie entwickelt, die Sowjetunion für die angestrebte territoriale Neuordnung im Nahen Osten als Partner zu gewinnen. Die UdSSR erwies sich für die zionistischen Pläne zur Besiedlung Palästinas und zur Gründung eines jüdischen Staates von zunehmender Bedeutung.[25] Zu Kriegsbeginn machte die jüdische Bevölkerung in Palästina mit einer halben Million ein Drittel der Gesamtbevölkerung von 1,5 Millionen Menschen aus. In der UdSSR lebten – in den neuen, durch Annexionen in Osteuropa erweiterten Grenzen von 1941 – dagegen knapp fünf Millionen Juden. Im Bewusstsein, dass die Nachkriegspläne für einen jüdischen Staat nur dann eine Chance auf Verwirklichung hatten, wenn die Juden in Palästina einen

---

[21] TNA: PRO, FO 141/1187, 9.10.1947, Geheimmemorandum der britischen Botschaft in Kairo über ägyptisch-sowjetische Kontakte.
[22] TNA: PRO, FO 141/1187, 5.7.1947, Sir Ronald Campbell, britischer Botschafter in Kairo, an das Foreign Office über die Entwicklung des Pan-Islamismus in Ägypten.
[23] In einigen Gründungsmitgliedsstaaten waren weiterhin britische Truppen stationiert, und Transjordanien hatte am 22.3.1946 mit Großbritannien einen neuen auf 25 Jahre angelegten Bündnisvertrag abgeschlossen.
[24] Dazu im Detail: William Roger Louis, Imperialism at Bay. The United States and the Decolonization of the British Empire, 1941-1945, Oxford 1977.
[25] Denn, so stellte Nahum Goldmann, Mitglied der Jewish Agency und Vorsitzender des Jüdischen Weltkongresses, fest, „das große Hindernis war natürlich, dass wir nach wie vor die Minderheit in Palästina stellten". Nahum Goldmann, Mein Leben. USA – Europa – Israel, Bd. 2, München 1981, S. 148.

großen Bevölkerungsteil bildeten, richtete die zionistische Bewegung ihre Anstrengungen vermehrt auf die Immigration auch der osteuropäischen Juden.[26]

In der Region selbst sah sich zeitgleich die britische Mandatsmacht vor immer größere Probleme gestellt, bei der wachsenden Konfrontation zwischen Juden und Arabern „Ruhe und Ordnung" zu sichern. In Großbritannien spiegelte sich diese Brisanz in immer neuen Kommissionen zur Lösung des Palästinakonflikts wider. Die Peel-Kommission[27] kam 1937 zu dem Ergebnis, dass eine Teilung Palästinas unter Zwangsumsiedlung der Bevölkerung notwendig sei. Doch schon 1938 nahm die Woodhead-Kommission[28] die Untersuchungen zur Lage in Palästina wieder auf. Gründe dafür waren nicht zuletzt die ablehnende Haltung der Araber und die Unentschlossenheit der Juden, bei denen sowohl die Frage, ob man von der territorialen Maximalforderung abkommen dürfe, als auch die Frage, ob der geplante Bevölkerungstransfer moralisch vertretbar war, zu heftigen Disputen führten.[29] Angesichts des drohenden Weltkrieges versuchte Großbritannien schließlich, sich mit dem MacDonald-Weißbuch im Mai 1939 der arabischen Solidarität zu versichern. Das Weißbuch stellte die Gründung eines binationalen Staates innerhalb von zehn Jahren in Aussicht, wollte die jüdische Immigration auf 75 000 Menschen in fünf Jahren begrenzen und sie langfristig von der arabischen Zustimmung abhängig machen. Die zionistische Bewegung wertete dies als Verrat an der Balfour-Erklärung[30] von 1917 und setzte ihren Kampf um eine nationale jüdische Heimstätte in Palästina nun auch gegen Großbritannien fort.[31] Die militante jüdische Untergrundorganisation in Palästina, Irgun Zwai Leumi (Abk.: IZL bzw. Ezel), griff fortan nicht nur arabische, sondern auch britische Ziele an. Während die Ezel mit Kriegsbeginn allerdings ihre antibritischen Anschläge wieder einstellte, führte die radikale Abspaltung „Lechi" unter ihrem Führer Avraham Stern den Terror fort. Mit anderen Mitteln widersetzte sich auch die Jewish Agency den Zielen des Weißbuchs. David Ben Gurion, Vorsitzender des Exekutivkomitees der Jewish Agency und Generalsekretär der Gewerkschaft Histadrut, formulierte hierzu die Politik einer „Rebellion durch Einwande-

---

[26] Wie Goldmann später rückblickend formulierte, musste „der jüdische Staat einerseits auf der finanziellen Mithilfe der amerikanischen Juden beruhen [...], andererseits sich vom Standpunkt der Einwanderung in erster Linie auf die Juden Osteuropas [...] stützen". Goldmann, Mein Leben, S. 325.

[27] Der Bericht der Palestine Royal Commission, nach ihrem Vorsitzenden auch Peel-Kommission genannt, wurde im Juli 1937 bekannt gegeben. Den Vorsitz der Kommission führte der ehemalige Staatssekretär für Indien, Lord William Robert Wellesley Peel, stellvertretender Vorsitzender war der Diplomat Sir Horace George Montagu Rumbold (ehem. Botschafter in Konstantinopel, Madrid und Berlin). Weiterhin gehörten der Kommission an: Sir Laurie Hammond, ehem. Gouverneur in Indien, Sir Morris Carter, ehem. Oberster Richter in den Kolonien, Sir Harold Morris, Vorsitzender des britischen Handelsgerichts, und der Oxforder Professor für Kolonialgeschichte Reginald Coupland sowie der Sekretär J. M. Martin. Der Plan sah erstmals die Teilung Palästinas in einen jüdischen und einen arabischen Teil vor.

[28] Die Bildung der neuen Regierungskommission „Palestine Partition Commission", nach dem Vorsitzenden Sir John Woodhead auch Woodhead-Kommission genannt, wurde im September 1937 bekannt gegeben. Aufgabe der Kommission war die Überprüfung der praktischen Umsetzung des Peel Reports einschließlich möglicher Grenzziehungen. Vgl. Report of the Palestine Partition Commission, in: International Affairs, Vol. 18, Nr. 2 (1939), S. 171-193.

[29] Tom Segev, Es war einmal ein Palästina. Juden und Araber vor der Staatsgründung Israels, München ²2005, S. 440f.

[30] Mit „Balfour-Erklärung" wird der am 2.11.1917 vom britischen Außenminister Arthur James Balfour an Baron Lionel Walter Rothschild geschriebene Brief bezeichnet, der die wohlwollende Haltung der britischen Regierung gegenüber den jüdisch-zionistischen Bestrebungen für eine nationale Heimstätte des jüdischen Volkes in Palästina zum Ausdruck brachte.

[31] David Ben Gurion, Israel. Die Geschichte eines Staates, Frankfurt a. M. 1969, S. 85.

rung".[32] Die Masseneinwanderung von Juden nach Palästina über die im Weißbuch festgesetzten Quoten hinaus sollte den Druck der Weltöffentlichkeit auf Großbritannien erhöhen und zu einem britischen Kurswechsel führen. Dieses Ziel fiel zusammen mit den Bemühungen um jüdische Flüchtlinge aus von den Nationalsozialisten besetzten Gebieten sowie um osteuropäische Juden unter sowjetischer Okkupation. Aus Deutschland, Österreich und den besetzten Gebieten wurden bis Kriegsende um die 20 000 Flüchtlinge nach Rumänien geschleust und von dort mit Schiffen als illegale Einwanderer nach Palästina gebracht.[33] Seit 1940 versuchte die Jewish Agency über die sowjetischen Botschaften in London und Washington die Einreise von Vertretern der zionistischen Bewegung in die UdSSR zu erreichen, um auch hier die Emigration jüdischer Flüchtlinge unterstützen zu können. Eliahu Epstein, der Leiter der Nahostabteilung der Jewish Agency, erklärte die Dringlichkeit dieser Bemühungen mit dem „vitalen Bedarf an neuen Einwanderern für Palästina zu dieser Zeit, so dass wir die Kriegsanstrengungen steigern können: Rekrutierung für die Armee, Beschleunigung der Produktionsgeschwindigkeit in Industrie und Landwirtschaft etc."[34] Hierfür schwebten der Jewish Agency die Errichtung einer zionistischen Vertretung in der UdSSR und sowjetische Ausreisegenehmigungen für die polnischen Juden sowie für möglichst alle emigrationswilligen Juden aus der UdSSR vor.[35] Daneben bemühte sich die Jewish Agency um Freilassung und Ausreise von inhaftierten Zionisten in der Sowjetunion.[36]

Ein weiterer Grund für die Kontaktaufnahme der Jewish Agency war der dringende Bedarf an neuen Handelskontakten. Die wirtschaftliche Lage in Palästina hatte sich mit Kriegsausbruch sehr verschlechtert. Die Bauindustrie litt stark unter dem Rückgang der Einwanderungszahlen, der bereits mit dem arabischen Aufstand Ende der 1930er Jahre eingesetzt hatte. Der Weltkrieg erschwerte darüber hinaus den für Palästina grundlegenden Export von Zitrusfrüchten. Das Land litt unter einer starken Rezession, und im August 1940 erreichte die Arbeitslosigkeit einen neuen Höhepunkt.[37] Die Jewish Agency erhoffte daher von der Sowjetunion neben der Zustimmung zur jüdischen Emigration auch eine

---

[32] Segev, Es war einmal ein Palästina, S. 483 und 524.
[33] Ebenda, S. 500 ff. Die Angaben der Flüchtlingszahlen variieren, zudem erreichten viele der Flüchtlingsschiffe aufgrund der Kriegssituation oder wegen technischer Schäden ihr Ziel nicht. Das Ziel, die Einwanderungszahlen zu erhöhen, wurde nicht erreicht, da die Briten die geschätzten illegalen Einwanderungszahlen von den offiziellen Quoten abzogen.
[34] Geheimbericht E. Epsteins an M. Schertok vom 25. 1. 1942 über die Verhandlungen mit dem sowjetischen Botschafter in Ankara, in: SIO, Bd. 1, S. 31 f.
[35] Bereits im Januar 1942 heißt es in einem internen sowjetischen Schreiben: „Die palästinensischen Juden versuchen mit allen Mitteln die Genehmigung, wenn nicht für einen permanenten Vertreter in der UdSSR, so doch zumindest für einen temporären Repräsentanten zu bekommen, der sich mit der Immigration von Juden aus der UdSSR nach Palästina befasst." F. T. Gusev an A. Ia. Vyšinskij, 20. 1. 1942, über den Vorschlag des Repräsentanten der Jewish Agency in Palästina bezüglich Emigration und Kolonisation, in: SIO, Bd. 1, S. 27.
[36] Laut der „Magen"-Organisation (hebräisch für Ritterschild), einer sich für die verhafteten und verbannten Juden in der Sowjetunion einsetzenden Gesellschaft, wurden 1942 seit 3-5 Jahren mehrere Hundert Zionisten und jüdische Aktivisten vermisst, von denen vermutet wurde, dass sie verhaftet oder verbannt worden seien. Auch im Zuge der Annexion von Ostpolen sei es zu Verhaftungen gekommen. Vgl. Telegramm I. J. Lintons, Jewish Agency in London, an M. Schertok vom 2. 8. 1941 über die Forderungen an die UdSSR zur Legalisierung des Zionismus und der Zulassung der Emigration, in: SIO, Bd. 1, S. 19f.; Brief der „Magen"-Organisation an M. Schertok, den Leiter der politischen Abteilung der Jewish Agency für Palästina, vom 18. 6. 1942, in: SIO, Bd. 1, S. 44f.
[37] Segev, Es war einmal ein Palästina, S. 488.

Abnahme wirtschaftlicher Erzeugnisse, vor allem von Zitrusfrüchten.[38] Die UdSSR ging zunächst nicht auf die Handelsvorschläge ein, so dass die Jewish Agency und jüdische Firmen in Palästina ab Ende 1941 mit neuen Handelsideen an die Sowjetunion herantraten. Jetzt wollte man auf dem wachsenden Pharmasektor Handelsbeziehungen zur Sowjetunion aufbauen.[39] Tatsächlich dachten die sowjetischen Behörden Anfang 1942 an die Entsendung eines Wirtschaftsattachés nach Palästina. Dafür sprach das sowjetische Interesse an medizinischen Gütern, wie auch vor allem die große Nachfrage in Palästina nach sowjetischen Filmen. Im Januar 1942 stellte der sowjetische Handelsattaché in Istanbul A. Potapov fest, dass „immer mehr Bestellungen von Kinoinhabern, besonders aus Tel Aviv, eintreffen".[40] Und im Juni 1946 wurde konstatiert, dass angesichts „des großen Interesses, das in Palästina an sowjetischen Filmen bekundet wird", die Förderung der Filmverbreitung in Palästina große Bedeutung für die UdSSR hätte.[41] Doch der Export sowjetischer Filme war nicht nur ein wichtiges sowjetisches Propagandainstrument, sondern sollte auch Mittel für den Erwerb von Pharmaerzeugnissen sein. Ein umfassender Warenaustausch konnte ansonsten nicht zustande kommen, weil die Sowjetunion die aus Palästina angefragten Waren nicht aufbringen konnte und das Kriegsgeschehen den Austausch erschwerte.

Vor diesem Hintergrund kam es infolge der Initiativen der Jewish Agency zu zahlreichen Gesprächen mit sowjetischen Diplomaten. In Washington trafen Nahum Goldmann und Rabbi Wise[42] die sowjetischen Botschafter in den USA, Konstantin A. Umanskij[43] (1939-1941), Maksim M. Litvinov (1941-1943) und Andrej A. Gromyko (1943-1946). Ben Gurion, Chaim Weizmann, Präsident der zionistischen Weltorganisation, und Selig Brodecki, Leiter der politischen Abteilung der Jewish Agency, arrangierten darüber hinaus Zusammenkünfte mit dem sowjetischen Botschafter in London, Ivan M. Majskij.[44] Außerdem baute Eliahu Epstein Kontakte zum sowjetischen Botschafter in Ankara, Sergej A. Vinogradov (1940-1948), auf; nach dem Krieg wurde insbesondere die sowjetische Botschaft in Kairo für den Informationsaustausch genutzt.

All diesen Gesprächen lag neben der Emigrations- und Wirtschaftspolitik eine weitere, wesentliche Dimension zugrunde: Die Sowjetunion sollte über die Entwicklung der jüdischen Gemeinde in Palästina und über die Lage in Palästina informiert und so für die Unterstützung eines jüdischen Staates gewonnen werden. Die Zionisten präsentierten konkrete Lösungsvorschläge für die Situation in Palästina. Zur Rettung der mitteleuropäischen

---

[38] Notizen I. M. Majskijs vom 3.2.1941 über sein Gespräch mit Ch. Weizmann Ende Januar in London, in: SIO, Bd. 1, S. 15f. Moskau lehnte den Handel ab, da man keine Zitrusfrüchte importieren wollte.
[39] Geheimbericht S. I. Kavtaradzes an den stellvertretenden Volkskommissar A. Ia. Vyšinskij vom 31.12.1941, in: SIO, Bd. 1, S. 25f.
[40] Geheimbericht E. Epsteins an M. Schertok vom 25.1.1942 über die Verhandlungen mit dem sowjetischen Botschafter in Ankara, in: SIO, Bd. 1, S. 36f.
[41] Geheimbrief M. A. Kostylevs an S. I. Kavtaradze vom 22.7.1942 über Epsteins Gespräche in der Türkei und palästinensische Handelsinteressen, in: SIO, Bd. 1, S. 46.
[42] Rabbi Stephen Samuel Wise war Begründer und erster Sekretär der Federation of American Zionists sowie Vorsitzender des Provisional Executive Committee for General Zionist Affairs.
[43] Umanskij ging bis 1944 als sowjetischer Botschafter nach Mexiko und blieb auch hier weiter Ansprechpartner für die Jewish Agency.
[44] Nach Majskijs Rückkehr nach Moskau 1943 wurde F. T. Gusev zum sowjetischen Botschafter in London ernannt (1943-1945).

und vor allem der polnischen Juden[45] vor dem Holocaust wollte Weizmann „eine Million Araber, die derzeit in Palästina leben, aus Palästina in den Irak umsiedeln, und in den von ihnen bewohnten Gebieten 4–5 Millionen Juden aus Polen und anderen Ländern ansiedeln".[46] Die arabischen Palästinenser sollten gegen Bezahlung in die arabischen Staaten Transjordanien, Irak oder Saudi Arabien umgesiedelt werden.[47] Der UdSSR wurde nahegelegt, als Entscheidungsträger in der Palästinafrage initiativ und ihrer Großmachtrolle gerecht zu werden. So heißt es in einem Memorandum an die sowjetische Regierung: „Die UdSSR, in der selbst fast ein Drittel der Juden der Welt leben und die in direkter Nachbarschaft zu den Ländern gelegen ist, in denen das Problem am aktuellsten ist, muss als eine der Großmächte, die verantwortlich für die Friedensarrangements sein werden, an der zionistischen Lösung der Judenfrage interessiert sein."[48] In ihrer Argumentation hoben die Zionisten den direkten strategischen bzw. großmachtpolitischen Nutzen eines jüdischen Staates in Palästina für die UdSSR wie auch die ideologischen Vorteile hervor: Sie betonten hierbei Gemeinsamkeiten hinsichtlich einer „fortschrittlichen" Gesellschaftsordnung, den von beiden Seiten geführten Kampf gegen die britische Fremdbestimmung sowie die Möglichkeit weltweit jüdischer Organisationen zur Unterstützung sowjetischer Interessen zu nutzen.

Diese Betonung von Gemeinsamkeiten war angesichts der jüdisch-sowjetischen Beziehungen von besonderem Gewicht. Ein Großteil der Juden weltweit lebte in der UdSSR und in Osteuropa, und viele der nach Palästina ausgewanderten Juden stammten ursprünglich aus der Sowjetunion und sprachen Russisch. Gleichzeitig war allerdings der Antisemitismus in weiten Teilen Osteuropas stark verbreitet. Bis zur ersten Revolution 1905 war es im Zarenreich immer wieder zu brutalen antijüdischen Ausschreitungen gekommen.[49] Mit der Revolution schien sich die Lage zumindest in Russland deutlich zu verbessern. Schon die aus der Februarrevolution 1917 hervorgegangene Interimsregierung gewährte russischen Juden die volle Gleichberechtigung. Die Bolschewiki ihrerseits legten in ihrer „Erklärung über die Rechte der Völker Russlands" im November 1917 fest, dass alle Völker gleiche Rechte und das Recht auf freie Entfaltung hätten. Antisemitismus wurde offiziell abgelehnt, die jüdische Kultur fand neue Entfaltungsmöglichkeiten. Auf der anderen Seite sahen sich sowjetische Juden weiterhin staatlicher wie gesellschaftlicher Diskriminierung gegenüber. Im Krieg propagierte Stalin dann offen einen neuen russischen Nationalismus und belebte die russozentrische Kultur und Reichssymbolik, was 1943 vor allem auch anti-

---

[45] Ein Bezug auf die sowjetischen Juden wurde von den Vertretern der Jewish Agency zumeist vermieden, da man die Kooperation mit der UdSSR nicht gefährden wollte.
[46] Notizen I. M. Majskijs vom 3.2.1941 über sein Gespräch mit Ch. Weizmann Ende Januar in London, in: SIO, Bd. 1, S. 17.
[47] Ben Gurion hatte 1939 schon dem Vorsitzenden der nach ihm benannten Kommission, Lord Peel, erklärt, dass allein im westlichen Teil Palästinas für ca. vier Millionen Juden Platz sei. Auch Weizmann erläuterte Winston Churchill gegenüber im Dezember 1939, dass nach dem Krieg in Palästina mit vier bis fünf Millionen Juden ein Staat aufgebaut werden solle. Vgl. Chaim Weizmann, Memoiren. Das Werden des Staates Israel, Zürich 1953, S. 611. Im Januar 1941 wiederholte Weizmann diese Idee gegenüber Majskij. Über das Gespräch liegen Berichte beider Seiten vor, in denen jeweils unterschiedliche Zahlen genannt werden. Weizmann gibt an, von zwei Millionen gesprochen zu haben, während Majskij ihn mit der Angabe von vier bis fünf Millionen zitiert. Letzteres wird auch bei Ben Gurion und in Weizmanns Memoiren wiederholt.
[48] Brief Ch. Weizmanns an I. M. Majskij vom 2.3.1942, Memorandum über die UdSSR und die Ziele der Zionisten, in: SIO, Bd. 1, S. 43.
[49] Zu nennen sind hier u.a. die Pogrome im Jahr 1903 in Kišinev und Gomel'.

semitischen „Säuberungen" im Kulturbereich Vorschub leistete: Juden wurden sukzessive aus der Verwaltung sowie aus dem sowjetischen kulturellen Leben ausgeschlossen[50], zahlreiche Juden wegen ihrer zionistischen Haltung und angeblicher Auslandskontakte verhaftet. Ungeachtet dieser Erfahrungen hob die Jewish Agency gerne die Verbindungen der Juden in Palästina zur Sowjetunion hervor und wies gegenüber sowjetischen Diplomaten auf die individuellen Bindungen und die gesellschaftspolitischen Gemeinsamkeiten hin: „Die überwiegende Mehrheit der Anhänger des Zionismus hat enge persönliche und familiäre Verbindungen mit der UdSSR und ein besonderes Interesse an und besondere Sympathie für die sowjetische Bevölkerung."[51] Immer wieder wurden gesellschaftspolitische Parallelen gezogen und der Wert einer jüdischen „modernen" Gesellschaft in Palästina für die UdSSR unterstrichen. Ben Gurion verfolgte schon 1941 das Ziel, „dafür zu sorgen, dass Moskau eine klare Vorstellung von der Bedeutung der Arbeiterbewegung in Palästina hat, und was diese für das jüdische Volk und für die Arbeiterbewegung im Allgemeinen bedeutet".[52] So betonten mit Chaim Weizmann und David Ben Gurion selbst zwei sehr westlich orientierte Repräsentanten der Jewish Agency immer wieder die Ähnlichkeit der gesellschaftlichen Systeme der UdSSR und des „Jischuw". Es war den zionistischen Gesandten wichtig, etwa Majskij – der als ein für sowjetische Nachkriegsplanungen mitverantwortlicher Diplomat einer der wichtigsten Ansprechpartner der Jewish Agency war – davon zu überzeugen, dass „die zionistische Bewegung nie gegen die sowjetische soziale Philosophie eingestellt war".[53] Deren wichtigste Elemente seien im Gegenteil im nationalen Konzept der Zionisten enthalten. Im Detail führte etwa Ben Gurion gegenüber Majskij aus, dass ein Viertel der jüdischen Bevölkerung Palästinas Mitglieder der Gewerkschaft und die Mehrheit der von der zionistischen Organisation gegründeten Siedlungen Arbeitersiedlungen, Arbeiterkommunen, seien. „Sobald der Krieg vorbei sei – unabhängig von der britischen Politik in Palästina – würde unsere Gemeinschaft wachsen. Das wäre lebenswichtig für unser ganzes Volk, und – wie ich annehme – bedeutsam für die internationale Arbeiterbewegung, da wir die einzige organisierte Arbeiterbewegung im ganzen Nahen Osten seien."[54] Zwar würde sich die palästinensische Arbeiterbewegung von den Kommunisten in Russland und auch von „continental or British labour" unterscheiden. Aber „Tatsache sei, dass wir in Palästina bereits den Kern einer sozialistischen Gemeinschaft aufgebaut hatten".[55] Auch Mosche Schertok[56], Mitglied der Exekutive der Jewish Agency und Leiter der politischen Abteilung, wiederholte diese Argumentation – er musste indes noch im Januar 1943 die trotz aller Bemühungen mangelhaft gebliebenen Beziehungen der zionistischen Bewegung zur sowjetischen Regierung beklagen:

---

[50] Ja. Grinberg an Stalin über antijüdische Säuberungen in Moskau, 13.5.1943, in: Gosudarstvennij Antisemitism v SSSR, 1938–1953, Dokumenty, S. 36.
[51] Brief Ch. Weizmanns an I. M. Majskij vom 2.3.1942, Bereitstellung eines Memorandums über die UdSSR und zionistische Ziele, in: SIO, Bd. 1, S. 39.
[52] Geheimbericht D. Ben Gurions vom 9.10.1941 über sein Gespräch mit I. M. Majskij, in: SIO, Bd. 1, S. 24.
[53] Brief Ch. Weizmanns an I. M. Majskij vom 2.3.1942, Bereitstellung eines Memorandums über die UdSSR und zionistische Ziele, in: SIO, Bd. 1, S. 38f.
[54] Geheimbericht D. Ben Gurions vom 9.10.1941 über sein Gespräch mit I. M. Majskij, in: SIO, Bd. 1, S. 24.
[55] Ebenda, S. 23.
[56] Mosche Schertok nahm nach der Staatsgründung den Namen Mosche Scharett an und war der erste Außenminister Israels.

„Bis jetzt hat es keine Beziehungen zwischen uns und Sowjetrussland gegeben – und nicht wir sind schuld daran. In unserem Land verfolgt man mit großem Enthusiasmus und Sympathie den Kampf, der von der Sowjetunion geführt wird, und für die Standfestigkeit aller Schichten der sowjetischen Gesellschaft. Wir haben ein großes und starkes Proletariat. Sie sind das Rückgrat des Jischuw. Sie stimmen nicht in jedem politischen und sozialen Thema mit Euch überein. Sie sind unabhängig. [...] Aber sie haben hohe Achtung dafür, wie Ihr Eure Gesellschaft, Eure Regierung aufbaut und abgesehen von allen Unterschieden, sehen sie sich selbst zugehörig zum gleichen Lager wie Ihr. Und es gibt noch eine allgemeinere Angelegenheit: Palästina ist klein und wir sind wenige, aber wir sind nicht nur Palästina, sondern auch die Zukunft dieses Landes. In der Tat trennt uns nicht vieles, und es ist höchstwahrscheinlich, dass es in der Zukunft zu Verbindungen zwischen uns kommt und eine Interessengemeinschaft entsteht."[57]

Die jüdischen Vertreter thematisierten in den Gesprächen mit sowjetischen Diplomaten auch die Differenzen mit dem „gemeinsamen Feind" Großbritannien. Wiederholt wurde die Weißbuch-Politik der britischen Mandatsregierung und die fehlende Bereitschaft der Briten, sich mit der Problematik auseinanderzusetzen, kritisiert. Die Mitglieder der Jewish Agency warfen der britischen Mandatsverwaltung „politische Vorurteile" vor, die eine gute Kooperation und jüdische Kriegsbeteiligung behindern würden.[58] So bemerkte Weizmann gegenüber Majskij, dass die Briten schlicht überfordert seien im Umgang mit Juden. Während es ein Leichtes sei, Araber zu beherrschen, wäre dies mit Juden in Palästina kaum möglich. „Die Briten – und besonders ihre kolonialen Verwaltungsbeamten – mögen Juden nicht. [...] die palästinensischen Araber sind die Versuchskaninchen, die der Verwaltungsbeamte gewöhnt ist, aber im Gegensatz dazu treibt ihn der Jude zur Verzweiflung."[59] Insofern sei fraglich, was ein britischer Sieg im Krieg den Juden zu bieten habe. Nachdem am 24. August 1941 in Moskau ein gemeinsamer Aufruf bekannter jüdischer Persönlichkeiten für die Unterstützung der sowjetischen Kriegsanstrengungen gegen das nationalsozialistische Deutschland erfolgt war, hob Weizmann gegenüber Majskij hervor, dass Juden in England keine Möglichkeit hätten, ihre Haltung zum Krieg zu zeigen.[60] Solchen Aussagen lag zum einen zugrunde, dass Juden in Palästina in den britischen Armeeeinheiten kämpften, aber zunächst keine eigenen jüdischen Truppeneinheiten bekamen, und zum anderen gingen sie auf den Kampf gegen das britische Weißbuch zurück. Weizmanns Argumentationen gegenüber sowjetischen Ansprechpartnern sind aus zwei Gründen besonders interessant. Einerseits unterhielt Weizmann engste Kontakte vor allem zur britischen und auch zur amerikanischen Regierung und hoffte bis zuletzt auf deren Unterstützung in Palästina. Andererseits fanden seine zahlreichen Gespräche und Kontakte zur UdSSR wie die sowjetische Unterstützung der israelischen Staatsgründung inklusive der Militärhilfe aus dem Ostblock in seinen 1953 veröffentlichten Memoiren keine Erwähnung.[61]

Neben der Betonung des sozialen Fortschritts, der Nähe zu sowjetischen Gesellschaftsprinzipien sowie der Feindschaft zur britischen Mandatsverwaltung unterstrichen die Vertreter der Jewish Agency in der Hoffnung auf sowjetische Gegenleistungen schließ-

---

[57] Bericht M. Schertoks vom 29.4.1943 zur Versammlung des Exekutivkomitees der Histadrut, in: SIO, Bd. 1, S. 71 f.
[58] Z. B. Bericht M. Schertoks vom 29.4.1943 über sein Gespräch mit I. M. Majskij beim Vorstandstreffen der Histadrut, in: SIO, Bd. 1, S. 72.
[59] Notizen I. M. Majskijs vom 3.2.1941 über sein Gespräch mit Ch. Weizmann Ende Januar in London, in: SIO, Bd. 1, S. 16f.
[60] Geheimes Eiltelegramm I. M. Majskijs vom 2.9.1941 an das Volkskommissariat für Auswärtige Angelegenheiten über sein Gespräch mit Ch. Weizmann, in: SIO, Bd. 1, S. 21.
[61] Weizmann, Memoiren, passim.

lich ihre eigene Unterstützung der Kriegsanstrengungen der UdSSR. Diese Hilfe erfolgte auf zwei Wegen. Die Jewish Agency bemühte sich um die Mobilisierung jüdischer Gruppen in Amerika, um Gelder für die UdSSR zu sammeln. Ben Gurion hatte sich im Oktober 1941 bei Majskij danach erkundigt, wie die jüdische Gemeinschaft über die Rekrutierung jüdischer Soldaten für die britische Armee in Palästina hinaus helfen könne. Dieser hatte das Angebot sofort aufgegriffen: „Sie gehen nach Amerika. Sie werden uns einen großen Dienst erweisen, wenn Sie den Amerikanern deutlich machen, wie dringend wir Hilfe brauchen; wir brauchen Panzer, Waffen und Flugzeuge – so viele wie möglich, und vor allem, so schnell wie möglich."[62] Aus den vorliegenden Dokumenten geht nicht hervor, inwieweit Ben Gurion dieser Bitte gefolgt ist. Ab 1942 wurden aber verschiedene amerikanische jüdische Organisationen aktiv und luden das im April 1942 in Moskau gegründete Jüdische Antifaschistische Komitee (EAK)[63] wiederholt ein, eine Delegation in die USA zu schicken. Man wollte sich um Geldsammlungen und um direkte Kontakte zu sowjetischen Juden bemühen.[64]

Neben der Mobilisierung jüdischer Unterstützung weltweit verfolgte die jüdische Gemeinde in Palästina Hilfsaktivitäten. 1942 wurde in Palästina ein Volkskomitee zur Unterstützung der Sowjetunion („V League") gegründet, das in der jüdischen Gemeinschaft in Palästina Spenden für die UdSSR organisierte und ab 1943 medizinische Ausrüstung zur Verfügung stellen konnte.[65] Dabei wurden die Zusammenkünfte mit den staatlichen sowjetischen Repräsentanten anlässlich der Übergaben von Hilfsgütern etwa im Iran auch für Kontakte, Überzeugungsarbeit und Informationsvermittlung genutzt.[66] Insgesamt sollten die Bemühungen der in Palästina angesiedelten Juden der Forderung nach einem jüdischen Staat in Moskau zusätzliches Gewicht verleihen. „Von allen Völkern des Nahen Ostens tun und taten allein die Juden, mit Demut und Leidenschaft, alles, was in ihrer Macht steht im gemeinsamen Kampf gegen die Axis – und das trotz aller Hindernisse, die eine engstirnige Kolonialverwaltung der vollen Mobilisierung von Arbeitskraft und Ressourcen

---

[62] Geheimbericht D. Ben Gurions vom 9.10.1941 über sein Gespräch mit I. M. Majskij, in: SIO, Bd. 1, S. 24.

[63] Das Jüdische Antifaschistische Komitee wurde gleichzeitig mit anderen antifaschistischen Komitees 1942 gegründet (z. B. antifaschistische Komitees der Wissenschaftler, der Frauen, der Jugend und der Slawen).

[64] S. A. Lozovskij an V. M. Molotov und A. S. Ščerbakov, 10.3.1943, über die Einladung des Jewish Councils of the Fund for Aid to Russia an die Delegierten des Jüdischen Antifaschistischen Komitees Michoéls und Fefer, in: SIO, Bd. 1, S. 68. Die Initiative war auf den Vertreter der Jewish Agency und des Vorsitzenden des Jüdischen Weltkongresses, Nahum Goldmann, zurückzuführen.

[65] Das Volkskomitee zur Unterstützung der Sowjetunion, die V League, wurde am 25.8.1942 gegründet, aber von der UdSSR aufgrund des zionistischen Charakters eher skeptisch beurteilt. Die V League bestand aus diversen sozialistischen Gruppierungen und Parteien und war eine der Histadrut nahestehende Organisation. Insgesamt gelang es der V League dreimal, mobile Krankenhauseinheiten, medizinische Ausrüstung und Medikamente an das sowjetische Rote Kreuz in Teheran zu übergeben. Siehe Kommentar zu folgendem Dokument: Brief N. Goldmanns an E. Beneš vom 27.5.1943, Anlage: Memorandum über die Beziehungen zwischen der zionistischen Bewegung und Sowjetrussland, in: SIO, Bd. 1, S. 80 bzw. S. 503f.

[66] Rossijskij Gosudarstvennyj Archiv Social'no-Političeskoj Istorii (RGASPI), f. 17, op. 128, d. 8, ll. 4–10, Dezember 1944, Bericht des Informanten Malyšev (näheres zur Person nicht bekannt) an das CK VKP (b) über die Zusammenkunft mit Aharon Cohen, Mitglied der jüdischen Delegation und Leiter der Hashomer Hatzair, einer links-politischen Partei, in Teheran. Ende 1944 nahm Malyšev in Teheran mobile Krankenhauseinheiten als Spende der jüdischen Arbeiter Palästinas für die Rote Armee entgegen. Cohen nutzte die Übergabe, um die breiten Aktivitäten der Gewerkschaft in Palästina, ihre politische und kulturelle Einflussnahme und die lebendige Streikkultur zu schildern.

in den Weg gelegt hat. Unter dem Gesichtspunkt, die Position der Alliierten im Nahen Osten zu sichern und die fortschrittlichen Elemente dort zu stärken, ist die Entwicklung eines starken jüdischen Palästinas von essentieller Bedeutung."[67]

1942 brachten die Anstrengungen der Jewish Agency in Moskau erste Ergebnisse. Wie bereits erwähnt, diskutierten sowjetische Behörden in diesem Zeitraum die Möglichkeit, einen Wirtschaftsattaché nach Palästina zu schicken. Allerdings lag diesem Ansinnen neben den wirtschaftlichen Interessen insbesondere auch die politische Bedeutung von Kontakten zugrunde. So folgerte der Geschäftsträger der sowjetischen Botschaft in der Türkei, M. Kostylev, in einem Bericht an das Volkskommissariat für Auswärtige Angelegenheiten (NKID), dass „bei palästinensischen Firmen und Händlern ein großer Wunsch besteht, Handelsbeziehungen zur Sowjetunion aufzunehmen. Ich glaube, dass dieser Fakt eher politische als wirtschaftliche Bedeutung für uns hätte."[68] Die Entsendung eines „sowjetischen Menschen, wenn auch nur als ständiger Vertreter irgendeiner sowjetischen Handelsorganisation"[69], würde daher auch der Umsetzung der politischen Interessen dienen.

Moskau konzentrierte sich vor allem auf Informationen über die soziale und politische Entwicklung Palästinas. Daher reisten im August 1942 sowjetische Diplomaten auf Einladung der „V League" nach Palästina.[70] Der Besuch wurde zu diversen Gesprächen mit Vertretern der Jewish Agency und zur Kontaktpflege mit der offiziellen jüdischen Verwaltung in Palästina, der Vaad Leumi, genutzt. Im Oktober 1942 nahm VOKS erste Beziehungen zur „V-League" auf.[71] 1943 griff die UdSSR auch andere Initiativen der Jewish Agency auf. Nachdem noch im Jahr zuvor die Einladungen jüdischer Organisationen aus den USA an das EAK abgelehnt worden waren, entschied sich das NKID im März 1943 für einen Besuch. Auslöser war eine erneute Einladung im Frühjahr 1943, in der das Jewish Council of the Fund for Aid to Russia auf die Bedeutung direkter Kontakte abgehoben hatte: „Wir möchten Sie nachdrücklich überzeugen, dass es für Sie wichtig ist, in die USA zu kommen und eine Rundreise durch das Land zu unternehmen. Das Jewish Council for Russian War Relief könnte große Summen Geld sammeln und helfen das jüdische Volk zu vereinen."[72] Im Volkskommissariat war man sich einig, dass all diese Bemühungen nicht weiter zurückgewiesen werden sollten: „Es geht klar aus dem Telegramm hervor, dass die jüdischen Organisationen etwas tun wollen. Der Besuch von Michoéls und Fefer könnte die bekannten Vorteile bringen."[73] Bei diesen Vorteilen dürfte es sich um die finanzielle Unterstützung und einen Prestige- und Sympathiegewinn für die UdSSR gehandelt haben. Die leitenden EAK-Mitglieder Solomon Michoéls und Isaak Fefer durften im Sommer 1943 für mehrere Monate in die USA – mit Abstechern nach Kanada, Mexiko und Großbritannien – reisen, um die Hilfe der dortigen jüdischen Organisationen für die Kriegsanstrengungen der

---

[67] Brief N. Goldmanns an E. Beneš vom 27.5.1943, Anlage: Memorandum über die Beziehungen zwischen der zionistischen Bewegung und Sowjetrussland, in: SIO, Bd. 1, S. 80.
[68] Geheimbrief M. A. Kostylevs an S. I. Kavtaradze vom 22.7.1942 über Epsteins Gespräche in der Türkei und palästinensische Handelsinteressen, in: SIO, Bd. 1, S. 46.
[69] Ebenda.
[70] Bei den Diplomaten handelte es sich um Sergej S. Michajlov, den ersten Sekretär der sowjetischen Botschaft in Ankara, und Nikolaj A. Petrenko, der Presseattaché an der Botschaft in Ankara war.
[71] Brief des Leiters der Ostabteilung von VOKS, A. Levinson, an die Liga „für Sowjetrussland" in Haifa vom 26.10.1942 über die Aufnahme von Kulturkontakten, in: SIO, Bd. 1, S. 58.
[72] S. A. Lozovskij an V. M. Molotov und A. S. Ščerbakov, 10.3.1943, über die Einladung des Jewish Councils of the Fund for Aid to Russia an die Delegierten des Jüdischen Antifaschistischen Komitees Michoéls und Fefer, in: SIO, Bd. 1, S. 68.
[73] Ebenda, S. 68.

UdSSR zu mobilisieren. Die sowjetischen Vertreter hatten auf Anweisung des NKID „auf der Basis des gemeinsamen Kampfes gegen Nazi-Deutschland und seine Vasallenstaaten die Kooperation zwischen sowjetischen und amerikanischen Juden herzustellen (antisowjetische Gruppen ausgeschlossen) und eine Kampagne zur Unterstützung der Roten Armee zu fördern".[74] Die Reise erwies sich als unerwarteter Erfolg. Michoëls und Fefer gelang es, Spenden in Millionenhöhe für die Rote Armee zu sammeln sowie Hilfslieferungen des American Jewish Joint Distribution Committees „über das Rote Kreuz" zu organisieren, „ohne dass Repräsentanten des Joint die Erlaubnis zur Einreise in die Sowjetunion bekämen".[75]

Doch auch die Jewish Agency nutzte die Anwesenheit der jüdischen Repräsentanten aus der UdSSR in ihrem Sinn. Fefer berichtete später in Moskau, dass Weizmann versucht habe, sich der sowjetischen Unterstützung für einen jüdischen Staat zu versichern. „Weizmann hatte eine Bitte an uns: wenn wir mit einem Repräsentanten der sowjetischen Regierung zusammenkämen, sollten wir berichten, dass, sollte ein jüdischer Staat statt eines arabischen in Palästina gegründet werden, dieser niemals irgendwelche feindlichen Kommentare gegen die Sowjetunion erlauben würde."[76]

Ende 1943 schließlich begann die Sowjetunion ernsthaft, sich mit der Frage einer Nachkriegsordnung im Allgemeinen und einer möglichen Lösung für die jüdischen Flüchtlinge aus Europa im Besonderen auseinanderzusetzen und in diesem Rahmen zu prüfen, inwieweit Palästina Teil einer Lösung sein konnte. Im Herbst 1943 besuchte, nachdem ihn Weizmann kurz vor seiner Abreise aus England erneut auf die sowjetische Haltung in Bezug auf einen jüdischen Staat in Palästina angesprochen hatte, Majskij auf dem Rückweg von London nach Moskau Ägypten und Palästina. Er gab sich überzeugt, dass die UdSSR die Pläne der Zionisten unterstützen würde, hinterfragte aber die Aufnahmekapazität Palästinas und interessierte sich sehr für die Frage, inwieweit eine Besiedlung in der 1941 ventilierten Größenordnung von ca. vier Millionen Menschen möglich sei.[77] Im Laufe des Jahres 1944 forderten sowjetische Diplomaten mehr Informationen über die jüdischen Siedlungen in Palästina, enthielten sich offiziell aber weiterhin aller Kommentare.

Auf diese Weise blieben die Beziehungen der Jewish Agency mit der UdSSR bis nach Kriegsende weitgehend einseitig. Während die Jewish Agency versuchte, die Kooperation auf allen Gebieten zu intensivieren, nutzte die UdSSR die Kontakte vorrangig für ihre Kriegspropaganda und -führung. Das sowjetische Interesse am Nahen Osten war im Krieg deutlich angestiegen, eine konkrete Nahoststrategie gab es in Moskau aber nicht. Die Region wurde in ideologische Konzepte und in die allgemeine Nachkriegspolitik eingepasst. Allerdings zeichnete sich in internen Memoranden des NKID schon Ende 1944 ab, dass zuständige Mitarbeiter einen jüdischen Staat im Nahen Osten als Möglichkeit erkannten, die britische Dominanz zu schwächen; der Panarabismus wurde dagegen, wie bereits erwähnt, als bloßer Ausdruck britischen Einflusses abgetan. Die konkreten Vorstellungen

---

[74] S. A. Lozovskij an V. M. Molotov, 22.5.1943, über die Instruktionen für die Delegierten des Jüdischen Antifaschistischen Komitees Michoëls und Fefer in Bezug auf die Auslandsreise, in: SIO, Bd. 1, S. 75.
[75] Court Record of the Military Collegium of the USSR Supreme Court. Judicial Proceedings against Members of the Jewish Anti-Fascist Committee, May 8 – July 18 1952: Testimony by Isaac Fefer, in: Joshua Rubenstein/Vladimir P. Naumov (Hrsg.), Stalin's Secret Pogrom. The Postwar Inquisition of the Jewish Anti-Fascist Committee, New Haven/London 2001, S. 84.
[76] Ebenda, S. 83.
[77] Sitzungsprotokoll der Geschäftsführung der Jewish Agency vom 14.9.1943, in: SIO, Bd. 1, S. 85f.

über die Nahostpolitik variierten allerdings auch im NKID. Die Nahostabteilung des NKID konnte sich im Dezember 1944 die sowjetische Unterstützung für eine jüdische Heimstätte in Palästina vorstellen.[78] Die sowjetische Kommission für die Vorbereitung einer Nachkriegsfriedensregelung unter Vorsitz von Litvinov sprach sich für eine kollektive Treuhandschaft unter Kooperation mit der UdSSR im Nahen Osten aus. Gleichzeitig wurde darauf hingewiesen, dass eine Restriktion der jüdischen Immigration auf Dauer britische Kontrolle in Palästina zur Folge hätte, was kaum in sowjetischem Interesse sein konnte.[79] In all diesen Überlegungen ging es weder um eine proarabische noch um eine projüdische Politik, sondern um die Frage der „Effektivität" einer nationalstaatlichen Entwicklung, die sich vom britischen Einfluss befreien und eine progressive Gesellschaftsordnung aufbauen könnte. Dieses Potential aber hatten Moskaus Ansicht nach in den vergangenen Jahren nur jüdische Organisationen und die jüdische Gemeinschaft in Palästina gezeigt. Um negative Reaktionen von Seiten der Araber und Großbritanniens zu vermeiden, äußerte sich die Sowjetunion weiterhin nicht offiziell, sondern beließ es bei inoffiziellen Treffen und Verbindungen über die VOKS. Daher konnten sich die Repräsentanten der Jewish Agency bis zur Entscheidung der Vereinten Nationen im November 1947 auf keine sowjetischen Zusagen berufen.[80] Goldmann musste noch im Mai 1946 in einem Memorandum feststellen, dass trotz der vielen Bemühungen noch immer keine Klarheit über die sowjetische Haltung in der Palästinafrage herrsche.[81]

4. Sowjetische Nachkriegspolitik im Nahen Osten

Die Entwicklung der Nachkriegsjahre verstärkte allerdings die sowjetisch-zionistische Interessenparallelität, die sich bis zum Kriegsende herauskristallisiert hatte. Angesichts der Tatsache, dass es der Sowjetunion nicht gelang, ihren Einfluss auf ihre südlichen Nachbarn zu festigen, und mit Blick auf die deutlichen Brüche im sowjetisch-westlichen Bündnis, nahm die Bedeutung der abhängigen Länder bzw. Kolonien für die sowjetische Politik stark zu. Zugleich setzte Moskau auf Risse in der anglo-amerikanischen Kooperation. Diese Ansätze zeigten sich auch im Nahen Osten. Hier hatte der neue US-amerikanische Präsident Harry S. Truman von Großbritannien eine über die Zahlen des Weißbuchs von 1939 hinausgehende Zulassung für die jüdische Immigration nach Palästina gefordert. Ende 1945 sah sich

---

[78] Geheimbericht des Leiters der Nahostabteilung des Volkskommissariats für Auswärtige Angelegenheiten, I. V. Samylovskij, und des Gesandten in Ägypten, A. D. Ščiborin, an V. G. Dekanozov, vom 25.11.1944, über die Haltung zur Panarabischen Föderation und der Bildung eines jüdischen Staates in Palästina, in: SIO, Bd. 1, S. 108ff.
[79] Geheimmemorandum der Kommission zur Vorbereitung eines Friedensvertrages und einer Nachkriegsregelung, Über die Palästinafrage, vom 27.7.1945, in: SIO, Bd. 1, S. 120ff.
[80] K. Umanskij äußerte sich z. B. am 15.8.1944 gegenüber N. Goldmann als Privatperson und vermutete eine positive Haltung der UdSSR zu Gunsten eines jüdischen Staates (Gesprächsnotiz, in: SIO, Bd. 1, S. 96ff.). Auf dem ersten internationalen Gewerkschaftstreffen 1945 in London unterstützte die sowjetische Delegation eine Resolution über die Verantwortung der Vereinten Nationen zum Schutz der Juden und über das Recht auf eine nationale Heimstätte in Palästina (Kurzbericht, in: SIO, Bd. 1, S. 110). Auch der tschechische Präsident Eduard Beneš berichtete Goldmann über sein Treffen mit Stalin, dass dieser versichert habe, alles für die Juden zu tun, um das im Krieg geschehene Unrecht wiedergutzumachen. Vgl. Goldmann, Mein Leben, S. 180.
[81] Geheimbrief N. Goldmanns an L. Toledo vom 21.5.1946, Memorandum zur Darstellung des zionistischen Standpunkts in Bezug auf Palästina, in: SIO, Bd. 1, S. 146ff.

Großbritannien zu einem anglo-amerikanischen Untersuchungskomitee genötigt, das sich mit der Situation der Juden in Europa und in diesem Kontext auch mit dem Palästinaproblem beschäftigen sollte. Von daher drängten sich die Entwicklungen im Nahen Osten in Moskauer Augen zur Schwächung des britischen Einflusses und des anglo-amerikanischen Zusammenhalts nahezu auf. Während sich die beiden Westmächte bezüglich der Interessensphären in Asien weitgehend geeinigt hätten, sei ein Kompromiss im Nahen Osten aufgrund der starken politischen, geostrategischen und wirtschaftlichen Interessen beider Länder kompliziert, heißt es im bekannten Telegramm Novikovs aus Washington im September 1946 – hier ließen sich die intra-westlichen Differenzen leicht verstärken, so seine Analyse.[82] Der Nahe Osten wurde damit zu einem neuen Fokus sowjetischer Außenpolitik.

Tatsächlich hatte sich die Lage in Palästina seit 1944 deutlich zugespitzt. Immer häufiger wurden Briten Zielscheibe jüdischer Angriffe. Auch die Ezel nahm zum Kriegsende ihre Aktivitäten gegen britische Ziele wieder auf, und selbst die Haganah, welche im Krieg eng mit der britischen Mandatsverwaltung kooperiert hatte, schloss sich ab 1944 diesem antibritischen Kampf an. Nach Kriegsende fanden sich Haganah, Ezel und Lechi zu einem militärischen Kampfbündnis gegen die britische Mandatsmacht zusammen. Neben der Befreiung von illegalen Immigranten und neben Angriffen auf öffentliche Gebäude, Polizeistationen, Regierungsämter und das Eisenbahnnetz richteten sich die Anschläge nun auch vermehrt direkt gegen britische Militärs und arabische Zivilisten. Im Sommer 1946 erreichten die Auseinandersetzungen einen Höhepunkt, als das King-David-Hotel in Jerusalem, in dem Teile der britischen Mandatsregierung ihren Sitz hatten, gesprengt wurde. Neunzig Menschen kamen ums Leben.[83]

Diese Entwicklung in Palästina wirkte sich deutlich negativ auf die britische Mandatsmacht aus. Die Ereignisse wurden von der UdSSR allerdings gerade wegen des militanten Vorgehens positiv beurteilt.[84] Offiziell äußerte sich der Kreml jedoch erst, nachdem die bereits erwähnte anglo-amerikanische Untersuchungskommission am 13. April 1946 ihre Ergebnisse bekannt gegeben hatte – die Sowjetunion wollte vermeiden, dass ihr Stillschweigen als Zustimmung gewertet würde. Zudem wurde konstatiert, dass „offizielle und inoffizielle Repräsentanten der arabischen Staaten und jüdischer Organisationen sich zwecks einer Lösung für das Palästinaproblem an die sowjetische Regierung"[85] wandten, was eine Stellungnahme umso erforderlicher erscheinen ließ.

Das anglo-amerikanische Komitee hatte empfohlen, in Palästina einen jüdisch-arabischen Gesamtstaat zu gründen, sofort 100 000 Juden immigrieren zu lassen und das britische Mandat so lange zu bewahren, bis die Vereinten Nationen Palästina als Treuhandgebiet übernähmen. Die UdSSR wertete dies als Versuch, das britische Mandat fortzusetzen und damit „das Eingreifen anderer Staaten in die Lösung des Palästinaproblems zu verhindern, bis Palästina vollkommen in britischem und amerikanischem Besitz war".[86] Die

---

[82] Telegramm des sowjetischen Botschafters in den USA, Nikolaj Novikov, vom 27.9.1946, in: Kenneth M. Jensen (Hrsg.), Origins of the Cold War. The Novikov, Kennan, and Roberts „Long Telegrams" of 1946, Washington 1993, S. 8–13.
[83] Segev, Es war einmal ein Palästina, S. 517 und 521.
[84] Yaacov Ro'i, Soviet Decision Making in Practice. The USSR and Israel 1947–1954, New Brunswick/London 1980, S. 45.
[85] Memorandum des stellvertretenden Leiters der Nahostabteilung des Ministeriums für Auswärtige Angelegenheiten der UdSSR, M. A. Maksimov, vom 15.5.1946, zur Palästinafrage, in: SIO, Bd. 1, S. 145.
[86] Ebenda, S. 145.

sowjetische Stellungnahme sprach der westlichen Kommission jede Zuständigkeit ab und forderte die sofortige Beendigung des britischen Mandats und die Bildung einer UN-Treuhandschaft, ohne weitere konkrete Vorschläge zu präsentieren. Noch immer ging es Moskau darum, angesichts eigener fehlender Handlungsfähigkeit eine einseitige Positionierung zu vermeiden. Dass die sich 1944/1945 abzeichnende Politik ihre Gültigkeit behielt, lässt sich aber auch an der Massenemigration osteuropäischer Juden nach Palästina zeigen: Sie war den sowjetischen Behörden sehr wohl bekannt, wurde aber bewusst weder publik gemacht noch, wie es in Bezug auf sowjetische Juden der Fall war, verhindert. Auf diese Weise förderte Moskau indirekt die Voraussetzungen für einen jüdischen Staat in Palästina.[87]

Als Großbritannien im Januar 1947 aufgrund des Bürgerkrieges in Palästina und angesichts eigener Schwäche die Entscheidung über die Zukunft Palästinas an die Vereinten Nationen abtrat, bot sich der UdSSR die erhoffte Mitsprachemöglichkeit. Das Mehrheitsergebnis des entsprechenden UN-Komitees für Palästina (UNSCOP) empfahl die Teilung. Das entsprach der sowjetischen Position, ohne dass die Initiative von der Sowjetunion selbst hätte ausgehen müssen. „Taktische Überlegungen", so fasste es Molotov in einem Telegramm an Vyšinskij zusammen, „motivierten unseren Vorschlag der ersten Variante für die Lösung der Palästinafrage – die Gründung eines binationalen Staates. Wir wollten nicht die Initiative für die Gründung eines jüdischen Staates übernehmen, aber die zweite Variante der oben genannten Direktive, die Schaffung eines unabhängigen jüdischen Staates, drückt besser unsere Position aus. Da sich nach der Untersuchung die Mehrheit des UN-Komitees für die Schaffung eines eigenen jüdischen Staates ausgesprochen hat, sollten Sie die Mehrheitsmeinung unterstützen, die unserer grundlegenden Position zu dieser Frage entspricht."[88] Am 29. November 1947 befürworteten bei der Abstimmung in der Generalversammlung neben der Sowjetunion alle osteuropäischen Länder (außer Jugoslawien) die Teilung, so dass für die Teilungsresolution die Mehrheit erreicht wurde. Als am 15. Mai 1948 der Staat Israel ausgerufen wurde, war es die UdSSR, die den neuen Staat als Erste de jure anerkannte.

Nach der Anerkennung des Staates Israel kam es zunächst zu weiteren sowjetisch-israelischen Kooperationen. Beide Seiten versuchten auf verschiedenen diplomatischen Ebenen ihre Palästinapolitik weiterhin abzustimmen. Darüber hinaus unterstützte die Sowjetunion von Beginn an die Anträge Israels auf Aufnahme in die UN, die 1949 erfolgte, und widersetzte sich konsequent einer Revision der Teilungsresolution vom 29. November 1947. Vor allem aber war die UdSSR in weitem Maße für die militärische Überlegenheit der israelischen Truppen im ersten israelisch-arabischen Krieg verantwortlich.[89] Der Kreml hatte sich bei der Tschechoslowakei und Jugoslawien für umfangreiche Waffenlieferungen und für die Ausbildung israelischer Militärs eingesetzt. Während die UdSSR selbst allen entsprechenden Bitten Israels auswich, um nicht ihr Image eines „friedliebenden" Staates zu beschädigen, förderte sie hinter den Kulissen massiv die militärische Schlagkraft des neuen Staates. Ohne diese Hilfe hätte Israel als Staat wohl kaum überleben können.

---

[87] Rucker, Moscow's Surprise, S. 12ff.
[88] Telegramm des Außenministers V. M. Molotov an den stellvertretenden Außenminister A. Ja. Vyšinskij vom 30.9.1947, über die sowjetische Position zu Palästina, in: SIO, Bd. 1, S. 251f.
[89] Hierzu im Detail Arnold Krammer, The Forgotten Friendship. Israel and the Soviet Bloc, 1947–1953, London u. a. 1974, passim.

Insgesamt erschien der UdSSR eine „antiimperialistische Politik" als Mittel, die Einheit der kapitalistischen Staaten und den Erhalt bzw. Ausbau ihrer Machtpositionen zu verhindern. Wichtiger für die sowjetische Entscheidungsfindung aber waren Entwicklungen der Kriegsjahre, in denen sich die zionistischen Organisationen als fortschrittliche und unabhängige Macht im Nahen Osten präsentiert hatten. Sie hatten sich um die Sowjetunion bemüht, sie gezielt in die Diskussion um die Zukunft Palästinas einbezogen und sich als prosozialistischer Partner gegen Großbritannien empfohlen.

Israel seinerseits wusste die Beziehungen ebenfalls zu schätzen. Die ersten Auslandsvertretungen des israelischen Staates wurden demgemäß in Moskau und in Prag eröffnet. Bis 1949 blieb die Kooperation zwischen der Sowjetunion und Israel relativ intensiv. Zwei Faktoren führten indes zu einer baldigen Verschlechterung der Beziehungen. In Israel setzte sich bei den Wahlen im Januar 1949 die Arbeiterpartei Ben Gurions, MAPAI, durch. Diese zeigte eine deutliche Westorientierung, während die Kommunisten nicht in die Regierung aufgenommen wurden. Vor allem aber wurde die Emigration sowjetischer Juden nach Israel früh zum Hauptthema in den Beziehungen zur Sowjetunion. Israel versuchte mit vielen Mitteln, Ausreisegenehmigungen für die sowjetischen Juden zu erreichen – aus der Sicht des Kreml war dies eine unerwünschte Einmischung in innere Angelegenheiten der UdSSR. Dieser Eindruck wurde mit der Ankunft der ersten israelischen Botschafterin in Moskau, Golda Meir, noch verstärkt. Offene Solidaritätsbekundungen zehntausender Juden in Moskau und zahlreiche Ausreiseanträge zeugten von der auch in der UdSSR steigenden Euphorie für die jüdische Staatsgründung. Diese ungewollten Rückwirkungen von Außen- und Innenpolitik waren es, die die sowjetisch-israelischen Beziehungen auch in den folgenden Jahrzehnten stark beeinträchtigten.

5. Fazit

Das Beispiel Palästinas zeigt erneut, dass die historische Entwicklung im Nahen Osten deutlich von Interessen regionaler Akteure geprägt wurde. Die Aktivitäten der Jewish Agency waren keine Reaktion auf die sowjetische Politik. Vielmehr ergriffen die jüdischen Politiker die Initiative und versuchten ihrerseits, die sowjetische Politik zu beeinflussen. Dabei kamen diese Initiativen aus der Region durchaus den Interessen der sowjetischen Führung entgegen.

Angesichts des stalinistischen Antisemitismus vor allem nach dem Krieg sowie der grundsätzlichen bolschewistischen Verurteilung des Zionismus als einer bürgerlich-nationalistischen Bewegung war die sowjetische Unterstützung für die neue Staatsgründung nicht unbedingt zu erwarten, setzt man einen direkten Zusammenhang von Innen- und Außenpolitik als gegeben voraus. Doch schon zionistische Pragmatiker wie Eliahu Epstein waren sich der potentiellen Zweigleisigkeit sowjetischer Innen- und Außenpolitik bewusst und nahmen sie in Kauf: „Es hat in der Innenpolitik der UdSSR trotz der Außenpolitik der sowjetischen Regierung keinen Wandel gegeben. [...] Einhergehend mit erhöhter politischer und militärischer Kooperation zwischen Sowjetrussland und den Demokratien, verstärkt Stalin seine Überwachung der öffentlichen Meinung innerhalb der UdSSR."[90] Im Jahr der Staatsgründung Israels kulminierten innerhalb der UdSSR spätstalinistische Ver-

---

[90] Geheimbericht E. Epsteins an M. Schertok vom 25.1.1942 über das Treffen mit dem sowjetischen Botschafter in Ankara, in: SIO, Bd. 1, S. 38.

folgungen in einer neuen Welle von Massenverhaftungen, die auch das Jüdische Antifaschistische Komitee trafen. Im Januar 1948 wurde der Leiter des Komitees, Michoéls, auf direkten Befehl Stalins hin ermordet. Im Herbst 1948 wurde das Komitee aufgelöst, seine Mitglieder verhaftet; viele von ihnen wurden 1952 zum Tode verurteilt. Daneben wurden bereits 1948 jüdische Theater und Vereinigungen in der UdSSR geschlossen, noch bevor die berüchtigte Kampagne gegen „Kosmopoliten" ab 1949 eingeleitet wurde. Diese parallelen Entwicklungen weisen auf eine zunächst vorherrschende Unabhängigkeit innen- und außenpolitischer Entscheidungen Stalins hin. Die Staatsgründung Israels stand für Stalin in keinem kausalen Zusammenhang mit dem Schicksal sowjetischer Juden, denen die Ausreise weiterhin verweigert wurde. Als die außenpolitischen Beziehungen sich infolge der israelischen Hauptforderung nach Zulassung jüdischer Emigration aus der UdSSR jedoch auf die innenpolitische Situation auswirkten, hatte dies auch Konsequenzen für die Außenpolitik Stalins, so dass sich die Beziehungen stark verschlechterten. Der Abbruch der Beziehungen 1953, der nach einem Anschlag auf die sowjetische Gesandtschaft in Tel Aviv (9. Februar 1953) erfolgte, war unter anderem eine Antwort auf die negative Berichterstattung in Israel anlässlich der Moskauer „Ärzte-Kampagne".

Die frühere Unterstützung Israels aber war aus realpolitischen und ideologisch-antiimperialistischen Gründen erfolgt und bedeutete keine Anerkennung des „Zionismus". Stalin hatte eine Gelegenheit genutzt, den westlichen Einfluss zu beseitigen und ein der Sowjetunion freundlich gesinntes Regime zu unterstützen. Diese Politik entsprach Ansätzen sowjetischer internationaler Politik gegenüber der Türkei, dem Iran oder China. Die Juden in Palästina boten sich als Minderheit im arabischen Nahen Osten an, um die „reaktionäre" und britisch dominierte arabische Welt zu erschüttern und den britischen Einfluss zu brechen. In diesem Sinne instrumentalisierte Stalin den Kampf der Juden in Palästina gegen die britische Mandatsmacht, förderte den „Separatismus" von der britisch dominierten arabischen Welt in der Weise, in der auch Unabhängigkeits- und Sezessionskämpfe in westlich orientierten oder anderen „reaktionären" Ländern genutzt werden sollten. Stalin vermied auf diese Weise eine direkte Konfrontation der UdSSR mit dem Westen. Die Beharrlichkeit der Zionisten gab Stalin in Palästina die notwendige Sicherheit für eine offene, erfolgreiche Positionierung der UdSSR. So erwies sich die Arbeit der Jewish Agency als zielstrebig und effizient. Sie hatte gegenüber der Sowjetunion über Jahre hinweg genau die Aspekte unterstrichen, welche für die UdSSR von Bedeutung waren. Während arabische Staaten wie Ägypten ihre Unabhängigkeit nicht vehement genug verfolgten und deren Gesellschaften gespalten waren, zeichnete sich die jüdische Gemeinde Palästinas durch ein konsequentes Unabhängigkeitsbestreben, durch aggressives Vorgehen gegen die britische Dominanz und eine diesbezüglich einheitliche öffentliche Meinung aus. Darüber hinaus wies sie sozialistische Elemente im Gesellschaftsaufbau und kulturelle Bindungen an Osteuropa auf. Das zionistische Projekt bot Stalin die größten Chancen auf eine Reduzierung des britischen Einflusses im Nahen Osten. Die jüdischen nationalen Interessen korrelierten mit den Interessen des sowjetischen „Antiimperialismus" – der Jewish Agency ging es allerdings nie um eine Allianz mit der UdSSR im Kalten Krieg oder auch nur um eine dauerhafte Annäherung. Sie nutzte vielmehr ihrerseits aus eigenen Interessen heraus die neuen internationalen Strukturen gegen die britische Dominanz in der Region und instrumentalisierte damit die UdSSR zur Verwirklichung eigener nationaler Bestrebungen.

Céline Marangé
Genf, 1954: Zwischen Ideologie und Realpolitik
Die Rolle des sozialistischen Lagers auf der Genfer Indochina-Friedenskonferenz

Der Kampf gegen den Kolonialismus, der seit 1917 zum ideologischen Gedankengut der russischen Bolschewiki gehört hatte und in den zwanziger Jahren von der Komintern aktiv vorangetrieben worden war, wurde von Stalin weitgehend vernachlässigt. Die Frage, ob die Sowjetunion den antikolonialen Befreiungskrieg unterstützen sollte, tauchte unmittelbar nach dem Zweiten Weltkrieg wieder auf, nachdem die ehemaligen asiatischen Kolonien Großbritanniens ihre Souveränität erlangt und in den Kolonialländern sich mehrere marxistisch geprägte Bewegungen auf der politischen Bühne bemerkbar gemacht hatten. Die Verschärfung des Kalten Krieges zu Beginn der 1950er Jahre ist untrennbar mit dem Dekolonisationsprozess verbunden: Angesichts des Sieges der Kommunisten in China, der Ereignisse in Korea und des Auftretens kommunistischer Parteien in zahlreichen Ländern der Dritten Welt wuchs die Furcht der Amerikaner vor einer kommunistischen Weltherrschaft. Vom Anfang bis zum Ende des Kalten Krieges behinderten die oft von den in Sowjetrussland ausgebildeten Berufsrevolutionären geführten Kriege die Bemühungen um eine Verbesserung der Ost-West-Beziehungen, zunächst die Politik der „Friedlichen Koexistenz" und dann die Entspannungspolitik. Schon 1953, als sie konzipiert wurde, und somit lange bevor die Chinesen sie zur Streitfrage machten, prallte die Politik der „Friedlichen Koexistenz" mit der Idee der Weltrevolution aufeinander. Der Kreml stand von nun an vor einem unentwirrbaren Dilemma: Einerseits wollte er einen dritten Weltkrieg vermeiden, und dazu musste er irgendeine Form des Kompromisses mit den Vereinigten Staaten finden, andererseits aber war er gewillt, den Kommunismus in der Welt zu verteidigen, zu stärken und zu propagieren.

Dieser Artikel richtet den Fokus auf die Rolle, welche sowohl die UdSSR als auch China bei den Verhandlungen über das Genfer Indochina-Abkommen 1954 gespielt haben. Die auf das Drängen Moskaus einberufene Genfer Korea- und Indochinakonferenz veranschaulichen deutlich, wie sich nach Stalins Tod die beiden großen Herausforderungen der Nachkriegszeit – der Kalte Krieg und die Dekolonisation – in der sowjetischen Außenpolitik ineinanderfügten. Zu keinem Zeitpunkt während dieser Zeitspanne stellte für Moskau die Machtübernahme durch ein kommunistisches Regime in Vietnam eine Priorität dar. Gleichwohl taten die Leiter der sowjetischen und der chinesischen Delegation, Molotov und Zhou Enlai ihr Möglichstes, um das Ende des Krieges zu relativ vorteilhaften Bedingungen für den Viet Minh herbeizuführen. Gleichzeitig aber versuchten sie die Eskalation des Konflikts zu vermeiden, der in einen atomaren Krieg hätte ausarten können, da die Vereinigten Staaten sowohl eine militärische Intervention in den Indochinakrieg als auch den Rückgriff auf Präventivschläge gegen die Volksrepublik China nicht nur in Betracht zogen, sondern damit sogar drohten. Noch überraschender ist die Tatsache, dass sie auf den Fortbestand des französischen Einflusses in Indochina großen Wert legten. Beide handelten aus Motivationen heraus, welche den Interessen des Viet Minh in keiner Weise entsprachen: Während Moskau die Unterstützung Frankreichs in Bezug auf europäische Fragen zu gewinnen versuchte, wollte Peking die Errichtung amerikanischer Stützpunkte in beiden Ländern vermeiden. Während die französischen, amerikanischen und sowjetischen Quellen und Memoiren wenigstens teilweise zugänglich sind, sind die vietnamesischen

Archive bis heute geschlossen. Daher ist es immer noch schwierig, die differenzierten vietnamesischen Zielsetzungen genau zu bestimmen.[1]

Die „Friedliche Koexistenz" aus der Sicht Moskaus (März 1953–Februar 1954)

Nach Stalins Tod versuchte die neue sowjetische Führung, die Spannungen in den internationalen Beziehungen zu vermindern, indem sie den Koreakrieg beendete. Sie schlug die Formel der „Friedlichen Koexistenz" vor und ergriff die Initiative zur Einberufung einer internationalen Konferenz. Gleichwohl blieben die Prioritäten der sowjetischen Außenpolitik unverändert. Europa und insbesondere die „deutsche Frage" standen weiterhin im Zentrum ihrer Aufmerksamkeit. Im Jahre 1953 scheute Moskau keine Anstrengung, um Frankreich dazu zu überreden, sich dem Projekt der Wiederbewaffnung der Bundesrepublik Deutschland zu widersetzen. Und obwohl sie ihre Waffenlieferungen an Vietnam verstärkte, leistete sie ihm auf diplomatischer Ebene so gut wie keinen Beistand.[2]

Gleich zu Beginn des Jahres 1953 verlagerten sich die internationalen Spannungen von Korea nach Indochina. Gerüchte über geheime sino-sowjetisch-indochinesische Abmachungen alarmierten die amerikanische Regierung.[3] Am 2. Februar gab der frisch ins Amt eingeführte Präsident der Vereinigten Staaten Dwight David Eisenhower zu verstehen, dass die Vereinigten Staaten sehr wohl auf die Atomwaffe zurückgreifen könnten. Im selben Monat begannen die sowjetischen Behörden die Idee der „Friedlichen Koexistenz" zwischen dem kapitalistischen und dem kommunistischen System zu fördern, wobei diese Idee von Anbeginn als Alternative gegen einen neuen Weltkrieg gedacht war. So tauchte

---

[1] Dieser Artikel ist das Ergebnis der von mir in folgenden Archiven durchgeführten Recherchen: im Archiv des französischen Außenministeriums (Archives diplomatiques françaises – ADF); im Archiv des chinesischen Außenministeriums (Archives du Ministère des Affaires étrangères chinois – AMAEC); in den Unterlagen der Kommunistischen Partei der Sowjetunion, die im Russischen Archiv der Neuesten Geschichte (Rossijskij Gosudarstvennyj Arhiv Novejšej Istorii – RGANI) aufbewahrt werden und zum Großteil in den Bibliotheken der Universitäten Yale, Harvard und Stanford verfügbar sind; sowie im Archiv des U.S. Department of State (AUSDS). Ich danke Herrn und Frau Fox, infolge deren Großzügigkeit ich meine Recherchen in Yale als *Fox International Fellow* fortsetzen konnte, Herrn Christian Ostermann, dem Direktor des CWIHP, der mir liebenswürdigerweise eine Sammlung chinesischer Dokumente, die ins Englische übersetzt wurden, zur Verfügung gestellt hat, die im Bulletin Nr. 16 des CWIHP erschienen sind, Herrn Christopher Goscha, der mich über mehrere schwierige Fragen aufgeklärt hat, sowie dem französischen Außenministerium, das mir erlaubt hat, seine Archivbestände zu konsultieren.

[2] Zu Stalins Indochina-Politik siehe Christopher E. Goscha, Courting Diplomatic Disaster? The Difficult Integration of Vietnam into the Internationalist Communist Movement (1945-1950), in: Journal of Vietnamese Studies, Vol. 1, No. 1-2, S. 59-103; Ilya V. Gaiduk, Confronting Vietnam: Soviet Policy toward the Indochina Conflict, 1954-1963, Washington: Woodrow Wilson Center Press, 2003; Mari Olsen, Soviet – Vietnam Relations and the Role of China, 1949-1954, London/New York 2006.

[3] ADF, série (s.) Asie-Océanie, sous-série (ss.) Indochine, dossier (d.) 174 (Communisme. Relations Moscou-Hanoi-Pékin. Août 1944 – mai 1953), S. 269: Titel des Artikels: Accords entre Ho Chi Minh, Moscou et Pékin, in: Franc Tireur, 27.1.1953; die Zeitungen stützten sich auf offizielle französische Quellen, die auf Enthüllungen (nicht nachgewiesen) von Pham Le Bong basieren. Letzterer war ein ehemaliger Viet Minh, der zum Lager Bao Dais übergelaufen ist. ADF, s. Asie-Océanie, ss. Indochine, d. 174, S. 271: Artikel von Seymour Freydin betitelt „Stalin's Man of Mystery", in: Daily Mail, 4.2.1953. Es handelte sich um Marschall Malinovskij, Oberkommandierender der Roten Armee im Fernen Osten und Georgij Puškin, den stellvertretenden Außenminister der Sowjetunion.

dieser Terminus im offiziellen sowjetischen Sprachgebrauch noch vor Stalins Tod auf und fand fortan ab dem folgenden Monat regelmäßig Anwendung.[4]

Nach Stalins Tod entschied sich die neue sowjetische Führung, Wege zu finden, die zur internationalen Entspannung führen sollten. Als Erstes hatte sie sich zum Ziel gesetzt, dem Koreakrieg ein Ende zu setzen. Am 21. März kündigte das Zentralkomitee der Kommunistischen Partei der Sowjetunion (KPdSU) Zhou Enlai an, welche Absichten es in Bezug auf Korea verfolge. Vier Tage nach seiner Rückkehr in China schlug Zhou Enlai offiziell die Wiederaufnahme der Friedensverhandlungen vor.[5] Mao akzeptierte das Prinzip der freiwilligen Repatriierung der Kriegsgefangenen – eine Frage, die die Verhandlungen über Korea seit anderthalb Jahren blockiert hatte. Die Initiativen der Sowjets wurden von der chinesischen Führung mit Zustimmung aufgenommen. Sie wollte sich von der koreanischen Last befreien und ihre Energie darauf verwenden, sowohl die Wirtschaft und die Sicherheit ihres Landes zu konsolidieren, als auch einen Sitz in den Vereinten Nationen (UN) sowie eine Einigung über Taiwan zu erreichen. Im Übrigen konnten sie sich der Vaterschaft des Konzepts der „Friedlichen Koexistenz" rühmen, nachdem Zhou Enlai als Erster im Dezember 1953 dieser entsprechende fünf Prinzipien für die Beziehungen zwischen China und Indien definiert hatte.[6] Die Verhandlungen gingen schnell voran: Am 27. Juli 1953 wurde der Koreakrieg mit dem Waffenstillstand von Panmunjon beendet. Ab diesem Augenblick sollten sich die internationalen Spannungen maßgeblich auf die Zukunft Deutschlands und Indochinas auswirken.

Im Gegensatz zu Stalin, der Ho Chi Minh misstraute, hatte die neue sowjetische Führung von ihm ein positives Bild. In seinen Memoiren spricht Chruščev von ihm mit höchst lobenden Worten: Er ging sogar so weit, ihn mit einem jener heiligen Apostel zu vergleichen, die – so sagt man – in längst vergangenen Zeiten lebten:

> „Apostel der Revolution [...], seine Augen glänzten vor Aufrichtigkeit und Reinheit. Dabei handelte es sich um die Aufrichtigkeit eines unbestechlichen Kommunisten, der seiner Sache ergeben ist. In Wahrheit war er ein Heiliger. [...] Immer dann, wenn er von dem Kampf sprach, der in Vietnam unter seiner Führung geführt wurde, ja gerade dann, wurde sein auf Stalin und die anwesende Sowjet-Leitung gerichteter Blick etwas eigenartig. Fast – würde ich sagen – lag eine kindliche Naivität in seinem Blick."[7]

Nichtsdestoweniger entwickelte sich die sowjetische Haltung dem Indochinakrieg gegenüber kaum. Im Sommer verstärkte zwar die sowjetische Führung ihre Hilfe für den Viet Minh, proklamierte jedoch weiter ihre Neutralität in dem Konflikt.[8] Im Frühling 1953 gewann der Krieg an Intensität und breitete sich auf ganz Indochina aus, was zur Folge hatte, dass die Amerikaner immer mehr an der Fähigkeit Frankreichs zweifelten, den Kommunismus in Asien eindämmen zu können. So kristallisierte sich die Idee einer nordamerikanischen Intervention in den Indochinakonflikt heraus.

---

[4] David Holloway, Stalin and the Bomb. The Soviet Union and Atomic Energy, 1939–1956, New Haven/London: Yale University Press, 1994, S. 335.
[5] King C. Chen, Vietnam and China, 1938–1954, Princeton: Princeton University Press, 1969, S. 283.
[6] Zhai Qiang, China and the Geneva Conference of 1954, in: The China Quarterly, No. 129 (Mar., 1992), S. 103–122, hier S. 107. Die fünf großen Prinzipien der „Friedlichen Koexistenz" sind: die gegenseitige Achtung der Souveränität und der territorialen Integrität, der gegenseitige Nichtangriff, die jeweilige Nichteinmischung in die inneren Angelegenheiten, die Gleichberechtigung und der beiderseitige Nutzen.
[7] N. S. Chruščev, Vremja, ljudi, vlast', Moskau 1999, S. 113.
[8] ADF, s. Asie-Océanie, ss. Indochine, d. 174, S. 301: Télégramme de Joxe en provenance de Moscou et daté du 9 mai 1953.

Die neue Sowjetführung bemühte sich um Diversifikation ihrer Außenpolitik, indem sie nicht nur bilaterale Kontakte mit prowestlichen Staaten wie der Türkei, Israel und Österreich zu aktivieren versuchte, sondern auch eine privilegierte Beziehung zu Frankreich anstrebte.[9] Sehr schnell stellten die französischen Diplomaten fest, dass ihre sowjetischen Amtskollegen ihnen gegenüber eine ungewohnte Freundlichkeit an den Tag legten: Bei jeder Gelegenheit wurde die „französisch-sowjetische Freundschaft" beschworen. Nach dem Volksaufstand in der DDR im Juni 1953 zeigte sich die sowjetische Führungsspitze dem Projekt einer Europäischen Verteidigungsgemeinschaft (EVG) gegenüber zunehmend feindlicher. Dieses von den Vereinigten Staaten und Großbritannien unterstützte Projekt sah eine Wiederbewaffnung Westdeutschlands unter internationaler Kontrolle vor.

Moskau beschloss die Unterstützung Frankreichs zu gewinnen und gleichzeitig die NATO zu schädigen. Als erstes offenkundiges Zeichen seines Willens zur Annäherung stattete Molotov anlässlich der Feierlichkeiten zum 14. Juli der französischen Botschaft einen unerwarteten Besuch ab, um vier Tage nach Bekanntgabe der Verhaftung Lavrentij Berijas zu signalisieren, dass er die von diesem initiierte „Entspannungspolitik" fortsetzen würde.[10] In einer langen Rede am 8. August 1953 vergaß Malenkov, das Indochinaproblem zu erwähnen, was den Franzosen nicht entging. Im Laufe des Sommers sprach der neue sowjetische Botschafter in Frankreich, S. Vinogradov, mehrmals offen über die zwei Leitgedanken, die fortan die sowjetische Außenpolitik maßgeblich prägten. „Wir wollen den Frieden. Die ,Friedliche Koexistenz', so wie sie Lenin definiert hat, gehört zu den Grundsätzen der gegenwärtigen Sowjetpolitik". Anschließend bestand der Botschafter darauf, dass „die Revolution kein Exportartikel sei". Diese wirklich revolutionäre Idee wurde natürlich Lenin zugeschrieben. Schließlich schlug der sowjetische Botschafter die Eröffnung direkter Verhandlungen zwischen Frankreich und der Sowjetunion über Deutschland vor.

> „Die Existenz eines starken Frankreichs, welches sich seines Indochinaproblems entledigt hat und eben aufgrund dieser Tatsache in der Lage ist, ein eigentlich für Kriegszwecke bereitgestelltes Budget in soziale Programme zu investieren, erscheint in den Augen der Sowjetunion unverzichtbar: Letztere würde es begrüßen, wenn Frankreich seine traditionelle Mission in vollkommener Eigenständigkeit wieder aufnehmen würde."[11]

Es war das erste Mal, dass die Sowjets im Rahmen einer Unterredung mit Frankreich das Indochinaproblem ansprachen.[12] Aus diesen Signalen schloss Paris, dass die Sowjets „von französischer Seite wenn nicht Unterstützung, so doch wenigstens ein gewisses Entgegenkommen erwarteten". Es wurde beschlossen, auf diese Annäherungsversuche der Sowjetunion nicht einzugehen.[13] Ende Oktober bot der sowjetische Botschafter seinem französi-

---

[9] ADF, s. Asie-Océanie, ss. Indochine, d. 175 (Communisme. Relations Moscou-Hanoï-Pékin. Juin à décembre 1953), S. 51–54: Note de Jean Le Roy à Georges Bidault sur l'URSS et la guerre d'Indochine, datée du 19 août 1953; siehe auch ADF, s. Europe (1945–1955), ss. URSS, d. 154 (Relations entre la France et l'URSS), juillet 1953 – février 1955), S. 54: Note du Consul de France à Malte et à Chypre au Ministre des Affaires étrangères sur la Russie et la France, datée du 15 décembre 1953.

[10] ADF, s. Europe (1945–1955), ss. URSS, d. 154, S. 16: Note de Jean Le Roy au Ministre des Affaires étrangères sur l'attitude de l'URSS à l'égard de la France faite à Moscou, le 13 août 1953.

[11] ADF, s. Secrétariat Général (1945–1966), ss. Dossier, d. 31 (Entretien entre Louis Joxe et l'Ambassadeur soviétique en France M. Vinogradov) S. 308–316 und 341f., Zitat S. 341 bis: Note de l'Ambassadeur de France en URSS pour le Secrétaire Général faite à Paris le 21 août 1953.

[12] ADF, s. Secrétariat Général (1945–1966), ss. Dossier, d. 31, S. 308–316 und 341f.: vgl. Anm. 11.

[13] Am 21. August 1953 stellte der französische Außenminister in seinem Brief an den französischen Botschafter in Moskau fest: „Wenn [die Sowjets] darauf aus sind, im Westsystem einen Bruch zu finden

schen Amtskollegen erneut an, französisch-sowjetische Gespräche zu führen, wobei er ausdrücklich unterstrich, wie gefährlich ihm die Wiederbewaffnung eines „aggressiven und von den Vereinigten Staaten unterstützten Deutschland" erscheine. Dem Bericht des französischen Botschafters nach zu urteilen, wurde „das Wort vom französisch-sowjetischen Pakt nicht ausgesprochen, aber es schwebte sehr wohl im Raum".[14]

Parallel zu ihren diplomatischen Bemühungen um Frankreich unternahmen die Sowjets mehrere Schritte sowohl zur Förderung der „Friedlichen Koexistenz" als auch zur Unterstützung Chinas in seinem Streben, zur Weltmacht aufzusteigen. Am 4. August 1953 schlug die sowjetische Führung den Westmächten vor, eine Fünf-Mächte-Konferenz zur Erörterung der Probleme der Welt einzuberufen, an der auch das bis dahin weder von den Vereinigten Staaten noch von Frankreich anerkannte maoistische China teilnehmen sollte.[15] Am 24. August 1953 deklarierte Zhou Enlai, dass man sich von der Regelung des Koreakonflikts inspirieren lassen müsse, um alle anderen Konflikte lösen zu können, wobei er in diesem Zusammenhang auf Deutschland und Indochina anspielte.[16]

Die Doktrin der „Friedlichen Koexistenz" hatte für Moskau sehr gegensätzliche und unerwartete Konsequenzen: Die Beendigung des Koreakrieges trug nicht zu einem Nachlassen der Spannungen zwischen der Sowjetunion und den USA bei. Vielmehr verstärkte sie die amerikanischen Befürchtungen, zusehen zu müssen, wie Indochina und anschließend der ganze asiatische Raum von den Kommunisten einkassiert würden. Als die Chinesen Anfang September ihre 40. Armee in die Nähe der indochinesischen Grenze verlegten, verkündete der amerikanische Außenminister am 2. September, dass eine chinesische Invasion Vietnams „schwerwiegende Konsequenzen haben würde, die sich möglicherweise nicht auf Indochina beschränken würden".[17] Im Laufe des Oktobers gab US-Vizepräsident Richard Nixon bekannt, sein Land sei entschieden gegen jegliche Friedensverhandlungen über Vietnam, und am 30. Oktober führte die Eisenhower-Administration ihre Politik des „New Look" ein.[18] Im Gegensatz zu dieser Haltung erklärte der französische Premierminister Joseph Laniel vor der Nationalversammlung, dass seine Regierung mit der Idee eines Friedensschlusses einverstanden sei.

Am 26. November ließ der Viet Minh seine Antwort auf Laniels Vorschlag über die Presse verlauten: Ho Chi Minh erklärte seine Bereitschaft zu Waffenstillstandsverhandlungen. Zur gleichen Zeit nahm Moskau von der Idee einer Fünferkonferenz Abstand und schlug

---

oder gar zu verursachen, wird es für Sie keinen Anlass mehr geben, diese Verhandlungen weiterzuführen." ADF, s. Europe (1945–1955), ss. URSS, d. 154, S. 22–27, hier S. 27: Minute très secrète du Ministre français des Affaires étrangères à l'Ambassadeur de France à Moscou, Louis Joxe, datée du 21 août 1953.

[14] ADF, s. Secrétariat Général (1945–1966), ss. Dossier, d. 31, S. 308–316, S. 343–348, hier S. 344 und 346: Note de l'Ambassadeur de France en URSS pour le Secrétaire Général faite à Paris le 31 octobre 1953.

[15] ADF, Secrétariat Général (1945–1966), ss. Conférences Internationales, d. 56 (Conférence des Ministres des Affaires étrangères à Berlin, 25 janvier au 24 février 1954, S. 95–104, hier S. 95f.: Note sur la conférence à cinq, datée du 20 janvier 1954.

[16] [Ohne Autor] Sự thật về quan hệ Việt Nam – Trung Quốc trong 30 nam qua [Die Wahrheit über die Beziehungen zwischen Vietnam und China in den letzten Jahren], Hanoi: Nha xuat ban Sự thật, 1979, S. 29.

[17] William J. Duiker, US Containment Policy and the Conflict in Indochina, Stanford: Stanford University Press, 1994, S. 144.

[18] John Lewis Gaddis, Strategies of Containment. A Critical Appraisal of American National Security Policy during the Cold War, Oxford: Oxford University Press, 2005, esp. ed., S. 147; Duiker, US Containment Policy, S. 132.

vor, in Berlin eine Konferenz der vier Außenminister über die Frage der Zukunft Deutschlands abzuhalten. Anfang Dezember kamen die westlichen Staatsoberhäupter auf den Bermudas zusammen, um über die sowjetischen Vorschläge zu beraten und ihren politischen Kurs abzustimmen. Diese Gespräche brachten starke Differenzen zum Vorschein. Bidault, der Laniel vertrat, bestand darauf, dass alle Verhandlungen zum Thema Korea Gespräche über Indochina einschließen sollten, wozu die Vereinigten Staaten sich sehr reserviert verhielten, während Churchill den amerikanischen Präsidenten sehr eindrücklich vor den Risiken eines Atomkrieges warnte.[19] Die Briten fürchteten sich vor den Folgen eines militärischen Eingreifens der USA in Indochina, weil sie annahmen, dass eine solche Intervention zwangsläufig China mit in den Krieg hineinziehen und den Ausbruch eines dritten Weltkrieges nach sich ziehen würde.[20] Tatsächlich wusste jeder, dass im Februar 1950 Mao Zedong und Stalin einen Freundschafts- und Beistandspakt abgeschlossen hatten. In diesem Abkommen hatten sich die Volksrepublik China und die Sowjetunion gegenseitige Hilfe im Falle eines Angriffs Japans bzw. eines seiner Verbündeten – sprich die Vereinigten Staaten – versprochen. Darüber hinaus sah das Abkommen vor, dass auf alle „zur Verfügung stehenden Mittel zurückgegriffen werden könne". Dieser Passus, der auf die Tatsache hin deutete, dass die Sowjetunion seit August 1949 im Besitz der Atombombe war, wurde nach langen und schwierigen Diskussionen auf Zhou Enlais Drängen hinzugefügt.

Es herrscht keine Gewissheit darüber, inwieweit die sowjetischen Geheimdienste über die Meinungsverschiedenheiten zwischen den Westmächten hinsichtlich ihrer Haltung zum Kommunismus, zur künftigen Friedenssicherung und zur Wahl der Strategie gegenüber Korea und Indochina unterrichtet waren. Jedenfalls übernahmen die Kommunisten im Januar wieder die Initiative. Am 12. Januar 1954 forderte Zhou Enlai offiziell die Abhaltung einer Fünferkonferenz.[21] Am 24. Januar, gleich zu Beginn der Vier-Mächte-Konferenz in Berlin über die deutsche Frage und den österreichischen Staatsvertrag, tat Molotov das Gleiche.[22] Er legte angesichts der Ablehnung der USA und der zögerlichen Haltung der Franzosen eine ungewöhnliche Entschlossenheit an den Tag.[23] Ein Beispiel: Anlässlich einer privaten Unterredung mit dem amerikanischen Staatssekretär sprach Molotov fünfzig Minuten lang von der „absoluten Notwendigkeit, sowohl die Rolle Chinas in der Welt als auch den ihm gebührenden Platz anzuerkennen".[24] Er bestand mit solchem Nachdruck auf dieser Forderung, dass sich die vier Außenminister am 18. Februar 1954, also am letzten Tag der Berliner Konferenz, nach erbitterten Gesprächen und dem vollständigen

---

[19] ADF, s. Secrétariat Général (1945–1966), ss. Dossier, d. 31, S. 388–393: Résumé du compte rendu de la séance du 7 décembre aux Bermudes au sujet de la Chine, de la Corée et de l'Indochine, daté du 14 décembre 1953. In einem Anfall von Aufrichtigkeit, der einem die Sprache verschlug, dankte Churchill Bidault „für die Anstrengungen, die Frankreich in Indochina unternahm", ließ sich aber dann dazu verleiten, die Tatsache zu bedauern, „dass sein Land in Indien nicht gehandelt habe, wie Frankreich es in Indochina tue".
[20] Anthony Eden, The Memoirs. Full Circle, Cambridge 1960, S. 126, 132 und 139.
[21] ADF, s. Secrétariat Général (1945–1966), ss. Conférences Internationales, d. 56, S. 95–104, hier S. 97: Note sur la conférence à cinq, datée du 20 janvier 1954.
[22] ADF, s. Secrétariat Général (1945–1966), ss. Conférences Internationales, d. 56, S. 88–94, hier S. 93: Note sur le règlement de la question indochinoise par voie de négociation, datée du 20 janvier 1954.
[23] ADF, s. Secrétariat Général (1945–1966), ss. Conférences Internationales, d. 56, S. 200–202: Télégramme de la délégation française signé par Christian de Margerie, daté du 26 janvier 1954.
[24] ADF, s. Secrétariat Général (1945–1966), ss. Conférences Internationales, d. 56, S. 238: Télégramme très secret signé par R. de la Margerie et daté du 30 janvier 1954. Molotovs Äußerungen Dulles gegenüber wurden von Douglas Mac Arthur an die Franzosen weitergeleitet.

Scheitern der Verhandlungen über die Zukunft Deutschlands und Österreichs darauf einigten, für den 26. April in Genf eine Fünf-Mächte-Konferenz zur friedlichen Regelung des Koreakonflikts und zur Erörterung des „Problems der Wiederherstellung des Friedens in Indochina" einzuberufen.[25] Nach der Konferenz hielt Molotov eine Rede, in der er klare Ziele hinsichtlich Koreas setzte: Es müsse „eine nationale Einheit auf demokratischer Basis" zuwege gebracht werden. Allerdings machte Molotov keine genauen Angaben über seine Absichten in Bezug auf den künftigen Status Indochinas. Er begnügte sich lediglich damit, an die „nationalen Rechte der Völker Indochinas" zu erinnern und sich für eine Vereinbarung auszusprechen, „die dem Grundsatz der Freiheit und der nationalen Unabhängigkeit der Völker" gerecht werde.[26]

Die kommunistische Strategie am Vorabend der Genfer Konferenz (März-April 1954)

Während die stets ernsthafte Gefahr einer Eskalation des Krieges bestand, bemühte sich Moskau weiterhin um eine Minderung der internationalen Spannungen und eine in seinem Sinne vorteilhafte Regelung der europäischen Angelegenheiten.

Dementsprechend setzte es seine Verführungspolitik gegenüber Paris fort, dessen Unterstützung es bei den Themen der Zukunft Deutschlands und der Sicherheit in Europa gewinnen wollte. Dennoch vernachlässigte der Kreml keine Minute die kommunistischen Interessen in Asien. Während Paris und Washington über die Bedingungen für einen Kriegseintritt der Vereinigten Staaten hart verhandelten, begaben sich Zhou Enlai und Ho Chi Minh nach Moskau, um Molotov zu treffen, eine gemeinsame Position zu finden und hinsichtlich einer Strategie übereinzukommen. Ziel dieses Treffens war das Zustandekommen einer gemeinsamen Lösung und Strategie. Alle drei zeigten sich sehr interessiert am Erfolg der Genfer Konferenz. Angesichts der Forderungen, die im Rahmen der Plenarsitzung im darauf folgenden Monat formuliert wurden, waren die Beschlüsse, die sie fassten, relativ moderat und lagen nahe bei den am 21. Juli getroffenen Vereinbarungen.

Nach seiner Rückkehr nach Moskau im Anschluss an die Berliner Konferenz erstattete Molotov dem Obersten Sowjet Bericht über die Schritte, die er unternommen hatte. Er präsentierte die Ergebnisse der Konferenz, also die Aufrechterhaltung des Status quo hinsichtlich der deutschen Frage und die Einberufung einer Fünferkonferenz über Korea, als klaren Erfolg der sowjetischen Diplomatie. Besonders freute er sich über die Tatsache, dass China an der Genfer Konferenz teilnehmen und somit „den ihm zustehenden Platz einnehmen wird" *(zakonnoe mesto)*. Er beschuldigte die Vereinigten Staaten der Vorbereitung eines neuen gegen die Sowjetunion gerichteten Krieges, fügte jedoch hinzu, „dass die von der Sowjetregierung geführte Politik davon ausgehe, dass es keine Streitfragen in den internationalen Beziehungen gebe, die nicht auf friedlichem Wege gelöst werden könnten".[27] Molotov verkündete, dass ihm die Berliner Konferenz eine willkommene Gelegenheit zum

---

[25] ADF, s. Secrétariat Général (1945–1966), ss. Conférences Internationales, d. 56, S. 364: Télégramme de Berlin, 18 février 1954.
[26] ADF, s. Secrétariat Général (1945–1966), ss. Conférences Internationales, d. 56, S. 380: Télégramme de Moscou, 6 mars 1954.
[27] RGANI, fond 2, op. 1, delo 89, S. 1-135, hier S. 122: Stenografischer Bericht über das Plenum des ZK der KPdSU, Februar/März 1954. Streng geheim (Bericht Molotovs über die Berliner Konferenz, S. 121-126).

Meinungsaustausch mit dem amerikanischen Außenminister John Foster Dulles über das Thema der Atomwaffen und zur Unterbreitung des Projektes eines internationalen Verzichts auf den Einsatz von Nuklearwaffen geboten habe. Die beiden Männer hätten sich darauf verständigt, in Washington Geheimkonsultationen über dieses Thema zu führen.[28] Er verunglimpfte die westdeutsche Führung, die er unentwegt mit Nazis verglich.[29]

Das Projekt der Wiederbewaffnung Deutschlands löste bei der sowjetischen Führung eine Unruhe aus, die offenbar nicht vorgetäuscht war. Ein Beispiel: Ende September 1953, anlässlich eines Empfangs in der sowjetischen Botschaft in Paris hatte der sowjetische Botschafter in Frankreich, Vinogradov, Jean Laloy, einem Vertreter des *Quai d'Orsay*, gegenüber geäußert: „Glauben Sie mir, Sie und ich haben noch einige Zeit zu leben und Sie werden sehen, für Frankreich wird sich Adenauer als noch verhängnisvoller erweisen als Hitler. Auf keinen Fall darf es ein wiedervereinigtes Deutschland mit Adenauer an der Spitze geben." Er hatte erneut für ein Gespräch zu zweit über die deutsche Frage am Rande der Viererkonferenz plädiert. Der Indochinakrieg – für die französische Führung die entscheidende Frage – schien ihn nicht sonderlich zu beschäftigen. Dazu hatte er einfach erklärt: „Sie müssen das bloß selber regeln."[30]

In den folgenden Monaten änderten die Sowjets weder ihre Haltung noch ihre Prioritäten: In einer vor dem Obersten Sowjet gehaltenen Rede erwähnte Molotov den indochinesischen Konflikt kaum. Mitte März beschloss die sowjetische Führung, die „Demokratische Republik Vietnam" zu unterstützen, ohne die Beziehungen zu Frankreich zu beeinträchtigen. In einem vom 17. März 1954 datierenden Memorandum schloss die Sowjetunion explizit aus, die seit Monaten andauernden Bemühungen um eine Vereitelung des Projekts der Europäischen Verteidigungsgemeinschaft zugunsten des Viet Minh aufs Spiel zu setzen.[31] Am 26. März 1954 empfing der Erste Botschaftsrat der sowjetischen Botschaft in Paris, M. Erofeev, einen Vertreter des *Quai d'Orsay* und erklärte ihm ohne Umschweife: „Wir versuchen, welchem Krieg auch immer ein Ende zu bereiten. Wir wollen die Entspannung; unser Militärbudget ist schwer zu tragen und wir möchten es deshalb kürzen. Wir stellen keine Verknüpfung zwischen Indochina und anderen Fragen her. Wir wollen zu einem Resultat im Interesse des Friedens kommen."[32] Er meinte wirklich, was er sagte, und Paris schloss mit Recht daraus, dass Moskau einen *Modus Vivendi* in Indochina erreichen wollte und deshalb nach Mitteln und Wegen suchte, um den ostasiatischen Krieg zu beenden.[33]

Die Chinesen, deren Beziehungen zu Frankreich schwierig waren, zeigten weniger Entgegenkommen.[34] Mao befürwortete zwar Verhandlungen über Indochina in Genf, war aber der Meinung, dass ihr Erfolg vor allem von einem militärischen Sieg abhing. Er ermunterte die vietnamesischen Kommunisten dazu, ihren Elan auf dem Schlachtfeld zu

---

[28] Ebenda. Diese Erklärungen sind durch westliche Quellen untermauert.
[29] Ebenda.
[30] ADF, s. Asie-Océanie, ss. Indochine, d. 175, S. 278–281, und ADF, s. Europe (1945–1955), ss. URSS, d. 154, S. 58–61: Note sur l'entretien avec M. Vinogradov, datée du 23 décembre 1953.
[31] Olsen, Soviet-Vietnam Relations and the Role of China, S. 32.
[32] ADF, s. Europe (1945–1955), ss. URSS, d. 154, S. 84–86: Note datée du 26 mars 1954 sur l'entretien de M. Laloy avec le Conseiller de l'Ambassade d'URSS daté du même jour.
[33] ADF, s. Cabinet du Ministre, ss. P. Mendès-France, d. 1, S. 188–196, hier S. 189 bis: Note sur la Conférence de Genève sur l'Indochine du 26 avril au 20 juin 1954.
[34] François Joyaux, La Chine et le règlement du premier conflit d'Indochine, Genève 1954, Paris: Publications de la Sorbonne, 1979, S. 175–178.

steigern, um in die Verhandlungen von einer Position der Stärke aus eintreten zu können.[35] Den Ratschlägen Maos entsprechend, mobilisierte der Viet Minh in dieser gebirgigen Region enorme militärische Mittel und vor allem immense menschliche Ressourcen. In der Vorbereitungsphase der Konferenz kooperierten die Kommunisten eng miteinander. Auf Veranlassung des Zentralkomitees der KPdSU trafen Präsident Ho Chi Minh, Premierminister Pham Van Dong, der die vietnamesische Delegation in Genf führen sollte, sowie der chinesische und sowjetische Außenminister Zhou Enlai und Molotov am 4. April 1954 in Moskau zusammen, um eine Strategie zu entwickeln.[36] Zhou Enlai informierte Chruščev darüber, dass zu diesem Zeitpunkt die Kriegslage in Vietnam extrem kritisch war: Die Befreiungsbewegung stehe vor dem Abgrund und Ho Chi Minh habe die Chinesen um direkte Hilfe gebeten. Er beeilte sich jedoch hinzuzufügen, dass China nicht imstande sei, diesem Gesuch nachzukommen, da es Zeit brauche, um nach dem Koreakrieg seine Wirtschaft wieder anzukurbeln. Chruščev hat, nach seiner eigenen Aussage, Zhou Enlai dazu geraten, Ho Chi Minh gegenüber kein Wort darüber zu verlieren. „Zhou stimmte zu, dem Genossen nicht zu sagen, dass China nicht in den Krieg gegen die Franzosen auf vietnamesischem Territorium treten würde."[37] Dem sowjetischen Historiker M. P. Isaev zufolge hat Chou En-lai vorgeschlagen, den Versuch zu unternehmen, in Genf auf direktem Wege mit Frankreich zu verhandeln.[38] Da die Archive in Vietnam geschlossen sind und infolge des offiziösen Charakters der Memoiren der vietnamesischen Konferenzteilnehmer, ist es weder möglich, die Aussage Chruščevs auf ihren Wahrheitsgehalt hin zu prüfen, noch zu erfahren, in welcher Absicht Ho Chi Minh Zhou Enlai diese vertrauliche Mitteilung anvertraut hätte. Eins ist dennoch sicher: Noch vor dem Beginn der Genfer Indochinakonferenz waren sowohl Sowjetrussland als auch China bestrebt, ein Friedensabkommen zu erzielen.

Dabei favorisierten Sowjetrussland und China die Idee einer Teilung Vietnams nach dem deutschen und koreanischen Modell. Die Teilung entlang der am 16. Breitengrad verlaufenden Demarkationslinie, gegen welche sich der Viet Minh bis Mitte Juli so heftig wehrte, wurde ab Januar 1954 von den Sowjets als eine annehmbare Lösung in Betracht gezogen und von den Chinesen ab März 1954 ebenfalls akzeptiert. Am 6. März erklärte der chinesische Botschafter in einem Gespräch mit Molotov, dass eine solche Teilung für Ho Chi Minh sehr vorteilhaft sei.[39] In einem vom 2. Mai datierten und von den höchsten chinesischen Instanzen genehmigten Entwurf schrieb Zhou Enlai, dass man, sollte eine Einigung nicht erreicht werden können, zumindest die Möglichkeit haben sollte, weiterhin unter günstigen Bedingungen zu verhandeln, das heißt, indem man einerseits in Indochina den bewaffneten Kampf weiterführte und andererseits sowohl den Konflikt innerhalb der französischen Gesellschaft als auch den zwischen Paris und Washington anfachte. Im Übrigen vertrat er die Ansicht, dass „ein Waffenstillstand vor Ort nicht so gut sei, wie eine am 16. Breitengrad entlang verlaufende Demarkationslinie zwischen dem Norden und dem Süden", wobei er ausdrücklich darauf hinwies, dass „es zahlreicher Kämpfe bedürfe,

---

[35] Yang Kuisong, Changes in Mao Zedong's Attitude toward the Indochina War, 1949–1953, CWIHP, Working Paper No. 34, S. 6.
[36] M. P. Isaev/A. S. Černišev, Sovetsko-v'etnamskie otnošenija, Moskau 1975, S. 98.
[37] Chruščev, Vremja, S. 115f.
[38] Isaev/Černišev, Sovetsko-v'etnamskie otnošenija, S. 98.
[39] Gaiduk, Confronting Vietnam, S. 18.

um eine solch günstige Lage zu erreichen".[40] Insgesamt ist festzustellen, dass, selbst wenn sich die drei kommunistischen Alliierten am Vorabend der Genfer Indochinakonferenz darüber einig waren, dass sie gemeinsam nach einem friedlichen Ausgang des Indochinakrieges suchen mussten, sie doch nicht zu denselben Konzessionen bereit waren, um zu diesem einen Ziel zu gelangen. Der Viet Minh – oder zumindest einige seiner Anhänger – hoffte nicht auf eine Teilung Vietnams, sondern auf den vollständigen Rückzug der französischen Truppen aus dem gesamten vietnamesischen Territorium, ferner auf die sofortige Abhaltung von Nationalwahlen – aus denen er zweifellos als Sieger hervorgegangen wäre – und auf die Bewahrung des Einflusses, dessen er sich in den beiden Nachbarländern erfreute.[41]

Am 26. April wurde die Genfer Konferenz eröffnet. Gleich zu Beginn wurden die Verhandlungen über Indochina auf Anfang Mai verschoben. Zu diesem Zeitpunkt war die Lage der französischen Streitkräfte im Kampf um die Dschungelfestung Dien Bien Phu dramatisch geworden. Am 24. April hatte die französische Regierung die USA um sofortiges Eingreifen der amerikanischen Luftwaffe zur Rettung Dien Bien Phus gebeten. Sie bekam eine erneute Absage von Washington, wobei eine spätere Intervention seitens der Amerikaner nicht ausgeschlossen wurde. Am 29. April erklärte Eisenhower den Vereinigten Stabschefs der amerikanischen Streitkräfte, dass die USA „schwerlich der Notwendigkeit ausweichen könnten, zu erwägen, ob man nicht direkt auf den Kopf der Schlange schlagen müsse statt auf deren Schwanz", wenn es sich bestätigen sollte, dass „Rotchina" an den Kämpfen in der Region beteiligt war.[42] Die Gefahr einer Militärintervention der Vereinigten Staaten und somit einer Eskalation des Krieges alarmierte sowohl die Sowjets als auch die Briten. Am Tag vorher, am 5. Mai, hatte Anthony Eden seine Befürchtungen Molotov mitgeteilt: Sollten die Verhandlungen über Indochina scheitern, würden China und die Vereinigten Staaten ihren Kriegseinsatz erhöhen und sich schließlich gegenseitig den Krieg erklären, und dies würde den Beginn eines dritten Weltkrieges bedeuten. Molotov zeigte sich in diesem Punkt vollends mit Eden einverstanden.[43]

Darin liegt möglicherweise der Grund dafür, dass die Beratungen über die Zusammensetzung und die Geschäftsordnung der Kommission in einer kooperativen Atmosphäre stattfanden. Der Viet Minh bestand darauf, dass den Khmer Issarak und dem Pathet Lao – zwei kommunistisch geführte Guerillabewegungen, die unter seiner Kontrolle standen – Vertreter zugestanden werden sollten. Aber Molotov war auf diesem Ohr taub. In seinen ersten Gesprächen mit seinem französischen Amtskollegen Bidault erwähnte Molotov die Khmer Issarak und den Pathet Lao mit keinem Wort. Ebenso wenig bereitete es ihm Schwierigkeiten, von der chinesischen und der Delegation des Viet Minh zu fordern, dass nur Vertreter der Königreiche Laos und Kambodscha sowie des Viet Minh und der südvietnamesischen Regierung unter Bao Dai dazu berechtigt sein sollten, zu den fünf Weltmäch-

---

[40] AMAEC: „Preliminary opinions on the assessment of and the preparation for the Geneva Conference", prepared by the Ministry of Foreign Affairs Zhou Enlai and approved in principle at a meeting of the CCP Central Secretariat, 2 March 1954.
[41] Ebenda, S. 26.
[42] Dwight D. Eisenhower, The White House Years. 1. Mandate for Change, 1953–1956, New York 1963, S. 354.
[43] Eden, The Memoirs. Full Circle, S. 132; TASS-Berichte über die Rede Churchills vom 6. Mai, RGANI, f. 5, op. 30, d. 29, S. 22–25.

ten hinzuzustoßen, was auch letztlich beschlossen wurde.[44] Molotov hielt sich an die Linie, die von der KPdSU am Tag nach der Berliner Vier-Mächte-Konferenz verordnet worden war.[45] Bidault und Eden akzeptierten ohne Widerspruch, dass der Viet Minh eingeladen werden sollte. Als Gegenleistung allerdings forderten sie am 1. Mai von Molotov und Zhou Enlai, sich beim Viet Minh für die verwundeten Soldaten von Dien Bien Phu einzusetzen.[46] Am 5. Mai begannen Diskussionen über dieses Thema zwischen französischen und chinesischen Delegierten.[47] Am 7. Mai ergaben sich zehntausend Soldaten des französischen Expeditionskorps halb verhungert ihren Angreifern vom Viet Minh und beendeten so die 57 Tage währende Belagerung. Am folgenden Tag, dem 8. Mai, wurden die Verhandlungen über Indochina eröffnet. Der aufsehenerregende militärische Sieg erlaubte es dem Viet Minh, die Verhandlungen von einer Position der Stärke aus aufzunehmen, und er konnte auf eine Regelung des Konflikts zu seinen Gunsten hoffen.

Die Konferenz in Gefahr (8. Mai - 15. Juni 1954)

Die in Plenarsitzungen geführten Mai-Verhandlungen erinnern daran, in welchem Maße der Kalte Krieg – in erster Linie – ein Propagandakrieg war, der auf dem Gleichgewicht des Schreckens basierte. Auch wenn Molotov und Zhou Enlai fest entschlossen waren, einen Friedensvertrag abzuschließen, welcher dem Indochinakrieg ein Ende setzen würde, versuchten sie dennoch aus dem internationalen Widerhall, den der Sturz der Festung Dien Bien Phu ausgelöst hatte, Profit zu schlagen. Die Genfer Indochinakonferenz bot ihnen ein außerordentliches Forum, um sich als Verteidiger der unterdrückten Völker darzustellen. Beide fanden indes zu einer wesentlich pragmatischeren Haltung zurück, als die Drohung einer Militärintervention durch die USA sich erneut am Horizont abzeichnete.

Die ersten Plenarversammlungen waren für die Kommunisten die Gelegenheit, ihre Feinde mittels der abgedroschensten sowjetischen Propaganda-Parolen zu schmähen und so die internationalen Spannungen zu verstärken. Sie weigerten sich militärische und politische Fragen getrennt zu behandeln, forderten aber zugleich, dass die politischen Fragen vorrangig behandelt werden sollten, insbesondere der Status von Laos und Kambodscha, und den Platz, der den Aufstandsbewegungen in beiden Ländern eingeräumt werden sollte, festzulegen. Molotov beharrte auf der Notwendigkeit, statt einer Feuereinstellung ein Waffenstillstandsabkommen auszuhandeln, das heißt eine politische Regelung des

---

[44] ADF, s. Cabinet du Ministre, ss. P. Mendès-France, d. 1, S. 188–196, hier S. 190 bis: Note sur la Conférence de Genève sur l'Indochine du 26 avril au 20 juin 1954.
[45] AMAEC: Télégramme du PCUS au PCC transmis à l'Ambassadeur Yudin, 26 février 1954.
[46] AMAEC: Telegram, Zhou Enlai to Mao Zedong and others, regarding a meeting with British Foreign Secretary Eden, 1 May 1954.
[47] ADF, s. Asie-Océanie (1945–1955), ss. Dossiers Généraux, d. 232 (Conférence de Genève, entretiens privés, mai-juillet 1954), S. 30–32: Note sur l'entrevue avec le Secrétaire Général de la Délégation chinoise, datée du 6 mai 1954 (siehe auch S. 22). – Am 10. Mai kündigte Pham Van Dong an, dass die zum französischen Expeditionskorps gehörenden Soldaten, die verwundet oder krank waren, oder diejenigen Soldaten, die der Armee Bao Dais angehörten und in Dien Bien Phu eingeschlossen waren, befreit werden würden. Siehe AMAEC: Telegram, Zhou Enlai to Mao Zedong and others, regarding the 2nd plenary session, 12 May 1954; ADF, s. Cabinet du Ministre, ss. Georges Bidault (1953–1954), d. 28 (Conférence de Genève du 2 avril au 14 mai 1954), S. 168: Compte rendu sténographique de la deuxième séance plénière tenue au Palais des Nations à Genève le 10 mai 1954, à 15h.

Konflikts zu finden.⁴⁸ Molotov machte es sich zur Ehrensache, dass der Indochinakrieg als ein „von Frankreich geführter Kolonialkrieg" und „vom Viet Minh geführter nationaler Befreiungskrieg" anerkannt würde.⁴⁹

Die ersten Debatten waren so stürmisch, dass Eden am 13. Mai beschloss, Kontakt mit Molotov und Zhou Enlai aufzunehmen, „um sie darauf hinzuweisen, dass [...], wenn die sowjetische und die chinesische Delegation nichts außer Vorwürfen und Beschimpfungen an die Adresse der Vereinigten Staaten und Frankreichs vorzubringen hätten, diese Provokationen desaströse Konsequenzen haben könnten".⁵⁰ Eden führte ein Geheimgespräch mit Zhou Enlai, der sich „unflexibel" zeigte, dann mit Molotov, der „verlegen" wirkte.⁵¹ Am folgenden Tag hielt Molotov eine um nichts weniger extrem ideologische Rede. Er verlangte, dass die „jeweiligen Regierungen der Khmer- und Pathet-Lao-Bevölkerungsgruppen" angehört würden und dass „der nationale Befreiungskrieg, der in solch großem Umfang in Laos und in Kambodscha geführt würde, nicht unterschätzt werden solle" – zwei Fragen, die er bei den Vorbereitungsgesprächen weitgehend ignoriert hatte.⁵² Das ausgesprochen, ließ die sowjetische Delegation die Franzosen im Verlauf von Geheimgesprächen schleunigst wissen, dass ein sehr allgemeines Grundsatzabkommen über politische Fragen genügen würde.⁵³

Am 15. Mai berichteten die Schweizer Morgenzeitungen über die Machenschaften, die sich zwischen Paris und Washington abspielten hinsichtlich eines eventuellen Einschreitens der Vereinigten Staaten in den Krieg. Sollte Eden – zu seiner Überraschung – diese Neuigkeiten aus der Presse erfahren haben, dann liegt der Gedanke nahe, dass es den Kommunisten ebenfalls so ergangen ist.⁵⁴ Zwei Tage später, am 17. Mai, willigte Molotov darin ein, dass die Frage der Zukunft von Laos und Kambodscha getrennt behandelt würde und die militärischen Belange prioritär untersucht würden. Am 19. Mai schrieb Zhou Enlai an Mao Zedong, dass es unmöglich sei, die Position der Westmächte anzunehmen, solange das westliche Lager auf seinem Standpunkt beharre, dass es in Kambodscha und in Laos keine französischen Truppen gebe und dass allein ein Rückzug des Viet Minh es ermögliche, den Konflikt beizulegen.⁵⁵ Dennoch erklärte er sich am 20. Mai bereit, die politischen und militärischen Probleme separat zu behandeln.⁵⁶ Am selben Tag telegrafierte der amerikanische Unterstaatssekretär Walter Bedell Smith an Außenminister Dulles, dass die Kommunisten bereit seien, das Risiko eines militärischen Eingreifens der USA in

---

⁴⁸ ADF, s. Asie-Océanie (1945–1955), ss. Dossiers Généraux, d. 232, S. 33–37, hier S. 36: Compte rendu de la réunion franco-anglo-américaine du 6 mai 1954 à 10h30.
⁴⁹ ADF, s. Cabinet du Ministre, ss. Georges Bidault (1953–1954), d. 28, S. 258–273, hier S. 259–260 bis: Compte rendu sténographique provisoire, daté du 17 mai 1954, de la 4ᵉᵐᵉ séance plénière tenue au Palais des Nations à Genève le 14 mai 1954.
⁵⁰ ADF, s. Asie-Océanie (1945–1955), ss. Dossiers Généraux, d. 232, S. 66: Télégramme au départ, envoyé de Genève par G. Bidault le 13 mai 1954.
⁵¹ ADF, s. Asie-Océanie (1945–1955), ss. Dossiers Généraux, d. 232, S. 71–74: Télégramme au départ, très secret, signé de G. Bidault et daté du 14 mai 1954 à 20h25.
⁵² ADF, s. Cabinet du Ministre, ss. Georges Bidault (1953–1954), d. 28, S. 258–273, hier S. 262 und 266: vgl. Anm. 49.
⁵³ ADF, s. Cabinet du Ministre, ss. P. Mendès-France, d. 1, S. 188–196, hier S. 194: vgl. Anm. 44.
⁵⁴ Eden, The Memoirs. Full Circle, S. 134.
⁵⁵ AMAEC: Telegram, Zhou Enlai to Mao Zedong and others, regarding the second restricted session, 19 May 1954.
⁵⁶ ADF, s. Asie-Océanie (1945–1955), ss. Dossiers Généraux, d. 232, S. 96f.: Télégramme au départ très secret, daté du 20 mai 1954.

den Krieg einzugehen[57], und das amerikanische Militär entwickelte Pläne für eine nukleare Kriegsführung in Indochina.

Die Amerikaner täuschten sich: Die Kommunisten waren nicht bereit, das Risiko einer offenen Konfrontation mit den Vereinigten Staaten einzugehen. Als die Drohung amerikanischer Schläge Gestalt annahm, machten sie mehrere bedeutsame Zugeständnisse. Am 25. Mai nahm Pham Van Dong stillschweigend die Idee einer Teilung Vietnams an.[58] Am 27. Mai lud ein chinesischer Unterhändler die Franzosen zu direkten Verhandlungen mit der Viet Minh ein und gab sich dabei große Mühe gab, freundlich zu wirken. Er räumte ein, dass „in der Praxis der Fall Vietnams nicht derselbe sei wie der des Pathet Lao und Kambodschas".[59] Am 28. Mai entschied sich Washington für eine aktive Verteidigung gegen die Volksrepublik China und jegliche andere von ihr gesteuerte Kraft und fasste den Entschluss, jedweden neuerlichen kommunistischen Vorstoß im südostasiatischen Raum mit einem Gegenschlag auf die militärischen Ressourcen Chinas zu vergelten.[60] Am 29. Mai, nachdem sie im Rahmen eines verkleinerten Plenums von Zhou Enlai und Molotov kritisiert worden war, erklärte sich die Delegation des Viet Minh damit einverstanden, die Laos- und Kambodschafrage gesondert zu behandeln. Auf diese rein formalen Zugeständnisse sollten bald explizitere Erklärungen folgen.

Die Anfang Juni in engstem Kreis geführten Gespräche zeugen von einem Verhaltenswandel, der annehmen lässt, dass die Chefs der kommunistischen Delegationen sich wohl der Ernsthaftigkeit der Gefahr bewusst waren. Anfang Juni reiste Molotov blitzartig nach Moskau, um sich mit seinen Kollegen über den weiteren Verlauf der Genfer Konferenz zu beraten, welche – aus seiner Sicht – an einem kritischen Punkt angelangt war. In diesem Stadium der Verhandlungen hätte sich Moskau mit einem Feuereinstellungsabkommen zufriedengegeben, das es der Sowjetunion erlaubt hätte, ihr Image im Westen zu ändern, ein neues Weltsicherheitsabkommen vorzuschlagen und vor allem das Projekt der Europäischen Verteidigungsgemeinschaft (EVG) zum Scheitern zu bringen.[61] Die Viet-Minh-Delegierten waren trotz eines scheinbar durch nichts zu erschütternden Optimismus sehr beunruhigt ob der Wendung, welche die Konferenz genommen hatte, und glaubten „unisono oder nahezu an eine Gegenoffensive seitens der Vereinigten Staaten in Genf".[62] Die chinesische Delegation teilte diese Besorgnis. Am 1. Juni führte Zhou Enlai mit Bidault ein Gespräch, zu dem er unmissverständlich sagte, dass seine Hauptsorge einer Verhinderung der Ausweitung des Krieges in Indochina gelte.

„Bei der Konferenz verlangte Pham Van Dong nichts von alledem, was er auf dem Schlachtfeld nicht hätte bekommen können [...]; die reelle Gefahr ist die einer die Sicherheit Südostasiens und Chinas gefährdenden amerikanischen Intervention."[63]

---

[57] AUSDS: Estimate of Duration of Geneva Conference on Indochina. Miscellaneous. Top secret. Issue date: May 20, 1954. Date declassified: June 30, 1981, S. 1 f., hier S. 1.
[58] Gaiduk, Confronting Vietnam, S. 37.
[59] ADF, s. Cabinet du Ministre, ss. P. Mendès-France, d. 3 (Conférence de Genève, 1954, négociations Chauvel), S. 3–11, hier S. 4: Note datée du 29 mai 1954 intitulée «nouvelle conversation avec M. Wang Ping Nan, Secrétaire Général de la Délégation chinoise».
[60] Eisenhower, The White House Years. 1. Mandate for Change, S. 361.
[61] ADF, s. Cabinet du Ministre, ss. P. Mendès-France, d. 1, S. 39–41: Note du 4 juin 1954 sur la position de la délégation soviétique à Genève après le voyage de Molotov.
[62] ADF, s. Cabinet du Ministre, ss. P. Mendès-France, d. 1, S. 38: Note du 4 juin 1954 sur un renseignement secret du 3 juin concernant les inquiétudes du Vietminh.
[63] ADF, s. Asie-Océanie (1945–1955), ss. Dossiers Généraux, d. 232, S. 129–133: Note datée du 2 juin 1954 sur l'entretien de MM. Bidault et Chou En Lai du 1er juin 1954.

Bidault entgegnete ihm, dass er ebenfalls den Frieden suche, jedoch jegliche Lösung, die mit einer Preisgabe einhergehe, ablehne, und unterstrich in diesem Zusammenhang die prinzipiellen französischen Positionen.[64]

Darauf antwortete ihm Zhou, dass „China überhaupt keinen Krieg wünsche, ob nun einen kalten oder einen heißen", und lud Bidault ein, eine vertrauensvolle Beziehung zu knüpfen und ihre Anstrengungen zu bündeln.[65] Am 6. Juni hatte der Generalsekretär der chinesischen Delegation eine ähnliche Unterredung mit dem französischen Unterhändler und Botschafter François Chauvel.[66]

Am 7. Juni, anlässlich einer privaten Unterredung mit Bidault, drückte Zhou Enlai seinen Wunsch aus, dass der Konflikt zwischen dem Viet Minh und Frankreich auf direktem Wege beigelegt werden könne und fügte hinzu: „Wir hoffen auf weiterhin gute Beziehungen zwischen Frankreich und Indochina und wünschen, dass sie sich normalisieren und dass die berechtigten Interessen Frankreichs nach dem Friedensschluss aufrechterhalten bleiben."[67] In Bezug auf den letzten Punkt hielt er sein Wort: Er unternahm alles, um einen Einflussverlust Frankreichs in Indochina zum Vorteil der Vereinigten Staaten zu verhindern.

Trotzdem waren die darauf folgenden Tage von einer deutlich spürbaren und ostentativen Verhärtung der Haltung des kommunistischen Lagers geprägt. Es schien, als ob die Konferenz zu ihren Anfängen zurückgekommen und zum Scheitern verurteilt sei. Am 8. Mai erklärte Molotov im Rahmen einer Plenarsitzung, dass die Einstellung der Kampfhandlungen in Indochina „nicht als eine kurze Atempause betrachtet werden solle, welcher man bedürfe, um den Krieg fortführen und sogar vielleicht ausweiten zu können, sondern als den Auftakt zu einem stabilen Frieden".[68] Die Laos- und Kambodschafrage rückte wieder ins Zentrum der Debatte. Molotov bestand darauf, dass die Kampfhandlungen, die sich in diesen beiden Ländern abspielten, nicht mehr als Subversionsversuche seitens des Viet Minh betrachtet, sondern vielmehr als „nationale Befreiungskämpfe" anerkannt werden sollten.[69]

Auf die Stellungnahme des entnervten laotischen Delegierten entgegnete Zhou Enlai, dass es sehr wohl „Widerstandsregierungen" gebe, zwar nicht in Kambodscha und in Laos, sondern bei den „Khmer und beim Pathet Lao", und dass es auf keinen Fall in Betracht komme, sie zum Rückzug aufzufordern, da sie autochthon seien, worauf er in scharfen Worten den Vereinigten Staaten die Schuld für die Situation zuschrieb. Obwohl der stellvertretende US-Außenminister zum Gegenangriff gegen die kommunistischen Unterstel-

---

[64] ADF, s. Cabinet du Ministre, ss. P. Mendès-France, d. 3, S. 12–19, hier S. 14 und 17: Transcription de l'entretien entre le Président Bidault et M. Chou En Lai du 1er juin 1954, faite à Genève le 2 juin 1954. Siehe auch die Aufzeichnung des Gesprächs in den chinesischen Akten: AMAEC: Minutes of Zhou Enlai's meeting with Bidault, 1 June 1954.
[65] ADF, s. Asie-Océanie (1945–1955), ss. Dossiers Généraux, d. 232, S. 124–128: Projet de télégramme pour Paris sur l'entretien entre le Président Bidault et M. Chou En Lai, daté du 2 juin 1954.
[66] ADF, s. Cabinet du Ministre, ss. P. Mendès-France, d. 3, S. 28–35, hier S. 32: Compte rendu daté du 7 juin 1954 de l'entrevue du 6 juin 1954 entre M. Chauvel, Ambassadeur de France en Suisse, et M. Wang Ping Nan, Secrétaire Général de la Délégation chinoise.
[67] ADF, s. Cabinet du Ministre, ss. P. Mendès-France, d. 1, S. 67–74, S. 73, und ADF, s. Cabinet du Ministre, ss. P. Mendès-France, d. 3, S. 36–43: Note datée du 8 juin 1954 sur l'entretien de MM. Bidault et Chou En Lai le 7 juin 1954.
[68] ADF, s. Cabinet du Ministre, ss. P. Mendès-France, d. 1, S. 91–113, hier S. 101 bis, S. 102 und 104 bis: Compte rendu sténographique provisoire, daté du 11 juin 1954, de la 5ème séance plénière tenue au Palais des Nations à Genève le 8 juin 1954.
[69] ADF, s. Cabinet du Ministre, ss. P. Mendès-France, d. 1, S. 91–113, hier S. 104 bis: vgl. Anm. 68.

lungen überging, indem er auf die sowjetische Politik vor und während des Zweiten Weltkrieges verwies[70], beschuldigte Molotov am 10. Juni, die Vereinigten Staaten, die Friedensverhandlungen zu behindern und in Washington Gespräche zu führen, die ein militärisches Eingreifen der USA zum Ziel hatten. Eden jedoch, der für gewöhnlich versöhnlich war, verglich daraufhin „die Aggression" des Viet Minh gegen Laos und Kambodscha mit den „von Hitler bei der Invasion in die Tschechoslowakei eingesetzten Mitteln". Erstmals sprach er sich offen für den Rückzug der Truppen des Viet Minh aus diesen beiden Ländern aus.[71] Pham Van Dong, der bis zu diesem Augenblick eine unerschütterliche Ruhe bewahrt hatte, begann daraufhin einen endlosen Monolog, in dem er die Unabhängigkeit Vietnams und der beiden anderen indochinesischen Staaten, den Rückzug aller ausländischen Truppen aus den drei Ländern und die Abhaltung von Wahlen innerhalb von sechs Monaten forderte.[72]

Die Erklärungen der Kommunisten waren zweifelsohne darauf angelegt, die französische Regierung vor der anstehenden Vertrauensabstimmung der Nationalversammlung in Schwierigkeiten zu bringen. Zweifellos dienten sie ebenso dem Zweck, den Viet Minh in seiner Haltung zu bestärken, der im Begriff war, umfangreiche Zugeständnisse zu machen. Wider Erwarten für die Franzosen wurde an dem Abend jenes strapaziösen 10. Juni einem hochrangigen militärischen Vertreter, Oberst de Brébisson, ein Angebot seitens des Viet Minh unterbreitet, der dabei „eine hektische Eile an den Tag legte". Das Treffen fand an Ort und Stelle statt.[73] Tags darauf, am 11. Juni, erklärte Dulles in Los Angeles, dass jedwede mutwillige, offene Aggression Chinas in Südostasien als eine mutwillige Verletzung der nationalen Sicherheit der Vereinigten Staaten betrachtet werden und einen amerikanischen Gegenschlag nach sich ziehen würde.[74] Am 12. Juni wurde die Regierung Laniel gestürzt. Am selben Tag schlug der Viet Minh heimlich den Franzosen die glatte Teilung Vietnams vor, wobei das gesamte Tonkin ihm zukommen würde.[75] Am 15. Juni wurden – zu Chou En-lais offensichtlicher Verblüffung – die Verhandlungen über Korea abgebrochen. Aus der Sicht Edens standen zu diesem Zeitpunkt auch die Verhandlungen über Indochina unmittelbar vor dem Scheitern.[76]

Sowjetische und chinesische Bemühungen um eine Regelung des Konflikts (16. Juni – 21. Juli 1954)

Nach dem Scheitern der Korea-Konferenz begann Zhou Enlai die Verhandlungen über Indochina geradezu meisterlich zu führen. Keine Mühe scheuend, machte er zuerst Bidault

---

[70] ADF, s. Cabinet du Ministre, ss. P. Mendès-France, d. 1, S. 114–135, hier S. 127 und 134.
[71] AMAEC: Telegram, Zhou Enlai to Mao Zedong and others, regarding the seventh plenary session, 11 June 1954.
[72] ADF, s. Cabinet du Ministre, ss. P. Mendès-France, d. 1, S. 136–155, S. 144 bis: Compte rendu sténographique provisoire, daté du 14 juin 1954, de la 7ème séance plénière tenue au Palais des Nations à Genève le 10 juin 1954.
[73] ADF, s. Cabinet du Ministre, ss. P. Mendès-France, d. 1, S. 188–196, hier S. 195: Note sur la Conférence de Genève sur l'Indochine du 26 avril au 20 juin 1954.
[74] Laurent Césari, La menace d'intervention militaire américaine pendant la Conférence de Genève et la stratégie des Etats-Unis (1954), in: Vingtième Siècle. Revue d'histoire, n° 23, juillet–septembre 1989, S. 3–20, hier S. 13.
[75] ADF, s. Cabinet du Ministre, ss. P. Mendès-France, d. 1, S. 188–196, hier S. 194: vgl. Anm. 73.
[76] Eden, The Memoirs. Full Circle, S. 144.

und dann Mendès-France konkrete Vorschläge, bevor er eine Reise nach Indien und China unternahm. Seine Feindseligkeit gegenüber den Vereinigten Staaten bewog ihn, sich Frankreich gegenüber konziliant zu verhalten und den Erhalt der alten Kolonien in der französischen Einflusssphäre zu befürworten. Molotov, der sich in dieser letzten Verhandlungsphase mehr im Hintergrund hielt, war deswegen nicht minder aktiv und kooperativ. Allein der Viet Minh und die USA versuchten, einer Einigung, die sie als ungünstig einschätzten, entgegenzuwirken.

Nach dem Fehlschlag der Koreaverhandlungen zeigten sich die Kommunisten, die in der Zwischenzeit ihre donnernden Bekenntnisse der letzten Tage vergessen hatten, eifrig daran interessiert, die Diskussion um Indochina neu zu beleben, und machten zu diesem Zweck umfangreiche Konzessionen. Ab dem 15. Juni lockerte Molotov seine Haltung in der Frage der Modalitäten und der Zusammensetzung der Kontrollkommission der neutralen Staaten, zwei Punkte, bei denen er sich bis zu diesem Zeitpunkt unerbittlich gezeigt hatte.[77] Am 16. Juni teilte Zhou Enlai Eden mit, dass China bereit sei, die Evakuierung der Viet-Minh-Truppen aus Laos und Kambodscha zu akzeptieren und diese beiden Königreiche anzuerkennen, allerdings mit der Bedingung, dass keine nordamerikanischen Stützpunkte in diesen beiden Ländern angesiedelt werden sollten.[78] Am vorhergehenden Tag hatte der britische stellvertretende Außenminister Harold Anthony Caccia den Chinesen gegenüber wiederholt erklärt, dass es sich bei der britischen Forderung nach einem totalen Rückzug der Viet-Minh-Truppen aus Laos und Kambodscha um eine prinzipielle, nicht verhandelbare Frage handele. Einem französischen Delegierten zufolge wollte „der Viet Minh die Einstellung der Kampfhandlungen. Dieser Wunsch ist sowohl ehrlich als auch kalkuliert." Der Viet Minh, der sich vollkommen im Klaren darüber war, dass die Eroberung des Tonkin-Deltas weit mehr Verluste an Menschenleben verursachen würde als der Kampf um die Festung Dien Bien Phu und dass die Gefahr einer Internationalisierung des Konflikts nicht ausgeschlossen war, schien es eilig zu haben „schnell zu einer Einigung zu kommen".[79]

Am 16. Juni kehrte Bidault, dessen Regierung unterdessen abgesetzt worden war, für einen Tag nach Genf zurück, um mit dem Viet Minh Geheimgespräche zu führen.[80] Am Tag darauf traf er erneut mit Zhou Enlai zusammen. Dieser teilte ihm mit, dass er den Abbruch der Koreaverhandlungen sehr bedauere und dass er noch vor der Abreise der amerikanischen und britischen Delegationsleiter ein umfassendes Übereinkommen über Indochina erzielen wolle. Nach Aussage Bidaults hat sich Zhou Enlai „in klaren Worten über Kambodscha und Laos geäußert" und sowohl „Mäßigung als auch eine hohe Präzision bewiesen". Er bekräftigte erneut die Notwendigkeit einer gleichzeitigen Einstellung der Feindseligkeiten und einer gemeinsamen politischen Regelung, akzeptierte aber eine unterschiedliche Behandlung der drei Länder. Er räumte offiziell die Anwesenheit von Truppen des Viet Minh in Laos und Kambodscha ein und anerkannte die Notwendigkeit ihrer Evakuierung.

---

[77] ADF, s. Asie-Océanie, ss. Dossiers Généraux, d. 209 (Procès-verbaux de la Conférence de Genève), S. 99–101: Propositions de la Délégation de l'URSS présentées à la Conférence de Genève le 14 juin 1954 et traduites du russe.

[78] ADF, s. Cabinet du Ministre, ss. P. Mendès-France, d. 1, S. 188–196, hier S. 193 bis: Note sur la Conférence de Genève sur l'Indochine du 26 avril au 20 juin 1954.

[79] ADF, s. Asie-Océanie (1945–1955), ss. Dossiers Généraux, d. 232, S. 172–177: Note très secrète réservée pour le Président Bidault, datée du 16 juin 1954.

[80] ADF, s. Cabinet du Ministre, ss. P. Mendès-France, d. 1, S. 188–196, hier S. 194: Note sur la Conférence de Genève sur l'Indochine du 26 avril au 20 juin 1954.

Schließlich plädierte er für das Verbleiben der drei indochinesischen Staaten innerhalb der französischen Einflussphäre.

„Unbekümmert um stilistische Feinheiten, sagte Zhou Enlai, dass Laos und Kambodscha unabhängig, demokratisch und friedliebend sein müssten und in der *Union Indochinoise vereint* sein sollten. Hinsichtlich Kambodschas, wo die Widerstandsbewegungen begrenzt waren, würde es genügen, wenn die beiden Parteien auf der Stelle die Feindseligkeiten beenden würden. Er wolle bezüglich Laos eine Fomel finden, die es erlaube, eine Umgruppierungszone nahe der chinesischen und der vietnamesischen Grenze zu bilden."[81]

Zhou fügte hinzu, dass China die Regierungen der gegenwärtigen Herrscher wohl anerkennen könne, aber dass man dabei die Existenz der Widerstandsorganisationen in diesen Ländern berücksichtigen müsse. Er machte keinen Hehl daraus, dass er die Schaffung von amerikanischen Militärstützpunkten in Laos und Kambodscha, „die die Sicherheit Chinas bedrohen würden", sowie die Bildung von Allianzen mit ausländischen Staaten um jeden Preis vermeiden wolle.[82] In dieser Hinsicht schien ihm Frankreich das beste Bollwerk gegen die Expansion des amerikanischen Einflusses auf der indochinesischen Halbinsel zu sein. Am 18. Juni schrieb er Mao, dass er wünsche, dass „Kambodscha und Laos sowohl Länder südostasiatischen Typs" werden sollten als auch Mitgliedsländer der Französischen Union.[83] Am 19. Juni einigten sich beide Delegationen über die Einberufung zweier Militärkommissionen, um die Modalitäten für den Abzug der Viet-Minh-Verbände aus Laos und Kambodscha zu regeln, womit die Präsenz des Viet Minh in diesen beiden Ländern und seine Verstrickung in das Kriegsgeschehen *de facto* anerkannt wurde.[84]

In der Nacht vom 19. auf den 20. Juni verließen Molotov, Eden und Bedell Smith[85] Genf. Am 21. Juni führten, im Anschluss an ein chinesisches Abendessen, zu dem die südostasiatischen Delegationen geladen worden waren, der französische Botschafter und Pham Van Dong ein Gespräch unter vier Augen im Hause der chinesischen Delegation, und beide Seiten unterstrichen die Notwendigkeit von geheimen bilateralen Kontakten und einer Annäherung.[86] Danach führte Chauvel eine Unterredung mit Zhou Enlai, der ihm erklärte, „dass es nicht notwendig sei, lange Reden zu halten, da diese nur eine angespannte Atmosphäre schaffen würden". Für ihn zählten einzig und allein die unmittelbaren Kontakte: Nur so ließen sich Ergebnisse erzielen.[87] Am 23. Juni traf Zhou Enlai zum ersten Mal Pierre Mendès-France, den neuen französischen Premierminister, der gleichzeitig das Amt des französischen Außenministers innehatte. Mendès-France hatte sich vorgenommen, innerhalb eines Monats zu einer Einigung zu kommen und sich verpflichtet, zurückzutreten, sollte es ihm nicht gelingen, den Krieg vor dem 20. Juli um Mitternacht zu beenden. Bei dieser Begegnung wiederholte Zhou, was er Bidault am 17. Juni gesagt hatte: China sei gegen jegliche Ausweitung und Internationalisierung des Krieges: dennoch weigere es sich,

---

[81] ADF, s. Cabinet du Ministre, ss. P. Mendès-France, d. 3, S. 44–49: Note sur l'entretien du 17 juin entre M. Bidault et M. Chou En Lai. Hervorhebung durch die Verfasserin.

[82] ADF, s. Cabinet du Ministre, ss. P. Mendès-France, d. 1, S. 188–196, hier S. 194: vgl. Anm. 78.

[83] AMAEC: Telegram, Zhou Enlai to Mao Zedong and others, regarding Zhou's conversation with Bidault, 18 juin 1954.

[84] ADF, s. Cabinet du Ministre, ss. P. Mendès-France, d. 1, S. 188–196, hier S. 193 bis: vgl. Anm. 78.

[85] ADF, s. Asie-Océanie (1945–1955), ss. Dossiers Généraux, d. 232, S. 178–181, hier S. 180: Note sur l'entrevue entre M. Chauvel et M. Chou En Lai du 22 juin 1954.

[86] ADF, s. Asie-Océanie (1945–1955), ss. Dossiers Généraux, d. 232, S. 182f.: Télégramme au départ très secret envoyé de Genève le 22 juin 1954 et signé de Chauvel sur son entretien du jour avec Pham Van Dong.

[87] ADF, s. Asie-Océanie (1945–1955), ss. Dossiers Généraux, d. 232, S. 178–181, hier S. 180: vgl. Anm. 85.

zuzusehen, wie Kambodscha und Laos sich in „amerikanische Angriffsbasen" verwandeln würden.[88] Er betonte erneut, dass diese Länder weiterhin der Französischen Union angehören sollten.[89] Daraufhin gab er bekannt, dass Pham Van Dong bereit sei, „die Souveränität, die Unabhängigkeit und die Einheit von Laos und Kambodscha anzuerkennen", und sprach deutliche Worte über den Rückzug der Viet-Minh-Verbände aus diesen beiden Ländern. Im Gegenzug sollten beide Königreiche die nationalen Guerillaorganisationen anerkennen. Schließlich forderte er Mendès-France auf, sich direkt mit Pham Van Dong zu treffen und sich für eine Kontaktaufnahme zwischen den beiden vietnamesischen Delegationen ohne Einmischung der Vereinigten Staaten zu verwenden.[90]

Die Franzosen waren sehr überrascht darüber, mit welcher Geschmeidigkeit und mit welchem Entgegenkommen Zhou Enlai sowohl über mögliche Konzessionen des Westens als auch über traditionelle Forderungen Chinas hinsichtlich seiner Anerkennung, seiner Haltung zu Taiwan und seiner Mitgliedschaft in den Vereinten Nationen vom Tisch hinwegging.[91] Nach seiner Unterredung mit Mendès-France verließ Zhou Enlai Genf, um sich nach Indien zu begeben, wo er sechsmal hintereinander mit Nehru zusammentraf. Am 30. Juni ließ der indische Botschafter bei den Vereinten Nationen, Krishna Menon, die französische Regierung wissen, dass sie sich über das Ergebnis dieser Beratungen glücklich schätzen könne, und regte sie dazu an, nach einer Lösung zu suchen, die es den Chinesen und dem Viet Minh erlaube, das Gesicht zu wahren. Seiner Auffassung nach war es nicht notwendig, von ihnen zu fordern, dass sie im französischen Orbit bleiben würden, denn sie würden es auch ohne Aufforderung tun.[92] Zhou Enlai begab sich anschließend nach Südchina, um sich mit den höchsten Viet-Minh-Führern zu beraten. Leider ist das entsprechende chinesische und sowjetische Archivmaterial noch nicht deklassifiziert.[93] Am 30. Juni in Guangzhou angekommen, erreichte er Liuzhou am 2. Juli, wo Ho Chi Minh, General Giap, der Botschafter der Demokratischen Republik Vietnam in China, Hoang Van Hoan, sowie der in das Zentralkomitee der „Partei der vietnamesischen Werktätigen" entsandte chinesische politische Berater, Luo Guibo, und der chinesische militärische Chefberater der DRV, Wei Guoqing, ihn erwarteten.[94] Die Lösung, die sich nach einhelliger Übereinstimmung Ende Juni abzuzeichnen schien, sah in territorialer Hinsicht die Teilung Viet-

---

[88] ADF, s. Cabinet du Ministre, ss. P. Mendès-France, d. 3, S. 50–55, hier S. 51: Télégramme urgent et très secret, signé de Jacques Roux et envoyé de Genève le 24 juin à 4h, au sujet de l'entretien entre Chou En Lai et Pierre Mendès-France.
[89] AMAEC: Minutes, Zhou Enlai's meeting with Mendès-France, 23 June 1954.
[90] ADF, s. Cabinet du Ministre, ss. P. Mendès-France, d. 3, S. 50–55, hier S. 51 und 53 bis: Télégramme urgent et très secret, envoyé de Genève le 24 juin à 4h, au sujet de l'entretien entre Chou En Lai et Pierre Mendès-France.
[91] ADF, s. Cabinet du Ministre, ss. P. Mendès-France, d. 3, S. 57: Télégramme secret du 25 juin 1954 destiné à Londres et à Washington.
[92] ADF, s. Cabinet du Ministre, ss. P. Mendès-France, d. 2 (Conférence de Genève du 22 mai à la fin juin 1954 – suite), S. 16f.: Télégramme adressé de New York et daté du 1er juillet 1954.
[93] AMAEC: Telegram, CCP Central Committee to chief military advisor to the Vietnamese Worker's Party Wei Guoqing, Qiao Xiaoguang and conveyed to the VWP Central Committee, regarding the meeting between the Premier and Comrade Ding [Ho Chi Minh's pseudonym], 20 June 1954. AMAEC: Telegram, Zhou Enlai to Mao Zedong, Liu Shaoqi and the CCP Central Committee, „a brief report on the meetings at Liushou", 1.00 pm, 3 July 1954.
[94] AMAEC: Telegram, Zhou Enlai to Mao Zedong, Liu Shaoqi and the CCP Central Committee, „a brief report on the meetings at Liushou", 1.00 pm, 3 July 1954. Zum Thema der chinesischen Berater in der DRV vgl. Christopher Goscha, Historical Dictionary of the Indochina War (1945–1954), Lanham (in Vorbereitung).

nams, den vollständigen Abzug der Viet-Minh-Truppen aus Kambodscha und deren Teilabzug aus Laos vor, in militärischer Hinsicht das Verbot der Errichtung amerikanischer Militärbasen in Laos und Kambodscha, sowie das eventuelle Verbleiben französischer Truppen in diesen beiden Ländern, und schließlich in politischer Hinsicht die Koexistenz von zwei provisorischen Regierungen in Vietnam und die schnellstmögliche Abhaltung von Wahlen. Die Franzosen strebten nach einem Übereinkommen, welches dem südvietnamesischen Staat „ein möglichst nach allen Seiten wasserdichtes Territorium" zugestehen und gleichzeitig den zivilen Frieden sowie die Sicherheit durch die Präsenz des französischen Expeditionskorps garantieren sollte. Als Entschädigung für die Evakuierung des Tonkin wollten sie eine Einigung über die Waffenruhe erzielen, ferner strebten sie die Festsetzung der Vietnam teilenden Demarkationslinie vor den Toren Annams, das heißt in der Nähe des 18. Breitengrades, an sowie klare Positionen in Bezug auf den Hafen von Hai Phong, hinsichtlich Fristen innerhalb derer und die Bedingungen unter denen die Wahlen stattfinden sollten, und des Schicksals der Bistümer Bui Chu und Phat Diem, ferner ging es ihnen um Garantien für die Wahrung ökonomischer Interessen Frankreichs im Tonkin.[95] Die Franzosen zeigten sich über die „gravierenden Auswirkungen" besorgt, welche die in Genf getroffenen Beschlüsse für Indochina haben könnten, insbesondere die Ankündigung der Teilung des Landes, welche schwere Unruhen – politische wie militärische – im franco-vietnamesischen Lager auslösen könne. Dazu zählten fremdenfeindliche Massenunruhen, Feindseligkeiten der vietnamesischen Armee gegen das französische Expeditionskorps oder gar Verrat seitens der in das Expeditionskorps integrierten Vietnamesen.[96]

Den Memoiren eines erstrangigen chinesischen Delegierten zufolge hat Zhou Enlai Pham Van Dong gebeten, wegen des 16. oder 17. Breitengrades nicht herumzufeilschen. Seiner Meinung nach stand diese Konzession in keinem Verhältnis zu derjenigen der Franzosen, die sich bereit erklärt hatten, sich aus Tonkin zurückzuziehen, und gab dem französischen Premierminister die Möglichkeit, sein Gesicht zu wahren. Zhou habe hinzugefügt: „Nach dem Rückzug der Franzosen wird ganz Vietnam Ihnen gehören."[97] Folglich hatten die Chinesen zu keiner Zeit – weder vor noch während der Konferenz – die Absicht gehabt, Druck hinsichtlich des 13. Breitengrades auszuüben. Was Mendès-France anbetraf, hatte er Chauvel gebeten, auf Pham Van Dong zuzugehen, um direkte Verhandlungen über territoriale Fragen einzuleiten.[98] Am 25. Juni 1954 traf Chauvel Pham Van Dong, „der sich direkten Verhandlungen mit der Regierung von Bao Dai" nicht widersetzte.[99] Jedoch beklagte sich Chauvel am 26. Juni bei Vasilij Kuznecov darüber, dass das morgendliche Treffen der französischen und der Viet-Minh-Militärexperten zu keinem Ergebnis geführt habe. Während Pham Van Dong bereits zweimal hintereinander – nämlich am 22. und am 25. Juni – die Trennung der politischen und militärischen Fragen akzeptiert habe, verlang-

---

[95] ADF, s. Asie-Océanie (1945–1955), ss. Dossiers Généraux, d. 232, S. 184: Fiche à l'attention de Monsieur l'Ambassadeur Chauvel émanant de la Commission militaire française à Genève et datée du 23 juin 1954.
[96] ADF, s. Asie-Océanie (1945–1955), ss. Dossiers Généraux, d. 232, S. 185–187: Note n° 15, très secrète, de la Commission militaire française à Genève à l'attention de Monsieur l'Ambassadeur Chauvel, datée du 23 juin 1954.
[97] Zhai Qiang, China and the Geneva Conference of 1954, S. 111.
[98] ADF, s. Cabinet du Ministre, ss. P. Mendès-France, d. 2, S. 77f.: Télégramme daté du 26 juin 1954, signé par Pierre Mendès-France et envoyé à Londres et Washington.
[99] ADF, s. Asie-Océanie (1945–1955), ss. Dossiers Généraux, d. 232, S. 192–194, hier S. 193: Télégramme secret daté du 25 juin 1954 et signé de Chauvel au sujet de son entretien du jour avec Pham Van Dong.

ten die militärischen Delegierten des Viet Minh „eine von einem französischen Politiker verfasste Gesamterklärung"[100], bevor man fortschreiten könne. Am frühen Abend des 26. Juni kamen die chinesische, sowjetische und die Viet-Minh-Delegation zusammen, um ihre Positionen aufeinander abzustimmen. Die Vietnamesen legten ihren Plan vor: In Bezug auf Laos sollten die französischen Truppen aus dem Norden und die kommunistischen Verbände aus dem Süden bzw. aus der Landesmitte abziehen. Im Falle Vietnams sollte die Demarkationslinie im günstigsten Fall zwischen dem 13. und 14. Breitengrad und schlimmstenfalls nahe dem 16. Breitengrad festgesetzt werden. Novikov, der sowjetische Delegierte, verbarg seine Unzufriedenheit nicht angesichts der Ungenauigkeit der Viet-Minh-Vorschläge zur Abgrenzung der Umgruppierungszonen. Er bat Pham Van Dong, „die Lage weiter zu untersuchen und dann konkrete Vorschläge zu machen".[101] Die von Chauvel formulierten Vorwürfe blieben offenbar nicht ohne Wirkung.

Die Sowjets waren umso geneigter, die französischen Unterhändler zufriedenzustellen, als Letztere alles unternahmen, um ihnen entgegenzukommen. Besonders konziliant zeigten sie sich bei der Aushandlung der Bedingungen, unter denen die internationale Kontrolle, derer sich die Sowjets schon von Anfang an angenommen hatten, durchgeführt werden musste. In einem am 1. Juli schriftlich festgehaltenen Bericht unterstrich der französische Delegierte Offroy, dass die Formulierung der sowjetischen Forderungen „durch die unverkennbare Sorge um Ausgleich geleitet worden sei und nachdem substantielle Zugeständnisse gemacht worden seien", während die Nordvietnamesen sich gerade in dieser Phase als kompromisslos erwiesen hatten.[102] Sie versuchten, die Verhandlungen hinauszuschieben, bis sie über die Ergebnisse des Treffens zwischen Zhou Enlai und Ho Chi Minh verfügen konnten. Sie stellten weiterhin den Anspruch auf eine Beteiligung der Vertreter der Aufstandsbewegungen aus Laos und Kambodscha, die Festlegung der Demarkationslinie entlang dem 13. Breitengrad, die Durchführung allgemeiner freier Wahlen binnen eines halben Jahres zwecks der Wiedervereinigung des Landes sowie die Schaffung zweier Umgruppierungszonen für die „roten Laos-Partisanen". Am 9. Juli informierte Chauvel Molotov darüber, dass die Laos-Verhandlungen aufgrund der überzogenen Ansprüche des Viet Minh und aufgrund der Vorbehalte der laotischen Regierung auf der Strecke geblieben seien. Ebenso beklagte er sich über die mangelnde Kooperationsbereitschaft der militärischen Berater Vietnams, die gerade eine Laos-Karte angefertigt hatten, in der das laotische Territorium in zwei Hälften geteilt worden war, um dem Pathet Lao eine Hälfte zuzuteilen.[103]

Vietnamesischen Quellen zufolge soll Zhou Enlai folgendes Telegramm an zwei chinesische Berater gesendet haben, die zum Zentralkomitee der Partei der vietnamesischen Werktätigen – so nannte sich die kommunistische Partei seit 1951 – abgeordnet worden waren, erstrangige politische und militärische Funktionen innehatten und sich eines großen Einflusses bei den vietnamesischen Kommunisten erfreuten:

---

[100] ADF, s. Asie-Océanie (1945–1955), ss. Dossiers Généraux, d. 232., S. 195–199, hier S. 197: Entretien de M. Chauvel avec M. Kouznetsov, tenu à Genève le 26 juin 1954.
[101] AMAEC: Telegram, Li Kenong to Mao Zedong, Liu Shaoqi, and the CCP Central Committee, and conveyed to Zhou Enlai, Zhang Wentian and Wang Jiaxiang, concerning the content of a meeting between Soviet, Chinese and Vietnamese delegations, 26 June 1954.
[102] ADF, s. Asie-Océanie (1945–1955), ss. Dossiers Généraux, d. 232, S. 211–216, hier S. 216: Note n° 999 réservée, faite à Genève le 1er juillet 1954.
[103] ADF, s. Asie-Océanie (1945–1955), ss. Dossiers Généraux, d. 232, S. 232–236.

„Es sind gerechte und rationelle Voraussetzungen dafür geschaffen, dass die französische Regierung [dem Abschluss der Vereinbarung] innerhalb von zehn Tagen zustimmt. Die vorgebrachten Bedingungen müssen klar und einfach sein, um den Verhandlungsprozess zu begünstigen. Man darf sie nicht in komplizierter und verwirrter Form übergeben, möchte man Zeitverlust bei den Verhandlungen, eine Überfrachtung und Verlängerung vermeiden sowie die Sabotierung durch die Vereinigten Staaten [verhindern]."[104]

Diese Botschaft kann als eine verdeckte Aufforderung interpretiert werden, Druck auf die Viet-Minh-Führung auszuüben und von ihr zu fordern, dass sie ihre Delegation in Genf entsprechend instruiere. Am Abend des 10. Juli trafen Molotov und Mendès-France zu einem Abendessen zusammen. Bei dieser Gelegenheit erklärte der französische Premierminister, warum ihm der 18. Breitengrad als die bequemere Lösung erscheine, welche den Interessen beider Parteien am meisten gerecht würde. Vor den Toren Annams verlaufend, „stelle sie eine historische, ethnische und politische Grenze dar". Sie sei „kurz und daher passend, um die Überwachung und die Truppenstationierung zu vereinfachen". Molotov antwortete darauf, dass der Viet Minh vorgeschlagen habe, die Demarkationslinie „in der Nähe des 14. bzw. 13. Breitengrades zu ziehen", fügte jedoch hinzu, dass der Viet Minh mittlerweile Vorschläge gemacht habe, die dazu tendierten, die Demarkationslinie weiter in den Norden zu verschieben.[105] Laut Molotov blieb der Viet Minh bis zum 12. Juli bei dieser Position.[106]

Am 13. Juli stimmte Pham Van Dong im Anschluss an eine Unterredung mit Zhou Enlai, der am Tag vorher in Genf angekommen war, der Festsetzung der Demarkationslinie entlang dem 16. Breitengrad zu. Allerdings beharrte er auf der Teilung Laos und der Schaffung einer temporären militärischen Umgruppierungszone für das Pathet Lao.[107] Am selben Tag deutete Zhou Enlai im Laufe einer privaten Unterredung mit Mendès-France an, dass der Viet Minh noch größere Zugeständnisse machen könnte. Mendès-France ergriff die Gelegenheit und schlug ihm vor, dass auf eventuelle Konzessionen zur Demarkationslinie das andere Lager mit anderweitigen Konzessionen reagieren solle. Das „Opfer von Hanoi" sei wichtiger als das, zu dem der Viet Minh sich bereit erklärt habe, als er die von ihm kontrollierte Zone in der Nähe des 15. Breitengrades aufgegeben habe, und sei es nur, weil es die Evakuierung von 300 000 Personen, gegenüber 30 000 für den Viet Minh erfordert habe. Zhou zog daraus folgendes Fazit: „Wenn Frankreich ein wenig nachgebe, wird die DRV viel nachgeben; und ich wiederhole: Ich glaube zu wissen, dass Herr Pham Van Dong Sie vor Ihrer Abreise nach Paris gerne sehen würde."[108] Etwas später im Laufe des Tages ließ er Eden wissen, dass die Frage um Kambodscha bald gelöst sein werde und dass die Laosfrage es auch bald sein könne, dies allerdings nur unter der Bedingung, dass es weder ausländische Militärstützpunkte noch Militärbündnisse mit den Vereinigten Staaten in diesen beiden Länder gebe.[109]

---

[104] Sư thật về quan hệ Việt Nam – Trung Quốc, S. 32.
[105] ADF, s. Asie-Océanie (1945–1955), ss. Dossiers Généraux, d. 232, S. 237–243, hier S. 238f.: Entretien de Mendès-France avec Molotov, Genève, le 12 juillet 1954.
[106] ADF, s. Asie-Océanie (1945–1955), ss. Dossiers Généraux, d. 232, S. 244: Télégramme daté du 13 juillet 1954 et signé par Mendès-France concernant deux entretiens du 12 juillet avec M. Eden.
[107] Lưu Văn Lợi/Nguyễn Hồng Thạch, Pháp tái chiếm Đông Dương và chiến tranh lạnh [Die französische Wiederbesetzung Indochinas und der Kalte Krieg], Hanoi 2002, S. 247.
[108] ADF, s. Cabinet du Ministre, ss. P. Mendès-France, d. 5, S. 47–53, hier S. 49: Entrevue de Mendès-France avec Chou En Lai, le 13 juillet 1954. ADF, s. Cabinet du Ministre, ss. P. Mendès-France, d. 3, S. 68f.: Télégramme réservé envoyé de Genève par Chauvel, le 13 juillet 1954.
[109] AMAEC: Minutes, Zhou Enlai's meeting with A. Eden, 13 July 1954.

Noch am selben Tag bekundete der amerikanische Außenminister seine Bereitschaft, nach Paris zu kommen, um Mendès-France und Eden zu treffen.[110] Weder Dulles noch sein Stellvertreter Bedell Smith waren nach Genf zurückgekehrt, weil sie fürchteten, sie müssten sich öffentlich von den Ergebnissen der Konferenz distanzieren. Das Treffen fand am 14. Juli in Paris statt, was laut Eden Molotov in hohem Maße verärgerte. Mendès-France und Dulles unterschrieben ein Sieben-Punkte-Memorandum, das mit jenem vergleichbar war, welches von den Briten und den Amerikanern Ende Juni in Washington unterzeichnet worden war. Dieses Dokument, das dem Zweck diente, Frankreich an das westliche Lager zu binden und seinen Handlungsspielraum im Genfer Verhandlungsprozess einzuschränken, sah insbesondere vor, dass die abschließende Übereinkunft sowohl die territoriale Integrität und die Unabhängigkeit von Laos und Kambodscha als auch den Rückzug der Viet-Minh-Verbände aus diesen beiden Ländern garantieren müsse.[111] Diese neuerlichen Gespräche im westlichen Lager beunruhigten die Kommunisten zweifellos.

Am selben Tag, in Genf, hatte der französische Diplomat und Chinaexperte Jacques Guillermaz während seines Treffens mit Wang Ping Nan das Gefühl, dass die chinesische Seite es für „äußerst wünschenswert halte, die Konferenz zu einem Ergebnis zu führen, ganz gleich, ob der amerikanische Außenminister anwesend sei oder nicht", wobei er anmerkte, dass die Losung nicht „Unnachgiebigkeit" sondern „Sympathiebezeugung" lautete.[112]

Am 16. Juli überbrachte Mendès-France Molotov und Eden die Nachricht, dass der Viet Minh seine Einwilligung zur Festlegung der Demarkationslinie entlang dem 16. Breitengrad gegeben habe. Molotov forderte ihn auf, als Gegenleistung dem Viet Minh ein ähnliches Zugeständnis zu konzedieren, indem er den 16. anstelle des 18. Breitengrades akzeptiere. Mendès-France lehnte strikt ab, indem er daran erinnerte, wie vorteilhaft der Verzicht auf das Delta des Roten Flusses für den Viet Minh sei, und mit der Frage endete, „weshalb denn der Viet Minh auf einer Route bestehe, die zwar keine Region Vietnams versorge", aber nach Laos führe.[113] Molotov warf einige weitere Fragen auf, insbesondere diejenige der Frist, innerhalb derer die Truppenumgruppierung erfolgen sollte, und plädierte für einen Zeitraum von sechs Monaten, die Nichteinführung von Kriegsmaterial und Truppen sowie das Verbot, militärische Stützpunkte zu errichten und militärische Allianzen einzugehen. Besonderen Wert legte er auf das Datum der Wahlen, die er im Juni 1955 oder spätestens im Laufe des Jahres 1955 abgehalten haben wollte. Am selben Tag verkündete der Viet Minh sein Einverständnis mit Frankreichs Position zur Frage der internationalen Kontrolle über die Durchführung des Waffenstillstandsabkommens: Diese sah vor, dass in jedem Land eine Kommission gebildet werden solle, deren Aktivitäten von einem Zentralorgan koordiniert werden sollten.[114] Am 17. Juli beschwerte sich Mendès-

---

[110] ADF, s. Cabinet du Ministre, ss. P. Mendès-France, d. 3, S. 115–117: Télégramme signé de Bonnet et daté du 13 juillet 1954.
[111] AUSDS: Confidential memorandum, France-United-States position paper on Indochinese accords. Issue date: July 14, 1954. Date declassified: November 15, 1982.
[112] ADF, s. Cabinet du Ministre, ss. P. Mendès-France, d. 3, S. 70–77, hier S. 71: Note pour l'Ambassadeur Chauvel faite à Genève le 14 juillet 1954 au sujet de l'entretien du même jour entre Guillermaz et Wang Ping Nan.
[113] ADF, s. Asie-Océanie (1945–1955), ss. Dossiers Généraux, d. 232, S. 254–263: Entretien des ministres français, anglais et soviétique du 16 juillet 1954; compte rendu fait à Genève le 17 juillet 1954.
[114] ADF, s. Asie-Océanie (1945–1955), ss. Dossiers Généraux, d. 232, S. 264–266: Entretien des ministres américain, britannique et français daté du 17 juillet 1954.

France bei Zhou Enlai über die mangelnde Kooperationsbereitschaft des Viet Minh in der Laosfrage und legte ihm anschließend nahe: „Geben Sie doch Herrn Pham Van Dong einen Rat, wie Sie es bei vielen Anlässen bereits getan haben, und verlangen Sie von ihm, er möge realistischere Überlegungen anstellen."[115] Mendès-France brachte auch gegenüber Molotov und Eden seine Verärgerung zum Ausdruck und beklagte insbesondere, dass die französische Delegation seit Tagen die Offiziere des Viet Minh nicht mehr zu Gesicht bekommen habe. Am 16. Juli hatten sich die Kommunisten darauf verständigt, dass Pham Van Dong auf der Festlegung sowohl der Demarkationslinie entlang des 16. Breitengrades als auch eines Wahltermins bestehen würde.[116] Die einzige Antwort Molotovs darauf war, „er bekenne, nichts über die Gründe zu wissen, welche ein Zusammentreffen der französischen und der Viet-Minh-Experten verhindert hätten, da Herr Pham Van Dong ihn noch nie auf diesbezügliche Schwierigkeiten angesprochen habe".[117] Ebenfalls an diesem 17. Juli versicherte Zhou Eden, dass die chinesische Haltung in der Laosfrage seit seinem Vorschlag vom 16. Juni sich nicht geändert habe, fügte jedoch hinzu, dass er sein Versprechen halten würde. Hinterher bat Zhou Eden, ihm Aufschluss über das von den Amerikanern geplante südostasiatische Verteidigungsprojekt (die dann im September 1954 gegründete SEATO – Southeast Asia Treaty Organisation) zu geben. Er wollte wissen, ob sie die Errichtung amerikanischer Basen in Indochina oder den Abschluss eines Militärbündnisses mit diesen Ländern beabsichtigten. Eden antwortete: „Die Amerikaner haben mir gesagt, dass sie nicht die Absicht hätten, Militärbasen in Laos und Kambodscha einzurichten. Natürlich, falls der Viet Minh Laos oder Kambodscha einnehmen wolle, bevor oder nachdem ein Abkommen erzielt werden kann, dann werden wir und die USA unsere Besorgnis zum Ausdruck bringen."[118] Noch am selben Tag übte Zhou im Rahmen eines Gesprächs mit Mendès-France Druck dahingehend aus, dass Laos und Kambodscha keine Allianz mit den Vereinigten Staaten schließen sollten.

Am Morgen des 18. Juli beauftragte Eden seinen Stellvertreter, Caccia, den Chinesen zu sagen, dass auf indochinesischem Boden kein militärischer Stützpunkt das Licht der Welt erblicken werde, und dass diese Länder sich nicht der SEATO anschließen würden, wenn ein für alle Konferenzteilnehmer annehmbares Waffenstillstandsabkommen zustande käme.[119] Noch am selben Tag schrieb Eden nach London, seiner Meinung nach betrage die Chance, dass die Konferenz zu einem erfolgreichen Abschluss komme, nicht mehr als 50 Prozent.[120] Aber er hatte nicht mit der Entschlossenheit der Kommunisten gerechnet. Molotov versprach Mendès-France in Gegenwart Edens, seinen Plan zu unterstützen. Später am Abend informierte Zhou Enlai Eden, dass er mit der Zusammensetzung der Kontrollkommission aus Indien, Polen und Kanada einverstanden sei. Die Verhandlungen waren zwar beträchtlich vorangekommen, stießen allerdings immer noch auf drei große Hindernisse: die Demarkationslinie, den Wahltermin und die Laosfrage.

Am 19. Juli gaben die chinesischen Delegierten Wang Ping Nan und Zhang Wentian einem französischen Delegierten bzw. Caccia bekannt, dass die Viet-Minh-Delegation zwei

---

[115] AMAEC: Minutes, Zhou Enlai's meeting with Mendès-France, 17 July 1954.
[116] Gaiduk, Confronting Vietnam, S. 46.
[117] ADF, s. Asie-Océanie (1945–1955), ss. Dossiers Généraux, d. 232, S. 267–271, hier S. 269: Entretien des ministres français, anglais et soviétique le 17 juillet 1954.
[118] AMAEC: Minutes, Conversation between Zhou Enlai and Eden, 17 July 1954.
[119] AMAEC: Telegram, Zhou Enlai to Mao Zedong and others, regarding the situation at the twenty-third restricted session, 19 July 1954.
[120] Gaiduk, Confronting Vietnam, S. 47.

zusätzliche Zugeständnisse gemacht habe: Sie seien bereit, „die Demarkationslinie 10 Kilometer nördlich von der Fernstraße Nummer 9 festzulegen, und die Wahlen innerhalb von zwei Jahren zu organisieren".[121] Der Einschätzung zweier vietnamesischer Zeithistoriker zufolge wurden diese beiden Konzessionen auf Initiative der Volksrepublik China gemacht – möglicherweise ohne die Zustimmung des Leiters der Viet-Minh-Delegation.[122] Am selben Tag sprach Zhou mit Eden und Mendès-France über Laos. Er forderte erneut, dass der von den Franzosen auf 2000 Mann geschätzte laotische Widerstand sich in einer einzelnen Zone umgruppierte. Mendès-France wollte dem nicht stattgeben[123], aber Eden schlug vor, eine einzelne Umgruppierungszone im Süden einzurichten. Dieser Vorschlag, auf den Zhou bewusst nicht einging, wurde schließlich angenommen.[124] Als Ausgleich verlangte Zhou Sicherheitsgarantien für den Schutz der Mitglieder der laotischen kommunistischen Widerstandsorganisation bei ihrer Rückkehr in ein normales Leben sowie die Möglichkeit für sie, sich in die Strukturen ihres Staates wieder eingliedern zu können. Mendès-France erklärte sich zwar bereit, die französischen Truppen auf 3000 Mann zu reduzieren, weigerte sich aber, einen Termin für die Evakuierung der Truppen aus Laos festzusetzen. Zum ersten Mal erklärte Zhou Enlai, dass er den Verbleib der französischen Truppen in Laos wünsche, damit sie den Laoten helfen, eine Nationalarmee aufzubauen.[125] Am nächsten Tag, dem 20. Juli, setzte Zhou seine ganze Überzeugungskraft ein, um die Kambodschaner dazu zu überreden, ihre engen Beziehungen zu Frankreich zu wahren. Letztere weigerten sich im Gegensatz zu den Laoten, irgendeine Form von Abhängigkeit gegenüber ihrer ehemaligen Kolonialmacht aufrechtzuerhalten und wollten die Errichtung amerikanischer Basen in ihrem Lande. Zhou Enlai nahm nun einen diametral entgegengesetzten Standpunkt zu dem ein, was er während der ersten Verhandlungsphase ununterbrochen deklariert hatte, als er mit einer Vehemenz ohnegleichen „die französischen Kolonialherren für ihren Versuch anprangerte, die indochinesischen Völker in den Zustand des Sklaventums zurückversetzen zu wollen".[126]

Am 20. Juli trafen Pham Van Dong und Mendès-France zweimal hintereinander zusammen. Mendès-France willigte ein, die Demarkationslinie entlang dem 17. Breitengrad festzulegen. Zuerst erfolgte seitens Pham Van Dongs keinerlei Reaktion.[127] Schließlich akzeptierte er widerwillig: Der Übergang vom 16. zum 17. Breitengrad verpflichtete ihn, auf die Städte Danang und Hue, die kaiserliche Hauptstadt, sowie auf die Straße N. 9 zu verzichten, welche die Küstenstadt Quang Tri und die in Laos gelegene Stadt Savannakhet verband. Am 21. Juli gegen zwei Uhr morgens – „nach harten Verhandlungen und einigen überraschenden Kompromissvorschlägen, welche in letzter Minute von Molotov gemacht

---

[121] AMAEC: Minutes, Conversation between Zhang Wentian and Harold Caccia, Second meeting of 19 July; Joyaux, La Chine et le règlement, S. 284
[122] Lưu Văn Lợi/Nguyễn Hồng Thạch, Pháp tái chiếm Đông Dương, S. 247.
[123] AMAEC: Minutes, Conversation between Zhou Enlai, Pierre Mendès-France and Eden, 19 July 1954.
[124] AMAEC: Telegram, Zhou Enlai to Mao Zedong and others, regarding Zhou's meeting with Mendès-France and Eden, and discussions outside the conference, 20 July 1954.
[125] AMAEC: Minutes, Conversation between Zhou Enlai, Pierre Mendès-France and Eden, 19 July 1954.
[126] ADF, s. Cabinet du Ministre, ss. Georges Bidault (1953–1954), d. 28, S. 231–250, hier S. 239: Compte rendu sténographique provisoire, daté du 14 mai 1954, de la 3ème séance plénière tenue au Palais des Nations à Genève le 12 mai 1954.
[127] AMAEC: Telegram, Zhou Enlai to Mao Zedong and others, regarding Zhou's meeting with Mendès-France and Eden, and discussions outside the conference, 20 July 1954, 12.00 pm.

wurden", waren Eden zufolge die letzten Streitthemen aus dem Weg geräumt. Molotov hatte akzeptiert, dass Kambodscha ein anderes Land – das heißt die Vereinigten Staaten – um Hilfe bitten könne, sollte das Land von außen bedroht werden. Unter dem Druck von Mendès-France konzedierte Molotov Laos das gleiche Recht.[128] Man kann sich fragen, was Molotov mit diesen beiden Konzessionen bezweckte, die dem diametral entgegengesetzt waren, wofür Zhou Enlai in den letzten Tagen mit solcher Beharrlichkeit eingetreten war: Wollte er einfach nur, dass die Verhandlung um jeden Preis zu einem Ergebnis führte und setzte deshalb sein ganzes Vertrauen in Übereinkünfte, bei denen die Gefahr bestand, dass sie von den Kambodschanern nicht unterzeichnet würden, oder suchte er bereits nach Wegen, wie er der aufkeimenden Macht Chinas Schranken setzen könnte?

Fazit: Die Verratsanschuldigungen im Rückblick

Am 22. Juli hielt Ho Chi Minh eine Ansprache, in der er der sowjetischen und der chinesischen Delegation herzlich dankte.[129] Fernab von dieser idyllischen Vorstellung haben seitdem viele vietnamesische Historiker die Rolle Chinas – und jene der Sowjetunion – bei den Verhandlungen über das Genfer Abkommen kritisiert. Diese Kritik, die im Februar 1979 nach dem Einmarsch Chinas in die gebirgige Grenzregion Nordvietnams besonders virulent wurde, hält bis heute an, wenn auch in einer eher verschleierten Form. Die vietnamesische Historiographie wirft der chinesischen Delegation im Einzelnen vor, „die Tatsache ausgenützt zu haben, dass Frankreich sich weigerte, aus einer schwachen Verhandlungsstellung mit ihm [dem Viet Minh] Gespräche zu führen, um sich zu erlauben, mit Frankreich in direkte Besprechungen einzutreten und ein Abkommen über fundamentale Punkte mit ihm zu schließen", ferner „bereits im Mai 1954 den 16. Breitengrad als Demarkationslinie vorgeschlagen und den Viet Minh dazu genötigt zu haben, dass die DRV auf die Stadt Hanoi, den Hafen von Hai Phong und auf die Straße, die diese beiden Städte verbindet, verzichtete", und schließlich „mit der Ausweitung des Krieges unter der Rute der Amerikaner" gedroht zu haben, um auf Vietnam Druck auszuüben, insbesondere nach dem 10. Juli 1954".[130] Laut William Duiker gingen andere Historiker sogar so weit, China zu beschuldigen, dass es seine Einflusssphäre auf beide Länder auszudehnen versucht habe, indem es einerseits die Teilung Vietnams und andererseits den Abzug der Viet-Minh-Verbände aus Laos und Kambodscha billigte.[131] Die Sachverhalte, die ich anhand französischer, chinesischer und russischer Archivquellen rekonstruiert habe, soweit ich diese konsultieren konnte, zeigen, dass die vorgebrachten Beschwerden nicht ungerechtfertigt sind, allerdings nur eine partielle Sicht der Ereignisse darstellen. Molotov und Zhou Enlai vereinten all ihre Bemühungen, um ein Friedensabkommen über Indochina zu erzielen: die Chinesen taten es aus Furcht vor einer Eskalation des Krieges und einem offenen Konflikt mit den USA, der in einen Atomkrieg hätte münden können; die Sowjets, weil sie Frankreich von der Last des indonesischen Krieges befreien und die Aufschiebung des Projekts des europäischen Verteidigungsvertrags erreichen wollten.

---

[128] Gaiduk, Confronting Vietnam, S. 49.
[129] Hồ Chí Minh, Tuyển tập, Hanoi, 3 Bde., Bd. 2 (1945–1954), S. 760–763.
[130] Sự thật về quan hệ Việt Nam – Trung Quốc, S. 32.
[131] Duiker, US Containment Policy, S. 182.

Die noch am Tag der Unterzeichnung der Verträge in die Wege geleiteten Besprechungen Molotovs mit Mendès-France zeigen, dass die deutsche Frage in den Köpfen der sowjetischen Führung weiterhin das beherrschende Thema war.[132] Mit Genugtuung registrierten die Sowjets, dass das EVG-Projekt im August 1954 von der Nationalversammlung abgelehnt wurde und leblos blieb. Vor diesem Hintergrund belegen die französischen Quellen auch, dass es während der Konferenz zwischen Molotov und Mendès-France zu keinen Geheimabsprachen gekommen ist: Molotov hatte seit dem 10. Juli Mendès-France vorgeschlagen, sich mit ihm über bestimmte Europa betreffende Fragen auszutauschen, was Letzterer ablehnte. Alles in allem änderten die Nachfolger Stalins nichts an den Prioritäten der sowjetischen Außenpolitik. Die von den Kommunisten geführten Dekolonisierungskriege blieben, ohne vernachlässigt zu werden, den europäischen Fragen untergeordnet. Die sowjetische Führung verfolgte diesen politischen Kurs zumindest bis in die 1960er Jahre weiter, als die Dritte Welt ein Feld der Rivalität mit China wurde.

Über die von den vietnamesischen Historikern gegen China gerichteten Verratsanschuldigungen lässt sich ebenfalls streiten. Es wurde gezeigt, dass Zhou Enlai, mit seinen Bemühungen, die Errichtung von amerikanischen Militärbasen in Laos und Kambodscha zu verhindern, dem Verbleib dieser beiden Länder im französischen Orbit immer offener Vorschub leistete. Während der Geheimverhandlungen, die er mit seinen französischen und britischen Amtskollegen führte, legte er einen Pragmatismus an den Tag, der in diametralem Gegensatz zu der ideologischen Rigidität stand, die er in den Plenarsitzungen zur Schau stellte. Eine Reihe von Indizien spricht im Übrigen dafür, dass er während der Genfer Konferenz starken Druck auf die Viet-Minh-Delegation übte. Auf der anderen Seite zeigen die Archive auch, dass die Chinesen nicht anstrebten, das Feld der Verhandlungen über das indochinesische Problem hinaus zu erweitern, noch irgendwelche Gegenleistungen für die Milderung ihrer Position zu erhalten. Dem indischen Botschafter Krishna Menon zufolge war Zhou Enlai, den er Ende Juni getroffen hatte, „bei weitem mehr vom Koreaproblem beherrscht als von allen anderen" und „alle Indochina betreffende Lösungsvorschläge wurden von ihm danach beurteilt, wie sie als Präzedenzfall für die Koreafrage angewendet werden konnten".[133] Des Weiteren weiß man wegen der Unzugänglichkeit der vietnamesischen Archive weder über die exakte Position Bescheid, die der Viet Minh zu Beginn der Konferenz einnahm, noch wie sich diese Position im Weiteren entwickelt hat; die von den militärischen Viet-Minh-Delegierten abgegebenen Erklärungen weisen auf eine gewisse Bereitschaft hin, den Kampf fortzusetzen, sind aber nicht beweiskräftig.

Trotz des Scheiterns der Koreaverhandlungen steht die Genfer Indochinakonferenz für einen Sieg der sowjetischen Diplomatie. Die Konferenz, die auf das Drängen der Sowjets einberufen wurde, erlaubte es Moskau, seine Doktrin der „Friedlichen Koexistenz" zu fördern und gleichzeitig die internationalen Spannungen zu reduzieren. Moskau hatte die Initiative; Washington war in der Defensive. In dem Propagandakrieg, den sich die beiden Großmächte lieferten, verstärkte die Sowjetunion das Bild von sich, das sie in der Weltöffentlichkeit durchsetzen wollte: das der Verkörperung des „Friedenslagers". Schließlich war es ihr gelungen, das Auftreten Chinas auf der internationalen Bühne durchzusetzen.

---

[132] ADF, s. Asie-Océanie (1945–1955), ss. Dossiers Généraux, d. 232, S. 237-243: Entretien de M. Mendès-France avec M. Molotov après le dîner du 10 juillet, fait à Genève le 12 juillet 1954.

[133] ADF, s. Cabinet du Ministre, ss. P. Mendès-France, d. 2, S. 16f.: Télégramme adressé de New York et daté du 1er juillet 1954.

Entgegen den Vermutungen, die von manchen Historikern und zeitgenössischen politischen Akteuren angestellt wurden, standen die Beziehungen zwischen der Sowjetunion und China vor und nach der Konferenz unter dem Zeichen des Vertrauens und der Zusammenarbeit und nicht des Misstrauens und der Konkurrenz. Dennoch sollte man weder den Erfolg noch die Tragweite des Genfer Abkommens überschätzen. Die Lage zwischen China und den Vereinigten Staaten von Amerika blieb angespannt. Am 21. Juli verweigerte der stellvertretende Außenminister der USA – ebenso wie der Repräsentant Süd-Vietnams – die Unterzeichnung des Abkommens, was ihn jedoch nicht daran hinderte, zu proklamieren, dass die Vereinigten Staaten jeglichen Vorstoß gegen das Abkommen als eine Bedrohung des Friedens und der internationalen Sicherheit betrachten würden. Die Amerikaner ergriffen auf der Stelle mehrere Maßnahmen zur Eindämmung der Expansion des Kommunismus in Südostasien: Sie setzten den proamerikanischen und antifranzösischen Nationalisten Ngo Dihn Diem an die Spitze der Regierung in Saigon und gründeten im September 1954 die SEATO, deren Schutzbereich – ungeachtet der im Genfer Abkommen vorgesehenen Neutralität – Laos, Kambodscha und Südvietnam einschloss.[134] Ihrerseits traf die Volksrepublik China ab Ende Juli 1954 Vorkehrungen, die auf ihre Wiederbewaffnung und den Einmarsch in Taiwan abzielten.[135] In den folgenden Jahren wurden mehrere entscheidende Punkte des Genfer Abkommens nicht eingehalten. 1956 weigerte sich die südvietnamesische Regierung, die Wahlen zu organisieren, welche der Wiedervereinigung des Landes vorangehen sollten. Im Januar 1959 beschloss die Partei der vietnamesischen Werktätigen insgeheim, den Vietnamkrieg wieder in Gang zu bringen. Im Monat darauf taten die Vereinigten Staaten das, was die Chinesen auf der Genfer Indochinakonferenz mit aller Kraft zu vermeiden versucht hatten: Sie errichteten in Laos einen Militärstützpunkt. Auch wenn sie keine Garantie für einen dauerhaften Frieden waren, rückten die Genfer Indochinaverträge das sowohl von Churchill und Eden als auch von Malenkov – der seinen Posten zugunsten Chruščevs verlor – beschworene Risiko eines dritten Weltkrieges in weitere Ferne. Da die Vereinigten Staaten im Oktober 1953 die Doktrin der massiven Vergeltung angenommen hatten, wäre dieser Konflikt sicherlich mit dem Einsatz von Nuklearwaffen verbunden gewesen. In dieser Hinsicht ist es denkbar, dass die gemeinsamen Bemühungen von Eden, Zhou Enlai, Molotov und Mendès-France, gleichgültig aus welcher Motivation heraus sie gehandelt haben mögen, nicht nur die – wenn auch vorübergehende – Wiederherstellung des Friedens in Indochina möglich gemacht haben. Sie waren vielleicht auch für die Welt ein Segen.

Aus dem Französischen übertragen von Marie-Thérèse Delteil

---

[134] Yang Kuisong, Changes in Mao Zedong's Attitude toward the Indochina War, S. 12.
[135] AMAEC: Telegram, CCP Central Committee to Zhou Enlai, concerning policies and measures in the struggle against the United States and (Chiang Kai-shek) after the Geneva Conference, 27 July 1954.

Elizabeth Bishop
Assuan, 1959: Sowjetische Entwicklungspolitik – die Perspektive der „Gender-History"

Einführung

In der Wissenschaft herrscht Übereinstimmung, dass die Delegierten, die 1956 zum XX. Parteitag der KPdSU zusammenkamen, eine grundlegende Veränderung der internationalen Beziehungen der Sowjetunion bewirkten. Von nun an begann die KPdSU nationale Befreiungsbewegungen in aller Welt umfassender und zielstrebiger zu unterstützen.[1] Um nur ein Beispiel für den Wandel zu nennen, macht der Historiker Tareq Ismael auf das erste Heft der neuen „World Marxist Review" aufmerksam, das zwei Jahre nach dem XX. Parteitag erschien. Darin wurde die „nationale Befreiungsbewegung im arabischen Osten" sowohl mit einer „antiimperialistischen und antifeudalistischen Revolution" wie mit einer gleichzeitigen „Bewegung für Völkersolidarität" gleichgesetzt.[2] Ismael und anderen folgend, sollen nun auf der Basis einer differenzierten Periodisierung der fünfziger Jahre Inkongruenzen sowjetischer Konzepte von „Nationaler Befreiungsbewegung", „Antiimperialismus" und „Völkersolidarität" erörtert werden, die sich keineswegs nur an diplomatischen Überforderungen der UdSSR oder am Eigensinn der Partner zeigen lassen, sondern zugleich Konfliktlinien ideologisch-politischer Ansprüche auf der einen und Gender-Beziehungen in den beteiligten Gesellschaften auf der anderen Seite reflektieren.

Der KPdSU-Parteitag fand zur gleichen Zeit statt wie revolutionäre Umstürze in der arabischen Welt. Den Lesern der „Novoe vremja" erklärte G. Nikitina, in der bislang existierenden Ordnung habe „die politische Landkarte der arabischen Welt nur zwei Farben gekannt – das Grün der Dominien Englands und das Rot des französischen Herrschaftsgebiets. Alleinige Ausnahme war das Territorium, das jetzt Libyen ist und zuvor italienische

---

[1] Die letzte Resolution des XX. Parteitags der KPdSU zählte Ägypten und Syrien zu den friedliebenden Staaten. Siehe Charles Kenney, The CPSU Congress: A Study in Calculated Moderation, in: American Political Science Review, Vol. 50, No. 3 (September 1956), S. 765 und 777. Zur Bedeutung des XX. Parteitags für die Beziehungen mit Ägypten siehe Kirk Beattie, Egypt during the Nasser Years: Ideology, Politics, and Civil Society, Boulder 1994, S. 115; Tareq Ismael, The Communist Movement in the Arab World, London 2005, Kapitel 3; Carol Saivetz, The Soviet Union and the Middle East, in: William Roger Louis/Roger Owen, A Revolutionary Year: The Middle East in 1958, London 2002.

[2] Ismael, Communist Movement, S. 45f. Siehe auch Cindy Jebb, Bridging the Gap. Ethnicity, Legitimacy and State Alignment in the International System, Lanham 2004, Kapitel 4; Ali M. Yahya, Egypt and the Soviet Union, 1955-1972: A Study in the Power of the Small State, New York 1989, Kapitel 3. Zur Bedeutung des XX. Parteitags für die Beziehungen mit der Dritten Welt siehe Mark Katz (Hrsg.), The USSR and Marxist Revolutions in the Third World, Cambridge: Cambridge University Press, 1990, S. 60; Zaki Laïdi, The Superpowers and Africa: The Constraints of a Rivalry, Chicago: University of Chicago Press, 1990, S. 4; Margot Light, Introduction: The Evolution of Soviet Policy in the Third World, in: Dies. (Hrsg.), Troubled Friendships: Moscow's Third World Ventures, London 1993, S. 10; Maxim Matusevich, No Easy Row for a Russian Hoe: Ideology and Pragmatism in Nigerian-Soviet Relations, Trenton 2003, S. 43; Aftab Kamal Pasha, Egypt's Relations with the Soviet Union. The Nasser and Sadat Period, Aligarh: Aligarh Muslim University Press, 1986; Adell Patton, Physicians, Colonial Racism, and Diaspora in West Africa, Gainesville: University Press of Florida, 1996, S. 224; Scott Thomas, The Diplomacy of Liberation: The Foreign Relations of the African National Congress, London 1995, S. 169; Odd Arne Westad, The Global Cold War: Third World Interventions, Cambridge: Cambridge University Press, 2005, S. 68; Josephine Woll, Real Images: Soviet Cinema and the Thaw, London 2000, Kapitel eins.

Kolonie war."³ „Antiimperialismus" bedeutete also vor allem Widerstand gegen die Regierungen, die Kolonialmächte eingesetzt hatten (einschließlich der von den Briten gestützten Mohammed-Ali-Dynastie in Ägypten und der Haschemiten im Irak wie des französischen Mandats in Syrien). Befreit vom britischen Kolonialismus, wurde Ägypten in den fünfziger Jahren schon früh „antiimperialistisch", Syrien und der Irak folgten.

„Antiimperialismus" hatte aber noch eine zweite Bedeutung, nämlich Widerstand gegen die neuen Formen kollektiver Sicherheit. Mitte der fünfziger Jahre suchten die USA Staaten an den Südgrenzen der UdSSR in einer „Middle East Treaty Organization" (METO) zusammenzuschließen, wobei sie Militärhilfe und wirtschaftliche Unterstützung anboten. Türkei, Irak, Iran und Pakistan fanden sich bereit, bei der „Eindämmung des Kommunismus" auf die Sowjetunion zu helfen, indem sie ihre Grenzen militärisch sicherten und die Befugnisse der Polizei gegen Organisatoren der Arbeiterschaft und andere Dissidenten stärkten. METO wurde auch „Bagdad-Pakt" genannt, um die königliche Familie des Irak zur Übernahme einer führenden Rolle unter den vorwiegend islamischen Nationen unmittelbar südlich der UdSSR zu ermuntern. Das Vereinigte Königreich trat der METO (seit 1959 CENTO = Central Treaty Organization) bei, um seinen Einfluss im Mittleren Osten zu wahren. „Antiimperialismus" bedeutete mithin auch Widerstand gegen kollektive Sicherheitsabkommen.

Angesichts solcher Vielfalt der Bedeutungen haben Nationalisten und Internationalisten unter „Antiimperialismus" Unterschiedliches verstanden. Zwar wandten sich arabische Nationalisten und Kommunisten gleichermaßen dagegen, dass die Kolonialmächte des 19. Jahrhunderts ihren Imperialismus in den Kalten Krieg einbrachten, doch trennten sie tiefe Meinungsverschiedenheiten in Fragen der politischen Strategie, der Taktik und der Prioritäten, und in den Jahren nach dem XXI. Parteitag der KPdSU kam es zu einem Konflikt zwischen dem sozialistischen Internationalismus und dem arabischen Nationalismus in Ägypten, in Syrien und im Irak.[4] Als der Arabismus mit dem Sozialismus allenthalben in der Dritten Welt zusammenstieß, fuhr die UdSSR fort, das nach Kräften materiell zu unterstützen, was im Begriff war, zu einem der weniger progressiven politischen Gemeinwesen der arabischen Welt zu werden. Entwicklungen, die dem Anschein nach nichts miteinander zu tun hatten, wirkten doch zusammen und verbanden die spätsowjetische Gesellschaft auf unvorhergesehene Weise mit arabischen Gender-Regimen.

Außerdem war der Parteitag der KPdSU nicht nur deshalb von Bedeutung, weil er einen Wandel der sowjetischen Außenpolitik markierte, vielmehr stieß er auch Bewegungen an, die das Leben der sowjetischen Bürger innerhalb der UdSSR veränderten. So bedeutete die Vermehrung von Publikationen über die postkoloniale Welt – die „World Marxist Re-

---

[3] G. Nikitina, Natsional'nyi pod"em narodov Arabskogo Vostoka, in: Novoe vremia 42 (1956), S. 3.
[4] „Sovremennyj vostok" war die neue führende Zeitschrift, die sich der postkolonialen Politik der arabischen Welt widmete. Von den Arbeiten, die sich mit dem Arbeiter-Internationalismus im postkolonialen Ägypten beschäftigen, sind folgende zu nennen: Mahmoud Abdel-Fadil, The Political Economy of Nasserism: A Study in Employment and Income Distribution Policies in Urban Egypt, 1952-72, Cambridge: Cambridge University Press, 1980; Joel Beinin, The Communist Movement and National Political Discourse in Nasirist Egypt, in: Middle East Journal, Vol. 41, No. 4 (Autumn 1987); Joel Beinin/Zachary Lockman, Workers on the Nile: Nationalism, Communism, Islam, and the Egyptian Working Class, 1882-1954, Princeton: Princeton University Press, 1987; Ellis Goldberg, Tinker, Tailor, and Textile Worker: Class and Politics in Egypt, 1930-1952, Berkeley: University of California Press, 1986; Marsha Pripstein Posusney, Labor and the State in Egypt: Workers, Unions, and Economic Restructuring, 1952-1996, New York: Columbia University Press, 1997.

view" stand ja keineswegs allein –, dass russische Leser mehr über bestimmte Aspekte des Lebens in der arabischen Welt erfuhren. Außerdem gab es für sowjetische Bürger nun mehr Gelegenheiten, mit Ausländern zusammenzukommen. Zum Beispiel fand 1957 das Internationale Jugend- und Studentenfestival in Moskau statt, das 300 000 Ausländer in das Herz des Sozialismus brachte. Drittens blieb nach dem Jugendfestival die private Anschauung von der Rolle der Geschlechter nicht ohne Auswirkung auf die Diplomatie, wie sich in den Diskussionen über die sowjetische Entwicklungshilfe zeigte. Die frühe Berichterstattung über das Assuan-Staudamm-Projekt hob hervor, wie ausländische Arbeiter in Assuan das Beste aus der Situation machten, die sie vorfanden, indem sie maskuline Taktiken anwandten und die Solidarität unter Männern beschworen.[5]

1.

Gamal Abdel Nasser, der die Revolution in Ägypten anführte, soll erklärt haben: „Wir erleben heute nicht eine Revolution, sondern zwei."[6] Die erste, die politische, gewinne das Recht zur Selbstregierung zurück, die zweite, die soziale, errichte durch Klassenkampf ein gerechtes Regime. Indem sie ein den Marxisten vertrautes Vokabular benutzten („Revolution", „Klassenkampf"), übernahmen Nassers „Freie Offiziere" die Kontrolle über jene Mittel, mit denen die Bürger Zustimmung zu Ägyptens sozioökonomischer Transformation zum Ausdruck bringen konnten.

Im Rückblick mag es paradox erscheinen, aber die politische Massenmobilisierung war im postkolonialen Ägypten begleitet von einer Abkehr von organisierten politischen Parteien. Im Ablauf des in der Mitte der fünfziger Jahre erfolgenden revolutionären Wandels in Nordafrika und Westasien erkennen Wissenschaftler das geräuschlose Verschwinden der liberalen Zivilgesellschaft. Der Historiker Malcolm Kerr hat bei den Offizieren, die 1952 in Ägypten die Führung übernahmen, beobachtet, dass „sie politischen Parteien misstrauten, nicht aus ideologischen Gründen, sondern weil die Parteien, die sie im vorrevolutionären Ägypten gekannt hatten, Werkzeuge einer korrupten Oligarchie gewesen waren. Dementsprechend haben sie alle existierenden Parteien aufgelöst."[7]

Während neue politische Massenorganisationen sich eines kommunistischen Vokabulars bedienten, legten es die Führer der ägyptischen Revolution darauf an, Organisationen zu eliminieren, die sich dem Internationalismus der Arbeiterklasse verpflichtet fühlten. Salma Botman zeigt, dass die neue Arabische Sozialistische Union die Gewerkschaften ihrer Selbständigkeit beraubte.[8] Der Historiker Joel Beinin macht auf eine Veränderung bei den Mitgliedern der Kommunistischen Partei Ägyptens aufmerksam: Sie verwandelte sich aus

---

[5] Zu Ägyptens politischer und wirtschaftlicher Situation siehe V. Blylinin, Plotina u tropika Raka, in: Vokrug Sveta 4 (1959), S. 10–12; I. Beliaev, Semnadcat' pyramid Cheopsa, in: Sovremennyj vostok 11 (1959), S. 39–42; V. Koroteev, U arabskich druzej, in: Don 1 (1959), S. 143–152; N. Popova, V strane piamid, in: Sibirskie ogni 10 (1959), S. 123–130; zur Außenpolitik der UdSSR siehe Asuanskaia plotina, in: Novoe vremia 28 (1959), S. 2; A. Krasinov, Obrazec beskorystnogo sotrudničestva, in: Sovremennyj vostok 1 (1959), S. 52f.; siehe auch N. Galochin, Sadd el'-Aali Asuan, in: Kul'tura i žizn' 6 (1959); I. Mirkina, Asuanskaja plotina, in: Mirovaja ekonomika i meždunarodnye otnošenija 11 (1959), S. 108–110.
[6] Beattie, Egypt during the Nasser Years, S. 111.
[7] Malcolm Kerr, The Arab Cold War, 1958–1964: A Study of Ideology in Politics, Oxford: Oxford University Press, 1965, S. 8.
[8] Salma Botman, Women's Participation in Radical Egyptian Politics, 1930–1952, in: Magida Salman u. a. (Hrsg.), Women in the Middle East, London 1987, S. 18.

einer Bewegung mit einem stattlichen Arbeiteranteil in eine Partei, in der eine akademisch gebildete Intelligenzija sowohl die Masse der Mitglieder wie die Führer stellte. Beinin erwähnt quasi „linke" Konsumneigungen der ägyptischen Intellektuellen; zwischen den Buchdeckeln von Ahmed al Rifais und Abel al-Munim Shaflas „Days of Victory" (Ayyam al-intisar 1957) folgte dem Text Werbung für sowjetische Zeitschriften und Schallplatten.[9] Mit dem Wandel in der Mitgliederschaft zog sich die kommunistische Bewegung Ägyptens den Angriff staatlicher Stellen zu. Hatten alle kommunistischen Parteien in der ersten Hälfte der fünfziger Jahre wahrscheinlich nicht mehr als 2000 Mitglieder, so mussten sie allein 1953 und 1954 die Verhaftung von 150 bis 300 Mitgliedern erdulden.[10]

Solche Verschiebungen in der Innenpolitik arabischer Länder waren für sowjetische Leser weniger sichtbar als die offen zutage tretenden Veränderungen. Trotz der Zunahme von Publikationen über die postkoloniale Welt erfuhren die gewöhnlichen sowjetischen Bürger aus russischsprachigen Veröffentlichungen sehr wenig über Konflikte zwischen arabischen Nationalisten und Internationalisten. In dem am besten zugänglichen Nachschlagewerk, der „Großen Sowjetischen Enzyklopädie", war zu lesen, dass die Kommunistische Partei Ägyptens seit 1924 im Untergrund existiert habe. Mit diplomatischer Zurückhaltung schwieg sich dieser Eintrag darüber aus, dass eine von der Sowjetunion unterstützte nationale Unabhängigkeitsbewegung die dortigen Arbeiter noch nicht befreit hatte.[11] Gewöhnliche Leser werden nur die dürftigsten Details über die Innenpolitik des arabischen Ägypten gewusst haben. Die Machthaber waren natürlich darüber im Bilde, dass die ägyptische Regierung Kommunisten verfolgten. Mohammed Hassanein Heikal, Leiter der Tageszeitung „Al Ahram", begleitete Marschall Abd al-Hakim Amers ägyptische Delegation, die zur Feier des 40. Jahrestags der Russischen Revolution nach Moskau reiste. Heikal berichtet, Chruščev habe Mao über Nasser gesagt, „er steckt in seinem Land die Kommunisten ins Gefängnis".[12]

Der Zusammenschluss Ägyptens und Syriens zur Vereinigten Arabischen Republik hatte Folgen, die viele Männer und Frauen zu spüren bekamen. Angehörige beider Geschlechter identifizierten sich mit dem arabischen Nationalismus in persönlicher Hinsicht – sowohl negativ wie positiv. In einigen weckte der arabische Nationalismus Furcht. In Anbetracht der Tatsache, dass die syrischen Kommunisten die ägyptischen an Zahl weit übertrafen, sieht der Historiker Rami Ginat in der Vereinigung die Hauptursache für Kairos Wendung gegen die Linke.[13] Der Präsident Ägyptens erfreute sich in beiden Ländern enormer Popularität, nachdem er sich geweigert hatte, dem Bagdad-Pakt beizutreten. Da er es auf diese Weise mit den USA aufnahm, vermochte Nasser die Menge mit seinem Charisma in Rauschzustände zu versetzen.[14] Auf der Woge seiner Popularität reitend, stellte er

---

[9] Beinin, The Communist Movement", S. 578. Anthony Gordon danke ich für den Hinweis auf diesen Beitrag.
[10] Beattie, Egypt during the Nasser Years, S. 130.
[11] Bol'šaja Sovetskaja Ènciklopedija, Vol. 15, S. 460.
[12] Mohammed Hassanein Heikal, The Cairo Documents: The Inside Story of Nasser and His Relationship with World Leaders, Rebels, and Statesmen, New York 1973, S. 124.
[13] Nasser and the Soviets: A Reassessment, in: Elie Podeh/Onn Winckler's Rethinking Nasserism: Revolution and Historical Memory in Modern Egypt, Gainesville: University Press of Florida, 2004, S. 237ff. Siehe auch Beinin, The Communist Movement, S. 580–582; Malcolm Kerr, Arab Cold War, S. 14–18; Efraim Karsh, Soviet-Syrian Relations: The Troubled Partnership, in: Margot Light (Hrsg.), Troubled Friendships, S. 82–109.
[14] Siehe A. Berkov, O čem govorjat sobytija v Egypte, in: Kommunist 16 (1956), S. 76–83.

bei der Vereinigung Bedingungen; so forderte er die Auflösung aller politischen Parteien in Syrien, eben auch der Kommunistischen Partei.

Andere, auch Araber, die außerhalb der Region lebten, inspirierten die öffentlichen Bekundungen des Nationalismus zu leidenschaftlichen Reaktionen; manche verloren die Kontrolle über sich, manche bekamen weiche Knie. Nasser war, woran Heikal später erinnerte, der erste der Führer unterentwickelter Nationen, der Moskau besuchte und so den Arabern Priorität vor den sonstigen Antiimperialisten, wie etwa Nehru, verschaffte.[15] Er löste einen Sturm der Begeisterung im eigenen Land und in der ganzen Welt aus. Die arabischen Studenten der Moskauer Staatsuniversität zollten ihm rauschhaften Beifall. Die „antiimperialistische und antifeudalistische Revolution" wirkte sich sowohl auf das öffentliche Leben wie auf die private Existenz der Araber aus. Auch Frauen waren beeindruckt von der Kraft, dem Charisma und der stattlichen Erscheinung des ägyptischen Führers.[16] Heikal fährt fort: „Als ihm die Frau des syrischen Geschäftsträgers vorgestellt wurde, brach sie zusammen. Chruščev beobachtete die Szene und fragte, warum die Frau ohnmächtig geworden war. Man sagte ihm, ‚aus innerer Bewegung'."[17] Obschon „Antiimperialist", sah Heikal diese Frau mehr als Geschlechtswesen – in ihrer Reaktion auf einen Mann – und weniger in ihrer beruflichen Funktion oder als einer politischen Überzeugung verpflichtet.

Wie Nasser den tiefsitzenden antikolonialistischen Nationalismus der Araber befeuerte, so beeindruckte dieser „Antifeudalist" auch die sowjetischen Durchschnittsbürger. Die sowjetische Presse wetteiferte mit den Studenten und Frauen im Preisen des Führers, der den Beitritt zum Bagdad-Pakt verweigert hatte. Seine Landsleute sonnten sich in den Strahlen von Nassers Charisma.[18] Die Fotos gut aussehender Studenten illustrierten die Berichte der Journalisten über Ägypten. Lässig vor den Arkaden einer Botschaft oder dem von Palmen gesäumten Aufgang zu einem neoklassizistischen Universitätsgebäude posierend, tragen diese Studenten kurz geschnittenes Haar, gut geschnittene Sakkos oder geschmackvolle Pullover mit Krawatte, locker sitzende Hosen und auf Hochglanz polierte spitze Schuhe. Mit Kameraeinstellungen, die den hohen Wuchs des einzelnen oder die

---

[15] Nehru besuchte in der Tat im Jahr 1955 Moskau.
[16] Zur Präsidentschaft Nasser und zu Frauenthemen siehe Nadje al Ali, Secularism, Gender and the State in the Middle East: the Egyptian Women's Movement, Cambridge: Cambridge University Press, 2000; Mervat Hatem, Egyptian Discourses on Gender and Political Liberalization: Do Secularist and Islamist Views Really Differ?, in: Middle East Journal, Vol. 48, No. 4 (Autumn 1994); Kathleen Howard-Merriam, Women, Education, and the Professions in Egypt, in: Comparative Education Review, 23 (June 1979); Cynthia Nelson, Doria Shafik, Egyptian Feminist: a Woman apart, Cairo: The American University in Cairo Press, 1995; Thomas Philipp, Feminism and Nationalist Politics in Egypt, in: Lois Beck/Nikki Keddie (Hrsg.), Women in the Muslim World, Cambridge: Harvard University Press, 1978; Ghada Hashem Talhami, Secular Feminist Change and Its Limitations (Kapitel 1); und The Personal Status Law Redefined (Kapitel 5), in: Ders., The Mobilization of Muslim Women in Egypt, Gainesville: University Press of Florida, 1996.
[17] Heikal, Cairo Documents, S. 126.
[18] Siehe D. T. Šepilov, Sueckij vopros, Moskau 1956; G. S. Nikitina, Sueckij kanal – nacional'noe dostojanie egipetskogo naroda, Moskau 1956; I. Lemina (Hrsg.), Sueckij vopros i imperialističeskaja agressija protiv Egipta, Moskau 1957; Sueckij kanal: sbornik dokumentov, Moskau 1957; E. Primakov/R. Arutiunov, Polučitelnyi urok, Moskau 1957; A. S. Protopopov, Soveckij sojuz i sueckij krizis 1956 goda: iz istorii bor'by SSSR protiv agressii imperialističeskich deržav, Moskau 1969, Kapitel 2. Siehe auch John Campbell, The Soviet Union, the United States, and the Twin Crises of Hungary and Suez, in: William Roger Louis/Roger Owen (Hrsg.), Suez 1956: The Crisis and Its Consequences, Oxford 1989; Galia Golan, The Soviet Union and the Suez Crisis, in: Selwyn Ilan Troen/Moshe Shemesh (Hrsg.), The Suez-Sinai Crisis 1956: Retrospective and Reappraisal, London 1990.

kollektive Solidarität betonten, wurde die virile Attraktivität der arabischen Männer als Symbol der antiimperialistischen und antifeudalistischen Politik ihrer Länder dargestellt.[19] So der sowjetischen Jugend präsentiert, wirkte ihre Kameradschaftlichkeit, ihre klassische Kleidung und ihre Gepflegtheit als politisches Vorbild und Ideal für Stil und Lebensart. Ihre konservative Würde diente als positive Folie für den modischen Individualismus der männlichen und weiblichen *stiljagi*, die durch Moskaus Straßen stolzierten und damals sowohl in der satirischen Presse der UdSSR wie in den Magazinen für die sozialistische Jugend herb verurteilt wurden.[20]

2.

In der UdSSR war in den späten fünfziger Jahren auch das 6. Internationale Jugend- und Studenten-Festival ein herausragendes Ereignis. Gäste aus 131 Ländern kamen nach Moskau. Kristin Roth-Ey hat die „Offenheit gewöhnlicher Sowjetbürger für Kontakte mit gewöhnlichen Ausländern" als den bemerkenswertesten Zug der Moskauer Tage bezeichnet: „Viele Delegierte fanden sich buchstäblich eingekreist von Mengen sowjetischer Bürger, von denen einige Fragen hatten, andere Autographen oder Anstecknadeln austauschen beziehungsweise einen Händedruck wollten; etliche, vielleicht viele, kamen nur, um zu schauen." Die Kommunistische Partei ermutigte solche Freundlichkeit. A. N. Šelepin, Leiter der kommunistischen Jugendorganisation Komsomol, erklärte: „Wir müssen das Festival so gestalten, dass die meisten Teilnehmer Moskau als unsere Freunde verlassen. Das ist unsere Hauptaufgabe, das ist unsere Generallinie."[21] Zum Teil weil die Einladungen an Individuen und nicht an Organisationen gingen – zum Teil auch auf Grund des schieren Umfangs der Veranstaltung, herrschte im Sommer 1957 ein „lockerer, informeller Geist". Zu den ausländischen Teilnehmern gehörten auch, wie es ein Moskauer später ausdrückte, „gesunde Männer mit ungewöhnlicher Hautfarbe"; Araber, vor allem Ägypter, Syrer und Irakis, drängten sich zu dem Fest.[22]

---

[19] Na rubeže dvuch kontinentov, in: Ogonek 11 (1956), und Buduščee Egipta, in: Ogonek 34 (1956).
[20] Zu den *stiljagi* siehe Alan Ball, Imagining America: Influence and Images in Twentieth Century Russia, Lanham, MD 2003, S. 186; Lily Phillips, Blue Jeans, Black Leather Jackets, and a Sneer: The Iconography of the 1950s Biker and Its Translation Abroad, in: International Journal of Motorcycle Studies, Vol. 1, No. 1 (March 2005); Yale Richmond, Cultural Exchange and the Cold War: Raising the Iron Curtain, Pennsylvania State University Press, 2003, S. 172; S. Frederick Starr, Red and Hot: The Fate of Jazz in the Soviet Union, New York/Oxford: Oxford University Press, 1983, S. 239; Richard Stites, Russian Popular Culture: Entertainment and Society, Cambridge: Cambridge University Press, 1992, S. 124–127; Sergey Gandlevsky, America of the Mind, in: Mikhail Iossel/Jeff Parker (Hrsg.), America: Russian Writers View The United States, Lincoln, NE: Dalkey Archive Press, 2004, S. 67; James von Geldern/Richard Stites (Hrsg.), Mass Culture in Soviet Russia: Tales, Poems, Songs, Movies, Plays, and Folklore, 1917–1953, Indiana University Press, 1995, S. xxv; Elizabeth Wilson, Bohemians: The Glamorous Outcasts, London 2002, S. 228; Alexei Yurchak, Everything Was Forever, until It Was No More: The Last Soviet Generation, Princeton: Princeton University Press, 2005, Kapitel 5; Ilya Zemtsov, Encyclopedia of Soviet Life, New Brunswick, NJ 1991, S. 323.
[21] Kristin Roth-Ey, „Loose Girls" on the Loose?: Sex, Propaganda and the 1957 Youth Festival, in: Melanie Illic/Susan Reid/Lynne Attwood (Hrsg.), Women in the Khrushchev Era, London 2004, S. 76–78.
[22] Berichten zufolge waren 650 Ägypter, 300 Syrer und 200 Irakis unter den Hunderten von Delegierten der verschiedenen arabischen Länder. Siehe Kassem al Samawi, My ne dopustim vojny!, in: Družba narodov 9 (1957), S. 132.

Das Sommer-Festival gab den einzelnen arabischen Delegierten Gelegenheit, andere junge Leute mit gleichen politischen Interessen kennenzulernen. Frei von der Politik ihrer diversen Staaten, konnte die Jugend ihre eigenen Prioritäten finden. „Während des Festivals konntest du freundschaftliche Treffen und Gespräche zwischen Leuten aus verfeindeten Lagern beobachten. Ich erinnere mich vor allem an eine Zusammenkunft von Angehörigen der algerischen und der französischen Delegation. Das war nicht der Ort für feindselige Anklagen. Junge Algerier und Franzosen erarbeiteten einen gemeinsamen Plan für eine friedliche Lösung des Algerienproblems."[23]

Manche fanden, dass die während des Festivals geschlossenen Freundschaften eine Isolierung beendeten, die ihnen ihre Regierung als Strafe für ihre politische Überzeugung aufgezwungen hatte. Al Samawi, ununterbrochen im Exil seit die Monarchie ihm die Staatsbürgerschaft aberkannt hatte, erklärte: „Die Begegnungen, die ich während des Festivals hatte, erinnerten mich lebhaft an den fernen Irak, seine Städte und seine Dörfer, an die normalen Menschen, die nur einen Wunsch haben – frei zu sein und in Frieden zu leben. Während des Festivals empfand ich ein Gefühl der Hoffnung, da ich von neuem sah, dass ich nicht allein war und dass wir alle, ob Araber, Russen, Engländer, Franzosen, mit unseren Gedanken und unseren Wünschen zusammen leben können."[24] Die Kameradschaft, die al Samawi beschrieb, und die Freundschaften zwischen „gewöhnlichen Leuten" verschiedener Länder führten Individuen ohne Rücksicht auf die Farbe ihres Passes zusammen.

Roth-Ey betont, wie emotional bewegt – und auch die körperliche Berührung suchend – die Begegnungen während des Festivals waren. „Nach den Berichten der sowjetischen wie der ausländischen Presse drängten sich zu jedem Bus ganze Scharen, um die auswärtigen Gäste durch die Fenster anzufassen. Zeitgenössische Schilderungen beschreiben unentwegtes Händeschütteln, Umarmen, Küssen und Tanzen. Auch Freudentränen waren offenbar sehr häufig."[25] Freundschaft mag das Schlagwort der Kommunistischen Partei gewesen sein, aber Liebe war ein dominierendes Thema bei der Planung des Ereignisses und in der werbenden Propaganda. Am Eröffnungstag hieß es in einem Artikel der Komsomol-Zeitung: „Wir spüren Eure Liebe." Und dieses Gefühl klingt noch kräftig in der kollektiven Erinnerung an das Festival nach. Die zeitgenössische sowjetische Presse deutete an, dass es zwischen Delegierten zu Romanzen kam. „Komsomol'skaja Pravda" wusste von zwei Ehen zu berichten.[26]

Saad, aus Tunesien, sagte einem Jugendmagazin, „unter sowjetischen Menschen fühlst du dich nicht als Fremder".[27] Eine sowjetische Jugendzeitschrift beschrieb ein typisches Paar: russische Frau – Mann aus einem antikolonialistischen Land:

„Wie heißt Du?" (Die Frage wird mit Gesten, einem Händedruck und einem Lächeln gestellt.)

„Galja. Und Du?"

„Ali. Ägypten. Und Du?"

„Moskau. Chemie? Agronomie? Jura?"

„Biologie. Wollen wir tanzen."[28]

---

[23] Ebenda.
[24] Al Samawi, My ne dopustim voiny!, S. 132
[25] Roth-Ey, „Loose Girls"?, S. 78f.
[26] Komsomol'skaya Pravda, 28. 7. 1957, zitiert in: Roth-Ey, „Loose Girls"?, S. 81 und 79.
[27] Saad [ohne Angabe des Nachnamens], Anketa Smeny, in: Smena 13 (1957), S. 22.
[28] Roth-Ey, „Loose Girls"?, S. 85, Zitat aus: Junost' (September 1957), S. 72.

In dieser veröffentlichten Vignette hat „der Junge" die Initiative ergriffen; die Umarmung folgte dem Rhythmus und dem Klang der Big Band des Internationalen Studentenklubs. Als er die Einwohner der sowjetischen Hauptstadt „offen, großzügig, aufrichtig und freundlich" nannte, sagte Mohammed Allam zu einem sowjetischen Journalisten: „Es ist zu dumm, dass ich nicht Russisch kann. Es hätte mir geholfen, die Moskauer noch besser kennenzulernen."[29]

Während der späten fünfziger Jahre, auf dem Festival, wurden junge Frauen als sexuell modern gesehen; selbst Chruščev fand sich in den Armen einer Delegierten aus England fotografiert.[30] Sowjetische Bürger wurden vor allem durch Berichte verstört, dass sich „unsere Mädchen" so benahmen. Roth-Ey hält fest, dass Geschichten über Sex und Bestrafung während des Festivals zu Exzessivität und zum Spektakulären neigten. Neben offiziellen Publikationen entstand eine „Gerüchteküche", die „Märchen von massenhafter Pärchenbildung und massenhaften Folgen; nicht einige wenige Rendezvous, sondern ganze Parks angefüllt mit Liebespaaren; nicht nur ein gemischtrassiges Kind, sondern eine Kohorte [...] Die Festival-Gerüchte warfen auch ein Licht auf die Ansichten, worüber öffentlich berichtet werden sollte und worüber nicht." Roth-Ey kommt zu dem Schluss, dass die in den Gerüchten erkennbare Sensibilität verbreitete Ängste vor wahrgenommenen Gefährdungen der kulturellen Werte und Normen der einheimischen Mehrheit zum Ausdruck bringen. Indem sie Fälle von Gewaltakten des Komsomol gegen Paare (russische Frau – ausländischer Mann) aufspürt, kann Roth-Ey eine der Rückwirkungen der Ereignisse von 1957 als moralische Panik charakterisieren.[31] Alles in allem stellt Roth-Ey jedoch fest, es sei „unmöglich, genau zu ermitteln, wie viel Sex es auf dem Jugend-Festival von 1957 gab und wie er bestraft wurde".[32]

Immerhin bestätigt Archivmaterial die Gerüchte, nach denen sowjetische Frauen während des Festes Sex mit ausländischen Delegierten hatten. Roth-Ey zitiert Berichte der Polizei (MVD) an das Zentralkomitee der KPdSU, in denen 107 Frauen aufgeführt sind, die damals wegen „entehrenden Verhaltens" festgenommen wurden. In einer Razzia im Ščerbakovskij-Hotel nahm die Polizei 50 Frauen wegen „intimer Beziehungen zu Ausländern" in Haft.[33] In ihrem Schlussbericht stellten die Organisatoren des Festivals mit bürokratischer Trockenheit fest, „einzelne unserer Mädchen haben während des Fests nicht sehr auf ihren Ruf geachtet und sich frivol verhalten". Meist handelte es sich um Mitglieder des Komsomol oder um Universitätsstudentinnen.[34] Der Soziologe Anatolij Z. Rubinov, auf den sich Roth-Ey unter anderem stützt, sucht zu erklären, was aus „guten Mädchen" „böse Mädchen" machte, wenn er die Annäherungen auf dem Festival „gewöhnlicher weiblicher Neugier" angesichts der „Anatomie und Physiologie gesunder Männer mit ungewöhnlicher Hautfarbe und eigenartiger Stellung der Augen" zuschreibt.[35]

---

[29] Mohammed Allam, Kakoj ja vižu Moskvu, in: Vokrug sveta 8 (1957), S. 5.
[30] Roth-Ey, „Loose Girls"?, S. 79.
[31] Ebenda, S. 87. Zum Jugend-Festival siehe auch Jurij Aksjutin, Chruščevskaja ottepel' i obščestvennye nastroenija v SSSR v 1953–1964 gg., Moskau 2004; Aleksandr Pyzhikov. Sources of Dissidence: Soviet Youth After the Twentieth Party Congress, in: Russian Social Science Review, Vol. 45, No. 5 (September–October 2004), S. 66–79.
[32] Roth-Ey, „Loose Girls"?, S. 84.
[33] Ebenda.
[34] Ebenda.
[35] Anatolij Z. Rubinov, Intimnaja žizn' Moskvy, Moskau 1991, S. 224.

Offizielle Berichte über das Zusammentreffen der Rassen während des Festivals dienen Roth-Ey als Basis für die Feststellung, dass die öffentlichen Medien einen Kontext oder eine Atmosphäre geschaffen hätten, die Festival-Romanzen begünstigt hätten. Ihre Darstellung der sowjetischen Frauen erhellt die Innenseite des Chruščev'schen Tauwetters.[36] Bei der Beschäftigung mit Roth-Eys Forschungen zur inneren Geschichte der Sowjetunion bemerke ich, dass die sowjetische Presse einen kraftvollen, charismatischen arabischen Führer präsentiert hat, kurz bevor sie die sowjetischen Bürger ermutigte, Ausländer herzlich willkommen zu heißen. An ihren wertvollen Beitrag schließe ich die Ost-West-Dimension („Anti-Imperialismus" contra den „Imperialismus" der USA) und die Nord-Süd-Dimension (Sowjetunion – arabische Welt) des Moskauer Festivals an. Wie Ägypten nach dem XX. Parteitag der KPdSU zum Liebling der sowjetischen Presse wurde, so mögen die Männer vom Nil Liebhaber von sowjetischen Frauen geworden sein.

3.

In Reaktion auf das, was Zeitgenossen das „unehrenhafte" Benehmen sowjetischer Frauen nannten, machte ich auf Widersprüche aufmerksam, die bei der materiellen sowjetischen Unterstützung des Assuan-Staudamms auftraten. Dass die Freien Offiziere ihren Platz in der Gunst des Sozialismus verloren, hatte einen Grund darin, dass sich ein Konflikt zwischen dem sozialistischen Internationalismus und dem arabischen Nationalismus entwickelte. Zwar wandten sich Nationalismus wie Kommunismus gegen den Imperialismus, doch ergaben sich Differenzen hinsichtlich der politischen Strategie und Taktik, der Prioritäten, die Nationalismus und Kommunismus in direkten Konflikt steuerten. Nationalisten widersetzten sich der Aufteilung der arabisch sprechenden Völker durch den Kolonialismus, Kommunisten forderten hingegen die internationale Solidarität der Arbeiterklasse.[37]

Die Revolution im Irak brachte den Sturz der haschemitischen Könige, die sich bereit zeigten, das abgenützte Bundesverhältnis zu Großbritannien durch ein Militärbündnis mit den Vereinigten Staaten zu ersetzen. Nach der Revolution in Mesopotamien stand CENTO

---

[36] Serguei Oushakine stellt fest, dass die Dissidenten und Aktivisten dasselbe diskursive Feld und dieselben rhetorischen Mittel verwenden wie der sowjetische Staat, siehe Serguei Alex. Oushakine, The terrifying mimicry of samizdat, in: Public Culture, Vol. 13 (2001), No. 2. Bei der Auseinandersetzung mit Oushakine bemerkt Alexei Yurchak, dass der Wortschatz des einzelnen sowjetischen Bürgers weder „außerhalb" noch „innerhalb" dem des autoritären Regimes entsprach, sondern eine eigenartige deterritorialisierte Beziehung mit ihm hatte. Siehe Alexei Yurchak, Everything Was Forever, S. 130. Obwohl Roth-Ey sich nicht auf diese Diskussion bezieht, scheint es, dass Sexualpolitik einfach nur eine Erweiterung der öffentlichen Sphäre war, da für sie die staatlichen Medien und die sexuellen Entscheidungen von Frauen dasselbe diskursive Feld und die gleichen rhetorischen Mittel teilten.

[37] Heikal, Cairo Documents, S. 128 und 137; Beattie, Egypt during the Nasser Years, S. 118; Pasha, Egypt's Relations, S. 27 ff. Zu den sowjetischen Beziehungen mit dem Irak siehe Uriel Dann, Iraq Under Qassem: A Political History 1958–1963, New York 1963; Marion Farouk-Sluglett/Peter Sluglett, Iraq Since 1958: From Revolution to Dictatorship, London 1987; Majid Khadduri, Independent Iraq: A Study in Iraqi Politics 1932–1958, London: Oxford University Press, 1969; Walter Laquer, The Struggle for the Middle East: The Soviet Union and the Middle East 1958–1970, New York 1972; Roderic Pitty, Soviet Perceptions of Iraq, in: Middle East Report 151 (1988); Alvin Z. Rubinstein, The Middle East in Russia's Strategic Prism, in: Diplomacy in the Middle East, hrsg. von L. Carl Brown, London 2004; Oles Smolansky/Bettie M. Smolansky, The USSR and Iraq: The Soviet Quest for Influence, Durham, NC: Duke University Press, 1991; Aryeh Yodfat, Arab Politics in the Soviet Mirror, Jerusalem: Israel Universities Press, 1973. Siehe auch Martin Woollacott, After Suez: Adrift in the American Century, London, 2006, Kapitel 5.

nicht mehr an den südlichen Grenzen der UdSSR, der Coup von 1958 hinterließ nur noch die Türkei, den Iran und Pakistan als Mitglieder des nun ironisch so genannten Bagdad-Pakts, da der Irak rasch zum neuesten Herzblatt der Sowjetunion wurde. Mit der Revolution von 1958 nahm Abd al-Karim Kassem den Kommunismus an, Abdel Salam Arif den Nationalismus. Kassem und Arif, beide während des Coups von 1958 Offiziere der Armee, teilten sich die Führung: Kassem wurde Ministerpräsident und trat an die Spitze der Armee, Arif wurde stellvertretender Ministerpräsident und übernahm die Polizei. Die Vereinigung Ägyptens und Syriens führte die beiden in verschiedene Richtungen. Kassem fand für seinen Widerstand gegen die Vereinigte Arabische Republik Unterstützung bei den Kommunisten, Arif konnte für seine Nasser'sche Position auf Rückendeckung bei den Baathisten rechnen.

Bei diesen waren, so die Ägypter, die Sicherheitsorgane von Kommunisten kontrolliert und folglich Nationalisten gefährdet. Daher stellten die Ägypter das Exzessive und das Spektakuläre kommunistischer Führung heraus. 1959 hieß es im Frühjahr, Kassem und die Kommunistische Partei hätten sich vorübergehend in den Besitz der Stadt Kirkuk im Norden des Iraks gebracht und dort die Anhänger rivalisierender politischer Gruppen massakriert. Wie Heikal – ein Intimus Nassers – später sagte, war „mit dem kommunistischen Massaker von Kirkuk die Trennung zwischen Nationalisten und Kommunisten in der arabischen Welt komplett. Die Kommunisten glaubten, sie könnten den Irak vollständig in ihre Hand bringen, und die Nationalisten setzten sich dagegen erbittert zur Wehr. Die Fronten des Kampfes waren gezogen."[38] Während – wie wir gleich sehen werden – sowjetische Journalisten die laufenden Vorgänge in Ägypten ihren russischen Lesern erklärten, kamen Irakis mit ihren Anschauungen und Erfahrungen in der sowjetischen Presse direkt zu Wort.[39]

Andererseits waren da, wo Nationalisten das Heft in der Hand hatten, die Kommunisten in Gefahr. Heikal schrieb: „In Damaskus verteilten Mitglieder der im Untergrund operierenden Kommunistischen Partei Flugblätter. Sie wurden verhaftet. Ägypten wandte sich nun gegen die Kommunistische Partei des Irak, dann gegen Kassem selbst. Die Sowjetunion unterstützte natürlich die Kommunistische Partei des Irak; die ägyptischen Attacken auf sie und die Festnahmen von Kommunisten in Syrien und Ägypten erregten viel Missbilligung." Die diplomatischen Beziehungen zwischen der Sowjetunion und Ägypten verschlechterten sich, als Nasser Anfang 1959 das Kassem-Regime und seine Helfer in der Kommunistischen Partei des Irak angriff. Der Bruch mit dem Irak bedeutete ferner, dass wesentlich mehr Kommunisten in Ägyptens Wüstengefängnisse wanderten.[40]

Als Nationalisten mit der Unterdrückung von Internationalisten begannen, nahm Chruščev öffentlich gegen Nasser Stellung. Die Politik von Parteien wurde zu einem spektakulären Kampf zwischen zwei Männern: der eine das Haupt der führenden Kommunisti-

---

[38] Heikal, Cairo Documents, S. 138; Pasha, Egypt's Relations, S. 26.
[39] Siehe Mawahib al Kaili, Pjat' časov po bagdadskomu vremeni, in: Inostrannaja literatura 8 (1958), S. 222–226; Abd al Aziz Al Nur, Revoljuciia v Irake, in: Sovremennyj vostok 10 (1958), S. 34f.; Abdul Wahab Mahmud, Počemu Irakskaja Respublika privlekaet vseobščee vnimanie, in: Sovremennyj vostok 7 (1959), S. 12f.; Abd al Rahman Khadjar, Ja—graždanin Irakskoi Respubliki, in: Inostrannaja literatura 7 (1959), S. 246–249; Salah Halas, Irakskaja intelligencija v bor'be za svobodu, in: Sovremennyj vostok 7 (1959), S. 20–22; Aziz Sarif, Nadežnaja krepost' mira, in: Sovremennyj vostok 3 (1959), S. 57f.; Nadji Youssef, Sovetskij Sojuz – oplot mira vo vsem mire, in: Sovremennyj vostok 1 (1959), S. 21.
[40] Beattie, Egypt during the Nasser Years, S. 118f. Die Memoiren der ägyptischen Kommunisten wurden veröffentlicht als: Lajna tathiq tarikh al-haraka al-shuyu'iyya al-misriyya hatta 1965: Shahadat wa ru'a, min tarikh al-haraka al-shuyu'iyya fi misr (Cairo, Markaz al-Buhuth al-'Arabiyya, 5 Bde., 1998–2001). Ich danke Anthony Gorman für den Hinweis darauf.

schen Partei der Welt, der andere der herausragende Nationalist der arabischen Welt. Der sowjetische Staatschef schleuderte dem Präsidenten Ägyptens Anklagen entgegen, Nasser schlug zurück.⁴¹ Chruščev sagte: „Diejenigen, die gegen Kommunisten vorgehen, können keine wahren Nationalisten sein." Nasser belehrte eine rasende Menge in Damaskus über die Grundprinzipien des arabischen Sozialismus.⁴² Chruščev erwiderte: „Ägypter haben über Sozialismus geredet, aber dieser Sozialismus war der erste Schritt zum Kommunismus [...]." Nach Chruščev war Nasser „ein impulsiver junger Mann, der aber der arabischen Welt nicht seinen Willen aufzwingen kann."⁴³

Führer des sozialistischen Internationalismus und des arabischen Sozialismus kreuzten während der Tage des XXI. Parteitags der KPdSU fortwährend die Klingen. Chruščev bekräftigte, „dass niemand entschlossener und loyaler den Kampf gegen die Kolonialisten führt als die Kommunisten". Heikal erinnerte sich später daran, dass diese Rede – mit der öffentlichen Verurteilung Nassers – eine weitere Runde „im verbalen Krieg zwischen den beiden Männern war, der zwei Wochen lang andauerte. Wo immer Chruščev im Laufe des Kongresses auftrat, auf diplomatischen Empfängen oder Cocktail-Parties, schoss er Pfeile auf Nasser ab. Der Präsident wiederum begab sich auf eine Reise durch Syrien und replizierte in jeder Stadt mit voller Breitseite. Die Schlacht tobte, ohne dass Pardon erbeten oder gegeben worden wäre. Es war der Höhepunkt einer Serie von Zwischenfällen, in denen die Differenzen zwischen uns und den Russen zum Ausbruch kamen."⁴⁴

Als der Parteitag seinem Ende zuging, sah es so aus, als könnten sogar die Freien Offiziere ihren Platz im Herzen des Sozialismus verlieren. Aber mochten die Freien Offiziere auch ihren Platz in der Mitte des Herzens des Staatssozialismus verloren haben, so reichte die verbleibende Glut doch aus, ihnen weiterhin Unterstützung in dem Stil zu sichern, an den sie sich zu gewöhnen können hofften. Trotz der verbalen Feindseligkeit zwischen Chruščev und Nasser hielt die Sowjetunion jene Hilfsversprechen ein, die sie im Anschluss an den vorhergegangenen Parteitag gemacht hatte. Neben der Bekräftigung einer beispiellosen Haushaltszuteilung für einheimische Elektrifizierungsprojekte bestätigte der XXI. Parteitag auch Ivan Komzin als Hauptexperten für den Bau des Assuandamms in Ägpten.⁴⁵

---

⁴¹ Pasha, Egypt's Relations, S. 27–30.
⁴² Heikal, Cairo Documents, S. 138f.
⁴³ Siehe Oles Smolansky, Moscow-Cairo Crisis, 1959, in: Slavic Review, Vol. 22, No. 4 (December 1963), S. 713–726.
⁴⁴ Heikal, Cairo Documents, S. 140. Die spezielle Organisation war das Staatskomitee für außenwirtschaftliche Beziehungen (GKĖS), dessen Akten befinden sich im Russischen Staatlichen Wirtschaftsarchiv, fond 9572; die Korrespondenz zum Assuan-Staudamm mit dem russischen Staatsunternehmen „Tekhnopromexport" befindet sich im Russischen Staatsarchiv für Wissenschaftlich-Technische Dokumentation, fond R-109, op. 1-6, ed. khr. 403; die Beschlüsse des Ministeriums sind in: fond R-109, op. 1-6, ed. khr. 397; und die Korrespondenz mit anderen Organisationen ist in: fond R-109, op. 1-6, ed. khr. 419.
⁴⁵ Pasha, Egypt's Relations, S. 28; Ivan Komzin, Sčast'e Stroitelja, in: Trud, 14.11.1957; Ot soveta Ministrov SSSR, in: Vestnik Akademija Nauk SSSR 3 (1957), S. 114f.; Ėto i est' sčastie, Moskau 1959; und Istoriia SSSR, vtoraja serija, Bde. VII–XII, Kapitel 11: Industral'noe razvitie SSSR v 50-godach, Ot velikoj oktjabr'skoj socialističeskoj revoljucii do našich dnej, Moskau 1980. Siehe auch P. S. Neporożenij, Strojki, ljudi, in: Ders./V. V. Eżkov/V. Ju. Steklov, (Hrsg.), Rossija električeskaja: vospominanija starejšich energetikov, Moskau 1975.

4.

Als sich die „revolutionäre Dekade" ihrem Ende näherte, war auf der Baustelle des Assuandamms, sechs Kilometer südlich der verschlafenen ägyptischen Grenzstadt, noch nicht viel zu sehen.[46] Die sowjetisch-ägyptische Vereinbarung war schließlich erst im Vorjahr unterzeichnet worden.[47] Ein paar Techniker nahmen Bodenproben von der Baustelle, um sie nach Moskau zu schicken, und ein Planungsinstitut bastelte in Moskauer Vorstädten aus Sand und Wasser eine Nachbildung des Nils, um zu testen, wo genau der Damm – es gab verschiedene Vorschläge – gebaut werden solle.[48] Aber wenn es auf der Baustelle auch erst wenig Veränderungen gab, so waren die beiden Länder doch dabei, wichtige Veränderungen in ihren Handelsbeziehungen vorzunehmen. Eine Organisation wurde dem sowjetischen Ministerium für Außenhandel angeschlossen, die dem Handel von blockfreien Ländern mit Entwicklungsländern – und der Entwicklungshilfe für diese Länder – auf die Sprünge helfen sollte.[49] Zugleich wurde in das ägyptische Handelsministerium eine große Anzahl von Offizieren delegiert.[50]

Im Gefolge solcher Maßnahmen nahm für die Hafenarbeiter beider Länder die Belastung zu, als mehr und mehr Schiffe mit schwerer Ladung zu den ägyptischen Häfen am Roten Meer und am Mittelmeer ausliefen. Die neuerdings veröffentlichten sowjetischen Handelsstatistiken zeigen, dass die ägyptische Regierung, welche Kommunisten verfolgte, mehr Entwicklungshilfe erhielt als Syrien mit seinen starken sozialistischen Traditionen.[51] In jeder Hinsicht hat Ägypten mehr vom Handel der UdSSR profitiert als Syrien und trat sowohl hinsichtlich des Imports von der Sowjetunion wie des Exports in die Sowjetunion sehr schnell an die Spitze der arabischen Staaten – trotz der Fehde zwischen Chruščev und Nasser. Von den anderen arabischen Ländern hat nur der Irak – eine Mittelstellung zwischen Ägypten und Syrien einnehmend – nennenswerte Handelsbeziehungen mit der Sowjetunion unterhalten. Im Vergleich mit diesen drei Staaten blieb der übrige arabische Handel mit der UdSSR unerheblich.[52] Ägypten erhielt wertvollere Waren[53] und importier-

---

[46] Naumkin veröffentlichte 17 Dokumente für das Jahr 1959 (Nr. 103–119). Siehe V. V. Naumkin, Rossija XX Vek. Dokumenty: Bližnevostočnyi konflikt, 1957–1967, Moskau 2003. Zu der Zeit waren, was Moskau betraf, Israel, Palästina und der Bürgerkrieg im Libanon dringender als der Assuan-Staudamm.

[47] Siehe Soglašenie ob ekonomičeskom i techničeskom sotrudničestve meždu Sojuzom Sovetskich Sotsialističeskich Respublik i Respublikoj Egipet, 29.1.1958, in: SSSR i arabskie strany: dokumenty i materialy 1917–1960, hrsg. vom Ministerstvo inostrannych del SSSR, Moskau 1961.

[48] Siehe Rešenija Ministerstvo i dr. organizacij po Vysotn. Asuanskoi plotine na r. Nil v Egipetskom r-ne OAR, 25.8.1959, Central'nyj Gosudarstvennyj Archiv Naučno-Techničeskoj Dokumentacii SSSR (CGANTD), f. R-109, op. 1-6, ed. khr. 397.

[49] GKĖS, das Staatskomitee für außenwirtschaftliche Beziehungen. Siehe Stanley Zyzniewski, The Soviet Bloc and the Underdeveloped Countries: Some Economic Factors, in: World Politics, Vol. 11, No. 3 (April 1959), S. 397 n.

[50] Kirk Beattie, Egypt during the Nasser Years, S. 125.

[51] Zu Syrien siehe Hassan Jabbara, Ekonomičeskie problemy Siriiskogo rajona OAR, in: Novoe vremja 19 (1958), S. 13f. Zu Assuan siehe A. Sumin, Soobraženija: po sostavu proektnych materialov po. 2-oi očeredi stroitel'stva Vysotnoi Asuanskoi plotiny i GĖS, [September 1959], CGANTD, fond R-109, op. 1-6, ed. khr. 397, listy 49–50 und folgende.

[52] Ministerstvo Vnešnej Torgovli, Planovo-Ekonomičeskoe Upravlenie, Vnešnjaja Torgovlja Sojuza SSR za 1960 God: Statističeskij Obzor, Moskau, S. 154–156 und 198–203.

[53] Die UdSSR exportierte im Umfang von 79,2 Millionen Rubel nach Ägypten, 21 in den Irak und 13 nach Syrien.

te mannigfachere Güter als jedes andere Land in der Region⁵⁴. Wohl respektierte die Sowjetunion die Unabhängigkeit Ägyptens, doch blieb das ägyptische Exportprofil eher das einer Kolonie.⁵⁵

Dass die ägyptische Regierung die östlichen Arbeiterorganisationen schwächte, hielt die sowjetischen Arbeiter nicht davon ab, Ägypten als ein Land zu betrachten, in dem sie sich für Frauen so attraktiv machen konnten, wie ihre arabischen Brüder in sowjetischen Zeitschriften offenbar gewesen waren. Als Ivan Komzin nach Assuan kam, um seine neuen Pflichten als sowjetischer Chefberater beim Dammbau zu übernehmen, verband er seine Schreibtischtätigkeit mit der eines noblen Herrenausstatters. Später erinnerte sich Komzin an die Anfänge des Bauprojekts und meinte, „das erste arabische Wort, das wir uns gut merken konnten, war ‚karaka', was ‚Kanal' oder ‚Baugrube' bedeutet. Dieses Wort diente uns als Ausweis oder Kennwort, das uns alle Türen öffnete.⁵⁶ Komzin und andere machte die Mitwirkung an dem Projekt zu VIPs.

Für Komzin verwandelte sich das Projekt in ein „Sesam öffne dich!", das zwar nicht gerade eine Schatzkammer aufschloss, aber doch die Tür zu einem Schneider. Jahre danach berichtete er: „Mein Fahrer Sabri Mohammed diente uns als Lotse zum Einkleiden. Damals gab es in Assuan zwei Maßschneider, und ein Anzug oder dergleichen konnte in zwei bis drei Wochen angefertigt werden. Wir gingen zu einer dieser Schneiderwerkstätten, und sofort begann Sabri eine lebhafte Unterhaltung mit dem Besitzer. Von dieser Unterhaltung verstanden wir nur ein Wort, das in verschiedener Tonlage wiederholt wurde: Karaka? Karaka! Karaka [...]. Das war nicht das einzige Mal, dass das Zauberwort wirkte. Der Besitzer der Werkstatt, sein Sohn und sein Zuschneider kicherten immer wieder ‚Karaka', während uns allen das Maßband angelegt wurde. Nach drei Tagen bekamen wir Sommeranzüge geliefert. Und wir waren nicht weniger als neunundzwanzig Mann."⁵⁷ Der Schneider und seine Gehilfen mussten Tag und Nacht gearbeitet haben, um diese sowjetischen Hafenarbeiter nach der neuesten Mode auszustatten. Die Beteiligung am Assuan-Projekt hob ihr Prestige aber auch in der heimischen Gesellschaft, zumal nach dem Erwerb des äußerlichen Putzes – der Anzüge – ihres neu gewonnenen Status als Entwicklungsspezialisten. Das Entwicklungshilfe-Projekt erwies sich für Komzin und andere Ausländer als Chance, sich für ihren Kampf gegen „Imperialismus" und „Feudalismus" würdig anzuziehen.

Komzin war nicht der einzige Sowjetbürger, dessen Alltagsleben durch das von den Medien gezeichnete Bild der Ägypter verwandelt wurde. So publizierten Journalisten illustrierte Reise-Aufzeichnungen über das Assuan-Projekt. Die längsten dieser populären

---

⁵⁴ Die UdSSR exportierte 79 verschiedene Handelsklassifikationen in die ägyptische Region der Vereinigten Arabischen Republik (VAR), 66 in den Irak und 51 in die syrische Region der VAR.
⁵⁵ Die Sowjetunion importierte einen Posten – Baumwollfasern (*chlopok-volokno*) – im Wert von 83 Millionen Rubel aus Ägypten, 5 Posten (Rohmaterial und halbgefertigte Textilien, Baumwollfasern, grobes Garn und Feinleder im Wert von 5 Millionen Rubel aus Syrien und 4 Posten im Wert von insgesamt 2,1 Millionen Rubel aus dem Irak. Siehe Final Communiqué of the Asian-African Conference (held at Bandung from 18 to 24 April 1955), recommendation 6: Asian-African countries should diversify their export trade by processing their raw material, wherever economically feasible, before export. National Archives of Algeria, Fonds du Gouvernement Provisoire de la République Algérienne (GPRA), Box 136, Dossier 4, S. 3.
⁵⁶ Ivan Komzin, Svet Asuana, Moskau 1964, S. 70. Siehe auch I. V. Komzin, Plotina žizni. Beseda s glav. ėkspertam A. V. P v. O. A. R, in: Pravda Vostoka, 16. 7. 1959; Sov. Latviia, 18. 7. 1959; Sov. Belorussia, 17. 7. 1959; Plotina žizni, in: Kommunist Tadžikistana, 23. 7. 1959; Sov. Moldavija, 23. 7. 1959; N. Malyšev, Asuanskaja plotina, in: Pravda, 2. 8. 1959.
⁵⁷ Komzin, Svet Asuana, S. 70.

Werke waren V. Keroteevs „Unter arabischen Freunden"[58] und N. Galočkins „Der Assuan-Staudamm"[59]. Wie das vorhergegangene Jugend-Festival eine Mensch-zu-Mensch-Diplomatie gebracht hatte, zeigten die beiden Autoren Ägyptens wirtschaftliche und politische Situation wie auch deren historische Wurzeln mittels publikumswirksamer Geschichten. Galočkin schildert im Allgemeinen Unterhaltungen mit „ägyptischen Freunden", während Keroteev seinen Lesern einzelne Ägypter aus diversen Berufen vorstellt.

Beide Journalisten hatten – bezeichnenderweise – mit Männern Kontakt. Keroteev interviewte die Schriftsteller Abd al Rahman al Sharkawi und Abd al Rahman al Khamisi, den Karikaturisten Hakim von dem illustrierten Magazin al Masaa, den Übersetzer Rugdi, den Reiseführer Magdi und den über siebzig Jahre alten Nachtwächter Hamid. Er erwähnt zwar Frauen, doch nicht als Berufstätige, auch dann nicht, wenn sie eine Stelle hatten. Ägyptische Frauen (al Khamisis Ehefrau, die zugleich seine Sekretärin ist; Syria, Mutter von acht Kindern; und Magdis Mutter mit ihren zwei Töchtern) werden ausschließlich über ihre Beziehung zu Männern identifiziert – auch diejenigen, die außerhalb ihres Heims beschäftigt waren.

Die Presseberichterstattung über das Assuan-Projekt schilderte sowohl die modischen Erfolge der Sowjetbürger in der arabischen Welt wie ihre Diskussionen über Weltereignisse und lokale Probleme als Mittel zur Gewinnung ägyptischer Männer. Sowjetische Männer nutzten die Entwicklungshilfe-Projekte, um ebenso gut auszusehen wie arabische Männer, wenn diese sich für Zeitschriften fotografieren ließen. Wenn die sowjetische Presse Freundschaft als die Haltung propagiert hatte, mit der die Bürger den ausländischen Gästen des Jugend-Festivals von 1957 entgegenkommen sollten, so war Freundschaft 1959 wieder – um Wendungen von Roth-Ey zu gebrauchen – auf die relative Sicherheit von eingeschlechtlichen Begegnungen in kameradschaftlichem Geiste zurückgestutzt.

Eigenständige Frauen fanden sich in der sowjetischen Berichterstattung über den Assuan-Staudamm nicht. Vielmehr nutzten Journalisten aus der UdSSR ihre Schilderungen des Entwicklungs-Projekts, um Männer ihres sozialen Status und ihrer maskulinen Sekurität zu versichern, indem sie Frauen auf ihre rechtlichen Familienbeziehungen einengten. Diese Journalisten definierten arabische Frauen nur über ihren Platz in der Welt ägyptischer Männer. Einzelne arabische Staaten haben ihre lokalen kommunistischen Parteien oft daran gehindert, als sowjetische Verbündete im Kampf gegen den Kolonialismus zu fungieren, andererseits legen die 1959 erschienenen Publikationen über den Assuan-Staudamm den Gedanken nahe, dass sowjetische Männer Verbündete in den Gender-Regimen einiger der antikolonialistischen Nationen fanden.

Die Maskulinität sowjetischer Männer, die durch die „aggressiven" sexuellen Kontakte sowjetischer Frauen mit Ausländern während des Jugend-Festivals von 1957 gleichsam in Frage gestellt worden war, erfuhr nun aber in den auf Männer und Männliches zentrierten arabischen Gender-Regimen ein gewisses Maß an erneuter Bestätigung. Wenn Frauen während des Festivals „aggressiv" gewesen waren, indem sie bei sexuellen Beziehungen mit Ausländern die Initiative ergriffen hatten, so konnten sowjetische Männer jetzt der nachklingenden „moralischen Panik" begegnen, indem sie arabische Frauen – auch jene, die berufstätig waren – allein in ihrer Beziehung zu arabischen Männern schilderten. Wenn sie die ägyptischen Frauen in der häuslichen Sphäre eingeschlossen zeigten, vermittelten

---

[58] V. Keroteev, U Arabskich druzej (vpečatlenija ot poezdki v Egipet), in: Don 1 (1959), S. 143–152.
[59] N. Galočkin, Sadd el'-Aali Asuan (o značenii sooruženija Vysotnoi Asuanskoi plotiny dlja ėkonomika Ob"edinoj Arabskoj Respubliki), in: Kul'tura i žizn' 6 (1962), S. 7–13.

solche Publikationen ihren Lesern ein gewisses Gefühl der Sicherheit; sie pflegten dabei ein Vokabular, das sich auch durch die folgenden Jahre hinzog, wann immer vom Staudamm die Rede war.[60]

Diese Bemerkungen sollen zu einer breiteren Diskussion der Gender-Politik im Kalten Krieg beitragen. Was zu den Veröffentlichungen über das Assuan-Projekt gesagt wurde, dient dazu, einige der Ziele und Probleme sowjetischer Entwicklungshilfe zu benennen, auch Verhältnisse zu zeigen, in denen bestimmte Grenzen, so zwischen dem Bereich des Staats und dem Privatleben oder zwischen Männern und Frauen, fließend waren. Ägypter wirkten auf Sowjetbürger ebenso wie Sowjetbürger auf Ägypter wirkten; Diplomatiegeschichte überschneidet sich mit den Geschichten von Individuen. In gleicher Weise beeinflussen Frauen Männer, selbst in patriarchalischen Gesellschaftssystemen, in denen Frauen von Männern kontrolliert werden. In Gesellschaftsstrukturen, wie sie damals in der UdSSR und in Ägypten existierten, hieß es den Beitrag, den Frauen leisteten, herabzusetzen, wenn man sie nicht auch als Arbeitskräfte würdigte.[61]

Aus dem Englischen übertragen von Dr. h. c. Hermann Graml

---

[60] I. Beljaev, Semnadcat' pyramid Cheopsa, in: Sovremennyj vostok 11 (1959); I. V. Komzin, Gidroénergetičeskij gigant v Afrike, in: Sovremennyj vostok 11 (1960); Zapiski sovetskogo énergetika, Moskau 1960; Novaja sud'ba drevnego Nila, in: Sovremennyj vostok 12 (1960); Ukroščenie Nila: beseda s ministerom stroitel'stva élektrostancij SSSR I. T. Novikovym, in: Novoe vremja 6 (1960); P. Beljaev, Asuanskij god, in: Novoe vremja 4 (1961); Reportaž iz Asuana, in: Azija i Afrika segodnja 12 (1962); Šag v buduščee, in: Kul'tura i žizn' 5 (1962); Asuan – simvol družby narodov, in: Vnešnaja torgovlja 11 (1962) u. a.
[61] Deniz Kandiyoti, Contemporary Feminist Scholarship and Middle East Studies, in: Ders. (Hrsg.), Gendering the Middle East: Emerging Perspectives, London 1996; und Wendy Goldman, Women at the Gates: Gender and Industry in Stalin's Russia, Cambridge: Cambridge University Press, 2002.

Rossen Djagalov und Christine Evans
Moskau, 1960: Wie man sich eine sowjetische Freundschaft mit der Dritten Welt vorstellte

> Anlässlich einer der zahlreichen Reden Chruščevs vor asiatischem Publikum fragt jemand: „Nikita Sergeevič, Sie sagen, dass Sie den Ländern der Dritten Welt helfen. Wie machen Sie das konkret?" Ohne mit der Wimper zu zucken, antwortet Chruščev: „Wie können Sie nur so eine Frage stellen? Gerade in diesem Augenblick wird in der Sowjetunion eine Universität eigens für Studenten aus den Entwicklungsländern gebaut." Das war das erste Mal, dass die Idee einer Universität der Völkerfreundschaft überhaupt zur Sprache kam. Aber ein Versprechen ist ein Versprechen. Also wurde die Universität geschaffen.
>
> Anekdote über die Universität der Völkerfreundschaft

Dies war vielleicht die erste von Hunderten von Anekdoten, die von der Universität der Völkerfreundschaft (Universitet Družby Narodov, UDN) während der fünf Jahrzehnte ihres Bestehens angeregt werden sollten. Der vorliegende Aufsatz beschäftigt sich mit der Frage, die dieser Scherz in flapsiger Manier beantwortet: Warum wurde 1960 in Moskau eine Universität speziell für Studenten aus der Dritten Welt ins Leben gerufen? Es soll dargelegt werden, dass die wichtigste Funktion der UDN eine symbolische war – nämlich ein mächtiges Zeichen für die menschlichen und historischen Bande zwischen der Sowjetunion und der neu geschaffenen Dritten Welt zu sein.[1] In Ermangelung einer größeren Anzahl von Afrikanern, Süd- und Südostasiaten sowie Lateinamerikanern in der Sowjetunion sollte die UDN als Synekdoche für die Freundschaft dienen, die sie mit dem sowjetischen Volk verband.

Beim Aufbau dieser symbolischen Beziehung stützten sich sowjetische Funktionäre und Journalisten stark auf die eigene jüngere Geschichte der UdSSR. Schließlich konnte ein Land, das kurz zuvor seine eigene agrarische Rückständigkeit überwunden sowie eine rasan-

---

[1] Kürzlich sind einige faszinierende Arbeiten über die Erfahrungen von Afrikanern, schwarzen Amerikanern, Asiaten und Lateinamerikanern in der UdSSR erschienen. Der hier vorliegende Aufsatz verdankt seine Entstehung Julie Hesslers „Death of an African Student in Moscow: Race, Politics, and the Cold War", veröffentlicht in französischer Sprache in: Cahiers du monde russe 47/1-2 (2006), S. 33–63 (wobei den Autoren freundlicherweise das englische Manuskript zur Verfügung stand) sowie Sergej Mazovs „Afrikanskie studenty v Moskve v God Afriki (po archivnym materialam)", in: Vostok 3 (1999), S. 89–103. Weitere Hinweise erhielten die Autoren durch folgende jüngst erschienene Forschungen über völkerverbindende Beziehungen zu Afrikanern und schwarzen Amerikanern: Kate Baldwin, Beyond the Color Line and Iron Curtain: Encounters between Red and Black, 1922-1963, Durham, NC: Duke University Press, 2002, sowie Maxim Matusevich (Hrsg.), Africa in Russia: Russia in Africa: Three Centuries of Encounters, Asmara, Eritrea 2007. Die Dissertationen von Elizabeth McGuire (Children of the Revolution: Chinese Students in Soviet Russia, 1920-1970, derzeit an der University of California in Berkeley in Arbeit) sowie von Masha Salazkina (In Excess: Sergei Eisenstein's Mexico, Chicago, Il: University of Chicago Press, 2009) bilden einen bedeutenden Beitrag zu unserem Verständnis des sowjetisch-chinesischen und sowjetisch-lateinamerikanischen Austauschs. Die folgenden, von Apollon Davidson, Georgij Cypkin und anderen Mitgliedern des Instituts für afro-asiatische Studien der Staatlichen Universität Moskau herausgegebenen Bände sind für jeden, der sich mit diesem Thema befasst, außerordentlich wertvoll: SSSR i Afrika, 1918-1960: dokumentirovannaja istorija vzaimootnošenij, Moskau 2002, oder Rossija i Afrika: dokumenty i materialy XVIII v. – 1960 g., Bde. 1 und 2, Moskau 1999.

te Industrialisierung und den triumphalen Start des Sputnik ins All zustande gebracht hatte, den neuen Nationen in Asien und Afrika ein attraktives Modernisierungsmodell anbieten. Und doch – gerade wegen des zeitlichen Zusammenfalls der Entkolonialisierung mit dem wissenschaftlichen Triumph der Sowjetunion und Chruščevs Optimismus, die Vereinigten Staaten „überholen" zu können, war ein so direkter Vergleich zwischen der Erfolgsgeschichte der sowjetischen Industrialisierung und der erdrückenden Armut vieler der kurz zuvor unabhängig gewordenen Staaten nicht gerade angenehm. Aus diesem Grund wurde Moskau in der offiziellen Rhetorik, die die Eröffnung der Universität umgab, in der Tat zumeist als Ersatz für die alten imperialen Metropolen London und Paris dargestellt und die neue und riesige globale „Peripherie" insgeheim mit Russlands eigenem ehemaligem Reichsgebiet, insbesondere in Zentralasien, verglichen. Sprich, die UDN dehnte – wie der Name schon sagte – die die offizielle sowjetische Nationalitätenpolitik beherrschende Metapher von der „Völkerfreundschaft" auf die Nationen der Dritten Welt aus.[2] In den ersten Jahren des Bestehens der UDN zeigte sich bei deren Darstellung durch die UdSSR eine periodisch wiederkehrende Spannung zwischen dem Wunsch, die Ähnlichkeit und Solidarität der Sowjetunion (bzw. Russlands) mit den vor kurzem entkolonialisierten Ländern zu demonstrieren und dem Bedürfnis, die sowjetische (bzw. russische) Überlegenheit zu betonen.

Die ungleichen Bedingungen dieser symbolischen Freundschaft stießen bei allen Beteiligten auf Widerstand: Nicht alle UDN-Studenten zeigten sich gewillt, sie in die Tat umzusetzen und die sowjetische Regierung schreckte vor ihren radikalsten Folgen (Mischehen) zurück. Außerdem wurde die Freundschaft – und mit ihr der Auftrag der Universität – durch die Weigerung einiger Russen unterminiert, die Rolle des großzügigen, wenn auch überlegenen Spenders zu spielen. Auf diese Weise stellt die Begegnung zwischen den Studenten aus der Dritten Welt und den Menschen aus der Sowjetunion an der UDN eine Mikrogeschichte des umfangreicheren sowjetischen Projekts einer Allianz mit der Dritten Welt dar und ist ein nützliches Korrektiv für die vorherrschenden Erklärungen, die das Scheitern dieser Allianz auf Stellvertreterkriege, die globale Konjunkturschwäche der 1970er Jahre, die wirtschaftliche Überlegenheit der USA oder interne Prozesse in der UdSSR bzw. der Dritten Welt zurückführen.

Die Sowjetunion und die Dritte Welt – eine (nicht vorhandene) Vorgeschichte

Der Beginn des sowjetischen Engagements kann auf die Bandung-Konferenz von 1955 zurückdatiert werden, als die Dritte Welt als geopolitischer Akteur in Erscheinung trat und

---

[2] Terry Martin, Affirmative Action Empire: Nations and Nationalism in the Soviet Union, 1923–1939, Ithaca, NY: Cornell University Press, 2001, S. 432–461. Stalins eigene Formulierung von der „Völkerfreundschaft" war eine substantielle Rücknahme dessen, was von Martin als „Affirmative Action Empire" bezeichnet wurde und von der Sowjetunion in den 1920er Jahren praktiziert worden war. Diese neue Politik, die sich aus Trägheitsgründen bis in die Post-Stalin-Ära fortsetzte, war dadurch gekennzeichnet, dass der russischen Nation die Führungsrolle eingeräumt wurde. In Bezug auf die Darstellungsweise führte diese Politik z. B. dazu, dass Angehörige nicht-russischer Sowjetvölker als Menschen porträtiert wurden, die vom überlegenen russischen Volk, das nun als „erstes unter gleichen" bezeichnet wurde, Hilfe erhielten und ihre Dankbarkeit öffentlich und auf bestimmte rituelle Art zum Ausdruck brachten. Die russische Sprache erfuhr als De-facto-Lingua-franca der UdSSR mehr Anerkennung. Das sowjetische Engagement in der Dritten Welt – obwohl diplomatisch taktvoller – basierte auf einer ähnlichen Führungsrolle der UdSSR.

die Sowjetunion sich der Existenz Dutzender Nationen bewusst wurde, von deren Sprachen, Gebräuchen und Politik niemand in der UdSSR sehr viel wusste. Die Geografie hatte sich mit der Politik verschworen, um die Kontakte zwischen den Völkern der Sowjetunion und jenen in Afrika, Lateinamerika und dem Großteil von Asien zu minimieren. Nachdem sie in den 1920er Jahren tatsächlich einigen Anteil an der kolonialen Frage genommen hatte, verlor die Sowjetunion im Anschluss an den im Jahr 1928 von der Komintern organisierten Kongress der Antiimperialistischen Liga in Brüssel und nach erheblichem kultur- und bildungspolitischem Engagement für nicht-westliche Völker allmählich ihr Interesse an der kolonialen Welt und wurde im Laufe der 1930er Jahre zunehmend eurozentrisch.[3]

Demgemäß fehlte es den Völkern Afrikas und Asiens an Wissen über das sowjetische Volk, aber auch an direkten persönlichen Erfahrungen und – im weiteren Sinne – an einem Gefühl internationaler Solidarität mit ihm. Gewiss, die sowjetische Teilnahme am Zweiten Weltkrieg hatte auch in der kolonialen Welt einigen Eindruck hinterlassen. Trotzdem herrschte dort sogar bei den Mitgliedern kommunistischer Parteien keine uneingeschränkte Loyalität gegenüber Stalins Sowjetunion. „Wie ist die Parteilinie für heute?" oder „Wer wird sich morgen als Feind erweisen?" Fragen wie diese waren unter kommunistischen Parteimitgliedern in Indien und Indonesien zum *running gag* geworden.[4] Die politischen Entscheidungsträger in der UdSSR nach Stalin erkannten, dass Militär- und Wirtschaftshilfe, ein gemeinsamer Gegner (der Westen) und sogar eine gemeinsame Ideologie (viele der Befreiungsbewegungen basierten auf dem Marxismus) nicht ausreichten, um eine glaubhafte Allianz der Sowjetunion mit den Ländern Afrikas, Asiens und Lateinamerikas zu schmieden. Für ein politisches Bündnis zwischen der Zweiten und der Dritten Welt mussten Misstrauen und Unwissenheit ausgeräumt und menschliche Solidarität aufgebaut werden.

Schaffung zwischenmenschlicher Verbindungen mit der Dritten Welt

Um die Wissenslücken zu schließen, Fachleute auszubilden und eine gewisse Grundsatzstrategie in Bezug auf die Dritte Welt zu entwickeln, nahm das Institut für die Länder Afrikas und Asiens an der Staatlichen Universität Moskau 1956 seine Tätigkeit auf. Außerdem wurde das Institut für Ostkunde (Orientalistik) an der sowjetischen Akademie der Wissenschaften in den folgenden vier Jahren einer umfangreichen Reorganisation und Erweiterung unterzogen.[5] Als komplexere Aufgabe erwies sich der Aufbau internationaler Solidarität und völkerverbindender Beziehungen. Zu diesem Zweck gründete die Sowjetunion im gleichen Jahr das Komitee für Solidarität mit den Ländern Asiens und Afrikas. Nicht unähnlich dem Friedenskomitee, das Ende der 1940er, Anfang der 1950er Jahre eines der wichtigsten kulturellen Bindeglieder mit dem Westen gewesen war, entwickelte sich das Komitee für Solidarität zum hauptsächlichen transnationalen Verbindungskanal zwischen der UdSSR und der kurz zuvor entkolonialisierten Welt.[6]

---

[3] Zum Engagement der Komintern in der kolonialen Frage siehe Vijay Prashad, The Darker Nations: A People's History of the Third World, New York, NY 2007, S. 16–30, und Robert Young, Postcolonialism: An Historical Introduction, Oxford 2001, S. 113–158.
[4] Vijay Prashad, Vortrag vor der Marxist and Cultural Studies Reading Group, Yale, 3.10.2007.
[5] Rossija i Afrika: dokumenty i materialy XVIII v. – 1960 g., Bd. 2, S. 339–348.
[6] Da diese Komitees jeweils verschiedene Personengruppen und Strategien umfassten sowie von unterschiedlicher politischer Rhetorik geprägt waren, ergaben sich wenig Berührungspunkte zwischen ihrer Tätigkeit und damit zwischen dem Werben der Sowjetunion um die linksgerichteten Westeuro-

Sogar verglichen mit den streng kontrollierten europäischen Grenzen, die die sowjetischen Solidaritätsbemühungen über den Eisernen Vorhang hinweg (und sogar innerhalb der Zweiten Welt) behinderten, stellte das fast vollständige Fehlen von Personen, deren Reiseaktivitäten die Allianz zwischen der Sowjetunion und der Dritten Welt aufrechterhalten und verkörpern hätten können, eine besonders ernste Herausforderung für dieses potentielle Bündnis dar. Seit Chruščevs symbolträchtigem Besuch in Indien, Burma und Afghanistan im Jahr 1955 intensivierte die UdSSR ihre außenpolitischen Bemühungen in diesem Teil der Welt, indem sie diplomatische Beziehungen und andere Formen der Präsenz etablierte sowie Berater, Ingenieure und Wissenschaftler in Dritte-Welt-Länder entsandte. Umgekehrt war man bemüht, Menschen aus Entwicklungsländern in die UdSSR zu bringen, wo sie sich mit der sowjetischen Bevölkerung verbrüdern und die Errungenschaften der UdSSR mit eigenen Augen sehen konnten. Die erste große derartige Gruppe trat in der Sowjetunion im Sommer 1957 beim Moskauer Weltfestival der Jugend in Erscheinung. Obwohl hauptsächlich von der Moskauer Bevölkerung direkt wahrgenommen, hinterließ die Anwesenheit von 37 000 jungen Ausländern, von denen viele aus Süd- und Ostasien, Lateinamerika, der arabischen Welt und sogar aus afrikanischen Ländern südlich der Sahara kamen, einen bleibenden Eindruck bei einer sowjetischen Kultur, die aufgrund der offiziellen Xenophobie des Nachkriegs-Stalinismus abgeschottet gewesen war.[7] Neun Monate nach dem Ereignis tauchten die sogenannten „Kinder des Festivals" auf, die erste Generation sowjetischer Mulatten, deren Lebensweg einen Test für die Grenzen des Internationalismus der UdSSR darstellen sollte.[8] Allerdings war das Jugendfestival eine atypische und – wie die sowjetischen Behörden feststellen mussten – einigermaßen unkontrollierbare Form der Verbrüderung, die sich nicht um die genau überwachten Grenzlinien zwischen den einzelnen Engagements der Sowjetunion in den Ländern der Ersten, Zweiten und Dritten Welt kümmerte. Ein wesentlich mehr auf die Dritte Welt zugeschnittenes Ereignis, der Afro-Asiatische Schriftstellerkongress von 1958, führte mehrere Hundert Schriftsteller aus diesen Kontinenten nach Taschkent – seit den 1920er Jahren ein klassisches Reiseziel für afroasiatische und afroamerikanische Besucher, mit dem sich Gäste aus Asien und Afrika nach Einschätzung der sowjetischen Funktionäre besser identifizieren konnten.

Diese Festivals und Kongresse machten großen Eindruck auf die Sowjetbürger und brachten durch Zeitungsberichte bzw. Erzählungen der heimgekehrten Teilnehmer einige Mythen und Wahrheiten über das Leben in der Sowjetunion in die Dritte Welt. Dennoch konnten derartige punktuelle Ereignisse nicht die zur Erlangung internationaler Solidarität notwendigen langfristigen Beziehungen herstellen. Um diese voranzutreiben, fasste die Regierung der UdSSR den Entschluss, die sowjetischen Universitäten für junge Afrikaner

---

päer und ihren parallel dazu unternommenen Bemühungen, die Dritte Welt für sich einzunehmen. Dennoch hatten diese beiden Bündnisse wesentlich mehr mit dem jeweils anderen gemeinsam – vielleicht ein bestimmtes Volksfront-Ethos – als mit der ziemlich bürokratischen Beziehung, die die Sowjetunion zu den Ländern der Zweiten Welt unterhielt. Auf diese Weise begünstigten und verstärkten die drei geografisch begründeten Varianten des sowjetischen Internationalismus die Dreiteilung der Welt, die die UdSSR zu überwinden suchte.

[7] Vladislav Zubok, A Failed Empire: the Soviet Union in the Cold War from Stalin to Gorbachev, Chapel Hill, NC: University of North Carolina Press, 2007, S. 171.
[8] 50 let načala Vsemirnogo festivalja molodeži i studentov Moskve, Radio Svoboda, 27. 7. 2007, verfügbar unter http://www.svobodanews.ru/Transcript/2007/07/27/20070727180009190.html. Siehe auch Mazov, Afrikanskie studenty v Moskve v God Afriki (po archivnym materialam), in: Vostok 3 (1999), S. 89–103.

und Asiaten im Hochschulalter zu öffnen. 1956 begannen die ersten derartigen Studenten, nach und nach gezielt in den akademischen Bildungseinrichtungen der Sowjetunion einzutreffen. Anfänglich wurden sie mittels Ad-hoc-Vereinbarungen von den radikalen Parteien ihres Landes entsandt und von staatlichen Organisationen der UdSSR eingeladen: dem Komitee für Solidarität mit den Ländern Asiens und Afrikas, dem Komitee für Jugendorganisationen, dem Komitee der Sowjetfrauen und dem Allunionskomitee der Gewerkschaften. Nach der Steigerung der revolutionären Aktivitäten in Lateinamerika wurde innerhalb eines Jahres damit begonnen, Stipendien für Studenten aus diesem Raum bereitzustellen.

Im Wintersemester 1959 gab es bereits 500 Studenten aus nicht-kommunistischen asiatischen Ländern, 300 aus Afrika und 25 aus Lateinamerika. Fast alle von ihnen waren an der Staatlichen Universität Moskau und den höheren Lehranstalten der Hauptstadt konzentriert. Im Vergleich zu den 11 000 Studenten aus Osteuropa, China, der Mongolei, Nordvietnam und Nordkorea, die auf der Grundlage von Regierungsabkommen in die UdSSR geschickt worden waren, nahm sich ihre Zahl noch gering aus.[9] Das Bildungssystem der Zweiten Welt hatte sich bis dahin jedoch mehr oder weniger konsolidiert und die Zahl der in der UdSSR Studierenden aus den Volksdemokratien änderte sich nicht mehr wesentlich, obwohl sich die chinesischen Studenten allmählich aus dem System zurückzogen. Im Gegensatz dazu war es aufgrund der Vordringlichkeit des sowjetischen Engagements in der Dritten Welt unbedingt erforderlich, die universitären Stipendienprogramme für diesen Raum enorm auszubauen und auch zu regulieren. Tatsächlich näherte sich die Zahl der Einschreibungen von Studenten aus der Dritten Welt an sowjetischen Universitäten innerhalb eines Jahrzehnts an diejenige ihrer Studienkollegen aus der Zweiten Welt an.[10]

Die UDN als Symbolfall

Diese Neuorientierung in der sowjetischen Außenpolitik wurde durch die Eröffnung der Universität der Völkerfreundschaft symbolisiert, die etwa ein Drittel aller in der UdSSR immatrikulierten Studenten aus der Dritten Welt aufnehmen sollte. Eine Institution, die sich gezielt der Ausbildung dieser Studenten widmete, bot einzigartige Vorteile. Sie erlaubte es nicht nur, den Studienplan besser auf die Arbeitsbereiche abzustimmen, in denen die Studenten aus der Dritten Welt nach ihrer Rückkehr aus der UdSSR tätig werden sollten, sondern auch sowjetische Spezialisten für diese Regionen auszubilden. Allein die große Anzahl ausländischer Studenten an der Universität machte sie zu einem Laboratorium für die Generierung von Kompetenz hinsichtlich der Ausbildung von Studenten aus der Dritten Welt an anderen Universitäten der UdSSR und der Zweiten Welt. Dies betraf auch die Vermittlung von Russisch als Fremdsprache (eine Funktion, die die Universität auch noch nach Gründung des Puškin-Instituts für die russische Sprache im Jahr 1966 beibehielt).

Hauptsächlich fungierte die UDN jedoch als symbolische Plattform. Nach ihrer ersten Erwähnung im Februar 1960 in Chruščevs Rede in Yogyakarta, Indonesien, öffnete die

---

[9] Rossijskij Gosudarstvennyj Archiv Social'no-Političeskoj Istorii (RGASPI), früher Centr Chranenija Dokumentov Molodežnych Organizacij (CChDMO), f. 1, op. 46, d. 248, l. 13.
[10] Mit Stand Januar 1969 waren knapp über 11 000 Vollzeitstudenten aus der Dritten Welt an sowjetischen Universitäten immatrikuliert. Die entsprechende Anzahl von Studenten aus der Zweiten Welt lag nur unwesentlich höher. (RGASPI-M, f. 1, op. 39, d. 127, l. S. 66–74.)

Universität im Wintersemester desselben Jahres ihre Pforten.[11] Normalerweise wäre ein derart kurzer Zeitraum für ein ordnungsgemäßes Zulassungsverfahren wohl kaum ausreichend gewesen, ganz zu schweigen von der Errichtung einer ganzen Universität, der Einstellung eines Lehrkörpers, der Schaffung angemessener Institute oder der Erstellung eines Studienplans.[12] Symbolische Überlegungen waren jedoch wichtiger als praktische Hemmnisse: Die UNO hatte 1960 zum „Jahr Afrikas" ausgerufen, darüber hinaus erklärten siebzehn afrikanische Länder in diesem Jahr ihre Unabhängigkeit. Die Sowjetunion konnte sich bei der Demonstration ihres Engagements für die gerade unabhängig gewordenen Staaten und der Anmeldung ihres Anspruchs auf die Führung der gesamten postkolonialen Bewegung nicht den geringsten Zeitverlust erlauben. Die sowjetischen Botschaften, aber auch im Ausland verbreitete Publikationen und Rundfunksendungen scheuten keine Mühe, die Anwerbungsbestrebungen der Universität publik zu machen: Es wurde behauptet, dass für den 600 Studenten umfassenden Eingangsjahrgang 43 000 Bewerbungen an die Zulassungsstelle der UDN in Moskau bzw. an sowjetische Botschaften oder staatliche Organisationen im Ausland ergangen seien, ein Rekord, der später nie wieder auch nur annähernd erreicht wurde.[13]

Somit erfüllte die UDN ab dem Tag ihrer offiziellen Eröffnung im November des Jahres die Funktion der einzigen, höchst sichtbaren Stätte sowjetischen Engagements in der Dritten Welt.[14] Kurz nach ihrer Eröffnung organisierte sie eine Konferenz zum Zusammenbruch des Systems des Weltimperialismus (1962) und wenig später über die Entwicklungswege, denen sich die vor kurzem unabhängig gewordenen Staaten gegenübersahen (1963). Die erlesene Liste der internationalen Referenten, die in den ersten Jahren des Bestehens der Universität zu Gast waren – u. a. der chilenische Dichter Pablo Neruda, der US-amerikanische Sänger und Schauspieler Paul Robeson, der indische Präsident Sarvepalli Radhakrishnan, die Premierministerin von Sri Lanka Sirimavo Bandaranaike und der kubanische Präsident Osvaldo Dorticós – spiegelte die Rolle der Universität als wichtigste Destination für Besucher aus der Dritten Welt wider, die sich selbst ein Bild von der praktischen Unterstützung machen konnten, die die Sowjetunion ihren Kontinenten angedeihen ließ.

Die sowjetischen Medien berichteten umfassend über diese und andere Entwicklungen an der UDN. In einem Erlass des Zentralkomitees wurde verlangt, *Pravda*, *Izvestija*, *Ogonek* und andere auflagenstarke Tageszeitungen und Zeitschriften sowie das Staatliche Komitee für Rundfunk und Fernsehen sollten Leben und Studium ausländischer Hörer in der

---

[11] Offiziell wurde die Resolution zur Gründung der neuen Universität zwei Wochen früher, am 5. 2. 1960, vom Zentralkomitee der KPdSU verabschiedet (RGANI, f. 4, op. 6, d. 783, ll. 12–15). Die Anekdote am Beginn dieses Aufsatzes war lediglich eine Anekdote. Trotzdem soll Chruščev bei der Entscheidung zur Schaffung der UDN eine wichtige Rolle gespielt haben. Zumindest handelte es sich dabei nicht um eine Ad-hoc-Idee Chruščevs während seines Indonesien-Besuchs.

[12] Man beschlagnahmte ein ehemaliges KGB-Gebäude am Stadtrand, das für den Universitätsbetrieb nicht besonders geeignet war. Erst Mitte der 1970er Jahre zog die Universität endgültig aus ihren provisorischen Gebäuden in das im Südwesten Moskaus gelegene Gelände an der Miklucho-Maklaja-Straße um, wo die heutige Russische Universität der Völkerfreundschaft immer noch zu finden ist.

[13] Sergej Rumjancev, Načalo bol'šogo puti, in: Pravda, 17. 11. 1960.

[14] In den späteren 1960er Jahren wurde das Modell der UDN teilweise in andere Ostblockstaaten exportiert, in denen ausländische Studenten zu Gast waren. Lediglich die Universität des 17. November in Prag bot einen speziell auf Studenten aus der Dritten Welt zugeschnittenen Studienplan an. Deutschland, Polen und Bulgarien eröffneten eine einzige Vorbereitungsfakultät, an der alle ausländischen Studenten, die ohne Sprachkenntnisse eingereist waren, die Landessprache erlernen konnten. Siehe Seymor Rosen, The Development of Peoples' Friendship University in Moscow, Washington, DC: DHEW Publication No. (OE) 72–132, 1972, S. 13f.

UdSSR ausführlich dokumentieren. Der Erlass legte auch fest, dass konkrete und anschauliche Beispiele den Kenntniserwerb der Studierenden, aber auch deren „wachsende Kultur und die Entstehung eines progressiven Weltbilds"[15] verdeutlichen sollten. Schließlich musste bei den Sowjetbürgern doch Empathie hervorgerufen werden für die armen, unterdrückten Völker der Dritten Welt, die verzweifelt „unsere" Hilfe brauchten. In der Tat, nicht unähnlich den medialen Verbündeten der Regierungen Truman, Eisenhower und Kennedy, erhielt die sowjetische Presse den Auftrag, bei ihrer Bevölkerung eine affektive Investition in die Völker der Erde zu generieren.[16] Auch wenn man sie nicht – wie die amerikanische Öffentlichkeit – dazu bringen musste, sich diesen außenpolitischen Initiativen zuliebe von ihren Steuerdollars zu trennen, so mussten die Sowjetbürger dennoch überzeugt werden, wenn das Auslandsengagement der Regierung Erfolg haben sollte. Was vielleicht noch wichtiger war: Die sowjetische Regierung brauchte außenpolitische Erfolge, wie sie von den Studenten der UDN in den 1960er Jahren verkörpert wurden, um die Ausgaben für die Universität und deren schiere Existenz in den Augen des eigenen Volkes zu legitimieren.

Die Medienberichterstattung über Studenten aus der Dritten Welt war jedoch nicht nur für das Inland gedacht: Der oben erwähnte Erlass des Zentralkomitees schrieb vor, dass Radiosendungen und die Propaganda des *Sovinformbjuro* für ausländische Zielgruppen auch Berichte über die Ausbildung von Spezialisten für afrikanische, asiatische und lateinamerikanische Länder an sowjetischen Universitäten zu enthalten hatten. Solche Berichte sollten eine eindeutige Antwort auf die Frage geben, die der anonyme Indonesier Chruščev in der Anekdote zu Beginn dieses Artikels gestellt hatte: Wie sah die Hilfe der Sowjetunion für die Dritte Welt konkret aus?[17]

Die UDN als Vehikel für eine nützliche (wenn auch verwirrende) Vergangenheit

Wenn die UDN eine greifbare Antwort auf die Frage gab, wie die Sowjetunion der Dritten Welt half, so warf die Berichterstattung über die Universität in der sowjetischen Presse eine Reihe von zuvor unbekannten und schwierigen Fragen hinsichtlich der genauen Beschaffenheit des neuen Verhältnisses der Sowjetunion zur Dritten Welt auf, das sie symbolisieren und verkörpern sollte. Ähnlich wie die Universität selbst, schien die Sowjetunion 1960 bereit zu sein, eine Art Führungsrolle für die gerade unabhängig gewordenen Staaten zu übernehmen, denn sie konnte sich nun sowohl als der bessere Ersatz für die alten imperialen Metropolen wie auch als Vorbild für die Überwindung rückständiger Zustände anbieten.[18] Tatsächlich sollte das Ziel der neuen Länder der Dritten Welt eine rasche national-

---

[15] Rossijskij Gosudarstvennyj Archiv Novejšej Istorii (RGANI), früher Centr Chranenija Sovremennoj Dokumentacii (CChSD), f. 4, op. 16, d. 902, l. 31 (29. 10. 1960).
[16] Christina Klein, Cold War Orientalism: Asia in the Middlebrow Imagination, 1945–61, Berkeley, CA: University of California Press, 2003.
[17] Das unter Kennedy 1961 geschaffene Friedenskorps war die symbolische Antwort der USA auf dieselbe Frage und auf die sowjetische Konkurrenz um die „Herzen und Köpfe" der Dritten Welt.
[18] Reč' N. S. Chruščeva, in: Pravda, 22. 2. 1960. Der für die „Memoiren" der Journalisten gewählte Titel, die Chruščev auf seiner Reise nach Indien, Burma und Afghanistan begleitet hatten, stellt ebenfalls diesen Zusammenhang her. Siehe A. Ajubei u. a., The Awakened East. A Report by Soviet Journalists on the Visit of N. S. Khrushchov to India, Burma, Indonesia, and Afghanistan, Moskau, o. D.

ökonomische Entwicklung nach den Richtlinien des ersten Fünfjahresplans sein – eine Aufgabe, die von derjenigen der Sowjetunion schwer zu unterscheiden war. Chruščevs Reden zum Zeitpunkt der Gründung der Universität ließen durchblicken, dass der Kampf gegen den Kapitalismus durch Entwicklungstriumphe entschieden würde: höhere Getreideernten, mehr ausgebildete Ingenieure.[19] Bei der Ausgestaltung der offiziellen politischen Linie mussten die sowjetischen Journalisten in ihrer Berichterstattung über die UDN die Tatsache, dass der wissenschaftlich-technische Aufstieg der Sowjetunion ihren Eintritt in ein technokratisches westliches Lager darstellte, mit dem Gefühl in Einklang bringen, die UdSSR und die unterentwickelten Länder teilten eine gemeinsame Geschichte und gemeinsame Ziele. Vorgeblich voll entwickelt, aber immer auf Aufholjagd, kraft der Geschichte ihres maßgeblichen Volkes – der Russen – europäisch und westlich geprägt, aber auch ethnisch gemischt und östlich (bzw. antiwestlich), schien die Sowjetunion zwei hinsichtlich des Ranges ähnliche Rollen gleichzeitig anzustreben – die der voll entwickelten Supermacht, aber auch jene des größten Dritte-Welt-Landes aller Zeiten.

Daher lag dem enormen Optimismus, der von der offensichtlichen Erfüllung der bolschewistischen Prophezeiungen hinsichtlich der europäischen Kolonialreiche ausgelöst worden war, einige Konfusion zugrunde. In den ersten Jahren des Bestehens der UDN versuchten sowjetische Journalisten und Funktionäre in ihren Beschreibungen der Universität, eine kohärente Vision des Verhältnisses der Sowjetunion zur Dritten Welt zu entwickeln. Dabei bedienten sie sich der Ähnlichkeiten mit anderen unterdrückten Völkern (darunter auch mit den Russen selbst im Jahr 1917) und mit anderen Beziehungen – zwischen Russen und Nicht-Russen innerhalb der Sowjetunion sowie zwischen den alten imperialen Metropolen und ihren Kolonien. Jede neue Analogie hatte unterschiedliche Auswirkungen auf die Frage, die die sowjetischen Funktionäre in Bezug auf die neue Universität zu beantworten suchten: Was zeichnete die für die UDN ausgewählten Studenten aus? Was genau würden sie studieren? Obwohl die Sowjets davon überzeugt waren, dass die Studenten aus den Entwicklungsländern ein besonders geeignetes Publikum für die Errungenschaften der sowjetischen Modernisierung abgeben würden, erwies sich die Antwort auf diese Fragen als schwierig.

Metaphorische Proletariate: Analogien zu den UDN-Studenten aus der sowjetischen Geschichte

In den Reden und Artikeln anlässlich der Eröffnungsfeier der Universität am 17. November 1960 wurden die neuen Studenten aus Afrika, Asien und Lateinamerika der sowjetischen Öffentlichkeit als ein neues Proletariat angekündigt: Wie Chruščev vor ausländischen Würdenträgern, Vertretern sowjetischer Freundschaftsgesellschaften, Studentenorganisationen und den Studierenden selbst erklärte, handelte es sich bei den UDN-Studenten um „Kinder von Werktätigen" *(deti trudjaščichsja)*.[20] Die Darstellung der Studentenschaft der Universität der Völkerfreundschaft als Quasiproletariat – wenn auch nicht als Fabrikarbeiter, so doch als unterprivilegiert und daher berechtigt, aufgrund ihrer Klassenzugehörigkeit vorwärtszukommen – verstärkte die Analogie zwischen den UDN-Studenten und den russischen Arbeitern und armen Bauern von 1917. Dass die soziale Klasse der Studie-

---

[19] Ebenda.
[20] Reč' N. S. Chruščeva, in: Komsomol'skaja Pravda, 18.11.1960.

renden besonders betont wurde, war eine Eigenheit der Universität der Völkerfreundschaft. In der offiziellen Berichterstattung über andere, in der UdSSR studierende Afrikaner, Asiaten und Lateinamerikaner wurde ihre Herkunft aus Arbeiter- oder bäuerlichen Kreisen nicht herausgestellt. Ein typischer Artikel beschreibt die Studenten aus der Dritten Welt an der Staatlichen Universität Moskau als „Kinder armer Bauern, wohlhabender Leute, der Bourgeoisie, von Landbesitzern und der Intelligenzija".[21] Tatsächlich hatten andere sowjetische Universitäten nur sehr wenig Kontrolle über die Zulassung der Studenten, die aufgrund von Regierungsabkommen oder auf Ersuchen staatlicher Organisationen der UdSSR zu ihnen geschickt wurden. Die UDN erfreute sich eines weit größeren Mitspracherechts bei der Auswahl ausländischer Studierender und bemühte sich aktiv darum, eine vorbildhafte, nahezu proletarische Studentenschaft hervorzubringen.

Für die mit der Zulassung befassten UDN-Mitarbeiter war es oftmals eine besondere Herausforderung, unterprivilegierte Bewerber zu finden: In vielen Teilen der unlängst entkolonialisierten Welt bedeutete das Fehlen der wesentlichen Grund- und Sekundarschulen für Arbeiter- und Bauernkinder, dass nur sehr wenige Bewerber mit einem derartigen Hintergrund für die Zulassung zur Universität infrage kamen. Um diesem Problem beizukommen, erinnerte sich die UDN an die in der Sowjetunion in den 1920er Jahren praktizierte Politik der positiven Diskriminierung gemäß Klassenherkunft. Bei der Darstellung der Zulassungspolitik der Universität war in den Studienführern der UDN festgeschrieben, dass „unter gleichen Umständen Kindern von Arbeitern und Bauern der Vorzug gegeben wird".[22] Außerdem wurden von der Universität bei der Bewerbung keinerlei Abschlusszeugnisse höherer Schulen verlangt. Man richtete eine Vorbereitungsfakultät ein, auf der die angenommenen Studenten aus Entwicklungsländern nicht nur Russisch lernen konnten – was sie im ersten Jahr auch an anderen sowjetischen Universitäten getan hätten –, sondern gab ihnen auch die Möglichkeit, innerhalb von höchstens drei Jahren ihre Ausbildungslücken zu schließen. In einem Aufsatz von 1971 weist Alvin Rubinstein darauf hin, dass die Universität – konfrontiert mit unangenehm vielen angenommenen Studenten, die einer weiteren Sekundarschulausbildung bedurften – sich allmählich für eine pragmatischere Politik entschied, indem sie die am besten qualifizierten Bewerber ungeachtet ihres Klassenhintergrunds aufnahm.[23]

Neben ihrer benachteiligten sozialen Herkunft waren UDN-Studenten auch noch in einer zweiten Hinsicht unterdrückt – als Angehörige der unter der Kolonialherrschaft geschundenen Nationen. Tatsächlich charakterisierten sowjetische Funktionäre die Ambitionen der UDN-Studenten weitgehend so, wie sie die Ziele unterdrückter Völker innerhalb der sowjetischen Grenzen beschrieben hatten. Die Studenten der UDN sollten ihren Ländern dabei helfen, „ihre Unabhängigkeit zu bewahren und zu stärken" sowie „die ihnen infolge des schweren kolonialen Jochs hinterlassene wirtschaftliche und kulturelle Rückständigkeit zu beseitigen".[24]

Daher schienen die Studenten der Universität der Völkerfreundschaft beide Kriterien für den bevorzugten Zugang zur Ausbildung in der sowjetischen Gesellschaft zu erfüllen:

---

[21] Spasibo za znanija, in: Izvestija, 29.1.1964. Siehe auch die in der sowjetischen Werbeliteratur enthaltenen Aussagen von Studenten wie z. B. „We Are From Friendship University" und „Two Universities".
[22] Sergej Rumjancev u. a., 10 let Universitetu Družby Narodov, Moskau 1970, S. 10.
[23] Alvin Z. Rubinstein, Lumumba University: an Assessment, in: Problems of Communism, Vol. 20, Nov.–Dez. 1971, No. 6, S. 64–69, hier S. 64f.
[24] Ebenda; Rumjancev, Načalo bol'šogo puti, in: Pravda, 17.11.1960.

Klassenhintergrund und Zugehörigkeit zu bestimmten, als besonders rückständig angesehenen nationalen Gruppen. Wie in den Zeiten der ersten Fünfjahresplanperiode, als Proletarier an den unwahrscheinlichsten Orten gesucht und stets auch gefunden wurden – von Bauerndörfern bis zu Nomadenstämmen –, wurde die koloniale Ausbeutung zu einer Metapher für die kapitalistische Ausbeutung und umgekehrt, was zu einigen ziemlich sperrigen Vergleichen führte. Am Beginn seiner Rede anlässlich der Eröffnungsfeier im Jahr 1960 zog Chruščev eine Parallele zwischen der kapitalistischen Ausbeutung und der kolonialen Unterdrückung im Bereich der Hochschulbildung, indem er feststellte:

> „In der Vergangenheit und in den kapitalistischen Staaten sogar noch heute haben nur Menschen aus der besitzenden Klasse Zugang zu höherer Bildung. Die Bourgeoisie, die Landbesitzer, sie bilden ihre Kinder aus, um ihre eigenen, zuverlässigen Kader zu haben [...]. Kolonisatoren sind natürlich nicht daran interessiert, junge Menschen aus Arbeiterfamilien auszubilden, junge Menschen, die ihrem Volk dienen wollen und nicht dem Ausländer-Ausbeuter."[25]

Der etwas unbeholfen mit einem Bindestrich versehene Feind, der „Ausländer-Ausbeuter", stellte die rhetorische Verschmelzung der bildungsmäßigen Unterprivilegiertheit der russischen Arbeiter und Bauern vor der Revolution von 1917 mit derjenigen der kurz zuvor befreiten Völker Afrikas, Asiens und Lateinamerikas dar. Chruščev hatte bereits früher – in der Rede vom 21. Februar 1960, in der er die Entscheidung zur Gründung der Universität bekanntgab – diesen speziellen Vergleich zwischen der misslichen Lage der neuerdings unabhängigen Länder und der Situation der Russen hergestellt. „Jede Nation", sagte er vor seinem aus indonesischen Studenten bestehenden Publikum in Yogyakarta, „bringt viele talentierte Frauen und Männer hervor, aber aufgrund von Armut und Not werden die Gaben der Arbeiter und Arbeiterinnen oftmals vergeudet [...] das wissen wir aus der Erfahrung des zaristischen Russland."[26]

Inwieweit waren die sowjetischen Funktionäre jedoch gewillt, die Analogie zwischen Russland – auch schon vor 1917 – und Lateinamerika bzw. den kurz zuvor unabhängig gewordenen Ländern Asiens und Afrikas zu übernehmen? Die meisten Artikel, Reden und Propagandamaterialien über die Universität fanden einen unbehaglichen Mittelweg, indem sie die Entwicklungsländer und deren Repräsentanten an der UDN einerseits mit den Russen vor Beginn der Sowjetmacht verglichen und sie andererseits auf verschiedenste Weise mit den nicht-westlichen sowjetischen Randgebieten in Verbindung brachten, den Nutznießern der großzügigen Unterstützung durch das russische Volk, selbst im Jahr 1917.

Die Erweiterung der „Völkerfreundschaft"

Eine weit weniger unangenehme Art der nützlichen Vergangenheit in Bezug auf das Verhältnis der Sowjetunion zur Dritten Welt – eine Vergangenheit, die die Unterschiede zwischen beiden Seiten betonte – stellte die sowjetische Nationalitätenpolitik der 1930er Jahre bereit. Es ist natürlich kein Zufall, dass die UDN nach der beherrschenden Metapher der sowjetischen Nationalitätenpolitik nach 1935 benannt wurde: der „Völkerfreundschaft". Von Stalin selbst geprägt, blieb diese Metapher auch noch nach seinem Tod lange Zeit bestimmend. Sie stand für die massive Rücknahme dessen, was von Terry Martin als „Affirmative-Action Empire" bezeichnet wurde, dem Programm des *nation building* für kleine

---
[25] Komsomol'skaja Pravda, 18.11.1960.
[26] Ajubei u.a., The Awakened East, S. 108.

Ethnien, von dem sich die sowjetische Praxis während der 1920er und zu Beginn der 1930er Jahre leiten ließ.[27] Im Unterschied zu dieser früheren Politik, die gegen die Dominanz der russischen Nation gerichtet war, zeichnete sich die „Völkerfreundschaft" durch die herausgehobene Rolle der Russen als die führende Kraft hinter dem Weltkommunismus aus. Die russische Sprache erfuhr als De-facto-Lingua-franca der UdSSR mehr Anerkennung. Die Erweiterung der „Völkerfreundschaft" – deren symbolisches Vehikel die UDN war – von einer weitgehend innerstaatlichen Beziehung zu einer Angelegenheit von außenpolitischer Bedeutung für die Sowjetunion in Hinblick auf die Dritte Welt war für einige der unverkennbar hierarchischen Thesen in dieser Außenpolitik verantwortlich.

Obwohl in der Berichterstattung über die Eröffnungsfeier der Universität bewusst nicht herausgestellt – wahrscheinlich aus Angst, paternalistisch zu klingen oder potentielle Studenten an Russlands eigene imperiale Geschichte zu erinnern – wurde der Vergleich zwischen den Ländern, die sich aus der Kolonialisierung gelöst hatten, und der sowjetischen (oder vielmehr russischen) Befreiung der unterdrückten, rückständigen Völker des Zarenreichs an anderer Stelle aktiv vorangetrieben. Am 19. November, nur einen Tag nachdem Chruščevs Rede anlässlich der Eröffnungsfeier der UDN in allen großen Zeitungen abgedruckt worden war, veröffentlichte Trud einen Artikel des Vorsitzenden des Gebietskomitees der Gewerkschaften der Autonomen Republik der Mari. Der Verfasser zitierte Chruščevs Aufruf an die Vereinten Nationen vom September 1960, die Unabhängigkeit aller kolonisierten Staaten zu erklären, und nannte die Republik der Mari als Beispiel für den großen Erfolg der Bemühungen der sowjetischen Regierung „zur Beseitigung der wirtschaftlichen und kulturellen Rückständigkeit" der unterdrückten Völker des Zarenreichs.[28] Dass die an der Universität der Völkerfreundschaft Studierenden zahlreiche Gemeinsamkeiten mit nicht-russischen Sowjets aus ehemals rückständigen Gebieten entdecken könnten, war ein häufig auftauchender Gedanke. In sowjetischen Artikeln und Broschüren berichteten UDN-Studenten über ihre Freundschaft mit einem sowjetischen Hörer aus Zentralasien oder über ihr besonderes Interesse an den die zentralasiatischen Republiken betreffenden Exponaten während einer Exkursion zur VDNCh, der großen „Ausstellung der Errungenschaften der Volkswirtschaft" im Norden Moskaus.[29] Da man sie in erster Linie als ethnische Nicht-Russen und Nicht-Europäer betrachtete, wurde es einfacher, UDN-Studenten von rückständigen Russen zu unterscheiden: Der Unterschied zwischen einem russischen und einem afrikanischen Bauern konnte getrost mit ethnischen bzw. rassischen Begriffen beschrieben werden.

Auch war die Darstellung der optischen Verschiedenheit der Studenten eine wichtige Möglichkeit für sowjetische Funktionäre und Journalisten, sie mit der bestehenden Ikonografie der sowjetischen „Völkerfreundschaft" in Verbindung zu bringen. Nach der Häufigkeit zu schließen, mit der Fotos von studentischen Musik- oder Tanzensembles in Zeitungen, Zeitschriften und Broschüren erschienen, wurden Studenten ständig dazu aufgefordert, Lieder und Tänze aus ihrer Heimat zum Besten zu geben.[30] Im Rahmen der

---

[27] Martin, Affirmative Action Empire, S. 432–461.
[28] V bratskoj sem'e narodov, in: Trud, 19. 11. 1960.
[29] O čem pišet Sisbardini domoj?, in: Trud, 17. 11. 1960; We are from Friendship University, Moskau, o. J., S. 86f.
[30] Fotos von Studentendarbietungen illustrierten auch die der Eröffnungsfeier der Universität gewidmete Doppelseite der „Komsomol'skaja Pravda" vom 18. 11. 1960. Die ersten Seiten von „We are from Friendship University" enthalten ebenfalls zahlreiche Bilder von Studentenauftritten in Nationaltracht.

Eröffnungsfeier, als sich die Studierenden erst eineinhalb Monate in Moskau aufgehalten hatten, trat ein mexikanisches Studentenensemble auf, und die Gäste konnten sich an einer Fotoausstellung über das Studentenleben erfreuen. Die festlich-fröhliche Stimmung wurde noch dadurch erhöht, dass – wie ein Journalist berichtete – viele der Studenten ihre Nationalkleidung trugen.[31] Die Bilder von Menschen aus zahlreichen Ländern, die glücklich lächelnd in ihren Landestrachten sangen und tanzten, entsprachen genau dem eigenen Bild der Sowjetunion von der „Völkerfreundschaft", das auch von Dankbarkeit für die großzügige, aber dennoch uneigennützige russische Hilfe geprägt war.[32]

Der wichtigste Aspekt der „Völkerfreundschafts"-Analogie zwischen den UDN-Studenten und Zentralasiaten sowie anderen „rückständigen" sowjetischen Völkern war jedoch, dass sie die beruhigende Vorstellung vermittelte, es gebe einen Unterschied zwischen den Herkunftsländern der an der UDN Studierenden und dem Russland von 1917. Artikel über die Universität ließen durchblicken, dass die Modernisierung der Sowjetunion eine außergewöhnliche Leistung gewesen sei, die von den Ländern Asiens, Afrikas und Lateinamerikas wohl kaum erreicht werden könnte. Nicht nur, dass die Sowjets ihr Land in „historisch kurzer Zeit" modernisiert hatten, sie boten nun anderen Ländern die Hilfe an, die „sie selbst niemals genossen hatten".[33] Die offiziellen Bedingungen für die sowjetische „Völkerfreundschaft" innerhalb der Grenzen der UdSSR schienen auch für diese neue Freundschaft mit den Ländern Afrikas, Asiens und Lateinamerikas zu gelten: Nicht-Russen erhielten Hilfe vom russischen Volk, das als „Erstes unter Gleichen" bezeichnet wurde. Im Gegenzug brachten sie ihre Dankbarkeit öffentlich und auf bestimmte rituelle Art zum Ausdruck.[34] Diese Analogie bewahrte das Bewusstsein, es gäbe einen gewissen Unterschied zwischen der russischen Rückständigkeit von 1917 und der sowjetischen Entwicklungserfahrung auf der einen Seite und der afrikanischen Rückständigkeit und dem wahrscheinlichen, von den Sowjets unterstützten Entwicklungsweg der Dritten Welt auf der anderen Seite.

Zuweilen haben Journalisten versucht, diesen Unterschied im Hinblick auf die Entwicklung und nicht auf rassische oder nationale Verschiedenheiten zu beschreiben, indem sie zwischen der Ausgangslage der Sowjetunion 1917 und jener der kurz zuvor unabhängig gewordenen Länder Asiens und Afrikas im Jahr 1960 differenzierten. Wie sie erklärten, war der Sowjetstaat 43 Jahre zuvor nur „*beinahe* so verarmt *(niščij)* und rückständig gewesen wie die eigenen Länder [der Studenten] [Hervorhebung hinzugefügt]". Außerdem sei die Belastung durch die koloniale Ausbeutung, die vom asiatischen, afrikanischen und südamerikanischen Kontinent getragen werden musste, „schlimmer und länger" gewesen als anderswo.[35] Dies war vermutlich bei einigen Regionen der Fall; dennoch zeigte die Darstellung des Entwicklungsniveaus jener Länder, auf die die UDN-Definitionen für die unterentwickelte Welt zutrafen, einen generellen Mangel an Interesse für die Feinheiten der Kolonialgeschichte.

Diese fehlende Aufmerksamkeit gegenüber historischen oder wirtschaftlichen Details spiegelte die Bedeutung der ethnischen Identität bei der Beschreibung der Studentenschaft

---

[31] Radostnyj den', in: Izvestija, 18.11.1960.
[32] Martin, Affirmative Action Empire, S. 454f.
[33] Reč' N. S. Chruščeva, in: Komsomol'skaja Pravda, 18.11.1960; Devuška s dalekogo ostrova, in: Izvestjia, 16.11.1960.
[34] Martin, Affirmative Action Empire, S. 443 und 455.
[35] Svetoč znanij, mira i progressa, in: Pravda, 17.11.1960.

der Universität der Völkerfreundschaft wider. Die Staatszugehörigkeit zu einem Kontinent – breit interpretiert, eine Art Rassen- oder Stammesidentität als „Asiate", „Afrikaner" oder „Lateinamerikaner" – schien Unterentwicklung oder eine Geschichte kolonialer Ausbeutung hinsichtlich der Eignung eines bestimmten Landes zur Aufnahme in die mikrokosmische Dritte Welt der UDN zu übertrumpfen. Es waren rassen- und kontinentbezogene Begriffe, die von Amtsträgern und Studenten der Universität in sowjetischen Publikationen am häufigsten verwendet wurden: Ein Student sagte den Autoren einer Werbebroschüre, die UDN „ist ein Ort, an dem sich Schwarz, Weiß und Gelb begegnen. [...] In diesem gastlichen Heim [...] leben, studieren und treffen sich Brüder und Schwestern aus verschiedenen Kontinenten." Studenten aus Ländern wie Brasilien oder Chile, die die Definition „unterdrückt" oder „befreit" ziemlich weit strapazierten, wurden in die UDN aufgenommen wie auch – und das ist vielleicht das Erstaunlichste – Hörer aus Japan, das, bezogen auf die Sowjetunion, kurz zuvor weder kolonisiert noch unterentwickelt gewesen war.[36]

Von London nach Moskau?

Obwohl die Universität der Völkerfreundschaft das Ziel verfolgte, Dritte-Welt-Länder, die keinem Lager angehörten, freundschaftlich zu unterstützen und auf die Seite der Sowjets zu ziehen, war doch nicht klar, was genau die sowjetische Freundschaft und insbesondere die UDN den Entwicklungsländern zu bieten hatte. Bei der Artikulierung dessen, was eine Erziehung in der UdSSR für einen Studenten aus einem Entwicklungsland leisten könne, sahen sich sowjetische Journalisten und Funktionäre mit derselben Frage konfrontiert, die sich auch bei dem Versuch ergab, die Hintergründe und Heimatländer der Studenten zu beschreiben und sie mit Präzedenzfällen aus der sowjetischen Geschichte und Nationalitätenpolitik in einen Zusammenhang zu bringen. Sowjetische Funktionäre schienen nicht imstande zu sein, das Bewusstsein, dass die Sowjetunion nun in wirtschaftlicher, wissenschaftlicher und kultureller Hinsicht als dem Westen ebenbürtig angesehen werden sollte – als eine neue Metropole für die ehemaligen Kolonien –, mit dem Wunsch in Einklang zu bringen, innerhalb der Länder Asiens, Afrikas und Lateinamerikas als erstes und größtes Entwicklungsland eine führende Rolle für sich zu reklamieren.

In einer Version des Narrativs der sowjetischen Journalisten übernahm die UdSSR – wissenschaftlich auf Augenhöhe mit dem Westen und ausgestattet mit „Kultur" (hier definiert als große europäische Kunst- und Literaturtradition) – die Rolle der alten imperialen Metropolen London und Paris und bot moderne Wissenschaft und Zugang zur literarischen und künstlerischen Tradition Europas an. Hingegen behauptete eine alternative Darstellung, dass der eigene Entwicklungsweg der Sowjetunion als Vorbild dienen könnte, dem die Studenten in ihren Heimatländern nacheifern sollten. Die Hörer der UDN würden ebenso sehr in die Sowjetunion kommen, um das wirtschaftliche und soziale Leben dort zu studieren wie auch um sich die aktuellsten Entwicklungen in den Bereichen Technik, Medizin oder Agronomie anzueignen.

---

[36] Aussagen von Studenten aus Brasilien, Chile und Japan wurden in „We are from Friendship University" aufgenommen, siehe S. 48, 71, 73 und 88. Interessanterweise stellten lateinamerikanische Studenten im ersten Jahr der Universität das größte Kontingent: 191 Studierende gegenüber 140 aus afrikanischen Staaten, 112 aus Asien und 95 aus arabischen Ländern. Siehe Rosen, The Development of People's Friendship University in Moscow, S. 9.

Die imperiale Vision war zum Teil eine natürliche Fortführung der Rhetorik der sowjetischen Vorherrschaft zu Beginn der 1960er Jahre. Die Präsenz so vieler Studenten aus fernen Landen in Moskau hatte etwas Neues und Aufregendes. Im ersten Jahr nach Eröffnung der Universität lernten alle ausländischen Studenten Russisch und Universitätslehrer und Journalisten, die diesen ersten Studienklassen einen Besuch abstatteten, zeigten sich freudig erregt, als sie Studenten aus vielen Ländern Russisch sprechen hörten. Ein Lehrer berichtete der *Komsomol'skaja Pravda*, es sei „ein einzigartiges Gefühl [gewesen], unsere eigene russische Sprache, korrekt ausgesprochen, aus dem Mund von Bewohnern der fernen Tropen zu hören".[37] Der Großteil der Rhetorik hinsichtlich dessen, was die Universität den Studenten aus Asien, Afrika und Lateinamerika zu bieten habe, legte den Schluss nahe, dass Moskau eine neue imperiale Hauptstadt werden sollte. Man beschäftigte sich eingehend mit den Gedanken und Gefühlen der Studenten auf ihrem Weg nach Moskau, einer Fahrt, die den sowjetischen Journalisten als eine Reise fort von den alten imperialen Metropolen London und Paris hin nach Moskau erschien. Diese symbolische Reise war im Fall vieler Studierenden durchaus wörtlich zu verstehen: Die meisten aus Afrika oder Asien kommenden Studenten mussten auf ihrem Weg nach Moskau tatsächlich in London oder Paris das Flugzeug wechseln. In einer Sammlung von Aufsätzen, die angeblich von UDN-Studenten in der Zeit der ersten Universitätsabschlüsse 1965 verfasst worden waren, erinnert sich eine Studentin, dass auf ihrer ersten Reise nach Moskau „irgendwelche Engländer mir sagten, Afrikaner hätten in Russland nichts zu suchen. [...] Im sowjetischen Flugzeug, das mich nach Moskau brachte, fühlte ich mich ganz anders. [...] Völlig fremde Menschen behandelten mich mit freundlicher Aufmerksamkeit".[38]

Wie jedes imperiale Zentrum konnten Moskau und die Sowjetunion einen wichtigen und prägenden Einfluss auf die Studenten ausüben. Für Studierende aus vielen Ländern wurden sie zur zweiten Heimat. In zahlreichen Journalistenberichten finden sich Zitate von Studierenden, die eine Art Doppelidentität eingestehen – als Kinder sowohl ihres Heimatlandes als auch der Sowjetunion. „Ich habe das Gefühl, dass auch Moskau meine Heimat ist, genau wie Afrika", wird ein Student zitiert. In einem Artikel, der zur Zeit der ersten Studienabschlüsse entstanden ist, schildert ein anderer seine Gefühle: „Ceylon ist meine Mutter. Sie hat mir das Leben geschenkt. Der Sowjetstaat ist mein Vater. Er hat mir alles gegeben, was ich zum Leben brauche."[39] In dieser paternalistischen Vorstellung wurden die Absolventen der Universität der Völkerfreundschaft von der sowjetischen Kultur geprägt und blieben in diesem Sinne während ihrer gesamten technokratischen Karriere in ihren Heimatländern loyale Kinder der Sowjetunion.

Wie tief war der Effekt dieser kulturellen Anpassung? Da sie mit dem Vorwurf des Westens rechneten, die Sowjetunion verfolge die Absicht, Studenten aus Entwicklungsländern zu indoktrinieren, strapazierten einige sowjetische Journalisten den Vergleich mit den alten imperialen Hauptstädten als Beweis dafür, dass der Einfluss einer sowjetischen Erziehung nicht größer sei als derjenige einer westlichen. „Die Leute könnten fragen, ob wir den Kommunismus studieren", schrieb ein UDN-Student aus Kamerun namens Joseph Fondem, „aber genauso gut könnte man Studenten in den Vereinigten Staaten, Frankreich, Großbritannien oder Westdeutschland fragen, ob sie den Kapitalismus studieren.

---

[37] V Moskvu za znanijami, in: Komsomol'skaja Pravda, 17.11.1960.
[38] We are from Friendship University, S. 47.
[39] Blagodarim za beskorystnuju pomošč', in: Pravda, 17.11.1960; Ambassadors of Science and Friendship, in: Culture and Life, 1965, No. 7, S. 5–8.

[...] Die meisten unserer afrikanischen Führer sind im Westen ausgebildet worden, trotzdem regieren sie ihr Volk erfolgreich und halten sich – vom sozialen Standpunkt aus betrachtet – an ihre nationalen Gesetze und Gebräuche."[40]

Chruščev drückte sich doppeldeutiger aus, als er in seiner Rede anlässlich der Eröffnung der Universität auf die Frage einging, ob von den UDN-Studenten nach einigen Jahren in Moskau erwartet würde, die ideologischen Standpunkte der Sowjetunion zu übernehmen: „Natürlich werden wir unsere Ansichten, unsere Ideologie niemandem aufzwingen", versicherte er, „ aber ich mache Sie darauf aufmerksam, dass man nie garantieren kann, dass Wissenschaftler, die eine bestimmte ‚Krankheit' studieren, sich nicht selbst damit infizieren."[41]

Wenn Moskau dieselben Ressourcen zur Verfügung stellte wie London oder Paris, bloß ohne den Rassismus, so bestand seine wichtigste Qualifikation in seinen Errungenschaften in der Wissenschaft als solcher. Trotzdem fanden es sowjetische Journalisten schwierig, den Unterschied zwischen der modernen Wissenschaft und dem Sozialismus in Worte zu fassen, da es einen solchen Unterschied offiziell nicht geben konnte. Die Antwort auf die Frage, ob die Sowjetunion eine Wissenschaft bot, die ihrem westlichen Pendant hinsichtlich der (vom Westen selbst aufgestellten) rein technischen Bedingungen überlegen war oder ob die sowjetische Wissenschaft überlegen war, weil sie sozialistisch war, variierte von Artikel zu Artikel. Joseph Fondem, der oben zitierte Student aus Kamerun, sprach sich für erstere Sichtweise aus, indem er schrieb: „Niemand, der sich in irgendeiner Form mit Wissenschaft oder Technik auskennt, kann bestreiten, dass die Sowjetunion auf diesen [Gebieten] anderen Ländern weit voraus ist. Ein anschauliches Beispiel dafür ist die Raumfahrt." An anderen Stellen dagegen spielten Euphemismen wie „Sowjetische Wissenschaft in allen Sphären" und „Ein Land, in dem die Biologie sich wirklich entwickelt, und zwar in die richtige Richtung" auf eine ausdrücklich sozialistische sowjetische Wissenschaft an.[42]

Wenn jedoch die Sowjetunion als Vorbild zur Nachahmung durch die Entwicklungsländer dienen sollte, und nicht einfach nur als das neue europäische Zentrum, ergaben sich für die Art der Ausbildung, die die Studenten erwarten konnten, ziemlich unterschiedliche Konsequenzen: Anstatt der politisch neutralen, vom Vergleich mit den Verbindungen zwischen den alten Metropolen und ihren Kolonien angeregten Beziehung (die jedoch einen subtilen Einfluss ausübte, da die Studierenden zum Teil Bürger ihres neuen imperialen Vaterlands wurden), gab es die offenere Erwartung, dass die Studenten die Formen des gesellschaftlichen, wirtschaftlichen und kulturellen Lebens der Sowjetunion studieren und kopieren würden. Wie Aussagen von Hochschülern 1965 erkennen lassen, wurde von ihnen erwartet, das Studium des Lebens in der Sowjetunion als Teil ihrer Ausbildung zu betrachten. „Studierende haben die Möglichkeit, sich mit den Lebensbedingungen in verschiedenen Teilen der Sowjetunion vertraut zu machen", bemerkte einer der Hörer. „Für jemanden, der Ingenieurs-, Agrar- oder Wirtschaftswissenschaften studiert, ist dies höchst lehrreich." Ein anderer, der seinen Abschluss in Philologie machte, erklärte einem Reporter: „Ganz Moskau ist meine Universität."[43]

---

[40] Moscow's Friendship University as Seen by an African Student, in: New Times, 1962, No. 8, S. 20f.
[41] Reč' N. S. Chruščeva, in: Komsomol'skaja Pravda, 18.11.1960.
[42] Moscow's Friendship University as Seen by an African Student, in: New Times, 1962, No. 8, S. 21; S. V. Rumjancev, Friendship University, in: Kul'tura i žizn', 1960, Nr. 9, S. 17; Rady, dovol'ny, blagodarim, in: Izvestija, 16.11.1960.
[43] We are from Friendship University, S. 109; Ambassadors of Science and Friendship, in: Culture and Life, 1965, No. 7, S. 9f.

Obwohl die Studenten der UDN eine sehr spezielle Beziehung zu Moskau hatten – der ultimativen sozialistischen Metropole und Schaufenster für die Errungenschaften der Sowjetunion –, diente ihnen die gesamte Sowjetunion als Unterrichtsraum.[44] Wie man sich in Werbematerialien brüstete, wurden die Studenten ermuntert, während ihrer Ferien in der UdSSR herumzureisen. Nicht selten wurden sie auf „touristische" Zugreisen durch die Sowjetunion geschickt, auf denen sie Lieder aus ihrer Heimat für russisches, ukrainisches oder kaukasisches Publikum sangen, Betriebe besuchten und das Alltagsleben der Arbeiter und Bauern im ganzen Sowjetreich beobachteten. Die Studenten verfolgten jedoch nicht nur das Geschehen – man animierte sie auch dazu, sich zu beteiligen. So wie andere sowjetische Studierende wurden UDN-Studenten ausgesandt, um auf Kolchosen die Ernte einzubringen oder bisher unberührtes Land urbar zu machen – Arbeiten, die als wichtig für die Entwicklungsbedürfnisse ihrer eigenen Länder angesehen wurden.[45]

Diese Reisen verstärkten einmal mehr die Analogie zwischen den Heimatländern der Studenten in der Dritten Welt und den nicht-europäischen Randgebieten der Sowjetunion. Manchmal wurde der Grund für die Entsendung von Studenten in eine bestimmte Region für ein Praktikum oder zur wissenschaftlichen Forschung offen genannt, wie es bei Agrarstudenten der Fall war, die in landwirtschaftliche Musterbetriebe in den „subtropischen Regionen der Sowjetunion" geschickt wurden, wo das Klima angeblich demjenigen ihrer Heimat ähnlich war. Bei anderen Gelegenheiten wurde das Motiv, warum Studenten in eine nicht-russische Gegend gesandt wurden, der Phantasie des Lesers überlassen. In einem Artikel aus dem Jahr 1965 wird berichtet, dass „die Volkswirtschaftler einen Praxiskurs in den Planungsgremien der zentralasiatischen Republiken der Sowjetunion absolviert haben". Warum gerade diese Region ausgewählt wurde, wird nicht näher erläutert.[46] Eine Reise in der Sowjetunion von Moskau nach Kasachstan konnte eine Fahrt aus dem entwickelten Westen in den unterentwickelten Osten bedeuten. Innerhalb der sowjetischen Grenzen, so wurde von den Journalisten behauptet, könnten die Studenten die Welt im Mikrokosmos vorfinden.[47]

---

[44] Tatsächlich studierten mehr als die Hälfte aller Hörer aus der Dritten Welt in der Sowjetunion in Moskau. Aus Sicht ausländischer Studenten war die Hauptstadt Studienorten wie Char'kov oder Baku unbedingt vorzuziehen. Die sowjetischen Behörden befürworteten diese Konzentration nicht nur, weil sie diese Studenten positiv beeindrucken wollten, sondern auch, weil sie sie dadurch wesentlich besser steuern konnten. In der Tat, vor 1960 – als die Anzahl der Studenten aus der Dritten Welt verhältnismäßig niedrig war – besuchten alle von ihnen Moskauer Institute und Universitäten.
[45] We are from Friendship University, S. 136f.; Načalo bol'šogo puti, in: Pravda, 17.11.1960; Nauka, trud, družba, in: Pravda, 3.9.1963.
[46] Two universities, S. 23; Ambassadors of Science and Friendship, in: Culture and Life, 1965, No. 7, S. 9f.
[47] Seit den 1920er Jahren waren Besucher der Sowjetunion aus der Dritten Welt (oder schwarze Amerikaner), ermutigt worden, nach Zentralasien zu reisen – angeblich, weil sie sich mit der dortigen Geografie besser identifizieren konnten. In einem im Jahr 2006 vor der „American Association for the Advancement of Slavic Studies" (AAASS) gehaltenen Vortrag mit dem Titel „Exporting Soviet Modernity: Tashkent as a Cold-War Model of Decolonization" lieferte Paul Stronski Argumente für Taškent als perfekte Vorzeigestadt für Besuchergruppen aus der Dritten Welt. Weniger häufig lagen auch andere Städte und Lebensräume in Sowjetisch-Zentralasien und den Kaukasusrepubliken wie Alma-Ata, Buchara, Erevan und Baku auf der Reiseroute der großen Tour durch die Sowjetunion für afroasiatische und afroamerikanische Besucher.

Die Last des Symbolismus

Nicht alle Studenten der Universität der Völkerfreundschaft nahmen derartige Anregungen mit Freuden auf. Schließlich herrschte innerhalb der Studentenschaft eine größere politische Vielfalt als an jeder anderen sowjetischen Hochschule. Eine kleine Anzahl von Studierenden weigerte sich, als Personifizierung der Metapher von der „Völkerfreundschaft" herhalten zu müssen oder diese durch Bekundungen ihrer Dankbarkeit und Bewunderung für die Sowjetunion in der sowjetischen Presse zu bekräftigen. Sie empfanden es als Druck, ständig interviewt zu werden. Obwohl ausländische Studenten auch an anderen höheren Bildungseinrichtungen der Sowjetunion unter der genauen Beobachtung der Presse standen, machte ihre Konzentration an der Moskauer UDN diese zu einem besonders attraktiven Ziel für sowjetische Reporter und zu einem Fall für die Medien. Was die Journalisten jedoch vorfanden, war eine Studentenschaft, deren Hintergrund in pädagogischer, sozialer und politischer Hinsicht sehr unterschiedlich war und deren Erwartungshorizont in Bezug auf ihre Stellung innerhalb der sowjetischen Gesellschaft stark divergierte. Einige Studenten sonnten sich in der öffentlichen Aufmerksamkeit: Gerne stellte Ahmed Taki aus Sierra Leone als „erster Student", der an der Universität immatrikuliert wurde, sein Konterfei für alle späteren Universitätsbroschüren zur Verfügung, wobei allein der Vorstellung von einem ersten Studenten – bei einem 600 Hörer umfassenden Eingangsjahrgang – wohl eher symbolische Bedeutung zukam. Wie die Universitätsbroschüren berichten, kehrte dieser mustergültige Student nach seinem Abschluss in die Heimat zurück, um dort als Arzt zu praktizieren.[48] Im Gegensatz dazu war einer kleinen, aber lautstarken Minderheit von Studenten – politisch von der sowjetischen Ideologie und der Aussicht auf eine Allianz zwischen der Sowjetunion und der Dritten Welt keineswegs begeistert – angesichts des ihnen aufgebürdeten Symbolismus eher unbehaglich zumute.[49] Außerdem sahen sie sich von den omnipräsenten sowjetischen Journalisten belästigt und in den Reportagen über die Universität falsch dargestellt. In einem der Erinnerungsberichte, die uns UDN-Studenten hinterlassen haben, beschreibt William Anti-Taylor die von einigen sowjetischen Reportern angewandten Interviewpraktiken:

> Die Reporter hatten ihre ganz eigene Interviewtechnik. Sie stellten ausschließlich Suggestivfragen:
> „Wenn Sie sagen müssten, welche der Großmächte demokratischer ist – die Sowjetunion oder die Vereinigten Staaten – würden Sie selbstverständlich sagen Russland, oder?"
> „Russland ist ihr Lieblingsland, oder nicht?"
> „Sie würden ohne Zögern sagen, dass Russland mehr als jede andere Großmacht für die unterentwickelten Staaten Afrikas tut?"
>
> Wenn wir dann später die Zeitung zu Gesicht bekamen, in der diese Interviews erschienen waren, fanden wir unsere schlimmsten Befürchtungen bestätigt. Man hatte uns dazu gebracht, zu erklären – kategorisch und ohne dass es uns vorgesagt worden wäre –, dass, abgesehen von unserer Heimat, Russland unsere einzige Liebe und der Kommunismus unsere einzige Hoffnung sei und dass die Universität der Völkerfreundschaft, nach allem, was wir in Afrika erlebt hätten, der siebte Himmel wäre. [...]

---

[48] Sergej Rumjancev u. a., 10 let Universitetu Družby Narodov, Moskau 1970, S. 5.
[49] In diesem Sinn ist die Situation der UDN-Studenten aus der Dritten Welt mit derjenigen von farbigen Studenten an US-amerikanischen Universitäten vergleichbar, die in ähnlicher Weise damit belastet werden, die (in der Regel nicht vorhandene) Diversität ihrer Institution zur Schau zu stellen. Dieses Argument wird zwar häufig gebraucht, ist aber wohl am eloquentesten von Vijay Prashad im Rahmen einer Podiumsdiskussion über Wert und Zukunft der Diversität im 21. Jahrhundert eingesetzt worden, Yale University, 27.11.2007. US-Hochschulkataloge sind für den Einsatz derartiger Alibimethoden bekannt.

Ein besonders peinlicher Vorfall betraf ein Mädchen aus Nigeria [...]. Die anderen Nigerianer waren empört, als eine der Moskauer Zeitungen sie mit den Worten zitierte, sie hoffe, in sechs Jahren Nigerias einzige weibliche Ärztin zu sein. [...] Wie sie erklärte, war alles, was sie gesagt habe, dass sie das einzige nigerianische Mädchen in Russland sei und sie hoffe, ihr Studienfach würde Medizin sein.

Die anderen Nigerianer gaben sich damit jedoch nicht zufrieden, gingen in die Redaktion der Zeitung und verlangten, den für den Artikel verantwortlichen Reporter ihrerseits interviewen zu können. In ihrer Unschuld ersuchten sie um die Veröffentlichung eines weiteren Artikels, in dem erklärt würde, dass die Worte des Mädchens entstellt wiedergegeben worden seien.[50]

Wie die Erinnerungen Anti-Taylors nahelegen, fühlten sich die selbstbewussteren Studenten bevormundet, ja sogar beleidigt, wenn sie offiziell als arm, kulturell rückständig und voll Bewunderung und Dankbarkeit für die Sowjetunion porträtiert wurden. Verärgert über solche Darstellungen, versichert William Anti-Taylor in seinem „Moskauer Tagebuch" immer wieder (wobei er mitunter in starkem Umfang Klassenbegriffe verwendet), dass es in der UdSSR an den elementaren Konsumgütern und Annehmlichkeiten mangle, die ihm in seiner Heimat Ghana zur Verfügung stünden. Häufig stellten er und seine von ihm als „verlorener Haufen" bezeichneten westafrikanischen Gefährten die Berechtigung von sowjetischen Journalisten und Professoren in Frage, für sie zu sprechen. Da sie ihren eigenen symbolischen Stellenwert im Kontext des Kalten Krieges erkannten, benahmen und äußerten sie sich mit einer Unerschrockenheit, die sich nur wenige ihrer sowjetischen Kollegen leisten hätten können: Schließlich konnte alles, was ihnen zustieß, zum potentiellen Anlass für einen internationalen Skandal werden, wie ihn die Sowjetunion unbedingt zu vermeiden trachtete. Sobald sie die UdSSR verließen und nach Westdeutschland oder England gingen, wurden Studenten wie Anti-Taylor Ziel eines ganz anders gelagerten Medieninteresses, da die Westpresse auf der Suche nach Pressekonferenzen, Interviews und Erlebnisberichten war, die die Sowjetunion im Allgemeinen und ihr Engagement für die Dritte Welt im Besonderen bloßstellten.[51]

Der Kampf um die sowjetische Frau

Bisweilen waren es nicht die Studenten, sondern die sowjetischen Behörden selbst, die sich gegen die drastischeren Begleiterscheinungen der Metapher von der „Völkerfreundschaft" sträubten. Die heikelsten Konsequenzen betrafen das Verhältnis zwischen männlichen Studenten aus der Dritten Welt und sowjetischen (zumeist russischen) Frauen. Das extreme Ungleichgewicht der Geschlechter an der Universität der Völkerfreundschaft (auf acht männliche Studierende kam eine weibliche) machte rassenübergreifende Partnerkontakte praktisch unvermeidlich.[52] Im Unterschied zur positiven, zuweilen auch gar freudigen

---

[50] William Anti-Taylor, Moscow Diary, London 1967, S. 50f. Dies ist vermutlich der interessanteste und anschaulichste aller vorhandenen Erinnerungsberichte von Studenten aus der Dritten Welt in der UdSSR. Andere, wie z.B. William Nmle Appleton, Friendship University: the Student Trap, Stuttgart 1965, und Andrew Richard Amar, A Student in Moscow, London 1961, scheinen viel eher Produkte der Rhetorik des Kalten Krieges zu sein.
[51] Siehe Hessler, Death of an African Student in Moscow: Race, Politics, and the Cold War, in: Cahiers du monde russe 47/1-2 (2006), S. 33–63.
[52] Diese Disparität hatte verschiedene Ursachen, wie z.B. das ungleiche Geschlechterverhältnis bei Studenten mit höherer Schulbildung in vielen Teilen der Welt, die wissenschaftlich-technische Orientierung der Universität oder die Zurückhaltung von Eltern, ihre Töchter zum Studium ins Ausland zu

Einstellung gegenüber Ehen zwischen Angehörigen verschiedener sowjetischer Nationalitäten, war der offizielle Kurs in Bezug auf Liebesbeziehungen zwischen UDN-Studenten und sowjetischen Frauen von offener Missbilligung geprägt, auch wenn kein formales Verbot verhängt wurde. Als Ausländern wurde den Studierenden diese intime und ultimative Form der Integration in die sowjetische Gesellschaft verwehrt. Obwohl das unter Stalin 1947 verabschiedete Gesetz zum Verbot von Ehen zwischen Bürgern der Sowjetunion und Ausländern 1956 aufgehoben worden war, blieb der Argwohn gegenüber Liebesbeziehungen mit Ausländern bestehen. Verschlimmert wurde die Situation im Fall der UDN-Studenten durch die Tatsache, dass von ihnen verlangt wurde, nach Abschluss ihres Studiums in ihr Heimatland zurückzukehren und dort zu arbeiten. Wenn auch ursprünglich weder unzumutbar noch rassistisch motiviert, führte diese Politik dennoch zu einer erheblichen Anzahl von alleinstehenden russischen Müttern mit gemischtrassigen Kindern.[53] Wie der folgende Auszug aus einer Diskussion zu diesem Thema im Komsomol nahelegt, konnten sich diejenigen, die diese Politik erläuterten und durchsetzten, der Andeutung nicht enthalten, dass die UDN-Studenten manchmal eine fremde Weltanschauung vertraten und sich nur selten als Partner für sowjetische Frauen eigneten:

> In letzter Zeit gab es an der Universität viel Gerede über Freundschaften zwischen sowjetischen Mädchen und Ausländern. Das Komsomolkomitee fühlt sich verpflichtet, etwas Klarheit in diese Angelegenheit zu bringen. Warum hat das Komitee eine negative Einstellung gegenüber solchen Ehen?
> Genossen! Wir verstehen vollkommen, dass Menschen zum Studium hierherkommen müssen und wir verpflichtet sind, sie auszubilden, damit sie sich als würdige Absolventen der akademischen Einrichtungen der Sowjetunion erweisen. Eine Familie belastet den Studenten, lenkt ihn von seinen Studien ab und bringt noch andere Sorgen. Und dann ist es unmöglich, Verständnis für diese sowjetischen Mädchen aufzubringen, die sich aus egoistischen Gefühlen heraus (und ich kann sie nur als egoistisch bezeichnen) dafür entscheiden, ihr Land zu verlassen [Anm.: die meisten sowjetischen Frauen, die sich in diesem Dilemma befanden, durften die Sowjetunion nicht verlassen], um niemals wieder das Wort „Genosse" zu hören und niemals wieder ein Komsomolabzeichen zu tragen [...].[54]

Die Komsomolorganisation, bei der Aufsicht über Partnerkontakte zwischen den Rassen an vorderster Front, organisierte „Razzien" in den Räumen der Studentenwohnheime und stellte russische Studentinnen öffentlich bloß, die bei Treffen mit Ausländern erwischt wurden.[55] Da viele sowjetische Organisationen oder sogar normale Bürger meinten, ras-

---

schicken. 1963 verlangte die Universitätsverwaltung, Mitarbeiter sowjetischer Botschaften sollten die Bildungsbehörden des jeweiligen Landes dazu bewegen, mehr Studentinnen zu schicken, anscheinend mit wenig Erfolg (RGASPI-M, f. 1, op. 46, d. 337, l. 7).
[53] Siehe Charles Quist-Adade, The African Russians: Children of the Cold War, in: Matusevich (Hrsg.), Africa in Russia, S. 153–174.
[54] RGASPI-M, f. 1, op. 46, d. 340, l. 42 (1963).
[55] Die Paranoia hinsichtlich dieser Beziehungen zeigt sich in der folgenden Aussage eines Studenten aus Bahrein anlässlich eines Treffens der Komsomolmitglieder der UDN: „Die [sowjetischen] Mädchen sind schlimmer geworden. Das ist natürlich auf die Studenten zurückzuführen, die Geld an sie verschwenden (Kaffee, Restaurants). Die Mädchen geben ihre Arbeit auf und schädigen dadurch die UdSSR. Sie dezimieren die Arbeiterklasse. Die UdSSR ist nicht der Iran, wo es Arbeitslosigkeit gibt. Hier werden Arbeiter gebraucht. Es gibt ein paar Taxifahrer, die Mädchen hierherbringen. Ich habe darüber mit einem Professor gesprochen, aber [...]. Außer Gorkij und Ostrovskij habe ich nichts gelesen und in den Werken des Marxismus-Leninismus steht [davon] nichts. Ich war überrascht, diese Mädchen zu sehen – betrunken steigen sie in die Fenster der Studentenwohnheime ein. Wir werden sie schnappen [...] und ab nach Sibirien. Lasst uns rote Armbinden anlegen und an der UDN eine Diktatur des Proletariats errichten." (RGASPI-M, f. 1, op. 46, d. 269, l. 141.)

senübergreifende Beziehungen zwischen UDN-Studenten und sowjetischen Frauen kontrollieren zu müssen, kam es zu einer Degeneration dieser Politik, die zum Teil für das spätere rassistische Verhalten gegenüber der Studentenschaft der UDN verantwortlich war. Nicht wenige Raufereien entstanden, weil russische Männer sich dazu bemüßigt fühlten, „den Schutz unserer Frauen" vor deren afrikanischen, asiatischen oder lateinamerikanischen Freunden zu übernehmen.[56]

Elizabeth McGuire hat in Hinblick auf die 1920er Jahre ausgeführt, dass Liebesbeziehungen zwischen russischen Frauen und chinesischen Studenten, aber auch die daraus hervorgegangenen Kinder, viele chinesische Kommunisten eng mit der UdSSR verbanden.[57] Im Fall der Universität der Völkerfreundschaft konnte die offizielle Verurteilung von Beziehungen zwischen sowjetischen Frauen und Studenten aus Entwicklungsländern eine mögliche größere Allianz zwischen der Sowjetunion und der Dritten Welt nur behindern.

Die peinliche Wahrheit – Rassenbeziehungen in der UdSSR

Der schlimmste Schlag gegen die UDN und die sowjetische Freundschaft mit der Dritten Welt, die diese Universität verkörperte, ging jedoch von einer unerwarteten Stelle aus: Nicht lange, nachdem eine erhebliche Anzahl von Afrikanern, Asiaten und Lateinamerikanern infolge der politischen Bemühungen der Sowjetunion dort angekommen war, tauchte eine ganz eigene Art von russischem Rassismus auf, der gegen sie gerichtet war. Obwohl es sich nie um mehr als eine sehr geringe Anzahl von Sowjetbürgern handelte, die rassistische Bemerkungen machte und sich an Prügelaktionen beteiligte, waren einige primitivisierende Stereotype über die Völker der Dritten Welt ziemlich weit verbreitet. Offiziell als Kulturbotschafter ihrer Weltgegenden gefeiert, wurden die UDN-Studenten einmal mehr mit Klischees überfrachtet. Tatsächlich hatte Mitte der 1970er Jahre ein ganzer Zyklus von rassistischen Witzen über die Universität der Völkerfreundschaft Eingang in die russische urbane Folklore gefunden:

> Ein Notfall in einem Studentenwohnheim der Universität der Völkerfreundschaft – ein Student ist aufgegessen worden. Angehörige der Universitätsverwaltung berufen eine Heimversammlung ein, um deutlich zu machen, dass Kannibalismus schlecht sei. Die Reaktion der Studenten:
> – Wir sind schuld und wir wissen, dass es schlecht ist. Esst ihr jetzt einen von den Unsrigen.
> – Wir wollten doch nur ein wenig heimische Küche!

Kannibalismus war die häufigste Pointe eines UDN-Witzes. Wovon auch immer er handelte, typisch war, dass der UDN-Student als kulturell und intellektuell zurückgeblieben dargestellt wurde. Ironischerweise war es die offizielle Deutung der Freundschaft zwischen der UdSSR und der Dritten Welt, die derartige Vorstellungen speiste. Ganz ungewollt schürte die herablassende Darstellung der UDN-Studenten als arm, kulturlos und unterentwickelt die Verbreitung der rassistischen Klischees, auf denen diese Witze aufbauten.

---

[56] RGASPI-M, f. 1, op. 39, d. 127, l. 87 (1964).
[57] Elizabeth McGuire, Sino-Soviet Romances: International Socialist Family in Institutions, and in the Flesh (Vortrag anlässlich der Tagung der „American Association for the Advancement of Slavic Studies" (AAASS) in New Orleans, November 2007).

Wie im obigen Beispiel war stillschweigend klar, dass die Protagonisten der UDN-Witze Afrikaner waren. Und das nicht nur, weil sie sich rassisch am meisten von ihrer Gastgesellschaft unterschieden, sondern auch aufgrund der besonderen Plumpheit, mit der die sowjetische Presse sich über ihre Rückständigkeit verbreitete. Daher wurden die Afrikaner mit der Zeit als repräsentativ für die Universität betrachtet, obwohl sie nie mehr als ein Drittel der gesamten Studentenschaft ausmachten. Die Identifikation der UDN mit Afrika lässt sich auf die symbolischen Gesten zurückverfolgen, die die Eröffnung der Universität im „Jahr Afrikas" umrahmten, aber auch darauf, dass diese ein Jahr später nach dem ermordeten Ministerpräsidenten des Kongo, Patrice Lumumba, benannt wurde. Auf diese Weise rassifiziert, wurde die UDN von Sowjetbürgern wie auch von der antisowjetischen westlichen Propaganda „Reservat", „Ghetto" oder auch „Apartheid-Universität" genannt.[58] Der symbolische Standort der Universität am Moskauer Stadtrand trug wenig dazu bei, diese Bedenken zu zerstreuen. Mit der Zeit wurde im russischen Slang mit dem Wort „lumumbar" entweder ausschließlich ein afrikanischer Student oder allgemeiner eine afrikanische Person bezeichnet. In diesem Sinne war die ursprünglich hinter der Gründung der Universität der Völkerfreundschaft stehende Intention – nämlich dass ihre Studenten die Völker dieser Länder in den Augen der sowjetischen Bevölkerung symbolisieren sollten – erreicht worden, am wirkungsvollsten allerdings in Bezug auf die Afrikaner und mit anfänglich durchaus nicht beabsichtigten Konnotationen.[59]

In wirtschaftlicher Hinsicht war dieser Rassismus durch einen weiteren Aspekt der Freundschaftsmetapher motiviert – dem offiziellen Selbstverständnis der Sowjetunion als großzügige Wohltäterin der Dritten Welt.[60] Da sie die Schwierigkeiten erkannten, denen sich die Studenten aus der Dritten Welt im Alltag gegenübersehen würden, und im Bemühen, einen positiven Eindruck zu erzeugen, gewährten ihnen die sowjetischen Bildungsbehörden wesentlich höhere Stipendien als sowjetischen Studenten und bevorzugten sie bei der Vergabe von Zimmern in Studentenwohnheimen, aber auch bei anderen Dingen des täglichen Lebens. „Du isst unser Brot" *(„Naš chleb žreš'")* wurde zu einer Bemerkung, die viele der UDN-Studenten zu hören bekamen.[61] Dass einige Sowjetbürger sich an diesen tatsächlichen Privilegien stoßen würden, war wohl unvermeidlich. Was den Unmut noch

---

[58] Zu Alvin Rubinsteins Bericht, dass die Studenten der Staatlichen Universität Moskau die neue Universität zynisch „Apartheid-Universität" getauft hätten, siehe Rubinstein, Lumumba University: an Assessment, in: Problems of Communism, Vol. 20, No. 6 (1971), S. 64–69, hier S. 68. Offensichtlich waren ähnliche Vorwürfe in der antisowjetischen Presse auch schon früher aufgetaucht. In einem Memorandum für Chruščev über die Gründung der Universität der Völkerfreundschaft schreibt der sowjetische Bildungsminister Eljutin frustiert über einen von *United Kingdom Publication Service* in Sri Lanka veröffentlichten Artikel, in dem die neue Universität als Reservat mit dem Ziel dargestellt wird, Studenten aus Asien, Lateinamerika und Afrika vom Rest der Studierenden abzusondern. Um dem entgegenzutreten, schlug Eljutin vor, auch ein kleines Kontingent von sowjetischen Studenten an der UDN aufzunehmen, anfänglich 10 Prozent. Am Ende des Jahrzehnts betrug ihr Anteil schon mehr als ein Viertel. RGANI, f. 5, op. 158, d. 806, l. 18 (12. 4. 1960).
[59] Eine weitere unbeabsichtigte, aber wichtige formelle Quelle des sowjetischen Rassismus war eine Umkehrung der offiziellen sowjetischen Darstellungen des amerikanischen Rassismus. In den Komsomol-Archiven finden sich eine Reihe von Beispielen für Übergriffe nach Art der „Jim-Crow"-Diskriminierungen, darunter Fälle, in denen UDN-Studenten aufgefordert wurden, nicht neben Russen zu sitzen, bzw. damit gedroht wurde, sie zu lynchen. Höchstwahrscheinlich lag der Ursprung hierfür in einer Inversion der sowjetischen antiamerikanischen Propaganda (RGASPI-M, f. 1, op. 39, d. 127, l. S. 87).
[60] Siehe Čto takoe Mavritanija – 50 let sozdanija Sovetskogo komiteta solidarnosti stran Azii i Afriki.
[61] RGASPI-M, f. 1, op. 46, d. 339, l. 9 (1963).

verstärkte, war die symbolische Inszenierung der sowjetischen (bzw. russischen) Großzügigkeit, die fester Bestandteil der offiziellen Metapher von der „Völkerfreundschaft" war. Ähnlich wie bei den Studenten aus der Dritten Welt, akzeptierten auch nicht alle Sowjetrussen die Rolle des herablassenden Spenders, die ihnen gemäß dieser Metapher vorbehalten war. Die hässlichen Formen, die diese Ablehnung annahm, spiegelte die Absage der Russen an ihre Freundschaft mit den anderen „rückständigen" Völkern, nämlich jenen Zentralasiens und des Kaukasus wider.

Getreu ihrer Linie, nach der es „in der Sowjetunion keinen Rassismus gibt", verleugnete die Regierung die Existenz des Problems und behandelte die verschiedenen Zwischenfälle als Beispiele für „schlechtes" bzw. „unrichtiges" Verhalten. Diese hartnäckige Weigerung, das Problem zu erkennen und ihm entgegenzutreten, entwickelte sich zu einem wesentlichen Streitpunkt zwischen den Behörden und den Studenten, die eine vollständige Untersuchung und lückenlose Offenlegung der Vorfälle forderten.[62] Da dies jedoch niemals systematisch geschah, lässt sich unmöglich feststellen, wie häufig derartige Fälle waren. Ebenso ist es nicht praktikabel, sich ohne die Durchführung von Zeitzeugenbefragungen ein allgemeineres Bild von der Entstehung rassisch motivierter Gewalt gegen UDN-Studenten während der 1960er, 1970er und 1980er Jahre zu machen.

Fazit

Es war die Doppeldeutigkeit der Metapher von der „Völkerfreundschaft", die sich auf den Versuch der führenden Nationalität gründete, beides zu sein (freundschaftlich verbunden, aber auch überlegen), die sich als problematische Basis für eine völkerverbindende Beziehung zwischen der Sowjetunion und der Dritten Welt erwies und für den Untergang der größeren politischen Allianz mitverantwortlich war. Die Produkte dieses erfolglosen Engagements sind jedoch immer noch sehr lebendig, und viele von ihnen spielen eine wichtige Rolle in ihren Heimatländern. Ahmed Taki, der „erste" Absolvent der Universität der Völkerfreundschaft, ist heute Rektor der Medizinischen Universität von Sierra Leone.[63] Es sind Karrierewege wie diese, die nach wie vor am interessantesten sind und sich für weitere wissenschaftliche Untersuchungen anbieten. Unterdessen haben sich die symbolischen Verhandlungsplattformen für die postsowjetischen Beziehungen Russlands mit Afrika, Fernostasien und Lateinamerika verschoben. Die Universität der Völkerfreundschaft – auch wenn sie derzeit immer noch eine große Anzahl von Studenten aus der Dritten Welt aufnimmt – hat ihre Vorrangstellung an die Fußballfelder der russischen 1. Liga abgege-

---

[62] Von der Bereitschaft und der Fähigkeit der Studenten aus der Dritten Welt, sich zu artikulieren, zeugt die berühmte Demonstration vom 19.12.1963. Einige Hundert afrikanische Studenten gingen mit Plakaten wie „Moskau – Zentrum der Diskriminierung", „Stoppt die Morde an Afrikanern!" und „Moskau, ein zweites Alabama" und Rufen in englischer, russischer und französischer Sprache auf die Straße. Eine großartige Nacherzählung dieser Episode, dem ersten dokumentierten Fall eines politischen Protests auf dem roten Platz seit dem Ende der 1920er Jahre, findet sich in Hessler, Death of an African Student in Moscow: Race, Politics, and the Cold War, in: Cahiers du monde russe 47/1-2 (2006), S. 33–63.

[63] Für eine unvollständige Liste von international bedeutenden Absolventen der Universität der Völkerfreundschaft, die u.a. den Chef der palästinensischen Autonomiebehörde, Mahmut Abbas, den derzeitigen Präsidenten der Kooperativen Republik Guyana Bharrat Jadgeo sowie zahlreiche Minister, Parlamentsabgeordnete und anderweitig in ihren Heimatländern prominente Persönlichkeiten umfasst, siehe http://rsr-online.ru/details.php?id=98&type=vipusk.

ben, wo der Nigerianer Piter Odimwegie, die Brasilianer Vagner und Jo Love und Welliton Soares de Morais, der Argentinier Hector Bracamonte und die Koreaner Kim Dong-Jin und Lee Ho den Platz ihrer Kontinente in der kulturellen Imagination Russlands bestimmen.[64]

Aus dem Englischen übertragen von Verena Brunel

---

[64] Die Autoren danken Constantine Rusanov und Katerina Clark für die aufmerksame Lektüre des Aufsatzes sowie Julie Hessler für ihre wohlwollenden Kommentare, als der Inhalt anlässlich der im Jahr 2008 in New Orleans abgehaltenen Tagung der „American Association for the Advancement of Slavic Studies" (AAASS) auszugsweise referiert wurde.

Il'ja V. Gajduk
New York, 1960: Die Sowjetunion und die dekolonialisierte Welt auf der Fünfzehnten Sitzung der UN-Vollversammlung[1]

In der Geschichte des Kalten Krieges ist die Fünfzehnte Sitzung der UN-Vollversammlung als Wasserscheide zu sehen, mit Folgen nicht nur für die Vereinten Nationen selbst, sondern darüber hinaus für die gesamte Weltlage. Danach stand die Konfrontation der Großmächte mehr und mehr unter dem Einfluss von Faktoren, die ihren Ursprung in Regionen hatten, welche immer öfter als Dritte Welt bezeichnet wurden, also in jenem riesigen Gebiet, das außerhalb der eigentlichen Schlachtfelder des Kalten Krieges zwischen Ost und West lag, des Konflikts zwischen zwei „Welten", die seit über einem Jahrzehnt um die Vorherrschaft rangen.

Was die Fünfzehnte Sitzung so herausragend erscheinen ließ, war das Zusammentreffen mehrerer Umstände, darunter die Aufnahme einer größeren Anzahl von Staaten in die Weltorganisation, von Staaten, die mit einer Ausnahme alle in Afrika lagen; dazu kam noch die Teilnahme ungewöhnlich vieler Staatsoberhäupter. Schließlich wurden auch Fragenkomplexe diskutiert, die sowohl für die Vereinten Nationen wie für die Weltgemeinschaft als Ganzes von Bedeutung waren. Zweifellos drückte die Teilnahme des sowjetischen Führers Nikita Chruščev den Debatten einen besonderen Stempel auf, ganz zu schweigen von seinem extravaganten Benehmen und seiner Hyperaktivität. Ihren Höhepunkt erreichte Chruščevs ungewöhnliche Form von Diplomatie am 12. Oktober 1960, dem Tag vor seiner Abreise. Erbost über Ausführungen des philippinischen Delegierten zur sowjetischen Unterdrückung Osteuropas, hämmerte Chruščev erst mit beiden Fäusten auf sein Pult; dann nahm er den Schuh zu Hilfe. Der peinlich berührte Gromyko folgte ihm mit weitaus weniger Kraft und Enthusiasmus.[2]

Aber wenn wir Chruščevs Hämmern mit Schuhen und Fäusten beiseitelassen, seine lauten Bemerkungen und seine unerwarteten Auftritte auf dem Podium, mit denen er seine Argumente möglichst kraftvoll vorbringen wollte, so ist der sowjetische Beitrag zum Verlauf und zu den Beschlüssen der Sitzung keineswegs zu unterschätzen. Dieser Beitrag ergab sich aus Wandlungen der sowjetischen Politik gegenüber der Außenwelt, vor allem gegenüber den unterentwickelten Ländern, aus Wandlungen, die dem Tod Stalins im Jahre 1953 folgten.

Solange Stalin lebte, schenkte Moskau den Vorgängen außerhalb Europas – von einigen Gebieten nahe den sowjetischen Grenzen abgesehen – wenig Aufmerksamkeit. Dies war ein unmittelbares Ergebnis sowohl der Stalin'schen Ansicht von den Prioritäten sowjetischer Außenpolitik nach dem Zweiten Weltkrieg als auch seiner Unterschätzung der nationalen Befreiungsbewegung in der Dritten Welt und ihres potentiellen Gewichts im Ringen zwischen der Sowjetunion und dem Westen. Die Theorie der „zwei Lager" beherrschte das sowjetische Denken in der Frühphase des Kalten Krieges, und in dieser Theorie war kein Platz für nationalistische und neutralistische Sentiments, wie sie so viele asiatische und afrikanische Führer erfüllten, selbst jene, die sich als Kommunisten bezeichneten. Letztere

---
[1] Dieser Aufsatz wurde mit Unterstützung des Russischen Fonds für die Geistes- und Sozialwissenschaften erarbeitet (RGNF grant No. 08-01-00058a).
[2] William Taubman, Khrushchev. The Man and His Era, New York 2003, S. 475f. und 657.

waren zudem in ihrem Kampf um Unabhängigkeit mit ihrem nationalen Bürgertum verbunden, was im Kreml mit einigem Misstrauen betrachtet wurde, wenn das auch Anfang der fünfziger Jahre einen gewissen Wandel erfahren hatte, als Stalin auf dem XIX. Parteitag der KPdSU, der im Oktober 1952 stattfand, die These von der Unvermeidlichkeit eines Krieges zwischen der kommunistischen und der westlichen Welt aufgab; dieser sei weniger wahrscheinlich als Kriege zwischen kapitalistischen Ländern. Stalins Modifikation „öffnete, ideologisch gesehen, den Weg für die sowjetische Akzeptanz der Vielfalt der unterentwickelten Welt"[3] und damit für eine andere Einstellung zu den Vereinten Nationen und anderen internationalen Organisationen, in denen Länder der Dritten Welt eine zunehmend wichtigere Rolle spielten.

Nikita Chruščev, dessen Machtübernahme mit einer neuen Welle der nationalen Befreiungsbewegungen zusammentraf, nahm die Anregung seines Vorgängers bereitwillig auf und entwickelte sie noch weiter im Rahmen seiner Gesamtkonzeption, die sowjetische Offenheit gegenüber der Außenwelt wollte und als „erste Détente" bezeichnet wurde. So ist es nicht überraschend, dass seine ersten offiziellen Besuche in der nicht-kommunistischen Welt Ländern in Asien galten: Indien, Burma und Afghanistan. Die Reise nach Asien hinterließ bei dem sowjetischen Führer einen bleibenden Eindruck und zeigte ihm, dass die sowjetische Außenpolitik gähnende Lücken aufwies. Seitdem widmete Moskau den Vorgängen in Asien, Afrika und Lateinamerika mehr und mehr Aufmerksamkeit, auch nahm, auf verschiedenen Feldern, die Zusammenarbeit mit den Ländern jener Kontinente zu.

Zur Zusammenarbeit kam es sowohl auf der Ebene bilateraler Beziehungen wie durch internationale Organisationen, vor allem durch die Vereinten Nationen und ihr „Expanded Program of Technical Assistance (EPTA)". Bereits im Juli 1953 gab der sowjetische Vertreter im Wirtschafts- und Sozialrat der UN bekannt, dass die UdSSR sich mit vier Millionen Rubel am UN-Programm für technische Unterstützung unterentwickelter Länder beteiligen werde. „Das brach mit einer langen Geschichte der Opposition gegen das Programm und signalisierte den Beginn einer größeren Anstrengung zur Umwerbung der Dritten Welt."[4] Später wurden die Sowjets auch im Rahmen des „Special United Nations Fund for Economic Development (SUNFED)" aktiv, der ins Leben gerufen worden war, um weniger entwickelten Ländern systematische und dauernde Hilfe für ihren technischen, wirtschaftlichen und sozialen Fortschritt zu sichern. Nach sowjetischen Schätzungen stellte die Sowjetunion den weniger entwickelten Ländern bis Anfang September 1959 Kredite in Höhe von 6,5 Milliarden Rubel (etwas mehr als eine Milliarde Dollar zum alten Rubelkurs) zur Verfügung. Zusätzlich gab Moskau Ländern wie Afghanistan, Kambodscha, Nepal und Indien 440 Millionen Rubel als unentgeltliche Hilfe.[5]

Alles in allem hat die Sowjetunion – nach westlichen Schätzungen – in der Periode 1954 bis 1962 rund sechs Milliarden Dollar für Wirtschafts- und Militärhilfe in die Dritte Welt fließen lassen.[6] Zwar bildeten die sowjetischen Beiträge zu EPTA und zum „Special Fund" nur einen Bruchteil davon, da die sowjetische Hilfe vornehmlich über bilaterale Kontakte

---

[3] Alvin Z. Rubinstein, The Soviets in International Organizations: Changing Policy toward Developing Countries, 1953–1963, Princeton: Princeton University Press, 1964, S. 31.
[4] Bruce D. Porter, The USSR in Third World Conflicts: Soviet Arms and Diplomacy in Local Wars, 1945–1980, Cambridge: Cambridge University Press, 1984, S. 16.
[5] State Committee on Foreign Economic Ties to the CPSU CC, September 7, 1959, Rossijskij Gosudarstvennyj Archiv Novejšej Istorii (im Folgenden: RGANI), fond 5, opis' 30, delo 305, listy 123–124.
[6] Rubinstein, The Soviets in International Organizations, S. 134.

gewährt wurde, doch stellte Moskau die Rolle der UN bei der Entwicklungshilfe nicht mehr in Frage und zahlte in den UN-Fonds regelmäßig seine 4,7 Millionen Rubel (etwa 783 000 Dollar) ein.

Offensichtlich verfolgte die Sowjetunion mit der Unterstützung der weniger entwickelten Länder vornehmlich den Zweck, das sowjetische Prestige zu erhöhen und Moskaus Position in der Dritten Welt zu stärken. In den Vereinten Nationen verschaffte das den Sowjets die Möglichkeit, jene Länder für die Unterstützung der Vorschläge und Resolutionen des Ostblocks zu gewinnen. Dass in die UN neue unabhängige Mitglieder aufgenommen wurden, von denen die meisten Kolonien gewesen waren, die ihre Freiheit eben erst errungen hatten und daher von anti-kolonialistischen und auch anti-westlichen Emotionen beherrscht waren, nährte in Moskau die Erwartung, die Kräfteverhältnisse in der Organisation zu seinen Gunsten verschieben und der westlichen Vorherrschaft, die so oft zur Überstimmung der Sowjetunion und ihrer wenigen Verbündeten geführt hatte, ein Ende machen zu können. Im Bezug auf die Vereinten Nationen löste so Optimismus den Skeptizismus und die Desillusionierung der Stalin'schen Jahre ab.

Die Tatsache, dass die meisten Führer der Dritten Welt ihren Neutralismus betonten, ihre Abneigung gegen eine Verwicklung in die Ost-West-Konfrontation, hat Chruščev und seine Mitarbeiter nicht entmutigt. Wohl war ihre Einstellung zum Neutralismus auf dem politischen Felde grundsätzlich negativ[7], doch hingen sie fest dem Glauben an die Macht der Pragmatismen an, die die Neutralen in vielen Fragen, die auf UN-Ebene zu behandeln waren, zu einer Zusammenarbeit mit der Sowjetunion veranlassen werde. Dieser neue Standpunkt fand seinen Ausdruck im taktischen Verhalten der in den Vereinten Nationen tätigen sowjetischen Diplomaten. In der Stalin-Ära waren die Sowjets berüchtigt ob ihrer Arroganz gegenüber den Repräsentanten kleiner Nationen, zumeist der in Asien beheimateten, und ob ihrer Missachtung der Meinungen jener Repräsentanten[8]. In der zweiten Hälfte der fünfziger Jahre hingegen verfolgten sowjetische Delegierte eine subtilere Taktik, zu der „systematisches Lobbying" der kleinen Nationen gehörte; persönliche Kontakte, Pressekonferenzen und Plaudereien in den Korridoren traten an die Stelle von Vernachlässigung und sogar offener Verachtung[9].

Dass Moskau die Vereinten Nationen mehr und mehr als ein geeignetes Forum zur Gewinnung der Sympathien ehemaliger Kolonialvölker ansah, zeigte sich daran, dass die sowjetischen Führer die Rolle zu betonen begannen, die von der Weltorganisation bei der Sicherung der Rechte zu spielen sei, welche den früheren Kolonien und Semi-Kolonien im System der internationalen Beziehungen zukämen. Als Chruščev erstmals an einer Sitzung der UN-Vollversammlung teilnahm, im September 1959, erklärte er, die Vereinten Nationen seien der Ort, wo „ihr unveräußerliches Recht darauf, Herren ihres Geschicks zu sein", gesichert werden könne. Es sei „die Pflicht der Vereinten Nationen", so fügte er hinzu,

---

[7] Chruščev machte sich über den Antikommunismus der meisten neutralistischen Staaten keine Illusionen. In einem seiner Gespräche mit dem Inder Krishna Menon sagte er offen: „Aber neutralistische Länder sind nicht neutral. Sie sind gegen den Kommunismus [...]. Nicht alle, aber die Mehrheit." Siehe Prezidium CK KPSS, 1954–1964, Bd. 1: Černovye protokol'nye zapisi zasedanij. Stenogrammy, hrsg. von Aleksandr A. Fursenko, Moskau 2003, S. 506.
[8] Siehe Beispiele hierzu in: Carlos P. Romulo, mit Beth Day Romulo, Forty Years: A Third World Soldier at the UN, Westport 1986.
[9] Alexander Dallin, The Soviet Union at the United Nations: An Inquiry into Soviet Motives and Objectives, New York 1962, S. 100.

„den äußersten Beitrag zum wirtschaftlichen Fortschritt der neuen Staaten zu leisten, die sich aus den Trümmern des kolonialen Systems erheben".[10]

Wollen wir ein besseres Verständnis der Politik gewinnen, die Moskau in jenen Jahren gegenüber den früheren Kolonien verfolgte, müssen wir sehen, dass in den späten fünfziger Jahren die Sowjetunion nicht nur mit dem Westen um Einfluss in der Dritten Welt konkurrierte, sondern auch mit seinem chinesischen Verbündeten, der anfänglich indirekt, dann aber mehr und mehr offen den Anspruch der Sowjetunion anfocht, führender Protektor der nationalen Befreiungsbewegung und Sprecher der unterdrückten Völker zu sein. Wenn auch zur Zeit der Fünfzehnten Sitzung der UN-Vollversammlung die Differenzen zwischen Moskau und Beijing noch nicht offen ausgetragen wurden, so ließen die Chinesen doch keine Gelegenheit vorübergehen, ihre eigenständige Auffassung vom Ringen der Kolonialvölker um Unabhängigkeit und von der Rolle Chinas in diesem Kampf hervorzuheben.[11]

Nach chinesischer Ansicht, wie sie 1961 von der sowjetischen Botschaft in Beijing berichtet wurde, stand China den Völkern Asiens, Afrikas und Lateinamerikas näher als die Sowjetunion und war daher das einzige Land, das ihnen effektive Hilfe leisten konnte. Seit 1953 hatte China insgesamt 250 Millionen Dollar an zehn Länder, darunter Burma, Indonesien, Guinea, Algerien und Kuba fließen lassen.[12] Moskau beunruhigte aber weniger die Unterstützung, die China Entwicklungsländern gewährte; Anlass zur Sorge war vielmehr die 1959/60 deutlicher werdende Anstrengung Beijings, die führende Position der UdSSR als zuverlässiger Bundesgenosse im Befreiungskampf der Dritten Welt zu unterminieren. Die Botschaft registrierte die starke Zunahme der Kontakte zwischen den chinesischen Führern und Repräsentanten gerade unabhängig gewordener Staaten, die zahlreicher werdenden Reisen solcher Repräsentanten in die chinesische Hauptstadt und das chinesische Bemühen, den Besuchern zu schmeicheln und sie davon zu überzeugen, dass Beijing „das einzige Bollwerk der nationalen Befreiungsbewegung" sei. Die Botschaft nannte mehr als neunzig Delegationen aus Entwicklungsländern, die Beijing allein im Jahre 1960 besuchten und zumeist von chinesischen Spitzenfunktionären willkommen geheißen wurden.[13] Und die Botschaft vermerkte zugleich bitter, dass diese Funktionäre nur selten mit den Vertretern der Sowjetunion und anderer sozialistischer Staaten zusammenträfen.

---

[10] United Nations, Official Records of the General Assembly, Fourteenth Session, 799th Plenary Meeting (September 18, 1959), zitiert in: George A. Brinkley, The Soviet Union and the United Nations: The Changing Role of the Developing Countries, in: The Review of Politics, Vol. 32, No. 1 (January, 1970), S. 91–123, hier S. 98.

[11] Zu den Differenzen zwischen der Sowjetunion und ihrem chinesischen Verbündeten von der frühen chinesisch-sowjetischen Allianz bis zum offenen Zerwürfnis gibt es zahlreiche Literatur. Von den jüngeren Arbeiten zu diesem Thema sollen diejenigen, welche auf den in den letzten Jahren erschlossenen chinesischen Archivdokumenten basieren, erwähnt werden: Chen Jian, Mao's China and the Cold War, Chapel Hill 2001; Zhang Shuguang, Economic Cold War: America's Embargo against China and the Sino-Soviet Alliance, 1949–1963, Washington, D.C./Stanford 2001; Zhang Shuguang/Chen Jian, The Emerging Disputes between Beijing and Moscow: Ten Newly Available Chinese Documents, 1956–58, CWIHP Bulletin No. 6–7 (Winter 1995/1996). Zu dem sich anbahnenden Konflikt zwischen den zwei kommunistischen Riesen siehe auch folgende frühere Arbeit: Fejtö François, Chine-URSS. La fin d'une hégémonie: Les origins du grande schisme communiste, 1950–1957, Paris 1964.

[12] Bericht der sowjetischen Botschaft in der Volksrepublik China über die Haltung der Chinesischen Kommunistischen Partei gegenüber der Nationalen Befreiungsbewegung vom 29. 4. 1961, RGANI, f. 5, op. 49, d. 435, l. 45.

[13] Ebenda, l. 56.

Die Sowjetunion wurde durch all das naturgemäß angereizt, in der Dritten Welt Sympathiewerbung zu betreiben, und zwar nicht nur durch Propaganda, sondern ebenso durch die Steigerung der Wirtschaftshilfe. Für die Propaganda stellten jedoch die Vereinten Nationen ein sehr geeignetes Forum dar; hier konnten im Kampf um das Herz und den Geist unterdrückter Völker Punkte gesammelt werden.

Die Dokumente zeigen, dass Moskau mit den Vorbereitungen für seine 1960 einsetzende Generaloffensive in den UN schon etliche Zeit zuvor begonnen hatte. Bereits 1958 betonte das Zentralkomitee der KPdSU in seinen Anweisungen zur Erweiterung der kulturellen und staatlichen Beziehungen mit den asiatischen und afrikanischen Ländern die Notwendigkeit, die sowjetische Beteiligung an den Aktivitäten des UN-Treuhänderschaftsrats sei zu nutzen, um die breite Öffentlichkeit „über die Situation in den vom Rat betreuten Ländern zu informieren und um die Interessen der Einwohner dieser Länder gegen den Kolonialismus zu verteidigen".[14] In Ausführung solcher Instruktionen richtete das sowjetische Außenministerium zum Beispiel an die sowjetische Vertretung bei den Vereinten Nationen Direktiven zur Frage der Zukunft Kameruns, die auf der Dreizehnten Sitzung der Vollversammlung diskutiert wurde. Nach den Direktiven sollte die Vertretung die Diskussion zur „kräftigen Darlegung unserer Einstellung zur nationalen Befreiungsbewegung der Völker Afrikas" nutzen. Die sowjetischen Delegierten erhielten die Weisung, Methoden der Unterdrückung und der Ausplünderung natürlicher Ressourcen, deren sich die Kolonialmächte bedienten, anzuprangern, ebenso die wahren Ziele der amerikanischen Politik in Afrika. Bei der Erfüllung dieser Aufgabe sei enge Verbindung mit „befreundeten Ländern Afrikas und Asiens" zu halten, dazu mit „einigen lateinamerikanischen Delegationen" und denen der sozialistischen Länder sowie Finnlands, Schwedens, Österreichs und Jugoslawiens; letztere wurden ausgewählt, weil sie nicht von der Sünde des Kolonialismus befleckt waren.[15]

In den Entwürfen der Direktiven für die Vierzehnte Sitzung der UN-Vollversammlung, ausgearbeitet von der sowjetischen Mission bei den Vereinten Nationen, nahmen Fragen des Kolonialismus einen der herausragenden Plätze ein. So wurde gesagt, Debatten über Treuhand-Gebiete, die auf der Tagesordnung der Sitzung standen, sollten genutzt werden, um eine „konstruktive Kritik" an der Kolonialpolitik und -praxis von Staaten wie USA, England, Frankreich, Belgien usw. in Gang zu setzen. Auch wurde angeregt, andere Delegationen zur Initiierung „einer breiten Diskussion in der Vollversammlung über die politische Situation in Afrika, und zwar mit dem Ziel, zu einer Verurteilung sowohl der Unterdrückung im Kongo und in Njassaland wie der französischen Bemühungen um das sogenannte Franko-Afrikanische Commonwealth zu gelangen.[16] Die sowjetische Mission machte auch folgenden Vorschlag: „Wenn man berücksichtigt, dass der Festlegung von Endterminen für die Erlangung der Unabhängigkeit der Treuhand-Gebiete eine besondere Bedeu-

---

[14] ZK-Beschluss über Maßnahmen zur Ausweitung kultureller und gesellschaftlicher Beziehungen mit den Ländern Asiens und Afrikas, Nr. St-61/35gs, 24.3.1958, RGANI, f. 4, op. 16, d. 469, l. 73. Veröffentlicht in: Rossija i Afrika. Dokumenty i materialy, XVIII v. – 1960 g., hrsg. von A. B. Davidson und S. V. Mazov, Moskau 1999, Bd. 2, S. 158–160.
[15] MID, Direktive für die sowjetische Delegation zur 13. UN-Vollversammlung betr. die Zukunft der Treuhandgebiete unter französischer Verwaltung und des Treuhandgebiets Kamerun unter britischer Verwaltung, 12.2.1959, Archiv Vnešnej Politiki Rossijskoj Federacii (im Folgenden: AVP RF), fond 047, opis' 5, papka 103, delo 16, listy 5–6.
[16] G. Arkadiev, amtierender ständiger Vertreter der UdSSR bei der UNO, an den stellvertretenden Außenminister Vasilij Kuznecov, „Streng Geheim", 4. Juli 1959, beigefügt der Entwurf der Direktiven, ebenda, l. 53.

tung zukommt, so ist es notwendig, die Delegationen richtig anzufassen und, falls die ersten Versuche gute Resultate zeitigen, durch die Delegationen in afro-asiatischen Ländern oder zusammen mit ihnen eine Resolution vorzuschlagen, die für alle Treuhand-Gebiete, für eines nach dem anderen, feste Daten der Unabhängigkeit festsetzt." Auch solle die Resolution eine Klausel enthalten, die besagt, dass dieses Problem Thema einer eigenen Diskussion auf der Fünfzehnten Sitzung der Vollversammlung wird.[17] Offenbar entsprach das der Stimmung der sowjetischen Führung: Als Nikita Chruščev an Bord des sowjetischen Dampfers „Baltika" ging, um zu der Fünfzehnten Sitzung der UN-Vollversammlung zu reisen, nahm er den Auftrag mit, eine Unabhängigkeitserklärung kolonialer Länder und Völker zu präsentieren, die unter anderem Punkte enthielt, wie sie die sowjetische UN-Mission formuliert hatte.

Chruščevs Entscheidung, die Delegation persönlich zu leiten, war, ob spontan oder nicht, jedenfalls etwas unerwartet. Seine Absicht stand, engen Mitarbeitern zufolge, Mitte Juli 1960 fest, wurde aber erst am 10. August bekanntgegeben. Den sowjetischen Führer trieb ein starkes Verlangen, „sich für das zu rächen, was in Paris geschehen war", eine Anspielung auf den Kollaps des Vier-Mächte-Gipfeltreffens, und die Leiter der westlichen Staaten zu zwingen, sich anzusehen, wie er vor aller Welt die USA und ihren Präsidenten demaskierte.[18] Auch lockte ihn die Gelegenheit, öffentlich über seine Lieblingsthemen zu sprechen, über Abrüstung und Entkolonialisierung.

Es wurde erwartet, dass die Fünfzehnte UN-Vollversammlung für die Aufnahme von 17 neuen Mitgliedern stimmen werde, die meisten eben erst unabhängig gewordene afrikanische Staaten, und ein so erheblicher Zuwachs um ehemalige Kolonien musste der Entkolonialisierung ohnehin einen herausragenden Platz auf der Tagesordnung verschaffen. Die zwischen Ost und West bestehende Konkurrenz um Einfluss in den Entwicklungsländern und mithin um Einfluss auf deren Vertreter in der Vollversammlung gab dem Thema noch größere Bedeutung. So nahmen sich die Führer der beiden im Kalten Krieg rivalisierenden Blöcke – die der Vereinigten Staaten und die der Sowjetunion – vor, aus der Gelegenheit, ihren Beitrag zur Unabhängigkeit und Prosperität der ehemaligen Kolonien ins rechte Licht zu rücken, jedoch die Glaubwürdigkeit des Rivalen in Frage zu stellen, den äußersten Nutzen zu ziehen.

Als zum Beispiel das US State Department eine Generallinie vorbereitete, der die amerikanischen Führer in ihren Gesprächen mit Vertretern aus Afrika folgen sollten, nannte es unter anderem den Neutralismus afrikanischer Staaten, den die USA respektierten, wies aber zugleich warnend auf „die Notwendigkeit [hin], die Kontakte [dieser Länder] zum Sowjetblock und zum kommunistischen China zu kontrollieren"; ferner sprach es von der Rolle der afrikanischen Staaten in den Vereinten Nationen, die, so hoffte man in Washington, „verantwortungsbewusst" sein werde, und von den Beziehungen zwischen Westeuropa und Afrika, die zu intensivieren seien; schließlich wurde die Hoffnung der USA erwähnt, „dass die afrikanischen Staaten sich hinsichtlich der militärischen Ausrüstung und Ausbildung an Westeuropa halten und Maßnahmen zur Regelung von Streitfragen wie zur Beschränkung der Rüstung und des Waffenimports erwägen werden".[19] Aus dem entsprechenden Dokument geht klar hervor, dass die Lenker der amerikanischen Politik wenig

---

[17] Ebenda, l. 35.
[18] Taubman, Khrushchev, S. 472.
[19] U.S. State Department, United States Policy on Africa (Basic Paper), Confidential, September 17, 1960, U.S. National Archives, RG-59, Conference Files, Box 236, CF 1770.

Geschmack an der Neigung der neu etablierten Staaten zum Neutralismus fanden, aber sie mussten deren Recht zur Anknüpfung aller Arten von Beziehungen mit kommunistischen Ländern anerkennen und die wirtschaftliche und technische Hilfeleistung des Ostblocks oder Chinas als Faktum akzeptieren. Jedoch hielten sie es für angezeigt, die Führer jener Länder darauf aufmerksam zu machen, dass „strikte Kontrollen, das Prinzip der Gegenseitigkeit und die Vermeidung von Blockbeteiligung in sensitiven Bereichen essentiell" seien.[20] Natürlich unterstellte Washington bei seiner Warnung stillschweigend, dass der Westen und die ehemaligen Kolonien unter den „sensitiven Bereichen" das Gleiche verstanden.

Es versteht sich, dass die Amerikaner nicht genau vorhersehen konnten, welche Taktik die sowjetische Delegation auf der Sitzung verfolgen werde, zumal unter der Leitung eines so unberechenbaren und impulsiven Mannes wie Chruščev. Der amerikanische Botschafter in Moskau, Llewellyn Thompson, sagte in einem Telegramm, das er am Vorabend der Sitzung nach Washington schickte, voraus, dass die Sowjetunion vor allem Abrüstung, die Vertretung Chinas und die amerikanische Aggressivität – wie sie in der Verletzung des sowjetischen Luftraums durch die U-2- und RB-47-Flüge gesehen werden könne – behandeln würde. Es schloss, Chruščev werde sich, allgemein gesagt, „an eine Doppelstrategie halten und versuchen, die USA als kriegstreiberisch, provokant und imperialistisch hinzustellen, die UdSSR hingegen als friedliebend zu präsentieren".[21] Was dann tatsächlich geschah, scheint aber alle Erwartungen der amerikanischen Analysen übertroffen zu haben.

Chruščevs Äußerungen nach seiner Rückkehr aus New York machen klar, dass er von Anfang an beabsichtigte, die Fünfzehnte Sitzung der UN-Vollversammlung als Arena für eine groß angelegte Propaganda-Offensive Moskaus zu nutzen. Wie er am 20. Oktober 1960 in einer Rede vor Moskauern sagte: „Die sowjetische Regierung hielt es für erforderlich, dass die bedrängendsten, lebenswichtigen Probleme unserer Zeit auf der Sitzung diskutiert würden."[22]

Um das Propagandapotential ausschöpfen zu können, bestand er auf der Teilnahme der Führer der kommunistischen Länder an der Sitzung; er nahm zu Recht an, dass der Westen dann nicht umhin könne, als entsprechend nachzuziehen und ihm solchermaßen das größtmögliche Auditorium zu verschaffen. Vor diesem Publikum hielt Chruščev nicht weniger als elf Ansprachen mit Vorschlägen zur Abrüstung, zur Struktur der Vereinten Nationen und zum Kolonialismus. Einige westliche Beobachter schlossen daraus, dass die UN erstmals „selbst Fokus sowjetischer Politik waren, nicht nur Nebenaspekt anderer politischer Entscheidungen".[23] Und zum ersten Male verband Chruščev die beiden erstgenannten Themen mit der Frage der Entkolonialisierung.

Er machte diese Verbindung schon fast zu Beginn klar, als er in seiner großen Rede auf der Sitzung sagte: „Die Länder, die die Bürde des Kolonialismus abgeschüttelt haben, sind eine gewaltige und aktive Friedenskraft. Von nun an werden die jungen Staaten Afrikas und des Mittelmeerraums auch ihren hervorragenden Beitrag zur Lösung der wichtigen

---

[20] Ebenda.
[21] U.S. Department of State, Foreign Relations of the United States, 1958–1960, Vol. II: United Nations and General International Matters, Washington: United States Government Printing Office, 1991, S. 317.
[22] Khrushchev in New York: A Documentary Record of Nikita S. Khrushchev's Trip to New York, September 19th to October 13th, 1960, Including All His Speeches and Proposals and News Conferences, New York 1960, S. 242.
[23] Dallin, The Soviet Union at the United Nations, S. 152.

und komplizierten Probleme leisten, mit denen die Vereinten Nationen konfrontiert sind."[24] Und in den folgenden Passagen seiner über zweistündigen Rede erwähnte er mehr als einmal die wichtige Rolle, die den unabhängig gewordenen Ländern in der Weltarena zufallen werde. Er hob hervor, dass sie dazu beitragen würden, das Risiko militärischer Konflikte in der Welt zu verringern, er sprach von der „enormen Bedeutung, welche die Eliminierung des Kolonialregimes für die gesamte Weltwirtschaft" habe, er forderte die Umlenkung der Militärausgaben zur Steigerung der Hilfe für Entwicklungsländer, womit er den Nutzen der Abrüstung für die Dritte Welt unterstrich, und verlangte schließlich – das war der sensationellste Part seiner Rede – eine Reform der UN-Struktur, die angezeigt sei, weil sich, neben den Blöcken der westlichen Mächte und der sozialistischen Staaten, die Gruppe der neutralistischen Staaten formiert habe, deren Interesse berücksichtigt werden müsste.

Chruščev zufolge war die Zeit für eine solche Reform umso mehr reif, als UN-Generalsekretär Dag Hammarskjöld „die Haltung einer lediglich formalen Verurteilung der Kolonialisten eingenommen" habe. Chruščev suchte den Vorwurf gegen den Generalsekretär mit dessen Verhalten in der Kongofrage, die ebenfalls im Mittelpunkt der Aufmerksamkeit der Vollversammlung stand, zu erhärten. Die seit dem 30. Juni 1960 von Belgien unabhängige Demokratische Republik Kongo hatte sich innerhalb von 14 Tagen mit weit um sich greifenden Soldatenunruhen, der als Schutzmaßnahme deklarierten Wiederkehr belgischer Truppen und der Sezession des kupferreichen Katangas konfrontiert gesehen. Das Zentrum war zudem bald durch den Machtkampf zwischen dem pro-westlichen Staatspräsidenten Joseph Kasavubu und dem pro-sowjetischen Ministerpräsidenten Patrice Lumumba paralysiert. Die bereits Mitte Juli 1960 herbeigerufenen UN-Truppen zeigten sich zunächst wenig geneigt, gegen die Sezessionisten vorzugehen, und die UN-Kommandeure vor Ort bevorzugten im Machtkampf der Präsidenten faktisch Kasavubu.[25] Am 16. September schließlich putschte sich Joseph Desiré Mobuto an die Macht. Diese neue Konstellation war im Westen gern gesehen, zumal Mobutu am 17. September die sowjetische und die tschechische Botschaft schließen ließ. Vor solchem Hintergrund warf Chruščev Dag Hammarskjöld wütend vor, „die Linie der Kolonialisten" zu vertreten.[26]

Zugleich bemühte sich Chruščev in seiner Rede, die Sowjetunion als die einzige aufrichtige und konsequente Helferin der unterdrückten Völker hinzustellen; sie sei frei von allen selbstsüchtigen Motiven und Hintergedanken. Um seine Behauptung zu beweisen, legte er den Entwurf einer Unabhängigkeitserklärung der Kolonialländer vor, der die Forderung enthielt, diesen Ländern sofort die vollständige Unabhängigkeit zu gewähren.[27] Im Laufe der Sitzung bestand die sowjetische Delegation darauf, dass die Deklaration auf Plenarsitzungen der Generalversammlung behandelt werde, nicht von ihrem Ersten (Politischen) Ausschuss.

Chruščevs Rede wirkte auf viele Delegierte wie eine Bombe. Die wachsende sowjetische Enttäuschung über die Behandlung der Kongo-Krise durch die Vereinten Nationen und ihren Generalsekretär war ja bereits bekannt. Zwar hatte Moskau für die Resolution gestimmt, die Hammarskjöld ermächtigte, eine friedenserhaltende Operation im Kongo ein-

---

[24] Khrushchev in New York, S. 15.
[25] Aleksandr Fursenko/Timothy Naftali, Khrushchev's Cold War. The Inside Story of an American Adversary, New York 2006, S. 307–318.
[26] Khrushchev in New York, S. 52.
[27] Ebenda, S. 29.

zuleiten, womit die UN einer Bitte der Regierung Lumumba entsprachen, doch begannen die Sowjets alsbald die Leitung der Vereinten Nationen zu kritisieren: Sie beweise zu viel Verständnis für die wirtschaftlichen Ziele des Westens in Afrika und für seine dortigen politischen Interessen im Rahmen des Kalten Krieges, zeige sich aber nicht gerade entschlossen, wenn es um Maßnahmen gehe, die erforderlich seien, um die Desintegration des Landes zu verhindern und belgische wie sonstige westliche Söldner daraus zu entfernen. Indes hatte niemand erwartet, dass solche Kritik Chruščev veranlassen werde, die Effizienz der UN-Struktur in Frage zu stellen und eine radikale Reform zu verlangen.

Am meisten Aufmerksamkeit fand natürlich Chruščevs Anregung, das Amt des UN-Generalsekretärs durch eine „Trojka" zu ersetzen, bestehend aus Vertretern der drei Ländergruppen. Washington fasste Chruščevs Rede als Kriegserklärung an die Vereinten Nationen auf[28]; besondere Sorge galt den Reaktionen der Führer der Dritten Welt. Bald wurde aber klar, dass, entgegen Chruščevs Erwartungen, nur wenige von ihnen einer so radikalen Umgestaltung der Weltorganisation Beifall zollten. Den meisten kam der Vorschlag des sowjetischen Führers völlig überraschend, und sie befürchteten, dass diese Reform zur Zerstörung einer Institution führen könnte, an der sie nun ein Interesse hatten, weil dort die kleineren Nationen ihre Meinung zum Ausdruck und ihre Aspirationen zur Geltung bringen konnten. Westliche Delegationen spürten das. Als er mit Präsident Dwight D. Eisenhower zusammentraf, bemerkte der britische Premier Harold Macmillan: „Es herrscht der Eindruck, dass Chruščev sein Blatt wieder überreizt hat."[29]

Alsbald machten die Führer der Dritten Welt den Amerikanern auch klar, dass sie von den Veränderungen, die Chruščev zur Diskussion gestellt hatte, in der Tat nicht allzu begeistert waren. Der indische Premier Jawaharlal Nehru sagte in einer Unterhaltung mit Eisenhower ganz offen: „Chruščevs Vorschlag, den Generalsekretär durch ein Triumvirat zu ersetzen, ist ‚völlig undurchführbar'."[30] Der ägyptische Präsident Gamal Abdel Nasser kritisierte zwar die Vereinten Nationen wegen ihrer Rolle im Nahost-Konflikt, erklärte aber in einem Gespräch mit Eisenhower ebenfalls, dass „es nicht nötig ist, zu debattieren, ob es eine UN geben soll oder nicht – die Vereinten Nationen werden offensichtlich gebraucht".[31] Seinerseits gab sich Eisenhower größte Mühe, die Bedeutung der UN in ihrer gegebenen Form hervorzuheben und Hammarskjölds Verhalten in der Kongofrage zu rechtfertigen.

Chruščev wiederum suchte die Führer der blockfreien Länder von der Richtigkeit seiner Ansichten zu überzeugen. Während seines Aufenthalts in New York traf er Nehru, Nasser, Kwame Nkrumah (Ghana) und Sékou Touré (Guinea), denen er die Argumente vortrug, die nach seiner Meinung für die Trojka sprachen. In seiner Konversation mit Nasser versicherte der sowjetische Partei- und Regierungschef, dass er nichts gegen Hammarskjöld persönlich habe; er sei, so Chruščevs Worte, „bei weitem nicht der schlechteste Kandidat für das Amt des Generalsekretärs". Das System aber entspreche nicht der Lage in der Welt. „Amerika hat die Möglichkeit, von den Vereinten Nationen alles billigen zu lassen, was es

---

[28] Record of the Secretary of State's Staff Meeting, September 26, 1960, Foreign Relations of the United States (FRUS), 1958–1960, Vol. II, S. 356.
[29] Memorandum of a Conference with the President, September 27, 1960, ebenda, S. 361.
[30] Memorandum of Conversation, September 26, 1960, U.S. National Archives, RG-59, Conference Files, Box 235, CF 1767. Für eine veröffentlichte Version siehe: FRUS, 1958–1960, Vol. II, S. 357–359.
[31] Memorandum of Conversation, Eisenhower-Nasser, September 26, 1960, U.S. National Archives, RG-59, Conference Files, Box 235, CF 1767.

will", so erklärte er. „Lasst uns diese unfaire Situation korrigieren."[32] Nassers vorsichtige Bemerkung, die Handlungen des Generalsekretärs würden von den ihm verliehenen Kompetenzen bestimmt und hingen davon ab, wer seine Entscheidungen ausführe, stieß offensichtlich auf taube Ohren; wieder und wieder warb Chruščev für die Trojka.

Die Pläne, Hammarskjöld abzuhalftern, die Kongo-Politik der UN zu ändern und dabei die Sympathien der unabhängig gewordenen Länder zu gewinnen, sind freilich am Ende gescheitert. Nicht einer der wichtigeren Bundesgenossen Moskaus in der Dritten Welt unterstützte eine Reform der UN nach den sowjetischen Vorschlägen. Selbst Nkrumah und Touré, scharfe öffentliche Kritiker des UN-Generalsekretärs, erwiesen sich nicht gerade als enthusiastische Befürworter einer radikalen Änderung der UN-Struktur. Sie traten lediglich für einen Kompromiss ein, demzufolge sichergestellt werden sollte, dass die Stellvertreter Hammarskjölds die drei Gruppen der Welt repräsentierten.[33] Ein Jahr später gab Chruščev selbst, in einer Unterhaltung mit dem ägyptischen Botschafter, sein Scheitern zu, das er auf die Furcht der Entwicklungsländer vor dem Druck des Westens zurückführte. „Leider verstehen nicht alle Araber und nicht alle afrikanischen Neger unseren Standpunkt in dieser Frage", vertraute er Botschafter Mohammed Galeb an. „Außerdem fürchten sich einige vor dem Imperialismus, der sie mit allen Mitteln einschüchtert. Ein Beispiel solcher Einschüchterung ist wohl die Weigerung der USA, Ghana Kredite für den Bau eines Dammes am Volta zu gewähren."[34] Nach Chruščevs Ansicht, die er dem ägyptischen Botschafter darlegte, sei es an der Zeit, in den Vereinten Nationen geheime Abstimmungen einzuführen; das gäbe afrikanischen und asiatischen Ländern mehr Freiheit, ihre Auffassungen zur Geltung zu bringen.

Etwas erfolgreicher waren die Sowjets mit ihrer Deklaration zum Kolonialismus. Wie beim Trojka-Vorschlag rechnete Moskau auch bei der Deklaration mit der vorbehaltlosen Zustimmung der unabhängig gewordenen Länder Afrikas und Asiens. In einer Studie, die in der Abteilung für internationale Organisationen des sowjetischen Außenministeriums entstand, gründete sich diese Erwartung auf die Tatsache, dass sich in den Vereinten Nationen eine Gruppe von Repräsentanten asiatischer, afrikanischer und arabischer Länder zusammengefunden hatte, die in vielen anti-kolonialistischen Fragen oft mit dem Ostblock stimmten. So nahmen die Sowjets zuversichtlich an, dass es ihnen gelingen werde, jene Länder für die Resolution zu gewinnen, zumal es möglich schien, dass der Westen versuchen werde, die sowjetische Resolution durch einen unverbindlichen Text zu ersetzen, in dem lediglich der Wunsch nach einer Beendigung des Kolonialregimes in ferner Zukunft zum Ausdruck komme.[35]

Solcher Argwohn Moskaus war nicht unbegründet. Tatsächlich umriss das State Department in Washington, als es die amerikanische Haltung in der Debatte über den sowjetischen Entwurf vorbereitete, drei Möglichkeiten, wie die Wirkung des sowjetischen Textes

---

[32] Aufzeichnung des Gesprächs von N. S. Chruščev mit G. A. Nasser in New York vom 24.9.1960, AVP RF, f. 087, op. 21, p. 33, d. 13, ll. 9–16. Veröffentlicht in: Bližnevostočnyj konflikt. 1957–1967: Iz dokumentov archiva vnešnei politiki Rossijskoj Federacii, Moskau 2003, Bd. 2, S. 336.
[33] Fursenko/Naftali, Khrushchev's Cold War, S. 318.
[34] Aufzeichnung des Gesprächs von N. S. Chruščev mit dem Botschafter der UAR, Mohammed Galeb, am 9.10.1961, in: Bližnevostočnyj konflikt, Bd. 2, S. 366.
[35] MID, Abteilung Internationale Organisationen, „Über die Taktik der sowjetischen Delegation in der Diskussion der Deklaration über die Gewährung der Unabhängigkeit für koloniale Länder und Völker auf der XV. UN-Vollversammlung im September und Oktober 1960", 20.2.1961, AVP RF, f. 0601, op. 2, p. 4, d. 10, ll. 67–76. Veröffentlicht in: Rossija i Afrika, Bd. 2, S. 174–178.

auf die Entwicklungsländer abzuschwächen und seine Annahme in der Vollversammlung zu verhindern sei: Einbringung einer Gegen-Resolution, Zusätze zum sowjetischen Entwurf oder Sicherung ausreichender Stimmenthaltungen beziehungsweise ablehnender Voten. Von diesen Möglichkeiten, so das State Department, „empfiehlt sich vor allem die Einbringung einer gemäßigten Gegen-Resolution, sofern sie so gehalten werden kann, dass sie zumindest eine Zwei-Drittel-Mehrheit findet".[36] Die Gegen-Resolution, meinte das State Department, solle von „freundlichen Afro-Asiaten" eingebracht werden, unterstützt von europäischen Staaten wie Schweden, Norwegen, Irland und Österreich.[37]

Was den USA am sowjetischen Entwurf missfiel, war die Forderung, allen abhängigen Völkern die Unabhängigkeit sofort zu gewähren und Stützpunkte im Ausland abzubauen, ferner auch der Umstand, dass die Deklaration von der Sowjetunion vorgeschlagen wurde: Letzteres mochte einem Widersacher der Vereinigten Staaten einen Prestigegewinn verschaffen. Als eines der Argumente gegen die Glaubwürdigkeit des sowjetischen Vorschlags stellte Washington die Behauptung auf, die UdSSR sei selber eine solche Macht, „während andere ehemalige Kolonialreiche weitgehend liquidiert wurden".[38] Nun konnte diese Behauptung von Osteuropäern und selbst von einigen Bewohnern zentralasiatischer Republiken der Sowjetunion günstig aufgenommen werden, doch war sie kaum geeignet, Entrüstung in den Herzen von afrikanischen Teilnehmern an der UN-Sitzung zu wecken. Was für sie am Kolonialismus Bedeutung hatte, war, wie Carlos Romulo, ein altgedienter philippinischer UN-Delegierter, sagte, „eine Frage der Hautfarbe". „Die Bemühungen der Vereinigten Staaten, die Anklagen der Dritten Welt wegen Kolonialismus mit der Beschuldigung zu begegnen, die sowjetische Beherrschung Osteuropas sei ebenfalls Kolonialismus, stießen in der Versammlung auf taube Ohren", so schrieb er in seinen Memoiren, „vor allem weil die Länder der Dritten Welt den Kolonialismus als eine Frage der Farbe ansehen: weiße Herrschaft über schwarze und braune Völker. Die Unterdrückung von Weißen durch Weiße interessiert sie nicht."[39]

Andererseits unternahmen die Sowjets Schritte, um zu erreichen, dass der sowjetische Entwurf, wenn er von der Vollversammlung schon nicht wörtlich akzeptiert wurde, nur solche Ergänzungen erfuhr, dass Moskau die Deklaration auch nach ihrer Modifizierung als sein Werk ausgeben konnte. Zu diesem Zweck richtete Chruščev, auf Vorschlag von Außenminister Andrej Gromyko, an die Führer afrikanischer UN-Mitglieder ein Schreiben, in dem er sie vor Intrigen der Westmächte gegen die Deklaration warnte. Er beschuldigte die Kolonialmächte des Versuchs, eine „klare und konkrete" Entscheidung, das Kolonialsystem ungesäumt zu liquidieren, „durch eine überzuckerte Resolution, bar aller politischen Schärfe und Entschiedenheit", zu ersetzen.[40] Er gab der Hoffnung Ausdruck, dass

---

[36] State Department to U.S. Mission at the United Nations, November 1, 1960, FRUS, 1958–1960, Vol. II, S. 432.
[37] Bei den amerikanischen und sowjetischen Politikern ist eine ähnliche Denkweise festzustellen; auch Letztere sahen die Unterstützung von europäischen, vom Kolonialismus unbelasteten Ländern als wünschenswert an. Siehe oben über die sowjetischen Vorbereitungen zu der Fünfzehnten Sitzung der UN-Vollversammlung.
[38] Department of State to the U.S. Mission at the U.N., October 6, 1960, FRUS, 1958–1960, Vol. II, S. 399.
[39] Romulo, Forty Years, S. 173.
[40] Gromyko an das ZK der KPdSU, „Geheim", 10. November 1960, AVP RF, f. 0601, op. 1, p. 1, d. 5, l. 1b; N. S. Chruščev an Kwame Nkrumah, 12. November 1960, ebenda, f. 573, op. 4, p. 4, d. 12, ll. 6–10; veröffentlicht in: Rossija i Afrika, Bd. 2, S. 169–173. Identische Briefe waren an die Staats- und Regierungshäupter von weiteren 18 afrikanischen Ländern geschickt worden.

die afrikanischen Führer die notwendigen Schritte unternehmen würden, einen solchen Gang der Dinge zu verhindern.

Als Resultat von Manövern, Intrigen, Verhandlungen hinter den Kulissen und unverblümtem Druck erhielten die Delegierten einen Resolutionsentwurf, den eine Gruppe asiatischer und afrikanischer Länder eingereicht hatte. Der Entwurf schien für beide Weltmächte akzeptabel zu sein. Die Sowjets fanden, dass er „im Grunde Prinzipien der sowjetischen Deklaration widerspiegelt, auch wenn er keinen Bezug auf den sowjetischen Entwurf nimmt".[41] Zwar hatten die asiatischen und afrikanischen Autoren darauf verzichtet, ein festes Datum für die Gewährung der Unabhängigkeit zu nennen, doch waren die Sowjets bereit, in diesem Punkt ein Auge zuzudrücken. Das State Department wiederum konstatierte, der Entwurf sei „eine erhebliche Verbesserung früherer Entwürfe". Außenminister Christian Herter meinte in einem Bericht an den *staff secretary* des Präsidenten, die Resolution „enthält viele Formulierungen, mit denen wir nicht übereinstimmen. Sie enthält aber auch etliche gute Formulierungen."[42] Herter fügte hinzu, dass die amerikanische Delegation in New York „einhellig und entschieden für die Billigung der Resolution" sei.[43] Mit anderen Worten: Auch wenn weder Washington noch Moskau mit dem Entwurf ganz zufrieden waren, so fanden sie ihn doch annehmbar.

Moskau wies seine Delegation, nach der Einbringung zweier Zusätze, an, für die Resolution zu stimmen. Die Lage des amerikanischen Präsidenten war komplizierter. Er hatte ernste Bedenken gegen den Wortlaut der Resolution und befürchtete einen generell negativen Einfluss auf die amerikanische Politik. Es dauerte eine ganze Weile, bis ihn sein Außenminister davon überzeugt hatte, dass „wir mitmachen sollten, da die Resolution ohnehin angenommen wird". Obwohl Eisenhower eigentlich für Stimmenthaltung war, gab er schließlich seine Zustimmung.[44] Jedoch musste er seine Entscheidung schon bald ändern. Einen Tag später erhielt er nämlich ein Schreiben des britischen Premierministers, der erklärte, für ihn sei es „ein Schock", dass die Vereinigten Staaten beabsichtigten, für die afro-asiatische Resolution zu stimmen.[45] Danach erhielt der Wunsch, einen europäischen Verbündeten zu beruhigen, Priorität vor der Absicht, in den Augen der Dritten Welt als Champion des Anti-Kolonialismus zu erscheinen. Noch am selben Tag rief Eisenhower Herter an und gab ihm die Weisung, sich der Stimme zu enthalten.

Die Stimmenthaltung der USA war der einzige unbestrittene Sieg, den die Sowjetunion auf der Fünfzehnten Sitzung der UN-Vollversammlung verbuchen konnte. Sie verursachte eine Welle der Empörung nicht nur unter den neutralistischen Ländern, sondern auch unter einigen europäischen Bundesgenossen der USA. Die amerikanische Mission bei den Vereinten Nationen, die durchweg dafür eingetreten war, der Resolution die amerikanische Stimme zu geben, ließ Washington einen detaillierten Bericht über Bemerkungen zukommen, die ausländische Delegierte gegenüber amerikanischen Kollegen gemacht hatten.[46] „Wie konntet Ihr nur so stimmen? Ihr habt doch keine Probleme mit Kolonien", verwunderte sich Alex Quaison-Sackey aus Ghana. Ein nigerianischer Delegierter fragte: „Versucht Ihr, politischen Selbstmord zu begehen?" Ein Journalist aus Tunis äußerte sich

---

[41] Wie Anm. 35, S. 177.
[42] FRUS, 1958–1960, Vol. II, S. 450 und 454.
[43] Ebenda, S. 455.
[44] Memorandum of a Telephone Conversation between the President and the Secretary of State, December 8, 1960, ebenda, S. 456.
[45] Siehe: Editorial Note, FRUS, 1958–1960, Vol. II, S. 457.
[46] U.S. Mission at the U.N. to State Department, December 15, 1960, ebenda, S. 460.

besonders sarkastisch: „Glückwunsch zu Eurer Abstimmung! Wie ich höre, schickt Chruščev einen Orden." In der Tat hätte Moskau Anlass zum Feiern gehabt, als sich die USA mit so alten Kolonialisten wie den Engländern, Franzosen, Belgiern und Portugiesen zusammentaten. In seiner Aufzeichnung über die Diskussionen auf der Sitzung zog das sowjetische Außenministerium das Fazit: „Der Block der Kolonialisten, angeführt von den USA, befand sich in kompletter Isolierung."[47]

Aber diese Errungenschaft der Sowjetunion bei der Fünfzehnten Sitzung der UN-Vollversammlung war doch ziemlich oberflächlich. Entgegen den Hoffnungen der sowjetischen Führung, waren die neuen Drittwelt-Mitglieder der Weltorganisation weit davon entfernt, getreue Alliierte Moskaus bei dessen Aktivitäten im Rahmen der UN zu sein. Zwar hatte ihre Aufnahme in den Kreis der Vereinten Nationen die Lage innerhalb der Organisation deutlich verändert. Sie stimmten in vielen Fällen zusammen mit den Sowjets und deren kommunistischen Alliierten und die Westmächte stießen auf wachsende Schwierigkeiten bei der Suche nach Mehrheiten. Chruščev hatte sich jedoch erheblich verschätzt, als er annahm, die Entwicklungsländer seien naturgegebene Verbündete der UdSSR in der Friedensfrage und würden sich bei den meisten Problemen der Abrüstung, der wirtschaftlichen Zusammenarbeit, der rassischen Diskriminierung usw. automatisch dem kommunistischen Block anschließen. Sie zeigten sich in ihren Ausrichtungen beweglicher und in ihren Sympathien wie Antipathien wechselhafter, als man das in Moskau erwartet hatte. Schon die Fünfzehnte Sitzung der UN-Vollversammlung machte das deutlich. Als die Resolution zum Kolonialismus zur Entscheidung gestellt wurde, suchten einige Repräsentanten von Entwicklungsländern die sowjetische Delegation zu überreden, ihren Entwurf zurückzuziehen, da, wie sie sagten, „allein schon die Tatsache, dass eine Deklaration zur Liquidierung des Kolonialismus von der Sowjetunion vorgeschlagen wird, die Zustimmung aller afro-asiatischen Länder verhindert".[48]

Mit anderen Worten, die Dritte Welt stimmte nicht als ein monolithischer Block; sie war nicht notwendigerweise anti-westlich und pro-sowjetisch. Letzteres kann gut am Wechsel der für den jeweiligen Abstimmungssieger in den Sitzungen der UN-Vollversammlung abgegebenen Stimmen gezeigt werden. Die sowjetische „Erfolgsquote" nahm von 42 Prozent im Jahre 1959 auf nahezu 46 Prozent in der wiederaufgenommenen Fünfzehnten Sitzung zu, die sich hauptsächlich mit afrikanischen Problemen befasste. Aber in der folgenden Sitzungsperiode, 1961, fiel sie auf 35 Prozent. Zwar stieg sie 1963, auf der Achtzehnten Sitzung, der letzten der Chruščev-Periode, wieder auf 44 Prozent, doch lag sie damit tiefer als zehn Jahre zuvor.[49] Offenbar hatte Chruščevs Offensive auf der Fünfzehnten Sitzung, die auf die Konsolidierung einer „geschlossenen Front" mit der entkolonialisierten Welt zielte, nur bescheidene Resultate erbracht, womit seine Nachfolger zu leben hatten, bis der Kalte Krieg zu Ende ging.

Aus dem Englischen übertragen von Dr. h. c. Hermann Graml

---

[47] Wie Anm. 35, S. 178.
[48] Ebenda, S. 175.
[49] Brinkley, The Soviet Union and the United Nations: The Changing Role of the Developing Countries, in: The Review of Politics, Vol. 32, No. 1 (January, 1970), S. 102f.

Ragna Boden
Jakarta, 1965: Zur Rolle kommunistischer Parteien in der Dritten Welt

Jakarta, 8. Oktober 1965. In der indonesischen Hauptstadt wurde das Zentralbüro der Kommunistischen Partei Indonesiens (*Partai Komunis Indonesia* – PKI) niedergebrannt: Die Verfolgung der Kommunisten hatte begonnen. Sie wurde vom Militär initiiert, koordiniert und ihre Ausbreitung über den gesamten Archipel gezielt vorangetrieben.[1] Hunderttausende fielen den Ausschreitungen zum Opfer, darunter Parteimitglieder wie -anhänger, vermeintliche Sympathisanten und deren Familien oder einfach Denunzierte, die mit Kommunismus nichts zu tun hatten. Genaue Zahlen der Ermordeten, Verletzten und anderweitig Geschädigten sind nicht mehr zu ermitteln. Seriöse Schätzungen reichen von einer halben bis zu einer Million.[2] Als die massivste Welle der Gewalt im März 1966 abgeebbt war, war die ehemals drittgrößte kommunistische Partei der Welt zerschlagen und verboten, ihre Führung umgebracht oder verhaftet. Die Ereignisse, die im Zusammenhang mit den Kommunistenverfolgungen stehen, hatten Auswirkungen bis in die Staatsspitze: Der erste Präsident des unabhängigen Indonesiens, Sukarno, wurde 1966/67, nach mehr als 20 Jahren im Amt, durch einen Vertreter der Armee, General Suharto, verdrängt. Damit hatte das Militär den seit Jahren schwelenden indonesischen Machtkampf zwischen Streitkräften, Präsident und Kommunistischer Partei für sich entschieden.[3] Suhartos Militärregime wurde in den folgenden Jahrzehnten vom Westen umworben und bestimmte die Geschicke des Staates bis 1998. Die Volksrepublik China und die Sowjetunion hatten einen der wichtigsten (potentiellen) Bündnispartner in der sogenannten Dritten Welt verloren. Beide hatten sich um Indonesien sowohl auf staatlicher als auch auf Parteiebene bemüht und darin in zunehmend schärferer Konkurrenz zueinander gestanden.[4]

Auslöser der Kommunistenverfolgungen waren Ereignisse im Herbst 1965, die wiederum mit der Machtkonstellation im Archipel zusammenhingen.[5] Die zeitweise schwache Gesundheit des über 60-jährigen Sukarno, der Anfang August 1965 bei einem öffentlichen Auftritt zusammengebrochen war, löste Spekulationen über seine Nachfolge aus. Sukarno hatte die Republik Indonesien (RI) seit der Ausrufung der Unabhängigkeit von den Nie-

---

[1] Zu den Mechanismen vgl. Robert Cribb/Colin Brown, Modern Indonesia. A History since 1945, London/New York 1995, S. 104f.
[2] Für eine Übersicht vgl. Cribb/Brown, Modern Indonesia, S. 106; Robert Cribb, Introduction: Problems in the Historiography of the Killings in Indonesia, in: Ders. (Hrsg.), The Indonesian Killings of 1965-1966: Studies from Java and Bali, Clayton 1990, S. 1-43, bes. S. 12; Benedict R. O'G. Anderson, Scholarship on Indonesia and Raison d'État: Personal Experience, in: Indonesia 62 (October 1996), S. 1-18, bes. S. 1; William R. Liddle, Leadership and Culture in Indonesian Politics, Sydney 1996, S. 95; Bernhard Dahm, Indonesien, in: Bernhard Dahm/Roderich Ptak (Hrsg.), Südostasien-Handbuch, München 1999, S. 229-250, hier S. 241; A. Y. Drugov, Indonesia, in: Southeast Asia. History – Economy – Policy, Moskau 1972, S. 212-243, hier S. 236; Guy J. Pauker, Indonesien, in: C. D. Kernig (Hrsg.), Die kommunistischen Parteien der Welt, Freiburg/Basel/Wien 1969, S. 235-242, hier S. 240.
[3] Zur Machtkonkurrenz vgl. Herbert Feith, President Soekarno, the Army and the Communists: The Triangle Changes Shape, in: Asian Survey 4 (August 1964), S. 969-980.
[4] Vgl. dazu unten, S. 133.
[5] Für die Hintergründe vgl. Cribb/Brown, Modern Indonesia; Bernhard Dahm, History of Indonesia in the Twentieth Century, London 1971; Adrian Vickers, A History of Modern Indonesia, Cambridge 2005, S. 171.

derlanden am 17. August 1945 regiert und seinem Amt – und damit sich selbst – durch Machtakkumulation eine herausragende Stellung verschafft.[6] Laut Gerüchten bereitete sich die Armeeführung nun darauf vor, am 5. Oktober, dem Tag der Streitkräfte, in einem Staatsstreich die Macht an sich zu reißen. Dazu kam es nicht. In der Nacht vom 30. September auf den 1. Oktober 1965 fielen sechs ranghohe Armeegeneräle Mordanschlägen zum Opfer; ein siebtes potentielles Opfer, General Nasution, konnte entkommen.[7] Eine „Bewegung 30. September" übernahm am 1. Oktober die Verantwortung für die Attentate und erklärte diese „Maßnahme" damit, dass sie einem Militärputsch mit Unterstützung der CIA habe zuvorkommen wollen.[8] Besonders brisant war die Situation dadurch, dass sich als Leiter dieser „Bewegung" der Chef der Präsidenten-Leibgarde, Oberstleutnant Untung, ausgab. Diese Aussage nährte Spekulationen, inwieweit Sukarno selbst in die Attentate verwickelt war. Noch am 1. Oktober bildete sich unter Untungs Leitung ein „Revolutionsrat", der Anspruch auf die interimistische Führung des Landes zum Schutze von Präsident und Republik erhob. Auf einer über den Rundfunk veröffentlichten Liste der 45 Mitglieder dieses Rates fanden sich vier Kommunisten. Die Putschisten hielten sich allerdings nur einen Tag. Schon am 2. Oktober war der Aufstand unter der Leitung des Generalmajors und späteren Präsidenten Suharto niedergeschlagen.

Hatte die PKI-Führung die Verlautbarungen der „Bewegung" zunächst begrüßt[9], so distanzierte sie sich nach dem Scheitern der Rebellion davon und erklärte, mit dem Putsch habe sie nichts zu tun. Ihrer Darstellung nach waren die Namen der Kommunisten ohne deren Einverständnis auf die Liste des „Revolutionsrates" gesetzt worden. Diese Erklärungen verhinderten jedoch nicht, dass das Militär der PKI die Verantwortung zuwies, und dies führte letztlich zu den oben beschriebenen Verfolgungen.[10]

---

[6] Für die Proklamation der Unabhängigkeit vgl. Osman Raliby (Hrsg.), Documenta Historica. Sedjarah Dokumenter dari pertumbuhan dan perdjuangan negara Republik Indonesia [Geschichte der Entwicklung und des Kampfes der Republik Indonesien anhand von Dokumenten], Djakarta 1953, S. 13f. Zur Phase der sogenannten gelenkten Demokratie vgl. Herbert Feith, Dynamics of Guided Democracy, in: Ruth T. McVey (Hrsg.), Indonesia, New Haven, Conn. ²1967, S. 309–409; Daniel S. Lev, Transition to Guided Democracy: Indonesian Politics, 1957–1959, Ithaca, N. Y. 1966; J. K. Tumakakam, The Indonesian Concept of Guided Democracy, Djakarta 1959; Frederick P. Bunnell, Guided Democracy Foreign Policy: 1960–1965. President Sukarno Moves from Non-alignment to Confrontation, in: Indonesia 2 (October 1966), S. 37–76.

[7] Zu den Ereignissen vgl. die unterschiedlichen Sichtweisen von: Sirithorn Chantrasmi, Communism in Southeast Asia, Ann Arbor, Mich. 1987, S. 310; Benedict R. O'G. Anderson/Ruth T. McVey, A Preliminary Analysis of the October 1, 1965 Coup in Indonesia, Ithaca, N. Y. 1971, die der Version von der innermilitärischen Auseinandersetzung zuneigen; Arnold Brackman, The Communist Collapse in Indonesia, New York 1969, der die PKI als Verantwortliche sieht; Daniel S. Lev, Indonesia 1965: The Year of the Coup, in: Asian Survey 6 (February 1966), S. 103–110.

[8] Dieses und die folgenden Dokumente finden sich in: Selected Documents Relating to the „September 30th Movement" and Its Epilogue, in: Indonesia 1 (April 1966), S. 131–204. Zur Rolle der CIA bei den Kommunistenverfolgungen und den Freignissen des 30. September vgl. David Easter, „Keep the Indonesian Pot Boiling": Western Covert Intervention in Indonesia, October 1965 – March 1965, in: Cold War History 5 (2005), S. 55–73; Bradley R. Simpson, Economists with Guns. Authoritarian Development and U.S.-Indonesian Relations, 1960–1968, Stanford 2008, S. 156, 189 und 193; Audrey R. Kahin/George McT[urnan] Kahin, Subversion as Foreign Policy. The Secret Eisenhower and Dulles Debacle in Indonesia, Seattle/London 1995; tendenziell exkulpierend: Paul F. Gardner, Shared Hopes, Separate Fears: Fifty Years of U.S.-Indonesian Relations, Boulder, Col. 1997.

[9] Editorial des Parteiorgans Harian Rakjat vom 2. 10. 1965, in: Selected Documents, S. 131–204, hier S. 184.

[10] Für die unterschiedlichen Deutungen der Ereignisse vgl. die in Anm. 7 genannten Titel; außerdem Vickers, Modern Indonesia, S. 171; die offizielle Darstellung der Ereignisse durch das indonesische

Die sowjetische Staats- und Parteiführung zeigte sich angesichts dieser Ereignisse unvorbereitet und reagierte sowohl spät als auch verhalten. Es gab keine entschlossene Intervention zur Rettung der PKI, der Kontakt zur PKI-Spitze wurde abgebrochen, und selbst die Aufnahme indonesischer Genossen in die sowjetischen diplomatischen Vertretungen wurde aus Rücksicht auf mögliche Schwierigkeiten unterlassen.[11] Dagegen erhielt man die diplomatischen Beziehungen aufrecht und suchte den Dialog mit Suharto, um die Rückzahlung von Krediten nicht zu gefährden. Hier zeigte sich die sozialistische Supermacht von einer Seite, die weder zum eigenen Anspruch passte, das sozialistische Weltsystem zu führen, noch zu den westlichen Bedrohungsszenarien, die Moskaus Einfluss bei jedem linksorientierten Aufstand am Werke sahen. Die öffentlichen Reaktionen aus der UdSSR beschränkten sich auf Äußerungen der Empörung und Betroffenheit.[12] In einer internen Unterredung mit Suharto sprach der sowjetische Botschafter von einer „starken psychologischen Reaktion" und einem „Gefühl großer Bitterkeit", die die Massenmorde bei der sowjetischen Bevölkerung ausgelöst hätten.[13] Dass die Opfer dieser Massaker in erster Linie Kommunisten waren, führte er nicht offen aus. Deutlichere Worte gebrauchte der Vorsitzende des Ministerrats Aleksej Kosygin gegenüber dem indonesischen Außenminister, indem er die Kommunistenverfolgungen bestialisch nannte.[14] Die verbalen Proteste hatten jedoch denkbar geringen Einfluss auf die neue indonesische Staatsführung und halfen den verfolgten Kommunisten nicht. Die sowjetischen Vertretungen vor Ort spielten in dieser Zeit keine rühmliche Rolle: Aus Furcht vor Übergriffen auf die eigenen Mitarbeiter brachen sie die Verbindungen zu den indonesischen Genossen ab.[15] Einige wenige indonesische Kommunisten konnten fliehen und gingen ins Exil nach China, Albanien oder Moskau.[16] Dort arbeiteten sie in Exilkomitees weiter, ohne jedoch noch einmal im Archipel selbst Fuß fassen zu können. Damit schloss sich für die PKI der Kreis: aus dem sowjetischen Exil waren die Aktivisten in das von den Niederländern beherrschte Land gekommen, um dort den Kommunismus einzuführen; von dort waren sie wieder in sozialistische Länder vertrieben worden. Diesmal bedeutete ihre Flucht jedoch, dass es auf lange Zeit kein sozialistisches Indonesien geben würde.

Außenministerium wandelt sich. Bis Januar 2005 war auf dessen Homepage zu lesen, dass die Kommunisten für die Morde an den Generälen verantwortlich waren. Im Jahre 2006 war dieser Passus getilgt. Vgl. Ragna Boden, The „Gestapu" Events of 1965 in Indonesia, in: Bijdragen tot de Taal-, Land- en Volkenkunde 163 (2007), S. 507-528, hier S. 507 Anm. 3. Mit wachsendem Abstand von Suhartos Amtszeit rückt das Thema allerdings zunehmend ins öffentliche Interesse.
[11] Vgl. den Bericht des DDR-Konsuls Kehr an das ZK der SED, 12.1.1966 (Stiftung Archiv Parteien und Massenorganisationen der DDR [im Folgenden: SAPMO-BArch], DY/30/IV A 2/20, 668, o. P., 1. Bl.); Boden, „Gestapu".
[12] Siehe hierzu die Dokumente in: V zaščitu borcov protiv reakcii i imperializma. K sobytijam v Indonezii [Zur Verteidigung der Kämpfer gegen Reaktion und Imperialismus. Zu den Ereignissen in Indonesien], 2 Bde., Moskau 1967–1969.
[13] Gespräch Sytenkos mit Suharto, 29.12.1967 (Archiv Vnešnej Politiki Rossijskoj Federacii [Archiv des Außenministeriums der Russländischen Föderation, im Folgenden: AVP RF], f. 91, 23-41-6, ll. 222-235, hier l. 228).
[14] „Information über den Besuch des indonesischen Außenministers in der Sowjetunion", Bericht des DDR-Gesandten Rossmeisl aus der Botschaft in Moskau, 25.10.1966 (SAPMO-BArch, DY/30/IV A 2/20, 671, o. P., 2. Bl.).
[15] Bericht des DDR-Konsuls Kehr an das ZK der SED, 12.1.1966 (SAPMO-BArch, DY/30/IV A 2/20, 668, o. P., 1. Bl.).
[16] „Informationsmaterial über die Kommunistische Partei Indonesiens" (SAPMO-BArch, DY/30/IV A 2/20, 1051, o. P., 3.-4. Bl.).

Die Anfänge der kommunistischen Parteien: Die Komintern

Die verhaltenen öffentlichen Reaktionen aus der UdSSR auf die Kommunistenverfolgungen in der RI sind nur vor dem Hintergrund der globalen Kräftekonstellationen zu verstehen. Gleichzeitig weist die Entwicklung der Moskauer Beziehungen zu den indonesischen Kommunisten viele typische Merkmale des Umgangs der sowjetischen Führung mit den kommunistischen Parteien der Entwicklungsländer generell auf. Die Geschichte der PKI ist in vielerlei Hinsicht bezeichnend für die KPs postkolonialer Staaten und Regionen.[17] Sie war 1920 noch vor der KP Chinas[18] gegründet worden und hatte Wurzeln, die bis 1914 zurückreichten. Maßgeblich beteiligt war der Niederländer Henricus Sneevliet (Pseudonym: G. Maring), der als Komintern-Beauftragter auch die Gründung der KP Chinas begleitete. In der Komintern, der internationalen, zentralen Organisation kommunistischer Parteien (1919–1943), arbeiteten auch leitende PKI-Mitglieder wie Alimin, Musso und Tan Malaka, der 1948 die Murba-Partei als Alternative zur PKI gründete.[19]

In den 1920er und 1930er Jahren gab es eine Gründungswelle von KPs in den Kolonialgebieten, die zwar oft als Filialorganisation der KP der jeweiligen Kolonialmacht galten, aber eigene Sektionen innerhalb der Komintern bildeten.[20] Die Parteien der Mutterländer wurden von der Komintern auf eine „besondere Verantwortung" für die KPs ihrer Kolonien verpflichtet.[21] Daher waren in ihrem Spitzengremium, dem Exekutivkomitee der Kommunistischen Internationale (EKKI), nur wenige Vertreter für außereuropäische Regionen vertreten: seit 1924 Manabendra Nath Roy für Indien und Tschin Du-liu für China sowie 1928

---

[17] Zur Geschichte der PKI vgl. D. N. Aidit, Entstehung und Entwicklung der Kommunistischen Partei Indonesiens, 1920 bis 1955, Berlin 1956; Françoise Cayrac-Blanchard, Le Parti Communiste Indonésien, Paris 1973; Guy J. Pauker, The Rise and Fall of the Communist Party of Indonesia, in: Robert A. Scalapino (Hrsg.), The Communist Revolution in Asia: Tactics, Goals, and Achievements, Englewood Cliffs, N. J. ²1969, S. 274–307; Justus M. van der Kroef, The Communist Party of Indonesia. Its History, Program and Tactics, Vancouver 1965; George McTurnan Kahin, Nationalism and Revolution in Indonesia, Ithaca, N. Y. 1970, S. 70–87; Arnold Brackman, Indonesian Communism. A History, New York 1963; speziell zur Frühzeit: Ruth T. McVey, The Rise of Indonesian Communism, Ithaca, N. Y. 1965; J. Th. Petrus Blumberger, De nationalistische Beweging in Nederlandsch-Indië, Haarlem 1931.
[18] Die Bezeichnung „KP" steht in diesem Beitrag aus pragmatischen Gründen stellvertretend für kommunistisch ausgerichtete Parteien, unabhängig von ihrer jeweiligen Selbstbezeichnung. Sie traten unter solch verschiedenen Bezeichnungen wie „Arbeiterpartei", „Partei der Arbeit", „Volkspartei", „Sozialistische Partei", „Volksavantgarde" usw. auf.
[19] Zur Mitarbeit der PKI vgl. Ragna Boden, Die Grenzen der Weltmacht. Sowjetische Indonesienpolitik von Stalin bis Brežnev, Stuttgart 2006, S. 68f.; zur Komintern allgemein: Kevin McDermott/Jeremy Agnew, The Comintern: A History of International Communism from Lenin to Stalin, London 1996; Horst Schumacher, Die Kommunistische Internationale (1919–1943), Berlin [Ost] 1979; an Dokumenteneditionen sind hierzu zu nennen: Ja. S. Drabkin (Hrsg.), Komintern i ideja mirovoj revoljucii. Dokumenty [Die Komintern und die Idee der Weltrevolution], Moskau 1998; Hermann Weber, Die Kommunistische Internationale. Eine Dokumentation, Hannover 1966; zur Politik gegenüber Kolonien vgl. Komintern i Afrika. Dokumenty [Die Komintern und Afrika. Dokumente], zusammengestellt von Valentin Gorodnov, Sankt Petersburg 2003; Manuel Caballero, Latin America and the Comintern, 1919–1943, Cambridge 1986, mit einer Aufstellung der Teilnahme lateinamerikanischer Delegierter an den EKKI-Plenumssitzungen: S. 40f.
[20] Vgl. Wolfgang Berner, Arabische Länder, in: C. D. Kernig, Die kommunistischen Parteien der Welt, Freiburg/Basel/Wien 1969, S. 59–74, hier S. 65.
[21] Wolfgang Berner, Afrikapolitik, in: Osteuropa-Handbuch. Sowjetunion. Außenpolitik, 1955–1973, hrsg. von Werner Markert und Dietrich Geyer, Köln/Wien 1976, Bd. 2, S. 713–843, hier S. 718.

Musso für Niederländisch-Indien.[22] Während die Komintern im Jahr 1926 29 Parteien mit insgesamt 1,2 Millionen Mitgliedern repräsentierte, waren es 1935 bereits 61 Parteien mit 3,1 Millionen Mitgliedern. Ausschlaggebend für diesen starken Zuwachs waren wohl eher Radikalisierungstendenzen in der Arbeiterschaft als die eigene Propaganda- und Organisationsarbeit.[23] Diese war vorwiegend auf Europa als nächstem Aktionsraum konzentriert.[24] Zudem war die Mitgliedschaft sehr ungleich verteilt. Die Großregion Afrikas südlich der Sahara etwa war lediglich mit einer einzigen KP vertreten, der südafrikanischen.[25]

Nur in der Anfangsphase bis Mitte der 1920er Jahre fungierte die Komintern tatsächlich als Plattform zur Aushandlung politischer Vorstellungen und Vorgehensweisen, wo Kommunisten aus aller Welt die Gelegenheit hatten, ihre Visionen einer globalen Entwicklung zu diskutieren.[26] Die hier gewonnenen Einsichten prägten im Folgenden die Vorgehensweise vieler KP-Führungen auch nach 1945, als die Befreiungsbewegungen ihren Höhepunkt erreichten. Im Wesentlichen war für die außereuropäischen Kommunisten die doppelte Aufgabe zu lösen, sowohl die europäische Fremdherrschaft abzuschütteln, als auch sich gegen einheimische Großgrundbesitzer und Regionalfürsten durchzusetzen. Strittig war seit dem zweiten Komintern-Kongress 1920, wie dies zu bewerkstelligen sei.[27] Gegen Lenins Vorschlag, dass die örtlichen Kommunisten zuerst und notfalls unter der Leitung des einheimischen Bürgertums und gemeinsam mit diesem die Kolonialmacht bekämpfen sollten, um danach einen sozialistischen Umsturz herbeizuführen, plädierten Sneevliet und M. N. Roy dafür, dass die Kommunisten direkt die Führung übernehmen sollten. Schon 1924 begann die „Bolschewisierung" der Komintern, das heißt ihre Ausrichtung auf sowjetische Bedürfnisse.[28] Die Verhaftungen und Vernichtungen im Zuge der sowjetischen „Säuberungen" in den 1930er Jahren trafen schließlich auch ausländische Komintern-Mitarbeiter sowie Exil-Kommunisten.[29]

---

[22] Vgl. die Zusammenstellung der Mitglieder bei Weber, Kommunistische Internationale, S. 371f. Roy wurde 1929 aus der Komintern ausgeschlossen.
[23] Weber, Kommunistische Internationale, S. 21.
[24] Michael Weiner, Comintern in East Asia, 1919–39, in: McDermott/Agnew, Comintern, S. 158–196.
[25] Apollon Davidson/Irina Filatova, African History: A View from behind the Kremlin Wall, in: Maxim Matusevich (Hrsg.), Africa in Russia, Russia in Africa: Three Centuries of Encounters, Trenton, N. J. 2007, S. 111–131, hier S. 113.
[26] Vgl. etwa für die Außenseiterposition der KP Birmas: John H. Badgley, The Communist Parties of Burma, in: Robert A. Scalapino (Hrsg.), The Communist Revolution in Asia: Tactics, Goals, and Achievements, Englewood Cliffs, N. J. ²1969, S. 309–328.
[27] Der Zweite Kongreß der Kommunist[ischen] Internationale. Protokoll der Verhandlungen vom 19. Juli in Petrograd und vom 23. Juli bis 7. August 1920 in Moskau, Hamburg 1921. Zur sowjetischen Theorie über die Entwicklung der Kolonien in der Zeit 1920–1927 vgl. auch Xenia Joukoff Eudin/Robert C. North, Soviet Russia and the East, 1920–1927. A Documentary Survey, Stanford, Calif. 1957.
[28] Für die Bolschewisierung von oben und unten vgl. McDermott/Agnew, Comintern, S. 41–80; Schumacher, Kommunistische Internationale, S. 78–83; Weber, Kommunistische Internationale, S. 19–21 („Stalinisierung"); speziell für Lateinamerika vgl. Wolfgang Berner, Die Sowjetunion und Lateinamerika, in: Osteuropa-Handbuch. Sowjetunion. Außenpolitik, Bd. 2, S. 844–878, hier S. 847; für die Machtverlagerung auf das EKKI vgl. Weber, Kommunistische Internationale, S. 18.
[29] Christopher Andrew/Vasili Mitrokhin, The World Was Going Our Way. The KGB and the Battle for the Third World, New York 2005, S. 504f. Anm. 8, nennen den Fall des Albert Nzula, des ersten schwarzen Generalsekretärs der KP Südafrikas, der im Gewahrsam des sowjetischen Geheimdienstes starb. Vgl. dazu auch, mit Dokumentenauszügen: Apollon Davidson u. a. (Hrsg.), South Africa and the Communist International: A Documentary History, Bd. 1, London/Portland, OR 2003, S. 17–21. Zum Terror in seinen Auswirkungen auf die Komintern insgesamt vgl. auch McDermott/Agnew, Comintern, S. 142–157.

Fraglich war auch, inwieweit die Komintern eine Basis für die Ausarbeitung von Kampfstrategien und die tatsächliche Vorbereitung von Revolutionen sein konnte. In der Mongolei hatten sich die Kommunisten 1921 mit Hilfe direkter sowjetischer Unterstützung durchgesetzt und drei Jahre später die Volksrepublik installiert. Dieser Erfolg war jedoch kein Anlass für Moskau, kommunistische Bewegungen andernorts vorbehaltlos zur Revolution zu ermutigen. Prägnante Beispiele für diese Politik der Zurückhaltung der Komintern waren der Umgang mit der KP Chinas und der PKI. Nachdem die chinesischen Kommunisten von der Komintern 1923 zu einem Bündnis mit den Kuomintang (KMT) gedrängt worden waren, führten die von den KMT an ihnen verübten Massaker von April 1927 vor Augen, wie schlecht sie damit beraten waren.[30] Nun setzte sich Mao innerhalb der KP Chinas durch und agierte zunehmend eigenständig, unabhängig von Moskau.[31] In Indonesien scheiterten zu dieser Zeit die Ende 1926 – gegen den Willen der Komintern – begonnenen Aufstände der indonesischen Kommunisten auf Java und Bali.[32] Beide Ereignisse zeigen, dass die Revolutionsstrategie der Komintern zwar um theoretische Fragen kreiste und Modelle aufzeigte, an denen sich viele Kommunisten aus Entwicklungsländern nach 1945 orientierten, sich aber in Fragen der konkreten Unterstützung von Befreiungsbewegungen sehr zurückhielt; sie zielte zunächst auf ein Bündnis mit bürgerlichen Kräften ab, bevor der Linksruck von 1928 eben solche taktischen Bestrebungen obsolet machte. Als Reaktion auf die weltpolitische Lage änderte sich die Ausrichtung der Komintern erneut, als seit 1934 ein breiteres antifaschistisches Bündnis angestrebt wurde. Dies galt zwar nicht mehr für den Fall Brasiliens im November 1935, doch zu dieser Zeit hatte die Komintern schon an Einfluss verloren. Das Scheitern des kommunistischen Aufstandes in Brasilien – ebenfalls wegen fehlender Beteiligung aus der Bevölkerung – entmutigte dann weitere derartige Versuche.[33] Vielversprechender schien die kooperative Taktik der kubanischen Kommunisten, zuerst mit den Nationalisten um Fulgencio Batista eine Volksfront zu bilden, um legalisiert (1938) und dann (1943) als erste lateinamerikanische KP an der Regierung beteiligt zu werden.[34]

---

[30] Alexander Pantsov, The Bolsheviks and the Chinese Revolution, 1919-1927, Richmond, Surrey 2000; N. L. Mamaeva, Komintern i Gomin'dan, 1919-1929 [Die Komintern und die Kuomintang, 1919-1929], Moskau 1999; Dieter Heinzig, Sowjetische Militärberater bei der Kuomintang 1923-1927, Baden-Baden 1978.
[31] Vgl. dazu Dieter Heinzig, Die Sowjetunion und das kommunistische China 1945-1950, Baden-Baden 1998, S. 9-17.
[32] Für die Komintern-Diskussionen vgl. „Discussion at Meeting of Indonesian Sub-secretariat [EKKI] July 29, 1926" (Rossijskij Gosudarstvennyj Archiv Social'no-Političeskoj Istorii [Russländisches Staatliches Archiv für Sozialpolitische Geschichte, im Folgenden: RGASPI]), f. 495, op. 154, d. 706, ll. 74-87; Darsono [PKI-Mitglied] an das Exekutivkomitee der Komintern (EKKI), Moskau, Sekretariat für den Mittleren Osten, 16.11.1926 (RGASPI, f. 495, op. 154, d. 303, ll. 1-2, hier l. 1). Zu den Aufständen vgl. Harry J. Benda/Ruth J. [T.] McVey (Hrsg.), The Communist Uprisings of 1926-1927 in Indonesia: Key Documents, Ithaca, N. Y. 1960; van der Kroef, Communist Party, S. 3-44.
[33] Zu Brasilien vgl. Boris Goldenberg, Kommunismus in Lateinamerika, Stuttgart 1971, S. 211-216, für die fehlende Unterstützung: S. 215f.
[34] Goldenberg, Kommunismus, S. 91 und 293-305, und Hugh Thomas, Cuba or the Pursuit of Freedom, London 1971, S. 706-715 und 733f.

Die kommunistischen Parteien in den Unabhängigkeitsbewegungen bis Mitte der 1950er Jahre

Nach den vereinzelten Revolutionsversuchen der Kommunisten während der Komintern-Zeit nahmen die Unabhängigkeitsbewegungen, die sich gegen die europäische Kolonialherrschaft und in Ost- und Südostasien auch gegen die japanische Besatzung richteten, nach dem Zweiten Weltkrieg neue Dimensionen an.[35] Bis zur Mitte der 1950er Jahre erklärten vor allem süd- und südostasiatische und Staaten des Nahen Ostens ihre Unabhängigkeit, bevor 1960 in einem regelrechten Schub gleich 17 afrikanische Staaten folgten. Ein Teil der Zukunftshoffnungen der Komintern ging somit in Erfüllung. Nun mussten die kommunistischen Parteien es noch schaffen, sich an die Spitze der Bewegung zu setzen, um die neuen Staaten in ihrem Sinne auszugestalten.

Indonesien erklärte sich als einer der ersten Staaten nach dem Ende des Zweiten Weltkrieges unabhängig: Am 17. August 1945 riefen Sukarno und Mohammed Hatta die Republik aus. Beide gehörten weder der PKI an, noch hatten sie kommunistische Ambitionen, selbst wenn Sukarnos Weltbild neben nationalen und islamischen auch sozialistische Elemente umfasste.[36] Damit stellte sich hier, wie bei den meisten KPs der unabhängig werdenden ehemaligen Kolonien die Frage, wie sich die Kommunisten im Unabhängigkeitskampf verhalten sollten.

Seit dem Zweiten Komintern-Kongress waren keine wesentlichen theoretischen Neuerungen für das Vorgehen der KPs der Kolonien hinzugekommen, so dass diese 1945 zunächst auf sich gestellt waren. Ein gemeinsames Problem der KPs der Kolonien bestand neben ihrer Haltung zu den nichtkommunistischen Befreiungsbewegungen im eigenen Land in den Beziehungen zu den KPs ihrer Kolonialherren. Für beide Seiten gab es hier Schwierigkeiten mit den sich ausschließenden Loyalitäten.[37] Insbesondere die französische KP sah sich nach dem Zweiten Weltkrieg im Konflikt zwischen ihrer Regierungsbeteiligung inklusive dem Erhalt der Kolonien einerseits und dem kommunistischen Grundsatz des Antiimperialismus andererseits. Der Zwiespalt stellte mittelbar auch ein Problem für die KPdSU dar. Die KP der Niederlande schwenkte offenbar von sich aus nach einer kurzen Phase, in der sie für die Beibehaltung der niederländischen Aufsicht über Indonesien plädiert hatte, auf die Linie um, der Republik Indonesien müsse die Unabhängigkeit gewährt werden.[38] Somit war eine Unterstützung der Befreiungsbewegung im Archipel auch durch Moskau unproblematisch.[39]

---

[35] Die Japaner hatten seit Dezember 1942 Indonesien und bis 1945 weite Teile Südostasiens besetzt und nach einer Phase der Konzessionen ein hartes Besatzungsregime eingeführt. Als sich die japanische Niederlage abzeichnete, trainierten die Besatzer in Indonesien noch einheimische Truppen, die zur Grundlage der Befreiungskämpfe auch gegen die Niederlande wurden.
[36] Bernhard Dahm, Sukarnos Kampf um Indonesiens Unabhängigkeit. Werdegang und Ideen eines asiatischen Nationalisten, Berlin 1966.
[37] Für Südostasien speziell vgl. Oliver E[dmund] Clubb, Jr., The United States and the Sino-Soviet Bloc in Southeast Asia, Washington, D. C. 1963, S. 14-16.
[38] Für die Beibehaltung Indonesiens im Konnex mit den Niederlanden sprach sich Paul De Groot in seiner Rede vom 11.10.1945 aus: Internationaal Instituut voor Sociale Geschiedenis (Internationales Institut für Sozialgeschichte, Amsterdam), CPN, No. 273, Bl. 8; für das Abgehen von dieser Linie vgl. De Groots Rede vom November 1946: RGASPI, f. 17, op. 128, d. 161, ll. 41-49, bes. 43ob.-46.
[39] Für den Umgang der USA mit der Dekolonisierung in Südostasien vgl. auch Marc Frey, Dekolonisierung in Südostasien: die Vereinigten Staaten und die Auflösung der europäischen Kolonialreiche, München 2006.

Diese Zurückhaltung in Fragen möglicher Revolutionen und Machtübernahmen durch die KPs in Kolonien und Entwicklungsländern war generell kennzeichnend für die Stalin-Phase. Den Sieg 1949 errangen die chinesischen Kommunisten weitgehend im Alleingang, während Stalin noch im August 1945 einen Bündnisvertrag mit den KMT geschlossen hatte.[40] Weitere kommunistische Machtübernahmen gelangen partiell in Korea und Vietnam. Die staatliche Teilung beider Länder machte die Spaltung der Welt in zwei Lager für Asien ebenso deutlich wie das geteilte Deutschland für Europa. Aus Rücksicht auf die KP Frankreichs hielt die sowjetische Führung die vietnamesische Arbeiterpartei unter Ho Chi Minh bei der Genfer Friedenskonferenz 1954 mit ihren Forderungen zurück. Frankreich legte im Gegenzug ein Veto gegen die Gründung der Europäischen Verteidigungsgemeinschaft ein.[41] Damit gab Moskau europäischen Belangen deutlichen Vorrang vor asiatischen, während die Volksrepublik China im gleichen Sinne, aber aus ganz anderen Motiven, auf die Viet Minh einwirkte. Peking wollte vor allem die USA aus der Pazifikregion fernhalten, um den eigenen Staat zu konsolidieren.[42] Die KPs Vietnams und Koreas wiesen einige Gemeinsamkeiten in der Entwicklung auf, wie etwa die anfängliche Zersplitterung oder die zeitweilige Sozialisierung ihrer Gründer im Exil. Während aber die Viet Minh unter der Führung Ho Chi Minhs für die Bekämpfung der japanischen Besatzer mit den westlichen Alliierten kooperierten, kam Kim Il-Sung als Major der sowjetischen Streitkräfte nach Korea, um die japanische Herrschaft abzulösen.[43]

Im indonesischen Unabhängigkeitskampf, der 1950 mit der faktischen Lösung von den Niederlanden und der Aufnahme der RI in die UNO endete, kooperierte die PKI zunächst mit den indonesischen Regierungen und unterstützte selbst deren Abkommen mit den Niederländern. Da sie diese unpopulären Maßnahmen mittrug, wurde sie von der Bevölkerung kaum als eigenständige Kraft wahrgenommen.[44] Dies änderte sich, als die PKI Ende 1948 einen Aufstandsversuch aus dem Militär unterstützte, der allerdings wie schon 1926 misslang.[45] Zwar ordnete sich die Rebellion diesmal in eine Welle von kommunistischen

---

[40] Heinzig, Die Sowjetunion und das kommunistische China, Kapitel 2.
[41] Mari Olsen, Soviet-Vietnamese Relations and the Role of China, 1949–1964: Changing Alliances, New York 2006; Gerd Linde, Vietnam, in: Osteuropa-Handbuch. Sowjetunion. Außenpolitik, Bd. 2, S. 581–590, hier S. 581. Mit der Verhinderung der Europäischen Verteidigungsgemeinschaft sollte außerdem eine Wiederbewaffnung der Bundesrepublik Deutschland verhindert werden.
[42] Sergei N. Goncharov/John W. Lewis/Xue Litai, Uncertain Partners. Stalin, Mao, and the Korean War. Stanford, Calif. 1993; Shu Guang Zhang, Constructing „Peaceful Coexistence": China's Diplomacy toward the Geneva and Bandung Conferences, 1954–55, in: Cold War History 7 (2007), S. 509–528; für die amerikanische Seite vgl. Yuen Foong Khong, Analogies at War: Korea, Munich, Dien Bien Phu, and the Vietnam Decisions of 1965, Princeton 1992.
[43] Für Vietnam vgl. Carlyle A. Thayer, Communist Party of Indochina, in: Haruhiro Fukui (Hrsg.), Political Parties of Asia and the Pacific, Bd. 2, Westpost, Conn./London 1985, S. 1102; dies., Vietnam Workers' Party, in: Fukui (Hrsg.), Political Parties, Bd. 2, S. 1181–1194; Marc Frey, Geschichte des Vietnamkriegs. Die Tragödie in Asien und das Ende des amerikanischen Traums, München ⁴1999, S. 16; für Korea vgl. Balázs Szalontai, Kim Il Sung in the Khrushchev Era: Soviet-DPRK Relations and the Roots of North Korean Despotism, 1953–1964, Washington, D. C. 2005.
[44] Dieses Vorgehen kritisierte später der PKI-Generalsekretär, vgl. Aidit, Entstehung, S. 25.
[45] Zu dieser sogenannten Madiun-Affäre vgl. Boden, Grenzen, Kapitel 1.3.2.2; aus der Perspektive der nachfolgenden PKI-Generation: D. N. Aidit, Konfrontasi Peristiwa Madiun 1948 – Peristiwa Sumatera 1956 [Die Konfrontation der Madiun-Ereignisse 1948 und der Ereignisse auf Sumatra 1956], Djakarta ³1958; Aidit menggugat peristiwa Madiun [Aidit prangert die Madiun-Ereignisse an], Djakarta ⁴1964, auf Englisch unter folgendem Titel erschienen: Aidit accuses Madiun Affair (D. N. Aidit's Defence Plea at the Trial in the Jakarta State Court on February 24, 1955), Djakarta 1955; Buku Putih tentang

Aufständen in Asien ein: in Birma (März), Malaya (Juni) und in verschiedenen indischen Provinzen. Doch diese Rebellionen wurden sämtlich niedergeschlagen.[46] Die PKI selbst wurde verboten, ihre Führung hingerichtet und der sogenannte Madiun-Aufstand innenpolitisch zu einem „Dolchstoß" umgedeutet: Demnach sei die PKI der gegen die niederländischen Truppen kämpfenden indonesischen Unabhängigkeitsbewegung in den Rücken gefallen.[47]

Von westlichen Beobachtern wurden die hier geschilderten Aufstände zum Teil in Zusammenhang miteinander und mit der Formierung der Kommunisten in Entwicklungsländern gebracht. Ein Anhaltspunkt dafür war, dass sich 1948 unabhängig von der Etablierung kommunistischer Regime in Osteuropa die KPs der Entwicklungsländer in eigenen internationalen Versammlungen wie dem internationalen Jugendkongress (19.–25. Februar) in Indien organisierten.[48] Die Bedeutung dieser Treffen als mögliche Auslöser der folgenden kommunistischen Aufstände in Südostasien ist unterschiedlich eingeschätzt worden. Zeitgenossen vermuteten hinter den Aufständen Pläne Moskaus, um zeitgleich mit Osteuropa auch Teile Asiens unter sowjetische Kontrolle zu zwingen[49], oder sahen zumindest in der Rede Andrej Ždanovs von 1947 zusammen mit dem Jugendkongress in Indien eine Initialzündung für die Aufstände[50]. Soweit die sowjetischen Akten bisher zugänglich sind, lässt sich die These einer sowjetischen aktiven Beteiligung nicht belegen. Die Impulse scheinen vielmehr von den asiatischen KPs selbst ausgegangen zu sein.[51] In Indonesien fiel der Aufstand zwar mit der Rückkehr eines der führenden PKI-Mitglieder und langjährigen Exilanten in der Sowjetunion, Musso, zusammen. Aus seiner programmatischen Schrift für einen „Neuen Weg für die Republik Indonesien"[52] lässt sich aber eine dezidierte Aufstandsanweisung aus Moskau nicht ablesen. Um die Bevölkerungen in den unabhängig werden-

Peristiwa Madiun [Weißbuch über die Madiun-Ereignisse], zusammengestellt und hrsg. vom Sekretariat Agitasi-Propaganda C. C. P. K. I., [Djakarta 1955].
[46] Während die KPs Birmas und Malayas aus dem Untergrund heraus weiterkämpften, wurde auf den Philippinen im Oktober die von den Kommunisten geführte Widerstandsarmee der *Huk* mit Hilfe der von den USA ausgebildeten philippinischen Streitkräfte aufgerieben.
[47] Vgl. hierzu van der Kroef, Communist Party, S. 44; Rex Mortimer, Indonesian Communism under Sukarno. Ideology and Politics, 1959–1965, Ithaca, N. Y. 1974, S. 58.
[48] Für den Kongress vgl. Frank N. Trager, The Impact of Marxism, in: Ders. (Hrsg.), Marxism in Southeast Asia. A Study of Four Countries, Stanford, Calif. 1959, S. 240–299, bes. S. 263–273; George Benson, International Communism. Aims and Tactics outside the Sino-Soviet Bloc, Bd. 2, o. O. 1961, Teil XXIV, S. 3; Dietmar Rothermund, Delhi, 15. August 1947. Das Ende kolonialer Herrschaft, München ²1999, Kapitel 1.
[49] Für Indonesien vgl. Jeanne S. Mintz, Mohammed, Marx and Marhaen: the Roots of Indonesian Socialism, London/Dunmon 1965, S. 92f.; Trager, Impact, S. 263–273; Benson, Communism, Bd. 2, Teil XXIV, S. 3; dagegen Ann Swift, The Road to Madiun: The Indonesian Communist Uprisings of 1948, Ithaca, N. Y. 1989, S. 88.
[50] J[ack] H[enry] Brimmell, Communism in South East Asia. A Political Analysis, London/New York/Toronto 1959, S. 263. Dagegen schätzten Swift, Road, S. 26–30, und Ruth T. McVey, The Calcutta Conference and the Southeast Asian Uprisings, Ithaca, N. Y. 1958, insbesondere den Einfluss der Konferenzen auf die PKI als gering ein.
[51] Einen besonderen Einfluss Jugoslawiens auf die auf dem Jugendkongress anwesenden Delegierten sehen Gene D. Overstreet/Marshall Windmiller, Communism in India, Berkeley/Los Angeles 1959, S. 274.
[52] Musso, Djalan Baru untuk Republik Indonesia (Rentjana Resolusi Polit-Biro untuk dimadjukan pada kongres ke-V dari Partai Komunis Indonesia. Disetudjui oleh konperensi PKI pada tanggal 26 dan 27 Agustus 1948) [Der neue Weg für die Republik Indonesien (Entwurf einer Resolution des Politbüros für den fünften Parteitag der PKI, angenommen von der PKI-Konferenz am 26.–27. August 1948)], Djakarta ²1953, abrufbar über: http://www.geocities.com/edicahy/marxist/pki/djalan-baru.html.

den Staaten zu lenken, hatte die UdSSR zu dieser Zeit kaum die Möglichkeiten und Institutionen.

Das Problem stellte sich schon damit, dass in der Nachkriegsepoche kein Pendant zur 1943 aufgelösten Komintern existierte, welches die außereuropäischen KPs einbezogen hätte. Passend zu seiner im Wesentlichen auf Europa konzentrierten Außenpolitik organisierte Stalin 1947 die Kominform als supranationale kommunistische Organisation mit europäischer Ausrichtung.[53] Äußerungen Stalins zu einer Aufteilung der Einflusssphären zwischen der UdSSR und China, nach denen Moskau sich um die europäischen und Peking um die KPs der Kolonien und Entwicklungsländer kümmern sollte, sind als rein taktisches Manöver zu verstehen, um Mao zufriedenzustellen.[54]

Die Verbindung zu den KPs der Kolonien und Entwicklungsländer funktionierte wegen der zunehmenden Differenzen zwischen Moskau und Peking nur noch eingeschränkt und mit wachsenden Verlusten. Die gemeinsamen Foren in Form der kommunistischen Weltkonferenzen, die in den Jahren 1957, 1960, 1969 abgehalten wurden[55], litten darunter ebenso wie die Feier zum 70. Jubiläum der Oktoberrevolution in Moskau, an der auch Vertreter von 40 Parteien und Bewegungen aus der Dritten Welt teilnahmen[56]. Das kommunistische Netzwerk reichte damit nicht mehr an das Vorkriegsniveau heran.

Einen Ersatz mit reduzierter Besetzung bildeten die KPdSU-Parteitage, zu denen die KP-Führungen aus aller Welt geladen waren, um sich über die sowjetische Linie zu informieren. Aus der Präsenz ihrer Abgesandten und der Reihenfolge ihrer Nennung bei der Begrüßung ließ sich jeweils ihre Nähe zur KPdSU ablesen.[57] Diese Anlässe boten Gelegenheit zum internationalen Austausch; ansonsten hielt Moskau die Beziehungen insbesondere zu den nichtregierenden, vorwiegend außereuropäischen KPs über die Internationale Abteilung (IA) des Zentralkomitees der VKP(b)/KPdSU aufrecht, die fast während der gesamten Zeit ihres Bestehens von Boris Ponomarev geleitet wurde (1955–1986).[58] Die Internationale Abteilung gliederte sich in funktionale und geographische Sektoren. Sie wechselten

---

[53] Editionen der Sitzungsprotokolle: Soveščanija Kominforma, 1947, 1948, 1949. Dokumenty i materialy [Die Komintern-Konferenzen, 1947, 1948, 1949. Dokumente und Materialien], Moskau 1998; Giuliano Procacci (Hrsg.), The Cominform: Minutes of the Three Conferences 1947/1948/1949, Mailand 1994.

[54] Vgl. dazu Grant M. Adibekov, Das Kominform und Stalins Neuordnung Europas, hrsg. von Bernhard H. Bayerlein und Jürgen Mothes, in Verbindung mit Olaf Kirchner, Frankfurt a. M. 2002, S. 121–126; Heinzig, Die Sowjetunion und das kommunistische China, S. 358–361.

[55] Allerdings waren seit 1960 wegen des sino-sowjetischen Konfliktes nicht mehr alle KP-Führungen vertreten. Kennzeichnend für die internationalen Konferenzen der kommunistischen und Arbeiterparteien war die Frage nach einer besonderen sowjetischen Stellung innerhalb des sozialistischen Weltsystems. Hatte Mao 1957 noch auf einer Führungsposition der KPdSU bestanden, so betonte das Schlusspapier der Konferenz von 1960 die Gleichberechtigung und Unabhängigkeit der KP. Vgl. Heinz Brahm, Der sowjetisch-chinesische Konflikt, in: Osteuropa-Handbuch. Sowjetunion. Außenpolitik, Bd. 2, S. 469–536, hier S. 474 und 489. Vgl. dazu auch unten, S. 133.

[56] Heinz Timmermann, Die KPdSU und das internationale kommunistische Parteiensystem. Paradigmenwechsel in Moskau, Köln 1989 (Berichte des Bundesinstituts für ostwissenschaftliche und internationale Studien [BBIOSt], H. 13, 1989), S. 6f.

[57] Robert W. Kitrinos, International Department of the CPSU, in: Problems of Communism (PoC) 33 (1984), H. 5, S. 47–75, hier S. 69 Anm. 8.

[58] Zur Internationalen Abteilung vgl. Kitrinos, International Department; Boris Meissner, Das außen- und sicherheitspolitische Entscheidungssystem der Sowjetunion, in: Aus Politik und Zeitgeschichte B 43/1983, S. 31–45; Leonard Schapiro, The International Department of the CPSU: Key to Soviet Policy, in: International Journal 32 (1976/77), S. 41–55.

zwar im Laufe der Jahre in ihrer Zusammensetzung, im Wesentlichen blieb es für die Entwicklungsländer aber bei den Großregionen Naher Osten/Arabische Staaten, Südasien, Südostasien, Lateinamerika, und Afrika südlich der Sahara.[59] Die IA war weiterhin das wichtigste sowjetische Verbindungsorgan zu den KPs bis zum Ende der UdSSR. Hier arbeiteten auch Genossen aus den Entwicklungsländern wie Indonesien, die unter anderem Übersetzungsdienste leisteten.[60]

Die Dekolonisierungswelle der 1950er/60er Jahre

Während Peking in den Unabhängigkeitsbewegungen potentielle Partner für eine Einflussnahme sah, hatte Moskau sichtlich Mühe, ein Konzept für den Umgang mit außereuropäischen KPs zu entwickeln. Soweit die Verbindungen bisher erforscht sind, war Stalin an den Beziehungen zu außereuropäischen KPs weniger interessiert.[61] Chruščev dagegen unternahm zwar etliche Anläufe, um Beziehungen mit Entwicklungsländern in Form der Aufnahme diplomatischer Beziehungen, Wirtschafts- und Militärhilfe anzuknüpfen; er stellte aber die Verbindungen mit den KPs dieser Staaten dafür hintan, wenn sie die Staatsführung des Entwicklungslandes irritierten, was sich besonders deutlich in Ägypten und Indonesien zeigte.[62] Teilweise – so in den genannten Ländern – wurden die KPs vor allem dazu genutzt, um die Beziehungen auf staatlicher Ebene zu verbessern. Doch war dies zumindest in der Inselrepublik kein einseitiges Vorgehen der sozialistischen Supermacht; auch der PKI-Generalsekretär Aidit sah durchaus Vorteile in einer bilateralen Annäherung auf Staatsebene und riet zu entsprechenden Aktivitäten in Moskau, die nicht nur die Verbindungen zur PKI, sondern auch zu den anderen großen indonesischen Parteien umfassen sollten.[63]

Insgesamt unterschieden sich die Ausgangsbedingungen für die Beziehungen zu den KPs in den Ländern der Dritten Welt gewaltig. Der Einfluss einer Partei hing ganz wesentlich von der Machtstellung im eigenen Land ab: ob sie die politisch beherrschende Kraft war wie in Nordkorea, Kuba usw., an der Regierung beteiligt wie in den 1960ern in Indonesien oder in Parlamenten vertreten wie in Indien, ob sie wenigstens legal war oder aber illegal wie in den meisten arabischen Staaten. In jedem Fall spielte auch die Frage der Loyalität der jeweiligen KP zu Moskau eine Rolle.

Nach ihrem zeitweiligen Verbot als Reaktion auf den gescheiterten Aufstand 1948 gelang es der PKI diesmal recht schnell, sich wieder zu erholen. Unter der neuen Führung Aidits beteiligte sich die Partei an den ersten indonesischen Parlamentswahlen 1955 und wurde mit 16 Prozent viertstärkste Kraft nach den Nationalisten (PNI) und den Islam-Parteien.[64] Damit schaffte es die PKI, sich fest in der politischen Landschaft Indonesiens zu etablieren. Sie baute ihre Organisationen aus, schuf Einrichtungen der Gewerkschaft, für

---

[59] Kitrinos, International Department, S. 68 (Stand ca. 1983/84).
[60] Vgl. RGASPI, f. 17, op. 128, d. 633, ll. 40–48.
[61] Vgl. am Beispiel Indonesien: Boden, Grenzen, Kapitel 1.3.
[62] Für Ägypten vgl. Alvin Z. Rubinstein, Red Star on the Nile. The Soviet-Egyptian Influence Relationship since the June War, Princeton, N. J. 1977, S. 21 f.; für Indonesien Ragna Boden, Cold War Economics: Soviet Aid to Indonesia, in: Journal of Cold War Studies 10 (2008), H. 4, S. 110–128.
[63] Gespräch des stellvertretenden Außenministers Kuznecov mit Aidit, 6.5.1956 (AVP RF, f. 091, 12-10-2, ll. 14–17).
[64] Herbert Feith, The Indonesian Elections of 1955, Ithaca, N. Y. ²1971; Ruth T. McVey, Nationalism, Revolution, and Organization in Indonesian Communism, in: Daniel S. Lev/Ruth T. McVey (Hrsg.), Making Indonesia, Ithaca, N. Y. 1996, S. 96–117, hier S. 98.

die Jugend, Frauen und Künstler.[65] Dadurch und durch intensive Propagandaarbeit stieg sie bis 1965 zur weltweit mitgliederstärksten nichtregierenden KP auf; sie war mit bis zu 3,5 Millionen Mitgliedern und 20 Millionen organisierten Anhängern (so die eigenen Angaben)[66] nach der KPdSU und der KP Chinas die drittgrößte im globalen Maßstab und in ihrer Bedeutung kaum zu überschätzen. Die PKI formierte sich damit als Massen- statt als Kaderpartei[67] und versammelte etwa 3,5 Prozent der Bevölkerung in ihren Reihen.[68] Hinsichtlich der sozialen Zusammensetzung überwog in ihrer Funktionselite die Mittelschicht mit mittlerer, selten höherer Bildung. Nach einer Zählung Anfang der 1960er Jahre gehörten 28 Prozent der Parteimitglieder zum Proletariat und 72 Prozent zum Bürgertum oder waren Bauern.[69] Damit lag der Anteil der Arbeiterschaft nicht sehr viel niedriger als zur gleichen Zeit in der KPdSU, wo er 34 Prozent betrug, gegenüber 17,5 Prozent Bauern.[70] Diese Tendenz war insofern charakteristisch für die KPs der Entwicklungsländer, als sich aufgrund des meist niedrigen Industrialisierungsgrades kaum ein Arbeiterproletariat entwickeln konnte und die Kolonialmächte nur wenigen Einheimischen höhere Bildungsmöglichkeiten eröffnet hatten. Daher zielten viele außereuropäische KPs darauf ab, zunächst die Modernisierung ihres Landes voranzutreiben.[71] Ihre Führungen dachten viel eher als das Moskauer Zentrum in der Kategorie von multiplen Formen der Moderne.[72] Diese Absicht war eng verbunden mit dem Streben nach einem eigenständigen Weg zum Sozialismus, was die PKI jedoch keineswegs als Zielkonflikt empfand.

Kennzeichnend für die PKI wie für viele KPs der Entwicklungsländer war zudem eine ausgeprägte Abneigung gegen Fremdvereinnahmung. Als Vertreterin einer postkolonialen Nation bewahrte sie sich lange eine Eigenständigkeit innerhalb der kommunistischen Weltbewegung, die zur Ausbildung eines nach ihrem Generalsekretär benannten „Sozialismus à la Aidit" führte.[73] Darin ähnelte sie den Bruderparteien in Kuba, Korea und Vietnam, auch wenn die PKI keine Ausstrahlung auf andere Regionen hatte.[74] Diese Unabhän-

---

[65] Vgl. Justus M. van der Kroef, Indonesian Communism's Cultural Offensive, in: Australian Outlook (April 1965), S. 40–61; Cayrac-Blanchard, Parti, S. 80–84.

[66] Für das Jahr 1963 gab der PKI-Generalsekretär Aidit gegenüber deutschen Genossen die Zahl von 3,5 Millionen an, von denen aber offiziell nur 2,5 Millionen genannt würden, vgl. „Aidits Ausführungen am 10.8.1963 gegenüber Gen. Hager" (SAPMO-BArch, DY/30/IV A 2/20, 667, o. P., 1. Bl.).

[67] McVey, Nationalism, S. 101.

[68] Zum Vergleich: In Vietnam stellten die 570 000 Mitglieder der Vietnamesischen Arbeiterpartei im Jahre 1963 3 Prozent der Bevölkerung. Vgl. dazu John C. Donnell/Melvin Gurtov, North Vietnam: Left of Moscow, Right of Peking, in: Robert A. Scalapino (Hrsg.), The Communist Revolution in Asia: Tactics, Goals, and Achievements, Englewood Cliffs, N. J. ²1969, S. 152–183, hier S. 152. Zu weiteren Vergleichen siehe unten, S. 140.

[69] McVey, Nationalism, S. 100 Anm. 4.

[70] Vgl. Manfred Hildermeier, Geschichte der Sowjetunion 1917-1991: Entstehung und Niedergang des ersten sozialistischen Staates, München 1998, S. 1183.

[71] McVey, Nationalism, S. 107; für die Mongolei vgl. Odd Arne Westad, The Global Cold War: Third World Interventions and the Making of Our Times, Cambridge 2005, S. 51.

[72] Vgl. auch Johann P. Arnason, Communism and Modernity, in: Shmuel N. Eisenstadt (Hrsg.), Multiple Modernities, New Brunswick/London 2002, S. 61–90, bes. S. 79–82.

[73] Peter Edman, „Communism à la Aidit": the Indonesian Communist Party under D. N. Aidit, 1950-1965, Townsville 1987; Justus M. van der Kroef, Indonesian Communism under Aidit, in: PoC 7 (1958), H. 6, S. 15–23.

[74] Für die Ausstrahlung Vietnams in Indochina vgl. Renate Strassner, Der Kambodscha-Konflikt von 1986-1990 unter besonderer Berücksichtigung der Rolle Vietnams, Münster/Hamburg 1991, S. 21; für Korea: Chong-Sik Lee, Stalinism in the East: Communism in North Korea, in: Robert A. Scalapino (Hrsg.), The Communist Revolution in Asia: Tactics, Goals, and Achievements, Englewood Cliffs, N. J. ²1969, S. 120–150, hier S. 129f.

gigkeit war unabdingbar für den innenpolitischen Erfolg der Partei. Hatten Rebellionen mit kommunistischer Beteiligung reflexartig die Furcht vor sowjetischer Einflussnahme geweckt, so versuchte die PKI seitdem, sich mit einem betont indonesischen Programm von solchem Verdacht abzusetzen. Als asiatischer Partei fiel es ihr weniger schwer, die Distanz zu Moskau plausibel zu machen. Anders verhielt es sich mit der Beziehung zur KP Chinas. Seit ihrem Machtantritt 1949 übernahm jene – mit Wissen und Billigung Stalins – die Verbindung zwischen der VKP(b)/KPdSU und einigen asiatischen KPs.[75] Nachweisbar ist diese Verbindung auch für die PKI, in der Stalin sich allein aufgrund der chinesischen Informationen zur Lage in Indonesien zum PKI-Programm äußerte.[76] Damit waren die Rollen klar verteilt: Die chinesischen Kommunisten lieferten die nötigen Informationen, während Stalin sich die Bewertung und Beratung vorbehielt. Dies war jedoch nur so lange möglich, wie Einvernehmen zwischen Moskau und Peking herrschte.

Mit dem offenen Bruch zwischen der UdSSR und der Volksrepublik China 1961 entstand eine Situation, in der sich jede KP zwischen zwei sozialistischen Zentren entscheiden musste.[77] Viele hatten bis dahin versucht, wie die PKI zwischen den Kontrahenten zu vermitteln oder wenigstens zwischen beiden Lagern laviert, wie die vietnamesischen und die koreanischen Kommunisten, bis eine Entscheidung unausweichlich war. Weltweit, so auch bei den KPs der Entwicklungsländer, zeitigte dies unterschiedliche Resultate: entweder die KP folgte in toto einer Observanz wie die traditionell pro-sowjetische Mongolei[78] oder die tendenziell zu Moskau neigenden Kubaner. Letztere neigten jedoch ebenso wie viele der afrikanischen marxistisch-leninistischen Parteien[79] sehr zur Eigenständigkeit. Pro-chinesisch waren dagegen die meisten der südostasiatischen KPs ausgerichtet, wie die in Birma, Thailand, Malaya. Konnten sich die Parteien nicht auf eine Gefolgschaft einigen, konnte es zu Spaltungen kommen, wie auf den Philippinen und auf Sri Lanka geschehen.[80] Manche KPs waren auch schon vorher in mehrere Flügel zerfallen wie in Birma seit 1946 oder Indien. Für die internationale kommunistische Bewegung bedeutete dies, dass die nach außen hin demonstrierte Einheitlichkeit, die bereits früh (1948) durch die jugoslawische Eigenständigkeit durchbrochen worden war, nun endgültig verloren war. Auch Fragen der geographischen Lage spielten eine Rolle. So entwickelte das maoistische Modell seine Anziehungskraft vor allem in Asien, wo es besser auf die dortigen Verhältnisse übertragbar schien als das der Bolschewiki.[81] Allerdings war die geographische Nähe nicht immer ein Anlehnungskriterium, sondern sie wirkte wegen der potentiellen Bedrohung auch absto-

---

[75] Liu Shaoqui hatte sogar verkündet, dass Maos Weg zur Macht für alle Völker Asiens und der unterentwickelten Welt richtungsweisend sei. Vgl. Stuart R. Schram, The Political Thought of Mao Tse-tung, New York/Washington/London ²1969, S. 111.

[76] Vgl. Boden, Grenzen, Kapitel 1.3.

[77] Dazu jetzt Lorenz Lüthi, The Sino-Soviet Split: The Cold War in the Communist World, Princeton 2008.

[78] Sergey S. Rachenko, The Soviet's Best Friend in Asia: The Mongolian Dimension of the Sino-Soviet Split, Washington 2003 (CWIHP Working Paper No. 42); M. T. Haggard, Mongolia: The First Communist State in Asia, in: Robert A. Scalapino (Hrsg.), The Communist Revolution in Asia: Tactics, Goals, and Achievements, Englewood Cliffs, N. J. ²1969, S. 85–119, hier S. 96f.

[79] Fritz Schatten, Schwarzafrika, in: C. D. Kernig (Hrsg.), Die kommunistischen Parteien der Welt, Freiburg/Basel/Wien 1969, S. 447–457, hier S. 448.

[80] Kevin Devlin, Die kommunistischen Parteien in Asien zwischen Moskau und Peking, in: Joachim Glaubitz/Dieter Heinzig (Hrsg.), Die Sowjetunion und Asien in den 1980er Jahren, Baden-Baden 1988, S. 99–108, hier S. 100 und 107f.

[81] Vgl. dazu auch Robert A. Scalapino, Südostasien, in: Kernig (Hrsg.), Die Kommunistischen Parteien der Welt, S. 490–495, hier S. 495.

ßend. Während etwa die europäischen KPs Albaniens und bedingt auch Rumäniens China zuneigten, verhielt sich die mongolische KP loyal zu Moskau.

Die Spaltung der kommunistischen Weltbewegung hatte auch zur Folge, dass sich einige KPs nun (noch) mehr auf ihre Eigenständigkeit besannen – so die KP Indiens[82] – oder sich der einflussreichsten KP ihres Kontinents zuwandten, wie Venezuelas KP den kubanischen Genossen, mit denen es allerdings auch zu Auseinandersetzungen kam.[83] Für die afrikanischen KPs fiel der sino-sowjetische Streit in die erste Phase der Dekolonisierung, die gleichzeitig eine Orientierungsphase war.[84]

Der sino-sowjetische Bruch erhielt für die KPs der Entwicklungsländer noch zusätzliches Gewicht dadurch, dass China gezielt auf die gemeinsame Identität der außereuropäischen Völker abhob. So bemühte sich Peking mit Erfolg, die Vertreter der UdSSR bei den in dieser Zeit beginnenden afro-asiatischen Kongressen als vorwiegend europäische Macht außen vor zu lassen.[85] Eng mit diesen Kongressen verbunden war die Blockfreienbewegung. In ihrer Grundidee, dass sich die in ihr vernetzten Staaten keinem der Machtblöcke des Ost-West-Konfliktes anschließen und eine Distanz gegenüber den kapitalistischen wie den sozialistischen Staaten wahren sollten, berührte sie Kerninteressen der KP. Auch bei der Bewegung der Blockfreien spielte Indonesien eine wesentliche Rolle. Zur Bandung-Konferenz im April 1955 wurde die UdSSR als Teilnehmerin mit dem Hinweis auf ihren vorwiegend europäischen Charakter nicht eingeladen. Die Ausschlusstendenzen von diesen Konferenzen verschärften sich in den Folgejahren und brachten Moskau dazu, ein anderes afro-asiatisches Gremium aktiv zu unterstützen, die *Afro-Asian People's Solidarity Organization*, die zunächst sowjetfreundlich ausgerichtet war, bevor die Chinesen auch hier als Konkurrenz auftraten.[86]

Überrollt von der faktischen Entwicklung der Dekolonisierung, versuchte die sowjetische Führung unter Chruščev, mit den Ereignissen auch auf theoretischer Ebene Schritt zu halten. So sollte unter anderem die Diskrepanz zwischen den national gesinnten Kräften der neuen Staaten und den selten im Prozess der Unabhängigkeitskämpfe führend auftretenden KPs vermindert werden. Daraus entstanden Konstrukte wie das der „Staaten der nationalen Demokratie", das als besondere Etappe der Entwicklungsländer auf dem Weg zum Sozialismus galt und für dessen Errichtung eine „fortschrittliche" (d. h. kommunistische) Partei nötig war.[87] Indonesien wurde zusammen mit Ägypten, Algerien, Birma, Ghana, Kongo (Brazzaville), Kuba und Mali als ein solcher Staat der nationalen Demokra-

---

[82] Indira Rothermund, Die Spaltung der Kommunistischen Partei Indiens. Ursachen und Folgen, Wiesbaden 1969, S. 92.
[83] Robert J. Alexander, The Communist Party of Venezuela, Stanford, Calif. 1969, S. 201–204.
[84] Vgl. dazu A. M. Babu, African Socialism or Socialist Africa?, London 1981, S. 101.
[85] Vgl. hierzu Brahm, Konflikt, S. 513.
[86] Vgl. dazu Roy Allison, The Soviet Union and the Strategy of Non-alignment in the Third World, Cambridge 1988, S. 29f.; Paul F. Power, The People's Solidarity Movement: Evolution and Continuity, in: Mizan USSR, China, Africa, Asia, 9 (1967), H. 1, S. 10–22; D. G. Toeppel, Kommunistische Weltorganisationen, in: C. D. Kernig (Hrsg.), Die kommunistischen Parteien der Welt, Freiburg/Basel/Wien 1969, Sp. 37–50, bes. Sp. 49; für den sowjetischen Standpunkt: Kenesbaj Kožačmetovič Kožačmetov, Dviženie solidarnosti narodov Azii i Afriki v bor'be s kolonializmom i imperializmom (1955–1960gg.) [Die Solidaritätsbewegung der Völker Asiens und Afrikas im Kampf gegen Kolonialismus und Imperialismus], Alma Ata 1983; für den chinesischen Einfluss Omar Ali Amer, China and the Afro-Asian Peoples' Solidarity Organization 1958–1967, Diss. Genf 1972, bes. Kapitel IV–VI.
[87] Die Moskauer Erklärung von 1960, in: Ost-Probleme 13 (1961), H. 3, S. 66–83, bes. S. 77f.

tie deklariert. Obwohl die PKI diese Definition zunächst ablehnte, gestand sie sie später zu.[88]

Die Moskauer Strategie spiegelte die Situation wider, dass kaum eine Regierung der neuen Staaten die jeweilige KP beteiligte und in vielen Ländern nicht einmal eine solche Partei vorhanden war.[89] Selbst sozialrevolutionäre und von Moskau favorisierte Führungen in afrikanischen Ländern waren selten bereit, eine institutionalisierte KP zu dulden, noch weniger, sie an der Regierung zu beteiligen.[90] Moskau ging sogar so weit, solche KPs zur Selbstauflösung zu drängen, die die außenpolitischen Beziehungen der UdSSR mit den Staatsführungen störten; so geschehen in Nassers Ägypten.[91] Die sowjetische Führung war zeitweise bereit, jede Form von Umgang mit Kommunisten zu tolerieren, bis hin zu Repressalien wie in Ägypten und dem Irak, wo Kommunisten 1961 bzw. 1978 verfolgt wurden.[92] Nicht selten half der sowjetische Geheimdienst KGB den Einparteien-Regimes, die Opposition zu unterdrücken.[93]

Um der Vielfältigkeit der sozialistischen Weltbewegung Rechnung zu tragen, wurde 1964 die Kategorie der Staaten der „revolutionären Demokratie" eingeführt. Als Revolutionäre Demokratien konnten sich solche Staaten qualifizieren, die „fest mit den Massen verbunden [waren], konkrete Methoden und Formen des Übergangs zum sozialistischen Weg" suchten.[94] Damit fielen Staaten wie Indonesien, wo dieser Prozess noch nicht so weit gediehen war, noch nicht unter diese Kategorie.

Die Brežnev-Epoche

Eine Zäsur in der Moskauer Politik gegenüber den Entwicklungsländern ergab sich Mitte der 1960er Jahre. Sie war bedingt einerseits durch den Wechsel in der sowjetischen Führung, andererseits durch die gewaltsame Ablösung etlicher von Moskau unterstützter Regierungen. In Indonesien verlor die KP ihren wichtigsten Halt in Gestalt des Präsidenten Sukarno und die Auseinandersetzungen fanden ein blutiges Ende. Seit März 1966 war sie offiziell verboten, und im Juli desselben Jahres wurde ein Gesetz über das Verbot der Verbreitung des Kommunismus und des Marxismus-Leninismus verabschiedet.[95] Die letzten Kader der PKI, die nicht auf der Stelle ermordet, sondern für öffentliche Prozesse aufgespart worden waren[96], wurden zum Tode verurteilt und 1968 trotz Protesten auch aus der UdSSR hingerichtet. Von diesem Rückschlag erholte sich die PKI, die bis dahin schon zwei Verfolgungen erlebt hatte, nicht mehr. Stattdessen bildeten sich Exilgruppen vornehmlich

---

[88] Zur Ablehnung vgl. Aktennotiz Radde an die ZK-Abteilung Außenpolitik und Internationale Verbindungen, 19.4.1961 [Gespräch mit den PKI-Mitgliedern Naibaho, Sutjipto, Slamet] (SAPMO-BArch, DY 30/IV 2/20, 324, o. P.: 2 Bl., hier 2. Bl.). Zur Billigung vgl. McVey, The Rise of Indonesian Communism, S. 373 Anm. 25.
[89] Siehe dazu unten, S. 140.
[90] Berner, Afrikapolitik, S. 740f.
[91] Berner, Arabische Länder, S. 67.
[92] Charles B. McLane, Soviet-Middle East Relations, London 1973, Bd. 1, S. 55; Berner, Arabische Länder, S. 65.
[93] Andrew/Mitrokhin, World, S. 487.
[94] K[aren] N. Brutenc, Sovremennyj ètap nacional'no-osvoboditel'nogo dviženija [Die aktuelle Etappe der nationalen Befreiungsbewegung], in: Kommunist 17 (1964), S. 23–34, bes. S. 30.
[95] A[leksandr] Belen'kij/B. Il'ičev, Nekotorye uroki sobytij Indonezii [Einige Lehren aus den Ereignissen in Indonesien], in: Kommunist 15 (1968), S. 110–123, hier S. 116.
[96] Cribb/Brown, Modern Indonesia, S. 106.

in der UdSSR und China, die sich gegenseitig die Verantwortung für das Desaster von 1965 zuschoben.[97] Die Maoisten attackierten in ihren Schriften die „modernen Chruščev'schen Revisionisten" und folgerten, nur ein bewaffneter Kampf könne nun der PKI zur Macht verhelfen. Dagegen bevorzugten die in der Sowjetunion Exilierten eine Verhandlungsstrategie, für die jedoch jegliche Ansprechpartner in Indonesien fehlten. Ohnehin erlangte keine der Gruppierungen Einfluss in Indonesien. Auch in Ghana, Mali, Guinea und Algerien mussten die sowjetfreundlichen Führungen Mitte und Ende der 1960er Jahre Militärregierungen weichen. Somit war Chruščevs Taktik des Umgangs mit den KPs der Entwicklungsländer offensichtlich gescheitert.

Die neue Führung unter Leonid Brežnev und Aleksej Kosygin ersetzte daher das Chruščev'sche Prinzip der Wirtschafts- und Militärhilfe, die schon bei geringer Übereinstimmung der politischen Ziele angesetzt und kaum Rücksicht auf die örtlichen KPs genommen hatte, durch eine aktive Unterstützung revolutionärer Bewegungen und einen deutlichen Schwerpunkt auf der militärischen Hilfe für sozialistische Gruppierungen und KPs. Allerdings lässt sich eine klare Linie auch in dieser Zeit nur in Ansätzen feststellen. Das neue, eher unsystematisch eingesetzte Instrument der Freundschaftsverträge, das für diese Zeit charakteristisch war, ist ein Indikator dafür.[98] Zumindest erhielten Militärregime, in denen die KP verfolgt wurde, nun, selbst wenn Interesse von ihrer Seite bekundet wurde, selten Lieferungen. Damit konnte der neue indonesische Machthaber Suharto nicht automatisch, wie etwa der ägyptische Präsident Sadat nach dem Tode Nassers 1970, auf eine Perpetuierung der Unterstützung hoffen. Mit dem neuen ägyptischen Staatschef schloss die UdSSR 1971 sogar einen Freundschaftsvertrag, der allerdings nicht lange hielt: Ein Jahr später wurden die sowjetischen Militärberater aus Ägypten ausgewiesen.

Die öffentliche Beteuerung eines sowjetischen Experten von 1967, Kommunismus könne nicht exportiert werden[99], schien sich zu bewahrheiten. Zumindest für den Bereich der sowjetischen Variante war die einfache Umsetzung fraglich, denn der Sozialismus erlebte nicht nur länder-, sondern auch regionalspezifische Ausprägungen wie den Afromarxismus.[100] In einer nachholenden Debatte versuchten die Marxisten der Entwicklungsländer, die Klassiker des Kommunismus vom europäischen Kontext zu lösen und für die spezifische Gesellschafts- und wirtschaftliche Situation ihres Landes oder ihrer Region zu adaptieren. Ihr Argument war, dass die Idee des Sozialismus im 19. Jahrhundert aus europäischer Perspektive entwickelt und in dieser Form nicht auf die postkolonialen Staaten anwendbar sei. In einer prägnanten Formulierung brachte es Senegals Präsident Leopold Senghor auf den Punkt: „Marx war kein Afrikaner."[101] Vielmehr war man auf der Suche nach den allgemeingültigen Gesetzen des Sozialismus, entkleidet von europaspezifischen Handlungsanleitungen. So wurde gemahnt: „Socialism [...] is not Russian; it is not Chine-

---

[97] Zu den Exilgruppen vgl. Cornelis van Dijk, The Indonesian Communist Party (PKI) and its Relations with the Soviet Union and the People's Republic of China, The Hague 1972.
[98] Margot Light, Introduction, in: Dies. (Hrsg.), Troubled Friendships: Moscow's Third World Ventures, London 1993, S. 1-28, hier S. 13-15.
[99] Aussage Georgij I. Mirskijs laut Rubinstein, Red Star, S. 21 f.
[100] David Ottaway/Mariana Ottaway, Afrocommunism, New York/London 1981; William H. Friedland/Carl G. Rosberg (Hrsg.), African Socialism, Stanford 1964. Zum sowjetischen Engagement in Afrika insgesamt vgl. Matusevich (Hrsg.), Africa in Russia; ders., No Easy Row for a Russian Hoe: Ideology and Pragmatism in Nigerian-Soviet Relations, 1960-1991, Trenton, N. J. 2003, leider ohne Nutzung der einschlägigen sowjetischen Archivdokumente.
[101] Colin Legum, Pan-Africanism. A Short Political Guide, London ²1965, S. 105.

se. It is not African, or Asian or European – it is proletarian."[102] Von der vor allem in den 1960er Jahren dominierenden Auslegung, Sozialismus bedeute für Afrika, einfach zu den traditionellen Wurzeln der Gesellschaften (*Ujamaa*) zurückzukehren[103], schwenkten etliche afrikanische Marxisten in den 1970er Jahren darauf um, doch die UdSSR als Vorbild eines für Afrika gangbaren Entwicklungsweges zu akzeptieren[104]. Zu diesem Zeitpunkt zählten die sowjetfreundlichen KPs Afrikas allerdings übersichtliche 60 000 Mitglieder, was zwar einer Verzwölffachung seit 1939 entsprach, aber keineswegs zufriedenstellend war.[105]

Solche supranational ausgerichteten Modelle wie der Afromarxismus speisten sich aus einer postkolonialen Abwehrhaltung und waren oft noch mit weiteren universalistischen Wertvorstellungen gekoppelt wie dem Pan-Afrikanismus oder der pan-arabischen Bewegung. Diese waren wiederum oft mit religiösen Ideen durchsetzt[106] wie bei einem der wichtigsten Theoretiker des Pan-Afrikanismus, George Padmore.[107] Er betrachtete allerdings trotz seiner frühen Begeisterung und seines Aktivismus in der UdSSR unter anderem als Mitglied des Moskauer Sowjet den Pan-Afrikanismus als Lösung für Afrika, der sowohl den „westlichen" Kommunismus als auch den afrikanischen Tribalismus entschärfe.[108] Doch während im Afrika südlich der Sahara typischerweise eher nationalistische Motive in Konkurrenz zum Sozialismus standen, war in den arabischen Staaten insbesondere der Islam hemmend für die Verbreitung kommunistischer Ideen und Parteien. Der arabische Sozialismus hob nicht selten auf eine Vereinbarkeit von Religion und Politik ab, welche die atheistische Grundhaltung der KPdSU nicht bedienen konnte. Die meisten der arabischen KPs blieben daher verboten und wiesen oft nur wenige hundert oder tausend Mitglieder auf.[109] Im Iran unterstützte die kommunistische Tudeh-Partei sogar den blutigen Wechsel vom Shah-Regime zur Theokratie Ajatollah Chomeinis.[110]

Im Bereich der Religion, speziell des Islam, zeigt das Beispiel Indonesien in den frühen 1960er Jahren mögliche Aushandlungsmechanismen zwischen sowjetischen Diplomaten und indonesischen Politikern. Dort bemühte sich Moskau auf Anraten Sukarnos und des PKI-Generalsekretärs, den Islam in die zwischenstaatliche Diplomatie einzubinden, um in Jakarta ein positives Bild der UdSSR zu verbreiten und der Bevölkerung eines der weltgrößten muslimischen Staaten die Furcht vor dem sowjetischen Atheismus zu nehmen.[111]

---

[102] Babu, African Socialism, S. 70f.; dagegen Léopold Sédar Senghor, African-Style Socialism, in: William H. Friedland/Carl G. Rosberg (Hrsg.), African Socialism, Stanford 1964, S. 264–266.
[103] Vgl. beispielhaft die Ausführungen des Präsidenten von Tanganjika, Julius K. Nyerere, in: Ujamaa: The Basis of African Socialism, in: William H. Friedland/Carl G. Rosberg (Hrsg.), African Socialism, Stanford 1964, S. 238–247.
[104] Ottaway/Ottaway, Afrocommunism, S. 13.
[105] Für die Zahlenangaben vgl. Pyotr Manchkha, Africa on the New Road, Moskau 1972, S. 56.
[106] Zum Pan-Afrikanismus und Padmores religiösen Ideen vgl. George Padmore, Pan-Africanism or Communism? The Coming Struggle for Africa, London 1956; Berner, Afrikapolitik, S. 727.
[107] Zu Padmore vgl. James R. Hooker, Black Revolutionary. George Padmore's Path From Communism to Pan-Africanism, New York 1967. Dazu kurz: Berner, Afrikapolitik, S. 727.
[108] Padmore, Pan-Africanism, S. 379. Zum Gesamtkomplex vgl. auch Constantin Katsakioris, L'Union Soviétique et les Intelectuels Africains. Internationalisme, panafricanisme et négritude pendant les années de la décolonisation, 1954–1964, in: Cahiers du monde russe 47 (2006), H. 1–2, S. 15–32, bes. S. 23–31; Matusevich, Ideology, S. 25 f.
[109] Berner, Arabische Länder, S. 68 und 71. Dort auch Zahlen der KP-Mitglieder- und Sympathisantenstärken.
[110] Tulsiram, The History of Communist Movement in Iran, Bhopal 1981, bes. S. 159–161.
[111] Vgl. dazu Ragna Boden, Euro-asiatische Kulturdistanzen und ihre Überwindung. Ein Beitrag zur Kulturgeschichte der sowjetischen Diplomatie, in: Jahrbücher für Geschichte Osteuropas 56 (2008), H. 1, S. 54–71.

Die Phase seit Mitte der 1960er Jahre war vor allem vom sowjetischen Engagement in Stellvertreterkriegen gekennzeichnet. Hier unterstützten der Westen und die sozialistischen Staaten jeweils ihre Favoriten mit Waffen und Know-how, so dass die politischen Frontstellungen nicht selten in Bürgerkriege ausarteten.[112] In Indochina und besonders im Kambodscha-Konflikt kulminierten die Probleme sowohl des Ost-West-Konfliktes als auch des Bruchs innerhalb der kommunistischen Weltbewegung. Letztlich trugen die vietnamesischen Kommunisten, die Moskau näherstanden, den Sieg über die vom Westen und von Peking unterstützten Roten Khmer davon, wenn auch unter ungeheuren Opfern für sie selbst und die Bevölkerung in der Region insgesamt. Die Niederlage der USA gegen die vietnamesischen Kommunisten und das Scheitern des chinesischen Eingriffs zugunsten der ebenfalls vom Westen unterstützten „Steinzeit-Kommunisten" der Roten Khmer bedeuteten einen Triumph sowohl für die vietnamesischen Kommunisten als auch für Moskau, das diese mit Material und Beratern unterstützt hatte.[113]

Dieser Erfolg blieb freilich regional begrenzt. Auch wurde wohl wahrgenommen, dass die Initiative von der KP des Entwicklungslandes ausgegangen war. Ein Kennzeichen dieser Zeit war, dass die außereuropäischen KPs zunehmend eigenständig handelten in ihrem Engagement für die globale Verbreitung des Kommunismus. Wo die sowjetische Führung gezögert hatte, die Revolution außerhalb Europas weiterzutreiben, ergriffen nun Fidel Castro und bis zu seinem Tod 1967 auch Che Guevara die Initiative in Afrika und Lateinamerika. Während die sowjetische Unterstützung in Angola sich nach der innerangolanischen und internationalen Lage richtete, hielten die Kubaner zur „Volksbewegung zur Befreiung Angolas" (Movimento Popular de Libertação de Angola – MPLA) und betrieben ihre Unterstützungspolitik zunächst unabhängig von Moskau.[114] In Äthiopien dagegen arbeiteten Moskau und Havanna von Beginn an, spätestens seit 1977, eng zusammen.[115] Ermutigt vom Erfolg in Angola und überzeugt vom geschickten Gebrauch der marxistischen Symbolik, unterstützte Moskau diese während der Brežnev-Phase wichtigste marxistisch inspirierte Revolution in Afrika.[116]

Konnte die globale Unterstützung der UdSSR den kommunistischen Parteien als Ausweis des aktiven Einsatzes der sozialistischen Supermacht für die Belange der Entwicklungsländer gelten, so hatte die zwischenzeitliche Annäherung der Supermächte seit Beginn der 1970er Jahre die KPs weltweit irritiert. Insbesondere die pro-chinesisch gesinnten lateinamerikanischen Genossen – bis auf Kuba – nahmen die sowjetischen Verständigungsversuche mit den USA zum Anlass, gegen den „russischen Sozialimperialismus" zu wettern und vor Moskaus Entwicklungshilfe zu warnen, die ihrer Ansicht nach als Instrument zur ökonomischen, politischen und strategischen Einflussnahme missbraucht werde.[117]

---

[112] Im Zeitraum 1945–1985 fanden 95 Prozent (oder 145 von 152) aller kriegerischen Konflikte in der „Dritten Welt" statt. Vgl. Gerald Braun, Kriege und Konflikte in der Dritten Welt, in: Dieter Oberndörfer/Theodor Hanf (Hrsg.), Entwicklungspolitik, Stuttgart u. a. 1986, S. 46–77, hier S. 47.

[113] Strassner, Kambodscha-Konflikt, S. 21; Ilya V. Gaiduk, The Soviet Union and the Vietnam War, Chicago 1996; Olsen, Soviet-Vietnamese Relations.

[114] Peter Shearman, The Soviet Union and Cuba: The „Best" of Friends, in: Margot Light (Hrsg.), Troubled Friendships: Moscow's Third World Ventures, London 1993, S. 166–190, hier S. 175.

[115] Ebenda. Vgl. auch den Beitrag von Radoslav Yordanov in diesem Band, der den Beginn mit Mai 1977 ansetzt.

[116] Vgl. auch Westad, Global Cold War, S. 251–253.

[117] Gemeinsame Erklärung marxistisch-leninistischer Parteien Lateinamerikas, Tirana 1977, S. 7.

Die erste offene sowjetische Militärintervention zugunsten der Kommunisten eines Entwicklungslandes 1979 bedeutete eine neue Qualität sowjetischer Politik.[118] Das sowjetische Eingreifen war in diesem Fall nicht einmal vorwiegend ideologisch, sondern zu einem großen Teil geostrategisch begründet: Kabul lag im Vorfeld der sozialistischen Supermacht. Somit war es folgerichtig, die dortigen Kommunisten mit allen Mitteln zu unterstützen. Der Krieg in Afghanistan entwickelte sich jedoch – wie in Vietnam und Angola – zu einem Stellvertreterkrieg der Systeme mit entsprechend hohen Opferzahlen. Bezeichnenderweise scheiterte die UdSSR mit ihrer ersten derartigen Offensive aus eigener Initiative. Nicht nur die von den USA geförderten islamistischen Gegenkräfte boten Widerstand. Selbst die afghanischen Kommunisten schwächten ihre Stellung durch machtpolitische Auseinandersetzungen. Hieran hatte allerdings Moskau keinen geringen Anteil.[119]

Die Auswirkungen der sowjetischen Politik des „neuen Denkens"

Angesichts der immer dringlicher werdenden innenpolitischen Probleme versuchte Michail Gorbačev, die außenpolitischen Belastungen der UdSSR zu verringern und sich mit den Westmächten zu verständigen. Die Aussage sowjetischer Vertreter auf einer internationalen kommunistischen Versammlung 1988, die UdSSR habe die Beharrungskraft des Kapitalismus unterschätzt[120], wurde von vielen als sowjetische Kapitulation vor dem feindlichen System in den internationalen Beziehungen gedeutet. Hinzu kam, dass im Zuge einer sowjetischen Befreiung von den Unterstützungsverpflichtungen gegenüber marxistischen Bewegungen der Entwicklungsländer die materielle Hilfe für sie auf ein Mindestmaß reduziert oder sogar eingestellt wurde. Der neue Generalsekretär der KPdSU, der praktisch über keine Erfahrung in der Politik gegenüber der Dritten Welt verfügte[121], beendete vor allem die offensichtlich gescheiterte sowjetische Intervention in Afghanistan[122]. Dabei kompromittierte er die dortigen Genossen – wie 1962 Chruščev die Kubaner –, indem er über ihren Kopf hinweg entschied, und auch noch öffentlich ihren Angaben zur eigenen militärischen und politischen Stärke widersprach.[123] Gorbačev „afghanisierte" den Konflikt durch den Abzug sowjetischer Truppen und gab so die dortige kommunistische Führung dem Zusammenbruch preis. Aus ähnlichen Motiven – der Verständigung mit dem Westen – übte Moskau Druck auf Vietnam aus, sich aus Kambodscha zurückzuziehen.[124] Die UdSSR war damit und mit ihren inneren Reformen wie zu Chruščevs Zeiten zu

---

[118] Scott McMichael, The Soviet-Afghan War, in: Robin Highham/Frederick W. Kagan (Hrsg.), The Military History of the Soviet Union, New York 2002, S. 259–274; Shirin Tahir-Kheli, The Soviet Union in Afghanistan: Benefits and Costs, in: Robert H. Donaldson (Hrsg.), The Soviet Union in the Third World: Successes and Failures, Boulder, Col./London 1981, S. 217-231; Heinrich Vogel (Hrsg.), Die sowjetische Intervention in Afghanistan: Entstehung und Hintergründe einer weltpolitischen Krise, Baden-Baden 1980. Vgl. auch den Beitrag von Bernhard Chiari in diesem Band.
[119] Westad, Global Cold War, S. 299–326.
[120] Richard F. Staar, Checklist of Communist Parties in 1988, in: PoC 38 (1989), H. 1, S. 47–68, hier S. 47.
[121] David E. Albright, The USSR a the Third World in the 1980s, in: PoC 38 (1989), H. 2–3, S. 50–70, hier S. 67.
[122] Vgl. Gorbačevs Rede vom 8. 2. 1988: Michail Gorbatschow, „Erklärung zu Afghanistan", in: Ders., Reden und Aufsätze zu Glasnost und Perestroika, Bindlach 1989, S. 610–614, hier S. 611.
[123] Zu den kompromittierenden Aussagen vgl. Staar, Checklist, S. 56.
[124] Andrew/Mitrokhin, World, S. 476. Siehe auch Bernd Schäfers Beitrag hier im Band.

einem riskanten und wenig verlässlichen Partner für die KPs der Entwicklungsländer geworden.

Diese Maßnahmen waren Ausdruck eines veränderten Verhältnisses der Reformkräfte innerhalb der KPdSU zur weltpolitischen Rolle der Partei. Unter Brežnev hatte die sowjetische Führung noch den Anspruch vertreten, dass Moskau das Zentrum der kommunistischen Weltbewegung bleibe.[125] Diese Sichtweise widersprach derjenigen der Weltkonferenz der KPs von 1969, die kommunistische Bewegung habe kein Zentrum.[126] Im Sinne des „neuen Denkens" gab erst Gorbačev diesen Führungsanspruch der KPdSU faktisch auf und plädierte im Rahmen der kommunistischen Weltbewegung für eine „Einheit in der Vielfalt".[127] Dies resultierte aus der Erkenntnis, dass die Welle der kommunistischen Machtübernahmen stagnierte. Ähnlich wie in der euphorischen Phase nach der Oktoberrevolution in Europa hatten die Marxisten unterschiedlicher politischer Richtungen im Dekolonisierungsprozess eine Chance zur schlagartigen Verbreitung des Marxismus(-Leninismus) gesehen. Doch eine automatische Hinwendung der neu entstehenden Staaten zum Kommunismus aufgrund eines antiimperialistischen Reflexes war nicht erfolgt. Dort, wo kommunistische Parteien die Macht übernahmen, hatten sie zum Teil jahrzehntelange Kämpfe hinter sich wie die KP Chinas. Oder sie übernahmen nur einen Teil des Landes, während der andere nicht-kommunistisch blieb wie in Korea und anfangs in Vietnam.

Zum Ende der UdSSR hin zählte die kommunistische Weltbewegung – ein Terminus, an dem die sowjetische Führung als politischer Leitlinie zumindest verbal bis zum Ende festhielt – knapp 100 kommunistische und Arbeiterparteien, inklusive „revolutionär-demokratischer Parteien".[128] Von diesen stammten 77 aus Entwicklungsländern (einschließlich Chinas), die meisten aus Amerika (27), gefolgt von Asien und der Pazifikregion (21), dem Nahen Osten und Nordafrika (16) sowie Afrika südlich der Sahara (13). Von diesen 77 Parteien waren 25 verboten, 16 zählten als regierend.[129] Letztere verteilten sich auf die Regionen wie folgt: je sechs in Asien und Afrika (ohne Maghreb), je zwei in Amerika und dem Nahen Osten. Bedeutend bezüglich der Mitgliederzahlen war nach China, wo die KP laut offiziellen Angaben 47 Millionen zählte (entsprechend etwa 4,7 Prozent der Bevölkerung)[130], die Vietnamesische Arbeiterpartei mit 2,1 Millionen Mitgliedern (3,6 Prozent), Kuba mit einer halben Million (5 Prozent) und Indien, wo die beiden KPs je etwa 450 000 Mitglieder zählten (zusammen 0,1 Prozent).

Die Weltrevolution war damit nicht direkt den Dekolonisierungen gefolgt und lag in den meisten Entwicklungsländern in weiter Ferne. Erfolg wurde eher durch Kampf als

---

[125] Timmermann, KPdSU, S. 3f.
[126] Heinz Timmermann, Moskau und der internationale Kommunismus: Von der Komintern zur kommunistischen Weltbewegung, Köln 1986 (BBIOSt, H. 10, 1986), S. 36.
[127] Timmermann, KPdSU, S. 3–5.
[128] Staar, Checklist, S. 47. Folgende Zahlen, sofern nicht anders vermerkt, nach Staar, Checklist. Diese Zahlen sind Näherungswerte, zeigen aber die Tendenz auf, um die es hier geht.
[129] In Afrika südlich der Sahara zählten zu den regierenden KPs die in Angola, Benin, der Volksrepublik Kongo, Äthiopien, Mosambik und Simbabwe; in Amerika nur die kubanische und die nicaraguanische; in der Asien-Pazifik-Region die in China, Nordvietnam, Nordkorea, der Mongolei, Kambodscha und Laos; in der Region Naher Osten und Nordafrika die in Afghanistan und dem Jemen (Volksdemokratische Republik).
[130] Zum Vergleich: In der UdSSR betrug das Verhältnis bei 19,5 Millionen Mitgliedern der KPdSU und einer Bevölkerung von 285 Millionen etwa 6,8 Prozent. Ähnliche Zahlen für die Jahre 1990 (Parteimitgliedschaft von knapp 18 Millionen) und 1989 (Bevölkerungszahl von mehr als 286 Millionen) nennt Hildermeier, Geschichte.

durch Wahlen erreicht, und oft bedurfte es dazu ausländischer, nicht zuletzt sowjetischer Unterstützung. Ohnehin erwiesen sich außerhalb Europas nur wenige KPs als moskautreu; die meisten verfolgten eigene Interessen, etliche wandten sich Peking zu. Auch folgte die kommunistische Weltbewegung eigenen Gesetzmäßigkeiten, die Moskau kaum steuern konnte. Was in Osteuropa in den späten 1940er Jahren funktioniert hatte, ließ sich nicht im Weltmaßstab wiederholen.

Ohnehin war die kommunistische Weltbewegung in der Politik des „neuen Denkens", die die Welt sicherer machen sollte, nachrangig, wenn nicht störend. In Gorbačevs Bemühen um einen Ausgleich mit ehemaligen Gegnern in kapitalistischen Ländern lässt sich auch die Verständigung mit Suharto einordnen. Ohne dass dieser Zugeständnisse hätte machen müssen, konnte er 1989 ein Freundschafts- und Kooperationsabkommen mit der UdSSR schließen. Dabei hatte er weder die Lage der indonesischen Kommunisten verbessert noch das Verbot der Verbreitung kommunistischer Ideen aufgehoben.[131] Wieder einmal hatte die PKI gegenüber der pragmatisch orientierten sowjetischen Außenpolitik das Nachsehen. Damit steht die Geschichte ihrer Beziehungen zur UdSSR als Beispiel für rund 70 Jahre sowjetischen Umgangs mit Kommunisten in Kolonien und Entwicklungsländern. Moskau nahm dabei zwar eine globale Führungsrolle für sich in Anspruch, verstand es aber kaum, sie souverän auszufüllen. Die zahlreichen Wendungen der sowjetischen Innen- und Außenpolitik sowie die Vielfalt der kommunistischen Weltbewegung erschwerten die Orientierung der kommunistischen Parteien am sowjetischen Vorbild. Charakteristisch war der stete Wandel in der Moskauer Politik gegenüber den ausländischen Genossen und ein fehlendes Gesamtkonzept.

---

[131] Vgl. dazu den Artikel: RI Will Not Change Stance on Communism, in: Jakarta Post, 13.9.1989, S. 1, und den Kommentar von Leonid Shegalow, UdSSR – Indonesien. 25 Jahre Pause, in: Neue Zeit 39 (1989), S. 7f., sowie seine Versuche, die neue Annäherungspolitik zu rechtfertigen.

Galia Golan
Sinai, 1967: Die sowjetische Politik und der arabisch-israelische Krieg

Wie bei allen Staaten bestimmten unzählige Faktoren die sowjetische Außenpolitik. Aspekte wie wirtschaftliche Interessen, internationaler und innenpolitischer Druck, militärische Ressourcen, Persönlichkeiten, möglicherweise Ideologien, aber auch andere Elemente waren dabei oftmals miteinander verknüpft. Dies betraf auch die sowjetische Politik gegenüber dem Nahen Osten, wo militärische Interessen letztendlich zum größten sowjetischen Engagement in der Region führten – demjenigen der 1960er und 1970er Jahre. Dennoch wurden sogar diese Interessen dem vorrangigen außenpolitischen Gesichtspunkt untergeordnet, ja geradezu von ihm diktiert – dem Kalten Krieg.

Moskau hatte ein anhaltendes Interesse daran, den Westen aus der Region zu verdrängen. Daneben spielten defensive Belange hinsichtlich der sowjetischen Südgrenze sowie eines Zugangs zum Mittelmeer eine Rolle. Frühe Nachkriegsbestrebungen zur Sicherung dieser Interessen führten unter anderem zur versuchten Expansion im Iran, zu Druck auf die Türkei, aber auch zur Unterstützung der Teilung Palästinas. Im Anschluss an diese Bemühungen betrachtete Stalin die Region – bzw. die Dritte Welt überhaupt – jedoch offenbar nicht als wichtigen Schauplatz des Kalten Krieges. Abgesehen von der nahezu routinemäßigen Unterstützung oppositioneller Gruppen in der arabischen Welt nahm Moskau im arabisch-israelischen Konflikt eine neutrale Position ein, auch noch nach der ägyptischen Revolution. Stalins Haltung lässt sich möglicherweise dadurch erklären, dass er sich in seinem Denken vorwiegend von ideologischen Gesichtspunkten leiten ließ. Vielleicht waren aber auch Kontinentaleuropa und die sowjetischen Grenzen in Asien für ihn einfach die wichtigeren Schlachtfelder des Kalten Krieges. Was auch immer der Grund gewesen sein mag, unter Stalins Nachfolgern – insbesondere aber unter Chruščev – änderte sich diese Haltung. Dies könnte damit zusammenhängen, dass man sich der Risiken eines Atomkrieges in Europa bewusst wurde, d. h. dass man Europa als einen zu gefährlichen Schauplatz für einen Wettstreit zwischen Ost und West betrachtete. Vielleicht erkannte Chruščev aber auch die Möglichkeiten, die sich in der entstehenden Dritten Welt auftaten. Ein anderer denkbarer Grund könnte seine generelle Hinwendung zu einer pragmatischeren und weniger ideologisch motivierten Politik gewesen sein, die in eine Rückkehr zu Lenins Konzept der nationalen Befreiung und eine neue Theorie nationaler bourgeoiser (anstatt sozialistischer) Regime für nicht-kapitalistische Staaten mündete.[1] Chruščev selbst hatte in einer Auseinandersetzung mit Molotov geltend gemacht, Stalins aggressive Politik gegenüber dem Iran und der Türkei sei viel zu gefährlich gewesen. Es sei töricht, die von den bourgeoisen Regimen in der Dritten Welt gebotenen Möglichkeiten zu ignorieren.[2]

---

[1] Für eine Darstellung der poststalinschen Entwicklung dieser Theorie bis zum Zusammenbruch siehe Galia Golan, The Soviet Union and National Liberation Movements in the Third World, Boston 1988.
[2] Plenum des ZK der KPdSU, 28.6.1957, sowie ZK-Plenum über die sowjetische Außenpolitik, 24.6.1957, in: Istoričeskii arhiv 3-6 (1993) und 1-2 (1994), Cold War International History Project (CWIHP), www.CWIHP.org (Woodrow Wilson International Center for Scholars).

Es war diese Wende in der gesamten Außenpolitik, die den Kalten Krieg in den arabisch-israelischen Konflikt und den Konflikt an sich in den Kalten Krieg hineinbrachte. Der Beginn dieser Entwicklung hatte freilich nichts mit dem eigentlichen arabisch-israelischen Konflikt zu tun. Er ergab sich vielmehr aus dem Widerstand gegen die von den Briten und Amerikanern unternommenen Schritte zur Schaffung des Bagdad-Paktes (eines Bestandteils der Strategie von US-Außenminister John Foster Dulles, die Sowjetunion mit einem Netzwerk von pro-westlichen Bündnissen zu umgeben). Der Widerstand Ägyptens gegen den Bagdad-Pakt stellte in den Augen der Sowjets eine Möglichkeit dar, diesen zu vereiteln. Daher entschied man sich in Moskau für eine positive Reaktion auf die ägyptischen Anfragen nach Handelslieferungen, insbesondere von Waffen (ungeachtet der Tatsache, dass Ägypten aus der Perspektive der Sowjets nahe am Westen und antikommunistisch war).³ Auf diese Weise stellte das tschechoslowakisch-ägyptische Waffengeschäft von 1955 eine der ersten Manifestationen der poststalinistischen Nahost-Politik dar.⁴ Mit dieser sehr klaren Aufgabe der Neutralität seitens der Sowjets wurde der Konflikt – symbolisch gesprochen – in den Kalten Krieg „injiziert".⁵ Sie war der Beginn der sowjetischen Unterstützung der arabischen Staaten im Dienste umfassenderer politischer Ziele im globalen Kalten Krieg. In den 1960er Jahren waren diese Ziele zunehmend auch militärischer Natur, da die Sowjets Außenposten, Stützpunkte und Dienstleistungen für ihre neu eingeführte Militärdoktrin anstrebten. Hierbei handelte es sich um die „externe Funktion" bzw. Machtprojektion der Streitkräfte, die die Expansion und Vorwärtsstationierung von Kriegsmarine, Luftstreitkräften und Raketenabwehrtruppen umfasste. Indem sie sich den Waffen- und Trainingsbedarf der Araber zunutze machten, konnten die Sowjets Stützpunkte und Anlagen in Ägypten und Syrien errichten. Sie griffen sogar zur beispiellosen Maßnahme, ein großes sowjetisches Kontingent von mehr als 10000 Armeeangehörigen⁶ einschließlich damals moderner Flugabwehrraketen nach Ägypten zu entsenden, die allesamt hier stationiert wurden, um der NATO-Präsenz im und entlang des Mittelmeers entgegenzuwirken.

Obwohl er ihnen wichtige politische und militärische Vorteile im Wettstreit mit dem Westen verschaffte, ergaben sich für die Sowjets durch den arabisch-israelischen Konflikt auch einige widersprüchliche und problematische Situationen. Das Hauptproblem war dass sich die globalen Interessen der Sowjets nicht immer mit den regionalen Interessen der Araber deckten und umgekehrt. Für die Sowjets stellte der arabisch-israelische Konflikt lediglich ein Vehikel dar – ihr Hauptproblem war der Kalte Krieg. Für die Araber war der

---

³ „Background paper prepared by the head of the Near and Middle East desk at the Soviet Foreign Office, G. T. Zaitsev, for Dimitri Shepilov, before his trip to Cairo", 18.7.1955, AVP RF (Archiv Vnešne Politiki Rossijskoj Federacii), fond 087, opis 18, papka 37, delo 10, listy 17–22, beschafft und ins Englische übersetzt für CWIHP von Guy Laron, www.CWIHP.org.
⁴ „Memorandum of Conversation between Soviet Ambassador to Egypt D. S. Solod and the Egyptian Prime Minister G. Nasser", 21.5.1955, AVP RF, fond 087, opis 18, papka 36, delo 3, listy 176–180, beschafft und übersetzt von Guy Laron, www.CWIHP.org. 1953 ersuchte Ägypten die Sowjetunion erstmals um Waffen. 1954 wurden Verhandlungen mit den Sowjets über in sowjetischer Lizenz gefertigte tschechische Waffen in die Wege geleitet.
⁵ Das erste Anzeichen hierfür war ein Wechsel von der Neutralität zu einem proarabischen Votum im Sicherheitsrat im Januar 1954, konkret handelte es sich um ein Veto gegen die Nutzung des Suezkanals durch die Israelis. (Yaacov Ro'i, From Encroachment to Involvement: A Documentary Study of Soviet Policy in the Middle East 1945–1973, New York 1974, S. 115.)
⁶ Neben 3000–4000 Beratern, damals außerhalb des Warschauer Paktes ohne Präzedenz. Siehe Dima Adamski, „Zero-Hour for the Bears": Inquiring into the Soviet Decision to Intervene in the Egyptian Israeli War of Attrition, 1969–1970, in: Cold War History, Vol. 6, No. 1 (2006), S. 113–136.

arabisch-israelische Konflikt das Hauptproblem, während der Kalte Krieg für sie nur ein Vehikel war. Die keineswegs überraschende Folge war ein Interessenkonflikt, der die Beziehung verkomplizierte und letztlich auch beendete. Aus arabischer Sicht trat dies ein, als die globalen Interessen der Sowjets den regionalen Interessen der Araber nicht länger zuträglich waren; vom sowjetischen Standpunkt aus geschah dies, als der Konflikt drohte, den globalen Interessen der Sowjets mehr zu schaden, als sie zu befördern. Genauer gesagt war der Preis, den Moskau für seine Aktivposten in Ägypten und Syrien bezahlen musste, mit einem beträchtlichen Risiko verbunden: Training und Bewaffnung der Araber konnten in einem Krieg enden, in den die Sowjetunion hineingezogen werden würde, was im Gegenzug – angesichts der Verpflichtungen beider Supermächte gegenüber ihren jeweiligen Klienten – zu einer militärischen Konfrontation zwischen den Sowjets und den Amerikanern führen könnte. Dass dies unbedingt vermieden werden musste, machte Moskau für die Araber weit weniger nützlich. Dies betraf insbesondere, jedoch nicht ausschließlich, die Zeit, als der Kalte Krieg unterbrochen war – die Phase der Entspannung, in der die sowjetischen und die arabischen Interessen noch weiter auseinanderdrifteten.

Diese Probleme und wie sie die sowjetische Politik im Hinblick auf den Konflikt beeinflussten, werden durch eine Analyse der sowjetischen Haltung und Politik gegenüber Krieg und Frieden in der Region erkennbar. Ungeachtet der unterschiedlichen Umstände, der verschiedenen Führungspersönlichkeiten auf beiden Seiten und des ungleichen Charakters der Beziehungen zwischen der Sowjetunion und den arabischen Staaten (in erster Linie Ägypten), gab es ein bestimmtes Schema und sogar eine gewisse Kontinuität in der sowjetischen Haltung sowohl gegenüber der Möglichkeit eines arabisch-israelischen Krieges als auch gegenüber der Vorstellung, eine Beendigung des Konflikts herbeizuführen. Zugleich hatte Moskau in diesen Fragen keinerlei Kontrolle über die Araber. Sein Einfluss auf sie war in Wirklichkeit sehr gering, obwohl es bei einigen Gelegenheiten versuchte, die Kontrolle zu erlangen und seinen Einfluss geltend zu machen.

Moskau hatte kein Interesse an einem arabisch-israelischen Krieg. Weder 1956, noch 1967 und auch nicht 1973[7], als sich der Konflikt jedes Mal in einem ausgewachsenen Krieg entlud. Wie auch immer die Sowjets die Möglichkeiten der Araber gegenüber jenen von Israel einschätzen mochten – und in den meisten, wenn nicht in allen Fällen fiel diese Einschätzung keineswegs positiv aus –, ein Krieg barg das Risiko einer Konfrontation der Supermächte. Sollten die Araber kurz vor einem Sieg stehen, würde Israel nach Meinung der Sowjets die Amerikaner zu Hilfe rufen. Im umgekehrten Fall würden die Araber nach einer sowjetischen Intervention verlangen. Jede dieser beiden Situationen hätten für Moskau ein hohes Risiko und ein ernsthaftes Dilemma bedeutet und beide verhießen, wenn überhaupt, einen nur sehr geringen Vorteil. In jedem der Kriege spielten zahlreiche Faktoren eine Rolle, aber jedes Mal wurde die Opposition der Sowjets gegen den Krieg klar zum Ausdruck gebracht. Zu seiner Zeit konnte Chruščev mit dem Säbel rasseln, was er auch tat. Er plädierte sogar dafür, dass die Sowjetunion „ihre Zähne zeigen" solle, auch wenn er sich über Stalins exzessive Gewaltandrohungen lustig machte.[8] Er blieb jedoch

---

[7] Ebenso wenig willkommen, hatte der israelisch-libanesische Krieg von 1982 einen gänzlich anderen Charakter, der den Rahmen dieser Untersuchung sprengen würde. Siehe Galia Golan, Soviet Policies in the Middle East from World War II to Gorbachev, Cambridge University Press, 1990, S. 124–139.

[8] „Minutes of the Meeting of the CPSU Plenum on the State of Soviet Foreign Policy", 24.6.1957, CWIHP. Eigentlich war es Mikojan, der diesen Ausdruck in einem Streit mit Molotov verwendet hatte, bei dem er von Chruščev unterstützt wurde. Gegenstand der Auseinandersetzung war Chruščevs „Politik der friedlichen Koexistenz".

entschieden bei seiner Auffassung, dass politische und nicht militärische Mittel eingesetzt werden sollten. Sogar als er gleichzeitig nationale Befreiungsbewegungen unterstützte, folgte er einer Militärdoktrin, die auf der Annahme beruhte, ein Krieg würde sich zwangsläufig zu einem globalen Nuklearkonflikt ausweiten. Dies wurde in der Zeit Brežnevs übernommen, als – ungeachtet der aggressiveren Doktrin der „externen Funktion" für die Armee und der erweiterten Aktivitäten in der Dritten Welt – ein arabisch-israelischer Krieg in die Kategorie jener Kriege aufgenommen wurde, die unweigerlich zu einer weltweiten nuklearen Eskalation führen würden und daher vermieden werden sollten.[9]

Sobald es tatsächlich zum Kriegsausbruch kam, bestand das unmittelbare Ziel der Sowjetunion jeweils darin, eine Einstellung der Kampfhandlungen sicherzustellen, indem man – aufrichtig oder unaufrichtig – eine Zusammenarbeit mit den Vereinigten Staaten vorschlug. Die weitergehende Zielvorstellung war es, eine direkte Konfrontation mit den Vereinigten Staaten zu vermeiden und gleichzeitig die Beziehungen der Sowjetunion mit den Arabern abzusichern bzw. möglicherweise zu verbessern. Zwar vorhanden, aber von geringerer Bedeutung war das Interesse, die Glaubwürdigkeit der Sowjets in den Augen der Dritten Welt zu erhalten und den chinesischen Beschuldigungen (ein regelmäßiger Bestandteil des chinesisch-sowjetischen Konflikts in nahezu jeder Krise) entgegenzutreten. In jedem der Kriege wies Moskau die arabischen Aufforderungen, sich (militärisch) zu engagieren, zurück und benutzte die Drohung mit einer militärischen Intervention als politischen Hebel, um die Kampfhandlungen (d.h. die Vorstöße der Israelis) zu beenden bzw. um als diejenige Partei zu erscheinen, die sie beendete. Die Studie von Francis Fukuyama, in der die (als „nukleares Schattenboxen" bezeichneten) Drohungen der drei größten Kriege verglichen werden, hat bis heute Gültigkeit.[10] Jedes Mal kamen die Drohungen Moskaus nach den größten Gefechten und dem Höhepunkt der Krise – zu einer Zeit, als die Vereinigten Staaten bereits versuchten, ihren eigenen Klienten zurückzuhalten (und zumindest eine Waffenruhe erreicht worden war). Dadurch beseitigten sie die Notwendigkeit, die Drohung wahrzumachen, wobei zweifelhaft ist, ob die Sowjets tatsächlich in der Lage waren, sie in die Tat umzusetzen.

1. Fall: Der Sechstagekrieg von 1967

Der Krieg von 1967 kam zu einer Zeit, als die Post-Chruščev-Führung in Moskau dabei war, ihre Position zu konsolidieren, in gewissem Maße mit der Rückkehr zu einer konservativeren Politik im Inneren (Gerüchte einer Re-Stalinisierung) und mit der beginnenden Machtprojektion im Ausland. Gleichzeitig befanden sich die Sowjets in einem offenen Konflikt mit den Chinesen und sahen sich mit einer aggressiveren Politik der USA in Vietnam konfrontiert. Diese Situation hätte zu einer Stärkung der Falken im Kreml führen können, jedoch scheint die Besorgnis über die Militanz der Amerikaner eher Anlass zur Vorsicht gewesen zu sein. Angesichts des in der neuen Militärdoktrin enthaltenen Aspekts der Vorwärtsstationierung und insbesondere der Notwendigkeit, auf das seegestützte Raketenpotential der Amerikaner zu antworten, erhöhte sich das strategische Interesse an der

---

[9] Siehe z. B. V. V. Žurkin/E. M. Primakov, Meždunarodnye konflikty, meždunarodnye otnošenija, Moskau 1972, S. 19–21; V. I. Gantman, Meždunarodnye konflikty sovremennosti, Moskau 1983, S. 4f.
[10] Francis Fukuyama, Nuclear Shadowboxing: Soviet Intervention Threats in the Middle East, in: Orbis, Vol. 25, No. 3 (1981), S. 579–605.

nahöstlichen Region. Moskau begann Stützpunkte und militärische Einrichtungen anzustreben, hauptsächlich um seine neu erworbene Präsenz im Mittelmeerraum zu gewährleisten. Infolge dessen waren die Sowjets 1967 mehr als je zuvor in den arabischen Staaten engagiert. Sie unterstützten Ägypten im Jemenkrieg und bauten eine besonders starke Beziehung zum linksgerichteten Baath-Regime auf, das im Februar 1966 in Syrien an die Macht gelangt war. Die Spannungen im arabisch-israelischen Kontext erinnerten die Araber ständig daran, dass sie die Sowjets brauchten – sowohl in Bezug auf Waffen, militärisches Training und Berater als auch auf politische Unterstützung.

Im Jahr vor dem Krieg trugen die Spannungen – zwischen Israel und Syrien – lokalen Charakter. Es ging um Wasserprojekte, Expansion in die entmilitarisierten Gebiete zwischen beiden Staaten sowie um Überfälle von Einheiten der Fatah auf Israel, die von Syrien aus und mit syrischer Unterstützung durchgeführt wurden. Es gibt keinerlei Anhaltspunkte dafür, dass die Sowjets die Konflikte ausgelöst oder die Überfälle unterstützt hätten. Tatsächlich standen sie zur fraglichen Zeit dem, was sie als von den Chinesen beeinflussten Extremismus der Palästinenser betrachteten, sogar kritisch gegenüber. Gleichwohl versuchte die sowjetische Propaganda, eine Atmosphäre der Spannung aufrechtzuerhalten, indem sie 1966 vor israelischen Kriegsplänen warnte und syrische Kampfparolen nachbetete. Dies könnte als Unterstützung für die neue linksgerichtete (alevitische Minderheits-) Regierung in Damaskus gedacht gewesen sein, aber auch, um die Aufmerksamkeit in Syrien von Problemen und kritischen Stimmen im Inland abzulenken, die ihren Ursprung insbesondere in religiösen Kreisen hatten. Möglicherweise verfolgten die Sowjets diesen Zweck, als sie den ägyptisch-syrischen Verteidigungspakt von 1966 unterstützten. Und darin könnte auch die Ursache für die sowjetischen Schritte liegen, die gewollt oder ungewollt zur arabisch-israelischen Krise von 1967 führten.

Am 7. April erreichten die Spannungen mit einer großen Luftschlacht über dem See Genezareth ihren Höhepunkt. Dabei wurden sieben syrische Flugzeuge von den Israelis abgeschossen. Einige Wochen später wiederholte Moskau seine bereits ein Jahr zuvor vorgebrachte Behauptung, Israel würde in der Nähe der syrischen Grenze Truppen zusammenziehen. Vom 12. auf den 13. Mai übermittelte es über diverse diplomatische und nachrichtendienstliche Kanäle Berichte an Ägypten, denen zufolge Israel zehn bis zwölf Brigaden mit Angriffsabsichten an der Grenze zu Syrien konzentriert habe. Bis heute ist nicht klar, ob die Sowjets tatsächlich an diese überzogene[11] – und unwahre – Meldung glaubten. Wie aus Unterlagen des sowjetischen Außenministeriums hervorgeht, waren es in Wirklichkeit die Ägypter, die den Sowjets von Truppenkonzentrationen der Israelis berichteten, und die Sowjets, die „weitere Informationen" zur Verfügung stellten.[12] Moskau machte keinerlei Versuche, die Angaben zu überprüfen (was im Fall echter Besorgnis wohl geschehen wäre). Eine Einladung der Israelis an den Botschafter, hinzufahren und selbst nachzusehen, wurde abgelehnt. Ob das Politbüro nun ehrlich besorgt war oder nur Interesse daran hatte, die Spannungen aufrechtzuerhalten – laut Brežnevs eigener Aussage vergewisserte es sich selbst,

---

[11] Das waren mehr als fünfmal so viele Brigaden, wie in Israel im aktiven Dienst standen, und eine übertriebene Zahl für diese Front, sogar wenn die Reserve mobilisiert worden wäre.

[12] Siehe die Aufzeichnung über das Gespräch zwischen dem sowjetischen Botschafter in der Vereinigten Arabischen Republik (VAR), D. P. Požidaev, und dem Präsidenten der VAR, G. A. Nasser, vom 1.6. 1967 und 22.5.1967, in: Vitalij V. Naumkin (Hrsg.), Bliżnevostočnyj konflikt: iz dokumentov archiva vnešnej politiki Rossijskoj Federacii, Bd. 2, Moskau 2003, S. 561, und die Aufzeichnung über das Gespräch zwischen dem sowjetischen Botschafter in der VAR D. P. Požidaev und dem Kriegsminister der VAR S. Badran, 16.5.1967, in: Bliżnevostočnyj konflikt, Bd. 2, S. 554.

dass die Ägypter die Meldungen erhalten hatten.[13] Nasser, so scheint es, war besorgt. Am 14. Mai entsandte er seinen Stabschef nach Damaskus, der zurückmeldete, dass es keinerlei israelische Truppenkonzentrationen gebe. Trotzdem schickte Nasser Armeeeinheiten in den Sinai – vorgeblich, um die Israelis vor einem Angriff auf Syrien zu warnen.[14]

Eine weitere, indes nicht sehr glaubwürdige Alternative ist, dass die Sowjets mit dieser Meldung beabsichtigten, einen Krieg auszulösen (anstatt lediglich die Spannungen zu erhöhen, um Syrien zu stärken oder der ägyptischen Unterstützung für das prosowjetische Regime in Syrien Rückhalt zu geben). In diesem Fall wäre zu erwarten gewesen, dass Außenminister Gromyko diese Angelegenheit bei seinem ausgedehnten Treffen mit Sadat angesprochen hätte. Sadat, damals ägyptischer Parlamentspräsident, hatte auf seinem Heimweg aus dem Fernen Osten am 14. Mai einen Zwischenstopp in Moskau eingelegt.[15] Stattdessen wurden die Truppenkonzentrationen und die israelischen Angriffspläne auf Syrien lediglich in einem Gespräch zwischen Sadat und Gromykos Stellvertreter, Semenov, erwähnt, als man aufgrund einer Startverzögerung von Sadats Flugzeug einige Zeit auf dem Flughafen verbringen musste.[16]

Die Unterstützung der ursprünglichen ägyptischen Reaktion – d. h. des Truppentransfers in den Sinai vom 14. Mai – durch die sowjetische Propaganda legt nahe, dass Moskau einer weiteren Erhöhung der Spannungen keineswegs ablehnend gegenüberstand – unabhängig davon, ob es die Krise vorsätzlich ausgelöst hatte oder nicht. Allerdings ließen die darauffolgenden Stellungnahmen der Sowjets und – was noch wichtiger ist – die von ihnen unternommenen Schritte eindeutig darauf schließen, dass sie die Ausweitung der Krise zu einem Krieg nicht erwartet und auch nicht gewollt hatten. In seinem nach dem Krieg abgehaltenen „Briefing" für das Zentralkomitee sagte Brežnev, Ägypten habe nach Erhalt der Meldung einige notwendige Maßnahmen, einschließlich der Ausrufung des Alarmzustands, eingeleitet. Es seien aber auch „eine Reihe von unüberlegten Schritten" unternommen worden.[17] Der erste davon war laut Brežnev Nassers Forderung nach Abzug der UN-Friedenstruppen, die für Moskau überraschend gekommen sei. Wesentlich gravierender sei gewesen, dass Nasser die Straße von Tiran gesperrt habe – und zwar ohne die Sowjets vorher zu informieren, so Brežnev. Es war ein Indiz dafür, dass die Sowjets nicht erwartet hatten, ihre Meldung würde zum Krieg führen, dass innerhalb des Zentralkomitees der KPdSU das Büro und die Personen, von denen man erwarten konnte, Vorbereitungen für eine derartige Entwicklung zu treffen, erst am 5. Juni – nach Ausbruch des Krieges – aufgefordert wurden, ein Positionspapier zu erarbeiten.[18] Noch deutlicher wurde das, als es so aussah, als könne die Krise tatsächlich zu einem Krieg führen, nämlich nachdem Nasser

---

[13] „On Soviet Policy Following the Israeli Aggression in the Middle East", Archiwum Akt Nowych, 20. 6. 1967, CWIHP, www.CWIHP.org.
[14] 1960 hatte es einen ähnlichen Schachzug der Ägypter gegeben, um die Spannungen an der israelisch-syrischen Grenze abzubauen.
[15] Aufzeichnung über das Gespräch zwischen Außenminister A. A. Gromyko und dem ägyptischen Vize-Präsidenten Anwar Sadat, 13. 5. 1967, in: Bližnevostočnyj konflikt, Bd. 2, S. 551.
[16] Sadat, In Search of Identity: An Autobiography, New York 1977, S. 171 f. Dieses Thema wurde von mir ausführlicher behandelt in Galia Golan, The Soviet Union and the Outbreak of the June 1967 Six-Day War, in: Journal of Cold War Studies, Vol. 8, No. 1 (2006), S. 3–19.
[17] „On Soviet Policy Following the Israeli Aggression in the Middle East", CWIHP.
[18] Interview mit Karen Brutenc, Moskau, 28. 6. 1991. Siehe auch Karen Brutenc, Tridcat' let na staroj ploščadi, Moskau 1998. Georgij Arbatov, ein Experte für die Vereinigten Staaten, behauptete ebenfalls, er habe bis zu dessen Ausbruch nichts vom Krieg gewusst, wenngleich er nicht so nahe am Geschehen war wie Brutenc zu dieser Zeit. (Interview mit Arbatov, Jerusalem, Juli 1997.)

am 22. Mai die Sperrung der Straße von Tiran verkündet hatte – ein Vorgang, der bekanntermaßen einen Casus Belli für Israel darstellte –, und von Moskau Schritte unternommen wurden, um Kairo Einhalt zu gebieten. Als Nasser den sowjetischen Botschafter D. P. Požidaev über die Entscheidung, die Meerenge zu sperren, informierte – dies geschah einige Stunden vor der öffentlichen Bekanntgabe – ging er offensichtlich auf die sowjetischen Bedenken ein und versicherte dem Botschafter, dass „die VAR nicht die Absicht [habe], die Lage noch komplizierter zu machen".[19] Trotzdem ersuchten die Sowjets Nasser, einen bevollmächtigten Vertreter nach Moskau zu schicken, um die sich ausweitende Krise und die Absichten Ägyptens zu erörtern. Wenige Tage später wurde Kriegsminister Shams Badran entsandt. Die Botschaft, die Badran von den Sowjets erhielt, war nicht ganz eindeutig. Er berichtete Nasser, dass der neue stellvertretende Verteidigungsminister Grečko ihn des Beistands der Sowjets versichert habe, sollte Ägypten angegriffen werden. Dabei habe er versprochen, Waffenlieferungen zu senden und im Fall eines Eingreifens der 6. US-Flotte sogar die sowjetische Kriegsflotte in Marsch zu setzen. Beamte der ägyptischen Auslandsvertretung warnten, diese Botschaft entspreche nicht der wahren Position der Sowjets. Laut Darstellung von Sadat war es vielmehr so gewesen, dass die Sowjets Badran gefragt hätten, wie sich Ägypten verhalten würde, sollte die 6. US-Flotte intervenieren. Auf Badrans Erwiderung, die ägyptische Luftwaffe könne sich um eine derartige Entwicklung kümmern, hätten sie in Wirklichkeit spöttisch reagiert.[20] Sadat sagte, dass Moskau zugestimmt habe, Waffen zu schicken, ohne ein bestimmtes Datum zu nennen. In der Tat hatte Feldmarschall Amer am 19. Mai ersucht, die Sowjetunion möge die für Anfang 1968 geplante Lieferung von 40 MiG-21 Flugzeugen so vorverlegen, dass sie zum Jahresende 1967 komplett abgeschlossen sei.[21]

Um weiter mäßigend einzuwirken – und zwar auf höherer Ebene – sagte Politbüro-Mitglied Kosygin Badran (und mit ihm dem ägyptischen Botschafter Salah Bassiouni sowie dem ägyptischen Vize-Außenminister Fiki), aber auch dem zu Besuch weilenden syrischen Präsidenten Atassi einige Tage später, dass Israel keinen Krieg beginnen würde (womit er vermutlich meinte, dass es keine Notwendigkeit für Präventivaktionen gebe).[22] In Anbetracht der arabischen Stärke und des sowjetischen Rückhalts – so die Argumentation der Sowjets gegenüber den Arabern – würden die Vereinigten Staaten Israel nicht gestatten, einen Krieg zu beginnen. Die eindeutige Botschaft war, dass Ägypten – um das Ansehen der arabischen Seite in der öffentlichen Meinung zu bewahren – auf eine Deeskalation der Krise hinwirken und jede provokante Aktion vermeiden solle. Angeblich teilte Kosygin Badran am 26. Mai auch mit, Ägypten möge mit dem Erreichten zufrieden sein und im Fall der Straße von Tiran eine juristische Lösung anstreben.[23] Als Reaktion darauf versicherte

---

[19] Aufzeichnung über das Gespräch zwischen dem sowjetischen Botschafter in der Vereinigten Arabischen Republik (VAR), D. P. Požidaev, und dem Präsidenten der VAR, G. A. Nasser, 22.5.1967, in: Bližnevostočnyj konflikt, Bd. 2, S. 542. Auch Brežnev verwies auf Nassers diesbezügliche Zusicherungen. („On Soviet Policy Following the Israeli Aggression in the Middle East", CWIHP.)
[20] Sadat, In Search of Identity, S. 173.
[21] Aufzeichnung über das Gespräch zwischen dem sowjetischen Botschafter in der Vereinigten Arabischen Republik (VAR), D. P. Požidaev, und dem Ersten Vizepräsidenten der VAR, Marschall A. Amer, in: Bližnevostočnyj konflikt, Bd. 2, S. 558.
[22] Interview mit Salah Bassiouni, 28.3.2001; Richard Parker, The Politics of Miscalculation in the Middle East, Indiana University Press, Bloomington 1993, S. 12.
[23] Laut Mohammed Heikal, zitiert bei Josef Govrin, Israel-Soviet Relations 1953–1967, London 1998, S. 311.

Nasser den Sowjets erneut, er würde Vorsicht walten lassen, zumindest was die Meerenge und die Sperrung für die israelische Schifffahrt betreffe.[24]

Indem sie über rein verbale Appelle hinausgingen, könnten die Sowjets tatsächlich einen ägyptischen Angriffsplan durchkreuzt haben. Offensichtlich hatte Amer beabsichtigt, am 27. Mai anzugreifen. Möglicherweise deshalb überflogen zwei ägyptische Flugzeuge am 26. Mai Dimona in Israel, um sich ein Bild von der Einsatzbereitschaft des israelischen Nuklearreaktors zu machen. Während Badran in Moskau war, teilten jedoch die Amerikaner den Sowjets auf der Grundlage israelischer Geheimdienstinformationen mit, dass Ägypten einen Angriff plane. Wahrscheinlich aus diesem Grund versicherte die Sowjetunion den Ägyptern, Israel habe keinerlei Angriffspläne und es sei daher auch nicht notwendig, ihm zuvorzukommen. Kosygin sandte sogar eine Nachricht an Nasser, wonach die Vereinigten Staaten im Fall eines ägyptischen Angriffs intervenieren würden. Es ist nicht klar, ob dies der Grund für die Absage des für den 27. Mai geplanten Angriffs war (also nicht unbedingt die sowjetischen Aufrufe zur Mäßigung, sondern die Erkenntnis, dass Israel über die Pläne Bescheid wusste).[25] Allerdings wurde Moskau später von Saudi-Arabien vorgeworfen, Ägypten mit der Behauptung, Israel würde nicht angreifen, zurückgehalten zu haben.[26] In seiner nach dem Krieg an die KPdSU gerichteten Erklärung verwies Breznev auf eine am 26. Mai an Nasser ergangene Ermahnung, alles zu tun, um einen bewaffneten Konflikt mit Israel zu vermeiden.[27]

Zur gleichen Zeit unternahmen die Sowjets einen weiteren ungewöhnlichen Versuch zur Deeskalation. Sie leiteten einen Prozess ein, um sowohl den israelischen Premierminister Levi Eschkol als auch die arabischen Führer zu einem Treffen zur Beilegung der Krise in Moskau einzuladen. Dabei handelte es sich um eine Initiative des Vorsitzenden der Kommunistischen Partei Israels Mosche Sneh (vergleichbar mit der Taschkent-Konferenz, die von Moskau zur Lösung der Indien-Pakistan-Krise ein Jahr zuvor abgehalten worden war). Die Sowjets waren bereit, den Vorschlag aufzugreifen, sofern Ägypten und Syrien zustimmten. Nasser reagierte tatsächlich positiv, um Zeit für Vorbereitungen zu gewinnen, wie er sich ausdrückte. Einige Tage später (am 1. Juni) zog er seine Zustimmung jedoch mit der Begründung zurück, Ägypten sei nun vorbereitet. Syrien hatte die Idee ohnehin abgelehnt.[28] Zeitgleich mit dieser kurzlebigen, geheimen Initiative ließen die Sowjets sowohl Israel als auch den USA eine offizielle Warnung zukommen: Moskau würde im Fall eines Angriffs auf Ägypten nicht müßig zuschauen. Der Warnung wurde durch den Transfer einiger sowjetischer Marineschiffe – darunter auch Spionageschiffe – durch die Dardanellen zwischen 30. Mai und 5. Juni Nachdruck verliehen. Diese und andere sowjetische Schiffe, die sich bereits im Mittelmeer befanden, wurden in einiger Entfernung vom Krisengebiet südlich von Kreta und damit weiter westlich als die US-Flotte stationiert. Sie blieben

---

[24] Dies bezog sich möglicherweise auf amerikanische Pläne, den Versuch zu unternehmen, die Straße von Tiran mittels einer internationalen Passage wieder zu öffnen.
[25] Es existieren auch Berichte über Meinungsverschiedenheiten zwischen Nasser und Marschall Amr hinsichtlich der Pläne für den 27. Mai. (Parker, The Politics of Miscalculation in the Middle East.)
[26] Radio Tunis Inlandsservice, 12.4.1974 (FBIS-ME-74-072, 12.4.1974, C1).
[27] „On Soviet Policy Following the Israeli Aggression in the Middle East", CWIHP.
[28] Gespräch Požidaev-Nasser, in: Bliznevostočnyj konflikt, Bd. 2, S. 573; Memorandum über den Empfang des israelischen Premiers Eschkol in Moskau, verfasst vom sowjetischen Außenministerium, 22.5.1967, in: Bliznevostočnyj konflikt, Bd. 2, S. 579f.; Interview mit Raoul Tittlebaum, Tel Aviv, 22.12.2002; Memorandum des sowjetischen Ministers für auswärtige Angelegenheiten, A. A. Gromyko, an das ZK der KPdSU, 1.6.1967, in: Bliznevostočnyj konflikt, Bd. 2, S. 571.

dort bis zum letzten Kriegstag, dem 10. Juni. Außerdem wurden sowjetische Flugzeuge aus Ägypten abgezogen.

Bei Ausbruch des Krieges am 5. Juni bedienten sich die Sowjets erstmals der direkten Telefonverbindung zum Weißen Haus und drängten auf eine Waffenruhe. In der UNO forderte Moskau anfangs einen Waffenstillstand und den Rückzug der Israelis, stimmte jedoch am zweiten Tag des Krieges stattdessen der amerikanischen Formel für einen Waffenstillstand zu, obwohl Ägypten zu diesem Zeitpunkt jede Form von Waffenstillstand ablehnte.[29] Nach der vollkommenen Zerstörung der arabischen Luftstreitmacht sahen die Sowjets eine sichere arabische Niederlage voraus und waren bestrebt, den Konflikt so schnell wie möglich zu beenden. Ein am 7. Juni erfolgter Ruf der Ägypter nach sowjetischem Beistand (es wurde ersucht, sowjetische Flugzeuge aus dem Irak und dem Sudan zu entsenden), wurde abgelehnt – dieses Mal mit der Begründung, es gebe keine Landemöglichkeit. Moskau war lediglich zur Lieferung von noch nicht montierten Flugzeugen und Ersatzteilen bereit.

Die Sowjets drängten energisch auf einen Waffenstillstand und drohten Israel am 7. Juni mit einer „Überprüfung" der diplomatischen Beziehungen. Sie forderten die USA dringend auf (durch direkte Anrufe Kosygins bei Johnson), Israel zur Annahme des Waffenstillstands zu bewegen, für den die UNO am 6. Juni gestimmt hatte (der aber außer von Jordanien von keiner der kriegführenden Parteien akzeptiert worden war). Ebenfalls am 7. Juni erhöhten die Sowjets den Druck, indem sie erneut den Rückzug Israels auf die Vorkriegsgrenzen forderten, dies jedoch nicht zur Abstimmung in den Sicherheitsrat einbrachten. Außerdem drängten sie Ägypten, einem Waffenstillstand zuzustimmen. Am Abend des 8. Juni wurde dieser auch mit Israel und am nächsten Tag mit Syrien vereinbart. Als Israel am 10. Juni allerdings ungeachtet des Waffenstillstands seine Offensive auf den syrischen (Golan-)Höhen fortsetzte und sich Damaskus bis auf 56 Kilometer genähert hatte, handelte Moskau mit mehr Entschlossenheit. In einer Note an Israel (die übrigens weniger bedrohlich war als jene, welche gegen Ende des Suez-Sinai-Krieges von 1956 an Israel ergangen war) brachen die Sowjetunion (und ihre Warschauer-Pakt-Verbündeten mit Ausnahme des unabhängigeren Rumänien) die diplomatischen Beziehungen ab. Eine Mitteilung an Johnson fiel drastischer aus: In Form eines Ultimatums wurde gedroht, dass sich Moskau durch die Ereignisse gezwungen sehen könnte, „alle notwendigen Maßnahmen, einschließlich militärischer" zu ergreifen, wenn Israel die Feindseligkeiten nicht einstelle.[30]

Nach einigem Zögern setzte Israel seinen Ansturm tatsächlich noch einige Stunden lang fort, wobei es hinsichtlich der Einschätzung der sowjetischen Absichten ein paar Meinungsverschiedenheiten gab. Auch in Washington herrschte Uneinigkeit darüber, was genau die Sowjets tun würden – im Großen und Ganzen überwog jedoch die Skepsis. Die Amerikaner entschieden sich dafür, die Sowjetunion lediglich dahingehend zu informieren, dass sie Israel im Zaum halten würden, wenn Moskau mit Syrien dasselbe täte.[31] Trotzdem befahl Johnson der 6. Flotte ca. 100 Seemeilen vor der israelischen Küste Stellung zu beziehen,

---

[29] Breżnev erläutert diese Bemühungen in „On Soviet Policy Following the Israeli Aggression in the Middle East", CWIHP. Siehe auch Arkady Shevchenko, Breaking with Moscow, New York 1985, S. 134-5; die Gespräche zwischen Kosygin und Johnson nach dem Krieg in „Memorandum of Conversation", 20. 6. 1967, U.S. Department of State, Foreign Relations of the United States, 1964–1968, Vol. XIX, S. 333f.; und „Arab-Israeli Crisis and War", ebenda, S. 411f.

[30] Lyndon Johnson, The Vantage Point: Perspectives of the Presidency, 1963–1969, New York 1971, S. 461.

[31] Michael Oren, Six Days of War: June 1967 and the Making of the Modern Middle East, Oxford University Press, 2002, S. 298.

um „ihnen [den Sowjets] klarzumachen, dass wir nicht die Absicht haben, dies klaglos hinzunehmen".[32] Die Sowjetunion entsandte ebenfalls ein Schiff in Richtung syrische Küste. Jedoch war der Tenor des intensiven Austauschs zwischen Kosygin und Johnson (mit Ausnahme des ursprünglichen Ultimatums) im Laufe des Tages beiderseits zurückhaltend und vorsichtig, wenn auch angespannt.[33] Zudem gab es keine weiteren sowjetischen Militärbewegungen, die auf eine Interventionsabsicht hingedeutet hätten.

War die Drohung ernst gemeint? Obwohl ziemlich direkt, war das Ultimatum dennoch bedingt formuliert. Darüber hinaus kam die sowjetische Drohung erst, als die Kämpfe an der Front so gut wie beendet waren – lange nach dem Zeitpunkt, zu dem eine Rettung der arabischen Armeen durch einen etwaigen militärischen Beistand noch möglich gewesen wäre. Offensichtlich gab es im KGB und in der Armee einige – möglicherweise von Grečko unterstützte – Stimmen, die auf eine wie auch immer geartete sowjetische Militärintervention drängten. Anscheinend war Gromyko jedoch gegen diese Idee, die schnell wieder fallengelassen wurde (wenn sie überhaupt je in Betracht gezogen wurde). Da es nach dem Krieg einen Wechsel beim hochrangigen Zivilpersonal (Säuberungen) gab, wurde spekuliert, dieser Wechsel könnte mit der Unterstützung einer militanteren sowjetischen Haltung in Verbindung gestanden haben. Allerdings wurde nie bewiesen, dass dieser Personalwechsel etwas mit dem Krieg zu tun hatte. Es gab auch Gerüchte über eine Alarmbereitschaft in den kurz zuvor gebildeten Luftlandedivisionen. Wahrscheinlich wäre jedoch eine Alarmbereitschaft beim Ausbruch der Kampfhandlungen in Kraft getreten – als Vorsichtsmaßnahme und nicht als Indiz für eine Interventionsabsicht.

Kurz zuvor war zwar sowjetisches Interventionspotential gebildet worden, aber es gab keine Klarheit darüber, ob ein Einsatz der neuen Luftlandeeinheiten sowie der neuen Antonov-Transportflugzeuge effektiv möglich gewesen wäre. Diese wurden erst ein Jahr später beim Einmarsch in die Tschechoslowakei erstmals verwendet. Mit Sicherheit hätten 1967 keine Landeplätze zur Verfügung gestanden, außer möglicherweise im Irak. Es war auch wenig wahrscheinlich, dass eine solche Streitmacht schnell genug aktiviert hätte werden können, um einen israelischen Vormarsch zu stoppen. Die sowjetischen Seestreitkräfte waren noch ohne Bedeutung und die Kriegsmarine konnte es weder zahlenmäßig noch in Bezug auf die Geschwindigkeit mit der 6. US-Flotte aufnehmen. Die Sowjets hatten keine Flugzeugträger und auch keine Stützpunkte in der Region, von denen aus eine Luftsicherung möglich gewesen wäre. Aufgrund der Tatsache, dass die USA stärker in Israel engagiert waren als jemals zuvor und auch militärische Präsenz zeigten, wäre eine Konfrontation der Supermächte im Falle einer sowjetischen Intervention nahezu mit Sicherheit zu erwarten gewesen. Es hat daher den Anschein, dass es sich bei der sowjetischen Drohung um einen Bluff handelte. Sie war wohl weniger zur Ausführung als für politische Zwecke gedacht – obgleich sie die sehr wichtige Absicht verfolgte, Israels Zustimmung zum Waffenstillstand voranzutreiben, um sowohl das syrische Regime als auch die Glaubwürdigkeit Moskaus zu retten. Eine der Lektionen für die Ägypter bestand in neuen Erkenntnissen hinsichtlich der Grenzen Moskaus (die z. B. Sadat 1956 erkannt haben will).[34] Laut einer ägyptischen Darstellung erklärte Nasser nach dem Krieg, er habe dem Waffenstillstand am

---

[32] Ebenda, S. 298.
[33] Zum Wortlaut der Nachrichten siehe Foreign Relations of the United States, 1964–1968, Vol. XIX, S. 409, 414f. und 421–423. Siehe auch Anatoly Dobrynin, In Confidence: Moscow's Ambassador to America's Six Cold War Presidents, New York 1995, S. 160f.
[34] Sadat, In Search of Identity, S. 146.

8. Juni nur deshalb zugestimmt, weil die Sowjets aus Furcht, in eine Auseinandersetzung mit der 6. US-Flotte und der israelischen Luftwaffe hineingetrieben zu werden, „in Bewegungslosigkeit erstarrt" gewesen seien.[35]

Obwohl es die sowjetische Meldung in Bezug auf die israelischen Pläne war, welche die Krise auslöste, die letztendlich zum Krieg führen sollte, gibt es keinerlei Beweise dafür, dass Moskau diesen Ablauf der Ereignisse bzw. eine Eskalation erwartet oder vorhergesehen hätte. In der Tat ist die Auffassung vertreten worden, dass Nasser selbst anfänglich nicht beabsichtigte, eine Situation herbeizuführen, die in einem Krieg enden würde, wenngleich sein Oberbefehlshaber Amer derartige Pläne gehabt haben mag. Auf alle Fälle wurde die mögliche Reaktion der Ägypter bzw. der Israelis zu Beginn des Krieges von den Sowjets falsch eingeschätzt. Sie begannen die Gefahren erst zu begreifen, als Nasser die Sperrung der Meerenge verkündete. Es scheint, dass Moskau nicht wusste bzw. nicht erkannte, welch starkem Druck Nasser im eigenen Land und seitens der arabischen Welt im Hinblick auf die relativ zurückhaltende ägyptische Politik gegenüber dem Konflikt in den frühen 1960er Jahren ausgesetzt war.[36] Auch wurde die Situation innerhalb Israels von den Sowjets nicht berücksichtigt oder vielleicht überhaupt nicht erfasst (wobei sie unter Umständen das Wesen der politischen Führung, die sozioökonomischen Probleme und die Macht des Militärs falsch interpretierten). Noch wichtiger – sie scheinen das Ausmaß des US-amerikanischen Einflusses auf Israel und das Abschreckungspotential, das der den Ägyptern von den Sowjets gewährte Beistand (und militärisches Training) in den Augen Israels bzw. der USA darstellte, überschätzt zu haben. Mit einem Wort – es fehlte ihnen das Verständnis für die Unbeständigkeit des Konflikts, der ihnen im Kalten Krieg bis 1967 so gute Dienste geleistet hatte. Nach Ausbruch des Krieges war es ihre Aufgabe gewesen, sein möglichst schnelles Ende herbeizuführen – auch wenn dies bedeutete, im Sinne der amerikanischen Vorschläge zu kooperieren –, außerdem die Art von direktem Engagement zu vermeiden, die zu einer Konfrontation mit den USA führen konnte sowie den Schaden für die sowjetisch-arabischen Beziehungen, aber auch für die sowjetische Glaubwürdigkeit, auf ein möglichst geringes Maß zu begrenzen. Wenn sie bei der Erfüllung dieser Aufgaben auch nicht gänzlich versagt haben, so waren sie dennoch keineswegs gänzlich erfolgreich, und ihre Nachkriegsbemühungen machten einige der Lektionen deutlich, die sie daraus gelernt hatten.

Zwischenkriegszeit

Nach dem Krieg unternahmen die Sowjets große Anstrengungen, um ihre Glaubwürdigkeit zu retten (vor allem in Bezug auf Waffen und militärisches Training), aber auch, um ein Mindestmaß an Kontrolle über ihre arabischen Klienten – insbesondere Ägypten – zu erlangen, indem sie Nachschub und Personal hineinpumpten. Nassers Ersuchen, die Verantwortung für die Luftverteidigung Ägyptens zu übernehmen, wurde allerdings abgelehnt.[37] Als Gegenleistung für seine Wiederaufrüstungsbemühungen erhielt Moskau die von ihm angestrebten Luftstützpunkte und Marineanlagen in Ägypten und Syrien. 1968

---

[35] Middle East Intelligence Survey, 4/5 (1.–15. 6. 1976), S. 4.
[36] Avraham Sela, The Decline of the Arab-Israeli Conflict: Middle East Politics and the Quest for Regional Order, New York 1990, S. 76–94.
[37] „Polish Record of Meeting of Soviet-bloc leaders (and Tito) in Budapest (excerpts)", 11. 7. 1967, KC PZPR, XI A/13, AAN, Warsaw, CWIHP, www.CWIHP.org.

wurde die Entscheidung getroffen, diese durch eine Militärpräsenz von ca. 10 000 Mann sowie durch moderne Ausrüstung für den eigenen Gebrauch gegenüber den USA und der NATO zu verstärken. Somit waren die Jahre zwischen den Kriegen von 1967 und 1973 durch das stärkste und direkteste Engagement der Sowjets im Konflikt gekennzeichnet, wenngleich sie den Beginn ihrer Bemühungen darstellten, die Auseinandersetzung zu beenden. Davon wird weiter unten noch die Rede sein. Selbst als es demonstrativ die arabischen Armeen wiederaufrüstete und auf Vordermann brachte, versuchte Moskau seine arabischen Klienten davon zu überzeugen, eine Resolution des Sicherheitsrats anzunehmen, in der ein Ende des Konflikts oder zumindest ein Ende des Kriegszustands mit Israel gefordert wurde.[38] Die Sowjets waren besorgt, in einen weiteren Krieg hineingezogen zu werden und brachten dies auch deutlich zum Ausdruck.[39] Trotzdem unterstützten sie im März 1969 anfänglich das, was später als Abnutzungskrieg mit Israel bezeichnet wurde – wahrscheinlich um bestimmte Elemente in Ägypten zu besänftigen. Sie zogen diese Unterstützung jedoch relativ bald zurück, als klar wurde, dass erneut eine gefährliche Eskalation drohte. Im Mai kam es zu Auseinandersetzungen mit Nasser, der von Moskau gedrängt wurde, das Unternehmen zu beenden.[40]

Der Einsatz des sowjetischen Militärpersonals in Ägypten („Operation Kavkaz"), d.h. in einem nicht-marxistischen Land, das nicht dem Warschauer Pakt angehörte und weit von den sowjetischen Grenzen entfernt lag, war für Moskau ein außergewöhnlicher Schritt. Tatsächlich war er innerhalb der sowjetischen Führung und des Militärs umstritten. Der Grund hierfür waren sowohl die militärischen als auch die politischen Risiken, ein so großes Aufgebot sowie moderne Ausrüstung in derart exponierter Position außerhalb der sowjetischen Grenzen und in einer dermaßen instabilen Region zu stationieren. Trotzdem tat Moskau 1970 einen noch gewagteren Schritt, als es sowjetischen Piloten – für kurze Zeit – erlaubte, israelische Flugzeuge anzugreifen, womit es die zuvor abgelehnte Luftverteidigung Ägyptens übernahm.[41] Diese Aktion, die sehr viel gefährlicher war als z.B. der Einsatz sowjetischer Piloten im Jemen, war offensichtlich durch die Besorgnis begründet, Nassers Regime könnte die ständigen, tief in das Landesinnere vorgetragenen Bombenangriffe der Israelis nicht überleben. Sollte Nasser stürzen, könnte das Recht auf sowjetische Stützpunkte im Land ebenfalls untergehen. Tatsächlich wurden etliche sowjetische Piloten von der israelischen Luftwaffe über dem Sinai abgeschossen, aber das tiefe Eindringen der Bomber in das Landesinnere wurde gestoppt. Die Bedrohung für das Regime war vorüber, aber Moskau war nicht gewillt, eine Verlängerung des Krieges zu befürworten. Die Eskalation war gefährlich gewesen und konnte sich wiederholen. Für Errichtung und Aufrechterhaltung der sowjetischen Militärstützpunkte war jedoch Ruhe wünschenswert. Frustriert über die Sturheit der Sowjets stimmte Nasser am 7. August 1970 einer amerikanischen Initiative für einen Waffenstillstand zu.

2. Fall: Der Jom-Kippur-Krieg von 1973

Der Zeitraum zwischen 1967 und 1973 war trotz des Abnutzungskrieges von intensiven diplomatischen Bemühungen geprägt, in die auch die Sowjetunion mit eingebunden war.

---

[38] Ebenda.
[39] Ebenda.
[40] Mohamed Heikal, The Sphinx and the Commissar, London 1978, S. 193.
[41] Für eine autoritative Erörterung der sowjetischen Entscheidung siehe Adamski, „Zero-Hour".

Als diese Phase zu Ende ging, gab es in Ägypten einen neuen, weit weniger freundlich gesonnenen Führer (Nasser war einen Monat nach dem Waffenstillstand von 1970 gestorben) und eine beginnende Entspannung zwischen den Supermächten. Zudem kam es in den frühen 1970er Jahren auch im Nahen Osten zu einem Wechsel hin zu einer pragmatischeren, mehr wirtschaftsorientierten Politik, die dazu führte, dass die Sowjets die Bezahlung ihrer Waffen verlangten. Außerdem wuchs das Interesse an den Regionen östlich und südlich der Konfliktstaaten, insbesondere an den reichen Golfstaaten. Alle diese Entwicklungen trugen zu beträchtlichen Herausforderungen und einigen Veränderungen in Bezug auf die Rolle der Sowjets im Konflikt bei, während die Grundmuster hinsichtlich eines möglichen Krieges weitgehend unverändert blieben.

Das bereits 1967 erkennbare Muster der Zurückhaltung in der Zeit vor dem Ausbruch eines Krieges kristallisierte sich 1973 noch deutlicher heraus – möglicherweise wegen des weit größeren Engagements der Supermächte und ihres erhöhten Einsatzes für ihre jeweiligen Klienten in den 1970er Jahren. In den beiden Jahren, die dem Krieg vorausgingen, verzögerten die Sowjets wiederholt die Lieferung von modernen Offensivwaffen, die von Sadat für den Kampf angefordert worden waren. Schließlich kam es mit ihm zu einer sowohl öffentlich als auch privat ausgetragenen Polemik über militärische versus politische Maßnahmen.[42] Diese spitzte sich schließlich zu, als der erste Entspannungsgipfel im Mai 1972 – ungeachtet der Aussagen, die Sadat als Versprechen der Sowjets aufgefasst hatte, nach den Novemberwahlen in den USA einen Krieg zu unterstützen – mit einem gemeinsamen sowjetisch-amerikanischen Appell zur „militärischen Entspannung" im Nahen Osten zu Ende ging. Nachdem er Moskau beschuldigt hatte, die Entspannung den arabischen Interessen vorzuziehen, wies Sadat im Juli das sowjetische Militärpersonal aus. Moskau antwortete mit dem Abzug seiner Berater und seines Botschafters sowie der Einfrierung der Beziehungen für mehrere Monate. Obwohl das Zerwürfnis nur ein halbes Jahr gedauert hatte, versuchten die Sowjets nie wieder, ihr „Kavkaz"-Personal in die Region zurückzusenden. Der Grund hierfür könnte ihre bereits früher erkennbare Besorgnis über die heikle und anfällige Lage eines so großen Aufgebots in der Region gewesen sein, aber auch die Verschiebung des Brennpunkts einer potentiellen Konfrontation mit den USA in das Gebiet des Indischen Ozeans und des Persischen Golfs. Eine andere denkbare Ursache bestand aber auch einfach in den erweiterten Möglichkeiten der Sowjets in Hinblick auf die Versorgung ihrer Flotte auf See, aber auch auf Flugzeuge mit größerer Reichweite, wodurch weniger Stützpunkte vor Ort in Ägypten notwendig waren. Daher wurde von Moskau lediglich die übliche Anzahl an Beratern (ungefähr 1500) zurückgeschickt. Es lieferte auch wieder Waffen, wenn auch noch nicht alle von den Arabern angestrebten Offensivwaffen, und – was vielleicht noch wichtiger ist – es hielt an seinen Bemühungen fest, sowohl Ägypten als auch Syrien davon abzubringen, einen weiteren Krieg zu beginnen.

Tatsächlich war die duale Politik der Sowjets gegenüber dem Konflikt nie offensichtlicher als in der Zeit unmittelbar vor und während des Krieges von 1973. Selbst als es Gründe gegen einen Krieg vorbrachte, lieferte Moskau Waffen (wenn auch nicht alles, was gewünscht wurde) und transportierte Anfang 1973 sogar marokkanische Truppen nach

---

[42] Dieser Zeitraum wird dargestellt in Galia Golan, Yom Kippur and after: The Soviet Union and the Middle East Crisis, Cambridge University Press, 1977, und mit neueren Informationen in Galia Golan, The Soviet Union and the Yom Kippur War, in: P. R. Kumaraswamy, Revisiting the Yom Kippur War, London 2000, S. 127-152. Siehe auch Sadat, In Search of Identity und Mohamed Heikal, The Road to Ramadan, London 1976.

Syrien. Sadat verwies mehrfach öffentlich auf das Dauerproblem und ganz explizit auf die sowjetische Opposition gegen einen Krieg, so auch in seiner Ansprache zum Jahrestag im Juli 1973. Syrien war ebenfalls Objekt der sowjetischen Beschwichtigungsversuche, z. B. während des Syrien-Besuchs von Politbüromitglied Kirilenko anlässlich einer Staudammeröffnung Anfang Juli.[43] Aufgrund dieser Opposition wurden die Sowjets von Sadat und in geringerem Maße auch von Assad von jedweden Planungen und militärischen Vorbereitungen für den Krieg bis wenige Tage vor seinem Beginn ausgeschlossen. Tatsächlich waren die Monate und Wochen vor dem Krieg eine Zeit großer Belastungen für die sowjetischen Beziehungen sowohl mit Ägypten als auch mit Syrien.[44]

Die duale Politik könnte sich aus den Meinungsverschiedenheiten innerhalb der sowjetischen Führung ergeben haben, die möglicherweise mit einem Dissens über die Entspannungspolitik ganz allgemein in Zusammenhang standen.[45] Gegner der Entspannung, wie etwa Verteidigungsminister Grečko oder der kompromisslose Ideologe Suslov, standen den arabischen Forderungen wahrscheinlich wohlwollender gegenüber und befürworteten faktisch das, was sich als Hindernis für die Entspannung herausstellen könnte. Ganz sicherlich waren sie nicht daran interessiert, der Entspannung Priorität einzuräumen. Ungeachtet der veränderten Interessenlage und Gegebenheiten gab es für Moskau immer noch wichtige politische – wenn auch nicht mehr vorwiegend militärische – Interessen in Ägypten und Syrien. Dies traf auch auf die Stützpunkte zu, die es für die anspruchslosere Aufgabe der Beobachtung der 6. US-Flotte eventuell behalten konnte, aber auch, um zumindest symbolisch einen Fuß in der Region zu belassen und damit die Amerikaner fernzuhalten. Offensichtlich hatten die Vereinigten Staaten unter Kissinger – trotz der Entspannung – mit dem Versuch begonnen, die Ägypter den Sowjets abzuwerben.

Wie bereits in den Kriegen zuvor, bestand eines der Ziele der Sowjets nach Kriegsausbruch darin, eine direkte Konfrontation mit den USA zu vermeiden. Was für sie hinzukam, war das neue Erfordernis, die Entspannung auf globaler Ebene zu wahren, während sie ihre Beziehungen zu den Arabern (und ihre Glaubwürdigkeit in der Dritten Welt) aufrechterhalten – und in diesem Fall sogar *retten* – mussten. Der Unterschied zwischen diesem und den vorigen Kriegen in militärischer Hinsicht – insbesondere die anfänglichen Kriegserfolge der Araber – erschwerte das Erreichen dieser potentiell widersprüchlichen Ziele erheblich. Wie schon zuvor, drängten die Sowjets Sadat sofort, einem Waffenstillstand zuzustimmen, und dies sogar bevor klar wurde, dass der Suezkanal von der ägyptischen Armee und der Großteil der Golanhöhen von Syrien erfolgreich zurückerobert worden waren. Die Forderungen der Sowjets wurden von Sadat am ersten Kriegstag rundweg abgelehnt. In Anbetracht der Tatsache, dass die Sowjets die militärischen Möglichkeiten

---

[43] Moshe Maoz, Syria under Hafiz al-Asad: New Domestic and Foreign Policies, in: Jerusalem Papers on Peace Problems, 1975.
[44] Und zwar so sehr, dass einige ägyptische Militärs der Ansicht waren, die Sowjets versuchten durch eine absichtliche Gefährdung des Überraschungselements den Krieg zu verhindern. (Al-Hawadess, 16.8.1974.) Dies war der Fall, als Moskau – nachdem es von Sadat am 3. Oktober benachrichtigt worden war, dass ein Krieg unmittelbar bevorstehe – seine Zivilisten am 4. Oktober mittels einer Notluftbrücke aus Ägypten ausfliegen ließ, was einen Alarm in Israel auslöste.
[45] Golan, The Soviet Union and National Liberation Movements, S. 236–243, und Galia Golan, Soviet Decision-making in the Yom Kippur War, in: Jiri Valenta/William Potter (Hrsg.), Soviet Decision-making for National Security, London u.a. 1984, S. 189–191. Siehe auch Dina Spechler, Domestic Influences on Soviet Foreign Policy, University Press of America, Washington, D. C., 1978, und dies., The Politics of Intervention, in: Studies in Comparative Communism, Vol. 20, No. 2 (1987), S. 115–143.

der Araber als sehr gering einschätzten[46] und angesichts des Risikos einer sowjetisch-amerikanischen Konfrontation, beharrte Moskau über seinen Botschafter in Kairo derartig auf seinen Bemühungen um einen Waffenstillstand, dass es Sadats Zorn heraufbeschwor. So sträubte er sich beispielsweise am 10. Oktober erneut wütend gegen diesen Gedanken und beschuldigte die Sowjets, ihn über die Bereitschaft Syriens zur Annahme eines Waffenstillstands belogen zu haben. (Angeblich hatten die Syrer den Sowjets vor dem Krieg vorgeschlagen, Letztere sollten nach den ersten 48 Stunden einen Waffenstillstand fordern.[47])

Sowjets und Amerikaner standen gleich nach den ersten Meldungen über den Krieg in intensivem Kontakt. Es war zunächst jedoch Kissinger, der ein gemeinsames Vorgehen in der UNO verzögerte, da die Amerikaner verlangten, ein Waffenstillstand müsse mit einer Rückkehr zu den Vorkriegsstellungen verbunden sein. Außerdem war Moskau nicht gewillt, eine Waffenstillstandsresolution in den Sicherheitsrat einzubringen, die von den Arabern (und den Chinesen) abgelehnt werden würde. In Zusammenarbeit mit den Amerikanern und nach Rückschlägen für die Syrer an deren Front (Israel hatte den Golan am 9. Oktober nahezu vollständig wieder zurückerobert) bedienten sich die Sowjets einer dritten Partei, um Sadat zu einem Waffenstillstand zu drängen. Am Morgen des 13. Oktober sandten sie über den britischen Botschafter einen Vorschlag, der von Israel akzeptiert worden war (obwohl sich das Land zu diesem Zeitpunkt in einer ungünstigen Situation befand). Aber auch dieser wurde von Sadat zurückgewiesen, der erzürnt behauptete, es handle sich hierbei nur um einen weiteren Versuch der Sowjets, ihn unter Druck zu setzen. Besorgt über das Scheitern einer neuerlichen ägyptischen Bodenoffensive am 14. Oktober (um über die am Ostufer des Suezkanals befestigte Linie hinaus vorzurücken) und höchstwahrscheinlich im Wissen um den Brückenkopf, den die israelischen Truppen auf der Westseite des Kanals in der Nacht vom 15. auf den 16. Oktober erkämpft hatten, wurde Kosygin am 16. Oktober nach Kairo geschickt. Er sollte persönlich versuchen, Ägypten zum Aufhören zu bewegen. Sadat hatte nur widerwillig zugestimmt, sich überhaupt mit ihm zu treffen, und am 19. Oktober reiste Kosygin ohne das Einverständnis Ägyptens zu einem Waffenstillstand nach Moskau zurück. Allerdings hatten die Sowjets wenige Stunden vor Kosygins Rückkehr Kissinger dringend nach Moskau eingeladen, um einen Waffenstillstand auszuarbeiten. Als Kissinger am 20. Oktober eintraf, hatte Sadat schließlich eingewilligt und die beiden Supermächte legten der UNO einen gemeinsamen Vorschlag für einen Waffenstillstand vor, der am Abend des 22. Oktober in Kraft treten sollte (nachdem die Sowjets ihre Forderung, der Vorschlag müsse die Aufforderung nach dem Rückzug Israels enthalten, schnell wieder fallenlassen hatten).

Während diese Maßnahmen darauf abzielten, eine Konfrontation der Supermächte zu vermeiden und die Entspannung aufrechtzuerhalten, waren die Sowjets gleichzeitig bestrebt, ihre Beziehungen mit den Arabern mittels materieller Unterstützung zu retten. Im Unterschied zu den beiden vorangegangenen Kriegen ging Moskau diesmal auf die ägyptischen und syrischen Bitten um Unterstützung ein. Am 9. Oktober (dem Tag, an dem Israel sowjetische Einrichtungen in Syrien bombardierte) wurde mit der Versorgung beider

---

[46] Evgueny Pyrlin, Some Observations (Memoirs) about the Arab-Israeli War (1973), unveröffentlichtes Memorandum, in: Richard Ned Lebow/Janice Gross Stein, We All Lost the Cold War, Princeton University Press, 1994, S. 184; Viktor Israelyan, Inside the Kremlin during the Yom Kippur War, Pennsylvania State University Press, 1995, S. 31f. und 53–56.
[47] Sadat-Reden, Radio Kairo, 15. und 28.9.1975; Heikal, The Road to Ramadan; in Auszügen in Maariv, 15.5.1975; As-Safir, 16.4.1974; und Rede des sowjetischen Botschafters V. M. Vinogradov in Kairo, in: Journal of Palestine Studies, Vol. 3, No. 4 (1974), S. 161–164.

Länder mit Hilfsgütern aus der Luft begonnen. Die Luftbrücke schien dem sowjetischen Interesse an einem Waffenstillstand zuwiderzulaufen, da sie möglicherweise die für eine Verlängerung des Krieges erforderlichen Mittel bereitstellen konnte. Genau so lautete auch der Vorwurf der Amerikaner – insbesondere der Entspannungsgegner in Washington – bis die USA am 15. Oktober selbst wieder mit Nachschublieferungen an Israel begannen.

Die sowjetische Entscheidung zur Nachschubversorgung löste in Moskau anfänglich keine Kontroversen aus, obwohl (oder vielleicht weil) eine solche Maßnahme in den früheren Kriegen nicht ergriffen worden war. Was jedoch sehr wohl kontrovers diskutiert wurde, war die Frage, wie viel geliefert werden sollte, wobei die Befürworter der Entspannung im Politbüro über die Reaktion der USA besorgt waren und daher argumentierten, dass die Araber genug Waffen hätten und umfangreiche Lieferungen den Krieg verlängern würden (was im Umkehrschluss der Entspannung schade und das Risiko einer Konfrontation der Supermächte erhöhe). Andere, insbesondere Grečko, wandten ein, eine Ausweitung der Unterstützung könne so lange helfen, bis ein Waffenstillstand erreicht sei.[48] Man entschied sich dafür, innerhalb der Grenzen der bestehenden Verträge zu bleiben. Sehr zum Ärger von Sadat verlangte Moskau sogar die Bezahlung der Lieferungen in harter Währung, inklusive 80 Millionen US-Dollar fälliger Zinsen für frühere Sendungen.[49] Die Situation änderte sich nach dem 15. Oktober, als sich die Anzahl der mit Hilfsgütern beladenen Flugzeuge fast verdreifacht hatte, wobei offensichtlich ernsthaftere Waffen und Ausrüstungen transportiert wurden (die Ägypter behaupteten, vorher wären lediglich Decken, Medikamente etc. geliefert worden). Es ist nicht ganz klar, ob dieser Umschwung (oder auch die größere Anzahl von Flugzeugen) eine Reaktion auf die sich verschlechternde Kampfsituation der Araber oder auf die anlaufenden amerikanischen Nachschublieferungen an Israel war. Vielleicht kam er aber auch erst zustande, wie der algerische Präsident Boumedienne behaupten sollte, nachdem er selbst am 15. Oktober nach Moskau gereist war, um sich für mehr Hilfe einzusetzen – und die entsprechenden Mittel bereitstellte.[50] Wie dem auch sei – wie wir gesehen haben, ersetzte die sowjetische Unterstützung der Araber nicht die fortgesetzten Bemühungen der UdSSR um einen Waffenstillstand und ihre auf dieses Ziel ausgerichtete Zusammenarbeit mit den Amerikanern.

Die Entspannung schien den Sturm überstanden zu haben. Entgegen den Behauptungen der Entspannungsgegner, der Krieg sei ein Beweis dafür, dass sich die Imperialisten nicht geändert hätten und Moskau gegenüber der Aggressivität des Westens nach wie vor auf der Hut sein müsse (wie z. B. Grečko anmerkte), erklärte Brežnev, es sei in Wirklichkeit die Entspannung gewesen, die die Verwandlung des Krieges in eine schreckliche Konfrontation verhindert habe.[51] Tatsächlich befanden sich die Supermächte nach dem Waffenstillstand jedoch in der vielleicht schwersten Krise des Kalten Krieges seit Kuba. Dass sich die Israelis nicht an den Waffenstillstand hielten und insbesondere, dass sie die Eroberung der Ostseite des Suezkanals fortsetzten, führte zu einer Panik in Kairo und schnitt der 20000 Mann starken 3. ägyptischen Armee, die auf der Westseite eingekesselt war, den

---

[48] Israelyan, Inside the Kremlin, S. 58–60.
[49] Sadat-Interview: DPA, 13.4.1974 (mit dem Magazin Der Stern); siehe auch Sadat-Interviews in MENA, 22.9. und 8.10.1974; Le Monde, 31.3.-1.4.1974.
[50] Angeblich je 100 Millionen US-Dollar für Ägypten und Syrien. Das ist die laut Sadat von Algerien während des Krieges zur Verfügung gestellte Summe. (Le Monde, 31.3.-1.4.1974, 17. und 18.10. 1973.)
[51] Pravda, 8.10.1973 (Grečko); TASS, 8. und 27.10.1973; Izvestija, 1.12.1973 (Brežnev).

Rückzug ab. Sadat forderte ein Eingreifen der Supermächte; Moskau stellte ein Ultimatum und die USA riefen Alarmzustand DefCon 3 aus.

Wie auch schon im vorangegangenen Krieg wurde von Moskau demnach so etwas wie eine Interventionsdrohung übermittelt. Die Entwicklung begann damit, dass die Sowjets am 24. Oktober in der UNO verkündeten, sie unterstützten Sadats Forderung nach Truppen zur Sicherung des Waffenstillstands, während die USA bereits ihre Ablehnung dieses Ansinnens zum Ausdruck gebracht hatten. Nach einigen schwierigen Unterredungen des sowjetischen Botschafters Dobrynin mit Kissinger[52] ging Brežnevs Drohbrief um 21 Uhr im Weißen Haus ein. Am 25. Oktober um drei Uhr früh verhängten die USA den Alarmzustand.

Laut Kissinger hatte es konkrete Maßnahmen gegeben, die auf eine beabsichtigte sowjetische Militärintervention schließen ließen: Alarmbereitschaft bei den sowjetischen Luftlandedivisionen; Unterbrechung der Luftbrücke, möglicherweise um Flugzeuge für den Truppentransport frei zu machen; Alarmbereitschaft bei den Truppen in Ostdeutschland; in der Folge Sichtung von zehn Flugzeugen auf dem Weg nach Ägypten sowie Erhöhung der Anzahl sowjetischer Schiffe im Mittelmeer (erst am nächsten Tag – nach dem Alarmzustand und der Krise – stellte sich heraus, dass zwei Amphibienschiffe von der syrischen Küste aus Kurs auf Ägypten genommen hatten).[53] Außerdem gab es ein Gerücht, das von Kissinger bei der Schilderung seiner Entscheidungen nicht erwähnt wird. Danach habe ein Bericht existiert, wonach nukleares Material – möglicherweise auf dem Weg nach Port Said – die Dardanellen passiert habe.[54] Und schließlich war da auch noch Brežnevs Schreiben.

Waren dies Anzeichen für eine beabsichtigte sowjetische Intervention? In Wirklichkeit waren die Luftlandedivisionen während des gesamten Krieges in Alarmbereitschaft gewesen und aufgrund ihrer Stärke von 50 000 bis 150 000 Mann (einschließlich Unterstützungstruppen) hätte es zumindest eine Woche gedauert, bis sie in den Kampf eingreifen hätten können. Außerdem wurden auf sowjetischen Flugplätzen keinerlei Nachschubaktivitäten zur Unterstützung einer unmittelbar bevorstehenden Truppenentsendung beobachtet. Die Luftbrücke war allerdings tatsächlich eingestellt worden und es stimmte auch, dass zehn Flugzeuge nach Ägypten geflogen waren. Wie sich jedoch später herausstellte, enthielten sie ebenfalls Frachtgut und keine Truppen. Was die Amphibienschiffe betrifft, die für die Alarmentscheidung eigentlich irrelevant gewesen waren, so befanden sich zur fraglichen Zeit sogar weniger derartige sowjetische Schiffe im Mittelmeer, als üblicherweise dort stationiert waren, obwohl sich die Gesamtzahl an Schiffen während des Konflikts erheblich erhöht hatte (auf insgesamt 96). Darüber hinaus verfügten die Sowjets nach wie

---

[52] Henry Kissinger, Crisis: The Anatomy of Two Major Foreign Policy Crises, New York, 2003, S. 337.
[53] Henry Kissinger, Years of Upheaval, Boston 1982, S. 575–590.
[54] Die Gerüchte besagten, dass es sich bei dem Material um nukleare Sprengköpfe handelte, die für die von Moskau an Ägypten gelieferten Scud-Raketen bestimmt waren. Tatsächlich gestatteten die Sowjets den Ägyptern, am 21. Oktober – kurz vor Inkrafttreten des Waffenstillstands – eine Ladung Scud-Raketen (mit konventionellen Sprengköpfen) abzufeuern. Dies geschah durch einen nicht durch die ordnungsgemäßen Kanäle geleiteten Befehl des sowjetischen Botschafters in Ägypten. Grečko gab das O.K. mit den Worten: „Na los zum Teufel, feuert sie ab". Die auf El Arish abgeschossenen Raketen richteten keinerlei Schäden an. Gromyko war angeblich sehr aufgebracht, weil Grečko diese Aktion erlaubt hatte. (Israelyan, Inside the Kremlin, S. 60.) Eine leicht abweichende Version, wonach anstatt Grečkos der sowjetische Generalstabschef Kulikov beteiligt war, findet sich in E. D. Pyrlin, Trudnyj i dolgij put' k miru. Bzgljad iz Moskvy na bliževostočnoe uregulirovanie, Moskau 2002, S. 170f.

vor weder dort noch irgendwo sonst über eine ernst zu nehmende Kriegsmarine. In der Tat war mehr als eine Woche vorher – am 15. Oktober – nukleares Material durch die Dardanellen transportiert worden, aber diese Information war laut Verteidigungsminister James Schlesinger ohne Bedeutung und spielte bei der Entscheidung für den Alarm keine Rolle.[55] Auch hat Kissinger niemals darauf Bezug genommen – weder in diesem, noch in einem anderen Zusammenhang. Vermutlich war das Material Teil des regelmäßigen Nachschubs für die sowjetische Nuklearflotte im Mittelmeer. Zudem ist es so gut wie sicher, dass die Sowjets nicht bereit gewesen wären, einem nicht-marxistischen und nicht dem Warschauer Pakt angehörenden Land Nuklearwaffen zur Verfügung stellen, auch – und insbesondere – nicht einem so unzuverlässigen Verbündeten wie Ägypten. Tatsächlich lassen Angaben aus US-Geheimdienstkreisen sowie aus der Sowjetunion (nach deren Zusammenbruch) – darunter auch Einschätzungen sowjetischer Militärs – darauf schließen, dass es vor Ort keinerlei Anzeichen für etwaige Interventionspläne der Sowjets gegeben hat. Der ehemalige stellvertretende sowjetische Generalstabschef Achromeev sagte, dass keine militärischen Vorbereitungen getroffen worden seien. Allerdings existierten auch anders lautende Berichte, wonach es tatsächlich Eventualpläne für eine Intervention gegeben habe – mehr aber auch nicht.[56]

Präsident Nixons Berater General Haig glaubte nicht daran, dass die Sowjets am Ende des Krieges Streitkräfte in die Region entsenden würden. Andere mögen diese Einschätzung geteilt oder allenfalls gedacht haben, Moskau beabsichtige lediglich die Stationierung eines symbolischen Kontingents in der Nähe von Kairo. Kissinger selbst war der Auffassung, dass es sich um einen Bluff der Sowjets handeln könnte, wollte ihnen aber dennoch durch eine starke Maßnahme einen Schock versetzen, um sie von jeglicher Interventionsabsicht abzubringen. Die Idee, so erklärte er, habe darin bestanden, Moskau mittels einer moderaten Antwort auf Brežnevs Schreiben in anhaltende Gespräche zu verwickeln, es jedoch durch amerikanische Aktivitäten vor Ort von irgendwelchen einseitigen Schritten abzuschrecken. Aus diesem Grund sollte der Alarmzustand geheim gehalten werden, wobei man davon ausging, dass der sowjetische Geheimdienst zwar Kenntnis davon erlangen würde, es jedoch zu keiner öffentlichen Krise käme.[57]

Wie haben sich die Sowjets tatsächlich verhalten? Als Israel seinen Vormarsch in Ägypten fortsetzte, sahen sie sich in der Tat einem Dilemma gegenüber. In den Augen der arabischen Welt war die Sowjetunion für den Waffenstillstand verantwortlich. Syrien, der Irak,

---

[55] New York Times, 27.10.1973 (Pressekonferenz von Schlesinger), und Richard Parker, The October War, University Press of Florida, 2001, S. 200.

[56] Israelyan, Inside the Kremlin, S. 168; Lebow/Stein, We All Lost the Cold War, S. 235–238. Während eines in der Ära Gorbačev gegebenen Interviews sagte Gromyko, dass in der Sowjetunion ernsthafte Erwägungen gegeben habe, Truppen zur Bildung eines Kordons um Kairo zu entsenden, aber „andererseits hatten wir die Sorge, in die Kämpfe hineingezogen zu werden. Einige meiner Kollegen könnten sagen, dass dies [Brežnevs Schreiben] nur eine Form von politischem Druck war." (Ebenda, S. 237.)

[57] Für eine eingehende Darstellung der US-Entscheidungsfindung siehe Lebow/Stein, We All Lost the Cold War, S. 246–251; Kissinger, Years of Upheaval, S. 575–590; Kissinger, Crisis, S. 336–347; Richard Nixon, The Memoirs of Richard Nixon, New York 1978, S. 938; Barry Blechman/Douglas Hart, The Political Utility of Nuclear Weapons, in: International Security, Vol. 7, No. 1 (1982), S. 132–156; Bruce Blair, Alerting in Crisis and Conventional War, in: Ashton Carter/John Steinbruner/Charles Zraket (Hrsg.), Managing Nuclear Operations, Washington, D. C., 1987, S. 75–120; Alexander Haig, Inner Circles: How America Changed the World. A Memoir, New York 1992, S. 415f.; William Quandt, Soviet Policy in the October 1973 War, Rand Corporation, Santa Monica 1976, R-1864, S. 197.

die PLO, Libyen, Kuwait und Algerien (von China aufgestachelt), hatten das, was als geheime sowjetische Absprache mit den Amerikanern (und laut Gaddafi auch mit den Zionisten) bezeichnet wurde, alle kritisiert.[58] Assad behauptete, er sei vor Einbringung der Resolution in die UNO nicht konsultiert worden und habe sich daher gezwungen gesehen, einen geplanten syrisch-irakischen Gegenangriff abzusagen.[59] Zudem sei die in die Waffenstillstandsresolution eingebaute Resolution 242 von Syrien niemals akzeptiert worden. Sadat seinerseits sah in den Sowjets angesichts ihrer Rolle bei dessen Zustandekommen die Garanten für den Waffenstillstand.[60] Daher hatte Moskau ein eindeutiges Interesse an einer erfolgreichen Umsetzung der Waffenstillstandsresolution. In Anbetracht der allgemeinen Überzeugung, Israel werde von Washington gesteuert, musste sich Brežnev im Inland mit möglichen Vorwürfen einer Irreführung durch die USA auseinandersetzen.[61]

Am Abend des 24. Oktober (Moskauer Zeit) beriet das Politbüro über Sadats Forderung nach einer gemeinsamen Truppe der Supermächte. Man war sich einig, dass sich die Amerikaner einer solchen Idee niemals anschließen würden. Der Chef des Generalstabs Kulikov erklärte, dass weder eine gemeinsame noch eine unilaterale Truppe rechtzeitig eintreffen würde, um irgendetwas ausrichten zu können. Trotzdem wurde von einigen die Ansicht vertreten, die Aufstellung einer gemeinsamen Truppe sei einen Versuch wert, was jedoch zurückgewiesen wurde. Eine einseitige Intervention wurde einstimmig abgelehnt.[62] Das Politbüro entschied sich dafür, die Amerikaner zu drängen, Druck auf die Israelis auszuüben, damit diese ihren Vormarsch beendeten, was gleichzeitig den Entsatz der 3. ägyptischen Armee bedeutet hätte. Dies sollte durch ein Schreiben erreicht werden, das eine implizite Drohung enthielt, tatsächlich aber – wie bereits im Fall der vorherigen Kriege – bedingt formuliert war: „[...] wenn Sie es für unmöglich erachten sollten, in dieser Sache gemeinsam mit uns vorzugehen, würden wir uns der Notwendigkeit gegenübersehen, die Frage angemessener, einseitiger Schritte dringend in Erwägung zu ziehen."[63] Brežnev fügte dem Entwurf allerdings die deutlichere Einleitung hinzu: „Ich will es offen sagen [...]". Ziel war es, Washington zu veranlassen, die Israelis unter Druck zu setzen (Kissinger hatte Israel in der Tat dazu aufgerufen, die 3. Armee zu schonen, indem es ihre Versorgung mit Wasser und Plasma zuließ). Die Sowjets gingen davon aus, dass Washington eine Krise mit Moskau vermeiden wolle. Einmal, weil Nixon mit der Watergate-Affäre schon genug Schwierigkeiten hatte, aber auch, weil Kissinger die Entspannung als zu anfällig betrachtete, um eine Krise zu riskieren, die die Entspannungsgegner in Washington stärken könnte. Es gab im Politbüro keinerlei Einschätzung oder auch Diskussion hinsichtlich der Reaktion der Vereinigten Staaten auf einen möglichen sowjetischen Eingriff in den Krieg. Der einfache Grund hierfür war, dass die Sowjetunion nicht die Absicht hatte, einzugreifen. Daher waren die Sowjets von der amerikanischen Reaktion – Alarmzustand DefCon 3 – außerordentlich überrascht. Wahrhaft beunruhigt, beschlossen sie, die Alarmbereitschaft der Amerikaner zu ignorieren und auf die Mitteilungen aus Washington lediglich gemäßigt zu

---

[58] So beschuldigte z. B. Gaddafi sowohl Kosygin als auch Kissinger, für die „Zionisten" zu arbeiten und bezeichnete den Waffenstillstand als eine „Zeitbombe" und als „Neo-Kolonialismus der beiden Supermächte". (Interview in Le Monde, 23. 10. 1973.)
[59] Al-Anwar, 30. 10. 1973 (Assad-Rede).
[60] Ismail Fahmy [damals ägyptischer Außenminister], Negotiating for Peace in the Middle East, London 1983, S. 28.
[61] Kissinger, Crisis, S. 337.
[62] Israelyan, Inside the Kremlin, S. 153–154 und 163–168.
[63] Ebenda, S. 169f., und Kissinger, Crisis, S. 342.

reagieren.⁶⁴ In der Folge entspannte sich die Krise, der Waffenstillstand hielt und sowohl die USA als auch die Sowjetunion entsandten eine sehr begrenzte Anzahl von Beobachtern (jeweils 70). Außerdem wurde Israel von Washington noch mehrmals gedrängt, die 3. Armee aus der Umklammerung freizugeben.

Wie bereits im vorherigen Krieg, zeigten sich insbesondere die Ägypter nach 1973 enttäuscht über die, wie sie es sahen, Rücksicht der Sowjets auf ihre globalen Interessen (Entspannung) auf Kosten der arabischen Anliegen. Sadat war wegen des von den Sowjets ausgeübten Drucks zugunsten eines frühen Waffenstillstands verstimmt. Er tat sogar die massiven Nachschublieferungen ab – das wäre nicht mehr als das gewesen, was vorher vertraglich vereinbart worden sei, die Forderung nach Bezahlung in harter Währung eingeschlossen. Assad behauptete, die Sowjets hätten ihn ignoriert und den Syrern die Chance auf einen Gegenangriff verwehrt.⁶⁵ Die von den Sowjets von 24. auf 25. Oktober unternommenen Schritte sollten von Sadat niemals öffentlich anerkannt werden. Insgesamt gesehen, wurde so gut wie kein einziges der sowjetischen Ziele erreicht: Die Supermächte hatten sich gefährlich nahe an einer direkten Konfrontation befunden und sowohl in Moskau als auch in Washington kam es zu einer Stärkung der Entspannungsgegner aufgrund dessen, was jeder als überstürzte Maßnahmen des jeweils anderen und unangemessene Unterstützung von dessen Klienten ansah. Außerdem war Ägypten in das Lager der Amerikaner übergewechselt. Nach dem Krieg konnten die Sowjets sich nur mehr bemühen, in einem allmählich ausschließlich von den Amerikanern orchestrierten Friedensprozess zu verbleiben, der mit der Genfer Konferenz vom Dezember 1973 begann.

Man könnte behaupten, dass das Scheitern der Sowjets eben gerade auf die Widersprüchlichkeit hinsichtlich ihrer Ziele zurückzuführen ist bzw. darauf, was in Wirklichkeit während des gesamten Zeitraums eine duale Politik im Nahen Osten gewesen war. Moskau konnte nicht sein vordringlichstes Interesse gegenüber den Vereinigten Staaten aufrechterhalten und gleichzeitig die Interessen der Araber bedienen. Selbst wenn der Dualismus nicht dem Versuch entsprang, zwei verschiedene Arten von Interessen miteinander zu vereinbaren, sondern eher – wie von manchen behauptet – auf das Gezerre der gegensätzlichen Lager innerhalb der sowjetischen Führung zurückzuführen war, so blieben als Nettoergebnis der Widerstand der Sowjets gegen einen effektiven Krieg in der Region, das Bemühen, den Krieg zu verhindern, und sogar der Versuch, den arabisch-israelischen Konflikt zu beenden. Es darf angenommen werden, dass der Grund hierfür die Besorgnis der Sowjets über die Eskalation einer Auseinandersetzung war, über die sie – ungeachtet ihres ständig wachsenden Engagements von den 1950er Jahren bis zum Höhepunkt in den frühen 1970er Jahren – wenig bis gar keine Kontrolle hatten. Als sich der Konflikt als zunehmend gefährlich und immer weniger nutzbringend für sie herausstellte, bildete sich ihre Präferenz für eine Lösung heraus. Nach jedem der Kriege versuchte Moskau die Araber zu überreden, politischen Bemühungen, die sogar zur Beendigung des Konflikts führen konnten, bzw. zumindest einer Beendigung des Kriegszustands zuzustimmen. Um ein Vorpreschen der Amerikaner in Form der Eisenhower-Doktrin zu verhindern, schlugen die Sowjets bereits 1957 Verhandlungen zur Beilegung des Konflikts und Aussetzung der Waffenlieferungen in die Region vor. Unmittelbar nach dem Krieg von 1967 versuchten sie die Araber dazu zu bewegen, eine UNO-Resolution zur Beendigung des Konflikts oder wenigstens des Kriegszustands zu akzeptieren. Es gelang ihnen, die Einwilligung zumindest Ägyp-

---

⁶⁴ Israelyan, Inside the Kremlin, S. 173–175.
⁶⁵ Siehe Anmerkungen 49 und 59 (Assads Beschwerden).

tens zur Resolution 242 zu erreichen. Sogar auf dem Höhepunkt des Abnutzungskrieges – während sie den Himmel über Ägypten militärisch verteidigten – unterbreiteten die Sowjets den Amerikanern ihren bis dahin maßvollsten Friedensvorschlag – sie akzeptierten erstmals die Waffenstillstandslinien von 1949 (d. h. der Linien vom 4. Juni 1967) als Grenzen Israels sowie dessen Forderung, dass einem Abzug ein Friedensabkommen vorausgehen müsse. Sie forderten Syrien dringend dazu auf, an den nach 1973 eingeleiteten Friedensgesprächen teilzunehmen und drängten die PLO, der Resolution 242 und einer Zweistaaten-Lösung für den palästinensisch-israelischen Konflikt zuzustimmen. Die Araber, insbesondere Syrien und die PLO, waren sich dieser Präferenz für die Beilegung des Konflikts überaus bewusst und gerieten mit der Sowjetunion deswegen auch aneinander.

Das heißt jedoch nicht, dass Moskau exklusiven Friedensbemühungen der USA – wie dem von den Amerikanern vermittelten Friedensabkommen zwischen Ägypten und Israel – wohlwollend gegenüberstand. Sein Interesse an einer Lösung des Konflikts hing davon ab, ob es dabei eine Funktion behalten konnte – zumindest als einer der Schirmherren und Garanten einer etwaigen Vereinbarung. Als sich dies ab Mitte der 1970er Jahre bis zum Ende des Kalten Krieges jedoch als unmöglich erwies, verfügte die Sowjetunion nicht über genügend Einfluss in der Region, um mögliche Abkommen verhindern zu können, und spielte eine äußerst begrenzte Rolle, auch als ihre Klienten – Syrien und die PLO – 1982 im Libanon unter Beschuss gerieten. Als Gorbačev auf der Bildfläche erschien und den Arabern verkündete, es gebe für den arabisch-israelischen Konflikt keine militärische Lösung, sagte er für die Sowjets nichts Neues. Das wirklich Neue war, dass er nicht länger bereit war, eine Seite gegen die andere zu unterstützen. Er war in der Tat nicht länger an den Arabern interessiert, denn er hatte den Wettbewerb mit den USA und den Kalten Krieg insgesamt aufgegeben.

Aus dem Englischen übertragen von Verena Brunel

Christopher Andrew und Kristian Gustafson
Santiago de Chile, 1970: Der Kalte Krieg im Südkegel – der KGB in Chile

Der Putsch vom 11. September 1973 in Chile ist Gegenstand zahlreicher wissenschaftlicher Untersuchungen. Das ist kaum überraschend, handelte es sich doch um einen besonders gewaltsamen Staatsstreich mit über 3000 Toten. Noch wesentlich mehr Menschen wurden ins Exil getrieben, ins Gefängnis gesperrt oder gefoltert. Für viele im Westen war es das Ende eines bedeutsamen sozialen und politischen Experiments: Ein gewähltes linksgerichtetes Regime betrieb den friedlichen Übergang zum Sozialismus.[1] Das, so wurde behauptet, war kein Kommunismus, sondern ein Sozialismus *con sabor a empanadas y vino tinto* – ein Sozialismus mit dem Geschmack von Empanadas und Rotwein. Angesichts derart liebgewordener Überzeugungen ist es nicht verwunderlich, dass der Großteil dessen, was über den Putsch geschrieben wurde, nicht gerade ausgewogen ist. Amerikanische Autoren haben die Rolle der USA beim Staatsstreich betont, der – wie von vielen Publizisten und Journalisten behauptet wurde – mittels einer verdeckten Aktion der CIA und aggressiver wirtschaftspolitischer Bestrebungen der Vereinigten Staaten eingefädelt wurde, um die „chilenische Wirtschaft aufschreien zu lassen".[2] Demgegenüber tendieren eindrucksvolle wissenschaftliche Arbeiten von universitären und anderen Forschern in Chile dazu, sich sehr eingehend – und auch überzeugender – mit der Rolle der inländischen Akteure bei den sozialen und politischen Unruhen auseinanderzusetzen, die sowohl zur Wahl Allendes als auch letztlich zu seiner Amtsenthebung führten, während den USA eine Einflussnahme von außen bescheinigt wird. Mónica González' exzellentes Buch *Chile La Conjura* ist nach wie vor die beste in letzter Zeit erschienene wissenschaftliche Arbeit über die Ära Allende aus der spanisch-sprachigen Welt.[3] Bislang handelte es sich hauptsächlich um eine zweiseitige Diskussion: Entweder waren Nixon und die CIA die am Putsch Hauptbeteiligten oder die inländischen Akteure waren die treibende Kraft, wobei die Anti-Allende-Opposition von den Amerikanern unterstützt wurde. Was fehlt, ist ein drittes entscheidendes Element: Was haben die sowjetischen Sicherheitskräfte, insbesondere der KGB, in der schicksalhaften Zeit der späten 1960er und frühen 1970er Jahre in Chile gemacht? Dank des von Vasilij Mitrochin aus KGB-Archiven herausgeschmuggelten Materials[4] sowie neuerer Ar-

---
[1] Die chilenische „Nationale Kommission für Wahrheit und Versöhnung" und ihre Nachfolgerin, die „Nationale Korporation für Wiedergutmachung und Versöhnung", haben eine Gesamtzahl von 3129 Opfern dokumentiert. Siehe Informe de la Comisión Nacional de Verdad y Reconciliación, hrsg. von der Comisión Nacional de Verdad y Reconciliación, Santiago 1991, Vol. II, Anexo II, S. 883; Informe sobre Calificación de Víctimas de Violaciones de Derechos Humanos y de la Violencia Política, hrsg. von der Corporación Nacional de Reparación y Reconciliación, Santiago 1996, S. 580.
[2] Als Beispiele für diesen Bereich der englischsprachigen Forschung siehe Peter Kornbluh, The Pinochet File: A Declassified Dossier on Atrocity and Accountability, London 2003; Kenneth Maxwell, The Other 9/11: The United States and Chile, 1973, in: Foreign Affairs, Vol. 82, No. 6, 2003; oder Christopher Hitchens, The Case against Henry Kissinger, Part 1, The Making of a War Criminal, in: Harper's Magazine, Februar 2001.
[3] Mónica González, Chile La Conjura: Los Mil y Un Dias de Salvador Allende, Santiago de Chile 2005.
[4] Das von Vasilij Mitrochin aus KGB-Archiven herausgeschmuggelte Material zu Lateinamerika wird ausgiebig zitiert in Christopher Andrew/Wassili Mitrochin, Das Schwarzbuch des KGB 2. Moskaus Geheimoperationen im Kalten Krieg, Berlin 2006. Mitrochins Originalmaterial bleibt weiterhin unter Verschluss und ist nicht öffentlich zugänglich.

beiten mehrerer – insbesondere am *Centro de Estudios Públicos* in Santiago tätiger – chilenischer Wissenschaftler kann diese Frage zunehmend klar beantwortet werden: eine ganze Menge.

In diesem Aufsatz sollen die Beweggründe und Aktivitäten der Sowjetunion (und ihres wichtigsten lateinamerikanischen Verbündeten Kuba) bei ihren umfangreichen Operationen während der Allende-Jahre in Chile dargestellt werden – vom ersten Treffen Allendes mit KGB-Offizieren in den 1950er Jahren über seine Wahl 1970 bis hin zu seinem schließlichen Selbstmord im chilenischen Präsidentenpalast am 11. September 1973.[5] Es war eine Zeit des beispiellosen sowjetischen Aktivismus in Lateinamerika, einer Weltgegend, in der es Moskau zuvor für unmöglich gehalten hatte, dem amerikanischen Einfluss ernsthaft den Kampf anzusagen. Die Sowjetunion und einige ihrer Verbündeten versuchten nun, den amerikanischen Ambitionen in Chile und Südamerika insgesamt entgegenzuwirken und im weltweiten Kalten Krieg an Boden zu gewinnen. Rechte wie linke Kräfte kämpften an der Seite ihrer Sponsoren in den USA und der UdSSR um die Seele der Nation.[6] Während die Umwälzungen in Chile „im Wesentlichen chilenisch [waren] und von Chilenen ausgeführt" wurden, so die russisch-chilenische Historikerin Olga Uliánova, habe Chiles Kampf im Inneren „gleichzeitig die Dimensionen einer indirekten, aber tiefgreifenden und bedeutenden Konfrontation des Kalten Krieges angenommen".[7] In der Tat waren es zum Teil aktive Maßnahmen des KGB, die nach dem Tod Allendes zum Aufbau seines weltweiten Images als Märtyrer für die Sache des friedlichen Sozialismus und Opfer des amerikanischen Imperialismus beitrugen. Obwohl es einheimische Kräfte in Chile waren, die zum Putsch führten, kann es sich eine Chronik der Ära Allende nicht länger leisten, die Rolle der Geheimdienste der Sowjetunion und Kubas zu ignorieren.

Allendes Kontakt zum KGB – der sowjetische Entschluss zu agieren

Josef Stalin mag 1951 guten Grund gehabt haben, die lateinamerikanischen Republiken als „die gehorsame Armee der Vereinigten Staaten" abzutun.[8] Chile, die angesehenste und wirtschaftlich am weitesten entwickelte dieser Republiken, schien hinsichtlich der meisten Kriterien ein natürlicher Verbündeter für die USA zu sein. Es handelte sich um eine echte Demokratie mit langer Erfahrung bei der zivilen Staatsführung und friedlichen Übergabe der präsidialen Macht – seit der Unabhängigkeit von Spanien 1818 hatte es nur zwei Unterbrechungen gegeben. Diese Statistik machte Chile in Hinblick auf seine politische Stabilität mit Frankreich oder Deutschland vergleichbar. Die politische Struktur des Landes

---

[5] González, Chile La Conjura: Los Mil y Un Dias del Golpe, S. 489. Die Anschuldigung, Allende sei ermordet worden, ist aufgrund der Beweislage verworfen worden. Sein Selbstmord wird heute von den meisten Wissenschaftlern akzeptiert. Wie am Ende des Beitrags erwähnt, ist eine Beteiligung des KGB an der Verbreitung des Gerüchts, Allende sei vom Miliär erschossen worden, sehr wahrscheinlich.

[6] Für neueste dokumentarische Beweise zur Rolle der CIA in Chile siehe Kristian Gustafson, Hostile Intent: US Covert Operations in Chile 1964–1974, Washington DC 2007.

[7] Olga Uliánova, La Unidad Popular y el Golpe Militar en Chile: Percepciones y Análises Soviéticos, in: Estudios Públicos, Vol. 79, 2000, S. 84. Im spanischen Original: „[...] esencialmente chileno y protagonizado por actores chilenos adquirió a la vez dimensiones de un enfrentamiento indirecto, pero profundamente significativo, de la guerra fría."

[8] Nicola Miller, Soviet Relations with Latin America 1959–1987, Cambridge: Cambridge University Press, 1989, S. 6.

war allem Anschein nach stabil, schließlich war die chilenische Verfassung nach einer einzigen Revision im Jahr 1925 bis nach dem Putsch von 1973 unverändert geblieben.[9] Die häufigen *golpes de estado* (Staatsstreiche) – fester Bestandteil des in Bezug auf die politische Geschichte Lateinamerikas verbreiteten Klischees – blieben in Chile bemerkenswerterweise aus.[10]

Allerdings kaschierte diese scheinbare Stabilität die im Großteil Lateinamerikas alltägliche wirtschaftliche Disparität und Unzufriedenheit. Chile verfügte über eine auf Rohstoffen basierende Wirtschaft, die viele reich gemacht, aber noch weit mehr Menschen in Armut zurückgelassen hatte. Folglich gab es in Chile seit den ersten Tagen der internationalen kommunistischen Bewegung starke kommunistische und sozialistische Strömungen. Während ihres 40-jährigen Bestehens als Rechtssubjekt war die Kommunistische Partei Chiles (PCCh) eine der stärksten kommunistischen Parteien in der westlichen Hemisphäre.[11] Die meisten in der US-Regierung waren damals überzeugt, dass die chilenische Partei direkt „von Moskau kontrolliert" würde, und obwohl es sich dabei um eine etwas übertriebene Darstellung handeln mochte, war sie gegenüber der Moskauer Richtung des Kommunismus in weltanschaulicher Hinsicht äußerst loyal.[12] Ihr ideologischer Vetter, die Sozialistische Partei (PS, eine den Kommunisten offenkundig feindlich gesinnte Partei, die sich jedoch aufgrund taktischer Notwendigkeiten häufig mit ihr verbünden musste) konnte eine 37-jährige Geschichte mit eindrucksvollen Ergebnissen sowohl innerhalb als auch außerhalb der Regierung für sich reklamieren. In den 1930er Jahren begannen die beiden marxistischen Parteien Chiles die Entwicklungen in Europa nachzuahmen und bildeten „Volksfronten", deren erste – die *Frente Popular* – auf dem 1935 in Moskau abgehaltenen VII. Kongress der Kommunistischen Internationale ihre Geburtsstunde feiern konnte.[13] 1938 gelang es diesem Bündnis, Präsident Pedro Aguirre Cerda an die Macht zu bringen. Cerdas Koalition, eine Mischung aus Kommunisten, Sozialisten, Radikalen und anderen sehr weit links stehenden Parteien, war unter ihrer anfänglichen Führung eine der moskautreusten auf der ganzen Welt (obwohl Cerda selbst ein undoktrinärer Sozialist war).[14] In Chile gab es einen starken Hang zu einem offen marxistischen Sozialismus/Kommunismus, bevor die UdSSR sich für das politische Potential des Staates wirklich zu interessieren begann.

Von der Revolution bis zum Ende der 1950er Jahre unterhielten die Sowjets über den KGB mit den kommunistischen Parteien Lateinamerikas lediglich flüchtige Beziehungen. Da sie daran zweifelten, die USA vor deren eigener Haustür herausfordern zu können,

---

[9] J. Biehl Del Rio/Gonzalo Fernández R., The Political Pre-requisites for a Chilean Way, in: Government and Opposition 7 (1972), S. 308.
[10] Eugene Davis, The Presidency in Chile, in: Presidential Studies Quarterly, Vol. 15, 1985, No. 4, S. 707.
[11] Nathaniel Davis, The Last Two Years of Salvador Allende, Ithaca: Cornell University Press, 1988, S. 3. Siehe auch Olga Uliánova/Eugenia Fediakova, Algunos Aspectos de la Ayuda Financiera del Partido Comunista de la URSS al Comunismo Chileno durante la Guerra Fría, in: Estudios Públicos, Vol. 72, 1998, S. 120.
[12] US State Department Bureau of Intelligence and Research (INR), „Salvador Allende, Chilean Presidential Candidate", Memorandum, 24.4.1964. Aus der Sammlung freigegebener Dokumente des US-Außenministeriums und der CIA (Freedom of Information Act), online verfügbar seit 10.9.2007 unter www.foia.state.gov, künftig FOIA.
[13] Eusebio Mujal-León, The USSR and Latin America: A Developing Relationship, Boston 1989, S. 124f.
[14] James D. Theberge, The Soviet Presence in Latin America, New York 1974, S. 51.

beschränkten sie ihre Präsenz in der Region auf nur drei diplomatische Vertretungen (und Residenturen des KGB oder dessen Vorgängerdiensten) in Mexico City, Buenos Aires und Montevideo. Erst nachdem Fidel Castro in Kuba gesiegt und sich letztlich als verlässlicher Verbündeter der Sowjets erwiesen hatte, begannen sie sich sehr für Lateinamerika zu interessieren. Nach Ansicht der Chruščev-Regierung bestanden die besten Möglichkeiten zur Ausweitung des sowjetischen Einflusses in der Dritten Welt, zu der der Großteil Lateinamerikas gehörte. Das Erscheinen eines Pro-Moskau-Kommunisten auf dem amerikanischen Doppelkontinent stimmte die Sowjets zuversichtlich, die Revolution tatsächlich dorthin ausdehnen zu können. Aufgrund des Untergrundcharakters der meisten marxistischen Bewegungen in Lateinamerika war es der KGB, der die Speerspitze dieser Bemühungen bildete. Der erste sowjetische Funktionär, der Castro kontaktierte, war ein gewisser Nikolaj Leonov, der schließlich die Lateinamerika-Abteilung des KGB (die Zweite Abteilung der Ersten Hauptverwaltung – der Auslandsaufklärung des KGB) leiten sollte. Später stand er an der Spitze der KGB-Abteilung für nachrichtendienstliche Analyse. Er war auch einer der ersten sowjetischen Funktionäre, die sich in den frühen 1960er Jahren mit Salvador Allende in Chile trafen.[15] Obwohl der KGB über viele Jahre gewisse Kapazitäten in Lateinamerika beibehalten hatte – meist um die Durchführung seiner US-Operationen zu unterstützen –, hat Leonov in einem neueren Interview darüber gesprochen, wie sehr die Ankunft von Fidel Castro die Sichtweise der Sowjets auf den amerikanischen Doppelkontinent veränderte und ihn in den Fokus ihrer Aufmerksamkeit rückte.

> Vor Fidels Triumph wurde Lateinamerika als Teil eines Kontinents gesehen, zu dem die Vereinigten Staaten gehörten, d.h., die Region war nicht vom amerikanischen Problem getrennt. [...]. Aber als Folge von Fidels Triumph nahm das Interesse an Lateinamerika zu und es entwickelten sich strategische Interessen, die es erforderlich machten, die Region zu studieren und ihr als einem Bereich mit Eigenschaften *sui generis* Beachtung zu schenken. [...]. Mit anderen Worten, Lateinamerika betrat die sowjetische Politarena dank Kuba [...].[16]

Während der Enthusiasmus der Sowjets für Kuba und Fidels „abenteuerliche" Versuche, die „Revolution zu exportieren", abflauen sollte, als Chruščev entmachtet und 1964 durch den bürokratischeren Brežnev ersetzt wurde, schien ihr Interesse an Lateinamerika von größerer Dauer zu sein. Aber die Ziele des sowjetischen Engagements hatten sich mit der Ankunft des neuen Kremlchefs gewandelt, womit sich auch die Art der sowjetischen Unterstützung für den Kommunismus auf dem amerikanischen Doppelkontinent ändern sollte. Moskau wurde dadurch in einen vorübergehenden Konflikt mit seinen brüderlichen Genossen in Havanna verwickelt. Während die sowjetische Politik unter Chruščev darauf abzielte, die Revolution zu unterstützen, galt das Interesse der Sowjetunion später einer dringlicheren Aufgabe: dem Einfluss der Vereinigten Staaten zu schaden. Leonov wörtlich:

---

[15] Das genaue Datum des Treffens wird von Leonov nicht erwähnt, es fand jedoch irgendwann nach der Kubakrise und vor seiner Rückberufung nach Moskau Anfang 1968 statt. Am wahrscheinlichsten ist der Zeitraum 1963–1964.

[16] Nikolaj Leonov, La Inteligencia Soviética en América Latina durante la Guerra Fría, in: Estudios Públicos, Vol. 73, 1999, S. 50. Im spanischen Original: „Antes del triunfo de Fidel, América Latina era considerada como parte de un continente que incluía a Estados Unidos: es decir, la región no estaba separada de la problemática norteamericana. [...]. Pero a raíz del triunfo de Fidel crece el interés hacia a América Latina y se perfilan intereses estratégicos, lo que hace surgir la necesidad de estudiar la región y de prestarle atención como a una zona con sus características sui generis. [...]. Es decir, América Latina entra a la arena política soviética gracias a Cuba [...]."

Für die Sowjetunion stellten Chile und Lateinamerika einen politischen Faktor von enormer Wichtigkeit dar. Da die lateinamerikanische Herde als Wahlmaschine für die USA in der UNO gesehen wurde, wobei die lateinamerikanischen Länder unter dem Einfluss der Vereinigten Staaten und ihres Kapitals standen, war es für die Sowjetunion politisch sehr wichtig, den Einfluss der USA in dieser Region möglichst zu schwächen. Folglich waren alle politischen Anstrengungen des sowjetischen [Geheimdienstes] [...] darauf gerichtet, den Vereinigten Staaten in diesem Gebiet den größtmöglichen Schaden zuzufügen.[17]

Die Sowjetunion war per se nicht daran interessiert, gegen einen bestimmten lateinamerikanischen Staat vorzugehen und sah unter Brežnev wenig unmittelbare Aussicht auf eine kommunistische Revolution in einer konkreten lateinamerikanischen Republik. Es war einfacher, bestehende „antiimperialistische" Regierungen, die damals in Südamerika häufiger wurden, zu unterstützen – ganz gleich, welche Art Sozialismus sie vertraten.[18] Zweifellos gab es innerhalb der Nomenklatura Ideologen, die ein aufrichtiges Interesse daran hatten, ihren kommunistischen Brüdern in Chile zu helfen, aber auf der strategischen Ebene sahen die Sowjets nur wenige geopolitische Vorteile, sollte Chile ein verbündeter kommunistischer Staat werden. Vielmehr waren sie hauptsächlich daran interessiert, der amerikanischen Diplomatie in der Region einen Strich durch die Rechnung zu machen, und Chile war damals zufällig der logischste Ort dafür. Dies vor allem deshalb, weil die Amerikaner selbst so viel finanzielles und politisches Kapital als Teil ihres 1961 unter Präsident John F. Kennedy begonnenen 17-Milliarden-Dollar-Hilfsprogramms „Allianz für den Fortschritt" in Chile investiert hatten.[19] Da Chile in den Augen der Sowjets über den zusätzlichen Vorteil starker kommunistischer und sozialistischer Parteien verfügte, bot es ein perfektes Gelegenheitsziel. Wie Leonov anmerkt, wurde Lateinamerika in seiner Gesamtheit als „Jagdrevier" betrachtet, um den amerikanischen Interessen zu schaden. Kurz gesagt, Chile war zu einem Schlachtfeld des Kalten Krieges gegen die USA geworden.[20]

Die Finanzierung der chilenischen Kommunisten und Salvador Allendes

Die Finanzierung der Kommunistischen Partei Chiles (PCCh) durch die Komintern hatte bereits in den 1920er Jahren begonnen, jedoch wurde das Potential der Partei von ihren sowjetischen Unterstützern unterschätzt. Die Finanzhilfe erfolgte nicht auf permanenter Basis – die Gelder wurden in der Regel von KGB-Agenten zur Verfügung gestellt, die vom

---

[17] Leonov, Inteligencia Soviética, S. 37. Im spanischen Original: „Chile y América Latina sí representaban para la Unión Soviética un factor político de enorme importancia. Como existía la idea de que el rebaño latinoamericano era una máquina de votación en la ONU a favor de Estados Unidos, de que los países latinoamericanos estaban bajo la esfera de influencia de Estados, de su capital, entonces para la Unión Soviética, era políticamente muy importante debilitar al máximo el dominio que ejercía Estados Unidos en esta región. De ahí que todos los esfuerzos políticos del gobierno soviético y, por ende, de la Inteligencia de nuestro país, estaban dirigidos a ocasionar el mayor daño al dominio norteamericano en este territorio."
[18] Uliánova, La Unidad Popular y el Golpe Militar en Chile, S. 87.
[19] Das Hilfsprogramm wurde von Kennedy in seiner Antrittsrede so genannt. Siehe „Inaugural Address", in: Inaugural Addresses of the Presidents of the United States: From George Washington to George W. Bush, Washington DC ²1989. Obwohl die genauen Zahlen schwanken, scheint der Betrag von 1 Milliarde US-Dollar richtig zu sein. Siehe Alistair Horne, Small Earthquake in Chile: A Visit to Allende's South America, London 1972, S. 25.
[20] Leonov, Inteligencia Soviética, S. 39.

benachbarten Argentinien aus operierten.[21] In den 1950er Jahren begannen die Gelder für die PCCh dauerhafter zu fließen. Im folgenden Jahrzehnt hatten sich die Mittel verdoppelt und die PCCh war Nummer 14 auf der Liste der Empfänger sowjetischer Finanzhilfe für kommunistische Parteien in Übersee geworden. Im Jahre 1970, als Allende zum Präsidenten gewählt wurde, hatte sich die Finanzausstattung mit ca. 400 000 US-Dollar beinahe erneut verdoppelt. Diese Summe brachte Chile an die vierte Stelle der von den Sowjets finanziell unterstützten kommunistischen Parteien, wobei die Subventionen geringfügig höher ausfielen als die Mittel, die der Christdemokratischen Partei Chiles (PDC) von der CIA zur Verfügung gestellt wurden.[22] Dass der KGB seine Funktion als zentrale Verbindungsstelle zur PCCh und zu Allende beibehielt, war zum Teil auf seine offizielle Rolle bei der Auszahlung der Gelder zurückzuführen. Laut Statut der Kommunistischen Partei der Sowjetunion „ist das Komitee für Staatssicherheit (KGB) der UdSSR mit dem Transfer von Finanzmitteln [an „Bruderparteien"] betraut".[23] Obwohl es eine sowjetische Botschaft in Santiago gab, verfügte der KGB-Resident – aufgrund der Rolle des KGB bei der Finanzierung der PCCh und Allendes – auch weiterhin über mehr Einfluss als der sowjetische Botschafter. Dass sowohl Allende als auch die PCCh bestrebt waren, ihren direkten Kontakt mit dem KGB wiederherzustellen, nachdem der Botschafter versucht hatte, seine Vorrangstellung geltend zu machen, scheint die Bedeutung des KGB zu unterstreichen.

Aber was war der Grund für diesen dramatischen Anstieg der Finanzhilfe? Obwohl zweifellos etliche politische Strömungen zusammentrafen, um es zu ermöglichen, sollte der Part einer bestimmten Persönlichkeit beim Eingreifen von Chiles Marxisten in das Rennen um die Macht nicht unterschätzt werden: Dr. Salvador Allende Gossens. Von den 1930er Jahren bis zu seinem Tod spielte Allende auf der politischen Bühne Chiles eine wichtige Rolle. Als Sohn einer wohlhabenden Familie in Santiago entdeckte der junge Allende seine politischen Ambitionen und ging in die Politik, während er noch an der medizinischen Fakultät studierte. 1933 – im Jahr seines Hochschulabschlusses – leistete er Unterstützungsarbeit bei der Gründung der Sozialistischen Partei Chiles.[24] Nachdem er 1937 zum Parlamentsabgeordneten gewählt worden war, diente Allende 1938 kurze Zeit als Gesundheitsminister in einer nicht-marxistischen Regierung. Es folgte ein schneller Aufstieg: 1943 wurde er Generalsekretär der Sozialistischen Partei, 1951 Präsident des chilenischen Ärzteverbandes und Vizepräsident des chilenischen Senats.[25]

Man muss betonen, dass Allende nie Mitglied der PCCh war – der einheimischen marxistischen Partei, die von Moskau favorisiert wurde. Vielmehr gehörte er den mit ihr rivalisierenden Sozialisten an. In den frühen 1960er Jahren kristallisierte sich das revolutionäre Kuba als das wichtigste Vorbild dieser Partei heraus, und Allende pflegte eine enge Freundschaft mit Fidel Castro, dem er kurz nach der kubanischen Revolution 1959 vorgestellt worden war. Allende spielte eine wichtige Rolle bei der Gründung der von Kuba gesponserten Organisation für Lateinamerikanische Solidarität (OLAS), die als politisches

---

[21] Uliánova/Fediakova, Algunos Aspectos, S. 121.
[22] Ebenda, S. 127. Zur Finanzierung durch die USA siehe Covert Action in Chile 1963–1973. Staff Report of the Select Committee to Study Governmental Operations with Respect to Intelligence Activities [Church Committee]. 94th Congress, 1st Session, Washington DC 1975.
[23] Uliánova/Fediakova, Algunos Aspectos, S. 140.
[24] Barry Goldwater, On Covert Actions in Chile 1963–1973: A Response to the Church Committee Report, in: Inter-American Economic Affairs, Vol. XXX, No. 1, 1986, S. 86.
[25] Memorandum, INR, „Salvador Allende, Chilean Presidential Candidate", 24. 4. 1964, FOIA.

Gremium hinter Che Guevaras verhängnisvoller Bolivien-Aktion von 1967 stand.[26] Seine Verbindungen mit Kuba waren auch familiärer Natur – 1970 heiratete Allendes Tochter Beatriz den kubanischen Diplomaten (und Geheimdienstoffizier) Luiz Fernández Oña, einen Vertrauten Castros.[27]

Svjatoslav Fedorovič Kuznecov (Deckname LEONID) – ein der „Gruppe PR" (politische Aufklärung) angehörender KGB-Offizier aus Buenos Aires, stellte 1953 den ersten Kontakt der Sowjets mit Allende her. Kuznecovs Treffen mit Allende wurden wahrscheinlich durch seine übliche Tarnung als Novosti-Reporter erleichtert, wodurch er genügend Gründe hatte, mit dem populären Führer zusammenzukommen.[28] Der KGB gab Allende den zutreffenden Decknamen LEADER, obwohl er bewusst als „Geheimkontakt" und nicht als Agent tätig war und nicht auf der Gehaltsliste des KGB stand (letztlich sollte er ein paar Zahlungen annehmen, wovon weiter unten noch die Rede sein wird). Nach der Wiederaufnahme der diplomatischen Beziehungen zwischen Chile und der UdSSR und der Einrichtung einer KGB-Residentur in einer neuen Handelsniederlassung wurde 1961 ein systematischer Kontakt zwischen Allende und dem KGB hergestellt. Allende „äußerte [gegenüber dem KGB] seine Bereitschaft, auf vertraulicher Basis zu kooperieren und jede erforderliche Hilfe zu leisten, da er sich als Freund der Sowjetunion betrachte. Er stellte bereitwillig politische Informationen zur Verfügung".[29]

Genau wie sein amerikanisches Pendant unterzog der KGB den Mann, in den er ziemlich große Hoffnungen setzte, einer sorgfältigen Prüfung. Wie der KGB – gestützt auf seine Kontakte in der PCCh – feststellte, seien Allendes „Charaktereigenschaften Arroganz, Eitelkeit, Ruhmsucht und der Wunsch, um jeden Preis im Rampenlicht zu stehen. Er ließ sich leicht von stärkeren und entschlossenen Personen beeinflussen". Außerdem glaubte der KGB eine Zeit lang, Allende sei „gefährlich maoistisch" und habe sehr bürgerliche Verbindungen zur Freimaurerei – ein Erbe seiner begüterten Familie und seiner Erziehung.[30] Trotzdem sah der KGB in Allende eine Persönlichkeit, die in der Lage sei, eine Wahl in Chile zu gewinnen und damit dem Prestige und dem Einfluss der USA im Südkegel schweren Schaden zuzufügen. Beim Zusammenschluss der sozialistischen und kommunistischen Parteien blieb jede der einzelnen Einheiten intakt, trotzdem verfügte die fusionierte Partei über genügend Kohäsionskraft, um Allende bei drei aufeinanderfolgenden Wahlgängen als Präsidentschaftskandidaten aufzustellen.

Die ersten beiden dieser Versuche in den Jahren 1952 und 1958 waren für Allendes schwache Koalition schlecht ausgegangen, die Wahl von 1964 nahm hingegen einen guten Verlauf. Allendes Koalitionspartei (die *Frente de Acción Popular* oder FRAP) verlor gegen den Einheitskandidaten der politischen Mitte Eduardo Frei Montalva, erreichte jedoch das stattliche Ergebnis von 39 Prozent der Stimmen. Als die Wahlen von 1970 näherrückten, stand sowohl für die CIA als auch für den KGB fest: Sollte sich das Elektorat des Zentrums und der Rechten aufgrund mehrerer Kandidaten aufspalten – und danach sah es aus –, hatte Allendes neue Koalition, die *Unidad Popular* (UP oder Volkseinheit) die Chance auf eine Mehrheit, selbst wenn sie sich lediglich auf ihre Stammwählerschaft von 39 Prozent

---

[26] Goldwater, On Covert Actions, S. 87; Tanya Harmer, Neutralizing the Threat: Allende's Chile, The United States, and Regional Alignments in Latin America", S. 7, online verfügbar seit 4. 8. 2005 unter http://www.lse.ac.uk/collections/CWSC/pdf/cambridge_lse_May_2005/Harmer_Paper.doc.
[27] Davis, The Last Two Years of Salvador Allende, S. 91.
[28] Mitrochin-Archiv, K-22, S. 368, zitiert bei Andrew/Mitrochin, Das Schwarzbuch des KGB 2, S. 120.
[29] Mitrochin-Archiv, K-22, S. 110, zitiert bei Andrew/Mitrochin, Das Schwarzbuch des KGB 2, S. 120.
[30] Mitrochin-Archiv, K-12, S. 160, zitiert bei Andrew/Mitrochin, Das Schwarzbuch des KGB 2, S. 122.

stützen konnte. Demgemäß waren die Aktivitäten der CIA darauf gerichtet, die Bildung der UP zu verhindern und die feindselige Einstellung der Christdemokraten gegenüber der Linken aufrechtzuerhalten. Die Maßnahmen des KGB zielten darauf ab, Sozialisten und Kommunisten zur Zusammenarbeit zu bewegen, die Spaltung zwischen dem Zentrum und der Rechten aufrechtzuerhalten sowie Christdemokraten und UP dazu zu bringen, einigermaßen zu kooperieren.[31]

Die CIA war nicht begeistert von den Aussichten, mit denen sie sich im Zusammenhang mit den anstehenden Wahlen von 1970 konfrontiert sah. PCCh und PS hatten bei jeder der vorangegangenen Wahlen Koalitionen zustande gebracht und die Dachorganisation der US-Nachrichtendienste (US-Intelligence Board), die die nationalen Geheimdienstdossiers (National Intelligence Estimates, NIE) erstellte, war der Ansicht, das neue Bündnis *Unidad Popular* (ursprünglich *Frente de Acción Popular*, FRAP, der Name wurde im März 1970 geändert) werde das Schema von früher wiederholen, und fügte hinzu, dass „ihr Kandidat ein starker Herausforderer sei", der „von der wahrscheinlichen Fortsetzung des generellen Linkstrends [in der chilenischen Politik] profitieren" würde.[32] Wenn die USA sichergehen wollten, dass die kommunistisch-sozialistische Front verlor, so Geheimdienstdirektor (Director of Central Intelligence, DCI) Richard Helms, sei „sehr viel Vorarbeit nötig, und die CIA hat aus Erfahrung gelernt, dass eine Wahloperation nicht erfolgreich sein wird, wenn man nicht früh genug damit anfängt".[33] Aber es wurde nicht früh genug angefangen. Die Johnson-Administration, die von den Geschehnissen in Vietnam und Osteuropa völlig in Anspruch genommen war, hatte etwaige Überlegungen zu Chile bis knapp sechs Monate vor der Wahl hinausgeschoben. Als die USA dann tatsächlich tätig wurden, konnten sie sich nicht entscheiden, welche Partei sie unterstützen sollten – die linksgerichteten Christdemokraten oder die konservativen Nationalisten. Also beschlossen sie, keinem der nichtsozialistischen Kandidaten ihren Beistand zu gewähren, und führten lediglich eine „Störkampagne" gegen Allende.[34] Obwohl sie dafür plädierte, wurde die CIA davon abgehalten, die Spaltung der Anti-UP-Stimmen durch eine Operation zu verhindern. Sie kam zu spät ins Spiel, um innerhalb der kommunistischen bzw. sozialistischen Parteien wirkungsvoll agieren zu können und sie so von der Bildung der zu erwartenden *Unidad Popular*-Koalition abzuhalten. Schließlich wurde der CIA ein Betrag von weniger als 500 000 US-Dollar für die Operation gegen die UP bewilligt, jedoch nicht, um einen ihrer Gegner zu unterstützen.[35] Von der ursprünglich genehmigten knappen halben Million wurden letztendlich 425 000 US-Dollar ausgegeben.[36]

Im Gegensatz dazu waren alle Anstrengungen des sowjetischen wie auch des kubanischen Geheimdienstes (aber auch von Castro persönlich) unverzüglich darauf gerichtet, Allende zu unterstützen, obwohl der kubanische Geheimdienst zwar „auf die Tatsache ver-

---

[31] I. Jakovlev, Zweiter Sekretär der Botschaft der UdSSR in Santiago, „La Reagrupación de las fuerzas políticas de Chile y las negociaciones del PDC con el Bloque de Izquierda de la Unidad Popular", in: „Chile en los Archivos de la URSS (1959–1973)", in: Estudios Públicos, Vol. 72, 1998, S. 405.
[32] United States Intelligence Board, National Intelligence Estimate (NIE), „Chile", Januar 1969, S. 15, FOIA.
[33] Ebenda.
[34] The 40 Committee, Memorandum, „Political Action Related to the 1970 Chilean Presidential Election", 5.3.1970, FOIA.
[35] Davis, The Last Two Years of Salvador Allende, S. 5.
[36] CIA, Memorandum (for the record), „Overview Statements on CIA Involvement in Chile in 1970", 20.2.1973, FOIA.

traute, dass Salvador gewinnen könnte", jedoch der Ansicht war, dass „es sehr schwer sei, seinen Sieg vorherzusagen".[37] Was vielleicht das Wichtigste war: Sowohl Sowjets als auch Kubaner drängten die von ihnen favorisierte Partei (die PCCh respektive die PS), die Einzelkandidatur Salvador Allendes zu unterstützen, der eine vereinigte Koalition anführen sollte (ob es sich dabei um eine koordinierte, gemeinsame Aktion oder einfach um ein Zusammentreffen von Interessen handelte, lässt sich nicht belegen). Aber es gab auch anderweitige konkrete Unterstützung. Der ursprünglich für Allende zuständige KGB-Offizier Kuznecov wurde von Mexiko nach Santiago geschickt, um direkte Verbindung mit ihm zu halten, ihn bei Bedarf zu unterstützen und die Operationen des KGB zur Sicherung seines Wahlerfolgs zu koordinieren.[38] Wir wissen, dass – vom KGB entsprechend ausgebildete – Agenten des peruanischen Geheimdienstes SIN die chilenische Botschaft in Lima bespitzelten (die die amtierende christdemokratische Regierung repräsentierte) und sogar zur Unterstützung von KGB-Operationen in Chile selbst herangezogen wurden. Zu einer Zeit, als die Sowjets nicht über genügend Sprachkenntnisse für Lateinamerika verfügten, waren die Peruaner nützliche Stellvertreter.[39] 1970 steuerten die Sowjets 400 000 US-Dollar bei, wobei Allende zusätzlich noch eine „persönliche Subvention" von 50 000 US-Dollar erhielt. Außerdem wurden 18 000 US-Dollar aufgewendet, um einen linken Senator von einer Kandidatur gegen Allende abzuhalten. Weitere Hilfe für die PCCh umfasste die Etablierung der vom sowjetischen Staat betriebenen Nachrichtenagentur Novosti, deren Strategie es war, lokale Mitglieder der kommunistischen Partei einzustellen. Dadurch war es einerseits möglich, bestimmten Chilenen ausländische Währung zukommen zu lassen, und andererseits – was viel wichtiger war – konnte der kommunistischen Presse Chiles eine weitere Quelle der legitimen Propaganda verschafft werden. Sogar die Chinesen – damals erbitterte Gegner der Sowjets – beteiligten sich an dem Spiel. Luis Corvalán, ein Mitglied der PCCh, schreibt in seinen Lebenserinnerungen, dass der berühmte chilenische Dichter Pablo Neruda persönlich 50 000 US-Dollar, die von den Chinesen bereitgestellt worden waren, nach Chile gebracht habe. Das Geld sei für den Kauf einer neuen Druckpresse für das PCCh-Organ und Sprachrohr Moskaus *El Siglo* gedacht gewesen.[40] Angesichts dieser überraschenden Aktion ist es sehr wahrscheinlich, dass es sich bei den von Neruda überbrachten Finanzmitteln um ein chinesisch-kubanisches Unterfangen und nicht um eine gemeinsame Mission von Sowjets und Chinesen gehandelt haben dürfte. Mit weiteren, von der Kommunistischen Partei Chiles direkt in Allendes Wahlkampffonds eingezahlten 100 000 Dollar (die sie über den KGB vom Zentralkomitee der Kommunistischen Partei der Sowjetunion anscheinend genau zu diesem Zweck erhalten hatte) wurden die Ausgaben der Vereinigten Staaten deutlich übertroffen.[41]

Wenn man die zusätzliche und erhebliche Unterstützung durch die Kubaner berücksichtigt, die aufgrund fehlender Hartwährung hauptsächlich politische Geheimdienstinformationen und Sicherheitsdienste zur Verfügung stellten, wird deutlich, dass der sozialistische Block den schläfrigen und allzu selbstsicheren Amerikanern den Rang abgelaufen hatte.[42] Die PCCh erreichte das Ziel einer hinter Salvador Allende stehenden UP-Koalition. Noch

---

[37] Harmer, Neutralizing the Threat, S. 7.
[38] Mitrochin-Archiv, K-22, S. 368, zitiert bei Andrew/Mitrochin, Das Schwarzbuch des KGB 2, S. 123.
[39] Mitrochin-Archiv, K-22, S. 233, zitiert bei Andrew/Mitrochin, Das Schwarzbuch des KGB 2, S. 113.
[40] Luis Corvalán, De lo Vivido y lo Peleado, Santiago 1997, S. 109.
[41] Ulíanova/Fediakova, Algunos Aspectos, S. 136.
[42] Harmer, Neutralizing the Threat, S. 6.

wichtiger war, dass die Manöver der PCCh hinsichtlich der Christdemokraten einigen Erfolg hatten – im Vorfeld der Wahlen drifteten die Christdemokraten nach links und strebten sogar eine Zusammenarbeit mit der UP an. Dadurch blieb die antimarxistische Opposition weiterhin gespalten, was im Wahlergebnis vom 4. September 1970 seinen Niederschlag fand: Allendes UP erreichte mit 36,3 Prozent der Stimmen eine Mehrheit gegenüber den Nationalisten mit 35 Prozent und den Christdemokraten mit 27,8 Prozent. Es kann durchaus sein, dass der Schlüssel zu diesem knappen Sieg die gezielte sowjetische und kubanische Unterstützung war.

Die Russen und die Kubaner

Im Laufe von Allendes Präsidentschaft verstärkte sich der Einfluss der Sowjetunion und Kubas in Chile. Bei seinem Amtsantritt hatte Allende wieder diplomatische Beziehungen mit Kuba aufgenommen. Im November 1971 reiste Fidel Castro einen ganzen Monat lang durch Chile und trotz seiner Bedenken gegenüber der *vía chilena* – er war für brachiales revolutionäres Handeln, sobald die Macht auf die legitim gewählte UP-Regierung übergegangen war – bot er Allende maßgebliche Unterstützung an, die auch die Schaffung eines leistungsfähigen internen Sicherheitsdienstes für Chile beinhaltete. Die Sowjets wirkten ebenfalls auf Allende ein und versuchten ihn zu überreden, sowjetische Hilfe bei der internen Sicherheit anzunehmen. In der KGB-Akte von LEADER war zu lesen:

> Auf behutsame Weise wurde Allende die Notwendigkeit einer Neuorganisation der chilenischen Streitkräfte und Geheimdienste nahegelegt [...]. Der KGB richtete seine Aufmerksamkeit darauf, Allende in seinen antiamerikanischen Tendenzen zu bestärken. Zu diesem Zweck wurden Allende Informationen über die Aktivitäten amerikanischer Geheimdienstoffiziere übermittelt, die der KGB-Residentur in Chile vorlagen [...]. Wichtige und zielgerichtete Operationen wurden dem Plan entsprechend durchgeführt.[43]

Sowohl Kuba als auch die Sowjetunion waren bei der Ausbildung und Neuausrüstung von Allendes Spionage- und Sicherheitsabteilungen erfolgreich. Cristián Pérez, Forscher am *Centro de Estudios Públicos* in Santiago, hat gezeigt, dass die *Grupo de Amigos Personales* (GAP), Allendes private Leibwache, sehr stark von Kuba unterstützt wurde. Sie stand unter der Aufsicht von Beatriz „Tati" Allende, der zukünftigen Ehefrau des kubanischen Agenten Fernández Oña. Die GAP, der auch Allendes eigener Neffe angehörte, wurde einer langwierigen Sicherheits- und Waffenausbildung in Kuba unterzogen und nahm über ihre Wachtätigkeit hinaus bestimmte Sicherheitsaufgaben für die UP wahr.[44] Ein Telegramm der CIA, das im November 1971 von deren Station in Santiago aus geschickt wurde, untermauert Pérez' Forschungsergebnisse und zeigt auf, dass die zweite Sektion der GAP – *Información y Chequeo* – starken Rückhalt von den Kubanern erhielt und von ihnen gut bewaffnet wurde (wobei sie auch Anlass zu einigen Meinungsverschiedenheiten gaben, weil sie die Mitglieder der prokubanischen Sozialistischen Partei gegenüber der radikaleren sozialistischen Splittergruppe MIR bevorzugten).[45] Ebenso war das chilenische Pendant von Scotland Yard, die *Investigaciones*, „absolutamente infiltrada por los marxistas" (von den

---

[43] Mitrochin-Archiv, K-22, S. 368, zitiert bei Andrew/Mitrochin, Das Schwarzbuch des KGB 2, S. 125f.
[44] Cristián Pérez, Salvadore Allende, Apuntes sobre su Dispositivo de Seguridad: El Grupo de Amigos Personales GAP, in: Estudios Públicos, Vol. 79, 2000, S. 51.
[45] CIA, Geheimdienstbericht, „The Presidential Security Guard", November 1971, FOIA.

Marxisten absolut unterwandert) und entwickelte sich zu einer schlagkräftigen Gegenspionagetruppe, die von Kubanern und Sowjets ausgebildet und direkt unterstützt wurde.[46] Im Grunde wurden die *Investigaciones* – im Gegensatz zu einem neutralen Staatsorgan – zum politischen Werkzeug der UP umfunktioniert und mit der Sammlung von politischen Informationen sowie politischen Aktivitäten gegen Regierungsgegner beauftragt. Anfang 1973, als das Allende-Regime immer instabiler wurde, folgten die Sowjets vorsichtig dem Beispiel der aktivistischeren Kubaner und erhöhten ebenfalls den Druck auf Allende, seine Sicherheitsdienste zu reformieren, um bei der Aufrechterhaltung der Kontrolle in Chile behilflich zu sein. Im Februar 1973 wurde Brežnev berichtet, dass sich ein KGB-Agent zur Erörterung von Fragen der inneren Sicherheit privat mit Allende getroffen habe. In dem Bericht der Zentrale heißt es:

> Allende brachte bestimmte Ansichten in Hinblick auf die Reorganisation der Sicherheitsdienste zum Ausdruck. Nach seinem Wunsch sollte ein effizienter Apparat mit Aufklärungs- und Abwehrfunktion geschaffen werden, der ihm direkt unterstellt war. Als Grundlage für diesen Apparat sah er einen Teil des Servicio de Investigaciones [des chilenischen Sicherheitsdienstes] vor, außerdem sollte zuverlässiges Personal aus der Sozialistischen und Kommunistischen Partei angeworben werden. Die Hauptaufgaben der Organisation sollten darin bestehen, subversive Aktivitäten seitens der Amerikaner und einheimischen reaktionären Kräfte aufzudecken und zu unterdrücken sowie die Geheimdienstarbeit innerhalb der Streitkräfte zu organisieren, da die von den Streitkräften vertretene Position ein entscheidender Faktor sei, der über das Schicksal des revolutionären Prozesses in Chile bestimmen werde. In dieser Angelegenheit baute Allende stark auf sowjetische Unterstützung.[47]

Ebenso begann eine beträchtliche Anzahl von kubanischen und sowjetischen Geheimdienstoffizieren – als Diplomaten getarnt, aber auch als „Illegale" – in Chile zu operieren. Nicht vollkommen klar ist, ob die kubanischen Offiziere in enger Abstimmung mit ihren sowjetischen Kollegen oder unabhängig von ihnen arbeiteten bzw. vielleicht ganz andere Ziele als sie verfolgten. Dass Letzteres der Fall war, ist mehr als wahrscheinlich, da sowohl die CIA als auch der amerikanische Botschafter in ihren Berichten anmerkten, der *Servicio* sei „innerlich zerrissen aufgrund persönlicher Streitereien zwischen den Sozialisten und Kommunisten", die von den Kubanern respektive von den Russen favorisiert würden.[48] Anscheinend hatten die Kubaner mehr Erfolg, was generell für die kubanischen und sowjetischen Operationen in Angola und anderen Teilen des südlichen Afrika in den 1970er und 1980er Jahren gelten könnte. Hier agierte Kuba oft alleine und führte die Sowjets bei ihren Operationen manchmal sogar an.[49]

Welche Meinungsverschiedenheiten es zwischen Sowjets und Kubanern auch immer geben mochte, ihre gemeinsamen Anstrengungen hatten einigen Erfolg gegen die CIA, die zur fraglichen Zeit daran arbeitete, Informationen über mögliche Staatsstreiche zu sammeln und die Oppositionsparteien mit Geld und Propaganda zu unterstützen. Kurz nach Allendes Amtseinführung fand die CIA es zunehmend schwieriger, nachrichtendienstliche Informationen in Chile zu sammeln. Ein damals in Chile stationierter CIA-Offizier äußerte sich folgendermaßen:

---

[46] [Patricia Arancibia/Claudia Arancibia/Isabel de la Maza, Hrsg.], Sergio Onofre Jarpa. Confesiones Políticas, Santiago 2002, S. 210.
[47] Mitrochin-Archiv, K-22, S. 77, zitiert bei Andrew/Mitrochin, Das Schwarzbuch des KGB 2, S. 137.
[48] Davis, The Last Two Years of Salvador Allende, S. 192 und 236.
[49] Siehe dazu auch Piero Gleijeses, Conflicting Missions: Havana, Washington and Africa 1959-1976, Chapel Hill: University of North Carolina Press, 2002.

[In] Chile und den meisten anderen lateinamerikanischen Staaten gehörte uns das Terrain. Was ich damit meine, ist, dass wir freundschaftliche Beziehungen zur Gastregierung pflegten und bei antikommunistischen, antikubanischen Operationen zusammenarbeiteten. Hier waren wir in der Defensive, es war beinahe wie in einer Sperrzone, in dem Sinn, dass das Sicherheitssystem sich mehr Sorgen über uns machte als über die Kubaner. Ich glaube, da waren so ungefähr tausend Kubaner in Chile – ich könnte mich auch irren, aber sie waren sehr stark vertreten. Ich habe großen Respekt für den kubanischen Geheimdienst. Sie waren wesentlich effektiver als die Russen, weil sie noch revolutionären Eifer hatten, bereit waren, Opfer zu bringen, die Sprache beherrschten und in der Lage waren, sich unter die Campesinos zu mischen. Die Russen – nun, sie taten sich nicht so leicht im Umgang mit den Chilenen.[50]

Wenn man von den eigenen Problemen des KGB bei seinen Operationen in Lateinamerika absieht, war das Ziel erreicht worden, die amerikanischen Interessen zu konterkarieren. Sowjets wie Kubaner richteten ihre Aufmerksamkeit (wie auch immer deren Qualität im Einzelnen aussehen mochte) auf das wichtigste Zielobjekt der US-amerikanischen Informationsbeschaffung: die chilenische Armee. Zur Jahresmitte 1972 überwachten die *Investigaciones* den chilenischen Generalstab rund um die Uhr.[51] Folglich gestalteten sich die Operationen der CIA in Chile schwieriger als in fast jeder anderen Einsatzumgebung in der Hemisphäre. Dies betraf sowohl die Unterstützung der Opposition als auch die Beschaffung von nachrichtendienstlichen Informationen über das Militär.

Allende aus Sicht des KGB

Im ersten Jahr der Allende-Regierung war die KGB-Residentur in Santiago recht zufrieden mit deren Leistung und berichtete an ihr Hauptquartier, dass Allende weiterhin ein wertvoller Aktivposten für die Sowjetunion sei. Der KGB fand es jedoch zunehmend schwierig, seine führende Rolle in Chile zu behaupten. Kuznecov, der lange Zeit Allendes hauptsächlicher Kontakt gewesen war, sah sich mit dem heftigen Widerstand des Botschafters konfrontiert, der 1972 in Santiago eingetroffen war – Aleksandr Basov. Dieser wollte den KGB-Offizier verdrängen und seine legitime Stellung als wichtigster sowjetischer Akteur in der Botschaft geltend machen. Die Antwort des KGB bestand darin, hinter Botschafter Basovs Rücken seine eigenen geheimen Kanäle zu Allende wiederherzustellen.[52] Über Kuznecov ließ die Zentrale Allende eine umfangreiche Liste mit Fragen zukommen, die von Allende laut Bericht alle ausführlich beantwortet worden seien. Die ausgewählten Themen waren ganz unterschiedlich und umfassten Fragen zu Chiles eigener wirtschaftlicher Situation, zur regierenden UP-Koalition, zu den Beziehungen mit anderen sozialistischen Ländern, den Beziehungen innerhalb Lateinamerikas und natürlich zu Allendes Haltung gegenüber verschiedenen politischen Strategien der USA. Die anhand der Antworten erstellten Berichte beeindruckten das sowjetische Politbüro so nachhaltig, dass man Allende „zur Festigung des vertrauensvollen Verhältnisses" 30 000 US-Dollar gewährte. Zusätzlich bewilligte das Politbüro weitere Mittel in Höhe von geschätzten 130 000 US-Dollar zur Förderung bestimmter kommunistischer Publikationen sowie um Allende dabei zu helfen, diverse

---

[50] Interview, Kristian Gustafson mit CIA-Offizier (nicht namentlich genannt), New York 2003.
[51] CIA, Geheimdienstbericht, „Close Surveillance", 16.11.1972, FOIA.
[52] Mitrochin-Archiv, K-22, S. 377, zitiert bei Andrew/Mitrochin, Das Schwarzbuch des KGB 2, S. 129f.

politische Akteure in Chile zu bestechen, obwohl es keine Aufzeichnungen darüber gibt, welcher Betrag tatsächlich ausbezahlt wurde.[53]

Im Laufe der Zeit ließ der Reiz Chiles für die Sowjetunion jedoch nach. Hier muss man feststellen, dass dies zum Großteil auf Präsident Allende selbst zurückzuführen war, der den Vorsitz über den raschen Niedergang der chilenischen Wirtschaft führte.[54] Lebensmittel waren knapp. Im Jahr 1969 noch Netto-Exporteur, sah sich Chile 1972 gezwungen, Nahrungsmittel im Wert von 280 Millionen US-Dollar zu importieren.[55] Im August 1973 beliefen sich Chiles Devisenreserven lediglich auf 3 Millionen US-Dollar (verglichen mit 1970 ein Rückgang von über 350 Millionen US-Dollar). Die Inflation betrug offiziell 300 Prozent, in Wahrheit jedoch unglaubliche 500 Prozent.[56] 1970 war der chilenische Escudo im Verhältnis 12:1 an den US-Dollar gebunden gewesen, 1973 wurde er auf dem Schwarzmarkt im Verhältnis 2800:1 gehandelt.[57] Derartige wirtschaftliche Rückschläge mobilisierten nicht nur Chiles Mittelschicht gegen Allende, sondern auch Teile der Arbeiterklasse. Ab September 1972 brachen überall in Chile Streiks aus, die sich in das Jahr 1973 fortsetzten. Der Historiker Arturo Valenzuela beschreibt die Probleme:

> Aus Furcht vor wirtschaftlichen Bedrohungen [...] wurden [die *gremios* oder unabhängigen Unternehmerverbände] aktiv, um ihre elementaren wirtschaftlichen Interessen zu verteidigen. Aufgrund der Bedeutung des Transportgewerbes für die chilenische Wirtschaft versetzte insbesondere der Streik der Fernfahrer der Regierung einen schweren Schlag und diente dazu, andere Gruppen und Verbände zu mobilisieren, die sich in der Folge der Bewegung zur Paralysierung der Wirtschaft anschlossen [...].[58]

Zweifellos waren Chiles ökonomische Probleme zum Teil auf die unverhohlenen wirtschaftlichen Maßnahmen der Amerikaner zurückzuführen. Dazu zählten z. B. die Streichung bestehender Kreditlinien und die Weigerung, weitere Kredite zu gewähren, sogar von internationalen Einrichtungen wie der Weltbank und dem Internationalen Währungsfonds. Ob die Amerikaner die Hauptursache für den Zusammenbruch der chilenischen Wirtschaft waren oder das krasse wirtschaftliche Missmanagement Allendes, wird weiterhin Gegenstand von Diskussionen bleiben. Für die Sowjets ging es in erster Linie um die Frage, ob sie noch mehr Ressourcen in die unstabile Allende-Regierung investieren sollten, die vor der Auflösung zu stehen schien.

Im April oder Mai 1973, so Nikolaj Leonov, traf sich Jurij Andropov, der Vorsitzende des KGB, mit seinen Abteilungen für Analyse und Lateinamerika, um die Erfolgsaussichten Allendes zu erörtern. Man sagte ihm, die Weigerung Allendes, „eine gewisse Gewalt, eine gewisse eiserne Hand" anzuwenden, aber auch sein Wunsch, innerhalb der Grenzen der „bourgeoisen Demokratie" zu bleiben, bedeute, dass seine Revolution bald von der Armee oder von anderen reaktionären Kräften gestoppt würde. Leonov erinnert sich, dass „unsere ganze Sympathie [Allendes] Experiment galt [...], aber wir glaubten nicht an seinen Erfolg".[59] Überdies gab es einen ständigen Zwist zwischen der Kommunistischen Partei

---

[53] Ebenda.
[54] Jonathan Haslam, The Nixon Administration and the Death of Allende's Chile, New York 2005, S. 101.
[55] Horne, Small Earthquake in Chile, S. 223.
[56] James R. Whelan, Out of the Ashes: Life, Death and Transfiguration of Democracy in Chile 1833–1988, Washington DC 1989, S. 418. Siehe auch Pierre Kalfon, Allende: Chili, 1970–1973, Paris 1998, S. 198.
[57] Whelan, Out of the Ashes, S. 419.
[58] Arturo Valenzuela, The Breakdown of Democratic Regimes: Chile, Baltimore: Johns Hopkins University Press, 1978, S. 78.
[59] Nikolaj Leonov, Licholet'e, Moskau 1995, S. 125f.

Chiles und der mehr an Kuba orientierten Sozialistischen Partei, so dass die Sowjets innerhalb der UP eigentlich nie den politischen Stellenwert erlangten, den sie gerne gehabt hätten. Da die Kubaner „immer eine sehr unabhängige Politik verfolgten" und „das, was sie gerade machten, nie mit der Sowjetunion abstimmten", agierten diese beiden Verbündeten häufig mit unterschiedlichen Zielen.[60] Nach Allendes Wahlsieg von 1970 hatten die prokubanischen Extremisten des *Movimiento Izquierda Revolucionario* (MIR, einer Mitgliedspartei der UP) in einem internen Dokument vermerkt: „Der Wahltriumph der UP ist zwar kein Sieg für uns, aber er ist auch keine Niederlage".[61] Nachdem die UP an die Macht gelangt war, arbeitete diese Bewegung – wie verschiedene andere Parteien auch – weiterhin mehr gegen Allende, als mit ihm. Diese kleinlichen Streitereien stellten ein ernsthaftes Problem innerhalb des linken Lagers in Chile dar und waren tatsächlich einer der Gründe, warum Allende letztlich stürzte.[62] Dass starke Kräfte von außen – wie der sowjetische und kubanische Geheimdienst – zu diesem chaotischen Dissens beitrugen, war der chilenischen Sache nicht gerade förderlich.

Im Laufe des Jahres 1973 behauptete der KGB gegenüber dem Politbüro weiterhin, dass er Allende als effektiven Einflussagenten nutzen konnte – ein Argument, das hauptsächlich den eigenen Status innerhalb der sowjetischen Politbürokratie aufrechterhalten sollte. Es mangelte ihm jedoch an Überzeugungskraft. In Hinblick auf die zunehmend unsichere Lage in Chile traf Moskau die Entscheidung, keine weiteren Kredite mehr zu gewähren (ca. 30 Millionen US-Dollar waren vorgesehen gewesen). Dies sei, so dachte man, als würde man „einen abgefahrenen Reifen notdürftig flicken" und gutes Geld schlechtem hinterherwerfen.[63] Eine Waffenlieferung im Wert von über 100 Millionen US-Dollar, die bereits nach Chile unterwegs war, wurde vor der Übergabe wieder zurückbeordert.

Obwohl die Sowjetunion gehofft hatte, die anfängliche Popularität des Allende-Regimes würde den amerikanischen Einfluss in Lateinamerika untergraben, war sie nicht bereit, eine direkte Konfrontation mit den Vereinigten Staaten zu riskieren. Noch weniger war sie gewillt, eine Verpflichtung einzugehen, die sie sich nicht leisten konnte, nämlich die chilenische Wirtschaft in gleicher Weise zu subventionieren, wie sie es mit der kubanischen getan hatte. Die Tatsache, dass Allende seinen eigenen Weg zum Sozialismus verfolgte – die sogenannte *via chilena* – lieferte die ideologische Rechtfertigung für die Entscheidung zur Einstellung der wirtschaftlichen Unterstützung. Chile war ein befreundetes „Entwicklungs"-Land, es war nicht „sozialistisch", so dass keine unbedingten Verpflichtungen bestanden.[64] Soweit es die Sowjets betraf, waren es die geopolitischen Realitäten von 1973, die für den letzten Nagel in Allendes Sarg sorgten. Betroffen über die amerikanisch-chinesische Entspannung und bestrebt, die Spannungen mit den USA nicht eskalieren zu lassen, schrieb

---

[60] Leonov, Inteligencia Soviética, S. 51. Im spanischen Original: „Pero Cuba mantuvo siempre una política muy independiente. Los cubanos nunca consultaban a la Unión Soviética lo que ellos hacían [...]."

[61] „MIR: Documento Interno sobre Resultado Electoral (septiembre 1970)", zitiert bei „Documentos Clave de la Izquierda Chilena (1969–1973)", in: Estudios Públicos, Vol. 91, 2003, S. 311–390, hier S. 337–341. Im spanischen Original: „El triunfo electoral de la Unidad Popular no es una victoria nuestra, pero tampoco es una derrota."

[62] Für eine detailliertere Darstellung der innenpolitischen Situation in Chile unter Salvador Allende siehe Valenzuela, The Breakdown of Democratic Regimes bzw. das neuere Buch von Haslam, The Nixon Administration.

[63] Leonov, Inteligencia Soviética, S. 56.

[64] Joaquín Fermandois, ¿Peón o Actor? Chile en la Guerra Fría 1962–1973, in: Estudios Públicos, Vol. 72, 1998, S. 169.

der KGB-Vorsitzende Andropov: „Lateinamerika ist eine Sphäre speziell US-amerikanischer Interessen. Die USA haben uns in Polen und in der Tschechoslowakei handeln lassen. Das dürfen wir nicht vergessen. Unsere Politik in Lateinamerika muss von Behutsamkeit geprägt sein."[65]

In der Zwischenzeit hatte die CIA aus einigen ihrer früheren Fehler in Chile gelernt und operierte mit mehr Erfolg. Da die prokubanische Sozialistische Partei die Chance auf eine sinnvolle Zusammenarbeit mit der UP vereitelte, hatte sich die Christdemokratische Partei Chiles erneut um verdeckte Unterstützung durch die USA bemüht und diese auch erhalten. Sie blieb die größte politische Bedrohung für die UP, wenn man von deren eigenen widerspenstigen Bündnismitgliedern absieht. Die verdeckte amerikanische Förderung der oppositionellen Presse sorgte dafür, dass die Defizite, die Auseinandersetzungen und das wirtschaftliche Missmanagement der Allende-Regierung ständig im Fokus der öffentlichen Aufmerksamkeit standen. Eine detaillierte Darstellung der amerikanischen Verstrickung in den Putsch von 1973 würde den Rahmen dieses Beitrages sprengen. Es ist jedoch klar, dass die Aktionen der CIA dazu beitrugen, eine funktionsfähige Opposition zu Allende aufrechtzuerhalten.[66] Während diese Opposition auf der politischen Bühne ihre Manöver gegen Allende durchführte, handelte die chilenische Armee – lange Zeit ein stiller Partner in der politischen Ökonomie Chiles – um das zu bewahren, was sie als die legitime verfassungsmäßige Ordnung verstand. Am 11. September 1973 wurde Allende vom Militär gestürzt. Innerhalb weniger Tage wurden die Botschaften der UdSSR, Kubas und aller anderen sozialistischen Staaten aus Chile hinausgeworfen und mit ihnen die Geheimdienststationen, die dem Allende-Regime verdeckte ausländische Unterstützung gewährt hatten.

Nach seinem Tod durch Selbstmord, als der chilenische Präsidentenpalast *La Moneda* in die Hände der Truppen der Militärjunta fiel, benutzte der KGB Allendes Andenken nichtsdestotrotz weiterhin als Mittel, um den amerikanischen Interessen entgegenzuwirken. Die „aktiven Maßnahmen" des KGB sollten gewährleisten, dass Allende zur „mächtigsten Kultfigur seit seinem alten Freund Che Guevara"[67] wurde. Auch ohne „aktive Maßnahmen" hätte Allende ohne Zweifel posthum einiges von seiner früheren Popularität zurückgewonnen und das Pinochet-Regime wäre für seine Menschenrechtsverletzungen verurteilt worden. Gleichwohl erreichte der KGB etliche Propagandaerfolge. Eine Einflussoperation von 1976 mit dem Codenamen „Operation Toucan" bediente sich einer raffinierten KGB-Fälschung, um weitere Verbrechen – politische Morde und Terrorismus – zu erfinden, die von Pinochets Geheimdienst DINA außerhalb Chiles begangen worden seien.[68] Auf dieser Fälschung basierende Geschichten wurden von den Medien in aller Welt transportiert, wobei die Zeitungen in Westeuropa und sogar in den USA dem Thema breiten Raum widmeten. Zur Freude des KGB spekulierten die Medien in den USA ferner über mögliche Verbindungen zwischen der DINA und der CIA. Man könnte in der Tat behaupten, Allende sei nach 1973 als Märtyrer der Linken nützlicher für den KGB gewesen denn als ein in wirtschaftlicher Hinsicht katastrophaler und politisch unbedeutender Führer. Der KGB erzielte einen wichtigen Propagandasieg über die CIA. Die USA sah sich wegen ihrer „kriminellen" und „imperialistischen" Verstrickung in die Angelegenheiten des souveränen Chile und den Tod des geliebten Allende internationalen Schmähungen ausgesetzt. Der

---

[65] Mitrochin-Archiv, K-22, S. 92, zitiert bei Andrew/Mitrochin, Das Schwarzbuch des KGB 2, S. 131.
[66] Für eine ausführliche Analyse siehe Gustafson, Hostile Intent.
[67] Horne, Small Earthquake in Chile, S. 353–357.
[68] Mitrochin-Archiv, K-22, S. 82, zitiert bei Andrew/Mitrochin, Das Schwarzbuch des KGB 2, S. 144f.

KGB seinerseits stahl sich mit seinen Operationen in Chile unentdeckt davon und erging sich heimlich in Schadenfreude, während die CIA öffentlich an den Pranger gestellt wurde.

Ein Blick auf den Kalten Krieg in Chile

Anhand der Belege, die uns heute aus sowjetischen Quellen zur Verfügung stehen – obwohl es sich dabei nur um einen Bruchteil dessen handelt, was von der US-Regierung freigegeben wurde –, ist also eine vollständigere Rekonstruktion der Ereignisse in Chile während der Ära von Salvador Allende möglich geworden. Der KGB unterstützte sowohl die PCCh als auch die UP, indem er diese Parteien und Allende persönlich mit politischen Geheimdienstinformationen versorgte. Der KGB und sein kubanisches Pendant operierten gegen die CIA und schulten einheimische Sicherheitskräfte, die – so hoffte man – Chile in einen marxistisch-leninistischen Staat verwandeln würden. Der KGB subventionierte die lokale Kommunistische Partei in einem Ausmaß, das der CIA-Unterstützung für ihre Gegner mehr als nur entsprach. Somit ist die übliche Darstellung mit ihrer einseitigen Betonung der Einmischung der USA genauso beklagenswert unvollständig wie die Berichterstattung über einen sportlichen Wettkampf, in der nur ein Team erwähnt wird. Chile wurde in den späten 1960er und frühen 1970er Jahren zur Arena für die Konfrontation der beiden Supermächte in ihrem Wettstreit um die Vorherrschaft im Kalten Krieg. Dabei spielte der KGB eine genauso wichtige Rolle wie die CIA.

Aber können entweder die Amerikaner oder die Sowjets für Chiles schmerzliche, von Instabilität, Putsch und Diktatur geprägte Geschichte in den 1970er Jahren verantwortlich gemacht werden? Chilenische Kommentatoren von heute glauben das nicht. Joaquin Fermandois, Professor an der *Pontificat Universidad de Chile*, schreibt in einem neueren Leitartikel, dass die chilenischen Kommunisten ein hohes Maß an Vertrauen in Moskau entwickelten und aufgrund ihrer Fixierung auf das sowjetische Modell und den orthodoxen Marxismus nach der Unterstützung der Sowjetunion strebten, um sich ihren politischen Traum zu erfüllen. Desgleichen bemühten sich in Chile verschiedene rechts vom Zentrum stehende politische Kräfte um den Beistand der USA zur Erreichung ihrer Ziele. Die Sozialisten hingegen suchten Inspiration und Rückhalt bei Kuba und manchmal auch bei China. Tatsächlich waren es aber die chilenischen politischen Kräfte selbst, die die Anziehungspole bildeten und „die dem großen Rahmen der globalen Konfrontation ideologisch nacheiferten".[69] Aus diesem Blickwinkel betrachtet, waren es daher weniger die Chilenen, die von den ausländischen Mächten benutzt wurden, sondern es verhielt sich viel eher umgekehrt.

Aus dem Englischen übertragen von Verena Brunel

---

[69] Fermandois, ¿Peón o Actor?, S. 154. Im spanischen Original: „[...] que emulaban, en lo ideológico, al gran marco de la confrontación global."

Hari Vasudevan
New Delhi, 1971: Der indisch-sowjetische Vertrag und seine Bedeutung

Die Perspektive der bilateralen Wirtschaftsbeziehungen

Einführung

Arbeiten über die sowjetische Außenpolitik im Kalten Krieg gehen von der Annahme aus, dass sich das Verhalten Moskaus gegenüber der Dritten Welt nach 1970 deutlich verändert hat. Vor 1970 ging es der Sowjetunion um bestimmte Militärbündnisse, die sich gegen das „Containment" richteten und den Einfluss des „Sozialistischen Blocks" im Rahmen der friedlichen Koexistenz festigen sollten, die aber ohne den Aufputz einer umfassenden diplomatischen Initiative auskamen.[1] Hilfe und wirtschaftliche Zusammenarbeit waren die Schlüsselelemente der Politik gegenüber Ländern, die eine Neigung zum sowjetischen Staat gezeigt hatten. In den siebziger Jahren kam es jedoch zu einem Wandel. „Freundschafts- und Kooperationsverträge" erlaubten nun eine deutlichere Ausweitung sowjetischer Präsenz – ausgedrückt in der nüchternen Sprache der Diplomatie. Zugleich wurde bei der Hilfe umsichtiger und unter Berücksichtigung des Nutzens für den sozialistischen Block verfahren.[2]

Im Verein mit der Regelung europäischer Grenzfragen[3] und mit den Rezepten, die für die Expansion und Integration vom Comecon entwickelt wurden[4], war der Aufbruch zu neuen Formen des Handelns gegenüber der Dritten Welt eine wichtige Dimension jener Dekade, die zeitweise als die sowjetische in der Weltpolitik erscheinen konnte – und die eine praktischere Einstellung zur Dritten Welt widerspiegelte. Zu einer Zeit, da revolutionäre Bewegungen im ehemaligen portugiesischen Kolonialreich (Angola und Mosambik) und in Äthiopien an die Macht gelangten, ebenso in Vietnam und Kambodscha, spielte die UdSSR ihre Karten geschickt aus – das rhetorische Gepränge der ersten Phase nach dem Zweiten Weltkrieg ebenso vermeidend wie vor allem auch die Überschwänglichkeit der Zwischenkriegszeit.

---

[1] Linda Racioppi, Soviet Policy towards South Asia since 1970, Cambridge 1994, gibt eine gute Einführung in diese Zusammenhänge.

[2] Racioppi, Soviet Policy, enthält ein Resümee zur revisionistischen Einschätzung der Hilfsprogramme, die damals von der Sowjetunion entwickelt wurden. Tonangebend in der Literatur ist Elizabeth K. Valkenier, mit ihren Titeln: New Trends in Soviet Economic Relations with the Third World, in: World Politics, April 1970; The USSR, the Third World, and the Global Economy, in: Problems of Communism, Vol. 28 (July-August 1979), No. 4; The Soviet Union and the Third World. An Economic Bind, New York 1983. Ein wichtiger sowjetischer Beitrag ist N. P. Šmelev, Socializm i Mirovaia Ėkonomika, in: MEMO, No. 10, 1976. Offenkundig waren sowjetische Spezialisten mit den Profiten, die der sowjetische Block aus dem vorherrschenden System des Handels zwischen Comecon und Dritte-Welt-Ländern (LDC – Least Developed Countries) zog, nicht zufrieden.

[3] Eine gute Skizze dieses Aspekts der sowjetischen Außenpolitik ist bei Timothy Garton Ash, In Europe's Name, New York 1993.

[4] Seit Juni 1971 wurde im Rahmen des „Komplexprogramms der Kooperation und Entwicklung der sozialistischen Ökonomischen Integration" des Comecon der Koordination größere Bedeutung beigemessen, ihr Status bei den Comecon-Aufgaben erhöht, und es wurde eine Reihe internationaler ökonomischer Kooperationen angebahnt. Siehe Vladimir Sobell, The Red Market, Aldershot 1984.

In diesen Zusammenhängen ragt der 1971 mit Indien geschlossene Freundschafts- und Kooperationsvertrag heraus. Er gehörte zu den ersten Schritten des neuen sowjetischen Kurses gegenüber der Dritten Welt (1974 folgte ein Vertrag mit Äthiopien, 1977 ein Abkommen mit Mosambik usw.). Das Verhältnis, das er begründete, erfuhr während der zwanzig Jahre seiner Laufzeit keine ernsteren Störungen. Indiens Prinzip der Blockfreiheit den gebotenen Respekt zollend[5], vertieften der Vertrag und die ihm folgende Politik eine Beziehung, die bis 1991 hielt. In all den Jahren, in denen die sowjetische Politik in der Dritten Welt Profil gewann, blieb das sowjetisch-indische Verhältnis im Wesentlichen unverändert.

Dabei kann nicht die Rede davon sein, dass Indien sich in einer Klienten-Position befand – oder als Klient behandelt wurde. Im Gegenteil. Es lassen sich Argumente dafür anführen, dass Politik wie Kultur das Ausmaß der Interaktion begrenzten, wenn auch die offenkundigen Gegensätze zwischen den beiden Seiten nie deutlich ausgesprochen wurden. Es ist jedoch klar, dass Surjit Mansinghs Charakterisierung „nicht ganz ein Bündnis"[6] durchaus angemessen ist.

Diese Vorstellung vom indo-sowjetischen Verhältnis untersuchend, will der hier vorliegende Aufsatz die Verbindung vor und nach 1971 skizzieren. Im Mittelpunkt werden die wirtschaftlichen Beziehungen stehen. Mit ihnen soll gezeigt werden, wie die politischen Ambiguitäten einer dem Anschein nach festen diplomatischen „Entente" zu wichtigen Ambiguitäten auf anderen Feldern führten. Zwar werden die Stärken der vorherrschenden Eindrücke von der indo-sowjetischen Konnexion anerkannt, doch wird ein klareres Bild angestrebt, um Probleme wie die „kulturelle Kluft" zwischen den beiden Staaten analysieren zu können. Die Schlussfolgerungen des Aufsatzes lassen sich dahingehend zusammenfassen, dass auf der indischen Seite das Eingehen auf sowjetische Initiativen schwankend war, zutiefst davon geprägt, dass indische Institutionen ihre eigenen Antriebskräfte und ihr eigenes Selbstbewusstsein besaßen. Das schloss nicht aus, dass eine gemeinsame Sprache gefunden wurde, limitierte aber, vor und nach 1971, das Maß solcher Gemeinsamkeit.

I. Der Vertrag von 1971. Politischer Hintergrund und politische Nachwirkung

a) Die langfristige Perspektive. Vor und nach 1947

Im indo-sowjetischen Verhältnis entstanden Gemeinsamkeiten bereits geraume Zeit vor Indiens Unabhängigkeit, und jeder Versuch, die Bedeutung der damals schon existierenden Vernetzungen und den Grad der Kenntnisse voneinander wie des gegenseitigen Respekts herunterzuspielen, geht an einem wichtigen Punkt vorbei. Diese vor 1947 bestehende Verbindung war das Resultat sowjetischer Beziehungen zur indischen Nationalbewegung und zu einem breiten Spektrum einflussreicher Inder, von denen die wenigsten Kommunisten waren.[7] Bis 1947 war in der indischen Literatur ein formidabler Eindruck

---

[5] Surjit Mansingh, India's Search for Power. Indira Gandhi's Foreign Policy 1966-1982, New Delhi 1984.
[6] Ebenda.
[7] Es gibt eine grundlegende Literatur zu diesem Thema, die allerdings noch einer Synthese harrt: T. R. Sareen, Russian Revolution and India, 1917-1921, Delhi 1977; Hiren Mukherjee, Time-tested Treasure, New Delhi 1975; B. R. Nanda (Hrsg.), Socialism in India, New Delhi 1972; S. R. Chowdhuri, Leftist Movements in India, 1917-47, Calcutta 1976; V. S. Budraj, Soviet Russia and the Hindustan Subcontinent, Bombay 1973; Mohit Sen, The Indian Revolution, New Delhi 1970; S. G. Sardesai, India

von der Natur der Sowjetunion und den von ihren Führern vertretenen Ideen entstanden.[8] Auf der anderen Seite leisteten die Aktivitäten der Allrussischen Gesellschaft für orientalische Studien und der Forschungsabteilungen der Universität der Arbeiter des Ostens für Indien den gleichen Dienst in der UdSSR.

Es ist wahr, unmittelbar nachdem Indien 1947 die Unabhängigkeit erlangt hatte, war die Rolle, die das wichtigste Bindeglied zwischen den beiden Ländern, die indische Kommunistische Partei, in Indien selbst spielte, unklar, und die Partei befand sich in Unordnung. Die fein gesponnenen Verbindungen zwischen Indien und der Sowjetunion, die von 1917 bis 1939 entstanden waren, hatten die Kriegsjahre nicht überlebt. Viele der Institutionen, die als Basis der Kooperation zwischen Volks- und Nationalbewegungen Indiens und der Sowjetunion Stalins gedient hatten, waren bis 1945 abgebaut worden, so die Komintern, die Profintern (Gewerkschaftsinternationale), die Krestintern (Bauerninternationale), die Universität der Arbeiter des Ostens usw. Indes waren viele sowjetische Träger jener Beziehungen auch noch nach 1947 herausragende Figuren, darunter sehr bekannte „Indologen" der Zwischenkriegszeit: I. I. Kozlov[9], V. V. Balabuševič (1900–1970) und A. M. Djakov (1896–1974)[10]. Da außerdem in Indien die Sympathie für die Bestrebungen der UdSSR nicht auf kommunistische Kreise beschränkt geblieben war, sondern Schichten erfasst hatte, die unter den Einfluss einer prosowjetischen Literatur geraten waren, berührte die Unordnung in der KPI das Verhältnis zwischen den beiden Staaten nur institutionell – und das konnte durch die Aufnahme diplomatischer Beziehungen im April 1947 behoben werden.

Dass Stalin die Verbindungen zwischen der Kolonie und ihren früheren Herren Sorgen machten, hat dem Wert jener Kontinuität zunächst Grenzen gesetzt. Dennoch herrschten in den Jahren, die der Unabhängigkeit folgten, relativ herzliche Beziehungen zwischen Indien und der Sowjetunion; die Leiter der indischen Mission in Moskau waren so hervorragende Persönlichkeiten wie Vijayalakshmi Pandit und S. Radakrishnan, was zeigt, welchen Rang Jawaharlal Nehru dem Verhältnis mit der Sowjetunion zuerkennen wollte. Indien nahm in Fragen der Weltpolitik selten eine gegnerische Haltung zur Sowjetunion ein. Allerdings entwickelte sich daraus noch keine tiefere Freundschaft. Bis 1955 waren die

---

and the Russian Revolution, Bombay 1962; Zafar Imam, Colonialism in East-west Relations, Delhi 1967. Wichtige Memoiren hierzu sind: Muzaffar Ahmed, Myself and the Communist Party of India, 1920–29, Calcutta 1970; Sampurnanand, Memoirs and Reflections, Bombay 1962; Shaukat Usmani, Peshawar to Moscow, Benaras 1957; und I met Stalin twice, Bombay 1953. Siehe auch die Einleitungen zu den beiden Bänden von Purabi Roy/Sobhanlal Dutta Gupta/Hari Vasudevan, Indo-Russian Relations 1917–1947. Select Documents from the Archives of the Russian Federation, 2 Bde., Calcutta 1999–2000.

[8] Es geht um allgemeine Werke über Russland, den Kommunismus und Lenin von indischen Autoren in indischen Sprachen. In Hindi setzte diese Literatur 1920/21 mit verschiedenen Werken von R. S. Avasthi ein (Russian Revolution, Lenin, His Life and His Thoughts und wurde in seinem späteren Werk fortgesetzt (The Red Revolution etc.). S. D. Vidyalankar, The Rebirth of Russia und The Soviet State of Russia; Dev Vrat, Russia Today; D. R. Prem, Awakening of Russia; und S. D. Bharthi, Mahatma Lenin sind ebenfalls wichtige Beiträge zu diesem Genre, und es gab ähnliche Werke in bengalischer Sprache (z. B. Soviet Sovayda von Benoy Ghosh), in Marathi, Malayalam, Tamil und Telegu. Die Werke des „Fellow travellers" und in dieser Richtung als Schriftsteller tätigen Rahul Sanskrityayana genossen enorme Popularität.

[9] Während der 1930er Jahre war er einer der wichtigsten Mittelsmänner für indische Kontakte zur Komintern und zur sowjetischen KP. Sein Name taucht in den Manuskripten von Subimal Dutt und in anderen wichtigen Quellen aus der Zeit nach Erringung der Unabhängigkeit auf.

[10] Balabuševič arbeitete seit 1939 am Institut für Weltökonomie und -politik und leitete nach 1953 eine Sektion des Instituts für Orientalistik in Moskau. A. M. Djakov trat 1939 in das Institut für Weltökonomie und -politik ein und ging 1950 an das Institut für Orientalistik.

Beziehungen zu Großbritannien und den USA Angelpunkte der indischen Position in der Welt – dazu die Orientierung am Prinzip der Blockfreiheit, mit der Jawaharlal Nehru eine Politik zu verfolgen suchte, die auch andere Nachbarn Indiens im Blick behielt. Das so sehr problematische Verhältnis mit Pakistan und die Kaschmir-Frage übten auf die Aktivitäten, um die es in unserem Zusammenhang geht, eine stark ablenkende Wirkung aus. Gewiss brachten die Verhandlungen über Kaschmir die UdSSR und Indien eher zusammen, da Moskau sich gegen einige Punkte in einer nicht im Sinne Delhis liegenden UN-Resolution stellte – doch reichte das nicht aus, um gegen die damals noch wichtigeren Interessen beider Seiten anzukommen.

Im Dezember 1955 statteten aber Chruščev und Bulganin Indien einen Besuch ab, und danach kam eine stärker spürbare Herzlichkeit in die indo-sowjetischen Beziehungen. Zum Teil war das eine Folge der amerikanisch-pakistanischen Allianz und der Waffenlieferungen, die nach 1954 aus den USA nach Pakistan gingen. Doch war es ebenso eine Konsequenz der Vorteile im Bereich der *soft power*, die die Sowjetunion in Indien genoss – und die während des Chruščev-Besuchs so deutlich zum Ausdruck kamen, nicht zuletzt auch in dem Bericht, den „Time" über Chruščevs Abstecher nach Kalkutta brachte:

„Schon Stunden vor dem Eintreffen der russischen Gäste verstopfte eine auf mehr als 2 000 000 Menschen geschätzte Menge das Zentrum der Stadt. Vergleichsweise nur eine Handvoll war in Sichtweite, als schließlich Chruščev, Bulganin und ihr Gastgeber, der westbengalische Chefminister Dr. Bidhan Chandra Roy, in einem offenen Mercedes erschienen. An der Kreuzung zweier großen Straßen Kalkuttas schwenkten die Russen ihre Strohhüte, und Chruščev rief in indischer Sprache: ‚Hindi Russi bhai bhai!' (Inder, Russen, Brüder, Brüder!). Sofort drängte die Menge vorwärts, durchbrach den Polizeikordon und die Bambusbarrikaden, um auf den Wagen zu klettern. Einige griffen nach Bulganins Mantel, andere nach Chruščevs Händen und Armen. Unter dem Gewicht der Inder brach der Mercedes zusammen. Mit Hilfe der Polizei kämpften sich die Besucher durch die Menschentrauben bis zu einem Polizeiwagen durch. Hinter ihnen zerlegte der freudetrunkene Mob den Mercedes. Endlich vor ihren toll gewordenen Fans in Sicherheit, rasten die Russen in der ‚Grünen Minna' davon und erreichten einen offiziellen Empfang der Regierung mit einer Stunde Verspätung."[11]

Indes sind die indo-sowjetischen Beziehungen nicht gerade gekräftigt worden, als die UdSSR versuchte, die Mitglieder des von den USA gelenkten Allianzsystems CENTO zu gewinnen, darunter auch Pakistan; das ging so weit, dass das Land in einigen Streitfällen, die beide Seiten berührten, eine neutrale Haltung einnahm, so im indisch-pakistanischen Krieg von 1965 und zur Taschkent-Konferenz von 1966. Eine solche Politik untergrub den guten Ruf, den sich die Sowjetunion in Indien auch dadurch erworben hatte, dass sie 1962 im Krieg Indiens mit China neutral geblieben war – eine Konsequenz der seit 1959 eingetretenen Abkühlung des sowjetisch-chinesischen Verhältnisses.[12] Die Entschlossenheit Indira Gandhis, die Beziehung zu Moskau auszubauen, trug jedoch dazu bei, dass die Verbindung selbst die Kritik überlebte, die oppositionelle Parteien in Indien äußerten, als sich

---

[11] Time Magazine, 12.12.1955.
[12] Die Position der USA als mächtige Unterstützer Indiens nach dem Krieg – die Konsequenz von Chester Bowles' Diplomatie in Delhi und die Bemühungen der Kennedy-Administration, Indien zu gewinnen – erwies sich als vorübergehend. Chinas Kritik an der sowjetischen Politik in der Kuba-Krise und der Rückzieher der Johnson-Administration vom Versprechen finanzieller Unterstützung für die Entwicklung von Indiens Maschinenbau nach dem indisch-pakistanischen Krieg von 1965 spielten eine Rolle beim Scheitern dieses US-amerikanischen Zwischenspiels in Indiens globalen Beziehungen.

die Sowjetunion 1968 dafür entschied, Waffen an Pakistan zu liefern. In diesem Geiste lehnte es die indische Regierung im Sommer 1968 auch ab, die sowjetische Intervention in der Tschechoslowakei zu verurteilen. Dass Moskau wie Delhi die Annäherung klar erkannten, die nach 1968 zwischen den USA und China stattfand, hat diesem Stand der Dinge eine wichtige Dimension hinzugefügt.

Eine starke Strömung – doch begegnete sie in Indien auch fortwährend erheblicher Reserve, und zwar nicht allein in einer unterentwickelten Gesellschaft, die nur selten Interesse für außenpolitische Fragen aufbrachte, sondern auch in der hohen Bürokratie. Krishna Menon zum Beispiel, der Jawaharlal Nehrus prosowjetische Neigungen schätzte, verstand auf der anderen Seite sehr wohl, dass ein Mann wie Subimal Dutt, der zeitweilig unter Nehru als Außenminister amtierte und 1961/62 als Botschafter in Moskau fungierte, die Annäherung an die Sowjetunion mit Unbehagen betrachtete. Kurz vor dessen Ernennung zum Botschafter sagte er zu Dutt:

„Sie und [N. R.] Pillai[13] stehen in dem Ruf, echte Staatsdiener zu sein – wenn eine Tendenz, dann prowestlich [...]. Man weiß, dass Sie definitive Ansichten haben [...]. Sie bringen keine Begeisterung für sozialistische Anschauungen auf."[14]

b) Der Vertrag von 1971 und seine Implikationen

Der Vertrag von 1971 änderte diese Situation – wie tiefgreifend aber, ist eine strittige Frage. Es ist nicht zu bezweifeln, dass er einen neuen Trend in der sowjetischen Außenpolitik markierte. Vor 1971 hatte die UdSSR Verträge unterzeichnet, die Defensivklauseln, ähnlich dem sowjetisch-indischen Freundschafts- und Kooperationsvertrag von 1971, enthielten.[15] Das indische Abkommen, wie das bereits existierende mit Ägypten und die später folgende Vereinbarung mit dem Irak, war Teil einer Serie von Verträgen, die eine bestimmte weltpolitische Strategie verraten. Ihm folgten Abschlüsse mit Äthiopien, Angola, Mosambik und Vietnam, um nur die wichtigsten zu nennen.

Diskussionen über einen sowjetisch-indischen Vertrag hatten bereits im Spätsommer 1969 begonnen, und zwar im Kontext sowjetischer Bemühungen um den Aufbau eines anti-chinesischen Sicherheitssystems in Asien. Bis 1970 hatten sich die beiden Seiten in geheimen Verhandlungen auf einen Entwurf geeinigt. Die genauen Positionen und Abläufe können nicht rekonstruiert werden, da die Archive sowohl in Moskau wie in New Delhi noch weitgehend verschlossen sind. Indira Gandhi sah aber, wie es scheint, auf Grund ihrer prekären innenpolitischen Situation – sie war Chefin einer Minderheitsregierung – die Zeit für die Unterzeichnung des Vertrags noch nicht gekommen. In der bald danach ausbrechenden Krise um Ostpakistan, das zukünftige Bangladesch, erhoffte sich Indien in einem drohenden Konflikt mit Pakistan keine Unterstützung von den USA; die Nixon-Administration lieferte weiterhin Material nach Rawalpindi und arbeitete mit pakistanischer Vermittlung intensiv an der amerikanisch-chinesischen Annäherung. Es ist nicht abschließend geklärt, ob sich Indien mit dem Vertragswerk vor allem gegen chinesische Eingriffe in einem möglichen Konflikt mit Pakistan absichern oder nicht zugleich kurz- und langfristig sowjetische Annäherungen und Hilfen an Pakistan ausschließen wollte. Jeden-

---

[13] Ein ehemaliger Außenminister Indiens.
[14] Subimal Dutt, Tagebücher, 21. Mai 1961, Department of History, Calcutta University.
[15] Verträge von 1921 mit Persien, der Türkei und Afghanistan, 1950 mit China, 1961 mit Nordkorea und 1966 mit der Mongolei.

falls setzte Indien den – gegenüber 1970 – zusätzlichen Artikel IX durch, der bei einem bewaffneten Konflikt der Vertragspartner mit Dritten jede Hilfe an diesen Dritten durch die Partner verbot und sie zu Konsultationen in Fällen von Aggression oder Drohungen verpflichtete. Zur gleichen Zeit wuchs in Delhi die Entschlossenheit, die Krise in Ostpakistan militärisch zu lösen. Es bedurfte einiger Überzeugungsarbeit Gandhis, um die Führung der UdSSR zur aktiven Unterstützung des indischen Kurses zu bringen.[16]

Im militärischen Bereich schloss der Vertrag – mit zwanzig Jahren Laufzeit – zudem in Artikel VIII und X gegenseitige Angriffe und die Teilnahme an Allianzen gegen den Vertragspartner aus, ohne jedoch eine allgemeine beziehungsweise exklusive militärische Zusammenarbeit zu stipulieren. Die Mehrzahl der Artikel betraf nicht-militärische Aspekte der sowjetisch-indischen Beziehungen und sah intensivierte diplomatische, kulturelle und wirtschaftliche Kontakte vor. Beide Seiten bekräftigten die Prinzipien der friedlichen Koexistenz und der Nichteinmischung in innere Angelegenheiten, auch anerkannten sie die unterschiedlichen internationalen Ausrichtungen wie die Strategie der Blockfreiheit Indiens und die „friedliebende Politik der Sowjetunion" (Artikel IV). So spiegelte der Vertrag die sowjetischen Bemühungen um eine stärkere Position in Asien wie zugleich das indische Interesse an der Bewahrung der eigenen Bewegungsfreiheit wider. Der flexible Interpretationsrahmen führte dazu, dass Gromyko beim Vertragsabschluss den wirtschaftlichen Aspekt betonte, während sein indischer Amtskollege Swaran Singh die strategisch-militärischen Elemente hervorhob. Als die Sowjetunion aber im weiteren Verlauf der siebziger Jahre die Bedeutung des Vertrags als Musterbeispiel für ihre kollektiven Sicherheitsideen unterstrich, verwies nun Delhi auf die wirtschaftliche Komponente der Zusammenarbeit.[17]

II. Die Mehrdeutigkeit der indisch-sowjetischen Verbindung. Der Fall der wirtschaftlichen Beziehungen

Auch im Wirtschaftssektor zeigten sich die Ambivalenzen des indisch-sowjetischen Verhältnisses, wie ein schärferer Blick auf diese „unvollständige Allianz" deutlich macht.

a) Wirtschaftliche Beziehungen und Technologietransfer vor 1971

Die wirtschaftliche Zusammenarbeit war vor 1971 einer der Kernfaktoren bei der Festigung der indisch-sowjetischen Beziehungen.[18] In dieser Periode brachte der Technologietransfer sowjetisches Produktionswissen und sowjetische Fertigungsstätten mit der dazugе-

---

[16] Zum Vertrag über Frieden, Freundschaft und Kooperation vom 9.8.1971 siehe Racioppi, Soviet Policy, S. 78–82; Richard Sisson/Leo E. Rose, War and Secession. Pakistan, India, and the Creation of Bangladesh, Berkeley 1990, S. 187–203, sowie Mansingh, India's Search for Power, S. 142–149. Der vollständige Vertragstext findet sich in ebenda, S. 387–389.
[17] Mansingh, India's Search, S. 148f.
[18] Die besten und gründlichsten Überblicksdarstellungen der indo-sowjetischen ökonomischen Beziehungen sind: Santosh Mehrotra, India and the Soviet Union. Trade and Technology Transfer, Delhi, 1991. Nützliche Artikel enthält: Indo-Soviet Cooperation, ISCUS, New Delhi, 1971. Wichtige Ergänzungen, insbesondere ein Katalog der Punkte der Kooperation, finden sich bei Girish Mishra in: P. N. Haksar u.a., Studies in Indo-Soviet Relations, Patriot 1986, S. 71–84; Peter J. S. Duncan, The Soviet Union and India, London 1989. Zu den Austauschverhältnissen des indo-sowjetischen Handels siehe Nirmal Chandra, USSR and Third World, Unequal Distributions of Gains in Trade, in EPW 12 (1977), Nr. 6–8, S. 349–376. Wichtige Informationen zu den indo-sowjetischen Wirtschaftsbeziehungen im Stahl-

hörigen Maschinerie für die Herstellung von Kapitalgütern nach Indien: das heißt die Anlagen für eine größere Stahlproduktion und für die Erzeugung von Elektrogeräten, für die Förderung von Kohle und für Walzwerke wie auch für sonstige schwerindustrielle Anlagen und für Kraftwerke. Der Aufbau von Städten bei Ranchi, Durgapur und Bhilai bezeugte den Umfang der Kooperation und den substantiellen Zuwachs zu dem dürftigen industriellen Netz, das Indien 1947 geerbt hatte (vor allem die Tata- und Burnstahlwerke und kleinere, über das ganze Land verstreute Anlagen zur Maschinenerzeugung).[19]

Besonders im Falle der Stahlproduktion waren die Vorteile der Zusammenarbeit mit der Sowjetunion zu spüren. Die sowjetische Stahlerzeugung in Hochöfen und Siemens-Martinöfen konnten sich zu der Zeit, als Bhilai entstand, mit den besten Anlagen der Welt messen.[20] Gipromez und andere sowjetische Einrichtungen, die an der Entwicklung der Wirtschaftsbeziehungen zu Indien beteiligt waren, verfügten über reiche Erfahrungen mit US-Unternehmen aus den zwanziger und dreißiger Jahren[21] oder nutzten entsprechende Verbindungen aus dem Zweiten Weltkrieg. Die UdSSR importierte nach 1945 Maschinen aus Osteuropa[22] und war Lizenznehmer für modernste Technologie von Firmen wie Krupp in Westdeutschland[23].

b) Die Perspektive des indischen öffentlichen Sektors

Es war indes von Bedeutung, dass die indische Regierung, als sie sich auf dieses System der Kooperation einließ, das zu Bedingungen tat, die Selbstbeherrschung zeigen – ein Bewusstsein von Standards, die auf genaue Selbstanalyse und Introspektion zurückgingen. Die Regierung erbte eine Reihe durchdachter wirtschaftlicher Initiativen, die sowohl vor wie nach der Periode der Weltkriege ergriffen worden waren. So war die öffentliche Hand schon im Besitz dieser Unternehmen (etwa der Eisenbahnen und etlicher Rüstungswerke). Politiker und Technokraten hatten bereits Verhaltensregeln für den Umgang mit solchen Unternehmen. Aussagen vor dem „Commitee on Public Sector Units (PSUs) weisen darauf hin, dass derartige Verhaltensregeln existierten, auch ein Maß an Bewusstheit, was Impulse der Statistik für das Organisieren von Entwicklung anging.

Es ist wahr, im Falle der indisch-sowjetischen Kooperation handelte es sich, wenn Transfer von Technologie stattfand, um den „Transfer" von Fertigkeiten, die bis ins kleinste Detail festgelegt waren. So waren die Stadtbezirke und Zuliefersysteme, die mit der Zusammen-

---

sektor enthält B. C. D'Mello, Foreign Collaboration in the Public Sector Steel Industry, unpublished Ph. D. dissertation, Indian Institute of Management, Calcutta, December 1986.
[19] Neben den Stahlwerken an zwei bedeutenden Standorten wurden substantielle Beiträge zu den Förderkapazitäten in der Kohleindustrie gemacht, und Indien entwickelte die Voraussetzungen zur Produktion von hochentwickelter Ausrüstung für beide Industrien. Die grundlegende Fähigkeit zur Produktion von Antibiotika wurde erworben, und Ölraffinerien wurden gebaut, die fähig waren, schwierige Rohstoffe zu verarbeiten. Siehe Mehrotra, India and the Soviet Union.
[20] In einigen Bereichen, so der Ausrüstung von Hochöfen und der Koksofentechnologie, war die Sowjetunion weltweit führend und verkaufte Lizenzen an bedeutende Stahlunternehmen, etwa japanischer Produzenten, wobei sie der deutschen Konkurrenz standhielt. Siehe D'Mello, Foreign Collaboration, S. 65.
[21] McKee aus Cleveland (Ohio), Freyn Engineering (Chicago) Perrin and Marshall and Bassert & Co., wobei Freyn während der gesamten 1930er Jahre in Vertragsverhältnissen mit der sowjetischen Regierung stand.
[22] Insbesondere von Škoda Export aus der Tschechoslowakei und Sket Export-Import (DDR). Siehe D'Mello, Foreign Collaboration.
[23] Ebenda, S. 74.

arbeit kamen, mit der Schaffung integrierter Produktionsstätten verbunden, die am besten zu sowjetischen Verhältnissen und den dazugehörigen Niederlassungen passten. Vieles von dem, das in jenen Jahren entstand, folgte den in der Sowjetunion üblichen Verfahren. Anleitungen für die sowjetisch geförderten Anlagen wurden von sowjetischen und tschechischen Beratern geschrieben – naturgemäß nach den in ihren Ländern üblichen Praktiken. Und abermals bemerkte das Lok-Sabha-Komitee für den öffentlichen Sektor: „Im Falle des Heavy Power Equipment Plant und des Boiler Plant der BHL[24] hatten der M/S Techno-Export (Tschechoslowakei)[25] nicht nur die Entwürfe für die hauptsächlichen Teile der Werke angefertigt, sondern auch die Entwürfe für alle Nebeneinrichtungen (das heißt Schreinerei, Sauerstoffhaus) und für Holzlager, Kokerei, Garagen, Feuerwehrwache, Lokomotivschuppen, Speisesaal, Fahrradstand, Parkhäuser, Parkplätze und Bushaltestelle."[26]

Doch eine enge Integration von indischen Entwicklungsstrategien und denen der UdSSR oder der Comecon-Staaten wurde durch die Einwirkung anderer Strategie-Aspekte verhindert. So haben sowjetische Experten nach der Schaffung der Schlüsseleinrichtung für den Technologietransfer in der pharmazeutischen Industrie, „Indian Drugs and Pharmaceuticals Ltd." (IDPL), zur richtigen Fortsetzung die Notwendigkeit betont, Forschungsprogramme um das Institut für Brennstoff-Forschung, Dhanbad, das Zentralinstitut für Lebensmitteltechnologie, Mysere, und die Schule für Tropenmedizin, Kalkutta, zu integrieren. Auch schlugen sie ein Zusammenwirken des Pharmazeutischen Forschungsinstituts Indiens mit sowjetischen Einrichtungen vor. Aber noch 1968 war nichts dergleichen geschehen. Zum Teil lag das an spezifisch indischen Verhältnissen, das heißt an organisatorischen Problemen. Zum Teil lag es aber auch an anderen Prioritäten. So hob das Lok-Sabha-Komitee für den öffentlichen Sektor hervor, es müsse bei der Entwicklung pharmazeutischer Unternehmen im Auge behalten werden, dass „das Land eine große Tradition auf dem Felde von Ayurveda hat, spezialisiert auf die Nutzung von Heilpflanzen und die Umsetzung von deren Kräften in Drogen und Medikamente. Wenn nicht Rohmaterialien indischen Ursprungs verwendet werden, wird unsere Abhängigkeit von ausländischen Produkten nicht geringer werden."[27]

In Übereinstimmung mit dieser Tendenz, sich von den Empfehlungen der sowjetischen Berater zu lösen, nahmen spezifisch indische Verfahren Gestalt an. Das geschah im Betrieb, gewiss. Allgemeiner gesprochen, folgte in Indien aber auch die Planung selbst eigenen Prioritäten. Und die indische Regierung arbeitete detaillierte Empfehlungen zu einer Vielfalt von Themen aus, soweit der öffentliche Sektor betroffen war: Marketing, Finanzleitung, Verwaltung, Personal usw. Technokraten und Parlamentarier entwickelten zu diesen Bereichen durch entsprechende Empfehlungen Verhaltensregeln und prüften die Umsetzung der Empfehlungen. Auf diese Weise entstand der Rahmen, in dem der öffentliche Sektor Indiens dann Ende der sechziger Jahre funktionierte. So wirkten nicht nur die Zwänge der indischen Wirtschaft auf die Entfaltung des öffentlichen Sektors ein – weg von der sowjetischen „Vision" –, auch die Prioritäten des Alltagsbetriebs und die Sprache schafften sich ihren eigenen Platz.

---

[24] Bharat Heavy Electricals.
[25] Eine Außenhandelsorganisation.
[26] Committee on Public Sector Units, 3rd Lok Sabha, 13th Report, in: Management and Administration of Public Undertakings, New Delhi 1965, S. 33.
[27] Committee on Public Sector Units, 4th Lok Sabha, 30th Report, Action taken on 22nd Report of 3rd Lok Sabha, in: Indian Drugs and Pharmaceuticals Ltd., New Delhi 1968, S. 8f.

c) Nach dem Vertrag. Der Handel

Statistische Daten zum sowjetischen Handel in den siebziger und achtziger Jahren, wie in den folgenden Tabellen wiedergegeben, deuten darauf hin, dass der Austausch mit einer Reihe von Entwicklungsländern, einschließlich Indiens, für die UdSSR nur eine begrenzte Bedeutung besaß. Zwar sind im indisch-sowjetischen Handel sowohl für 1971/72 wie für 1978/79 in absoluten Zahlen Zuwächse zu beobachten, doch können diese das allgemeine Bild kaum verändern und sind normalerweise auf eine Sparte beschränkt (hier Maschinenteile bzw. Petroprodukte). Bis zu den achtziger Jahren waren Westeuropa und die Vereinigten Staaten zu den primären Handelspartnern der Sowjetunion geworden. Informationen zu der Frage, wo sowjetische Politiker in den siebziger und achtziger Jahren die Lage zu bessern suchten, im Westen oder im „Roten Markt"[28], bestätigen die schwindende Bedeutung der Entwicklungsländer für den sowjetischen Handel. Wichtige Strategien[29], die in Osteuropa versucht wurden, um Produktion und Forschung zu verbessern, fanden bis zum Beginn von Perestrojka nie Anwendung in der „Dritten Welt", ausgenommen vielleicht, nur flüchtig, in Vietnam und Kuba. Ein Vergleich der Tabellen zeigt, dass bei Beginn der Perestrojka Gorbačevs (1986) die Exporte in die Entwicklungsländer rund 15 Prozent der gesamten sowjetischen Exporte ausmachten, die Exporte in die „kapitalistischen" Staaten hingegen mehr als die Hälfte. Die Zahlen für den Import belegen gleichermaßen eine mangelhafte Interdependenz mit der Dritten Welt und ein hohes Maß an Verbindungen mit dem „kapitalistischen" Block.

Tabelle: UdSSR-Exporte/Importe 1970-1986 (in Milliarden Rubel) nach Ländergruppen

Jahr	Exporte			Importe		
	1	2	3	1	2	3
1969	6,9	2,1	1,5	6,0	2,2	0,9
1970	7,5	2,2	1,8	6,9	2,5	1,1
1971	8,1	2,4	1,8	7,3	2,6	1,3
1972	8,3	2,4	2,0	8,5	3,4	1,3
1973	9,1	3,8	2,9	9,2	4,6	1,7
1974	11,1	6,3	3,4	10,3	6,1	2,3
1975	14,6	6,1	3,3	14,0	9,7	3,0
1976	16,5	7,8	3,7	15,1	10,8	2,8
1977	19,1	8,8	5,7	17,2	9,9	3,0
1978	21,3	8,7	5,3	20,7	11,0	2,8
1979	23,6	12,5	6,3	21,4	13,2	3,2
1980	26,9	15,9	6,9	23,6	15,7	5,1
1982	34,1	18,8	10,2	30,8	18,9	6,7
1983	37,1	19,7	10,5	33,7	18,7	7,1
1984	42,1	21,3	10,9	38,3	19,6	7,5
1985	44,2	18,6	9,6	42,2	19,3	7,6
1986	45,6	13,1	9,6	41,9	15,9	4,9

1 = Handel mit dem sozialistischen Block
2 = Handel mit den kapitalistischen Ländern
3 = Handel mit den Entwicklungsländern

---

[28] Sobell, The Red Market, verdeutlicht die institutionellen Handelsmuster in Osteuropa.
[29] Ebenda. Die Prinzipien dieser Strategien waren in dem oben erwähnten Komplexprogramm für die weitere Ausdehnung und Verbesserung von 1971 festgelegt.

Tabelle: Sowjetische Exporte nach und Importe aus Indien 1970–1986 (in Millionen Rubel)

	Exporte	Importe
1969	154,2	199,3
1970	122,3	242,6
1971	116,3	138,5
1972	255,8	312,5
1973	222,8	366,0
1974	269,4	346,1
1975	292,1	393,5
1976	271,0	376,5
1977	360,8	565,2
1978	364,1	407,3
1979	525,1	510,0
1980	510,0	878,6
1982	1040,2	1473,8
1983	1271,6	1537,4
1984	1537,5	1272,0
1985	1574,9	1509,5
1986	957,6	1233,6

Quelle: Vnešnaja Torgovlja SSSR (Moskau, Finansy/Statistiki), Vol. 1970, 1972, 1974, 1976, 1978, 1980, 1983, 1984, 1985, 1986

Damit ist nicht gesagt, dass die UdSSR von dem Handel nicht profitierte. Indien passte in einen Gesamtrahmen sowjetischer bilateraler Beziehungen mit einer Anzahl von Ländern, darunter Syrien, Irak und Ägypten, die den einen oder anderen Mangel in der sowjetischen Wirtschaft beheben konnten. Wenn die sowjetische Industrie und der sowjetische Handel großenteils für den internen Gebrauch oder für Osteuropa bestimmt war, so gaben indische – und syrische oder ägyptische – Unternehmen der Wirtschaft einige Glanzlichter in Gestalt hochwertiger Konsumgüter (etwa Darjeeling Tee) und eine gewisse Festigkeit in Gestalt billiger Textilien. Der Tauschhandel mit Kapitalgütern, die die Sowjetunion nicht im Westen absetzen konnte, brachte der UdSSR und den Comecon-Ländern Waren, die für konvertierbare Währungen verkauft werden konnten. Dafür wurden Vereinbarungen auf den westlichen Märkten getroffen, und die Tausch-Rupie wurde mit Rabatt verkauft, sehr zum Missfallen indischer Beobachter, die erkannten, dass Indien in dem Prozess konvertierbare Währung verlor. Der Umfang dieser Operation ist jedoch nicht sicher festzustellen; sie kann nicht als die Norm gelten. Wie im Falle der sowjetischen Beziehungen zum NATO-freundlichen Jugoslawien verschaffte die indische Verbindung Zugang zu Technologien, die die Vereinigten Staaten und ihre Partner der Sowjetunion nur selten zugänglich machten – aber wiederum ist das Ausmaß solchen Transfers unbekannt.

Abermals nutzte die UdSSR indische Unternehmen, um die Begrenzung der Produktivität bei der Nutzung eigener Ressourcen auszugleichen. So sind im Rahmen des langfristigen Programms der wirtschaftlichen, kommerziellen, wissenschaftlichen und technischen Kooperation, das am 14. März 1979 vereinbart wurde, verschiedene Verträge unterzeichnet worden. Die Sowjetunion nahm Bestellungen von 10 000 bis 12 000 Tonnen Anlagen entgegen, darunter für Maschinenbaufabriken in Ranchi, Durgapur und Hardwar. Dem folgten weitere Bestellungen für solche Betriebe (50 000 Tonnen Anlagen) in den Jahren 1980 bis 1986.[30]

---

[30] Ebenda.

Die Steigerung der indischen Exporte entwickelte sich deutlich zu einem Phänomen jener Jahre – auch wenn der Umfang nicht mit dem Import aus dem Westen vergleichbar war. Zwar gab es Variationen, doch gingen die Anlagen nicht nur in die Sowjetunion, sondern auch in eine Reihe von Ländern, die Wirtschaftshilfe von der UdSSR erhielten.[31]

d) Technologietransfer. Vorteile aus den geltenden Vereinbarungen

Am Vorabend der Auflösung des sowjetischen Staates (1989) waren die spezifischen Indikatoren für die Folgen des sowjetischen „Beitrags" zur industriellen Produktion Indiens eindrucksvoll:
- Bokaro und Bhilai, die auf sowjetischer Hilfe basierenden Stahlwerke, lieferten 75 Prozent der Produktion der Stahlindustrie des öffentlichen Sektors;
- das Schwermaschinenunternehmen in Ranchi stellte 77 Prozent der Anlagen für die stahlerzeugende Industrie Indiens her;
- der von der Sowjetunion errichtete Betrieb zur Produktion von Bergbaugeräten in Durgapur lieferte 43 Prozent des in Indien hergestellten Bergbaugeräts;
- das Werk für elektrische Anlagen in Hardwar produzierte 47 Prozent der stromerzeugenden Anlagen in Indien.

In fast allen Fällen des frühen Technologietransfers kamen in der Zeit nach 1971 neue Einheiten dazu. Bei der Stahlproduktion wurde das große Werk in Bokaro in Auftrag gegeben und erweitert (zwischen 1974 und 1978).

In einigen Fällen hatten die Sowjets in Indien Kapazitäten geschaffen, die gar nicht genutzt werden konnten, also eine Verschwendung von Ressourcen bedeuteten. Das zeigte sich mit der Zeit, und in anderen Fällen wurde klar, dass die Technologie, die nach Indien kam, unterdurchschnittlich war. So bestand kein Bedarf für die Kapazitäten der „Mining and Allied Machinery Corporation" (MAMC) und der „Heavy Engineering Corporation" (HEC), und in den Mittelpunkt der Strategie rückte die Diversifikation in die Konsumgüterindustrie.

In der Pharmaindustrie war die Produktivität, auf Grund unbefriedigender Technologie, gemessen an westlichen Standards, gering. Das war schon zur Zeit der Errichtung von IDPL klar, und man begründete die Entscheidung für die sowjetische Option damit, dass die internationalen Produzenten hohe Preise für den Transfer von Technologie verlangten und hohe Lizenzgebühren erforderlich seien, während dies bei der Sowjetunion wegfalle. Doch IDPL entwickelte sich allmählich zu einer wichtigen Ausbildungseinrichtung für die indische Industrie. Die Existenz von IDPL und die sowjetische Hilfe für die „Hindustan Antibiotics Ltd." (HAL) hatten einen Anschubeffekt: Internationale Hersteller begannen mit der lokalen Erzeugung von Pharmazeutika – einmal weil das der einzige Weg war, im Indiengeschäft zu bleiben, und zweitens weil IDPL und HAL für wichtige Zulieferungen sorgen konnten. Höherentwicklung und Innovation, die außerhalb der Reichweite von IDPL und HAL gewesen waren, wurden nun möglich. Wie Sudip Chaudhuri gezeigt hat,

---

[31] Den ersten Vereinbarungen entsprechend, produzierte z. B. das Werk in Ranchi Maschinen für ein Aluminiumwerk in Jugoslawien, für Nickelwerke in Kuba und für Metallproduktionen in der Türkei, Ungarn, Bulgarien, Sri Lanka und Ägypten (von wo 1976 in Ranchi und der Fabrik für Bergbaumaschinen in Durgapur Bestellungen über 22 000 Tonnen metallverarbeitender Anlagen für Projekte eingingen, die mit sowjetischer Assistenz in diesen Ländern durchgeführt wurden). Siehe Andrei Muravyov, Soviet Indian Economic Relations, New Delhi 1988, S. 85.

hatten aber die Fortschritte der siebziger und achtziger Jahre wenig mit den Beiträgen von PSU und dem sowjetischen Technologietransfer zu tun.[32]

Die Reaktion der sowjetischen Stahlindustrie wiederum war mit der wichtigsten Innovation der siebziger Jahre verbunden. Das war die Einführung des Lichtbogenprozesses für die Stahlproduktion und, damit zusammenhängend, die Verlagerung des Fokus auf die Miniwalze als Produktionseinheit. Der Lichtbogenprozess fand in der Sowjetunion Verwendung, die Miniwalze hingegen nicht. Indien, indem es sich für die sowjetische Verbindung entschied und den sowjetischen „Gigantismus" (Schwergewicht auf große integrierte Produktionsstätten) als Orientierung für den öffentlichen Sektor nahm, schlug einen Weg ein, der es schwierig machte, den Vorteil vergleichsweise niedriger Kosten zu nutzen, wie er mit der Lichtbogen-Miniwalz-Technologie einherging.

Da aber Stahlproduzenten in etablierten Stahlerzeugungszentren die Innovation mit der Verwendung von Schrott und Alteisen verbunden hatten, ist es fraglich, ob Kritik am indischen Umgang mit dieser Technologie begründet ist. Für Indien, dessen Devisen beschränkt waren, wäre nämlich der Fokus auf Schrott unangemessen gewesen, da dies umfängliche Importe erfordert hätte. Später wurde die Technologie anwendbar. Tatsächlich hat nach der Gründung von Bokaro und Bhilai der Nutzen einer alternativen Technologie und der gute Ruf, den sich jene Technologie erwarb, das Interesse an weiterer sowjetischer Zusammenarbeit verringert, ausgenommen kleinere Ergänzungen zu bereits existierenden Betrieben. Andererseits hat der neue Schub in der Stahlindustrie die Bedeutung traditioneller Produktionsweisen und deren Verbesserung nicht gemindert, auch wenn dieser Bereich der Industrie allmählich als passé galt[33], und die weiterhin bestehende Wichtigkeit der traditionellen Stahlproduktion führte zur Erhaltung der sowjetischen Präsenz – ferner bei den Technokraten des öffentlichen Sektors zu dem Gefühl, dass die Vitalitätsabnahme bei der Zusammenarbeit nichts weiter besage.

Für beide Partner war bei der Einschätzung der Bedeutung des Handels das Rupien/Rubel-Zahlungssystem von Gewicht. Beide Parteien zahlten für ihre Einkäufe in Rupien bzw. Rubel nach einem Wert, der ursprünglich auf der Goldkomponente in der jeweiligen Währung basierte[34], der aber im Lauf der Zeit auf Grund der Einwirkung auch anderer Faktoren variierte. Doch gab es keine Bezugnahme auf den vorherrschenden Kurswert der Währungen zu Gold oder harten Währungen, und für die Handelsgeschäfte war weder der Transfer von Gold noch der von harten Währungen erforderlich. Konvertierbare Rupien oder Rubel existierten für den Austausch, da aber der Handel zumeist auf der Basis von Kontobüchern erfolgte und den Austausch von Waren involvierte, ferner Geld in Form von Bankschecks und Traveller-Schecks ausgegeben wurde, kam es selten zum tatsächlichen Transfer von Rupien oder Rubeln. Das Arrangement war für beide Seiten vorteilhaft, da sie nur über beschränkte Mengen an harten Währungen verfügten. Als in der UdSSR die Perestrojka begann, hatte Indien einen beträchtlichen Berg an Rupienschulden ange-

---

[32] Sudip Chaudhuri, The WTO and India's Pharmaceutical Industry, New Delhi 2005.
[33] Eine gute Zusammenfassung dieser Diskussion findet sich bei R. Ranier/J. Aylen, The Steel Industry in the New Millennium, IOM Communications, London 1998; S. Moonan, Technology Transfer Rejuvenating Matured Industries, Garland, NY 1997; A. Da Costa, The Global Restructuring of the Steel Industry, London/New York 1999. Generelle Darstellungen sind: Kent Jones, Politics vs. Economics in the World Steel Industry, London 1986; A. Nayar, The Steel Handbook, Tata McGraw Hill 2001; und J. Szekely, The Future of the World's Steel Industry, New York 1975.
[34] Eine gute Analyse des Mechanismus der Rupien-Rubel-Tauschrate ist Pronab Sen, Rupee-Rouble Exchange Rate, in: Economic and Political Weekly, 24.3.1990

häuft, vor allem durch Waffenimporte aus der Sowjetunion, doch wurde das bequem ausgeglichen durch eine Handelsbilanz zu Gunsten Indiens.

e) Technologietransfer. Die Grenzen bestehender Vereinbarungen

Die Intensität der Zusammenarbeit ist jedoch nicht zu vergleichen mit der in den fünfziger und sechziger Jahren. Die Arrangements rechneten nicht mit Entwicklung oder mit gegenseitiger Stimulierung. Nahezu alle Operationen wurden im Rahmen strikt bilateraler Vereinbarungen angelegt, wo staatliche oder halbstaatliche Einrichtungen involviert waren und wo die praktische Arbeit einem zwischenstaatlichen Abkommen folgte. Individuelle sowjetische Vereinigungen und Unternehmen handelten keineswegs als Urheber einer Operation, die im Rahmen der sowjetischen Planwirtschaft stattfand, über deren Prioritäten eine Kombination von Technokraten, Bürokraten und Parteifunktionären befand. Komplikationen durch Zölle und lokale Steuern spielten im Laufe einer Operation weder auf sowjetischer noch auf indischer Seite eine Rolle (abgesehen von Fällen, wo private indische Unternehmer Waren nach Indien brachten). Daher machte sich die sowjetische Seite nicht mit den Komplexitäten der indischen Wirtschaft vertraut – und vice versa. Transfer von Technologie war zweifellos von Wert für die indische Wirtschaft. Das gegenseitige Verständnis des wirtschaftlichen Verhaltens blieb jedoch beschränkt. Selbst wenn sowjetische Vertreter, die in Indien arbeiteten, einige Erfahrungen sammelten und wenn Technokraten und Wirtschaftsprofis eine gewisse Bekanntschaft der Beziehungen zwischen Unternehmen erwarben, entwickelten sich daraus keine langfristigen Kontakte. Allgemeine akademische Studien zeigten einen Mangel an praktischem Wissen. Es existiert keine Studie zu den indisch-sowjetischen Wirtschaftsbeziehungen, die eine intime Kenntnis der Verhandlungen über Vereinbarungen oder der Probleme der Qualitätsverbesserung von Betrieben, der Instandhaltung von Betrieben und des Managements von Kooperation aufweisen würde.

Wissenschaftler mit Sympathien für sozialistische Wirtschaft haben noch andere Probleme der indisch-sowjetischen Beziehung herausgefunden. Ob Indien den Technologietransfer nicht teuer zu bezahlen hatte, ist nicht nur von amerikanischen Beobachtern[35] und von indischen Ökonomen mit klarer politischer Orientierung[36] untersucht worden, vielmehr wurde die Frage auch von dem sozialistischen Wirtschaftswissenschaftler Nirmal Chandra[37] aufgeworfen, der die Interpretationen jener Statistiken anzweifelte, die im prosowjetischen Establishment der indischen Linken gang und gäbe waren.[38]

---

[35] J. R. Carter, The Net Cost of Soviet Foreign Aid, New York 1971; J. Berliner, Soviet Economic Aid, New York 1978; M. Goldman, Soviet Foreign Aid, New York 1967.
[36] Die bekanntesten dieser Ökonomen waren die in den USA lebenden und arbeitenden Padma Desai und Asha Datar.
[37] Chandra, USSR and Third World. Es kann nicht bezweifelt werden, dass es in den späten 1970ern gewisse Probleme gab. Der Rubel war im Rahmen der Rubel-Rupien-Austauschrate gegenüber der Rupie überbewertet, und die Preise sowjetischer Waren in Indien waren dementsprechend im Vergleich mit ähnlichen Produkten aus Europa oder den USA übertreuert. Es war dieses Phänomen, das Chandras Aufmerksamkeit zu Recht auf sich gezogen hat.
[38] Zusammenfassend siehe S. M. Sebastian, Gains from Indo-Soviet Trade, in: R. K. Sharma (Hrsg.) The Economics of Indo-Soviet Trade. Siehe auch Vinod K. Mehta, Soviet Union and India's Industrial Development, Manas, New Delhi, 1975; und Sumitara Chisthi, India's Trade with Eastern Europe (Indian Institute of Foreign Trade).

Im Laufe der Moskauer Aktivitäten in Indien haben sowjetische Experten Inder noch lange nach der Fertigstellung eines Betriebs ausgebildet und verwendet – was ebenfalls zu Komplikationen führte. Im Falle der Stahlwerke leiteten sowjetische Manager den Betrieb noch bis in die achtziger Jahre, auch wenn sie dem Anschein nach lediglich als Berater fungierten. Ferner legten sie ein ausgeprägtes Gefühl der Überlegenheit an den Tag, wogegen indische Manager in Bokaro über den Mangel an Innovation in den sowjetischen Verfahren klagten.

Das Resultat solcher Umstände bestand darin, dass in den achtziger Jahren die Kontakte zwischen indischen Tochtergesellschaften und dem sowjetischen Technologienetz abnahmen. Dies zeigte sich nicht nur in der Suche solcher Gesellschaften nach Zusammenarbeit mit westlichen Firmen, sondern ebenso in den Handelszahlen, die einen jähen Rückgang der Technologie-Importe belegen (siehe unten die Tabelle). Damals hatte sich die Situation erheblich gewandelt: in Betrieben, die nach sowjetischen Entwürfen entstanden waren, wurden Verbindungen vor allem noch deshalb aufrechterhalten, weil sich der Technologietransfer als unvollkommen erwiesen hatte und noch immer Hilfe erforderlich war[39]; Verbesserungen nach sowjetischen Innovationen wurden also manchmal für nützlich gehalten. Gleichermaßen sind aber Veränderungen im Betrieb mit der Unterstützung europäischer Unternehmen zustande gekommen. Das Phänomen wies auf den internationalen Charakter der Stahlindustrie hin, auf die Innovationsfähigkeit des indischen öffentlichen Sektors und auf die Grenzen der Kooperation mit sowjetischen Unternehmen.

Tabelle: Zusammensetzung der indischen Importe aus der UdSSR 1970/71–1984/85 (in Prozent)

	70/1-72/3	73/4-75/6	76/7-78/9	79/80-81/2	82/3-84/5
Erdöl und Erdölprodukte	5,7	20,5	49,8	76,8	74,8
Rohstoffe	5,4	3,1	4,1	0,5	0,3
Nahrungsmittel	–	23,3	–	–	–
Fertigwaren	77,3	42,8	37,5	15,0	11,8

Quelle: Santosh Mehrotra, India and the Soviet Union. Trade and Technology Transfer, Delhi 1991.

f) Technologie-Transfer. Das Problem der sowjetischen Planwirtschaft

Dass es in der Organisation zunächst sowjetisch bestimmter Unternehmen zu Neuerungen mit Beteiligung amerikanischer und europäischer Gesellschaften kam, war nicht einfach eine Folge von Zwängen des Technologietransfers, noch ging es darauf zurück, dass ausländische Firmen ein direktes Interesse an Indien gezeigt hätten.[40] Es waren andere Faktoren am Werk, die sich in den Spannungen zeigten, welche sich, wie D'Mello bemerkte, aus der Natur der sowjetischen Innovationsfähigkeit ergeben. Anders als bei Betrieben in der Sow-

---

[39] Siehe D'Mello, Foreign Collaboration, S. ii und 59. Der Technologietransfer erlaubte nicht immer einen vollständigen Verzicht auf Patente.
[40] Indes gab es Fälle solchen Interesses, etwa den der auf Sintern und Palletieren spezialisierten Luigi-Chemie, die die Luigi (Indien) bildete und eine aktive Kooperation mit der HEC einging. In der Pharmazie führten Gesellschaften wie Hoechst begrenzte Operationen in Indien durch, aber das waren nur einige wenige Fälle.

jetunion selbst, wo Innovationen im Rahmen des Plans in begrenztem Maße stattfanden, sind beim Technologietransfer nach Indien solche Vorkehrungen nicht eingebaut gewesen. In seltenen Fällen sind Informationen über technologische Durchbrüche auf der indischen Seite bekannt und aufgenommen worden.[41] Im Normalfall hat jedoch die UdSSR derartige Formen der Kollaboration nicht gepflegt und sich für Konsolidierung eingesetzt, zum Beispiel in den siebziger Jahren, nach der Aufbauphase. Auch die indische Seite, die häufig durch die Unberechenbarkeiten der sowjetischen Planwirtschaft in Verlegenheit gebracht wurden, hat nicht auf anderen Arrangements bestanden. Auf den Sitzungen der Arbeitsgruppen des gemeinsamen indisch-sowjetischen Komitees wurden zwar Möglichkeiten angesprochen, aber Durchführung und Bezahlung erforderten die Zuziehung von Experten und Technokraten in Indien, was einen langwierigen Entscheidungsprozess bedeutete. In dieser Hinsicht war das russische Engagement in Indien phantasielos, wenn auch entschieden. Sowjetischen Planern fiel es schwer, langfristige Verbesserungen, die auf laufender Forschung basierten, ins Auge zu fassen, wenn sie mit Ländern arbeiteten, die außerhalb des Gesichtskreises ihrer Standard-Aktivitäten lagen. Auch reagierten sie nur schwerfällig auf plötzlich auftauchende Probleme und Erfordernisse. Zentrale Körperschaften, die sich mit Indien beschäftigten, hatten Ziele im Auge, nicht Gelegenheiten.

Wichtig war hier das Verhalten sowjetischer Manager. Jacques Sapir sagt, dass ihre besondere Kultur der Technologie und der Unternehmensorganisation sowjetische Betriebe nur für Veränderungen einer ganz bestimmten Art offen machte – wenn die Innovation auf Änderungen begrenzt war, die den existierenden Überbau fast ganz intakt ließen. Zudem erwiesen sich die sowjetischen Pläne bei näherem Hinsehen als Legenden, die ein wildes Wettrennen um Quoten verbargen und dort, wo sie glatte Erfindung waren, Korruption und Verzettelung von Ressourcen verdecken sollten. Das Endprodukt mochte Qualität haben, aber die Effizienz seiner Erzeugung ließ viel zu wünschen übrig. An Pläne für Entwicklungen im Ausland zu denken, erwies sich oft als schwierig.

Im Allgemeinen wurde Innovation vornehmlich im Rahmen eines Plans gefördert, breitere Perspektiven begegneten Widerstand, von außergewöhnlichen Zeiten abgesehen. Damals hoffte man, dass Entscheidungen und die Transmission von Entscheidungen auf Grund der neuen Informationstechnologie weniger Zeit erfordern würden. Eine andere Annäherung an das Management-Problem fand selten Aufmerksamkeit. Der öffentliche Sektor Indiens verhielt sich ebenso und verdient daher Kritik. Hier lag das Kernproblem der „Bürokratie" in Indien und in der UdSSR, jenes Problem, das laut Mehrotra die Entwicklung am stärksten bremste. Solcher Usus war für den Rückgang der wirtschaftlichen Kooperation in gleichem Maße verantwortlich wie die politischen Voreingenommenheiten sowjetischer Technokraten und deren professionelle Ausrichtung.[42] Generell lässt sich sa-

---

[41] Im Fall der Koksofen-Fabrikausstattung wurde die Technologie von einer Reihe von westdeutschen Firmen dominiert, der Carl Still GmbH u. Co., der Dr. C. Otto und Co. GmbH, der Krupp-Koppers GmbH und der Didier Ingenieur GmbH. US-amerikanische und britische Firmen übernahmen von ihnen Technologielizenzen. Jedoch entwickelte Giprokoks, das sowjetische Entwicklungsinstitut für Koksofenwerke, cirka 1972 eine Trockenkühlungstechnik für Koks, die schnell von japanischen Firmen übernommen wurde (der Nippon Steel Corporation und den Ishkawajima Harima Heavy Industries). Acht Jahre später übernahm MECON eine Lizenz der Giprokoks-Technik. Siehe D'Mello, Foreign Collaboration, S. 62–66.
[42] Siehe Jacques Sapir, Les bases futres de la puissance militaire russe, EHESS, Paris, Groupe de la sociologie de la Defense, in: Cahiers d'etudes strategiques, No. 16, 1993. J. Sapir, La culture technologique: le cas des materiels militaires sovietiques, Compiegne, UTC, Cahiers de Recherches, No. 3,

gen, dass, welche Verfeinerungen das Planungssystem der UdSSR im Laufe der Zeit auch erfahren mochte, die Manager auf dem Felde des Außenhandels nach dem Prinzip handelten, Initiativen für die Wirtschaft als Ganzes seien Sache ihrer leitenden Funktionäre, die dabei große Ziele anvisieren müssten, nicht aber Sache einzelner Unternehmen.

Allein schon die Größe der industriellen Kombinate und Netzwerke, die sich in der Sowjetunion entwickelten, und ihre Funktionsweise machten lokale Neuerungen schwierig. Solche Kombinate und Netzwerke hatten gigantische Ausmaße, und ihr Produktionssystem operierte in Abstimmung miteinander auf Grund wirtschaftlicher und politischer Bedingtheiten. Die *kombinaty* genossen den Vorteil eines integrierten Unternehmens, also die sofortige Zugänglichkeit eines jeden Prozesses, litten aber auch unter einem Nachteil, nämlich der Unfähigkeit, Innovation mit geringst möglicher Behinderung einzuführen. Die große Entfernung der frühen „Giganten" von den Zentren des Verbrauchs wie die damit verbundenen politischen und wirtschaftlichen Probleme zwangen überdies die Planer, eine Vielfalt von Ressourcen in der Union zu finden – daher größere Investitionen in eine Reihe von Kohlevorkommen; daneben wurden Eisenerzlager ausgebeutet.[43] Und schließlich war alles durch das hochsubventionierte sowjetische Bahnsystem verbunden. Das machte Innovation ebenfalls schwierig – denn es verlangte Abstimmung in einem riesenhaften Netzwerk.

Auch waren Ministerien oder Abteilungen von Ministerien, trotz relativer Flexibilität bei der Besetzung mittlerer und unterer Positionen – die nach Ausschreibung und/oder Interview erfolgte –, bei der Ernennung leitender Manager und bei Produktionsentscheidungen entscheidend. Oft agierten sie de facto als kollektive Manager, die in erster Linie Planziele im Auge hatten. Für die Verteilung setzten sie sich mit Handelsorganisationen in Verbindung oder wurden von solchen Organisationen kontaktiert. Hier waren sowjetischen Konglomeraten oder Unternehmen, selbst wenn sie mit indischen Unternehmen wie Bhilai oder Behörden wie SAIL kooperierten, nach Beginn der Arbeit an Planung und

1990; und T. Malleret, Les transferts de technologie non negocies de l'ouest a destination de l'URSS et leur contribution au potentiel militaire sovietique, Ph. D. thesis, September 1992, EHESS, Paris; J. Sapir/T. Malleret, Soviet Military Policy: from Restructuring to Reform, in: R. Allison (Hrsg.), Radical Reform in Soviet Defence Policy, London 1992. Sapir bringt seine Argumente erneut in Feu la systeme Sovietique, Paris 1992, vor, einer exzellenten Analyse, die zeigt, wie die Unfähigkeit zu Innovationen die Planwirtschaft erheblich einschränkte, was zur Krise von 1991 führte. Für spezifische Details zu den Innovationen in der sowjetischen Industrie siehe G. V. Osipov (Hrsg.), Industry and Labour in the USSR, London 1966; darin wichtige Beiträge von B. I. Yeremyev, Social Conditions for Creative Activity among Workers, mit Informationen über die Automobilwerke von Gorki, das Krasnaja Etna Werk, die Mühlenmaschinenwerke von Gorki und das Zavol'žskij Maschinenwerk, und von M. T. Yovchuk, Improvement of the Cultural and Technical Standards of Workers, mit Informationen über die Eisen- und Stahlwerke von Nižnij Tagil, die Uraler Schwermaschinenfabrik und andere Werke der Region Sverdlovsk. Die gesamte Information enthält jedoch keine Hinweise auf schnelle Implementationen von Innovationen auf breiter Front und bestätigt somit Sapirs Standpunkt. Für die Beschäftigung mit Entscheidungsbildungsprozessen und Informationstechnologie siehe V. G. Afanasyev, The Scientific and Technological Revolution. Its Impact on Management, Moskau 1975. Amerikanische und britische Wissenschaftler haben die vorrangige Befassung von Technokraten mit politischen Aspekten betont, aber mit nur geringer Berücksichtigung der Frage, wie dies die Ergebnisse ihrer Arbeit beeinflusst hat, so J. Azrael, Managerial Power and Soviet Politics, Harvard 1967. Eine revisionistische Sicht wird entwickelt bei Harley Balzer, Russia's Missing Middle Class, New York 1995, aber solche historischen Interpretationen sind nicht zusammengefasst worden, um Perspektiven auf das sowjetische Management in den letzten Jahrzehnten des Sowjetstaats zu entwickeln.

[43] M. Gardner Clark, The Economics of Soviet Steel, Harvard University Press, 1956, S. 113 ff. und 144 ff.

Bau keine eigenen Initiativen mehr möglich, sie hatten sich an Außenhandelsorganisationen wie Tjažprome̊ksport[44] und Promaše̊ksport[45] zu halten.

Der Rahmen, in dem die indische Industrie Gestalt annahm, wird mithin beispielhaft deutlich an Entstehung und Entwicklung des Ranchi-Werks (der Schwerindustrie-Gesellschaft). Seine Errichtung folgte dem Besuch, den Jawaharlal Nehru 1955 den Maschinenbau-Werken in Sverdlovsk abgestattet hatte. Der Ministerpräsident war beeindruckt und wollte den Betrieb zum Muster der sowjetischen Hilfe für Indien machen. Als aber das Ranchi-Werk schließlich 1961 tatsächlich begonnen wurde, geschah das ohne direkte Bezugnahme auf das Werk im Ural. Der Plan stammte von dem Elite-Betrieb Giprotjažmaš, und 82 verschiedene Maschinenbaufirmen lieferten die 27 000 Tonnen Anlagen und die 18 000 Tonnen Stahlbauelemente, die Ranchi brauchte. In einer solchen Situation konnte weder das Werk im Ural, das Vorbild gewesen war, noch irgendein anderer spezifischer Betrieb als Kommunikationsstelle für die Zukunft fungieren. Der einzige direkte Kontakt bestand zu Außenhandelsorganisationen, die beauftragt waren, Verbindung zu dem Werk und zu der Bildungs- und Forschungseinrichtung, die für die Ausbildung des Personals des Werks zentral war, zu halten: Vnimetmaš (Wissenschaftliches Allunionsforschungs- und Entwicklungsinstitut für Metallurgische Ausrüstung).

In diesem Fall – und in weiteren Fällen – wurde die Sache noch dadurch kompliziert, dass auch noch andere osteuropäische Länder beteiligt waren: So unterstützte die Tschechoslowakei in Ranchi den Bau eines Hüttenwerks und einer Gießerei.[46] Eine derart weite Ausdehnung des Verbindungsgeflechts machte Planung des Unternehmens selbst nahezu unmöglich. Alles, was geschah, hatte auf Direktiven innerhalb der Strukturen der Planwirtschaft zu warten.

Wie diejenigen bezeugen, die mit den Alltagsproblemen befasst waren, spielte der Staat eine zentrale Rolle, während Kontakte zwischen den Unternehmen auf ein Minimum beschränkt wurden.[47] Maitreyee Chaudhuri, der viele Jahre in leitenden Funktionen in der Barauni-Ölraffinerie gearbeitet hat, erinnert sich daran, dass die russischen Vertreter, wann immer irgendwelche alltägliche Bedürfnisse in Indien russischen fachlichen Rat erforderten, das Begehr steinern aufnahmen. Sie erklärten, nichts tun zu können; die Anfrage müsse an Stellen in Moskau gerichtet werden.[48]

Die Außenhandelsorganisationen selbst übernahmen in diesem Prozess eine Schlüsselfunktion, doch zeigt gerade ihr Fall den Mangel an Flexibilität und das schlechte gegenseitige Verständnis im System der bilateralen Beziehungen. Sie waren spezialisiert, wie die Natur der mit Indien befassten Organisationen beweist: Energomaše̊ksport (Maschinen für die Energiewirtschaft), Mašinoimport (Import von Maschinen), Tjažprome̊ksport (Export von schwerindustriellen Maschinen) usw. Sowohl inner- wie außerhalb der Sowjetunion waren sie die Schaltstellen für die produzierenden und die verteilenden Unternehmen. Ihrer war die Wahl, das heißt, sie setzten die Prioritäten fest, wann wer was bekommen sollte, auch wenn sie im Rahmen des Plans zu operieren hatten. Sie hatten auch Besitz, zum Beispiel Warenhäuser. Jedoch fielen Produktion und Planung nicht in ihre Kompetenz. Es handelte sich bei ihnen um einflussreiche Vermittlungseinrichtungen, die letzten Ent-

---

[44] Mit Stahlwerksausrüstung befasste Außenhandelsorganisation.
[45] Mit Hochofenausrüstung befasste Außenhandelsorganisation.
[46] Muravyov, Soviet Indian Economic Relations, S. 79–92.
[47] Siehe D'Mello, Foreign Collaboration, S. 109f. für Tjažprome̊ksport.
[48] Interview mit Maitreyee Chaudhuri, Juli 2005.

scheidungen trafen Planungsfunktionäre und hochrangige Funktionäre in Partei oder Regierung. Dies warf, auf längere Sicht, das ernste Problem der Ad-hoc-Diversifikation auf. Es muss vermerkt werden, dass sowjetische Initiativen im indischen privaten Sektor den gleichen institutionellen Prozeduren folgten. Die Außenhandelsorganisationen trafen bestimmte Vereinbarungen mit einer Anzahl von Konzernen, mit AGIO Trading, Menon-Impex und Chinar, um nur einige zu nennen, gelegentlich griffen sie auch bei Tee-Auktionen zu, wenn das Angebot groß genug war. Eine angemessene und stetige Marktforschung war jedoch unüblich, zum Schaden der sowjetischen Verbraucher.

g) Das Verhältnis in indischen Augen

Es ist in diesem Zusammenhang zu erwähnen notwendig, dass, wenn Russen und Inder ihren Enthusiasmus für die wirtschaftliche Zusammenarbeit und für Projekte des Technologietransfers bekundeten, wichtige Unterschiede in ihrer Herangehensweise klar waren – so wie bei den bereits erwähnten Problemen der Planung und des öffentlichen Sektors. Es zeigten sich unterschiedliche Bezugsrahmen und unterschiedliche Ziele und Visionen.

Diejenigen, die im Auftrag der UdSSR an den neuen Projekten mitwirkten, waren offensichtlich stolz auf ihre Arbeit[49], doch war ihnen ebenso bewusst, dass das, was sie zu schaffen halfen, keinen Vergleich mit dem aushielt, was in der Sowjetunion existierte. Das Gefühl der Überlegenheit ist in bestimmten Äußerungen zu erkennen, etwa in einem Interview mit Arbeitern des Uralmaš, die indische Erfahrungen gesammelt hatten und nun, nach Lob und Preis für die Errungenschaften des Unternehmens bei Ranchi, sagten, „nun ja, das ist nichts verglichen mit unserem Uralmaš-Unternehmen, das mindestens zehnmal so groß ist".[50]

Auf der indischen Seite hoben Manager aller Stufen die Bedeutung des sowjetischen Beitrags zur Errichtung des Werks hervor, dachten aber keineswegs gering von den Leistungen der indischen Ingenieure und Arbeiter. So kommentierte D. R. Sastri, leitender Direktor von HMBP (Ranchi) auf der einen Seite: „Das Maschinenbau-Werk Ranchi, das mit sowjetischer technischer Unterstützung errichtet wurde [...], entwickelte sich aus kleinen Anfängen und ist von Jahr zu Jahr gewachsen." Er fügte hinzu: „Der große Ernst unserer sowjetischen Freunde, als sie es HEC und HMBP ermöglichten, auf dem Weltmarkt zu erscheinen, zeigte sich deutlich an der Auswahl der Güter, die sie für den Export vorschlugen – sie wählten keine Sachen, die für HEC neu oder schwierig gewesen wären, sondern solche, für die Erfahrungen und Vertrauen bereits erworben worden waren."

Doch sagte er auch: „Heute stehen die Konstruktionsingenieure schon auf eigenen Füßen und bemühen sich nun um das Know-how zur Erlangung eines noch höheren Grades der Eigenständigkeit. Technologen und Betriebsingenieure haben ebenfalls die Fähigkeit erworben, selbst die kompliziertesten Entwürfe in die Tat umzusetzen, ganz zu schweigen

---

[49] In einem Interview hat etwa Igor' Petrovič Sacharov, der Chef der sowjetischen Spezialisten in Bokaro, Absolvent des Moskauer Stahlinstituts und früherer Mitarbeiter des Čel'jabinsker Stahlwerks und von Gipromez, eloquent über Bokaro und MECON gesprochen. „Haben Sie die Fabrik gesehen? Sie ist schön, nicht war?", fragte er zu Beginn des Interviews. Und später, nach einer Einschätzung seiner Arbeit gefragt, fuhr er fort: „Was gibt es da zu sagen. Meine Hochöfen stehen und laufen. Bokaro haben Sie gesehen. Die Fabrik wird noch besser werden. Die MECON wird ihre Expansion bis zu sieben Millionen Tonnen planen und dann bis zu 10 Millionen Tonnen. Es wird wie ein Traum sein." K. C. Mohan, Mecon's Role in Building Heavy Industry, in: Soviet Land, 1976, No. 1.

[50] Anatoly Filatov, Uralmash: India's partner, in: Soviet Land, 1976, No. 2, S. 3–8.

vom Vertrauen der Arbeiter, deren Eifer, Enthusiasmus und Entschlossenheit das Rückgrat des Maschinenbau-Werks bilden."[51]

Schlussbemerkung

Es ist keine Überraschung, dass zu Beginn der Perestrojka, anderthalb Jahrzehnte nach den Anfängen der Zusammenarbeit im Jahr 1971, Politiker und Beamte mit einer gewissen Verzweiflung nach Mitteln und Wegen suchten, die indisch-sowjetische Interaktion auf dem Felde der wirtschaftlichen Kooperation zu verbessern. Man konnte nicht mehr darauf vertrauen, dass die Planungsstrukturen, die zum Technologietransfer gepasst hatten, und die Richtung, die sie der Errichtung von Werken durch die Sowjetunion gegeben hatten, nach wie vor beiden Seiten zum Vorteil gereichten. Gerade die Struktur der sowjetischen Industrie und der sowjetischen Planwirtschaft muss dafür einen Teil der Verantwortung tragen, ebenso der begrenzte Gesichtskreis der Leiter der Werke. Das hieß nicht, die wirtschaftliche Verbindung sei substanzlos geworden. Sie hatte alle Substanz, die ihr Indiens Verteidigungsausgaben und Ölkäufe gaben. Aber die Komplexitäten, die mit der Erfahrung bei anderen wichtigen Aspekten der Wirtschaftsbeziehungen zutage traten, zeigten klar, dass die indisch-sowjetische Beziehung nicht nur auf politischem Felde „nicht ganz eine Allianz" war.

Der Charakter der wirtschaftlichen Kooperation wirft weitere Fragen zum damaligen indisch-sowjetischen Verhältnis auf. Sowohl die Tagebücher von Subimal Dutt, der zu Beginn der sechziger Jahre Botschafter in der UdSSR war, wie auch wichtige Informationen, die von Surjit Mansingh stammen, belegen, dass auf dem Felde der kulturellen und der pädagogischen Zusammenarbeit Indien und Sowjetunion mit unterschiedlichen Prioritäten arbeiteten. So notierte Dutt eine Unterhaltung mit sowjetischen Partnern, in der sich die letzteren über die spürbare Kälte beklagten, die Indien gegenüber dem Projekt einer „Freundschafts-Universität" zeige, die Studenten aus allen Teilen der Welt nach Moskau ziehen sollte. Dass sich Inder schließlich bei der Universität engagierten, war weniger dem aktiven Interesse der Regierung Indiens als einer unverdrossenen Rekrutierungskampagne der indischen KP zu danken. Nach 1971 ermunterte die indische Regierung Studenten, nach Russland zu gehen – ausgenommen bei Maschinenbau und Medizin –, jedoch vergaben sowohl die Stipendienkommissionen der Universitäten wie das Erziehungsministerium Stipendien für das Studium an Universitäten außerhalb des Sowjetblocks, und zwar für ein breit gefächertes Angebot in den Sozial- und Geisteswissenschaften. Die 1978 bis 1988 agierende Zentralfigur für den sowjetischen Sektor der Stipendienkommission, L. R. Mal, ließ

---

[51] Expanding Cooperation for the Well-being of the Peoples of Two countries, in: Soviet Land (1977), No. 22-23, S. 62f. Ähnliche Haltungen trifft man auch anderswo an. A. K. Khosla, der Direktor und Gruppenmanager der BHEL und des Werks für Schwere Elektroausrüstung, war ebenso ausgewogen, als er die Errungenschaften seines Unternehmens in Hardwar betonte und feststellte: „Die Produkte der Fabrik in Hardwar tragen zu den Gesamtanstrengungen der Bharat Heavy Eletricals Ltd. bei und entsprechen lebensnotwendigen Bedürfnissen unserer Ökonomie. Heute hat Indien in diesem Sektor und in der Sphäre der Elektrizitätsgewinnung und -übertragung sowie der Ausrüstung zur Nutzbarmachung Selbstversorgung erreicht. All das wurde möglich durch die äußerste Hingabe unseres Volkes und die Unterstützung, die wir von befreundeten Ländern wie der Sowjetunion erhalten haben." Siehe Expanding Cooperation for the Well-being of the Peoples of Two countries, in: Soviet Land (1977), No. 22-23, S. 62f.

keinen Zweifel, dass die Kommission nicht das geringste Interesse daran hatte, das Studium der sowjetischen Gesellschaft oder sowjetischer Ideen zu fördern. Das stand im Gegensatz zu der Meinung des 1986 in Moskau amtierenden Referenten für wissenschaftliche und technologische Zusammenarbeit, der solche Studien als wichtig für Indien ansah.[52]

Solche Dimensionen der indisch-sowjetischen Wirtschaftsbeziehungen, zusammen mit der schon erwähnten Vorsicht, die für die Außenpolitik kennzeichnend war, werfen gewiss auch Fragen zu den sowjetischen Beziehungen mit anderen Ländern der Dritten Welt auf, deren Entwicklung von verschiedenen heterogenen nationalen und sozialen Bewegungen geprägt worden war (nicht zum wenigsten Angola, Mosambik und Äthiopien). Die Bedingungen des Austauschs führen überdies zu Fragen nach der Hegemonie von Supermächten in der Zeit des Kalten Krieges und wohl auch nach dessen Ende.

Aus dem Englischen übertragen von Dr. h. c. Hermann Graml

---

[52] Interviews mit L. R. Mal, 1979 und 1985, und mit Mr. A. Kulsresta, Referent in Moskau, 1986.

Bernd Schäfer
Phnom Penh/Saigon, 1975: Vietnamesisch-kambodschanische und chinesisch-sowjetische Machtkonkurrenz in Südostasien

Nach konventioneller Ansicht war es der Fall von Saigon am 30. April 1975 und der anschließende Aufstieg einer vereinten Sozialistischen Republik Vietnam (SRV), der unweigerlich zur Machtkonkurrenz zwischen Beijing und Hanoi in Indochina führte. Die Sowjetunion habe sich diese Entwicklung zu Nutze gemacht und Vietnam zu Lasten der Volksrepublik China (PRC) in das von Moskau angeführte sozialistische Teillager gezogen. Die Entwicklung in Kambodscha (Kampuchea) hingegen, wo durch den Fall Phnom Penhs am 17. April 1975 ebenfalls eine Revolution gesiegt hatte und ein kommunistisch-nationalistisches Regime an die Macht gekommen war, wird eher als peripheres Phänomen und mehr als Anlass denn als Ursache einer späteren pro-sowjetischen Entwicklung Vietnams gesehen.

Diese Version negiert jedoch die tatsächliche, große Bedeutung und Rolle der „Kommunistischen Partei Kampuchea" (CPK) um Saloth Sar/Pol Pot in diesen Entwicklungen. Die Wurzeln dieser extrem geheimbündlerischen Organisation reichen in die vierziger Jahre des 20. Jahrhunderts. Dabei nahm sie Anleihen aus der Geschichte der Khmer und ihrer Demütigung durch den Verlust des Mekongdeltas und der Südspitze der Indochinesischen Halbinsel an Vietnam. Der späte Mao Zedong sowie seine Nachfolger in Beijing machten sich diese historischen kambodschanischen Komplexe und Phantasien zu Nutze, als sie aus individuellen und innenpolitischen Motiven und konstanter Furcht vor der Sowjetunion heraus die CPK unterstützten. Kampuchea entwickelte sich zum Sprengsatz in den chinesisch-vietnamesischen Beziehungen – diese waren bis 1976 noch wesentlich besser als von der Regierung in Hanoi retrospektiv behauptet.[1]

Dagegen erscheint die sowjetische Rolle in Indochina bis zur Mitte der 1970er Jahre als eine Abfolge von Fehlkalkulationen, bei denen durchaus auch Arroganz eine Rolle spielte. Die UdSSR besaß als Lieferant fortgeschrittener Waffentechnik und anderer Güter objektiv politisches und strategisches Gewicht. Dies fiel ihr jedoch mehr oder weniger als Resultat der wechselhaften Konjunkturen der chinesisch-vietnamesischen Beziehungen[2] sowie der chinesisch-sowjetischen Machtkonkurrenz zu. Auch hier wurde Kampuchea zum auslösenden Faktor, der Vietnam schließlich dazu zwang, sich weit mehr auf die Sowjetunion einzulassen, als es sich das vorgenommen hatte.

1. Trauma und Aufstieg der kambodschanischen Kommunisten

Einige Autoren bezeichnen es als einen „bedeutenden Wendepunkt in den vietnamesisch-kambodschanischen Beziehungen": Saloth Sar, der später unter dem Alias Pol Pot Führer der CPK war, legte einen zehnwöchigen Fußmarsch von Kambodscha nach Hanoi auf dem Ho-Chi-Minh-Pfad zurück, um im Juni 1965 mit dem Politbüro der „Vietnamesischen Ar-

---

[1] Ministry of Foreign Affairs of the Socialist Republic of Viet Nam, The Truth About Vietnam-China Relations over the Last Thirty Years, Hanoi 1979.
[2] Brantly Womack, China and Vietnam: The Politics of Asymmetry, New York 2006, S. 162-209.

beiterpartei" (VAP) eine Vereinbarung auszuhandeln.³ Der Kambodschaner erwartete für seinen bewaffneten Kampf gegen die monarchistische Regierung von Prinz Norodom Sihanouk in Phnom Penh die Unterstützung der Demokratischen Republik Vietnam (DRV). Stattdessen musste er sich die Bevormundung und einen wenig rücksichtsvollen Vortrag von VAP-Generalsekretär Le Duan gefallen lassen. Im Wesentlichen legte dieser Saloth Sar dar, dass die gegenwärtige Regierung in Phnom Penh so lange bestehen bleiben müsse, wie Hanoi im Süden Vietnams kämpfe und Zugang zu Basen in Kambodscha brauche. Sihanouk garantiere diesen Zugang, und müsse nur langfristig dazu gezwungen werden, den „Weg zum Sozialismus" einzuschlagen. Jedoch solle dieses nicht durch bewaffneten revolutionären Kampf geschehen, dozierte Le Duan.⁴ Diese unverblümte Lektion in vietnamesischem Egoismus in Indochina sollte Saloth Sars vorhandenes Misstrauen gegenüber Kambodschas historischem Erzfeind verstärken. Es wurde zu einer der Ursachen der späteren anti-vietnamesischen Gewaltexzesse der CPK unter Pol Pot.

Aus Hanoi reiste Saloth Sar direkt nach Beijing. Dort erhielt er rhetorische Unterstützung für eine kommunistische Revolution in Kambodscha und hoffte daher, in China einen sympathisierenden Partner gefunden zu haben.⁵ Die chinesischen Kommunisten mögen den CPK-Funktionär zuvorkommender behandelt haben als ihre vietnamesischen Genossen. Die Einstellungen Beijings und Hanois hinsichtlich einer potentiellen Revolution in Kambodscha unterschieden sich zu dieser Zeit allerdings nicht. Bei einem Treffen mit dem nordvietnamesischen Premierminister Pham Van Dong und General Vo Nguyen Giap am 11. April 1967 bezeichnete Chinas Premier Zhou Enlai einen Sieg Vietnams als „erste Priorität", den bewaffneten revolutionären Kampf in Kambodscha dagegen als „nicht notwendig". Zhou fuhr fort: „Der Kampf Vietnams ist im gemeinsamen Interesse der indochinesischen und südostasiatischen Völker, und der Sieg in diesem Kampf ist von entscheidender Bedeutung. In dieser Situation soll der kambodschanische Kampf, auch wenn es ein bewaffneter wird, nur begrenzte Ziele haben." Dieses ändere sich nur, wenn „der dortige Kampf vom Volk selbst ausgeht". Da dies jedoch noch nicht der Fall sei, verspreche nur ein Erfolg in Südvietnam Hoffnung für den Kampf in Kambodscha. Diese „Logik" müsse der Führung der CPK „verdeutlicht werden", so der chinesische Premier. „Wir haben schon oft versucht, sie zu überzeugen", antwortete sein vietnamesischer Amtskollege.⁶

Für Nordvietnam bedeutete eine „positive Neutralität" Phnom Penhs, dass die Regierung von Prinz Sihanouk den Einheiten der DRV und der Nationalen Befreiungsfront von Südvietnam (NLF, die sogenannten Viet Cong) im Südosten Kambodschas militärische Stützpunkte als Kommandozentralen und Rückzugsgebiete gewährte. Die Regierung Sihanouk „übersah" diese Aktivitäten und die Nachschublinien für den Kampf in Südvietnam, die über den kambodschanischen Hafen Sihanoukville (Kompong Som) liefen. Für diese Gefälligkeiten ließ sich das Regime in Phnom Penh von Vietnam und China finanziell

---

³ Ben Kiernan, How Pol Pot Came to Power: Colonialism, Nationalism, and Communism in Cambodia, 1930–1975, New Haven, CT ²2004; Philip Short, Pol Pot: Anatomy of a Nightmare, New York 2004.
⁴ Thomas Engelbert/Christopher Goscha, Falling out of Touch: A Study on Vietnamese Communist Policy towards an Emerging Cambodian Communist Movement, 1930–1975, Monash University Asia Institute, Clayton, Australien, 1995, S. 67–75.
⁵ Siehe zu beiden Besuchen: Short, Pol Pot, S. 156–161.
⁶ Dokument Nr. 27, Gespräch zwischen einer vietnamesischen und chinesischen Delegation, 11. 4. 1967, in: Odd Arne Westad u. a. (Hrsg.), 77 Conversations between Chinese and Foreign Leaders on the Wars in Indochina, 1964–77, CWIHP Working Paper No. 22, Washington D. C. 1998.

entschädigen. Nach ausgiebigen Verhandlungen, die nicht zuletzt um seit langem strittige Grenzfragen kreisten, unterhielt die Königliche Regierung von Kambodscha seit 1967 diplomatische Beziehungen mit Hanoi und erkannte zwei Jahre später auch die revolutionäre provisorische Regierung in Südvietnam an. Diese durfte in Phnom Penh offiziell eine eigene Botschaft eröffnen. Der pro-amerikanische Staat unter Nguyen Van Thieu in Saigon wurde dagegen von Sihanouk nie anerkannt.[7]

Dieses Fait accompli war an zwei stillschweigende Übereinkünfte geknüpft: DRV und NLF mussten davon Abstand nehmen, eine Revolution in Kambodscha durch militärische Unterstützung der CPK zu befördern, und dies trotz der laufenden blutigen Verfolgung der kambodschanischen Kommunisten durch Sihanouk. Zudem mussten beide revolutionären vietnamesischen Entitäten Sihanouk versprechen, nach dem erfolgreichen Ende eines Krieges gegen das pro-amerikanische Regime in Saigon Entschädigung für kriegsbedingte Schäden auf kambodschanischem Territorium zu zahlen und die seit 1967 schwebenden Grenzkorrekturen im Interesse Phnom Penhs auch tatsächlich vorzunehmen.[8]

Aus diesem Grund betrachteten die vietnamesischen Revolutionäre die militanten Aktionen der CPK als „Abenteurertum", das zu Gefechten mit den Truppen Sihanouks führte und den Nachschub für Südvietnam beeinträchtigte. Hanoi war sich darüber im Klaren, dass eine Unterstützung der kambodschanischen Kommunisten Sihanouk in die Arme der USA treiben und das vorteilhafte Arrangement für den bewaffneten Kampf in Südvietnam beenden würde. Im April 1968 definierte Pham Van Dong die Politik Sihanouks als „neutralistisch". Er verteidige die „nationale Unabhängigkeit" und seine „monarchistischen Interessen". Das sei „eine objektiv richtige Politik, die wir entschieden unterstützen".[9] Im Sommer 1969 erklärten die Botschafter von DRV und NLF in Phnom Penh, dass Hanoi sich auch nach einem vietnamesischen Sieg über die Vereinigten Staaten nicht in kambodschanische Angelegenheiten einmischen oder einen Sturz Sihanouks befürworten werden.[10] Aus der spezifischen Perspektive der CPK handelte es sich hier dagegen um nichts weniger als um eine heuchlerische Verschwörung zwischen Hanois Kommunisten und Phnom Penhs Anti-Kommunisten zu Lasten der kommunistischen Revolution in Kambodscha. Diese Konstellation heizte den Hass in der CPK auf Vietnam an und sollte sich mittelfristig negativ auf die Einflussmöglichkeiten Hanois auf Kambodscha auswirken.[11]

Noch im Jahre 1969 schien beinahe jede ausländische regionale und hegemoniale Macht Sihanouks Regierung zu unterstützen. Für die Sowjetunion war deren neutrale Politik „klar anti-imperialistisch". Was Sihanouks kommunistische Widersacher aus der CPK anging, so hatte Moskau „keine Klarheit". Man dachte, sie würden aus China finanziert, seien aber „glücklicherweise" noch schwach und irrelevant.[12] Hanoi wusste es besser und registrierte

---

[7] 1970 vollzog Lon Nol auch in der Botschaftspolitik eine Kehrtwende. Vgl. das Folgende.
[8] Information über die Politik Kambodschas gegenüber den USA, der westdeutschen Bundesrepublik, der VR [Volksrepublik] China und der Provisorischen Revolutionären Regierung Südvietnams, 10.12.1969. Die Bundesbeauftragte für die Unterlagen des Staatssicherheitsdienstes der ehemaligen DDR (BStU), Zentralarchiv (ZA), Hauptverwaltung Aufklärung (HVA), Nr. 155, Bl. 264f.
[9] Protokoll über die Verhandlung zwischen den Partei- und Regierungsdelegationen der DDR und der DRV in Hanoi, 5.4.1968. Politisches Archiv des Auswärtigen Amts (PA AA), Ministerium für Auswärtige Angelegenheiten (MfAA) der DDR, C 1081/73.
[10] MfAA der DDR, Abteilung Süd- und Südostasien, Kambodscha-Analyse, 18.4.1968, S. 71. PA AA, MfAA, C 207/76.
[11] Ebenda, S. 69.
[12] DDR-Botschaft Moskau, Information zu einigen Fragen der Beziehungen UdSSR-Kambodscha auf der Grundlage einer Konsultation im Asien-Institut am 6.5.1969, 14.5.1969. PA AA, MfAA, C 209/76.

die Erstarkung der kambodschanischen Kommunisten. Die Ursache ihrer zunehmenden Popularität sah Hanoi allerdings weniger in chinesischer Unterstützung als in ihrer Verfolgung durch Sihanouk. Chinas Einfluss begrenzte sich auf die kambodschanisch-kommunistische Übernahme maoistischer Propaganda und Volkskriegstheorien. DRV und PRC stimmten aber weiterhin darin überein, dass die Zeit für den revolutionären Kampf in Kambodscha „noch nicht [...] herangereift sei".[13] Offensichtlich besorgt um das prioritäre Verhältnis zu Sihanouk, stellte Zhou Enlai im Juni 1968 sogar explizit fest, dass die chinesische Botschaft in Phnom Penh besser nicht mit der CPK in Kontakt treten sollte.[14]

Der in den kambodschanischen Eliten umstrittene politische Balanceakt Sihanouks zwischen China und Vietnam und die immer stärker werdende CPK destabilisierten zunehmend die Herrschaft des Prinzen, der zwar bereits in den fünfziger Jahren als König abgedankt, aber sich inzwischen die Funktion eines Staatsoberhauptes auf Lebenszeit gesichert hatte. Im Januar 1970 notierte die DDR-Botschaft in Phnom Penh die zunehmende „antimonarchistische" politische Atmosphäre: „Es verstärkt sich die Tendenz einer schleichenden Durchdringung aller Machtpositionen des Staates durch Vertreter des rechten Flügels der Bourgeoisie und der mit ihm liierten reaktionären pro-imperialistischen Adelskreise. Ihre Taktik lässt das Bestreben erkennen, einen offenen Bruch mit Sihanouk gegenwärtig zu vermeiden [...] und ihn im erforderlichen Augenblick zum bloßen Repräsentanten des Königreichs zu machen bzw. ihn völlig von den Schalthebeln der Staatsmacht zu entfernen."[15] Dies sei kein Grund zu einer „allzu pessimistischen oder dramatisierenden Einschätzung der Situation", bemerkte dagegen der sowjetische Botschafter gegenüber seinem skeptischen DDR-Kollegen in Phnom Penh einige Tage später, als sie eine plötzliche Abreise Sihanouks zu medizinischer Behandlung nach Frankreich diskutierten. Alle „inneren und äußeren Kräfte sind daran interessiert, dass Sihanouk weiterhin die Politik Kambodschas bestimmt", behauptete der sowjetische Diplomat.[16]

Am 18. März 1970 erklärte der kambodschanische Premierminister und Armeechef Lon Nol in Abwesenheit von Prinz Sihanouk dessen Absetzung. Sobald sich Lon Nol und sein Stellvertreter Prinz Sisowath Siri Matak ihrer Macht sicher waren, forderten sie zur Begeisterung der USA die vietnamesischen Einheiten von DRV und NLF ultimativ auf, das Territorium Kambodschas komplett zu räumen.[17] Sondierungen zwischen Hanoi und Lon Nol waren zuvor gescheitert. Als Reaktion kappten die beiden revolutionären vietnamesischen Vertretungen in Phnom Penh jegliche Kontakte mit der neuen Regierung und erklärten es sei nunmehr erforderlich, militärisch in kambodschanische Angelegenheiten zu intervenieren. Intern verglichen nordvietnamesische Funktionäre die Situation mit der angeb-

---

[13] DDR-Botschaft Hanoi, Vermerk über ein Gespräch mit dem Stellvertreter des Ministers für Auswärtige Angelegenheiten, Hoang van Tien, am 26.6.1969. PA AA, MfAA, C 603/75.

[14] Dokument Nr. 37, Zhou Enlai and Pham Hung, Beijing, 19.6.1968, in: Westad u. a. (Hrsg.), 77 Conversations.

[15] Jahresbericht 1969 der Botschaft der DDR im Königreich Kambodscha, 9.1.1970, S. 2. PA AA, MfAA, C 207/76; Gespräch des Autors mit Dr. Heinz-Dieter Winter, DDR-Botschafter für Kambodscha 1968-1973, Zehdenick, 13.2.2006; Information über die verstärkte Aktivität reaktionärer Kräfte in Kambodscha, 10.12.1969. BStU, ZA, HVA, Nr. 154.

[16] DDR-Botschaft Phnom Penh, Vermerk über ein Gespräch des Genossen Dr. Winter mit dem sowjetischen Botschafter Kudrjav'cev am 14.1.70, 15.1.1970. PA AA, MfAA, C 232/76; Gespräch des Autors mit Dr. Heinz-Dieter Winter, Zehdenick, 13.2.2006.

[17] Ben Kiernan, The Impact on Cambodia of the U. S. Intervention in Vietnam, in: Jayne S. Werner/ Luu Doan Huynh (Hrsg.), The Vietnam War – Vietnamese and American Perspectives, Armonk, NY/ London 1993, S. 216-229, hier S. 219-221.

lichen Notwendigkeit der Invasion in die ČSSR, weil Kambodscha für den vietnamesischen Kampf so essentiell sei wie 1968 für den Warschauer Pakt die Gewährleistung einer eng mit Moskau verbundenen Tschechoslowakei. Schlimmer als im ersten Indochinakrieg (bis 1954) erlebte Kambodscha nun einen „indochinesischen" Bürgerkrieg auf seinem Territorium: Einheiten der neuen Regierung in Phnom Penh verübten Pogrome gegen die vietnamesische Minderheit in Kambodscha. Truppen von DRV und NLF griffen kambodschanische Regierungseinheiten an und aktivierten ihre militärischen Stützpunkte im Lande. In einer Kehrtwendung bewaffneten die Vietnamesen nun auch Kräfte der CPK, die bis auf 50 Kilometer an Phnom Penh heranrückten. Gleichzeitig griffen Truppen des pro-amerikanischen Südvietnams auf kambodschanisches Territorium über und attackierten die Nordvietnamesen und den Viet Cong. Ebenso wie DRV und NLF brach auch China schließlich seine Beziehungen zur Regierung Lon Nol komplett ab. Die Sowjetunion und ihre osteuropäischen Verbündeten entschieden sich dagegen für die weitere diplomatische Präsenz in Phnom Penh, aus Gründen, die sie später bedauern sollten.[18]

Aleksej Kosygin hatte Prinz Sihanouk, der auf der Rückkehr von seinem medizinischen Aufenthalt in Paris nach Phnom Penh einen Zwischenaufenthalt und Staatsbesuch in Moskau einlegte, bewusst erst auf dem Rollfeld vor seinem Weiterflug über den Coup in Kambodscha informiert, weil die UdSSR das asiatische Staatsoberhaupt offensichtlich nicht aufnehmen wollte. Sihanouk flog daraufhin nach Beijing weiter, um sich nach längeren Verhandlungen schließlich im chinesischen Exil einzurichten. In der chinesischen Hauptstadt wurde er finanziert und wie der legitime Herrscher Kambodschas behandelt. Zhou Enlai ließ ihm die frühere französische Botschaft als Residenz zuweisen sowie ein großes Kino und ein Schwimmbecken mit einer 40-Meter-Bahn herrichten.[19]

Dabei hatte Beijing sogar kurzzeitig mit dem Gedanken gespielt, die neue Regierung Lon Nol und Sirik Matak anzuerkennen; letzterer war ehemals kambodschanischer Botschafter in der PRC gewesen und von daher Beijing gut bekannt.[20] Doch Hanoi hatte seinen Einfluss auf China geltend gemacht, auf Sihanouk als Staatschef im Exil zu setzen. DRV-Premier Pham Van Dong war eigens drei Tage nach dem Putsch in Phnom Penh von Hanoi nach Beijing geflogen und hatte langwierige Verhandlungen mit Zhou Enlai und Sihanouk geführt.[21] Hanoi wollte unbedingt den als politisch wertvoll erachteten Prinz in seiner Nähe statt im westlichen oder sonstigen Exil wissen.[22]

---

[18] Zumindest die DDR hatte ihre eigenen Gründe, die hart erkämpfte Botschaft in Phnom Penh, die ihr Sihanouk trotz heftiger westdeutscher Opposition konzediert hatte, nicht aufzugeben. Bonn hatte daraufhin in Anwendung der „Hallstein-Doktrin" seine Beziehungen zu Kambodscha suspendiert. Sihanouk hatte diese Maßnahme als Provokation empfunden und brach die Beziehungen zur Bundesrepublik komplett ab. Siehe William Glenn Gray, Germany's Cold War. The Global Campaign to Isolate East Germany, 1949-1969, Chapel Hill, NC 2003, S. 209-214.
[19] Erwin Wickert, China von innen gesehen, Stuttgart ⁷1984, S. 315. Wickert war Botschafter der Bundesrepublik Deutschland in der Volksrepublik China zwischen 1976 und 1980 und traf Sihanouk häufig in der chinesischen Hauptstadt.
[20] DDR-Botschaft Beijing, Vermerk über ein „Klubgespräch" der befreundeten Botschafter und Geschäftsträger der UVR [Ungarische Volksrepublik], ČSSR, DDR, UdSSR, VR Polen, VR Bulgarien und Mongolischen VR am 20.3.1970 (Ausführungen von DDR-Botschafter Gustav Hertzfeldt). PA AA, MfAA, C 1363/74.
[21] Dokument Nr. 43, Zhou Enlai und Pham Van Dong, Beijing, 21.3.1970, in: Westad u. a. (Hrsg.), 77 Conversations.
[22] ADN (Allgemeine Deutsche Nachrichtenagentur) Hanoi, Korrespondent Hellmut Kapfenberger, Niederschrift eines Gesprächs mit Gen. Hoang Tung (Kandidat des Zentralkomitees der VAP, Chef-

Die vietnamesisch-chinesische Entscheidung für Sihanouk wurde letztlich auf Kosten der CPK getroffen. Diese hatte sich nach Lon Nols Staatsstreich eigentlich erhofft, von den revolutionären Mächten in Asien als einziger legitimer Repräsentant Kambodschas anerkannt und umfassend bewaffnet zu werden. Stattdessen zwangen China und Vietnam die kambodschanischen Kommunisten in eine „Vereinte Nationale Front Kampucheas" (FUNK) mit Sihanouk als Galionsfigur an der Spitze. Für die CPK stimmte der frühere Studentenführer und nunmehrige Untergrundkommunist Khieu Samphan im geheimen Auftrag Pol Pots in Beijing schließlich notgedrungen diesem Zwangsbündnis zu und trat zudem als stellvertretender Premier und Verteidigungsminister in Sihanouks Exilregierung ein. CPK-Veteran Sien An, der als Botschafter der kambodschanischen Exilregierung in Hanoi eingesetzt wurde, bezeichnete Sihanouk als einen „Hut, unter dem wir uns verstecken, um besser zielen zu können". Er sei ein „nationales Banner" und „wir brauchen ihn unbedingt". Sien An war gleichzeitig ein Mann, der den „Terror" Sihanouks gegen die CPK nie vergessen und einst „auf Leben und Tod" gegen den Prinzen gekämpft hatte.[23] Dieser Pragmatismus konnte jedoch nicht darüber hinwegtäuschen, dass aus Sicht der CPK der revolutionäre Kampf in Kambodscha erneut aktuellen vietnamesischen Interessen untergeordnet worden war.

Im Exil verzichtete Sihanouk auf den Anspruch eines neutralen Kambodscha, legte seine Titel „Prinz" und „Königliche Hoheit" ab und rief zum bewaffneten Kampf gegen die pro-amerikanischen „Verräter" in Phnom Penh auf. Loyale Offizielle aus Kambodscha und seinen weltweiten diplomatischen Vertretungen reisten nach Beijing, um im Mai 1970 eine Exilregierung unter dem früheren Premierminister Penn Nouth zu bilden (Königliche Regierung der Nationalen Einheit Kampucheas, nach der französischen Version als GRUNK[24] bezeichnet). Sihanouks enge Verbindung zu China und seine rhetorischen Verbeugungen vor seinen Gastgebern verhinderten lange die Anerkennung von GRUNK und FUNK durch die UdSSR und die osteuropäischen sozialistischen Staaten. Erfolglos plädierte Sihanouk in den folgenden drei Jahren immer wieder für seine Anerkennung durch Moskau, um seine internationale politische Basis zu verbreiten.

Inzwischen nutzten die Vereinigten Staaten zusammen mit der südvietnamesischen Armee Ende April 1970 die Gelegenheit, die ihnen Lon Nols Coup in Kambodscha eröffnet hatte. Sie intervenierten mit Bodentruppen gegen die bewaffneten Kräfte von DRV und NLF.[25] Damit retteten sie das Regime von Lon Nol vor einem vorzeitigen Zusammenbruch und durchkreuzten den militärischen Optimismus Hanois. Richard Nixon beendete im Juni 1970 die Aktion aufgrund der massiven innenpolitischen und internationalen Kritik an seiner Militärinvasion in ein formal neutrales Land. Seine Truppen zogen sich nach Südvietnam zurück. Aber auch nach dem Abzug der Bodentruppen bombardierten die USA bis August 1973 mehr oder weniger kontinuierlich Ziele von DRV, NLF und vor allem

---

redakteur der Parteizeitung „Nhan Dan"), 4.5.1973. PA AA, MfAA C 752/77. Vgl. Sihanouks nachträglich sinisierte Version in: Ross Terrill, 800 000 000: The Real China, New York 1972, S. 201-211.

[23] DDR-Botschaft Hanoi, Vermerk über ein Gespräch mit dem Botschafter der Königlichen Regierung der NE [Nationale Einheitsfront] Kambodschas, Herrn Sien An, am 8.9.1970, 11.9.1970. PA AA, MfAA, C 203/76.

[24] Gouvernement Royale d'Union Nationale du Kampuchea.

[25] Zum politischen Kontext: Kenton Clymer, Troubled Relations: The United States and Cambodia since 1870, DeKalb, IL 2007, S. 91-115. Zu militärischen Details der amerikanischen Invasion: John Shaw, The Cambodian Campaign. The 1970's Offensive and America's Vietnam War, Lawrence, KS 2005.

der CPK in Kambodscha. Gerade wegen der vielen militärischen und zivilen Opfer dieser Kampagne wuchs die Zahl kambodschanischer kommunistischer Guerillas. Bereits Ende 1970 verhielt sich die Situation im Lande ähnlich wie im benachbarten Laos: Einem Regierungsterritorium um die Hauptstadt standen immer mehr von kommunistischen Revolutionären kontrollierte Provinzen in den ländlichen Gegenden gegenüber.

Nach Angaben des Außenministeriums in Hanoi hatte die FUNK bereits im Oktober 1970 die Hälfte des kambodschanischen Territoriums „befreit"; das zusammenhängende Gebiet verband Laos und Südvietnam. Auch ohne Moskau und seine europäischen Verbündeten hatten bereits 22 Staaten die Exilregierung GRUNK in Beijing anerkannt. Sihanouks Name und Reputation sei ein unerlässliches Element, um den kambodschanischen Kampf zu führen, erklärte das DRV-Außenministerium.[26] Nach dem Ende der amerikanischen Invasion befanden sich zudem erneut 60 000 nordvietnamesische und Viet-Cong-Einheiten in Kambodscha, zumeist in den Grenzgebieten zu Südvietnam. Die CPK konnte dagegen Ende 1970 auf nicht viel mehr als 15 000 Kämpfer zählen. Während Sihanouk als internationales Aushängeschild diente, wurden auf kambodschanischem Territorium Fakten geschaffen. Hier arbeitete die Entwicklung langfristig für die CPK. Während Pol Pot und Ieng Sary als geheime Nr. 1 und Nr. 2 des CPK-Zentralkomitees im Hintergrund blieben, diente der weltgewandte und umgängliche Khieu Samphan als Strohmann. Er war zugleich als Verteidigungsminister der Repräsentant von GRUNK in den „befreiten Gebieten" Kambodschas und wurde auch in Nordvietnam anerkannt.[27]

Die Sowjetunion und ihre Verbündeten wurden von diesen Entwicklungen auf dem falschen Fuß erwischt, ohne sich dessen bewusst zu sein. Sie hielten nicht nur ihre Botschaften in Phnom Penh offen, sondern ignorierten auch vietnamesische Empfehlungen, die GRUNK anzuerkennen und Sihanouks Rückkehr in sein Heimatland zu fordern. In Unkenntnis der komplexen Zusammenhänge vor Ort bezeichnete ein hochrangiger Vertreter des Moskauer Außenministeriums gegenüber DDR-Diplomaten Sihanouk am 28. Mai 1970 als politisch „toten Mann". Er habe „jede Autorität" in Kambodscha verloren und könne nur mit der Unterstützung seiner alten kommunistischen Feinde in sein Land zurückkehren, wobei Letztere angeblich „gegenwärtig völlig in den Händen der vietnamesischen Genossen" seien. Weiterhin behauptete der sowjetische Funktionär, dass es „sehr naiv" sei, an „die schnelle Herausbildung einer nationalen Befreiungsbewegung" in Kambodscha zu glauben. Die Sowjetunion vermeide „primitive Diplomatie" und orientiere sich an folgendem Kurs: „Moralisch-politische Unterstützung (notfalls auch militärische) der FUNK, Bestrebungen zur Aufnahme von Kontakten zu den ,Roten Khmers' und zur Volksrevolutionären Partei, keine direkte formelle Anerkennung Sihanouks und der [Exil-]Regierung Penn Nouth und Beibehaltung der Positionen in Phnom Penh", sprich die Aufrechterhaltung der UdSSR-Botschaft unter dem Lon Nol Regime. Im Gegensatz zu offiziellen Kontakten mit Letzterem verweigerten sich jedoch Moskau und seine Verbündeten einem direkten Verhältnis mit der Exilregierung, wenn Sihanouk und FUNK um diplomatische Anerkennung oder wenigstens militärische Hilfe baten: Die UdSSR und die osteuropäischen Kommunisten würden massive Hilfe an Vietnam geben und von dort könne sie ja

---

[26] DDR-Botschaft Hanoi, Information des Abteilungsleiters des MfAA der DRV, Genosse Hoang Thu, über die militärische und politische Lage in Südvietnam, Laos und Kambodscha, gegeben am 14.10.1970, 20.10.1970. PA AA, MfAA, C 1086/73.
[27] DDR-Botschaft Hanoi, Zur gegenwärtigen militärisch-politischen Lage auf den drei Kriegsschauplätzen Indochinas Ende Oktober 1970, 29.10.1970, S. 9. PA AA, MfAA, G-A 357.

gegebenenfalls umgeleitet werden.[28] Im weiteren Verlauf des kambodschanischen Befreiungskampfes bildete sich bald eine Front der aus eigener Kraft – und wegen der amerikanischen Bombardierungen – wachsenden Guerillabewegung der CPK vor Ort gegen die Sihanouksche Exilregierung in Beijing. Amerikanische Luftangriffe gegen Ziele, die zumeist Lon Nols Regierung in Phnom Penh benannt hatte, töteten zwischen 1969 und 1973 etwa 150 000 kambodschanische Zivilisten. Sie trieben nicht zuletzt Angehörige dieser Opfer zur CPK. Im Juni 1971 verfügte sie nach eigenen Angaben bereits über 125 000 Kämpfer und kontrollierte den größten Teil des Landes außerhalb der Städte. Das Wachstum der Bewegung führte zur Konsolidierung der Positionen von Pol Pot und Ieng Sary an der Spitze der Partei, in der sich der Hass gegen parteiinterne Feinde, im Ausland trainierte Kader und die zunehmend marginalisierten vietnamesischen Berater ausbreitete.[29] Die Führung der CPK zeigte nun, dass sie sich nicht länger bevormunden ließ, sondern inzwischen selbst die Zügel der kambodschanischen Revolution in der Hand hielt: So wollte zum Beispiel Sihanouk im Februar 1971 die befreiten Gebiete in Kambodscha besuchen, aber die Kommunisten ließen ihn nicht ins Land. Weder Beijing noch Hanoi, noch das ebenfalls von Sihanouk um Hilfe angegangene Moskau verfügten über die Macht, die CPK zu einer anderen Entscheidung zu bewegen.[30]

Im November 1971 kam Ieng Sary, in dem bereits manche den Generalsekretär der geheimnisvollen CPK vermuteten, mit einer gemeinsamen Delegation von FUNK und GRUNK nach Hanoi. Zuvor hatte er in Beijing intensiv verhandeln müssen, um das große Misstrauen zwischen dem örtlichen und dem auswärtigen Arm des kambodschanischen Widerstandes vorläufig zu beruhigen. Vor allem ging es ihm darum, Sihanouk von seiner Idee abzuhalten, Richard Nixon während dessen bevorstehenden Besuches in der Volksrepublik China (im Februar 1972) zu treffen. Die Gespräche in Hanoi und das gemeinsame Kommunique demonstrierten große Harmonie.[31] Ein kenntnisreicher Diplomat der NLF in Beijing zweifelte dagegen an Ieng Sarys Aufrichtigkeit und verdächtigte ihn einer kritischen Einstellung gegenüber vietnamesischem Einfluss in Kambodscha.[32] Der Diplomat sollte damit richtig liegen: Bereits 1971 kam es in Kambodscha zu ersten Gewalttaten gegen Vietnamesen. Trotz vereinzelter Zusammenstöße wurden die anti-vietnamesischen und revanchistischen Wallungen[33] noch weitgehend im Zaum gehalten. Dagegen verhinderte die CPK-Führung mit dem Hinweis auf eine angeblich erforderliche chinesische und nordkoreanische Teilnahme im Jahre 1971 erfolgreich die Einberufung eines zweiten indochinesischen revolutionären Gipfels, der nach dem Vorbild eines ersten derartigen Treffens vom April 1970 in China geplant war: „Seit 1971 hatten sie [die CPK] im Geheimen damit begonnen, gegen Vietnam zu arbeiten."[34]

---

[28] MfAA der DDR, Notizen über ein Gespräch mit dem Leiter der Abteilung Südostasien des Außenministeriums der UdSSR, Genosse M. S. Kapitza, am 27. 5. 1970, 28. 5. 1970. PA AA, MfAA, C 953/76.
[29] Kiernan, The Impact on Cambodia of the U. S. Intervention in Vietnam, S. 222-226; Kiernan, How Pol Pot Came to Power, S. 321-331.
[30] DDR-Botschaft Moskau, Vermerk über ein Gespräch des Koll. Thun mit Gen. Kusnezow, stellvertretender Leiter der Abt. SOA [Südostasien], am 16. Sept. 1971 im MID, 20. 9. 1971. PA AA, MfAA, C 1076/73.
[31] ADN Hanoi, Korrespondent Hellmut Kapfenberger, Informationsbericht Nr. 4, 17. 11. 1971. PA AA, MfAA, C 1083/73.
[32] DDR-Botschaft Beijing, Vermerk über ein Gespräch mit dem 3. Sekretär der RSV-Botschaft in Peking, Nguyen Nhut, [am 26. 11. 1971], 12. 12. 1971. PA AA, MfAA, C 1076/73.
[33] Einschließlich der Absicht, das Mekong Delta alias Kampuchea Krom zurückzuholen.
[34] Luu Van Loi, Fifty Years of Vietnamese Diplomacy 1945-1995, Volume I: 1945-1975, Hanoi 2000, S. 206f.

Das explosive Potential nationalistischer, kommunistischer Rivalität und ethnischer Feindschaft wurde von Beijing, Hanoi und der CPK-Führung gegenüber der nichts ahnenden Außenwelt sorgfältig abgeschirmt.[35] Die kambodschanischen Kommunisten weigerten sich zudem kategorisch, in irgendwelche Gespräche mit den „Verrätern" der Lon-Nol-Regierung in Phnom Penh oder mit den USA einzutreten. Entsprechende Absichten Sihanouks und der GRUNK wussten sie zu verhindern. Darüber hinaus kritisierte die CPK die vietnamesischen Kommunisten hart dafür, dass sie 1972 weiter mit den USA verhandelten. Im Spätherbst dieses Jahres musste die NLF aufgrund der zunehmenden Spannungen ihr Hauptquartier aus dem kambodschanischen Kratie am Ufer des Mekong nach Südvietnam verlegen. Nach dem Pariser Vietnam-Abkommen zwischen Washington und Hanoi im Januar 1973 zogen sich nordvietnamesische Truppen fast vollständig aus Kambodscha zurück. Nur solche Einheiten konnten verbleiben, die unmittelbar den Ho-Chi-Minh-Pfad sicherten, weil er nicht nur für die Bereitstellung von Ressourcen für die NLF in Südvietnam, sondern eben auch für die CPK von großer Bedeutung war. So lange Hanoi kambodschanisches Territorium als Hinterland benötigte und die CPK mit chinesischen und eigenen Mitteln versorgte, konnten beide Seiten ihre „Befreiungskämpfe" noch ohne gegenseitige Einmischung fortführen. Für die Kambodschaner war aber der bevorstehende „Sieg über die Vereinigten Staaten und über Lon Nol nur ein erster Schritt zur nationalen und rassemäßigen Grandeur, von der die jungen Mitglieder der traditionellen Elite" in den Reihen der CPK „lange geträumt hatten".[36]

Sihanouks und Penn Nouths GRUNK in Beijing war zu einer leeren Hülse geworden, da der bewaffnete Kampf in Kambodscha nunmehr komplett von den CPK-Führern gelenkt wurde. Erst Ende März/Anfang April 1973 wurde Sihanouks lang gehegter Wunsch erfüllt, die „befreiten Zonen" von Kambodscha zu betreten und dort Vertreter der CPK zu treffen. Hanoi und Beijing hatten sich erneut intensiv dafür eingesetzt, die DRV musste den Besuch arrangieren. In Kambodscha selbst wurde Sihanouk von Khieu Samphan betreut, während sich der mächtige Pol Pot im Hintergrund hielt. Der ehemalige Prinz machte gute Miene zum abgekarteten Spiel und sprach emphatisch von einer „Hochzeit" zwischen ihm und der CPK.[37]

Zur Überraschung Washingtons wie Hanois waren die Einheiten der CPK 1973 noch einmal wesentlich stärker geworden. Die USA übten nach dem Pariser Abkommen Druck auf die DRV aus, in einer gemeinsamen Anstrengung das „kambodschanische Problem" zu lösen. Für Nordvietnam bedeutete das eine delikate Situation. Aus Geheimhaltungsgründen wollte es nichts über die Spannungen mit der CPK verlauten lassen. Jeder Vermittlungsversuch von Seiten Hanois hätte jedoch gezeigt, dass Vietnam nicht in der Lage war, der CPK etwas zu diktieren. Die „vietnamesischen Genossen in Kambodscha können nichts tun, was nicht ausdrücklich von den kambodschanischen Genossen akzeptiert ist" und müssten „sehr vorsichtig und geschickt zu Werke gehen", gab ein hochrangiger DRV-Funktionär gegenüber einem DDR-Korrespondenten privat zu. Jede vietnamesische Aktivität betreffend Verhandlungen über Kambodscha würde die Situation weiter verschlechtern,

---

[35] Engelbert/Goscha, Falling out of Touch, S. 102–112.
[36] Kiernan, How Pol Pot Came to Power, S. 362.
[37] MfAA der DDR, Abteilung Ferner Osten, Vermerk über ein Gespräch des Stellvertreters des Ministers für Auswärtige Angelegenheiten, Genosse Oskar Fischer, mit dem Stellvertreter des Ministers für Auswärtige Angelegenheiten der DRV, Nguyen Co Thach, am 30.1.1973, 31.1.1973. PA AA, MfAA, C 927/76. Zum Sihanouk-Besuch vgl. Engelbert/Goscha, Falling out of Touch, S. 108f.

wobei kambodschanisches Territorium nun mehr als jemals zuvor als Nachschublinie für den Endkampf in Südvietnam benötigt würde.[38] Auch vietnamesische und chinesische Aufforderungen an die CPK, Hanois Modell des gleichzeitigen „Kämpfens und Verhandelns" zu verfolgen, blieben folgenlos.[39] Am 15. August 1973 ordnete der amerikanische Kongress gegenüber Präsident Nixon ein „Verbot jeder weiteren amerikanischen Unterstützung der kambodschanischen Regierung" an und beendete damit die US-Bombardierungen. Paradoxerweise bestätigte dieser Schritt die kategorische Position, welche die siegesgewisse CPK schon immer eingenommen hatte: Die Seite, die ohnehin im Begriff ist, zu siegen, hat durch Verhandlungen nichts zu gewinnen.[40]

Angesichts fließender Entwicklungen reagierte China auf amerikanische Hinweise zu Kambodscha vorsichtig: Man sehe weiterhin Sihanouk als zukünftigen Führer und „studiere das Problem". Inhaltlich kaum anders als Hanoi erklärte Premier Zhou Enlai Anfang 1973, es sei „derzeit unmöglich für Kambodscha, komplett rot zu werden", weil dies „zu noch größeren Problemen" führen werde. Außerdem sorgte sich Beijing grundlos über die Herausbildung von pro-sowjetischen Khmer-Guerillas innerhalb Kambodschas.[41]

Noch Ende 1972 hatte die Sowjetunion aus Angst vor chinesischer Fallenstellerei Kontakte zu Sihanouk abgelehnt.[42] Erst als mit dem Ende der amerikanischen Militärhilfe der Untergang des Regimes von Lon Nol zumindest theoretisch in Reichweite rückte, erkannte die Sowjetunion im September 1973 die GRUNK als kambodschanische Regierung an. Moskaus Botschaftspersonal in Phnom Penh wurde fast vollständig abgezogen, die Botschaft selbst allerdings nichts geschlossen. Nach dreieinhalb Jahren der Ignorierung empfing der sowjetische Botschafter in Beijing, Vasilij Tolstikov, am 10. Oktober 1973 Sihanouk in der chinesischen Hauptstadt zu einem Gespräch.[43] Im Übrigen waren die Sowjetunion und ihre osteuropäischen Verbündeten weiterhin ohne größere Kenntnisse der Machtverhältnisse in CPK, FUNK und GRUNK. Sie vertrauten Khieu Samphan, glaubten an den vietnamesischen Einfluss auf die kambodschanischen Kommunisten und erwarteten blauäugig künftige brüderliche Beziehungen zwischen der CPK und dem sowjetischen Lager.[44]

In der Zwischenzeit trafen aus der UdSSR, Osteuropa und aus China kontinuierlich kostenlose militärische und andere Hilfsgüter in Nordvietnam ein. Von dort aus wurden sie an die Kampfschauplätze nach Südvietnam, Kambodscha und Laos weitergeleitet.

[38] ADN Hanoi, Korrespondent Hellmut Kapfenberger, Niederschrift eines Gesprächs mit Gen. Hoang Tung (Kandidat des Zentralkomitees der VAP, Chefredakteur der Parteizeitung „Nhan Dan"), 4.5.1973. PA AA, MfAA, C 752/77.
[39] Niederschrift Gespräch Erich Honecker und Pham Van Dong, 25.10.1973, S.15. Stiftung Archiv der Parteien und Massenorganisationen im Bundesarchiv Berlin (SAPMO-BArch), DY 30, J IV 2/201/1132.
[40] Cambodian Negotiation 1973. Gerald Ford Presidential Library Ann Arbor (GFPL), National Security Affairs (NSA), NSC East Asian and Pacific Affairs Staff Files, Box 2.
[41] Memcon Zhou Enlai-Kissinger, 18 February 1973, 2:43 pm – 7:15 pm, S. 40. National Archives and Records Administration College Park (NARA), Nixon Presidential Materials Project (NPMP), National Security Council (NSC), HAK Office Files, Box 98.
[42] DDR-Botschaft Moskau, Vermerk über Gespräche mit dem Leiter der Fernost-Abteilung des MID, Gen. Kapitza, und dem Stellvertreter des Leiters der Abt. Südostasien, Gen. Vdovin, 11.10.1972. PA AA, MfAA, C 203/76.
[43] [Stellvertreter des Ministers für Auswärtige Angelegenheiten der DDR Oskar] Fischer an Genossen Honecker/Stoph/Sindermann/Axen, [Information des Gesandten der Botschaft der USSR in der DDR, Genosse Gorinowitsch], 25.10.1973. PA AA, MfAA, C 209/76.
[44] MfAA der DDR, „Einschätzung des Nationalkongresses der Nationalen Einheitsfront Kambodschas" und „Stand der Realisierung des politischen Programms der NEFK [FUNK] vom 4.5.1970", 15.12.1973. PA AA, MfAA, C 222/76.

Wie in allen Jahren zuvor unterstützten die Sowjetunion und ihre Verbündeten die DRV vor allem deshalb, weil sie Vietnam nicht an China verlieren wollten. Aus Sorge um ein sowjetisches Vordringen in der Region folgte die Volksrepublik China dem gleichen Muster. Bereits im November 1972 war in Beijing in Anwesenheit Zhou Enlais eine Hilfsvereinbarung für die DRV für das kommende Jahr unterzeichnet worden. Nach zähen Verhandlungen wurde das Gesamtpaket nur geringfügig gegenüber den früheren Jahren härterer militärischer Auseinandersetzungen reduziert.[45] Im Juni 1973 wies Zhou Enlai während eines Gesprächs mit Le Duan und Pham Van Dong darauf hin, dass Vietnam chinesische Hilfe „für die nächsten fünf Jahre brauche". Nach dieser Periode könne sie reduziert werden.[46] Bei diesem Treffen im Juni 1973 erhielt die DRV zwar nicht den vollen beantragten Betrag, aber die Hilfe war substantiell.[47]

Im August 1974 transferierte Zhou offiziell aus Gesundheitsgründen seine Pflichten bezüglich der Organisierung der Vietnamhilfe an Finanzminister und Vizepremier Li Xiannian. In einer Bilanz bezeichnete er die Unterstützung Vietnams als „oberste Priorität unserer Auslandshilfe", die fast die Hälfte aller chinesischen Ausgaben und Zahlungen in diesem Bereich betrage: „Wenn Ihr einen Krieg führt und wir versagen Euch unsere Unterstützung, dann disqualifizieren wir uns als echte proletarische Internationalisten selbst."[48] Neu war allerdings, dass diese chinesische Feststellung inzwischen ebenso für den revolutionären Kampf in Kambodscha galt. Zu diesem Zeitpunkt hatte die Führung der Volksrepublik China bereits ihre Politik gegenüber der CPK stillschweigend geändert. Die bemerkenswerte Wende musste Anfang des Jahres 1974 erfolgt sein.[49]

2. Revolutionäre Siege in Phnom Penh und Saigon 1975

Zwischen dem 12. Dezember 1974 und 6. Januar 1975 starteten Einheiten von NLF und DRV eine begrenzte militärische Kampagne zur Befreiung der südvietnamesischen Provinz Phuoc Long an der Grenze zu Südost-Kambodscha. Es war ein gezielter Versuchsballon, um die Reaktionen Washingtons zu testen. Als Letztere sich als unerheblich erwiesen und zusätzliche nachrichtendienstliche Erkenntnisse aus Saigon vorlagen[50], war die Führung in Hanoi hinreichend davon überzeugt, dass die USA weder Absicht noch Willenskraft hatten, in Vietnam militärisch zu re-intervenieren. Der Weg zu einer entscheidenden Offensive gegen die Regierung von Nguyen Van Thieu in Saigon schien frei.

Noch im späten Januar 1975 zeigte sich die sowjetische Botschaft in Hanoi hinsichtlich einer bevorstehenden größeren nordvietnamesischen Offensive skeptisch. Man hielt

---

[45] DDR-Botschaft Beijing, Bericht zur Politik der VR China (Monat November/Dezember 1972), 14.12.1972. PA AA, MfAA, C 506/75.
[46] Dokument Nr. 69, Zhou Enlai, Le Duan, Pham Van Dong und Le Thanh Nghi, Beijing, 6.6.1973, in: Westad u.a. (Hrsg.), 77 Conversations.
[47] Li Danhui, Vietnam and Chinese Policy Toward the United States, in: William Kirby/Robert Ross/Gong Li (Hrsg.), Normalization of U.S.-China Relations: An International History, Cambridge, MA 2005, S. 207.
[48] Dokument Nr. 72, Zhou Enlai und Le Thanh Nghi, Beijing, 3.8.1974, in: Westad u.a. (Hrsg.), 77 Conversations.
[49] Zhai Qiang, China and the Cambodian Conflict, 1970–1975, in: Priscilla Roberts (Hrsg.), Behind the Bamboo Curtain: China, Vietnam and the World beyond Asia, Washington D.C./Stanford, CA 2006, S. 391–394.
[50] Hoang Hai Van/Tan Tu, Pham Xuan An: A General of the Secret Service, Hanoi 2004, S. 120f.

Thieus amerikanisch bewaffnete Republik Südvietnam für überaus stark. Die Diplomaten der UdSSR erachteten eine erneute amerikanische Militärintervention in Vietnam im Falle eines nördlichen Angriffs für möglich.[51] Wie schon so oft in der letzten Dekade wurden jedoch sowjetische Einschätzungen der Entwicklung in Vietnam durch Aktionen der Nordvietnamesen falsifiziert. Die Ereignisse in den ersten vier Monaten des Jahres 1975 euphorisierten Hanoi und beschämten das ängstliche Moskau. Daran konnte auch die Tatsache nichts ändern, dass es neben der chinesischen vor allem die großzügige sowjetische Militär- und Wirtschaftshilfe gewesen war, die den bevorstehenden Triumph der DRV ermöglichte.[52]

Am 5. März 1975 begannen DRV und NLF eine umfassende Offensive gegen den südvietnamesischen Staat aus nördlicher und westlicher Richtung. Zu ihrer eigenen Verblüffung waren Thieus Streitkräfte bereits 55 Tage später zusammengebrochen. Saigon fiel am 30. April 1975 an die nordvietnamesische Armee. Präsident Thieu war bereits eine Woche zuvor aus dem Land geflohen.[53] Wie VAP-Generalsekretär Le Duan später bestätigte, hatte Hanoi seinen Vormarsch auf sowjetische Bitten hin um einige Tage verzögert, um den amerikanischen Beratern und Diplomaten in Saigon die Flucht vor einer eventuellen Gefangenschaft zu ermöglichen.[54] Am 20. Mai 1975 jubilierte Nguyen Huu Tho, Vorsitzender der sogenannten Provisorischen Regierung der Republik Südvietnam und damit des politischen Armes der NLF, vor ausländischen sozialistischen Botschaftern in Saigon: „Es gibt heute kein Genfer und kein Pariser Abkommen mehr, wir sind eigener Herr im Lande. [...] Wir betrachten unseren Sieg gleichzeitig als einen Beitrag zur Weltrevolution und zur Stärkung der nationalen Befreiungsbewegung. Wir glauben dies, weil wir die USA geschwächt haben."[55] Alle Ängste vor einem potentiellen amerikanischen Eingreifen in letzter Minute waren längst vergessen, als verschiedene militärische Führer von DRV und NLF um die korrekte strategische Meistererzählung über „Unser[en] Große[n] Frühjahrssieg" wetteiferten.[56]

Allerdings war bereits ein anderer, ebenso folgenreicher revolutionärer Triumph in Indochina dem rasanten südvietnamesischen Kollaps zuvorgekommen. Zwei Wochen vor der Einnahme Saigons, am 17. April 1975, fiel Phnom Penh an die Einheiten der CPK. Lon Nol hatte sich noch früher vor dem Fall seiner Hauptstadt ins Exil abgesetzt als Thieu in Saigon, und auch die Evakuierung amerikanischen Personals war effizienter verlaufen als in

---

[51] DDR-Botschaft Hanoi, Aktenvermerk über ein Gespräch mit dem Rat der Botschaft der UVR [UngarischeVolksrepublik], Alfred Almazi, am 18. und 20.1.1975, 23.1.1975. PA AA, MfAA, C 752/77.
[52] CIA/DIA Memorandum, Communist Military and Economic Aid to North Vietnam, 1970–1974, 28.2.1975. GFPL, NSA, NSC East Asian and Pacific Affairs Staff Files, Box 11.
[53] Tiziano Terzani, Giai Phong! The Fall and Liberation of Saigon, New York 1976.
[54] Stenographic Report Teodor Zhivkov and Le Duan in Sofia, 8.10.1975. Bulgarian Central State Archive, Sofia, Fond I-B, Record 60, File 186 (George Washington University Cold War Group/Cold War History Research Center Budapest, CD „New Central and Eastern European Evidence on the Cold War in Asia"); Soviet Ambassador Anatoly Dobrynin to Secretary of State Henry Kissinger, 24 April 1975. GFPL, NSA, NSC East Asian and Pacific Affairs Staff Files, Box 11.
[55] DDR-Botschaft Hanoi, Ansprache des Vorsitzenden des Konsultativrates der PR der RSV [Provisorische Regierung der Republik Südvietnam], Nguyen Huu Tho, auf der Zusammenkunft mit den Botschaftern, die an den Feierlichkeiten in Saigon teilnahmen, 20.5.1975. PA AA, MfAA, C 736/77.
[56] Van Tien Dung, Our Great Spring Victory. An Account of the Liberation of South Vietnam, Hanoi 2000, Nachdruck ¹1977; Hoang Van Thai, How South Vietnam Was Liberated (Memoirs), Hanoi 2005, Nachdruck ¹1992; Vo Nguyen Giap, The General Headquarters in the Spring of Brilliant Victory (Memoirs), Hanoi 2005, Nachdruck ¹2002; Tran Van Tra, Vietnam: History of the Bulwark B2 Theatre: Concluding the 30 Years War, Ho Chi Minh City 1982, zurückgezogen.

Südvietnam. Im Unterschied zur sowjetischen Bewaffnung der Vietnamesen waren es im kambodschanischen Fall chinesische Waffen, die der Revolution zum Durchbruch verhalfen. Wie oben erwähnt, hatte China Anfang 1974 kühl kalkulierend die bisher gemeinsam mit Hanoi vertretene Linie der Bevormundung der CPK verlassen, wonach eine Revolution in Kambodscha hinter Vietnam zurückzustehen habe und Norodom Sihanouks Rückkehr zur Macht vorbereitet werden müsse.

Beijing wollte die CPK als Gegenmacht aufbauen, um Kambodscha gegen Vietnam auszuspielen. Noch mit Zhou Enlai als designiertem Exekutor des neuen Kurses begann China die CPK zu adoptieren und auf ihren militärischen Sieg in Kambodscha hinzuarbeiten. Dieser schien dank neuer Waffen nur eine Frage der Zeit zu sein. Von daher wurden Verhandlungen mit den Amerikanern und mit Lon Nol selbst über ein provisorisches Abkommen, wie 1973 im Falle von Vietnam und Laos, nicht einmal theoretisch diskutiert. Im April 1974 empfing Mao Zedong nach mehr als einem Jahrzehnt mit Khieu Samphan erstmals wieder einen Funktionär der CPK. Einen Monat später vereinbarte die Volksrepublik China mit der CPK ein umfassendes militärisches Hilfspaket. Es versetzte die Revolutionäre in Kambodscha unter anderem in die Lage, den Mekong zu verminen und damit Phnom Penhs Nachschubwege zu unterbinden.[57]

Chinas intensive Hinwendung zur CPK erfolgte auf Kosten der Stellung Sihanouks im kambodschanischen Widerstand. Beijing verwarf damit jeglichen Gedanken an eine Koalitionsregierung unter der Führung des Prinzen. Sihanouk verstand die Lektion aus dem neuen chinesischen Kurs. Voller Illusionen glaubte der Prinz aber noch im Oktober 1974, dass es ein bis zwei Jahre bis zum militärischen Sieg über Lon Nol dauern würde. Er stellte sich offenbar vor, zusammen mit Khieu Samphan in Phnom Penh „ohne Blutbad" einzuziehen. Die amerikanische Botschaft werde geöffnet und unbeeinträchtigt bleiben und Lon Nols Anhänger könnten unbehelligt ins Exil, glaubte er.[58] Im April 1975 wollten aber weder die CPK noch die Amerikaner Sihanouk in der kambodschanischen Hauptstadt sehen: Die USA erfüllten Sihanouks Bitte nicht, ihn eine Woche vor dem Fall Phnom Penhs einzufliegen. Sihanouk wiederum wies amerikanische Befürchtungen vor einem „Blutbad" nach der kommunistischen Einnahme der Stadt zurück und beschuldigte die USA, sie hätten ein solches in Kambodscha „bereits fünf Jahre lang" angerichtet.[59] Verbittert über die Ignorierung durch die CPK verlegte Sihanouk im Mai 1975 sein Quartier von Beijing nach Nordkorea, dem nach China und Vietnam einzigen weiteren Verbündeten des nunmehr revolutionären Kampuchea in Asien. Aufgrund chinesischer Vermittlung flog auf Pol Pots Weisung schließlich Khieu Samphan nach Pjöngjang und überredete den Prinzen im August 1975, als formales Staatsoberhaupt nach Kampuchea zurückzukehren.[60]

---

[57] Qiang Zhai, China and the Vietnam Wars 1950–1975, Chapel Hill, NC, 2000, S. 212f. Die DDR-Staatssicherheit registrierte im Mai 1974 eine enge Koordinierung zwischen der gerade eröffneten Botschaft der GRUNK und PRC-Vertretern in Berlin. MfS HA XX, Information 478/74, Zur Tätigkeit der Botschaft der kambodschanischen Befreiungsbewegung in der DDR, 27. 5. 1974. BStU, ZA, HA XX, 10243, Bl. 228f.
[58] DDR-Botschaft Beijing, Aktenvermerk über den Besuch des Staatschefs des Königreiches Kambodscha und des Vorsitzenden der Nationalen Einheitsfront Kambodschas, Prinz Norodom Sihanouk, in der Botschaft der DDR am 7. 10. 1974, 8. 10. 1974. PA AA, MfAA, C 929/76.
[59] Vgl. Memoranda vom April 1975 in: GFPL, NSA, NSC East Asian and Pacific Affairs Staff Files, Box 3.
[60] Zu einer Galionsfigur reduziert, wurde Sihanouk im April 1976 von der CPK abgesetzt und für den Rest der CPK-Herrschaft in Kampuchea unter Hausarrest gestellt. Vor den im Januar 1979 in Phnom Penh einrückenden Vietnamesen floh Norodom Sihanouk wiederum zurück in seine alte Residenz in Beijing.

Nach dem militärischen Triumph der CPK hatte Pol Pot ab April 1975 die Evakuierung der kambodschanischen Städte als ersten Schritt zu einer egalitären kommunistischen Gesellschaft veranlasst. Am 21. Juni 1975 wurde er dann wie ein Held in Beijing empfangen. Sein neues Kampuchea erhielt Zusagen über militärische und wirtschaftliche Unterstützung in Höhe von mehr als einer Milliarde Dollar. In einer spektakulären und wirkmächtigen Begegnung nahm Pol Pot Mao Zedongs Bewunderung dafür entgegen, dass er durch die Evakuierung der Städte „die Klassen mit einem Schlag beseitigt hatte". Eine solche Maßnahme sei China mit seinen Massen nie gelungen, stellte Mao fest. Unverhohlen beneidete der alt gewordene chinesische Vorsitzende den kambodschanischen Revolutionär darum, dass dieser zu einem revolutionären Radikalkurs in der Lage war, den Mao Zedong in China trotz „Großen Sprungs nach vorn" und „Großer Proletarischer Kulturrevolution" nicht hatte durchsetzen können. Mao teilte Pol Pots Hass auf die urbane Kultur als Ursache der Klassengesellschaft. Selbstkritisch notierte der chinesische Vorsitzende, dass er mit der Beseitigung eines „System[s] der Ungleichheit" in China gescheitert war. Es muss wie ein Vermächtnis geklungen haben, wenn Mao Pol Pot ermutigte, die wahre Revolution in Kambodscha voranzutreiben, darauf zu vertrauen, dass der „Revisionismus" in der UdSSR und auch in einem post-maoistischen China überwunden und der Kommunismus auf den „Weg von Marx und Lenin" zurückkehren werde. Mao ermahnte Pol Pot, die chinesischen Fehler nicht zu kopieren und überreichte ihm 30 Bücher mit den Schriften von Marx, Engels, Lenin und Stalin.[61]

Die USA wussten so wenig von Chinas Politik gegenüber der CPK wie von der CPK selbst. Noch waren ihnen die Spannungen im nunmehr kommunistischen Dreieck Hanoi-Beijing-Phnom Penh bekannt. Nach jahrelangen Bombardierungen und einer Unzahl realitätsferner, von der CPK kühl ignorierter Verhandlungskonzepte[62] war Washington noch vor der Verjagung seiner Vertreter aus dem Land für die Zukunft Kambodschas irrelevant geworden. In einem bezeichnenden Schlussakkord militärischen Draufgängertums „eroberten" die USA im Mai 1975 das Schiff „U. S. S. Mayaguez" von lokalen CPK-Einheiten „zurück" – als es tatsächlich zusammen mit seiner Besatzung von den Kambodschanern bereits wieder freigegeben worden war. 41 amerikanische Marines fanden dennoch in Gefechten mit revolutionären Einheiten den Tod, aber Ford-Regierung und US-Medien feierten nach einer Kette von Erniedrigungen in Indochina die neue Entschlossenheit frenetisch.[63]

Die Volksrepublik China beschuldigte Washington der Aggression und behandelte Außenminister Henry Kissinger und Präsident Gerald Ford während ihrer Besuche in Beijing Ende 1975 mit kühler Distanz, wenn nicht Verachtung. Die Vorstellung des spätmaoistischen China von der „Flutwelle unserer Zeit", also vom Triumph von Befreiung und Revolution über Imperialismus und Hegemonie, fiel zusammen mit der Beendigung eines Jahrzehnts amerikanischer Militärintervention in Indochina. Wenn die USA in die Region kommen, haben sie „keinen Weg heraus, also müssen sie eskalieren", hatten die Chinesen

---

[61] Short, Pol Pot, S. 298–300; Dokument Nr. 73, Mao Zedong und Pol Pot, Beijing, 21.6.1975, in: Westad u. a. (Hrsg.), 77 Conversations; Zhai Qiang, China and the Cambodian Conflict, 1970–1975, S. 392f.

[62] Summary of Negotiating Efforts on Cambodia, 4 March 1975. GFPL, NSA, NSC East Asian and Pacific Affairs Staff Files, Box 3.

[63] Cecile Menetrey-Monchau, The *Mayaguez* Incident as an Epilogue to the Vietnam War and its Reflection of the Post-Vietnam Political Equilibrium in Southeast Asia, in: Cold War History 5 (August 2005), S. 337–367.

1966 ihrem kambodschanischen Besucher Saloth Sar weitsichtig auf den Weg gegeben, der dann im Juni 1975 als Pol Pot triumphal die chinesische Volksrepublik besuchte.[64] Aus der ostasiatischen kommunistischen Perspektive heraus musste die amerikanische Eskalation zwangsläufig in einer Niederlage enden: Die USA wurden für unfähig erachtet, über längere Zeiträume hinweg Opfer zu ertragen und kämpferische Motivation aufrechtzuerhalten.

Während die Amerikaner von der nationalistisch-revolutionären Welle aus Indochina vertrieben waren, mussten die siegreichen Revolutionäre in Hanoi, Saigon, Phnom Penh und Vientiane nun ihre gesellschaftlichen Konzepte umsetzen und ihr Verhältnis untereinander sowie zu den kommunistischen Hegemonialmächten China und Sowjetunion gestalten. Die Sozialistische Republik Vietnam und das Demokratische Kampuchea wurden nicht nur zu erbitterten regionalen Gegnern, sondern auch zu Rivalen im Wettbewerb um ein sozialistisches Avantgarde-Modell. Bereits nach dem Pariser Abkommen von 1973 hatten sowjetische Funktionäre erwogen, den vietnamesischen Avantgardevorstellungen in Südostasien zu schmeicheln, um Hanoi gegenüber China zu stärken.[65] Nicht, dass es dieser Schmeichelei bedurft hätte. Schon vor seinem Triumph im April 1975 begannen die vietnamesischen Kommunisten, mit großem Selbstvertrauen ihre Vorreiterrolle zu betonen.

Nach dem Fall Saigons erklärte Le Duan im Oktober 1975 gegenüber Erich Honecker Vietnams Sieg zum Triumph für das globale sozialistische Lager. Lenins „Wer Wen" zitierend, sah er Vietnam als mächtigen Sieger, der seine Gegner als „schwach" entlarvt habe: „Ich habe gesagt, dass die Revolution im Vormarsch, in der Offensive ist. Man muss angesichts des Feindes um jede Position kämpfen." Wenn „sich eine Gelegenheit bietet, dann muss man sie nutzen, um den Sieg zu erringen. Wenn man das nicht tut, dann wird man selbst besiegt."

Der Generalsekretär der VAP betonte, dass die KPdSU mit ihm in dieser Frage explizit übereinstimme.[66] Für Moskau hielt der vietnamesische Sieg in der Tat Lektionen bereit. Das Politbüro, der Generalstab und das Außenministerium waren alle wieder und wieder über eine nukleare Eskalation in Indochina besorgt gewesen. Konstant überschätzten sie die militärischen Qualitäten der USA und ihrer Saigoner Verbündeten. Experten vor Ort wie Sowjetbotschafter Il'ja Ščerbakov in Hanoi konnten dagegen ihre Bewunderung für die vietnamesische Widerstandsfähigkeit und Konsequenz nur schwer verbergen. Seinem DDR-Kollegen zufolge fühlte sich Ščerbakov zunehmend unwohl, aus Moskau angeordnete Belehrungen der VAP-Führung zu übermitteln. Mehr als einmal habe er sich anschließend privat von dem distanziert, was er zuvor offiziell erklären musste.[67]

Angeblich mit der umfassenden globalen Lage im Blick, hatte die Sowjetunion wiederholt der DRV empfohlen, sich auf Kompromisse und Vereinbarungen mit dem amerikanischen Gegner einzulassen. Trotz ihrer indirekten Teilhabe am Krieg in Vietnam durch massive militärische Unterstützung und insgesamt 6000 Berater, Waffenexperten und Ma-

---

[64] Engelbert/Goscha, Falling out of Touch, S. 79.
[65] Vermerk über Gespräch Hermann Axen mit Oleg B. Rachmanin, stellvertretender Leiter der Abteilung Internationale Verbindungen beim ZK der KPdSU, am 28. 2. 1973 in Moskau. SAPMO-BArch, DY 30, J IV 2/2.035/55.
[66] Niederschrift Gespräch Erich Honecker und Le Duan in Berlin am 15. 10. 1975, S. 12f. SAPMO-BArch, DY 30, J IV, B 2/20/169.
[67] Gespräch des Autors mit Dieter Doering, DDR-Botschafter in Hanoi 1972–1978, Berlin, 13. 2. 2006.

trosen, die für kürzere oder längere Zeit vor Ort waren[68], fühlten sich Moskaus Strategen 1975 von Hanois unerwartetem Triumph beschämt. In militärischer Sicht hatte sich der präzise geplante und diszipliniert durchgeführte nordvietnamesische „Spezialkrieg" als Meisterleistung erwiesen. Er fand daher seine Aufnahme in den nicht leicht zugänglichen Kosmos der sowjetischen Militärtheorie und wurde von Militärexperten im gesamten Warschauer Pakt aufmerksam studiert.[69]

Moskau war sich bewusst, dass der Krieg in Vietnam in den sechziger Jahren keine internationale Dynamik gewonnen hätte und aufrechtzuerhalten gewesen wäre ohne den starken Impetus und ohne die Unterstützung der PRC. Chinas Konkurrenz hatte eine entscheidende Rolle dabei gespielt, der anfangs zögerlichen UdSSR den ungeliebten Krieg in Vietnam quasi aufzuzwingen. Nun schien sich im Jahre 1975 diese Erfahrung neben Südostasien auch in anderen Teilen der Welt zu wiederholen. Als der selbst erklärte Führer der kommunistischen Weltbewegung ritt Moskau in seiner propagandistischen Antwort auf die revolutionären Entwicklungen in Indochina auf der angeblich dominanten Welle determinierter Geschichte. Man porträtierte den vietnamesischen Triumph als einen Sieg sowjetischer Waffen und des gesamten sozialistischen Weltsystems. Obwohl man die intern als „nationalistisch" denunzierte vietnamesische Avantgardeperspektive nicht unterschrieb, bestätigte die KPdSU auch mit Blick auf die globale maoistische Herausforderung[70] doch die davon ausgehende Inspiration für den weiteren Vormarsch gegen den „Imperialismus".

Anders als die eher konservative-realpolitische Bürokratie des sowjetischen Außenministeriums[71] propagierten die Abteilung für Internationale Verbindungen beim Zentralkomitee der KPdSU, die Sicherheitsdienste und Teile der Militärführung sowie Akademiker in Parteiinstituten angesichts des „anti-imperialistischen" Vordringens in Afrika und anderswo die unaufhaltsame Konjunktur „nationaler Befreiung" unter marxistischen Vorzeichen.[72] Eliten in der UdSSR und in einigen sozialistischen europäischen Staaten fühlten sich an ihre revolutionären Ursprünge und Biographien erinnert, wenn sie nun die „dritte revolutionäre Hauptetappe" der Weltgeschichte in der Dritten Welt vor sich zu sehen glaubten (als erste Hauptetappe galt die bolschewistische Revolution in Russland,

---

[68] Aufgrund chinesischer Überflug- und Transitverbote stand nur die See für sowjetische Nachschublieferungen offen. An sowjetischem Personal starben zwischen 1965 und 1972 16 Personen in Kampfhandlungen. Nach ihrer Heimkehr 1973 erhielten mehr als 1200 Militärs hohe sowjetische Auszeichnungen. Vermerk über Gespräch Hermann Axen mit Oleg B. Rachmanin, stellvertretender Leiter der Abteilung Internationale Verbindungen beim ZK der KPdSU, am 28.2.1973 in Moskau. SAPMO-BArch, DY 30, J IV 2/2.035/55.

[69] Gespräch des Autors mit Generalmajor Hans-Werner Deim, Chef Operativ des Hauptstabes der Nationalen Volksarmee der DDR 1978–1989, Washington D. C., 29.5.2005.

[70] Analog hierzu folgerte das DDR-Außenministerium im Dezember 1975, dass die indochinesischen revolutionären Siege in Vietnam, Kambodscha und Laos zur Stärkung der kommunistischen Weltbewegung beigetragen hätten und weltweit „nationale Befreiungskämpfe" inspirieren. In der indochinesischen Region selbst müssten nun nicht nur die Reste des „Imperialismus" und seiner Aktivitäten bekämpft, sondern auch die „Versuche des Maoismus", also diejenigen Chinas, verhindert werden, seinen Einfluss zu vergrößern. MfAA der DDR, Abteilung Fernost, Einschätzung der gesellschaftlichen Entwicklung in den Ländern Indochinas, 5.12.1975. PA AA, MfAA, C 954/77.

[71] Vgl. die „realpolitische" Perspektive des langjährigen Sowjetbotschafters in Washington: Anatoly Dobrynin, In Confidence: Moscow's Ambassador to America's Six Cold War Presidents, New York 1995. Ebenso: John Lewis Gaddis, The Cold War: A New History, New York 2005, S. 206–208.

[72] Odd Arne Westad, The Global Cold War: Third World Interventions and the Making of Our Times, New York 2005, S. 202–208.

als zweite die Schaffung sozialistischer Staaten in Europa und Asien nach 1945). Im Grunde belebten sie die Elemente ihrer eigenen Ideologie wieder, die der kapitalistische Westen in seinem Entspannungs- oder gar Konvergenzdenken zunehmend ignorierte: Der Kommunismus war eine internationalistische Doktrin, die straff-autoritäre Avantgardeparteien zur Kontrolle von Staaten aufbaute, und nicht umgekehrt. Wenn auch nur für den internen Gebrauch, so fühlten sich die zunächst „realpolitischen" sozialistischen Staaten in Europa nunmehr bemüßigt, die Entspannung selbst nur als ein ergänzendes Element oder eine andere Form des übergreifenden Kampfes gegen den Imperialismus zu definieren.

Sehr bald jedoch wurden Vietnam und Indochina selbst aus ihrer globalen Euphorie zurückgeholt, auf sich selbst zurückgeworfen und in Regionalkonflikte verwickelt. In bewusster Absetzung von den Avantgardevorstellungen des vietnamesischen Rivalen stilisierte die Führung der CPK ihr neues „Demokratisches Kampuchea" zum historisch überlegenen Modell der globalen Revolution, weil es angeblich als einziges Land ohne „Halbherzigkeiten" wie anderswo in der sozialistischen Welt die bürgerliche Klassenstruktur durch die Auflösung der Städte vollständig zerschlug. Ausgehend vom Konzept (eigener) nationaler Größe appellierte die Führung um Pol Pot an asiatische Kommunisten außerhalb Indochinas und konkurrierte zum Beispiel innerhalb der Linken in Thailand direkt mit der vietnamesischen Ideologie.[73] Ihre besonderen Khmer-Rassevorstellungen sowie ihre Erfolge in Kambodscha trotz Verfolgung und Bombardierung hatten in der Führung der CPK schon sehr früh die siegesgewisse Selbstgewissheit ideologischer Überlegenheit und einer historischen Mission hervorgerufen. Wenn überhaupt, dann wurde höchstens Maos China mit seiner Kulturrevolution als vergleichbar fortschrittlich angesehen.[74]

Spätestens seit 1975 wandelte sich der Rassismus der CPK in exterminatorische Ansichten gegen reale und imaginierte Vietnamesen. Im März dieses Jahres waren bereits mindestens 70 Offiziere der CPK-Armee mit ethnischem vietnamesischem Hintergrund oder wegen ihrer militärischen Ausbildung durch Vietnamesen hingerichtet worden, andere wurden aus der Partei ausgeschlossen. Während vietnamesische Kommunisten konzedierten, dass die vietnamesische ethnische Minderheit in Kampuchea eine „chauvinistische" Haltung gegenüber den Khmer vertrat[75], und die Kommunisten in Hanoi mit nationalen Überlegenheitsvorstellungen ebenfalls nicht unvertraut waren, übertrafen doch Hass und Aktionen der CPK jegliche Phantasie bei weitem. Ein bezeichnendes Beispiel war ein von den Kommunisten Kampucheas benannter Grund für die Säuberung und Ermordung ethnischer kambodschanischer Khmer: Sie wurden beschuldigt, „vietnamesische Gehirne" zu besitzen.[76] Hanoi war angesichts der Exzesse der CPK tief schockiert, aber auch ratlos. Man fühlte sich durch die CPK-Führer massiv „getäuscht", die offensichtlich ihre wahre Gesinnung raffiniert verborgen hatten, solange sie noch auf vietnamesische Unterstützung angewiesen waren.[77]

---

[73] Short, Pol Pot, S. 342.
[74] Kiernan, How Pol Pot Came to Power, S. 232.
[75] MfS, Information über einige Aspekte der Entwicklung in Südvietnam und Kambodscha, 26.5.1975. BStU, ZA, HVA 115, Part 1-2, 21-23.
[76] Henri Locard, Pol Pot's Little Red Book: The Sayings of Angkar, Chiang Mai, Thailand, 2004, S. 175-181.
[77] Gespräch des Autors mit Dieter Doering, DDR-Botschafter in Hanoi 1972-1978, Berlin, 13.2.2006.

3. Schluss: Die Rückkehr des chinesisch-sowjetischen Konfliktes nach Indochina

Wenn es nach dem frustrierenden Frühjahr 1975 bald einen „Trost" für die Vereinigten Staaten geben sollte, dann war es die für Washington willkommene Rückkehr des chinesisch-sowjetischen Konfliktes nach Indochina in Gestalt eines kommunistischen Bruderkrieges.[78] Zwischen 1963 und 1965 hatte sich der Konflikt zwischen den beiden kommunistischen Hegemonialmächten in der Region bereits bemerkbar gemacht. Damals hatte sich Nordvietnam eng an China angelehnt, während die bürgerlich-monarchistischen Regierungen in Kambodscha und Laos pro-chinesischen Guerillas gegenüberstanden. Die Eskalation in Vietnam durch die amerikanische Intervention ab 1965 rief die Sowjetunion mit auf den Plan und fror dafür den chinesisch-sowjetischen Konflikt in Indochina mehr oder weniger ein. Beijing und Moskau lieferten sich einen regelrechten Wettstreit um die Gunst der Revolutionäre in Hanoi und in Südvietnam, während Kambodscha und Laos für lange Zeit Nebenschauplätze unter vietnamesischer Kontrolle und Bevormundung waren. Es blieb China vorbehalten, 1974 mit der einseitigen Unterstützung der CPK ein ernsthaftes Problem für die künftige indochinesische Hegemonialmacht Vietnam zu schaffen.

Noch bis 1976 war Hanoi bemerkenswert geschickt darin gewesen, den bitteren Konflikt zwischen Beijing und Moskau mit seiner unerquicklichen Wahlpflicht weitgehend aus der Region herauszuhalten. Das Demokratische Kampuchea, das gleichzeitig pro-chinesisch und anti-vietnamesisch eingestellt war, arbeitete nach Kräften darauf hin, China und Vietnam gegeneinander aufzubringen. Während die CPK-Führer nur mit China und Nordkorea enge Beziehungen hielten (und anfangs noch mit Moskau-kritischen sozialistischen Staaten wie Jugoslawien und Rumänien), setzten die Regierungen in Vietnam und Laos auf Moskau und Beijing gleichzeitig. Sie stritten sich bald mit China über Grenzfragen, ohne dass jedoch die ab 1977 einsetzende Feindschaft zwischen Beijing und Hanoi in dieser Intensität determiniert war.

Diese Feindschaft trieb die SRV eng an die Seite Moskaus und seiner Verbündeten, insbesondere die technologisch relativ fortgeschrittene DDR, die dem vereinten sozialistischen Land bedeutende Unterstützung zukommen ließen. Allerdings handelte es sich nicht um eine Sympathieerklärung der SRV für Moskau, sondern um eine kalkulierte Entscheidung zur Anlehnung an einen Patron, der liefern konnte, was Hanoi zur Behauptung gegen chinesischen Druck brauchte. Die Feindschaft zwischen Beijing und Hanoi war vor allem das Resultat nationalistischer Entscheidungen in beiden Hauptstädten, die zu einer Eskalation und blutigen Kämpfen in Kampuchea und Vietnam 1978 und 1979 führten. Vietnam schien als Sieger aus diesen Konflikten hervorgegangen zu sein, als es ab Sommer 1979 über eine quasi indochinesische Föderation präsidierte. Der Mühlstein auswärtiger Abenteuer in Verbindung mit desaströser Innenpolitik brachte die SRV 1986 allerdings an den Rand des ökonomischen Zusammenbruchs. Ironischerweise sollten es dann schließlich chinesische anstelle sowjetischer Ideen werden, die Vietnam auf den Pfad einer erfolgreichen ökonomischen Entwicklung unter den konstanten Bedingungen kommunistischer Parteiherrschaft führten.

---

[78] Nayan Chanda, Brother Enemy: The War after the War, New York 1986; Grant Evans/Kelvin Rowley, Red Brotherhood at War: Vietnam, Cambodia and Laos since 1975, London/New York ³1990; Odd Arne Westad/Sophie Quinn-Judge (Hrsg.), The Third Indochina War: Conflict between China, Vietnam and Cambodia 1972–79, London/New York 2006.

Ulrich van der Heyden
Soweto, 1976: Die Südafrika-Politik der DDR

Als Mitte der 1970er Jahre im ärmlichen und nur von schwarzen Afrikanern bewohnten Vorort Soweto der südafrikanischen Metropole Johannesburg die Polizei eine spontane Demonstration von schwarzen Schülern blutig auseinanderknüppelte und Dutzende junger Menschen niederschoss, schreckte die Welt, die sich nach den KSZE-Verhandlungen in einem begrenzten Prozess der Entspannung befand[1], auf. Mit einmal stand die menschenverachtende Apartheid der Republik Südafrika (RSA) wieder im Mittelpunkt der weltweiten kritischen Öffentlichkeit: Der Polizeieinsatz kostete etwa 600 Menschen das Leben, davon waren ein Viertel Kinder. Es gab wohl kaum eine Stimme, die nicht das Massaker im Land am Kap verurteilte. Ein wahrer Proteststurm breitete sich von Nord bis Süd, von Ost bis West über den Erdball aus.

Die östliche Seite in der damals bipolaren Welt nutzte den die Menschenrechte aufs Gröbste verletzenden Akt nicht nur, um die staatlich sanktionierte Mordtat an sich zu verurteilen, sondern auch, um ausländische Unterstützer und Profiteure des Apartheidregimes anzuklagen. So projizierte die DDR etwa den deutsch-deutschen Gegensatz in die Verurteilung der Menschenrechtsverletzungen im Süden Afrikas hinein. „Die DDR kann nicht umhin, darauf hinzuweisen, dass diejenigen, die ihre Zusammenarbeit mit diesem Regime selbst angesichts der jüngsten Ereignisse fortsetzen, zur weiteren Aufrechterhaltung der Herrschaft des Apartheidstaates beitragen und den afrikanischen Völkern in ihrem gerechten Kampf in den Rücken fallen", hieß es beispielsweise in einer offiziellen Erklärung des Außenministeriums der DDR.[2] Wenn auch propagandistisch überzeichnet, konnte sich die Erklärung doch auf Fakten stützen. Diverse Banken und Großkonzerne insbesondere aus Westeuropa – und darunter vor allem aus der Bundesrepublik und der Schweiz[3] – profitierten von der Apartheid[4] und arbeiteten auf staatlicher Ebene, beispielsweise bei der Unterstützung der Sicherheitskräfte des Apartheidregimes[5], wie auch auf privater Ebene eng mit offiziellen Stellen bzw. Wirtschaftsunternehmen der Republik Süd-

---

[1] Vgl. Yvan Vanden Berghe, Der Kalte Krieg 1917–1991, Leipzig 2002, S. 271.
[2] Aus der Erklärung des Außenministers der DDR im Namen des Ministerrates, zitiert in: Klaus Brade, Südafrika – Apartheid – Befreiungskampf, Berlin 1978, S. 6.
[3] Vgl. Mascha Madörin/Gottfried Wellmer/Martina Egli, Apartheidschulden. Der Anteil Deutschlands und der Schweiz, Stuttgart 1999.
[4] Vgl. H. Koch, Bundesrepublik – Südafrika Handelspartner No. 1, in: Informationsdienst Südliches Afrika, Nr. 10/11 (1978), S. 11 ff.; Gottfried Wellmer, Verflechtungen bundesrepublikanischer transnationaler Konzerne mit Südafrika, in: Wolff Geisler/Gottfried Wellmer, DM-Investitionen in Südafrika, Bonn 1983, S. 7 ff.; Stoppt die Verbündeten der Apartheid. Materialheft zur Südafrika-Aktionsdekade, hrsg. vom Bund der Deutschen Katholischen Jugend, Stuttgart 1989; Günter Verheugen, Apartheid. Südafrika und die deutschen Interessen am Kap, Köln 1986.
[5] Dagegen richteten sich vielfältige Aktionen der bundesdeutschen Anti-Apartheid-Bewegung. Vgl. u. a. Apartheid tötet – boykottiert Südafrika! Dokumentation der bremischen Südafrika-Wochen (12.–27.12.1979), hrsg. von der Anti-Apartheid-Bewegung e. V., Gruppe Bremen, Bremen 1980.

afrika zusammen⁶, und sie ließen sich auch nicht von Protesten der Anti-Apartheid-Bewegung im eigenen Land eines Besseren belehren.[7]

Um sich nicht alleine den „Schwarzen Peter" zuschieben zu lassen, wurden von westlicher Seite vereinzelte Stimmen laut, die den Osten der geheimen Unterstützung des Apartheidregimes bezichtigten. Gerade für die Vorwürfe gegen die DDR, die insbesondere von westlichen Journalisten vorgebracht wurden, konnten indes keine substantiellen Belege beigebracht werden.[8] Denn schon seit mehr als einem Jahrzehnt vor den Ereignissen von Soweto hatte die DDR ihre Handelskontakte zum Regime im Süden Afrikas trotz schmerzhafter Verluste in ihrer Außenhandelsbilanz abgebrochen. Wie war es dazu gekommen?

Die DDR und der Boykott des Apartheidregimes

In einem Brief vom Juli 1963 hatte die Führung der Sozialistischen Einheitspartei Deutschlands (SED) der Südafrikanischen Kommunistischen Partei (SACP) die Unterstützung des Volkes der DDR für die bei Rivonia festgenommenen ANC-Führer zugesichert[9] und sie zugleich über ihre Absicht informiert, Sanktionen gegen den Apartheidstaat zu verhängen. Der Außenhandelsminister der DDR wies schon kurz darauf die ihm nachgeordneten Einrichtungen an, den Handel mit allen Institutionen Südafrikas einzustellen, bestehende Exportverträge auslaufen zu lassen, den Export von Jagdwaffen und der dazugehörigen Munition indes sofort zu beenden.[10] Die DDR hatte zwar schon zuvor erklärt, dass sie den Kampf gegen Rassismus auf dem afrikanischen Kontinent mit allen ihr zu Gebote stehenden Mitteln unterstützen wolle. Sie war indes bislang vor ökonomischen Sanktionen zurückgeschreckt, weil ihre eigene Wirtschaft darunter zu leiden gehabt hätte. Zu Beginn der 1960er Jahre, als die internationalen Proteste gegen die Apartheid immer stärker anschwollen, konnte sich die DDR dem vehement erhobenen Ruf nach internationalen Wirtschaftssanktionen aber nicht länger verschließen. Die DDR gehörte nach ihrem Selbstverständnis zusammen mit der Sowjetunion und den anderen sozialistischen Ländern zu denjenigen Staaten, die die Beschlüsse der UNO zur Ausmerzung der Rassendiskriminierung, zur Beseitigung jeglicher kolonialer Abhängigkeit und Unterdrückung und zur Sicherung

---

[6] Vgl. beispielsweise Nukleare Zusammenarbeit zwischen Bundesrepublik und Südafrika. Dokumentation des ANC of South Africa, in: 3. Welt Magazin, Nr. 3/4 (1975); Dokumentation: Kongreß gegen atomare Zusammenarbeit Bundesrepublik – Südafrika, hrsg. von der Anti-Apartheid-Bewegung in der Bundesrepublik und Berlin (West), Bonn 1979.

[7] Vgl. Jürgen Bacia/Dorothée Leidig, „Kauft keine Früchte aus Südafrika". Geschichte der Anti-Apartheid-Bewegung, Frankfurt a. M. 2008.

[8] Vgl. Ulrich van der Heyden, Die DDR und der Handel mit dem Apartheidregime in Südafrika, Berlin 2004.

[9] Vgl. Ilona Schleicher, Die Solidarität der DDR mit dem ANC während des Rivonia-Prozesses 1963/64, in: Ulrich van der Heyden/Ilona Schleicher/Hans-Georg Schleicher (Hrsg.), Engagiert für Afrika. Die DDR und Afrika II, Münster/Hamburg 1994, S. 104ff. Zum Prozess selbst vgl. die folgenden ins Deutsche übersetzten Standardwerke: Hilda Bernstein, Die Männer von Rivonia. Südafrika im Spiegel eines Prozesses, Berlin 1970; Joel Joffe, Der Staat gegen Mandela. Die Jahre des Kampfes und der Rivonia-Prozeß, Berlin 2006.

[10] Vgl. Ilona Schleicher, Prinzipien, Zwänge, Kalter Krieg. Die DDR und Sanktionen gegen Südafrika zu Beginn der 60er Jahre, in: Ulrich van der Heyden/Ilona Schleicher/Hans-Georg Schleicher (Hrsg.), Die DDR und Afrika. Zwischen Klassenkampf und neuem Denken, Münster/Hamburg 1993, S. 56.

des Selbstbestimmungsrechts der Völker voll unterstützte. „Dazu gehört auch", so schrieb der DDR-Wissenschaftler Alfred Babing im Rückblick, „die konsequente Einhaltung des von den Vereinten Nationen verhängten Boykotts gegenüber den rassistischen und kolonialistischen Regimes."[11]

Dieser Boykott markierte den Beginn einer jahrelangen engen Unterstützung der DDR für den Kampf der südafrikanischen Befreiungsorganisation African National Congress (ANC) und der südafrikanischen Kommunisten gegen das Apartheidregime im Süden Afrikas. Die Art und Weise der Unterstützung der DDR war über die Jahrzehnte hinweg gesehen mannigfach, auch unterschiedlich intensiv oder ausgeprägt und hing nicht zuletzt von den politischen Gegebenheiten und Notwendigkeiten sowie – nicht zu vergessen – von den ökonomischen Potentialen der DDR ab.[12] So aktivierte die DDR in der zweiten Hälfte der sechziger Jahre ihre Unterstützung für die internationale Propagandaarbeit sowie den bewaffneten Kampf der südafrikanischen Befreiungsorganisation ANC.[13] Das für die Entwicklungszusammenarbeit zentral zuständige Solidaritätskomitee der DDR finanzierte beispielsweise Mitarbeiter, die Druckkosten und den Vertrieb der offiziellen Zeitschrift des ANC, „Sechaba", deren erste Ausgabe im Jahre 1967 erschien. Später wurde die Zeitung sogar in der DDR gedruckt[14], ohne dass die SED, wie des Öfteren behauptet wurde[15], Einfluss auf die inhaltliche Ausrichtung der Zeitung genommen hätte.

Eineinhalb Jahre nachdem die DDR die Produktion der „Sechaba" übernommen hatte, wandte sich die SACP mit der Bitte an die SED, ihr im Jahre 1959 gegründetes Presseorgan „The African Communist" ebenfalls in der DDR drucken zu lassen. Die SED sagte zu, da diese Form von Unterstützung den relativ begrenzten wirtschaftlichen Möglichkeiten der DDR am besten entsprach und ihr internationales Prestige nachhaltig steigern konnte.

Blieben diese Verbindungen bis in die 1960er Jahre der Öffentlichkeit weitgehend verborgen, so war die Berichterstattung über die Zusammenarbeit der DDR mit den südafrikanischen Befreiungsbewegungen in der Republik Südafrika sowie in Namibia, ANC und SWAPO, seit dem Besuch des DDR-Staats- und Parteichefs Erich Honecker in Afrika im Jahre 1979 offener.[16] Schließlich wurden nach den bereits erwähnten Ereignissen von Soweto sogar relevante Publikationen aus der Bundesrepublik, die dort von südafrikanischen und bundesdeutschen Autoren veröffentlicht worden sind, in der DDR nachgedruckt oder in Lizenz hergestellt.[17]

---

[11] Alfred Babing, Einführung, in: Institut für Internationale Politik und Wirtschaft der DDR/DDR-Komitee für die Kampfdekade gegen Rassismus und Rassendiskriminierung (Hrsg.), Gegen Rassismus, Apartheid und Kolonialismus. Dokumente der DDR 1949–1977, Berlin 1978, S. 52.

[12] Vgl. die neueste zusammenfassendste Darstellung von Hans-Georg Schleicher, GDR Solidarity: The German Democratic Republic and the South African Liberation Struggle, in: The Road to Democracy in South Africa, Vol. 3: International Solidarity, Part 2, Pretoria/Hollywood 2008, S. 1069ff.

[13] Vgl. Hans-Georg Schleicher/Ilona Schleicher, Waffen für den Süden Afrikas. Die DDR und der bewaffnete Befreiungskampf, in: Ulrich van der Heyden/Ilona Schleicher/Hans-Georg Schleicher (Hrsg.), Engagiert für Afrika, S. 7ff.

[14] Vgl. Eric Singh, Sechaba. ANC-Zeitschrift Printed in GDR, in: Ebenda, S. 129ff.; Ilona Schleicher, Der lange Weg der Sechaba, in: Der Überblick. Zeitschrift für ökumenische Begegnung und internationale Zusammenarbeit, Nr. 4, 1990, S. 81.

[15] Vgl. J. Jacobs, Die Loodsing en Bedryf van Sechabe, die voormalige amtlike Mondstuk van die ANC, in: Journal for Contemporary History, Nr. 2, 1993, S. 125ff.

[16] Vgl. Winrich Kühne/Bernard von Plate, Two Germanys in Africa, in: Africa Report, Vol. 25, 1980, S. 14.

[17] Vgl. beispielsweise Peter Magubane, Magubanes Südafrika, Berlin 1983; Zindzi Mandela/Peter Magubane, Schwarz wie ich bin. Gedichte und Fotos aus Soweto, Berlin 1986.

Private Kontakte und offizielle Beziehungen zwischen DDR-Bürgern und Südafrikanern

Wenngleich für DDR-Verhältnisse, zumindest ab Mitte der 1970er Jahre, relativ viele Publikationen zur Südafrika-Thematik erschienen waren[18], konnte das Informations- und Lesebedürfnis der DDR-Bürger über bestimmte Aspekte der südafrikanischen Vergangenheit und Gegenwart doch nicht voll befriedigt werden[19]. So gab es kaum originäre Reportagen[20] aus dem Land am Kap. Die Lücken in der Berichterstattung sowie die nicht immer authentischen Informationen aus der und über die RSA waren indes nicht allein fehlendem Willen der DDR geschuldet. Vielmehr hatten, so mussten es etwa 1976 zwei polnische Journalisten erleben, „in der Republik Südafrika [...] Journalisten aus sozialistischen Ländern keinen Zutritt".[21]

Eine gewisse Stabilität in den Beziehungen zwischen dem ANC und der DDR und somit auch zwischen DDR-Bürgern und nunmehr verstärkt in die DDR einreisenden ANC-Exilanten ist mit einer „Vereinbarung zwischen dem Zentralkomitee der Sozialistischen Einheitspartei Deutschlands und dem Exekutivkomitee des Afrikanischen Nationalkongresses Südafrikas über Zusammenarbeit in den Jahren 1973–1974" entstanden. Dieses Dokument sah neben Festlegungen zum Delegationsaustausch, zu Beratungen, zum Austausch von Informationen, Dokumentationen und Publikationen, zur medizinischen Behandlung und einem vierwöchigen Ferienaufenthalt von jeweils zwei Mitgliedern des Exekutivkomitees des ANC in der DDR pro Jahr auch vor, dass „Kader" des ANC an Schulen der Massenorganisationen der DDR ausgebildet werden sollten. Darüber hinaus wurde das Solidaritätskomitee der DDR beauftragt, konkrete Vereinbarungen für weitere Kooperationen mit dem ANC zu treffen.[22]

Private Kontakte zwischen den in der DDR lebenden Exilanten und ostdeutschen Bürgern wurden von der DDR-Obrigkeit dagegen nicht gerade mit Wohlwollen betrachtet, konnten jedoch auch nicht verhindert werden. Briefkontakte hingegen zwischen DDR-Bürgern und in Südafrika lebenden Menschen waren aufgrund des Misstrauens der Geheimdienste beider Seiten so gut wie unmöglich. Dies führte dazu, dass selbst zu politisch oder familiär nahestehenden Personen kaum direkte Verbindungen gepflegt werden konnten, sondern in der Regel über Personen in Drittländern, vorzugsweise über Großbritan-

---

[18] Vgl. Peter Sebald, African Studies in the GDR helped by the ANC, in: Ulrich van der Heyden (Hrsg.), 75 Years of the African National Congress of South Africa – 75 Years of Struggle against Colonialism and Racism, Berlin 1988, S. 107ff.
[19] Keinesfalls war es jedoch so, wie der Pfarrer, DDR-Regimekritiker, (letzte) DDR-Minister für Abrüstung und Verteidigung und heutige CDU-Funktionär Rainer Eppelmann im Jahre 1992 nach einer Südafrika-Reise äußerte, dass man sich in der DDR nicht über die Probleme Südafrikas hätte objektiv informieren können. Vgl. Ulrich van der Heyden, Südafrika – Eppelmann warnte die Kirche vor Kommunisten. Blick durch die Parteibrille aufs Kap, in: Neues Deutschland vom 10.11.1992.
[20] Die letzte originäre Reportage stammt von einem in der DDR lebenden und journalistisch lehrenden Schweizer, nämlich Jean Villian, Und so schuf Gott die Apartheid. Sechstausend Kilometer durch Südafrika, Berlin 1961. Spätere in der DDR veröffentlichte literarische Dokumente dieses Genres waren in der Regel Nachdrucke oder Übersetzungen aus dem Englischen, deren Verfasser der Anti-Apartheid-Bewegung nahestanden.
[21] Zbigniew Domaranczyk/Tadeusz Wójcik, Vorhof der Hölle, Leipzig 1976, S. 7.
[22] Vgl. Stiftung Archiv der Parteien und Massenorganisationen der DDR im Bundesarchiv (SAPMO-BArch): J IV 2/2.035/147, Bl. 65f.: Vereinbarung zwischen dem Zentralkomitee der Sozialistischen Einheitspartei Deutschlands und dem Exekutivkomitee des Afrikanischen Nationalkongresses Südafrikas über Zusammenarbeit in den Jahren 1973–1974.

nien, erfolgen mussten. Und in jenen Fällen, in denen direkte familiäre oder freundschaftliche Kontakte zwischen Bürgern der DDR und der Republik Südafrika aufrechterhalten wurden, war äußerste Vorsicht geboten. Als größtes Hindernis stellte sich hier aber nicht das übertriebene Sicherheitsdenken der DDR-Sicherheitsorgane, sondern die südafrikanische Gesetzgebung, vor allem der Anticommunism Act heraus. Aus diesem Grunde vereinbarten etwa kirchliche Stellen der DDR mit den ostdeutschen Grenzorganen, dass zu Besuch in der DDR einreisende Südafrikaner keine Visa-Stempel in ihre Reisedokumente erhielten.

Auch andere südafrikanische Bürger, die die DDR, beispielsweise während der Weltfestspiele der Jugend und Studenten 1973, besuchen wollten, machten von dieser Möglichkeit Gebrauch.[23] Besonders wichtig war es für die zur militärischen Ausbildung oder zu medizinischen Zwecken in der DDR weilenden ANC-Kader, keinen Stempel in die Reisedokumente zu erhalten. Der letzte stellvertretende Leiter des ANC-Büros in Ostberlin, Indres Naidoo, schreibt dazu in seinen Lebenserinnerungen: „Sie [die Freiheitskämpfer des ANC – U. v. d. H.] kamen und gingen, ohne einen Stempel im Pass zu erhalten. Ein Stempel der DDR hätte verheerende Folgen in Südafrika nach sich ziehen können."[24]

Andere, in der Regel „weiße" Bürger der Republik Südafrika, die nicht einmal Sympathisanten des ANC waren, die zu Hause durch einen Besuch in einem „kommunistischen Land" nicht gefährdet waren, also nicht unter den restriktiv gehandhabten Anticommunism Act des Apartheidregimes fielen, konnten sich hingegen wie andere westliche Touristen in der DDR bewegen. Das Ministerium für Staatssicherheit (MfS) registrierte allerdings etwa im Jahre 1977 gerade einmal 60 Besucher aus Südafrika, ohne hier zwischen ANC-Mitgliedern und „normalen" Touristen zu unterscheiden.[25]

Umgekehrt war ein Besuch von DDR-Bürgern im Land am Kap bis nach Mitte der 1980er Jahre vollkommen unmöglich, selbst wenn trotz der bekannten rigiden Reisebeschränkungen seitens der DDR einige ihrer Staatsbürger hätten dorthin reisen können, so wie ja auch vereinzelte Privatreisen nach Australien und anderen Ländern möglich waren. Denn das Apartheidregime hatte im Allgemeinen ein kaum weniger rigides Reise- und Grenzregime als die DDR. Demzufolge verwundert die Feststellung nicht, dass zum Ende der 1970er bzw. zu Beginn der 1980er Jahre, nach einer Recherche des MfS, sich keine Staatsbürger der DDR in der Republik Südafrika aufhielten.[26]

Nach vielen Jahren des Einreiseverbots reiste buchstäblich als erster offizieller DDR-Bürger der Ostberliner Rechtsanwalt und Beauftragte Erich Honeckers für humanitäre Fragen, Wolfgang Vogel, in den 1980er Jahren für drei Tage nach Südafrika, um einen – letztlich erfolglos gebliebenen – Versuch zu unternehmen, Nelson Mandela gegen den sowjetischen Regimekritiker Andrej Sacharov auszutauschen.[27] Im Jahre 1987 besuchte der Pfarrer Helmut Schiewe mit Genehmigung der DDR-Regierung die Republik Südafrika.[28]

---

[23] Vgl. Die Bundesbeauftragte für die Unterlagen des Staatssicherheitsdienstes der ehemaligen Deutschen Demokratischen Republik (BStU): MfS-Zentralarchiv, HVA, Nr. 188, Bl. 38.
[24] Indres Naidoo, Robben Island – Insel in Ketten, Göttingen ²2003, S. 289.
[25] Vgl. BStU: MfS-Zentralarchiv, HA II, Nr. 28725, Bl. 4.
[26] Vgl. BStU: MfS-Zentralarchiv, HA IX, Nr. 10020, Bl. 50.
[27] Vgl. Albrecht Hagemann, Nelson Mandela, Reinbek bei Hamburg 1995, S. 108.
[28] Vgl. Helmut Schiewe, Eine Reise nach Südafrika 1987. Eindrücke und Erlebnisse eines Kirchenmannes aus der DDR, in: Ulrich van der Heyden/Ilona Schleicher/Hans-Georg Schleicher (Hrsg.), Engagiert für Afrika, S. 94ff.

Später nahm die stellvertretende Chefredakteurin der Tageszeitung „Junge Welt", Karin Retzlaff, aufgrund einer entsprechenden Einladung sowie nach Absprache mit dem ANC und mit ausdrücklicher Genehmigung des SED-Politbüros, an der Konferenz „Der Konflikt in Südafrika und die Presse" in Johannesburg teil.[29]

Dies dürften vor der politischen Wende in der DDR 1989/90 seit Anfang der 1960er Jahre, als sich der ostdeutsche Staat offiziell den Sanktionen gegen das Apartheidregime angeschlossen hatte[30], die einzigen offiziellen Besucher der DDR in Südafrika gewesen sein. Ausnahmen bildeten lediglich Notfälle, wenn etwa ein Matrose auf einem DDR-Handelsschiff dringende medizinische Hilfe benötigte oder DDR-Bürger bei privaten Besuchen im Westen Deutschlands ihren DDR-Reisepass in einen aus der Bundesrepublik eintauschten und so ausgestattet in den Süden Afrikas flogen.

Kurz vor dem Ende der DDR gab es indes einige noch wenige Jahre zuvor kaum vorstellbare Kontakte zwischen DDR-Bürgern und Bürgern Südafrikas, die nicht der Befreiungsorganisation ANC oder anderen gebannten Organisationen wie der SACP angehörten. So kamen, wenn auch nur vereinzelt nachweisbar, „weiße Touristen" in die DDR, die vor allem ihren „deutschen Wurzeln" nachspüren wollten, wie etwa der damalige Generalsekretär der Deutsch-Südafrikanischen Kulturvereinigung. Im Jahre 1987 wurde nicht zuletzt aus diesem Grunde ein „neuer Trend" in der Afrikapolitik der DDR von westlichen Beobachtern bemerkt.[31] Zum ersten Male waren zudem in jenem Jahre „weiße" Journalisten aus Südafrika in die DDR eingeladen worden.

Eine Besonderheit stellte zweifellos das Studium einer südafrikanischen weißen Studentin an der Musikhochschule Leipzig von 1962 bis 1969 dar, die sogar ein Leistungsstipendium der DDR bezog. Ihrer eigenen Aussage in einem Interview mit dem Autor zufolge habe sie sich in der DDR „unpolitisch" verhalten und auch keinen Kontakt zur ANC-Community in der Messestadt gepflegt. Die damalige Studentin will zudem die Apartheid öffentlich gelobt und für ein „Nebeneinander der Kulturen" anstelle einer „Kulturmischung" plädiert haben. Im Rückblick lobte sie die ostdeutschen Bürger im Vergleich mit den „amerikanisierten Westdeutschen" dafür, dass sie „deutsch" geblieben seien![32]

Die DDR und der internationale Boykott des Apartheidregimes

Einheimische und internationale Gegner des Regimes in Südafrika hatten bereits seit Mitte der 1950er Jahre für einen internationalen Warenboykott plädiert, um auf diese Weise gegen die menschenverachtende, undemokratische und rassistische Politik der Apartheid zu protestieren und um wirtschaftlichen Druck auf die weiße Bevölkerungsminorität auszuüben.

Auf dem ersten Allafrikanischen Völkerkongress in Accra (Ghana) im Dezember 1958 war ein Aufruf des ANC zum weltweiten Boykott südafrikanischer Waren verabschiedet

---

[29] Vgl. Bettina Husemann/Annette Neumann, Die Afrikapolitik der DDR. Eine Titeldokumentation von Akten des Politbüros und des Sekretariats des Zentralkomitees der SED 1949–1989, Hamburg 1994, S. 221.
[30] Vgl. Ilona Schleicher, Zur Diskussion um die Beteiligung der DDR an Sanktionen gegen Südafrika Anfang der sechziger Jahre, in: Afrika Spectrum, Nr. 3, 1990, S. 283ff.
[31] Vgl. DDR – Südafrika, in: Internationales Afrikaforum, Nr. 1, 1988, S. 5.
[32] Interview mit L. J. (vollständiger Name ist dem Verfasser bekannt – U. v. d. H.) am 3.9.2002 in Pretoria.

worden.³³ Während sich die sozialistischen Länder in den folgenden Jahren nahezu geschlossen dem Aufruf zum Boykott anschlossen, unterstützten die meisten Regierungen der westlichen Welt den Boykottaufruf nicht oder nur formal. Das änderte sich im Verlaufe von gut drei Jahrzehnten kaum. So gehörten (und blieben es bis zum Schluss) nach UNO-Angaben Großbritannien, die USA, Japan und die Bundesrepublik Deutschland zu den Haupthandelspartnern des Apartheidregimes.³⁴ Erst gegen Mitte der 1980er Jahre wurde der Boykottdruck des Westens auf das Apartheidregime verstärkt.

Die DDR benötigte Ende der 1950er Jahre/zu Beginn der 1960er Jahre einige Zeit an Überlegungen und nicht zuletzt an politischem Druck durch ihre südafrikanischen Verbündeten, bevor sie sich dem Boykott anschloss.

Bereits Anfang des Jahres 1960 hatten Führungsmitglieder der SACP bei Gesprächen in der DDR mit hochrangigen Vertretern der SED die Boykottfrage angesprochen und versucht, das ostdeutsche Land davon zu überzeugen, alle Handelskontakte mit dem Rassistenregime abzubrechen.³⁵ Gut ein Jahr später stand die Frage der Beteiligung der DDR an der Boykottbewegung erneut auf der Tagesordnung. Weitere Gespräche mit Vertretern der SACP führten dazu, dass das Außenministerium der DDR von der SED-Führung beauftragt wurde, sich in dieser Hinsicht mit den anderen sozialistischen Ländern abzustimmen.³⁶

Ein damaliger hochrangiger SACP-Funktionär, Vella Pillay, hatte führenden DDR-Genossen mehrfach erklärt, dass unter Berücksichtigung der ökonomischen Probleme der DDR und deren Exportinteressen es bei den Kommunisten Südafrikas durchaus Verständnis dafür gäbe, wenn die DDR nicht sofort alle Handelskontakte zum Rassistenregime abbrechen würde – es genüge, so Pillay, wenn zunächst vorrangig die Importe aus Südafrika reduziert werden könnten.³⁷ Damit hatten die Konsultationen mit der SACP tatsächlich dazu beigetragen, „die Handelspolitik der DDR gegenüber Südafrika zu korrigieren und größere Anstrengungen von Seiten der Handelsorgane zu erreichen, sich der internationalen Boykottbewegung anzuschließen".³⁸

Die DDR, die sich auf diplomatischer Ebene und in der Öffentlichkeit immer wieder solidarisch mit den nationalen Befreiungsbewegungen in der Dritten Welt erklärt hatte, befand sich in einem Dilemma. Zum einen war sie der Auffassung, so der stellvertretende DDR-Außenminister in einem internen Schreiben, „dass die Südafrikanische Republik unter dem Verwoerd-Regime mit aktiver Unterstützung Großbritanniens, der USA und Westdeutschlands zu einem Stützpunkt des Imperialismus in Afrika, zu einer Aggressionsbasis gegen die unabhängigen Staaten Afrikas und zu einer tödlichen Gefahr für die noch um ihre Befreiung vom Kolonialismus kämpfenden afrikanischen Völker geworden ist".³⁹ Auf der anderen Seite sei Südafrika seit Ende der 1950er Jahren nach Ägypten das wichtigste afrikanische Export-Land für DDR-Waren. Bis zum Jahre 1957 war Südafrika sogar das zweit-

---

³³ Vgl. Ilona Schleicher, Prinzipien, S. 45.
³⁴ Ein Verbrechen gegen die Menschheit. Fragen und Antworten über Apartheid in Südafrika, hrsg. von den Vereinten Nationen, o. O. 1973, S. 30.
³⁵ Vgl. Ilona Schleicher/Hans-Georg Schleicher, Die DDR im südlichen Afrika. Solidarität und Kalter Krieg, ²Hamburg 1998, S. 10f.
³⁶ Vgl. SAPMO-BArch: DY 30/IV2/2078 (o. P.): Protokoll der Sitzung der APK am 6.2.1961, Bl. 1ff.
³⁷ Vgl. Ilona Schleicher/Hans-Georg Schleicher, Die DDR im südlichen Afrika, S. 12.
³⁸ SAPMO-BArch: DY 30/IV 2/20/410 (o. P.): Bericht über Beziehungen zu den Bruderparteien südlich der Sahara.
³⁹ Politisches Archiv des Auswärtigen Amts (PA AA): Bestand MfAA: A 001168, Fiche 2/4, Bl. 121: Stellungnahme des stellvertretenden Ministers für Auswärtige Angelegenheiten der DDR, Dr. Wolfgang Kiesewetter [um 1964].

bedeutendste afrikanische Import-Land für die ostdeutsche Wirtschaft gewesen.[40] Auch nach 1959 – also bereits ein Jahr nach dem internationalen Aufruf zum Handelsboykott – entwickelten sich die DDR-Exporte nach Südafrika auf relativ hohem Niveau weiter.

Diese Tatsache sollte jedoch möglichst vor der Öffentlichkeit geheim gehalten werden. In einem Brief von 14. März 1961 an das Ministerium für Auswärtige Angelegenheiten der DDR (MfAA) findet sich die Mitteilung, dass bei der Durchsicht des Statistischen Taschenbuches der DDR von 1960 aufgefallen sei, dass der Handel mit der Südafrikanischen Union darin aufgeführt war. Es folgte der Vorschlag, in Zukunft in der Statistik eine Rubrik für „weitere Länder" zu schaffen, in der dann die Südafrikanische Union mit erfasst werden könne. „Eine solche Veröffentlichung, wie sie im o. g. Statistischen Taschenbuch erfolgte, bringt uns politische Schwierigkeiten mit den demokratischen Kräften der Südafrikanischen Union, die einen Boykott der Südafrikanischen Union fordern. Wenn wir uns schon aus ökonomischen Gründen einem solchen Boykott nicht anschließen können, so sollten wir darauf verzichten, unseren Handel mit der Südafrikanischen Union zu propagieren."[41]

Offensichtlich befand sich die DDR in dieser Hinsicht in einem beständig starken Konflikt, denn einerseits musste die eigene ökonomische Situation durch internationale Handelsbeziehungen verbessert werden und andererseits wollte sie die südafrikanische Befreiungsbewegung mit dem Handelsboykott politisch unterstützen.[42] Da so einfach aus dieser Misere kein Ausweg zu finden war, beeilte sich die SED bzw. die DDR nicht unbedingt mit einer Auflösung dieses Widerspruchs.

Der Versuch der DDR trotz Sympathiebekundungen für den ANC die Handelsbeziehungen zur Südafrikanischen Union weiterhin aufrechtzuerhalten, wurde von den westlichen Medien mit entsprechenden Schlagzeilen begleitet. So hatte am 15. September 1959 die „Süddeutsche Zeitung", zwei Tage darauf die „Frankfurter Allgemeine Zeitung" sowie die französische Nachrichtenagentur AFP von einer Reisedelegation ostdeutscher Außenhandelsvertreter auf dem Weg nach Südafrika berichtet. Solche Meldungen trafen die DDR an ihrer empfindlichsten Stelle, zumal ihre Anti-Apartheid-Propaganda auch ein Mittel darstellte, den außenpolitischen Alleinvertretungsanspruch der Bonner Regierung zu durchbrechen und internationale Anerkennung zu gewinnen. Die Handelsdelegation wurde deshalb nach Bekanntwerden ihres Reiseziels von der Ostberliner Regierung umgehend zurückbeordert.[43]

Doch auch nach diesem Ereignis schrieb die „Westpresse" über angeblich weiterhin existierende ostdeutsche Handelsbeziehungen zu Südafrika. Die Beziehungen zwischen der SED und der SACP bzw. dem ANC wurden dadurch stark belastet. Unterdessen verstärkte sich der internationale Boykottdruck weiterhin, als sich die Organisation Afrikanischer Staaten (OAU) nach verstärkten Aktionen der internationalen Staatengemeinschaft dem Boykottaufruf gegen das Apartheidregime anschloss.[44] Es fiel der DDR aufgrund der Bedeutung Südafrikas als Handelspartner immer noch sehr schwer, sich sofort vollständig

---

[40] Vgl. Statistisches Jahrbuch der DDR 1959, Berlin 1960, S. 574. Die folgenden Ausführungen stützen sich zum größten Teil auf die Publikation von Ilona Schleicher, Prinzipien, S. 58, sowie auf dies./Hans-Georg Schleicher, Die DDR im südlichen Afrika, S. 4–23.
[41] PA AA: Bestand MfAA: A 11183, Bl. 41: Schüssler in einem Brief an die 4. Außereuropäische Abteilung des Ministeriums für Auswärtige Angelegenheiten, 14. 3. 1961.
[42] Vgl. Ilona Schleicher, Prinzipien, S. 46.
[43] Vgl. ebenda.
[44] Vgl. Gerhard Kramer, Portugal am Pranger. Der portugiesische Kolonialismus – Feind der Völker Afrikas, Berlin 1964, S. 131 ff.

den Boykottwünschen anzuschließen, zumal einige Länder, beispielsweise die Bundesrepublik, diese ignorierten.

So war seit 1960 die Boykottfrage immer wieder eines der Hauptthemen bei Gesprächen zwischen der SED und der SACP. Südafrikas Kommunisten äußerten hierbei deutlich ihre Enttäuschung über die Haltung der DDR und anderer sozialistischer Staaten, die sich auch nach der UN-Resolution vom 6. November 1962[45] noch nicht der internationalen Boykottbewegung angeschlossen hatten.[46]

Berichte in der Johannesburger Zeitung „Sunday Times" vom 19. Mai 1963 mit dem Titel „Rote Waffenhändler werben in Südafrika" oder im Londoner „Sunday Telegraph" vom 2. Juni 1963 erhöhten die politischen Spannungen zwischen SED und der SACP bzw. ANC noch einmal. In jenen Zeitungsartikeln wurde behauptet, dass die ČSSR und die DDR nicht unbedeutende Mengen von Gewehren und Munition nach Südafrika liefern würden und zudem besonderes Interesse an einem Ausbau des Waffenhandels bekundet hätten. Die DDR würde dabei südafrikanischen Waffenfirmen Handfeuerwaffen zu besseren Konditionen als westliche Länder anbieten; Länder wie Schweden, Dänemark, Italien und Kanada hätten inzwischen den Export von leichten Waffen nach Südafrika dagegen sogar ganz eingestellt.[47]

Auf den erwähnten Artikel im „Sunday Telegraph" reagierte der damalige Vertreter des ANC in London, Maindy Msimang, mit einem persönlichem Brief an den damaligen DDR-Staats- und Parteichef Walter Ulbricht, in dem es u. a. hieß: „Es fällt uns daher schwer zu verstehen, wieso sich die friedliebende Bevölkerung der Deutschen Demokratischen Republik in das Kriegstreiben der südafrikanischen Faschisten einspannen lassen sollte, insbesondere nachdem Ihr Land und Ihre Landsleute in letzter Vergangenheit unter dem Nazismus die ganzen Schrecken des Krieges und der Zerstörung miterlebt haben. Wir bedauern und verurteilen den Waffenhandel mit dem faschistischen Südafrika, weil eine derartige Zusammenarbeit nicht nur die Tendenzen zur Niederwerfung der Bestrebungen unseres Volkes verstärkt und unterstützt, sondern auch die imperialistische Beherrschung Afrikas im allgemeinen und Südafrikas im besonderen stärkt und ausweitet."[48] Msimang bat in dieser Angelegenheit den DDR-Chef um eine Stellungnahme. Der Brief sorgte für Unruhe und Unsicherheit unter den DDR-Politikern und -Außenhändlern. Zunächst einmal wurde ein über Frankreich angeschobenes lukratives Geschäft über den Verkauf von 30 bis 40 Eisenbahn-Kühlwagen in die Südafrikanische Union aller Wahrscheinlichkeit nach sofort storniert.[49]

So setzte in der DDR-Führung erst unter äußerem Druck die Diskussion um eine konsequente Durchsetzung von Boykottmaßnahmen gegen Südafrika ein.[50] Der stellvertretende

---

[45] In der Resolution wurde der UN-Sicherheitsrat aufgefordert, Sanktionen gegen Südafrika zu verhängen und es gegebenenfalls seines nicht-ständigen Sitzes im Sicherheitsrat zu entheben. Den UN-Mitgliedstaaten wurde empfohlen, bestehende diplomatische Beziehungen zu Südafrika abzubrechen, Häfen und Flughäfen für südafrikanische Schiffe und Flugzeuge zu sperren, desgleichen südafrikanische Häfen und Flughäfen zu boykottieren, auf den Import südafrikanischer Waren zu verzichten und keine Güter mehr nach Südafrika zu exportieren. Insbesondere sollte der Transport von Waffen und Munition nach Südafrika unterbunden werden. Vgl. Resolution: Die Apartheid-Politik der Südafrikanischen Republik vom 6. 11. 1962, in: Büro der deutschen Liga für die Vereinten Nationen (Hrsg.): UNO-Bilanz 1962/63, Berlin 1963, S. 85 ff.
[46] Vgl. Ilona Schleicher, Prinzipien, S. 49 f.
[47] Vgl. ebenda, S. 53.
[48] PA AA: Bestand MfAA: A 16048, Bl. 3.
[49] Vgl. BStU: MfS-Zentralarchiv, AIM 4004/73 (o. P.): Information, Leipzig, 6. 3. 1963.
[50] Vgl. Ilona Schleicher/Hans-Georg Schleicher, Die DDR im südlichen Afrika, S. 15.

Außenminister der DDR schrieb am 8. Juni 1963 an den Außenhandelsminister Julius Balkow: „Die afrikanischen Völker und alle fortschrittlichen Kräfte der Welt fordern immer stärker Boykottmaßnahmen. Auch die Deutsche Demokratische Republik ist mehrfach in internationalen Stellungnahmen als konsequente Verfechterin der nationalen Interessen der um ihre Freiheit kämpfenden Völker des afrikanischen Kontinents und gegen die Politik der Apartheid in Südafrika aufgetreten. Der Handel mit Südafrika und das Anlaufen portugiesischer und südafrikanischer Häfen durch die neue Ostafrika-Schiffslinie der DDR schädigen das Ansehen der DDR und bieten den Imperialisten die Möglichkeit, die DDR zu diskriminieren[51] und unsere Politik zu verleumden."[52] Er schlug vor, den Export nach und den Import aus Südafrika sowie alle Reisen dorthin einzustellen und forderte eine schnelle Entscheidung. Der damalige Leiter der Abteilung Internationale Verbindung des ZK der SED, Peter Florin, unterstrich in einem Schreiben an die Abteilung Handel, Versorgung und Außenhandel des ZK der SED, dass „im Interesse des Ansehens der DDR und nicht zuletzt im Interesse des Handels der DDR mit den afrikanischen Staaten eine Überprüfung unseres Handels mit Südafrika erforderlich ist".[53]

Als ein Ergebnis der internen Diskussionen wurde am 22. Juni 1963 eine Erklärung der Presseabteilung des Ministeriums für Außenhandel und Innerdeutschen Handel der DDR verbreitet, die die „verlogenen Meldungen verschiedener Agenturen und Zeitungen imperialistischer Mächte" als „Falschmeldungen" zurückwies. Diese zielten, wie es hieß, nur auf die Ablenkung von der „engen wirtschaftlichen und militärischen Zusammenarbeit der EWG- und NATO-Staaten, darunter auch Westdeutschlands" mit Südafrika. Das Ministerium beteuerte, dass „zwischen der DDR und Südafrika [...] keinerlei offizielle Verträge oder Vereinbarungen über den Waren- und Zahlungsverkehr" bestünden. „Ein Abschluss solcher Verträge und Vereinbarungen ist auch in keiner Weise beabsichtigt."[54]

Die Waffen, von denen in den Artikeln des „Sunday Telegraph" und der „Sunday Times" berichtet worden waren, stammten aus Suhl. Dabei handelte es sich indes nicht um militärisches Gerät, sondern lediglich um Handfeuerwaffen für die Jagd. Der Export dieser Jagdwaffen und der dazugehörigen Munition wurde dennoch sofort eingestellt.[55]

Kurze Zeit später betonte der Minister für Auswärtige Angelegenheiten der DDR, Lothar Bolz, in einem Brief an den Vorsitzenden der Anti-Apartheid-Kommission der UNO, „dass zu keiner Zeit militärische Waffen, Geräte usw. jemals ausgeliefert wurden. Die Regierung und die Bevölkerung der Deutschen Demokratischen Republik stehen fest an der Seite der Bevölkerung Südafrikas im Kampf gegen das dortige Terror- und Apartheidregime. Niemals wird die Deutsche Demokratische Republik den Befreiungskampf verraten, sondern auch in Zukunft mit allen ihr zu Gebote stehenden Mitteln unterstützen."[56]

Daraufhin konnte die Abteilung Internationale Verbindungen des ZK der SED in einer Konzeption zur Verbesserung der Beziehungen zu Südafrikas Kommunisten feststellen: „Durch den Abbruch der Handelsbeziehungen der DDR und der Republik Südafrika ist

---

[51] Gemeint ist möglicherweise „diskreditieren".
[52] PA AA: Bestand MfAA: A 16048 (o. P.): Brief von Schwab an Balkow, 8. 6. 1963.
[53] Vgl. SAPMO-BArch: DY 30/IV A 26. 10/332 (o. P.).
[54] Westliche Zwecklügen über Handelsbeziehungen DDR – Südafrika, in: Neues Deutschland vom 23. 6. 1963.
[55] Vgl. Ilona Schleicher, Prinzipien, S. 56.
[56] PA AA: Bestand MfAA: A 16048, Bl. 20 f.: Brief von Dr. Lothar Bolz, Minister für Auswärtige Angelegenheiten der DDR, 30. 7. 1963.

ein entscheidendes Hindernis für die Aktivierung der Beziehungen zwischen unseren beiden Parteien beiseite geräumt."[57]

War man in der Bundesrepublik Deutschland vor allem an einer „Wiederbelebung der traditionellen deutsch-südafrikanischen Beziehungen" interessiert[58], so war es auch für den Außenhandel der DDR keine leichte Entscheidung, sich dem Boykott anzuschließen.

Denn einerseits ging man der dringend benötigten mit Südafrika erwirtschafteten Devisen verlustig, und andererseits mussten auch die lukrativen Märkte in der Republik Südafrika – so die offizielle Bezeichnung ab dem 1. Juni 1961 – aufgegeben werden. Ein Beschluss der Außenpolitischen Kommission (APK) beim Politbüro des ZK der SED vom 5. Juli 1963 trug dieser Situation Rechnung, indem er zunächst ausdrücklich nur die direkten Geschäftskontakte der DDR-Außenhandelsbetriebe mit Südafrika unterband. Damit war von kompetenter Stelle eine Entscheidung getroffen worden, nach der sich die betreffenden staatlichen Institutionen der DDR zu richten hatten.

Handel DDR – Südafrika in den Jahren 1958–1963 (Angaben in Millionen Valuta Mark) [59]

Jahr	1958	1959	1960	1961	1962	30.4.1963
Export	9,6	8,4	7,3	6,5	6,7	6,7
Import	1,4	1,1	1,6	13,3	0,2	–

Dass es sofort nach diesem Beschluss tatsächlich zum Abbruch der Handelsgeschäfte gekommen ist, ist eher unwahrscheinlich. Denn dies hätte ja einen noch höheren finanziellen Verlust bedeutet, etwa durch Vertragsstrafen, als die Beteiligung an den Sanktionen ohnehin den Staatshaushalt der DDR gekostet hat.

In Ostberlin wurden jedoch die Weichen für eine endgültige Entscheidung über die Frage, wie man in dieser nicht leicht zu lösenden Situation zukünftig verfahren solle, auf der Sitzung der APK am 5. Juli 1963 gestellt.[60] Das Außenministerium hatte in Vorbereitung auf die entscheidende Sitzung der APK eine Stellungnahme zum Handel mit Südafrika verfasst und aus der internationalen Sanktionsdiskussion folgende Schlussfolgerungen gezogen: „Die eminent wichtige Frage Südafrika wurde auch vom Imperialismus erkannt. Um seine wahren Absichten zu verschleiern, werden in Erklärungen Bezeugungen der Sympathie für den Befreiungskampf der Afrikaner in ganz Afrika abgegeben. Nur so kann man die Forderung des Internationalen Bundes Freier Gewerkschaften (IBFG) an alle UNO-Mitgliedstaaten, die diplomatischen und Handelsbeziehungen zur Südafrikanischen Republik abzubrechen, verstehen [...]. In einem Grußschreiben an den ANC Südafrikas bringt der SPD-Vorstand zum Ausdruck, dass die SPD für die Freiheit aller Völker und gegen jede Form der Diktatur und den Kolonialismus sei und der Kampf um die Freiheit des Menschen in Südafrika ihre volle Unterstützung fände. Angesichts einer solchen Entwicklung erscheint es umso wichtiger, dass die afrikanischen Völker ihre wahren Freunde, die sozialistischen Länder, erkennen. Die geringsten Blößen, die sich die Deutsche Demokratische Republik in ihrer Haltung zur Südafrika-Frage gibt, werden ohne Zweifel sofort von

---

[57] SAPMO-BArch: DY 30/IV A2/20/985 (o. P.).
[58] Vgl. Albrecht Hagemann, Bonn und die Apartheid in Südafrika. Eine Denkschrift des Deutschen Botschafters Rudolf Holzhausen aus dem Jahr 1954, in: Vierteljahrshefte für Zeitgeschichte 43 (1995), S. 679–706.
[59] Tabelle aus Ilona Schleicher/Hans Georg Schleicher, Die DDR im südlichen Afrika, S. 21.
[60] Die folgenden Ausführungen stützen sich auf ebenda, S. 17ff.

den Bonner Machthabern ausgenutzt, um den Kampf der Afrikaner von sich abzulenken und die Deutsche Demokratische Republik gegenüber den afrikanischen Völkern zu verleumden. In Wahrung der Prinzipien des proletarischen Internationalismus und im Interesse des Ansehens der DDR unter den afrikanischen Ländern ist daher eine Revision des gegenwärtigen Zustandes notwendig."[61]

Trotz der Grundsatzentscheidung fanden einzelne DDR-Produkte auch weiterhin über Drittstaaten ihren Weg nach Südafrika; dabei ist unklar, ob dies mit oder ohne Wissen der DDR-Verantwortlichen geschah.[62] Aufgrund vielfältiger, aber unbewiesener Anschuldigungen sah sich die DDR im Mai 1964 schließlich veranlasst, offiziell zu erklären, dass „die von der Westpresse verbreiteten Meldungen über einen angeblich ständig wachsenden Handelsaustausch und Schiffsverkehr zwischen der DDR und der Republik Südafrika [...] jeder Grundlage" entbehren.[63] Und in einer Publikation des Solidaritätskomitees der DDR aus jener Zeit heißt es: „Die DDR hat das faschistische Apartheid-Regime von Südafrika [...] niemals anerkannt und unterhält auch keinerlei Beziehungen zu diese[m] Regime."[64]

Ungeachtet des offiziellen Dementis gab es, wie es scheint, weiterhin Möglichkeiten zur Umgehung des Boykottbeschlusses. Jedoch handelte es sich keineswegs um direkte Handelsbeziehungen, sondern um nahezu konspirative, indirekte Handelskontakte.

Ein Beispiel für den Transfer ostdeutscher Produkte nach Südafrika über Dritte stellt der „Wartburg" dar. Das Auto war bereits in den 1950er Jahren auf dem südafrikanischen Markt zu erhalten, und sein Verkauf wurde auch nach dem offiziellen Boykottbeschluss der DDR nicht eingestellt.[65] Der Vertrieb wurde über Belgien und die Niederlande abgewickelt. Anfang der 1970er Jahre kam sogar noch der Campinganhänger „Alpenkreuzer" dazu. Ob der DDR-Seite der Weiterverkauf durch den Käufer ihrer Produkte nach Südafrika bekannt war, muss offenbleiben. Da sowohl die Autos als auch der Anhänger ausschließlich von kleineren, namenlosen Handelsgesellschaften im Süden Afrikas vertrieben worden waren, die wenig Geld für Werbung ausgaben und deren Besitzer auch häufig wechselten, blieb der Absatz begrenzt und somit auch der Bekanntheitsgrad der ostdeutschen Produkte. Der DDR blieben unangenehme Nachfragen sowie politische und diplomatische Schwierigkeiten erspart. Für die südafrikanischen Besitzer waren die Erzeugnisse nicht direkt als Produkte der DDR zu erkennen. Auskunft gebende Markenzeichen waren entfernt worden. Erst beim Auftreten erster Verschleißerscheinungen, etwa wenn die „Pneumant"-Räder (die Marke der DDR-Reifen) oder die mit „Made in GDR" gekennzeichneten Kugellager ausgewechselt werden mussten, wurde deutlich, dass der Anhänger oder das Auto nicht aus einem westeuropäischen Unternehmen stammte, sondern aus der DDR.[66]

So gab es also in der Vergangenheit eine Reihe von Vermutungen und Rätselraten, ob die DDR sich an das Boykott-Gebot hielt oder nicht, ob der Weiterverkauf von DDR-Pro-

---

[61] SAPMO-BArch: DY 39/IV A2/20/987 (o. P.): Stellungnahme der 4. Außereuropäischen Abteilung (AEA) zu den Problemen des Handels mit Südafrika, 3. 7. 1963 (Abschrift).
[62] Fakt ist lediglich, dass die westliche Presse, vor allem diejenige aus der Bundesrepublik, zumindest anfangs nicht müde wurde, der DDR vorzuwerfen, sie unterhalte trotz anderslautender Propaganda weiterhin Handelsbeziehungen zum Apartheidstaat. Beweise konnten allerdings nicht vorgelegt werden.
[63] Kein Handel DDR – Südafrika, in: Neues Deutschland vom 13. 5. 1964.
[64] Alfred Babing, Nationaler Befreiungskampf im südlichen Afrika, hrsg. vom Solidaritätskomitee der DDR, Berlin o. J., S. 43.
[65] Vgl. Hans Heese, Trotz Sanktionen – DDR Fahrzeuge rollen in Südafrika, in: Ulrich van der Heyden/Ilona Schleicher/Hans-Georg Schleicher (Hrsg.), Engagiert für Afrika, S. 78.
[66] Vgl. ebenda, S. 79.

dukten durch westliche Händler an das Apartheidregime von DDR-Seite hätte verhindert werden können oder nicht. Bis in die Zeit der Archivöffnungen in der früheren DDR konnte auch in der wissenschaftlichen Forschung kein abschließendes Urteil gefällt werden.

Mehr Licht in die Frage, ob es trotz offizieller Boykott-Beteiligung langfristige indirekte Handelskontakte zwischen der DDR und Südafrika gegeben hat, können interne Dokumente des MfS und der Abwehr des Ministeriums für Nationale Verteidigung der DDR bringen. Generalmajor Krause, der Leiter des Militärgeheimdienstes der DDR, warnte das MfS am 17. Juni 1983, dass eigenen Erkenntnissen zufolge die NATO ein Dokument über angebliche Rohstoffexporte der DDR und Polens nach Südafrika vorbereite. Der Chef der NVA-Abwehr schrieb: „Alle Vertretungen der NATO in den sozialistischen, nichtpaktgebundenen und neutralen Staaten wurden aufgefordert, Informationen und ‚Beweise' über alle direkten und indirekten Kontakte der sozialistischen Staaten zu Südafrika zusammenzutragen."[67] Das MfS leitete umgehend eigene Untersuchungen ein und stellte in einem Brief des stellvertretenden Ministers für Staatssicherheit, Generalleutnant Rudi Mittig, an den Leiter der Hauptverwaltung Aufklärung des MfS, Generaloberst Markus Wolf, fest, dass „die DDR weder über direkte kommerzielle Kontakte noch über dritte Personen oder Länder indirekte Beziehungen zur Republik Südafrika" unterhalte.[68]

Trotz der Konkurrenzsituation der beiden Geheimdienste[69] dürften sie sich in solch wichtigen Dingen kaum angelogen haben. Es bleibt also als gesicherte Erkenntnis zu konstatieren, dass die DDR-Verantwortlichen nichts über eine eventuelle Weiterverwendung der Exportgüter aus ihrem Lande wussten oder wissen wollten und dass die südafrikanische Seite äußerst konspirativ an die Waren ihres Begehrens gelangte.

Solch ein Nichtwissen setzt allerdings voraus, dass es einen Handel über Drittstaaten tatsächlich gegeben hat, worüber allerdings bislang keinerlei handfeste Beweise vorliegen. Und anders herum: Die Südafrikaner hätten, wenn es denn Handelskontakt zur DDR gegeben hätte, ihre zum Export bestimmten Rohstoffe zunächst an „unbelastete" Zwischenhändler verkaufen müssen, von denen die DDR die Waren hätte einkaufen können. Diese Transaktionen hätten in den ostdeutschen nunmehr zugänglichen Archiven sicherlich Spuren hinterlassen, die indes trotz größter Anstrengungen nicht gefunden werden konnten.

Aufschlussreich in diesem Zusammenhang ist die Meinung der US-amerikanischen Politikwissenschaftlerin Brigitte H. Schulz, die zu den dargelegten Fakten folgenden Standpunkt vertritt: „Since the GDR is involved in heavy trading with West Germany via so-called inter-German trade, it is difficult to say to what extent East German products reach the South African market or vice versa. That some of this trade does take place should be assumed; however, the GDR is not directly involved in this trade per se. This point was brought up by the author when interviewing various academics while conducting research in the GDR during 1983/84 and summer of 1985. The answer always was that what the West Germans do with East German products is no longer of concern to the GDR, indicating a

---

[67] Vgl. BStU: MfS-Zentralarchiv, Arbeitsbereich Mittig, Nr. 140, Bl. 480: Brief vom 17.6.1983.

[68] Vgl. ebenda: Brief des stellvertretenden MfS-Ministers, Generalleutnant Rudi Mittig, an Leiter der Hauptverwaltung Aufklärung, Generaloberst Markus Wolf, vom 1.8.1983, Bl. 477.

[69] Vgl. Andreas Kabus, Auftrag Windrose. Der militärische Geheimdienst der DDR, Berlin 1993; Walter Richter, Der Militärische Nachrichtendienst der Nationalen Volksarmee und seine Kontrolle durch das Ministerium für Staatssicherheit. Die Geschichte eines deutschen Geheimdienstes, Frankfurt a. M. u. a. ²2004; Klaus Behling, Der Nachrichtendienst der NVA. Geschichte, Aktionen und Personen, Berlin ²2005.

capacity for political cynicism that comes close to matching that of the FRG and its allies in the West."[70]

Auch Dokumente aus dem Archiv des Ministry of Foreign Affairs of South Africa (Pretoria) aus jenen Jahren deuten darauf hin, dass es von Seiten der DDR keine bewussten Kontakte zu Handelsvertretern Südafrikas gegeben hat. Sie belegen indes für die Zeit ab den späten 1970er Jahren ein deutliches Interesse der Südafrikaner, mit der DDR wirtschaftliche Beziehungen herzustellen. So lassen sich praktische Bestrebungen von Seiten der südafrikanischen Regierung feststellen, sich eingehend über die potentiellen Partner aus dem anderen Teil Deutschlands[71] zu informieren, d.h. die Namen von Politikern, deren Kompetenzbereiche und ähnliche Angaben zu eruieren.[72]

In einem als „geheim" eingestuften Schreiben übermittelte dann auch die „Security Branch" der South African Police dem Verteidigungsministerium sowie dem Außenministerium in Pretoria eine Übersicht über die „Personelle Besetzung des Staats- und Parteienapparates der DDR" vom August 1978.[73] Am 12. November 1980 kursierte im südafrikanischen Außenministerium eine „Background Information on GDR", die die Kenntnis einer ausgewählten Leserschaft über den anderen deutschen Staat erweitern sollte[74] – auch dies ein indirekter Beleg dafür, dass es keine aktuellen offiziellen Kontakte gab.

Anfang der 1980er Jahre war die DDR für die südafrikanische Regierung noch immer weitgehend Terra incognita[75], was sehr verwundert, mussten doch die Offiziellen der Apartheidregierung und der -polizei bzw. der südafrikanischen Geheimdienste wissen, dass die DDR ihre schlimmsten Gegner, nämlich Kämpfer von Umkhonte We Sizwe, dem militärischen Arm des ANC, auf ihrem Territorium ausbildete[76]. Diese Tatsache war in Pretoria durchaus bekannt: Nicht von ungefähr interessierte man sich im südafrikanischen Außen-

---

[70] Brigitte H. Schulz, The Two German States and Apartheid, in: Journal für Entwicklungspolitik, Nr. 4, 1988, S. 12, Anm. 39.
[71] Und dies, obwohl die Kontakte zur Bundesrepublik zu jener Zeit bekanntlich noch recht gut verliefen. Vgl. Claudius Wenzel, Südafrika-Politik der Bundesrepublik Deutschland 1982-1992. Politik gegen Apartheid?, Wiesbaden 1994; Peter Meyns, Cooperation without Change. The Foreign Policy of the Federal Republic of Germany in Southern Africa, Bonn 1987; Rainer Falk, Die heimliche Kolonialmacht. Bundesrepublik und Dritte Welt, Köln 1985; Reinhard Rode, Die Südafrikapolitik der Bundesrepublik Deutschland 1968-1972, München/Mainz 1975; ders., Bonn und Pretoria. Lerndefizite und Lernerfolge in der Südafrika-Politik der Bundesrepublik, in: Helmut Bley/Rainer Tezlaff (Hrsg.), Afrika und Bonn. Versäumnisse und Zwänge deutscher Afrika-Politik, Reinbek bei Hamburg 1978, S. 88ff.; Tilman Dedering, Ostpolitik and the Relations between West Germany and South Africa, in: Carole Fink/Bernd Schaefer (Hrsg.), Ostpolitik, 1969-1974. European and Global Responses, Cambridge 2009, S. 206ff. Die Kontakte der Bundesrepublik zum Apartheidstaat wurden von DDR-Seite nach wie vor kritisch beobachtet und kommentiert, so beispielsweise in: Memorandum über die Zusammenarbeit der BRD mit Südafrika auf militärischem und atomarem Gebiet, Dresden 1964; Das Bündnis Bonn-Pretoria, Dresden 1967; beides hrsg. vom Afro-Asiatischen Solidaritätskomitee der Deutschen Demokratischen Republik. Zu der Entlarvungskampagne vgl. ebenfalls BStU: MfS-Zentralarchiv, ZAIG, Nr. 10890.
[72] Ein vorhergehender Versuch des südafrikanischen Botschafters in Bonn, sein Außenministerium mit den politischen, ökonomischen, demographischen und sonstigen in der DDR vorherrschenden Verhältnissen vertraut zu machen (Schreiben vom 23.2.1971), scheint noch auf keinen großen Widerhall gestoßen zu sein. Vgl. Archive of the Department of Foreign Affairs, RSA, Pretoria: 1/154/1, Vol. 12 (o. P.).
[73] Ebenda, Vol. 18, Bl. 125.
[74] Vgl. ebenda, Vol. 22 (o. P.).
[75] Vgl. Ian Greig, East Germany's Drive for Influence in Africa, in: ISSUP [Institute for Strategic Studies, University of Pretoria] Bulletin, Strategiese Oorsig, 6/1985, S. 19ff.
[76] Vgl. Howard Barrell, MK. The ANC's Armed Struggle, London 1990, S. 43.

ministerium für die Anti-Terror-Gesetze der Bundesrepublik zur Zeit der Aktivitäten der RAF, denn die ANC-Kämpfer wurden von den Apartheidstrategen in deren ideologischer und politischer Nähe gesehen.[77] Damit lagen die Diplomaten, Politiker und Sicherheitsexperten des Apartheidstaates in ihren Auffassungen nicht so weit entfernt von der häufig geäußerten Meinung, in den im Süden Afrikas existierenden Befreiungsorganisationen ANC und SWAPO sowie in der SACP „terroristische Banden nach dem Vorbild der westdeutschen RAF" zu erblicken.[78] Insbesondere Franz Josef Strauß und seine CSU meinten in den südafrikanischen Befreiungsorganisationen „pro-kommunistische" und „terroristische" Gruppen ausgemacht zu haben.[79]

Die 1980er Jahre: Vehemente Versuche zur Aufnahme von Handelskontakten

Zu Beginn der 1980er Jahre begannen südafrikanische Regierungsvertreter, sich aktiv um Handelsbeziehungen zur DDR und um Zusammentreffen mit deren Vertretern zu bemühen.[80] Offensichtlich hatte das südafrikanische Außenministerium noch Ende der 1970er Jahre vermutlich nichts von Handelsbeziehungen von Geschäftsleuten der RSA zur DDR gewusst bzw. solche nicht befördert. Überhaupt fällt auf, wie wenig Interesse im „Sekretaris van Buitelandse Sake", so die Afrikaans-Bezeichnung für das südafrikanische Außenministerium, an der DDR zu jener Zeit vorhanden war. In einem Brief vom 20. Dezember 1978 wies der südafrikanische Botschafter in Brüssel nämlich sein Ministerium darauf hin, dass die DDR an einem chronischen Mangel an Konsumgütern leide. Konstatiert wurde dies anhand der augenscheinlich festgestellten Zunahme von entsprechenden Annoncen zum An- und Verkauf von Konsumprodukten in den einschlägigen DDR-Zeitungen.[81] Ohne Zweifel wurde diese Information ans Ministerium in Pretoria geliefert, weil die Brüsseler Diplomaten aus Südafrika somit Schützenhilfe bei der Anbahnung von Handelskontakten zwischen beiden Ländern leisten wollten.

Materialien des MfS belegen dann besonders für das Jahr 1984 intensivere Versuche südafrikanischer Handelsvertreter, Kontakt zu DDR-Außenhändlern herzustellen. Dies geschah beispielsweise über kleinere österreichische Handelsgesellschaften, die vermutlich zunächst herausfinden sollten, inwieweit DDR-Außenhandelsvertreter für Zusammentreffen mit südafrikanischen Regierungsbevollmächtigten überhaupt bereit seien. Diese Firmen agierten dabei offensichtlich im Auftrag des Handelsrates der RSA in Österreich und traten während der Leipziger Herbstmesse 1984 zum ersten Mal nachweislich in Erscheinung. Den Ausführungen der südafrikanischen Bevollmächtigten zufolge war der Grund der vorsichtigen Kontaktaufnahme der Tatsache geschuldet, dass der südafrikanische Prä-

---

[77] Vgl. Archive Department of Foreign Affairs, RSA, Pretoria: 1/154/1, Vol. 17, passim.
[78] Klaus Freiherr von der Ropp, Das südliche Afrika – Umbruch, Aufbruch, Zusammenbruch? Ansichten eines Dissidenten, in: Thomas Jäger/Gerhard Kümmel/Monika Lerch/Thomas Noetzel (Hrsg.), Sicherheit und Freiheit. Außenpolitische, innenpolitische und ideengeschichtliche Perspektiven. Festschrift für Wilfried von Bredow, Baden-Baden 2003, S. 365.
[79] Entspannung muß unbrechbar sein. Ein internes Papier von CDU und CSU für die noch ausstehenden Koalitionsgespräche über die künftige Orientierung der deutschen Afrikapolitik, in: Frankfurter Rundschau vom 30.3.1983.
[80] Vgl. BStU: MfS-Zentralarchiv, HA XVIII, Nr. 7466 (o. P.): Verhalten der Delegation Südafrikas auf der Tagung der internationalen Kommission für die Südostatlantik-Fischerei (Namibia) in Spanien im Dezember 1981.
[81] Vgl. Archive Department of Foreign Affairs, RSA, Pretoria: 1/154/1, Vol. 18, Bl. 9.

sident Pieter Willem Botha mit den ökonomischen und politischen Ergebnissen seiner gerade stattgefundenen Westeuropareise nicht zufrieden gewesen sei und er nunmehr versuchen wolle, den „sozialistischen Markt" zu erschließen.

In der Tat war der südafrikanische Präsident Pieter Willem Botha auf seiner Europatour vor allem in der Bundesrepublik Deutschland abweisend behandelt worden. Es war Anfang Juni 1984 das erste Mal gewesen, dass ein südafrikanischer Regierungschef ihr einen offiziellen Besuch abgestattet hatte. Klaus Freiherr von der Ropp, einer der besten Kenner der deutsch-südafrikanischen Beziehungen sowie der bundesdeutschen Afrikapolitik insgesamt, beschreibt die Visite wie folgt: „Aus Rücksichtnahme auf die vielen deutschen und afrikanischen Kritiker dieses Besuches, insbesondere auf den entsprechenden Widerstand kirchlicher Kreise gegen den Empfang Bothas durch den Bundeskanzler, verlief der Empfang durch Helmut Kohl frostig. Die Südafrikaner empfanden ihn obendrein als demütigend."[82]

Die südafrikanische Regierungsdelegation war vor allem deshalb konsterniert, weil demonstrativ die Sitzmöbel im Bundeskanzleramt, auf denen der Bundeskanzler und seine ausländischen Gäste für gewöhnlich Platz nahmen, kurze Zeit vor Ankunft des Gastes aus Pretoria herausgetragen worden waren. Anschließend hieß der Kanzler seinen Gast im Stehen und ohne Handschlag vor laufenden Kameras willkommen.[83]

Von der Leipziger Messe wurde vom MfS der SED-Parteiführung in Berlin berichtet, dass der südafrikanische Handelsrat in Österreich, der Generalbevollmächtigte einer Londoner Bank sowie der Inhaber einer südafrikanischen Handelsvertretung in Österreich in Gesprächen mit verdeckt für das MfS arbeitenden DDR-Handelsvertretern zum Ausdruck gebracht hätten, „dass sie nicht als Privatpersonen in Leipzig weilen, sondern im Auftrag der südafrikanischen Regierung zur Messe gekommen seien". Ihr Ziel sei es, Kontakte zu Wirtschaftseinrichtungen der DDR herzustellen, um branchenunabhängig die gegenseitigen Interessen auf wirtschaftlichem Gebiet abzuklären. Die Südafrikaner hatten etwa Mitte der 1980er Jahre umso mehr ein Interesse an Geschäftsbeziehungen zur DDR, weil man im Außenministerium in Pretoria davon ausging, „dass eine Zusammenarbeit zwischen einem afrikanischen Staat und der DDR Bonn nun nicht mehr stören wird".[84]

Trotz der für die DDR-Wirtschaft äußerst verlockend erscheinenden Angebote der südafrikanischen Vertreter auf der Leipziger Messe ging die Regierung in Ostberlin bzw. ihre nachgeordneten Behörden aufgrund der internationalen Bestimmungen zum Boykott des Apartheidregimes nicht darauf ein. Die geschilderten Kontaktversuche verliefen im Sand.

Erst zu den Leipziger Messen in den Jahren 1988 und 1989 sind dann wieder verstärkt verdeckt eingereiste angebliche südafrikanische Außenhändler dem MfS bekannt geworden, die insbesondere Interesse an Erzeugnissen aus dem Hochtechnologiebereich und der Nachrichtenelektronik aus DDR-Produktion bekundeten, namentlich an Erzeugnissen aus den Kombinaten Robotron und Carl Zeiss Jena.[85] Für den Fall des Zustandekommens direkter oder „abgedeckter" Lieferungen boten die Vertreter des immer weiter in die internationale Isolierung geratenen Apartheidregimes im Gegenzug Rohstofflieferungen in die DDR und gar Unterstützung beim Bezug von Waren mit Embargo-Charakter an.[86]

---

[82] Klaus Freiherr von der Ropp, Südafrikas dorniger Weg auf der Suche nach Frieden, Aufsätze 1975–1995, Baden-Baden 1996, S. 127.
[83] Vgl. ebenda, Anm. 7, vgl. auch von der Ropp, Das südliche Afrika, S. 371.
[84] Archive Department of Foreign Affairs, RSA, Pretoria: 1/154/1, Vol. 12 (o. P.): „... dat samewerking van 'n Afrika-staat met die DDR nie meer vir hom Bonn se gramskap op die hals sal haal nie".
[85] Vgl. BStU: MfS-Zentralarchiv, HA XVIII, Nr. 9062: Information Nr. 153/89, 3. 5. 1989.
[86] Vgl. ebenda, Bl. 3.

Es ist festzustellen, dass in der zweiten Hälfte der 1980er Jahre sich zusehends die Bestrebungen von Geschäftskreisen der RSA zur Herstellung kommerzieller Kontakte zur DDR verstärkten und deren Angebote differenzierter wurden. Das rief selbstverständlich das Interesse des MfS hervor. In einer recht umfangreichen und ausführlichen Information für einen Kreis hochrangiger Politiker der DDR sowie für Geheimdienstmitarbeiter wurde eingeschätzt: „Im Rahmen der Sicherung von NSW-Außenwirtschaftsbeziehungen[87] des Industriebereiches Elektrotechnik/Elektronik sind Hinweise bedeutsam, die auf wachsendes Interesse von Geschäftskreisen der Republik Südafrika am Bezug von Erzeugnissen des Industriebereiches deuten. Es handelt sich dabei um Erzeugnisse, die dem Hochtechnologiebereich zuzuordnen sind aus den Kombinaten Robotron, Carl Zeiss Jena und Nachrichtenelektronik. Bereits seit längerem suchen Vertreter von Handelsfirmen der Republik Südafrika, abgedeckt über Firmen in Simbabwe und in anderen Ländern des südafrikanischen Raumes, kommerziellen Kontakt zu DDR-Auslandskadern; des weiteren sind abgedeckte Einreisen südafrikanischer Vertreter u. a. zu den Leipziger Messen 1988/89 bekannt. Es kann somit eingeschätzt werden, dass südafrikanische Geschäftskreise in erster Linie bereits bestehende Geschäftsbeziehungen von Handelsfirmen in Ländern des südafrikanischen Raumes mit den o. g. Erzeugnissen repräsentierenden AHB [Außenhandelsbetrieb – U. v. d. H.] für ihre kommerziellen Interessen nutzen."[88] Es wurde in dem zitierten Dokument weiterhin mitgeteilt, dass die „im Auftrag der südafrikanischen Regierung" agierenden Handelsvertreter während der Leipziger Frühjahrsmesse 1989 Bezugsmöglichkeiten für IBM-kompatible Rechentechnik aus dem Kombinat Robotron abgeklärt hätten. Ihr spezielles Interesse galt dabei dem Rechner K 1840 (32-bit-Rechner) sowie Software für Konstruktions- und Technologiearbeitsplätze. Es erschien den Mitarbeitern des MfS bedeutsam zu sein, dass der in Gesprächen angedeutete Einsatzzweck von Robotron-Rechnern in sicherheitsrelevanten und militärischen Bereichen, so unter anderem im Pass- und Meldewesen sowie zur Luftraum- und Seeüberwachung, liegen solle.

Das MfS vermerkte mit Interesse, dass die die Leipziger Messe besuchenden südafrikanischen Unterhändler einen Informationsbedarf zur DDR, aber auch zum gesamten „Ostblock" hatten. In der trockenen MfS-Berichterstattung liest es sich wie folgt: „Bemerkenswert ist auch der Umstand, dass die südafrikanischen Vertreter – die sich in kommerziellen Gesprächen mit DDR-Verhandlungskadern konsequent jeglicher politischer Meinungsäußerungen enthielten – im konspirativen Umgang mit Zielpersonen Informationsinteressen erkennen ließen, mit eindeutig politischem Charakter. So forderten sie u. a. Informationen zum Umgestaltungsprozess in der UdSSR, zur Perspektive der Zusammenarbeit UdSSR – DDR, zu Erwartungen der DDR-Bevölkerung zum XII. Parteitag der SED, zur Rolle der Jugend in der DDR." Zum Schluss der „Information" kommt das MfS zu der kaum noch erstaunlichen Erkenntnis, dass „angesichts der außerordentlichen Brisanz des Problemkreises ein geheimdienstlicher Hintergrund der [...] kommerziellen Aktivitäten nicht auszuschließen ist".

In der Tat gab es noch im letzten Jahr der Existenz der DDR weitere Versuche des Apartheidregimes mit der DDR Handelsverbindungen und vielleicht auch politische Kontakte aufzunehmen.[89] Dies führte dann zu verstärkten Aktivitäten des MfS.[90] Zum Teil knüpften

---

[87] NSW = Nichtsozialistisches Weltsystem.
[88] BStU: MfS-Zentralarchiv, HA XVIII, Nr. 4526, Bl. 1 ff. Die folgenden, nicht näher ausgewiesenen Zitate stammen aus diesem Dokument.
[89] Vgl. BStU: MfS-Zentralarchiv, HA II, Nr. 28725, Bl. 54 ff.
[90] Vgl. ebenda, Bl. 44

die südafrikanischen Unterhändler an Aktivitäten an, mit denen sie oder ihre Kollegen schon Jahre zuvor erfolglos versucht hatten, Kontakte zu DDR-Außenhändlern, vor allem zu denen aus der elektronischen Branche, aufzunehmen.[91]

Der DDR war allerdings nicht so sehr an Handelsbeziehungen mit dem Apartheidregime gelegen, als vielmehr an guten Wirtschaftskontakten zu einem Südafrika nach der Apartheid.

So schätzte das MfS schon 1987/88 in einer Studie mit dem Titel „Zur politischen Lage in der Südafrikanischen Republik (RSA) [sic!]" ein: „Es ist davon auszugehen, dass der südafrikanische Markt nach Beseitigung des Apartheidsystems die gleichen Bedingungen und Voraussetzungen wie andere kapitalistische Märkte bieten wird. Südafrika wird vorrangig ein aufnahmefähiger und expandierender Markt für hochentwickelte Erzeugnisse der metallverarbeitenden Industrie sowie wissenschaftlich-technische Leistungen sein und internationale Kooperationsbeziehungen in den wichtigsten Volkswirtschaftsbereichen auf hohem Niveau entwickeln können."

Das MfS kam zu dem Schluss, dass in Übereinstimmung mit den Beschlüssen der UNO und ausgehend von ihrer prinzipiellen Haltung zum Apartheidsystem die DDR auch weiterhin keine Beziehungen, darunter Wirtschafts- und Handelsbeziehungen, zum Apartheidregime in Südafrika unterhielt. Versuche südafrikanischer Firmen oder anderer Vertreter Südafrikas zur Geschäftsanbahnung sollten prinzipiell zurückgewiesen werden.

Um die Aufnahme von Beziehungen der DDR, darunter ökonomischer und wissenschaftlich-technischer Beziehungen, zu einem demokratischen und nichtrassistischen sowie international anerkannten südafrikanischen Staat vorzubereiten, sei, so das MfS, die Analyse der politischen und wirtschaftlichen Entwicklung in Südafrika kontinuierlich fortzusetzen und zu vertiefen, und es seien in Abstimmung mit dem ANC die Kontakte mit politischen Kräften der breiten Anti-Apartheid-Bewegung innerhalb Südafrikas, darunter zu Vertretern der Wirtschaft, zu entwickeln und auszubauen.[92]

Ähnliche strategische Überlegungen waren bereits Ende der 1970er Jahre in Hinblick auf eine vermutete bevorstehende Unabhängigkeit Namibias zu Papier gebracht worden.[93]

Jedoch war es die DDR nicht allein, die sich auf die zukünftigen Beziehungen zur Republik Südafrika nach Beseitigung der Apartheid vorbereitete, sondern auch andere Staaten des damaligen sozialistischen Lagers. Nicht nur die DDR, auch die Sowjetunion setzte hohe Erwartungen in den zukünftigen Handel mit Südafrika. Aus diesem Grunde nahm die UdSSR schon recht frühzeitig Kontakte zu Wirtschaftskreisen im Süden Afrikas auf.[94] Wohl alle Staaten des sozialistischen Lagers erhofften sich nach einem politischen Wandel in der RSA gute Startbedingungen und wohl auch eine Kompensation der bisher durch die Boykottmaßnahmen entstandenen wirtschaftlichen Verluste.

---

[91] Vgl. hierzu ausführlicher Ulrich van der Heyden, Zwischen Solidarität und Wirtschaftsinteressen. Die „geheimen" Beziehungen der DDR zum südafrikanischen Apartheidregime, Münster 2005.
[92] Vgl. BStU: MfS-Zentralarchiv, HA XVIII, Nr. 7956, Bl. 7: Zur politischen Lage in der Südafrikanischen Republik (RSA).
[93] Vgl. BStU: MfS-Zentralarchiv, SdM, Nr. 1641, Bl. 22ff.
[94] Vgl. Winrich Kühne, Gibt es eine neue sowjetische Südafrikapolitik? Zur Kontroverse der beiden stellvertretenden Direktoren des Moskauer Afrika-Instituts, Ebenhausen 1988. Vgl. auch ders., Gorbatschow und das südliche Afrika. Zum Wandel im afrikapolitischen Denken der Sowjetunion, in: Christine Lienemann-Perrin/Wolfgang Lienemann (Hrsg.), Politische Legitimität in Südafrika, Heidelberg 1988, S. 182ff.

Abstimmungen innerhalb des damaligen sozialistischen Lagers über die zukünftigen Beziehungen zu einem von der Apartheid befreiten Südafrika gab es nicht. Überhaupt ist nach dem Studium der einschlägigen Akten auffallend, wie autonom die einzelnen Staaten des Warschauer Paktes agierten. In Bezug auf die Abstimmung ihrer Afrikapolitik mit der Sowjetunion kann nicht, wie in so vielen anderen Bereichen, von einer Abhängigkeit der DDR vom „großen Bruder" gesprochen werden, sondern eher von einer „Juniorpartnerschaft".[95] Die UdSSR verlor insbesondere seit Mitte der 1980er Jahre allerdings ebenfalls das Interesse an einer strikten Anti-Apartheid-Politik. Sowohl aufgrund fehlender Ressourcen als auch aufgrund politisch-ideologischer Desillusionierungen seit dem Machtantritt von Gorbačev war die Sowjetunion weder an einem breit angelegten Engagement noch an einem Konflikt mit den USA in der südafrikanischen Region interessiert[96], so dass in der zweiten Hälfte der 1980er Jahre von einem „neuen Realismus" in der sowjetischen Afrikapolitik gesprochen wurde[97].

Nicht zuletzt auf Grundlage der Erkenntnis von Afrika-Spezialisten aus dem Moskauer Außenministerium waren die Politiker im Kreml – im Gegensatz zu ihrer noch vor wenigen Jahren betriebenen Afrikapolitik[98] – zu der Ansicht gelangt[99], dass sich die ökonomischen und militärischen Interessen der USA im südlichen Afrika in einem überschaubaren Rahmen hielten[100], so dass sie wohl aus dieser Einschätzung heraus kein sonderliches Interesse daran hatten, ihre Verbündeten, besonders die DDR, in dieser Beziehung zu gängeln.

Im Unterschied zu den anderen Staaten des sozialistischen Lagers – vielleicht mit Ausnahme der Sowjetunion – erhoffte sich die DDR günstigere Ausgangsbedingungen bei der Gestaltung der zukünftigen Beziehungen mit einem freien Südafrika. Man stützte sich bei diesen Hoffnungen nicht zuletzt auf die umfangreiche Hilfe, die man den Anhängern der ANC, der Kommunistischen Partei und anderen Südafrikanern hatte zuteilwerden lassen. Dass diese Erwartungen nicht unbegründet waren, merken deutsche Besucher des Öfteren im Land am Kap, wenn sie noch nach fast 20 Jahren deutscher Einheit nach der geographischen Herkunft gefragt werden.

---

[95] Hans-Georg Schleicher, Juniorpartner der Sowjetunion. Die DDR im südlichen Afrika, in: Michael Behrens/Robert von Rimscha (Hrsg.), Südafrika nach der Apartheid. Aspekte des politischen, sozio-ökonomischen und kulturellen Wandels in der Ära de Klerk, Baden-Baden 1996, S. 65ff.
[96] Vgl. Winrich Kühne, Die Sowjetunion und die Gefährdung westlicher Interessen in Afrika. Mythos und Realität, in: Rudolf Hamann (Hrsg.), Die „Süddimension" des Ost-West-Konfliktes, Baden-Baden 1986, S. 105ff.
[97] Vgl. ders., „Neuer Realismus" in Moskaus Afrika-Politik?, in: Aus Politik und Zeitgeschichte, Bd. 7-8/1988, S. 31ff.
[98] Vgl. hierzu Konrad Melchers, Die sowjetische Afrikapolitik von Chruschtschow bis Breschnew, Berlin (W) 1980.
[99] Vgl. Claudius Wenzel, Die Südafrikapolitik der USA in der Ära Reagan. Konstruktives oder destruktives Engagement?, Hamburg 1990, S. 42.
[100] Vgl. William J. Foltz, U. S. National Interests in Africa, in: Prasser Gifford (Hrsg.), The National Interest of the United States in Foreign Policy, Washington, D. C. 1981, S. 93ff.; ders., United States Policy towards South Africa. Is One Possible?, in: Gerald J. Bender/James S. Coleman/Richard L. Sklar (Hrsg.), African Crisis Areas and U. S. Foreign Policy, Berkeley/Los Angeles/London 1985, S. 32ff.; Helen Kitchen, Africa. Year of Ironies, in: Foreign Affairs, Vol. 64, No. 3, 1986, S. 563f.

Radoslav Yordanov
Addis Abeba, 1977: Brüderliche Militärhilfe und globale militärische Strategie

Die sowjetische Verwicklung in den Konflikt zwischen Äthiopien und Somalia

Im Folgenden geht es um die Krise, die zwischen Ende 1976 und Anfang 1978 die Völker am Horn von Afrika erschütterte, und zwar vornehmlich um die Einflüsse, die von außen auf den somalisch-äthiopischen Konflikt einwirkten. Das Augenmerk gilt in erster Linie der Rolle der Sowjetunion, daneben aber auch der Verwicklung Kubas und der Vereinigten Staaten. Damit soll ein Beitrag zur Rekonstruktion der Ereigniskette geleistet werden, gestützt auf die kritische Prüfung einiger Diskrepanzen, wie sie in traditionellen Interpretationen zu finden sind, auf neuerdings zugängliche Dokumente und auf persönliche Erinnerungen etlicher Beteiligter. Das mag prosaisch erscheinen, ist aber dennoch wichtig. Die akademische Gemeinschaft sollte in der Lage sein, über einen nachweislich von Ursache und Wirkung bestimmten Ereignisablauf übereinzustimmen, was logischerweise unser Verständnis der Standpunkte vertiefen muss, die von allen am Konflikt beteiligten Parteien eingenommen wurden.

Einige Argumente und kritische Bemerkungen werden sich auf eine nicht so häufig herangezogene Zeugenaussage berufen, nämlich auf einen von Sergej Sinicyn verfassten Bericht, der seit 1956 als Botschaftsrat an der sowjetischen Mission in Äthiopien tätig war[1]; die Aufzeichnung wird uns etliche interessante und überraschende Wendungen in der Geschichte des Geschehens präsentieren. Eine Stelle in Sinicyns Memoiren, die unsere Neugier erweckt, ist seine Erwähnung eines unbekannten und inoffiziellen Treffens, das im November 1976 zwischen dem Diplomaten und Mengistu stattfand. Ebenso verdächtig wortkarg behandelt er das entscheidende Abkommen zwischen Äthiopien und dem Kreml[2], das am 14. Dezember 1976 in Moskau unterzeichnet wurde. Da alle diese Fakten oder Auslassungen nur in einem einzigen Zeugnis zu finden sind, ohne durch mindestens zwei andere Berichte bestätigt zu werden, können wir ihre Plausibilität nicht ohne Vorbehalt akzeptieren. Doch geht der hier vorgelegte Aufsatz davon aus, dass wir ohne einen festeren Zugriff auf erstrangige Primärquellen nie in der Lage sein werden, mit Gewissheit zu sagen, was die Sowjetunion wirklich bewog, Äthiopien seit Ende 1977 Militärhilfe zu gewähren. Daher werden wir allein durch die Sortierung der reinen Fakten zu größerer Zuverlässigkeit unserer Interpretationen und unseres Argumentationsgeflechts gelangen. Bis dahin sind alle Darstellungen, die zum Beispiel als ihre Quellen vage „einige Funktionäre" anführen, einer Kritik ausgesetzt, die das Gewicht ihrer Argumente und Folgerungen erheblich mindert.

---

[1] Ab 1966 war Sinicyn Botschaftsrat, Erster Sekretär an der sowjetischen Botschaft in Sambia. 1971 kehrte er an die sowjetische Mission in Äthiopien zurück, wo er bis 1977 blieb. Danach war er bis 1986 stellvertretender Direktor der 3. Abteilung für afrikanische Angelegenheiten, anschließend, bis 1990, Direktor der Abteilung für die Blockfreien-Bewegung des Außenministeriums der UdSSR. 1991/92 fungierte er als Botschafter in São Tomé und Príncipe. 1978 wurde er vom Kreml „für seine hingebungsvolle Arbeit bei der Unterstützung des sozialistischen Äthiopien" ausgezeichnet. Siehe Sergej Sinicyn, Missija v Éfiopii: Éfiopija, Afrikanskii Rog i politika SSSR glazami sovetskogo diplomata, 1956–1982 gg., Moskau 2001, S. 247f. und 283.
[2] Merkwürdigerweise sagte Sinicyn ein paar Worte über eine Reise nach Beijing, die Mengistu bereits 1975 unternommen hatte und über die bislang nur wenig bekannt ist.

Im Übrigen soll nicht versucht werden, eine alternative Erklärung zu bieten; Ziel ist nur die Prüfung der bislang akzeptierten Interpretation sowjetischer Motive. Um das zu erreichen, müssen einige der Thesen kurz erörtert werden, die in den diversen weit verbreiteten Studien zu unserem Gegenstand bislang zu finden sind, das heißt, diese Thesen werden gemessen und abgeklopft, wobei ein simples Prüfmittel angewandt wird: die Stärke und Zuverlässigkeit ihrer Quellen.

Einführung: Die Sowjetunion und Afrika von den sechziger bis zu den siebziger Jahren

Einige Beobachter verstehen seit Mitte der siebziger Jahre die von der Sowjetunion verfolgte Afrikapolitik als Entfaltung eines großen Entwurfs oder globalen strategischen Plans, der darauf gerichtet war, neue Verbündete zur Untergrabung der vom Westen und von China[3] eingegangenen Beziehungen zu finden. Dies habe zu einer Situation ständiger Spannung beigetragen, Abhängigkeiten verstärkt und lokale Penetration gefördert.[4] Um eine solche Behauptung zu stützen, sahen jene Kommentatoren die sowjetische Wirtschaftshilfe, die in den späten fünfziger und in den sechziger Jahren einigen der neu entstehenden „progressiven" Regime in Afrika gewährt wurde, so Guinea, Sudan, Kongo und Somalia, als Teil einer großen „Strategie des Gegenimperialismus".[5] Die Waffendiplomatie der UdSSR, so hieß es schließlich, sei dem Eindringen in Länder wie Libyen, Algerien, Iran (unter dem Schah) und Afghanistan (unter Daud)[6] vorausgeeilt, um den Einfluss im Mitt-

---

[3] Siehe David E. Albright, Soviet Policy, in: Problems of Communism, Vol. 27 (1978), No. 1, S. 20–39; C. Crocker/W. H. Lewis, Missing Opportunities in Africa, in: Foreign Policy 35 (Summer 1979), S. 142–161; Adam B. Ulam, Dangerous Relations: the Soviet Union in World Politics, 1970–82, New York/Oxford: Oxford University Press, 1983; und Robert D. Grey, The Soviet Presence in Africa: An Analysis of Goals, in: The Journal of Modern African Studies, Vol. 22 (1984), No. 3, S. 511–527, hier S. 515.

[4] Siehe Keith Payne, Are They Interested in Stability? The Soviet View of Intervention, in: Comparative Strategy, Vol. 3 (1981), No. 1, S. 1–24, hier S. 16; siehe auch Richard K. Herrmann, Perceptions and Behaviour in Soviet Foreign Policy, Pittsburgh, Pa: University of Pittsburgh Press, 1985, S. 445. Ferner argumentierte Christopher Clapham, dass die harte staatliche Unterdrückung am Horn von Afrika „fraglos" ermöglicht wurde durch die Waffenmengen, die an Länder in jener Region verkauft wurden, namentlich in den zwei Dekaden nach 1969 von der Sowjetunion; siehe The Horn of Africa: A Conflict Zone, in: Oliver Furley (Hrsg.), Conflict in Africa, London: Tauris Academic Studies, 1995, S. 72–92.

[5] Richard Lowenthal, Soviet „Counterimperialism", in: Problems of Communism, Vol. 25, Nov.-Dez. (1976), No. 6, S. 52–63.

[6] Rajan Menon, The Soviet Union, the Arms Trade and the Third World, in: Soviet Studies, Vol. 34 (1982), No. 3, S. 383, zitiert in: Alvin Zachery Rubinstein, Moscow's Third World Strategy, Princeton, NJ: Princeton University Press, 1988, S. 56. Für diese Gruppe von Autoren ist ein Ausgangspunkt ihrer Analyse das Waffengeschäft mit Ägypten im Jahre 1955; in der folgenden Dekade sei das Regime Gamal Abdel Nassers zum wichtigsten Verbündeten der UdSSR geworden. Das politische Ziel hinter Moskaus Politik gegenüber der Dritten Welt sei die Verbesserung der Sicherheit der Sowjetunion durch die Ausbalancierung antisowjetischer Pakte gewesen. So sei Chruščevs Hilfsangebot an jene Staaten im Mittleren Osten, die außerhalb des Bagdad-Pakts bleiben wollten, ein Zeichen für das sowjetische Bestreben gewesen, das globale Übergewicht über den Westen zu gewinnen. Siehe Vernon V. Aspaturian, Soviet Global Power and the Correlation of Forces, in: Problems of Communism, Vol. 29 (1990), No. 3, S. 1–18; Charles McLane, Soviet – Third World Relations, London: Centre for Central Asian Relations, 1973, zitiert in: Walter Raymond Duncan, Introduction, in: Walter Raymond Duncan (Hrsg.), Soviet Policy in Developing Countries, Waltham, Mass, 1970, S. xi–xvii, hier S. xi; Wynfred Joshua/Stephen P. Gibert, Arms for the Third World Soviet Military Aid Diplomacy, Baltimore, Md/London: Johns Hopkins University Press, 1969; Dan C. Heldman, The USSR and Africa: Foreign Policy under Khrushchev, New York 1981.

leren Osten[7] wiederherzustellen, was dazu dienen sollte, Verbindungslinien durch das Rote Meer zum indischen Subkontinent zu schaffen, und zwar zur Eindämmung Chinas.[8] In deutlichem Gegensatz hierzu hat eine andere Schule argumentiert, die sowjetische Unterstützung einiger Länder der Dritten Welt, die unter inneren Wirren litten und akutem militärischem Druck ausgesetzt waren[9], sei lediglich opportunistisch und pragmatisches Kalkül im Ost-West-Konflikt gewesen[10]. In diesem Verständnis der sowjetischen Politik in der Dritten Welt erschien die UdSSR als eine „Hyäne", die begierig war, aus den Nöten anderer Vorteil zu ziehen.[11]

In Übereinstimmung mit der Opportunismus-These setzten zwei unvorhergesehene und unzusammenhängende Ereignisse Entwicklungen in Gang, die das sowjetische Interesse erst an Somalia und dann an Äthiopien dramatisch steigerten. In den siebziger Jahren brachen am Horn von Afrika revolutionäres Fieber und soziale Konflikte aus, infolge derer rückständige Regime von selbst erklärten Revolutionsregierungen und von marxistisch-leninistischen Parteien abgelöst wurden; sozialistische Politik und sozialistische Rhetorik wurden nun am Horn heimisch.

---

[7] Siehe Ian Clark, Soviet Arms Supplies and Indian Ocean Diplomacy, in: Larry W. Bowman/Ian Clark (Hrsg.), The Indian Ocean in Global Politics, Boulder, Co, 1981, S. 149–171; Walter K. Anderson, Soviets in the Indian Ocean: Much Ado About Something-But What, in: Asian Survey, Vol. 24 (1984), No. 9, S. 910–930, hier S. 926.

[8] Siehe Larry W. Bowman, African Conflict and Superpower Involvement in the Western Indian Ocean, in: Bowman/Clark (Hrsg.), The Indian Ocean in Global Politics, S. 87–107. Laut Zaki Laïdi ermöglichte es das Verschwinden Chinas aus Afrika der UdSSR, das einzige Muster für Sozialismus zu werden, siehe The Superpowers and Africa: the Constraints of a Rivalry 1960–1990, übersetzt aus dem Französischen von Patricia Baudolin, Chicago, Il: University of Chicago Press, [1986] 1990. Auf der anderen Seite sagt Odd Arne Westad, The Global Cold War: Third World Interventions and the Making of Our Times, Cambridge: Cambridge University Press, 2005, S. 268, der dabei Material zitiert, das er im Rossijskij gosudarstvennyj archiv novejšej istorii (RGANI) gefunden hat, dass die sowjetische Botschaft in Addis Abeba „vor allem über eine mögliche Zunahme des chinesischen Einflusses in dem Gebiet besorgt war, und zwar als Resultat der labilen politischen Situation und der sowjetischen Allianz mit Somalia, die beide zu einem vorzüglichen Feld der Kooperation zwischen den USA, China und lokalen anti-sowjetischen und anti-sozialistischen Kräften [wurden]", S. 262, Anm. 32. Westad fand ferner heraus, dass die Botschaft über eine Zunahme äthiopischer Kontakte mit Israel und China berichtete; siehe S. 268, Anm. 52.

[9] Sam C. Nolutshungu, Soviet-African Relations: Promise and Limitations, in: Robert Cassen (Hrsg.), Soviet Interests in the Third World, London 1985, S. 68–89, hier S. 72f.; siehe Arthur Gavshon, Crisis in Africa: Battleground of East and West, Harmondsworth 1981; S. Neil MacFarlane, Africa's Decaying Security System and the Rise of Intervention, in: International Security, Vol. 8 (1984), No. 4, S. 127–151.

[10] Siehe Olatunde J. B. Ojo, The Soviet Union and Nigeria, in: Olajude Aluko (Hrsg.), Africa and the Great Powers in the 1980s, Lanham, Md: University Press of America, 1987, S. 45–77, hier S. 45; Marie Mendras, Soviet Policy toward the Third World, in: Proceedings of the Academy of Political Science, Vol. 36 (1987), No. 4, S. 164–175, hier S. 170; Mark Webber, Soviet Policy in Sub-Saharan Africa: The Final Phase, in: The Journal of Modern African Studies, Vol. 30 (1992), No. 1, S. 1–30, hier S. 1f.

[11] Mehr zu der „Opportunismus-Schule" bei Colin Legum, Communal Conflict and International Intervention in Africa, in: Colin Legum/I. William Zartman/Steven Langdon/Lynn K. Myltelka (Hrsg.), Africa in the 1980s: a Continent in Crisis, New York/London 1979, S. 23–58, und bei Timothy M. Shaw, The Future of the Great Powers in Africa: Towards a Political Economy of Intervention, in: The Journal of Modern African Studies, Vol. 21, No. 4 (Dec., 1983), S. 555–586.

Die Sowjetunion in Äthiopien und Somalia, 1969-1977

Im Jahr 1960, als Somalia unabhängig wurde, stand die Innenpolitik im Zeichen eines pansomalischen Ideals: Vereinigung aller Somalis, die im eigentlichen Somalia, in Nordkenia, im Ogaden und in Dschibuti lebten. Somalias irredentistische Ansprüche an seine Nachbarn ließen aber westliche Staaten zögern, große Mengen an Waffen anzubieten und zu liefern. Sie fürchteten, dass eine Armee, die sie ausbildeten und ausrüsteten, dazu benutzt würde, Somalias Grenzen zu verschieben.

Im Oktober 1969 stürzte ein Militärputsch das post-koloniale Regime von Präsident Abdirashid Ali Shermake und brachte General Siad Barre an die Macht, der, ursprünglich Nationalist, seine Politik als „wissenschaftlichen Sozialismus" zu definieren begann[12]; seine politischen Initiativen zielten in der Tat auf eine Transformation der somalischen Gesellschaft und auf die Gewinnung sowjetischer Förderung. So entstanden, in der Periode der Anarchie, die der 1969 geschehenen Ermordung Shermakes folgte, enge Bande zwischen der Sowjetunion, die in der Lage war, Waffen zu liefern, und dem somalischen Militär.[13] Da die militärischen Führer Somalias nun von den Sowjets ausgebildet wurden, ist es leicht zu erklären, dass sie zunächst offen für den Sozialismus waren, was der UdSSR eine Gelegenheit bot, Einfluss auszuüben. In Moskau sah man eine Chance, eine Region zu penetrieren, die als strategisch wichtig galt, und der amerikanischen Position in Äthiopien mit einer starken Präsenz in Somalia zu begegnen.[14] Im Juli 1974 stattete der sowjetische Präsident Nikolaj Podgorny dem Land einen Besuch ab, das als ein „progressiver Staat einen nicht-kapitalistischen Weg eingeschlagen" habe[15], und Somalia schloss als erstes schwarzafrikanisches Land einen Freundschafts- und Kooperationsvertrag mit der UdSSR ab. Damals erließ Moskau einen beträchtlichen Teil der militärischen und wirtschaftlichen Schulden Somalias, wofür es einen Seehafen in Berbera und einen Luftstützpunkt bei Mogadischu bekam. Tatsächlich versorgte die Sowjetunion das afrikanische Land mit genügend Waffen, um einen nicht aussichtslosen Versuch zur Vereinigung aller Somalis zu unternehmen; die wirtschaftliche und militärische Anlehnung Somalias an die Sowjetunion wurde immer

---

[12] Steven David, Realignment in the Horn: The Soviet Advantage, in: International Security, Vol. 4 (1979), No. 2, S. 69–90, hier S. 73; siehe David D. Laitin, Somalia's Military Government and Scientific Socialism, in: Carl Rosberg/Thomas M. Callaghy (Hrsg.), Socialism in Sub-Saharan Africa: A New Assessment, Berkeley, Ca: University of California Berkeley Press, 1979, S. 174–207, hier S. 194. Mehr zu den inneren Widerständen gegen den somalischen Sozialismus bei Crawford Young, Ideology and Development in Africa, New Haven, Ct: Yale University Press, 1981; zum somalischen Sozialismus als Entwicklungsprogramm siehe Ioan M. Lewis, Nationalism Turned inside out, in: MERIP Reports, No. 106 (1982), S. 16–21, und Basil Davidson, Somalia in 1975: Some Notes and Impressions, in: Issue: A Journal of Opinion, Vol. 5 (1975), No. 1, S. 18–26.

[13] Siehe Laitin, Somalia's Military Government and Scientific Socialism, S. 174–207. Ebenso sahen andere Autoren eine sowjetische Komplizenschaft in Siads Putsch, z. B. Legum, Communal Conflict and International Intervention in Africa, S. 23–58; Gary D. Payton, The Somali Coup of 1969: The Case for Soviet Complicity, in: Horn of Africa, Vol. 4 (1981), No. 2, S. 11–21; ferner Christopher Andrew/Vasili Mitrokhin, The Mitrokhin Archive II: The KGB and the World, London 2005, wo Mitrokhins Notizen zitiert sind. Letzterer erwähnt als Tatsache, dass der KGB im Voraus Kenntnis von Siads Putsch hatte, und zwar durch einen Agenten in SRC (k[onvert] – S. 17 und 113; siehe auch Andrew/Mitrokhin, The Mitrokhin Archive II, S. 447). So nennt David Rees, Soviet Strategic Penetration of Africa, London: The Institute for the Study of Conflict, 1976, Somalia einen „KGB-Staat"; mehr Informationen siehe ebenda, S. 5.

[14] Zur strategischen Bedeutung des Horns auch S. 255–258 in diesem Essay.

[15] Rostislav Ulyanovski, zitiert in: Oye Ogunbadejo, Soviet Policies in Africa, in: African Affairs, Vol. 79 (1980), No. 316, S. 297–325, hier S. 320.

enger.[16] Doch entwickelte sich daraus keine vollständige außenpolitische Abhängigkeit. Im Gegenteil. Indem Siad 1974 der Arabischen Liga beitrat[17], versuchte er einen parallelen Kanal nach außen zu öffnen, durch den er mehr Wirtschaftshilfe, vor allem von Saudi-Arabien, zu erhalten hoffte, da er mit der sowjetischen Unterstützung zunehmend unzufrieden geworden war.

Zur gleichen Zeit ging in Äthiopien die Monarchie Haile Selassies ihrem Zusammenbruch entgegen. Einige Studenten und Intellektuelle hatten 1968 die Pan-Äthiopische Sozialistische Partei (Meison) gegründet. Anfang 1974 entwickelte sich aus dem Militärputsch gegen die Regierung des Kaisers, der etlichen Monaten der Unruhen unter Intellektuellen und marxistisch orientierten Studenten gefolgt war, eine Revolution, die einen „gewaltigen sozialen Wandel" bewirkte und Millionen „erstmals fürs politische Leben" mobilisierte.[18] Die Revolution brachte eine Militärjunta an die politische Front, die als die „Dergue" bekannt wurde und allmählich unter die brutale Kontrolle von Oberst Mengistu Haile Mariam geriet. Im Juli 1974 propagierte die Junta die Forderung „Itjopa Tikdem" (Äthiopien zuerst) und verlangte eine soziale und wirtschaftliche Reform im Rahmen einer gefestigten nationalen Einheit.[19] Am 13. September 1974 wurde Haile Selassie gestürzt. Dem folgte im Dezember 1974 das erste klare Bekenntnis zum Sozialismus, wonach Mengistu de facto die Führung der Junta übernahm.[20] Die brutalen Methoden im Umgang mit Gegnern und die Missachtung der Menschenrechte, wie sie von den Revolutionären an den Tag gelegt wurden, belasteten zunehmend die äthiopisch-amerikanischen Beziehungen. Die Carter-Administration sah den von Mengistu gegen die Gegner seines Regimes ausgeübten Roten Terror als Grund, die seit langem bestehenden diplomatischen Bindungen zwischen den beiden Staaten zu lösen. Auf der anderen Seite wurden die frühen Stadien des äthiopischen Umbruchs von Moskau wachsam beobachtet. Der Kreml erkannte schon bald die Möglichkeit einer Freundschaft mit Mengistu, doch neigten viele in der Junta den Vereinigten Staaten oder einer „ausgeprägt nationalistischen Neutralität" zu.[21] Dass Moskau anfänglich noch vorsichtig blieb, dürfte an der Ungewissheit gelegen haben, ob das neue Regime und der Staat als Ganzes lange überleben würde.[22] Die Kluft zwischen Ost und

---

[16] David Laitin zitiert Daten, gesammelt von der United Nations Economic Commission for Africa, wonach 52,5 Prozent der staatlichen Auslandsverschuldung Somalias auf die Sowjetunion entfielen; siehe Laitin, Somalia's Military Government and Scientific Socialism, S. 194. Bereits 1970 entsprach die UdSSR einem Ansuchen Somalias zur Umschuldung, was Moskau dem Regime Igals noch abgeschlagen hatte; siehe Ahmed I. Samatar, Self-Reliance Betrayed: Somali Foreign Policy, 1969–1980, in: Canadian Journal of African Studies, Vol. 21 (1987), No. 2, S. 201–219, hier S. 210.

[17] Von der Mitgliedschaft in der Arabischen Liga abgesehen, handelte Somalia relativ unabhängig von sowjetischem Rat. Ein weiteres Beispiel ist Somalias wichtige außenpolitische Entscheidung, die Rebellen zu unterstützen; siehe Harry Brind, Soviet Policy in the Horn of Africa, in: International Affairs, Vol. 60 (1983/84), No. 1, S. 75–95, hier S. 94.

[18] Siehe Gerard Chaliand, The Horn of Africa's Dilemma, in: Foreign Policy, Vol. 30 (1978), S. 116–131, hier S. 117.

[19] Ethiopian Mirror, Juli 1974, S. 20ff., zitiert in: John W. Harbeson, Socialist Politics in Revolutionary Ethiopia, in: Carl Rosberg/Thomas M. Callaghy (Hrsg.), Socialism in Sub-Saharan Africa: A New Assessment, Berkeley, Ca: University of California Berkeley Press, 1979, S. 345–373, hier S. 358.

[20] Ethiopian Herald, 13.12.1974, zitiert in: Harbeson, Socialist Politics in Revolutionary Ethiopia, S. 358. Siehe auch Milene Charles, The Soviet Union and Africa: The History of Involvement, Washington DC: University Press of America, 1980, S. 135.

[21] David Korn, Ethiopia, the United States and the Soviet Union, London 1986, S. 90.

[22] Ulam, Dangerous Relations: the Soviet Union in World Politics, 1970–82, S. 178; dazu Funde im RGANI, zitiert bei: Westad, The Global Cold War, S. 261ff., die das anfängliche Zögern der Sowjetunion gegenüber der äthiopischen Revolution belegen.

West, die in der Dergue bei der Suche nach Militärhilfe bestand, stellte ein ernstes Hindernis für Mengistu dar, der, nachdem er 1976 zwei Anschläge auf sein Leben überlebt hatte, erst recht bereit war, sich sowjetischer Hilfe zu versichern. Angesichts zunehmender Unzufriedenheit an der Peripherie des Landes, als zentrifugale Kräfte in Eritrea an Kraft gewannen und Somalia immer stärkeren Druck auf Ogaden ausübte, glaubte Mengistu, sowjetische Unterstützung dringend nötig zu haben.

Die Rolle der Sowjetunion im äthiopisch-somalischen Konflikt, Ende 1976–März 1978[23]: Der Putsch vom 3. Februar 1977 und die UdSSR. Komplizenschaft oder Zwang der Umstände

Am 29. Dezember 1976 kam es zu einer Reorganisation in der Dergue, die in den folgenden Ereignissen eine bedeutende Rolle spielen sollte. Unter dem neuen Arrangement sollte die Macht zwischen einem Kongress von 70 Mitgliedern, einem Zentralkomitee von 32 Mitgliedern und einem Ständigen Komitee von 16 Mitgliedern geteilt werden. General Teferi Bante, bislang als Galionsfigur Vorsitzender der Dergue, wurde zum Oberbefehlshaber der Streitkräfte ernannt, während Hauptmann Alemayehu Haile die Schlüsselstellung des Generalsekretärs übernahm. Die Reorganisation schwächte den Einfluss Mengistus erheblich. Am 29. Januar 1977 erlaubte sich Teferi eine Tirade gegen Mengistu im äthiopischen Rundfunk, nämlich einen Appell zur Versöhnung aller „progressiven" Kräfte im Lande.[24] Nur ein paar Tage später, am 3. Februar, kam es im Großen Palast zu Addis Abeba zu einer von Mengistu initiierten Schießerei. Teferi und sechs weitere prominente Mitglieder der Dergue, die für die Reorganisation vom 29. Dezember waren[25], wurden wegen ihrer Beteiligung „am Versuch, die Regierung zu stürzen", exekutiert[26]. Am nächsten Tag erklärte Mengistu über den Rundfunk, Äthiopien habe in der Region keine revolutionären Freunde außer der Volksdemokratischen Republik Jemen, und er gab bekannt, dass in Zukunft Militärhilfe nur von den „sozialistischen Ländern" gesucht werde.[27] Am 19. Februar

---

[23] Eine erheblich verbesserte Version der Ereignisse zwischen der äthiopischen Revolution und dem Putsch Mengistus im Februar 1978 findet sich bei Westad, The Global Cold War. Westad, der auf neu zugänglich gewordenem Material aus dem RGANI aufbauen konnte, bezeugt das anfängliche Zögern der Sowjetunion gegenüber dem Wunsch der Dergue nach Waffen. Der hier vorgelegte Essay gilt mehr der Spanne zwischen Dezember 1976 und November 1977.

[24] Africa Research Bulletin (ARB), Januar 1977, zitiert in: Robert G. Patman, The Soviet Union in the Horn of Africa: The Diplomacy of Intervention and Disengagement, Cambridge: Cambridge University Press, 1990, S. 201.

[25] David Hamilton, Ethiopia's Embattled Revolutionaries, London: The Eastern Press for The Institute for the Study of Conflict, 1977, S. 15.

[26] Am 5. 2. schrieb die „Izvestija", dass die Ereignisse des 3. 2. drastische Maßnahmen gegen den zweiten konterrevolutionären Putsch innerhalb von sieben Monaten in Äthiopien darstellten (der andere war der Anschlag auf Mengistu im September); in: The Current Digest of the Soviet Press (CDSP), S. 20f.

[27] Colin Legum, Angola and the Horn of Africa, in: Stephen Kaplan (Hrsg.), Diplomacy of Power: Soviet Armed Forces as a Political Instrument, Washington, DC: Brookings Institution Press, 1981, S. 570–641, hier S. 614f. Um Mengistus Erklärung bestätigt zu erhalten, wurde der kubanische Botschafter Jose Peres Novoa einige Tage später, am 8. 2., von Mengistu empfangen und gebeten, Fidel Castro eine mündliche Bitte der Dergue um die Lieferung von Handfeuerwaffen für die Äthiopische Volksmiliz zu übermitteln (Centr Chranenija Sovremennoj Dokumentacii CChSD, jetzt RGANI), f[ond]. 5, op[is]. 73, d[elo]. 1637, l[ist]. 85; Cold War International History Project Bulletin (CWIH-PB) 1996, S. 53). Westad, The Global Cold War, S. 271, zitiert RGANI, fond 5, wo Informationen über

teilte die Dergue mit, dass ihr Präsident, Mengistu, „die persönliche Verantwortung für die Sicherheit und die Einheit Äthiopiens hat und die Zuständigkeit für die Durchführung von Maßnahmen gegen innere und äußere Feinde übernimmt".[28] Dies gab Mengistu unbegrenzte Macht in der Dergue.

Welche Rolle die Sowjetunion und ihre Verbündeten, insbesondere Kuba, bei Mengistus Machtergreifung genau gespielt haben, bleibt unklar. Historiker argumentieren, dass der Putsch, der noch immer nicht recht verstanden wird, sich um die sowjetische Forderung gedreht habe, Äthiopien solle die militärischen Bindungen an Washington lösen, was anscheinend in der Dergue auf heftigen Widerstand gestoßen sei.[29] Im Lichte der neuen Quellen scheint die Hypothese plausibel zu sein, dass Mengistu vor dem Putsch geheime Kontakte mit sowjetischen Diplomaten in Addis Abeba angeknüpft hatte, deren Grundlagen, Bedingungen und Inhalte allerdings noch unbekannt sind. Ebenso unbekannt ist, ob Mengistu vor dem Putsch mit anderen Ländern Kontakt hatte, etwa mit China oder Israel[30], die ihn zu seinem extremen Vorgehen Anfang 1977 bewogen haben könnten.

Mengistus geheimer Besuch in Moskau, Dezember 1976: Faktum oder Fiktion

Da und dort findet sich die Behauptung, Mengistu habe im Dezember 1976[31] Moskau einen geheimen Besuch abgestattet, und bei dieser Gelegenheit sei ein Militärabkommen

---

ein abendliches Treffen am 4.2. zwischen dem sowjetischen Botschafter in Äthiopien, Ratanov, und Mengistu zu finden sind, der nun Unterstützung durch die UdSSR suchte. Marina und David Ottaway sowie Robert Patman berichten ebenfalls über das Treffen; siehe Marina Ottaway/David Ottaway, Ethiopia: Empire in Revolution, New York 1978, S. 168; Patman, The Soviet Union in the Horn of Africa, S. 202, zitiert bei: Eremias Abebe, „The Horn, The Cold War, And Documents From The Former East-Bloc: An Ethiopian View", Anatomy of Third World Cold War Crisis: New East-Bloc Evidence on The Horn of Africa, 1977-1978, CWIHP Bulletin, No. 8/9 (1996), S. 40–45, hier S. 41.
[28] Sinicyn, Missija v Éfiopii, S. 247f.
[29] Bruce D. Porter, The USSR in the Third World Conflicts: Soviet Arms and Diplomacy in Local Wars 1945-1980, Cambridge: Cambridge University Press, 1984, S. 194; siehe auch Patman The Soviet Union in the Horn of Africa, S. 201.
[30] Israels Interesse ergab sich aus der Lage Äthiopiens nahe der Bab-el-Mandeb-Straßen, die zu den engen Arterien von Israels Lebenslinien gehören, oder auch, wie William H. Lewis sagt, „choke-points" sind; siehe How a Defence Planner Looks at Africa, in: Helen Kitchen (Hrsg.), Africa: From Mystery to Maze, Lexington, Mass., S. 277–309. Gamal Abdel Nassers Plan, das Rote Meer in ein „Arabisches Meer" zu verwandeln, erwies sich laut Legum als weiterer Grund für eine israelisch-äthiopische Kooperation; siehe Angola and the Horn of Africa, S. 607. So ist evident von der Aufzeichnung eines Gesprächs zwischen Ratanov und dem amerikanischen Geschäftsträger, A. Tienkin, das am 3.9.1977 stattfand, dass der amerikanische Diplomat von den Gerüchten über eine israelische Militärhilfe für Äthiopien wusste. Nach Tienkin war die israelische Militärhilfe, wenn es sie denn gab, auf eigene Initiative, d.h. ohne Konsultation der USA, erfolgt. Siehe: RGANI, f.5, op.73, d.1637, ll.136–138, in: CWIHPB, S. 77.
[31] Am 14.12. laut Paul B. Henze, The Russians and the Horn: Opportunities and the Long View, European American Institute for Security Research, Paper No.5, Marina Del Rey, Ca: EAI, 1983, S. 298. Westad, The Global Cold War, S. 270, nennt ebenfalls dieses Datum, sagt aber, dies sei „auf Botschaftsberichte" gestützt, und es ist nicht klar, ob das Material sowjetischen oder amerikanischen Ursprungs ist. Ein im Text zitierter Botschaftsbericht, der dem Vorgang am nächsten ist, handelt „Über die Frage der Aussichten für eine Friedensregelung in Eritrea", stammt vom 22.6.1975 und kann folglich nicht eine Moskauer Unterredung im Dezember 1976 betreffen; dieser Bericht findet sich in: RGANI, f.5, op.68, d.1987, p.33. Westad sagt im Übrigen nicht, ob das „grundlegende" Abkommen in Moskau oder in Addis Abeba unterzeichnet worden ist.

unterzeichnet worden.³² In der Tat, wenn ein solches Treffen im Dezember stattgefunden hat und wenn die UdSSR Äthiopien die Bedingung aufgenötigt hat, die Verbindung zu den USA zu kappen, dann mag eine negative Reaktion in der Dergue, ein Widerstand gegen die Aussicht einer Anlehnung an die Sowjetunion Mengistus Gewaltakt ausgelöst haben; er brauchte sowjetische Militärhilfe dringend. Es passt alles und scheint akzeptabel zu sein. Jedoch hat der Botschaftsrat an der sowjetischen Mission in Addis Abeba, Sergej Sinicyn, in seinen Memoiren weder den Besuch im Dezember noch ein Abkommen zwischen der Dergue und dem Kreml erwähnt. Es ist aber doch unwahrscheinlich, dass der zweithöchste Diplomat an der sowjetischen Botschaft in Äthiopien nicht ausführlich über diese Vorgänge berichten konnte, weil man ihn „im Dunkeln" gelassen habe. Daher bleiben Besuch und Abkommen, solange wir nicht im Besitz besserer Unterlagen sind, bloße Vermutung, sind entsprechende Äußerungen reine Spekulation. Sollte es das Treffen aber gegeben haben, würde es für den Ablauf der Ereignisse fraglos eine wichtige Rolle gespielt haben. Es würde einige Lücken schließen helfen, die sich bei kritischer Prüfung der Fakten zeigen. Offenbar ist der Vorgang im Dezember – Besuch/Treffen/Abkommen –, wenn man ihn unangemessen behandelt, als „deus ex machina" eingeführt worden, um einen relativ komplizierten und noch unbewiesenen historischen Sachverhalt zu vereinfachen.

Sinicyn hingegen bietet uns eine Geschichte, welche von jener etwas abweicht, die wir aus einigen Darstellungen kennen. Indem er den Dezember 1976 übergeht, öffnet er einen neuen Weg zur Interpretation des Geschehens. Sinicyn sagt, nachdem das Attentat auf Mengistu im September 1976 bekannt geworden sei, habe er, als zeitweiliger Leiter

---

³² Siehe Ottaway/Ottaway, Ethiopia: Empire in Revolution, S. 167; Tom J. Farer, War Clouds on the Horn of Africa: The Widening Storm, New York/Washington DC: Carnegie Endowment for International Peace, 1979, S. 122; siehe auch Paul B. Henze, Getting a Grip on the Horn, in: Walter Laqueur (Hrsg.), The Pattern of Soviet Conduct in the World, New York 1981; ders., The Russians and the Horn; ders., Layers of Time: A History of Ethiopia, London 2000; Legum, Angola and the Horn of Africa, S. 615; Porter, The USSR in the Third World Conflicts, S. 194; Korn, Ethiopia, the United States and the Soviet Union, S. 19; Patman, The Soviet Union in the Horn of Africa, S. 196; Raymond L. Garthoff, Détente and Confrontation: American-Soviet Relations from Nixon to Reagan, Washington, DC: Brookings Institution Press, 1985; und Andrew/Mitrokhin, The Mitrokhin Archive II, S. 457. Henzes Behauptung in Layers of Time, S. 298, Mengistu habe Moskau im Dezember 1976 besucht, widerspricht Sinicyns Rekonstruktion der Ereignisse (S. 259), derzufolge der äthiopische Führer erstmals im Mai 1977 nach Moskau kam. Einen mittleren Standpunkt nimmt Colin Legum ein, der, ohne die Quelle zu nennen, sozusagen tastend, sagt, die Entscheidung, Äthiopien Waffen zu liefern, habe der Kreml vor dem Mai 1977 getroffen, „möglicherweise im Dezember 1976", als eine „Dergue-Delegation, aus einflussreichen Mitgliedern bestehend", aber wahrscheinlich ohne Mengistu, in Moskau gewesen sei und ein entsprechendes Abkommen ausgehandelt habe, das dann im Mai 1977, während Mengistus Besuch, ratifiziert worden sei. Patman, The Soviet Union in the Horn of Africa, S. 196, meint hingegen, gestützt auf die „Washington Post", dass „eine äthiopische Militärdelegation (vielleicht mit Mengistu) nach Moskau gereist ist und dort ein geheimes Waffengeschäft unterschrieben hat". Der Artikel, der am 5.3.1977 erschien, ist von Don Oberdorfer gezeichnet, der sich bescheidenerweise nur auf „US-Berichte" berief, ohne weitere Einzelheiten mitzuteilen. Auch Christopher Andrew erwähnt den Dezember-Besuch, doch zitiert er lediglich Patman, The Soviet Union in the Horn of Africa, woraus man schließen kann, dass Mitrokhins Notizen nichts über einen solchen Besuch oder ein unterzeichnetes Abkommen enthalten. Es ist jedoch sehr unwahrscheinlich, dass die Zentrale nicht beteiligt oder zumindest über ein Treffen solchen Kalibers nicht informiert gewesen wäre. Henze, The Russians and the Horn (zitiert in: Porter, The USSR in the Third World Conflicts, S. 194; siehe auch Colin Legum/Bill Lee, Conflict in the Horn of Africa, London 1977, S. 94) berichtete, das Abkommen habe weitgehend Defensivwaffen im Wert von fast 100 Millionen Dollar betroffen, während es nach Farer, War Clouds on the Horn of Africa, S. 122, ein sowjetisches „Versprechen" (keinen unterschriebenen Vertrag) über eine Militärhilfe von 385 Millionen Dollar gab.

der sowjetischen Mission, Mengistu aufgesucht, um ihm mitzuteilen, mit welcher Befriedigung die Führung der UdSSR die Nachricht aufgenommen habe, dass er den Anschlag überlebt hatte.[33] Danach habe er, Sinicyn, Mengistu in der zweiten Novemberhälfte abermals – geheim, inoffiziell und ohne Moskaus ausdrückliche Ermächtigung – getroffen. Nun habe er dem äthiopischen Führer seine Bereitschaft bekundet, den Kreml zu informieren, sollte der Wunsch nach einem Besuch der sowjetischen Hauptstadt bestehen und sowjetische Unterstützung im Hinblick auf die komplizierte Situation in der Dergue erwünscht sein. Einige Tage später sei es zu einer weiteren Unterredung zwischen Mengistu und Sinicyn gekommen, in der Ersterer erklärt habe, nach einer Diskussion mit seinem Kollegen sei er bereit, nach Moskau zu kommen. Sinicyn behauptet ferner, er habe die Zustimmung des Kremls zum Besuch Mengistus erhalten, der provisorisch auf Februar 1977 festgesetzt[34], dann aber, auf Grund des Februar-Putsches, auf Mai 1977 vertagt worden sei[35].

Sowjetische Waffenlieferungen an Äthiopien, Anfang 1977

Marina und David Ottaway bieten eine interessante Schilderung der Ereignisse Anfang 1977. Ohne ihre Quelle zu nennen, halten sie fest, dass bereits im März 1977 dreißig sowjetische Panzer aus der Volksdemokratischen Republik Jemen in Äthiopien eingetroffen seien – ein erster Beweis für die neue Verpflichtung der Sowjetunion, Waffen im Wert von mehr als 100 Millionen Dollar[36] an Äthiopien zu liefern[37]. Marina und David Ottaway sagen, bis Mitte April seien mehr als 100 Panzer und Schützenpanzer direkt aus der Sowjetunion nach Äthiopien gelangt. Diese Information widerspricht allerdings der „Bedingung" für Waffenlieferungen, die, wie von anderen behauptet, die Sowjetunion im geheimen Dezember-Vertrag Äthiopien auferlegt habe, nämlich der Forderung, das Verhältnis zu den USA zu beenden; bis zum 1. Mai 1977 war das äthiopisch-amerikanische Abkommen „Über die Bewahrung der beiderseitigen Sicherheit", 1953 abgeschlossen, noch immer in Kraft.[38] Die Beziehungen zu den Vereinigten Staaten begannen sich erst nach dem 24. Februar 1977 zu verschlechtern, als Cyrus Vance dem Senatsunterausschuss für die Mittelbewilligung bei auswärtigen Operationen mitteilte, die Carter-Administration habe entschieden, die Unterstützung Argentiniens, Uruguays und Äthiopiens zu reduzieren, da es in diesen

---

[33] Sinicyn, Missija v Ėfiopii, S. 234. Patman, The Soviet Union in the Horn of Africa, S. 196, zitiert eine kurze Nachricht, die am 10.10.1976 in der „Pravda" stand; die tatsächliche Information wurde am 8.10. veröffentlicht.
[34] Andererseits behauptet Paul Henze, zitiert bei: Porter, The USSR in the Third World Conflicts, S. 194, Mengistu sei vom Kreml im Januar 1977 eingeladen worden.
[35] Siehe Sinicyn, Missija v Ėfiopii, S. 246.
[36] Legum/Lee, Conflict in the Horn of Africa, sagen sehr vorsichtig, es habe „*Anzeichen* dafür gegeben, dass die der Dergue im Dezember zugesagte Militärhilfe, wie zu hören war, in Höhe von 100 Millionen Dollar, einzutreffen begann" [Hervorhebung des Verf.].
[37] Ottaway/Ottaway, Ethiopia: Empire in Revolution, S. 168; siehe auch Porter, The USSR in the Third World Conflicts, S. 201, der einen Artikel der „Washington Post" vom 25.5.1977 zitiert.
[38] Am 9.5.1977, auf einem Empfang der pakistanischen Botschaft in Addis Abeba, erklärte der amerikanische Botschaftsrat Herbert Malin in einer Unterhaltung mit Sinicyn, dass die Kündigung des äthiopisch-amerikanischen Vertrags von 1953 für die USA überraschend gekommen sei und die Frage einer Neu-Orientierung der amerikanischen Politik gegenüber Äthiopien aufgeworfen habe (RGANI, f. 5, op. 73, d. 1638, ll. 142–144, CWIHPB, S. 61).

Ländern zu Menschenrechtsverletzungen gekommen sei.³⁹ Danach schlug der politische Untersuchungsausschuss am 11. April Präsident Carter vor, die Militärhilfe für Äthiopien aufzuschieben.⁴⁰ Im Gegenzug verlangte Addis Abeba am 23. April die Schließung des Kagnew-Militärstützpunkts in Asmara und dreier weiterer amerikanischer Einrichtungen in Äthiopien.⁴¹ Die Verschlechterung der äthiopisch-amerikanischen Beziehungen, zu der es Anfang 1977 kam, verlangt jedoch nach einer tiefer greifenden Analyse. Mengistus Entschluss, den Kagnew-Stützpunkt zu schließen, wurde formell durch die Suspendierung der amerikanischen Militärhilfe provoziert, war jedoch auch von der Aussicht auf ein besseres Geschäft mit der Sowjetunion beeinflusst. Die USA wiederum wurden formell durch den „Roten Terror" in Äthiopien zur Verringerung ihres Engagements veranlasst, also durch eine echte Sorge um die Menschenrechte. Jedoch erwähnt Paul Henze interessanterweise⁴², dass Washington Anfang 1977 über private Kanäle vertrauliche Berichte von Siad erhalten habe, nach denen Somalia um einen gewissen Preis von der engen Bindung an Moskau losgelöst werden könne. Saudi-Arabien sei bereit, ein großzügiges wirtschaftliches Entwicklungsprogramm mitzutragen.⁴³

Am 3. Mai 1977, unmittelbar nach der Lösung der Verbindung zu den USA, brach Mengistu zu einem neuntägigen offiziellen Moskau-Besuch auf. Am 6. Mai wurde er von Brežnev empfangen⁴⁴, der seine Besorgnis über die ständige Verschlechterung der Beziehungen zwischen den beiden „progressiven" Staaten – Äthiopien und Somalia – zum Ausdruck brachte und die Dringlichkeit einer Verbesserung betonte⁴⁵. Hauptergebnis des Besuchs war die Unterzeichnung einer Deklaration über die Grundlagen der Kooperation zwischen der UdSSR und Äthiopien. Davon abgesehen, kam es auch zu einer Vereinbarung über zusätzliche Lieferungen von Waffen und militärischer Ausrüstung an Äthiopien.⁴⁶ Bald danach, von Mitte Mai bis Juni, begann „Le Monde"⁴⁷ über das Eintreffen sowjetischer Panzer (T-34, T-54) und Panzerwagen im Hafen von Dschibuti zu berichten⁴⁸, die dann mit der Bahn nach Addis Abeba transportiert wurden⁴⁹.

---

³⁹ Sandra Vogelgesan, What Price Principle? – U.S. Policy on Human Rights, in: Foreign Affairs, Vol. 56 (1978), No. 4.
⁴⁰ Siehe „Brzezinski documents", Carter-Brezhnev Collection, National Security Archive, in: Odd Arne Westad (Hrsg.), The Fall of Détente: Soviet-American Relations during the Carter Years, Oslo 1997, S. 244.
⁴¹ Rene Lefort, Ethiopia: An Heretical Revolution, übersetzt aus dem Französischen von A. M. Berrett, London 1981, S. 288.
⁴² Henze, Layers of Time, S. 299ff.
⁴³ Ebenda, S. 299f.
⁴⁴ Sinicyn, Missija v Efiopii, S. 259.
⁴⁵ Stiftung „Archiv der Parteien und Massenorganisationen der SED" (SAPMO), J IV 2/202/583, in: CWIHPB, S. 62.
⁴⁶ SAPMO, J IV 2/202/583, in: CWIHPB, S. 62.
⁴⁷ Legum, Angola and the Horn of Africa, S. 615; Legum/Lee, Conflict in the Horn of Africa, S. 94
⁴⁸ Außerdem meldeten westliche Nachrichtendienste, dass im Juli fünf Flugzeugladungen pro Woche am Flughafen von Addis Abeba ankamen. Auch arabische Geheimdienst-Quellen sammelten Material über die Zustimmung der Sowjetunion, Äthiopien Waffen im Wert von 385 Millionen Dollar zu liefern; siehe Legum/Lee, Conflict in the Horn of Africa, S. 94, und Legum, Angola and the Horn of Africa, S. 615.
⁴⁹ Hinsichtlich des Waffentransports von Djibouti nach Addis Abeba ist die Feststellung wichtig, dass seit Juni 1977 die Westliche Somalische Befreiungsfront die Bahnlinie Addis – Djibouti unterbrochen hatte. So müssen Berichte, die solche Transporte mit der Bahn erwähnen, sorgfältig geprüft werden. Andererseits lief mehr Verkehr über die Autobahn Assab – Kombolcha – Addis, die nicht von den Guerillas unterbrochen wurde, wie Henze, Layers of Time, S. 296, behauptet.

Das Eintreffen der ersten kubanischen Berater in Äthiopien, Mai 1977

Ehe wir uns kurz mit der militärischen Präsenz Kubas in Äthiopien befassen, ist Castros Versuch zu vermerken, die beiden streitlustigen Nachbarn zu versöhnen. Im Anschluss an Besuche in Somalia und Äthiopien organisierte Castro ein Gipfeltreffen in Aden, das am 16. März 1977 stattfand und an dem Mengistu, Siad Barre und der Präsident der Volksdemokratischen Republik Jemen, Salem Robaja Ali, teilnahmen.[50] Zweck der Zusammenkunft war, die Möglichkeit zu erörtern, am Horn eine sozialistische Föderation zu schaffen. Die Ergebnisse dieser diplomatischen Anstrengung trugen offenbar erheblich dazu bei, dass Castro sich dafür entschied, in den Konflikt einzugreifen und dabei für die äthiopische Seite Partei zu nehmen.

Der Fehlschlag des Gipfeltreffens in Aden kam Mengistu zugute. Siads negative Einstellung zur äthiopischen Revolution wie auch der nationalistische Charakter der somalischen Politik verschärften Castros Kritik an der somalischen Führung.[51] In vierzehn Tagen teilte Castro seine Meinung Erich Honecker, dem Generalsekretär der SED in Ostberlin, mit. Der kubanische Führer sah in Siads Sozialismus nur eine äußere Hülle, die ihn den sozialistischen Ländern sympathischer erscheinen lassen sollte, von denen er Waffen bezog; seine sozialistische Doktrin sei bloß für die Massen bestimmt.[52] Jedoch ist das Ausmaß kubanisch-sowjetischer Koordination, was die Behandlung der Dinge am Horn von Afrika betrifft, in diesem frühen Stadium nicht klar erkennbar.[53] Innerhalb des Zeitrahmens, den wir hier rekonstruieren, scheint es so gewesen zu sein, dass Castro Anfang 1977 ein noch außenstehender Akteur war, der dazu neigte, für diplomatische Lösungen des Problems einzutreten, während im Mai 1977 Havanna und Moskau ihre Aktivitäten enger zu koordinieren begannen. Danach meinte der britische Botschafter in Somalia, Harry Brime (1977–1980), dass am Horn von Afrika die Kubaner unter festerer sowjetischer Leitung standen als in Angola, wohl weil das Horn für die Sowjets von größerer strategischer Bedeutung war.

Am 25. Mai 1977, zwei Monate nach dem Ende des Gipfeltreffens von Aden und weniger als einen Monat nach Mengistus Moskau-Besuch, wusste das State Department in Washington zu berichten, dass fünfzig kubanische Berater von Somalia nach Äthiopien transferiert worden seien[54], um dort äthiopische Streitkräfte im Gebrauch sowjetischer Waffen zu unterweisen[55]. Am selben Tag wurde der somalische Verteidigungsminister, Ali Amatar, nach Moskau geschickt, um von den sowjetischen Führern die Zusicherung zu erhalten, dass sie nicht vorhätten, Äthiopien aufzurüsten.[56] Dementsprechend erklärte Siad Barre, ebenfalls

---

[50] Lefort, Ethiopia: An Heretical Revolution, S. 287; Sinicyn, Missija v Ėfiopii, S. 255.
[51] Sinicyn, Missija v Ėfiopii, S. 255.
[52] SAPMO, DY30 JIV 2/201/1292, in: CWIHPB, S. 59.
[53] Siehe Garthoff, Détente and Confrontation, S. 632; Patman, The Soviet Union in the Horn of Africa, S. 202f.; siehe auch William M. LeoGrande, Cuba's Policy in Africa 1959–1980, Berkeley, Ca: Institute of International Studies, UC Berkeley, 1980, S. 38.
[54] Porter, The USSR in the Third World Conflicts, S. 204; siehe auch LeoGrande, Cuba's Policy in Africa, S. 39, der die „New York Times" vom 13.3.1977 und die „Washington Post" vom 18.3.1977 zitiert. Ein Sprecher der amerikanischen Regierung, zitiert von Legum und Lee, teilte mit, den Beratern sollten 400 bis 500 Soldaten folgen. Am 26.5. erklärte der amerikanische UN-Botschafter, Andrew Young, dass die Präsenz kubanischer Berater in Äthiopien „eine sehr gute Sache wäre", wenn kubanischer Rat das Blutvergießen stoppen könnte; siehe Legum/Lee, Conflict in the Horn of Africa, S. 94.
[55] Legum/Lee, Conflict in the Horn of Africa, S. 96; Legum, Angola and the Horn of Africa, S. 616.
[56] Legum, Angola and the Horn of Africa, S. 616.

am 25. Mai, dass „Somalia eine historische Entscheidung treffen" werde, falls die UdSSR fortfahre, Äthiopien zu bewaffnen.[57] In eben dieser Erklärung betonte er, dass Somalia nicht neutral bleiben werde, während Somalis in der Ogaden-Region durch Nicht-Afrikaner den Tod fänden. Wie von Lefort berichtet[58], folgte am 1. Juni in jener Region eine Welle von Sabotageakten der Westsomalischen Befreiungsfront in einer Region, welche mit ihrem Weideland für die somalischen Hirten, die auf grenzüberschreitende Flächen, Wasserversorgung, Fütterungswege und Märkte angewiesen waren, als lebenswichtig galt[59].

Am 18. August informierte der Leiter der somalischen Experten-Delegation in Moskau, der Minister für Bodenschätze und Wasserressourcen Hussein Abdulkadir Kasim, den stellvertretenden Außenminister der UdSSR, Leonid Fedorovič Il'ičev, in einem Gespräch unter vier Augen, dass nach Informationen, die in Mogadischu vorlägen[60], kubanische Militärs an dem Konflikt zwischen der Westsomalischen Befreiungsfront und Äthiopien beteiligt seien[61]. Ende Oktober behauptete Siad, dass im Ogaden 15000 kubanische Soldaten kämpften, was das kubanische Außenministerium bestritt: dort sei nicht „eine einzige kubanische Kampfeinheit.[62] Westliche Nachrichtendienste bestätigten, dass es da keine kubanischen „Kampfeinheiten" gebe, meldeten aber die Anwesenheit kubanischer Militärinstrukteure, die zusammen mit Äthiopiern in russischen Panzern kämpften und schwere Artillerie einsetzten.[63]

Wenn man zu einem Urteil über Castros Motive für ein Engagement in Äthiopien gelangen will, muss man mit seiner Enttäuschung über Siads Politik und Haltung auf dem Gipfeltreffen von Aden im März 1977 beginnen. Bei Havannas Entscheidung, Äthiopien zu unterstützen, spielte dann eine Schlüsselrolle, dass Castro die äthiopische Revolution als echt einschätzte[64], da die Politik der Dergue in vieler Hinsicht der kubanischen Revolution

---

[57] Al Yaqsa (Kuwait), 27.6.1977. Laut „The Daily Telegraph" vom 27.5.1977 bestellte Samantar die Botschafter der Mächte des Warschauer Pakts ein und machte klar, dass eine Fortsetzung der sowjetischen und kubanischen Hilfe für das „falsche Regime" in Addis Abeba die somalischen Beziehungen mit jenen Ländern gefährden würde; zitiert in: Patman, The Soviet Union in the Horn of Africa, S. 210.

[58] Lefort, Ethiopia: An Heretical Revolution, S. 288.

[59] Laut Charles Geshekter haben die Somalis schon vor langer Zeit ein System nomadischer Rotation entwickelt. Der Autor folgerte, dass „die kolonialistische Teilung des Horn jene Integrität zerstörte, als somalische Weideflächen zwischen Italien, Großbritannien und Äthiopien geteilt wurden"; siehe Charles Geshekter, Socio-Economic Developments in Somalia, in: Horn of Africa, Vol. 2 (1979), No. 2, S. 24–37, hier S. 25.

[60] Am 16.8. brachte Siad die Gerüchte, dass 9000 Mann kubanischer Truppen von Äthiopien vorgingen, selber „offiziell in Umlauf". Zu dieser Zeit gab es jedoch, wie Legum und Lee versichern, keine Beweise für die Entsendung kubanischer Kampftruppen, wie in Angola. Siehe Conflict in the Horn of Africa, S. 94. LeoGrande, Cuba's Policy in Africa, S. 39, zitiert die „New York Times" vom 13.3.1977 und die „Washington Post" vom 18.3.1977, danach waren im Juni nur 50 kubanische Berater in Äthiopien.

[61] RGANI, f. 5, op. 73, d. 1620, ll. 60–80; in: CWIHPB, S. 76.

[62] Der vollständige Text der Erklärung ist in: Africa Contemporary Record (ACR), 1977-78, zitiert bei: Legum, Angola and the Horn of Africa, S. 617.

[63] Legum, Angola and the Horn of Africa, S. 617f.

[64] In seiner Unterredung mit Honecker hat Castro seine Hochschätzung nicht nur der äthiopischen Revolution, sondern auch Mengistus als eines wahren und hingebungsvollen Revolutionärs zum Ausdruck gebracht; siehe SAPMO, DY30 JIV 2/201/1292, in: CWIHPB, S. 59. Siehe auch Piero Gleijeses, Moscow's Proxy? Cuba and Africa 1975–1988, in: Journal of Cold War Studies, Vol. 8 (2006), No. 4, S. 98–146, hier S. 145.

in ihren frühen Phasen ähnelte, vor allem die agrarischen und städtischen Reformen, die Nationalisierung und die Schaffung einer Volksmiliz[65]. In technischer Hinsicht stärkte die erfolgreiche kubanische Intervention in Angola Castros Glauben an seine Fähigkeit, revolutionären Regimen auch in ferneren Regionen zu Hilfe zu kommen.[66]

Die USA und Somalia, Juni-August 1977

Bereits am 16. Juni 1977[67] traf der somalische Botschafter in Washington, Achmed Addou, mit Präsident Carter zusammen und überbrachte dabei eine dringliche Botschaft Siads, der behauptete, das von der Sowjetunion unterstützte Äthiopien bereite eine Invasion Somalias vor. Carter erklärte Addou, sollte Somalia angegriffen werden, würden die Vereinigten Staaten mit dem Land sympathisieren und Hilfe zur Verteidigung in Betracht ziehen. Der Botschafter berichtete Siad über das Treffen viel positiver als das durch Carters Haltung gerechtfertigt war.[68] Innerhalb weniger Tage lieferte Dr. Kevin Cahill, Siads Leibarzt und amerikanischer Staatsbürger, dem somalischen Präsidenten eine Information, die angeblich aus dem State Department kam und die besagte, Washington sei „nicht gegen weiteren Guerilla-Druck im Ogaden" und „willens, die Verteidigungsbedürfnisse Somalias zu bedenken".[69] Am 1. Juli deutete Außenminister Vance an, dass die USA bereit sein könnten, Somalia Waffen zu liefern. Zwei Wochen später, am 15. Juli, genehmigte Präsident Carter einen „prinzipiellen" Beschluss, Somalia mit Verteidigungswaffen zu versorgen.[70] Am 21. Juli gaben die USA, Großbritannien und Frankreich bekannt, sie hätten „im Prinzip" beschlossen, Somalia zum Schutz seines derzeitigen Territoriums Defensivwaffen zu liefern.[71] Außerdem hat Karen Brutenc, in der Internationalen Abteilung der KP ein Spezialist für Fragen der Dritten Welt, geäußert, Siad seien im Juli 1977 bei seinem Besuch in Saudi-Arabien amerikanische Waffen im Wert von 460 Millionen Dollar angeboten worden[72], zu bezahlen von Saudi-Arabien, sofern Somalia mit der Sowjetunion vollständig breche[73]. Mitte Juli drangen die Somalis in die Ogaden-Region ein und nahmen in weniger als

---

[65] Auch Kebeles, eine städtische Blockorganisation, die an Kubas Komitee für die Verteidigung der Revolution erinnert. Siehe LeoGrande, Cuba's Policy in Africa, S. 38, der Fidel Castros Interview in Afrique-Asie vom 29. 3. 1967 zitiert.
[66] Zur Stärkung des letzteren Arguments trägt bei, dass die Unterstützung, die Kuba Ende 1977 Äthiopien gewährte, dazu diente, Äthiopien gegen die Aggression Somalias zu verteidigen, wie Castro betonte; siehe Gleijeses, Moscow's Proxy?, S. 145.
[67] Donald Petterson, Ethiopia Abandoned? An American Perspective, in: International Affairs, Vol. 62 (1986), No. 4. S. 627–645, hier S. 638; Patman, The Soviet Union in the Horn of Africa, S. 212.
[68] Henze, Layers of Time, S. 300.
[69] ACR, 1977-8, S. A74, zitiert in: Patman, The Soviet Union in the Horn of Africa, S. 212; siehe auch Arnaud de Borchgrave, Crossed Wires, in: Newsweek, 26. 9. 1977, S. 42f.
[70] Petterson, Ethiopia Abandoned? An American Perspective, S. 638.
[71] Lefort, Ethiopia: An Heretical Revolution, S. 288; Legum, Angola and the Horn of Africa, S. 618.
[72] Karen Brutenc, Tridcat' let na Staroj ploščadi, Moskau 1998, S. 212. Brutenc nennt jedoch seine Quelle nicht.
[73] Garthoff, Détente and Confrontation, S. 636, zitiert Neil Matheson, The „Rules of the Game" of Superpower Military Intervention in the Third World, 1975–1980, Washington, DC: University Press of America, 1982, S. 91; siehe auch LeoGrande, Cuba's Policy in Africa, S. 39, der behauptet, die Saudis hätten Somalia 350 Millionen Dollar angeboten und damit die sowjetische Offerte – für den Fall der Einstellung der Feindseligkeiten durch Somalia die sowjetische Hilfe zu erhöhen – überboten.

zwei Wochen 112 Ortschaften und 85 Prozent des Territoriums in Besitz.[74] Daraufhin teilte Ende der ersten Augustwoche, als die Guerilla-Aktionen im Ogaden „zu offensichtlich geworden waren, um ignoriert werden zu können", ein Sprecher des State Department mit, Präsident Carter habe wegen der Insurrektion im Ogaden seine Meinung über Waffenlieferungen an Somalia geändert.[75]

Intensivierung der Geheimdiplomatie, August 1977

Am 29. Juni 1977 empfing Mengistu den sowjetischen Botschafter Ratanov und erklärte, dass Somalia bereits subversiv aktiv sei, und zwar mit der Westsomalischen Befreiungsfront; diese Einheiten seien sogar mit Luftabwehrraketen sowjetischer Herkunft ausgerüstet.[76] Mengistus Behauptung wird von Henze bekräftigt, der sagt, dass noch im August sowjetisches militärisches Gerät in Somalia eingetroffen sei. In klarem Gegensatz hierzu meint Raymond Garthoff, der Kreml habe im August alle Waffenlieferungen an Somalia eingestellt, hingegen die Hilfe für Äthiopien aufgestockt.[77] Colin Legum merkt an, dass Botschafter Ratanov am 19. Oktober bekannt gab, die Sowjetunion habe die Waffenlieferungen an Somalia „offiziell und formell" eingestellt.[78] Die Logik der Ereignisse zeigt, dass die UdSSR zwar willens war, sowohl in Somalia wie in Äthiopien präsent zu sein, aber Siads Absicht, Ogaden zu annektieren, missbilligte. Die Annahme scheint plausibel zu sein, dass die sowjetische Führung ab August die Waffenlieferungen an Siads Regime abbaute. Die negative Haltung, die Moskau gegen somalische Aktionen im Sommer 1977 einnahm, ist auch daran abzulesen, dass „Pravda" und „Izvestija"[79] dazu übergingen, die Feindseligkeiten im Ogaden, an denen reguläre somalische Truppen teilnahmen[80], als „somalische Invasion" zu bezeichnen[81].

Am 29. Juli trafen Ratanov und Mengistu in der sowjetischen Mission zusammen, um über eine Botschaft der letzteren an Brežnev zu konferieren. In seinem Schreiben hatte der äthiopische Führer seine Hochschätzung der sowjetischen Unterstützung Äthiopiens zum Ausdruck gebracht. Er erkannte auch an, dass der Kreml seine Präsenz in Somalia,

---

[74] LeoGrande, Cuba's Policy in Africa, S. 39. Im Juli intervenierte die somalische Armee im Ogaden und erreichte mit der Westsomalischen Befreiungsfront Jijiga, Dire, Dawa und Harar, kurz nach dem Fall von Dekamere (7. Juli) und Keren (8. Juli) in Eritrea; siehe Lefort, Ethiopia: An Heretical Revolution, S. 288.

[75] LeoGrande, Cuba's Policy in Africa, S. 39; Petterson, Ethiopia Abandoned? An American Perspective, S. 639; siehe auch Washington Post, 26.9.1977, zitiert bei Legum, Angola and the Horn of Africa, S. 618. Legum bemerkt auch, dass die USA es ablehnten, Saudi-Arabien und dem Iran zu gestatten, alte amerikanische Waffen in ihre Arsenale aufzunehmen; siehe Garthoff, Détente and Confrontation, S. 638.

[76] RGANI, f. 5, op. 73, d. 73, d. 1636, ll. 74–75, in: CWIHPB, S. 64; siehe Henze, Layers of Time, S. 301.

[77] Siehe Garthoff, Détente and Confrontation, S. 636.

[78] Legum, Angola and the Horn of Africa, S. 618.

[79] Pravda, 14.8.1977, S. 4; Izvestija, 14.8.1977, S. 3; Izvestija, 17.8.1977, S. 3, in: CDSP, 32 (33), 14.9.1977, S. 6.

[80] Am 18.8. brachte Kasim in einer Unterredung mit Il'ičev sein Erschrecken zum Ausdruck über „die Flut von Deklarationen und Kommentaren in der sowjetischen Presse"; solche Deklarationen, so sagte er, gössen Öl ins Feuer der imperialistischen Propaganda (RGANI, f. 5, op. 73, d. 1620, ll. 60–80, in: CWIHPB, S. 76).

[81] Garthoff, Détente and Confrontation, S. 636.

insbesondere den Tiefseehafen Berbara[82], riskiere, wenn er sich in Äthiopien engagiere[83]. Nach dem Empfang dieser Botschaft bemerkte A. P. Kirilenko am 4. August auf einer Sitzung des Politbüros, für Moskau sei es nun an der Zeit, zu den somalisch-äthiopischen Beziehungen, die sich laufend verschlechterten, Stellung zu beziehen.[84] Eine Woche später, auf einer weiteren Sondersitzung des Politbüros, übermittelte Kirilenko den Wunsch Breznevs an das Politbüro, dass alles geschehen möge, um Äthiopien die notwendige Hilfe zu leisten.[85] Am 23. August wurde der kubanische Missionschef Novoa von Ratanov empfangen. Während der geheimen Zusammenkunft sagte Ratanov, die Frage der Einladung kubanischen Militärpersonals, wie sie Mengistu wünsche, sei nicht nur für sozialistische Staaten kompliziert, sondern ebenso für die Dergue-Führung. Sollte um nicht-afrikanische Kampfeinheiten ersucht werden, könne das von Somalia und von eritreischen Separatisten benutzt werden, um Militär aus den arabischen Staaten für kriegerische Aktionen weit größeren Umfangs als bisher heranzuholen.[86]

Dennoch beobachteten israelische Schiffe seit Anfang September, dass Panzerfahrzeuge von Aden über das Rote Meer nach Assab und Massawa verschifft wurden.[87] Am 3. September empfing Ratanov den amerikanischen Geschäftsträger, Arthur Tienkin, um über die amerikanisch-äthiopischen Beziehungen zu reden, die „nicht so gut seien, wie sie sein könnten".[88] Zu den amerikanisch-somalischen Beziehungen sagte Tienkin, sie „besserten" sich und die USA hätten sogar „im Prinzip" zugestimmt, Defensivwaffen zu liefern, was aber wegen der militärischen Aktionen im Ogaden nicht geschehen könne. Man kann sehen, dass die Information, die Ratanov von Tienkin erhielt, für Mengistu zur rechten Zeit kam. Die Unterhaltung mit dem amerikanischen Diplomaten zeigte klar, dass Somalia abglitt und in amerikanische Hände zu geraten begann. Zwei Tage später, am 5. September, setzte Ratanov – in der sowjetischen Botschaft – Mengistu über Siad Barres erfolglosen

---

[82] Der Hafen von Berbera liegt am Indischen Ozean, gegenüber Aden, und ist nahe der Mündung des Roten Meeres. Er war leistungsfähiger und geographisch günstiger als alles, was Äthiopien anzubieten hatte. Siehe Charles, The Soviet Union and Africa, S. 136, und Bowman, African Conflict and Superpower Involvement in the Western Indian Ocean.
[83] RGANI, f. 5, op. 73, d. 1636, ll. 113–116, in: CWIHPB, S. 69.
[84] Archiv des Präsidenten der Russischen Föderation (APRF), f. 3, op. 120, d. 37, ll. 44, 48, in: CWIHPB, S. 70.
[85] APRF, f. 3, op. 120, d. 37, ll. 51, 56, in: CWIHPB, S. 73.
[86] RGANI, f. 5, op. 73, d. 1637, ll. 118–119, in: CWIHPB, S. 76. Bereits im März 1977 erhielten die Sowjets eine Warnung, dass sich arabische Staaten möglicherweise am Horn engagieren würden. Ein Bericht der KPdSU an das Zentralkomitee der SED über die Ergebnisse des Besuchs von Präsident Podgorny in Somalia vermittelt Aufschluss über Siads Wink an Podgorny, dass die reaktionären Führer des Sudan, Ägyptens und Saudi-Arabiens progressive Regime in Äthiopien zu liquidieren suchten; siehe Bericht der KPdSU an das SED-ZK, Resultate des Besuchs von Präsident N. V. Podgorny in Afrika, Ende März 1977, SAPMO, J IV 2/202 584; in: CWIHPB, S. 53. Um dies zu substantiieren, hielt ein geheimer Hintergrundbericht des sowjetischen Außenministeriums und der Internationalen Abteilung des ZK der KPdSU fest, dass zu der Zeit, als die Sowjetunion aus Somalia verdrängt wurde, die somalische Führung aktiv um die Unterstützung muslimischer Staaten warb und von ihnen Hilfe auch in Form von Waffenlieferungen erhielt; auch nahmen Truppen unter dem Banner „Islamische Solidarität" an Kampfhandlungen gegen Äthiopien teil. Ende Dezember 1977/Anfang Januar 1978 besuchte der somalische Präsident Iran, Pakistan, Ägypten, Sudan, Oman, auch Irak und Syrien; RGANI, f. 5, op. 75, d. 1175, ll. 13–23, in: CWIHPB, S. 88.
[87] Legum, Angola and the Horn of Africa, S. 616.
[88] RGANI, f. 5, op. 73, d. 1637, ll. 136–138, in: CWIHPB, S. 77.

Moskau-Besuch Ende August in Kenntnis[89]; Siad war von Brežnev nicht einmal empfangen worden.[90]

Beginn der sowjetischen Luftbrücke, November 1977

Die Phase unmittelbar vor der Entscheidung, Äthiopien mit enormen Quantitäten an Waffen zu beliefern, kam am 30. und 31. Oktober während Mengistus Besuch in Moskau – und danach –, als der äthiopische Politiker mit Brežnev sprechen konnte.[91] Bei diesem Treffen unterrichtete Mengistu seinen sowjetischen Gastgeber im Detail über die ernste Lage in Äthiopien, die eine Stärkung der äthiopischen Defensivkraft, also eine Erweiterung der sowjetischen Militärhilfe erfordere.[92] Nach Mengistus Besuch traf Anfang November Raul Castro, der Minister für die revolutionären Streitkräfte Kubas, in Moskau ein, begleitet von jenen Generälen, die dann in der äthiopischen Kampagne hervortraten.[93] Wenig später, am 13. November, erklärte Somalia den 1974 mit der UdSSR geschlossenen Freundschafts- und Kooperationsvertrag für erloschen. Auch die Beziehungen zu Kuba wurden abgebrochen. Am selben Tag richtete Somalia einen Appell an die Arabische Liga, an den Westen und an China. Nach offiziellen somalischen Quellen, deren Genauigkeit aber noch nicht verifiziert werden konnte, gaben die USA zu verstehen, dass sie möglicherweise militärische Unterstützung gewähren würden, sollte der Vertrag mit Moskau beendet werden.[94]

Am 28. November[95] begann eine umfängliche Luftbrücke, die kubanische Truppen[96] und Material aus der Sowjetunion nach Äthiopien brachte. Von Ende November 1977 bis Anfang Januar 1978 wurden etwa 225 Antonov 22 und Il'jušin 76, fast 15 Prozent der sowjetischen Lufttransport-Flotte, für die Waffenlieferungen nach Äthiopien eingesetzt.[97] Zwei Monate nach dem Start der Luftbrücke, am 23. Januar 1978, wurde die erste größere kubanisch-äthiopische Offensive im Ogaden eröffnet.[98] Bereits am folgenden Tag bezifferten Zbigniew Brzezinski und der Sprecher des State Department – auf verschiedenen Pressekonferenzen – die Stärke der eingesetzten kubanischen Truppen auf mehr als 10 000 Mann. Nur zwei Wochen zuvor hatte Cyrus Vance gesagt, in Äthiopien seien 2000 Kubaner

---

[89] Sinicyn, der damals Experte in der 3. Afrikanischen Abteilung im sowjetischen Außenministerium war, sagt, dass Siads Besuch in Moskau Anfang September stattfand; siehe Sinicyn, Missija v Ėfiopii, S. 269.
[90] Garthoff, Détente and Confrontation, S. 636.
[91] Am 19. 10. erklärte Ratanov offiziell, dass der Kreml alle Waffenlieferungen an Somalia gestoppt habe; siehe Dimitri K. Simes, Disciplining Soviet Power, in: Foreign Policy, Vol. 43, S. 33–52, hier S. 34. Siehe auch Raymond L. Garthoff, The Great Transition. American-Soviet Relations and the End of the Cold War, Washington, DC: Brookings Institution Press, 1994, S. 703.
[92] SAPMO, J IV 2/202/583, in: CWIHPB, S. 81–2.
[93] Henze, Layers of Time, S. 301.
[94] Legum, Angola and the Horn of Africa, S. 618.
[95] Siehe Washington Post, 17. 12. 1977, S. A1; Washington Post, 5. 3. 1978, S. A1.
[96] Amerikanische Beobachtungssatelliten lieferten fotografische Beweise für das kubanische militärische Engagement; siehe Legum, Angola and the Horn of Africa, S. 618. Es ist plausibel anzunehmen, dass die massive Präsenz kubanischer Truppen Ende November begonnen hat; Siads Behauptungen, kubanisches Militär sei in Äthiopien schon in den ersten Monaten des Jahres 1977 aufgeboten worden, ist als Phantasieprodukt anzusehen, für das jeder Beweis fehlt.
[97] Siehe James Mayall, The Battle for the Horn: Somali Irredentism and International Diplomacy, in: The World Today, Vol. 34 (1978), No. 9, S. 336–345, hier S. 621.
[98] Lefort, Ethiopia: An Heretical Revolution, S. 289.

als „kämpfende" Soldaten.[99] Am 5. März wurde das östliche Hochland Äthiopiens als vollständig befreit erklärt[100], und am 9. März gab Siad Barre den freiwilligen Rückzug somalischer Truppen bekannt – das erste Eingeständnis, dass die somalische Armee in der Region aktiv war[101].

Entschlüsselung der sowjetischen Motive

Das vorgestellte Material lässt auf einige Widersprüche in den bisherigen historiographischen Darstellungen schließen und kann als Ausgangspunkt dienen, etliche der zwischen Oktober 1976 und November 1977 geschehenen Schlüsselepisoden im äthiopisch-somalischen Konflikt neu zu prüfen und neu zu bewerten. Die Resultate werfen ein Licht auf die Schwächen des „Grand Design"-Paradigmas bei der Interpretation der sowjetischen Politik am Horn von Afrika, sie widerlegen aber auch die Annahme einer simplen „opportunistischen" Natur des Moskauer Handelns. Bislang haben wir keine überzeugenden Beweise für eine direkte sowjetische Beteiligung am Putsch Mengistus gefunden, etwa in der Form einer an die Dergue – oder an Mengistu persönlich – gerichteten Forderung, zur Erlangung sowjetischer Unterstützung die Beziehungen zu den USA abzubrechen.

Dennoch ist es wichtig, wenn wir die Motive Moskaus für das beispiellose Vorgehen Ende 1977 analysieren, die sowjetischen Kalkulationen genau zu prüfen, die oft sowohl von den Verhältnissen der regionalen Akteure wie von den geostrategischen Tendenzen auswärtiger Akteure oder Supermächten beeinflusst wurden.[102] Im Falle Somalias urteilten die Sowjets ganz richtig, dass die somalische Offensive überdehnt und ohne ausreichende Versorgung war und dass der Westen zögerte, die Somalis substantiell zu unterstützen.[103] Auch

---

[99] Washington Post, 25. 2. 1978, S. A1; Zbigniew Brzezinski bekräftigt in Power and Principle: Memoirs: Memoirs of the National Security Adviser 1977-1981, London 1983, S. 184, dass die Zahl der kubanischen Soldaten auf 11 000 gestiegen sei. Als sich Somalia Ende März 1978 zurückzog, befanden sich 12 000 bis 15 000 kubanische Soldaten und 1500 sowjetische Berater in Äthiopien, so die „New York Times" vom 18. und 15. 2. 1978, zitiert bei: Porter, The USSR in the Third World Conflicts, S. 204. Richard Remnek erklärt in „Soviet Policy in the Horn of Africa: The Decision to Intervene", in: Robert H. Donaldson (Hrsg.), The Soviet Union in the Third World: Success and Failures, London 1981, S. 125-149, hier S. 126, dass sich 16 000 Kubaner am Krieg beteiligt hätten. Es ist außerordentlich schwierig, hier zu exakten Zahlen zu kommen; viele kubanische Soldaten wurden von äthiopischen Fluglinien aus Angola eingeflogen, manche kamen aus Kuba über Angola (Henze, zitiert bei: Porter, The USSR in the Third World Conflicts, S. 204). Die CIA schätzte, dass mehr als 40 000 Kubaner in Angola und Äthiopien kämpften, mit Waffen aus der Sowjetunion. Fidel Castro, zitiert von Arthur Gavshon, sollte jedoch später sagen, dass die Schätzung der CIA zu niedrig sei. Die Konfusion über die genaue Zahl ist aber auch auf Mengistus Bestreben zurückzuführen, die äthiopische Rolle in den Kämpfen hervorzuheben und die kubanische Rolle zu minimieren; siehe Gavshon, Crisis in Africa, S. 113.
[100] Henze, Layers of Time, S. 303.
[101] Siehe Legum, Angola and the Horn of Africa, S. 625.
[102] Siehe Galia Golan, The Soviet Union and National Liberation Movements in the Third World, Boston 1988; Henry Bienen, Perspectives on Soviet Intervention in Africa, in: Political Science Quarterly, Vol. 95 (1980), No. 1, S. 29-42; siehe auch Roman Kolkowicz, The Soviet Military and the Communist Party, Princeton, NJ: Princeton University Press, 1967, mit Bezug auf die Haltung von Partei und Militär zu Wandlungen im internationalen Bereich.
[103] Siehe Robert F. Gorman, Soviet Perspective on the Prospects for Socialist Development in Africa, in: African Affairs, Vol. 83 (1984), No. 331, S. 163-187; Edward Luttwak, The Grand Strategy of the Soviet Union, New York 1983, S. 81.

glaubte man in Moskau, dass in der Region Äthiopien der wichtigere Staat sei. Politisch war er wertvoller im Hinblick auf seine prominente Rolle bei der Schaffung der Organisation der Afrikanischen Einheit. Strategisch war er, auf Grund seines Zugangs zum Roten Meer, als Hebel im ganzen Mittleren Osten zu gebrauchen.[104] Dementsprechend rechtfertigte die sowjetische Nachrichtenagentur TASS die sowjetische Beteiligung am Ogaden-Krieg mit der strategischen Bedeutung der Region: „Die Wichtigkeit dieser Region [am Horn von Afrika] ist bestimmt von ihrer geographischen Lage an der Scheide zwischen [...] Afrika und Asien, von der Existenz erstklassiger Häfen am Golf von Aden und am Indischen Ozean[105], vor allem aber von der Tatsache, dass durch sie wichtige Seewege laufen, die Öl produzierende Länder mit Amerika und Europa verbinden."[106]

Auf der anderen Seite konnten die strategische Bedeutung des Horns von Afrika und der dort zu findenden Anlagen leicht überschätzt werden. Wie Mesfin Wolde-Mariam[107] bemerkt, wenn Somalias Küste am Indischen Ozean strategisch so wichtig war, ist es nicht leicht zu erklären, warum die Sowjetunion ihre dortige Position und alle ihre Investitionen aufgeben musste, nur um Äthiopien zu helfen, das lediglich über eine Küste am Roten Meer verfügte.[108] Auch kann man die strategische Bedeutung der Straßen von Bab el Mandeb hervorheben. Doch ist eine Situation schwer vorstellbar – außer in einem Krieg –, in der eine Supermacht fähig wäre, die Straßen zu sperren; in einem solchen Falle dürfte auch der Suezkanal gesperrt sein, was ihren strategischen Wert mindern würde.[109]

Es ist auch gesagt worden, das Horn von Afrika sei für die Sowjetunion wirtschaftlich interessant gewesen, da es im Ogaden und an der Küste von Eritrea Anzeichen für Bodenschätze gegeben habe, darunter Öl und Erdgas.[110] Indes verdient der wirtschaftliche Faktor eine kritischere Analyse. Erstens ging nur ein kleiner Prozentsatz des sowjetischen Handels über den Indischen Ozean. Zweitens war die UdSSR unabhängig von den Energiequellen und Bodenschätzen der Anliegerstaaten des Indischen Ozeans.[111] Drittens war die sowjetische Politik gegenüber Angola und vor allem Äthiopien ein Verlustgeschäft, im Gegensatz zu den Beziehungen mit den Ölländern des Mittleren Ostens und Nordafrikas.

---

[104] Siehe Patman, Soviet-Ethiopian Relations: The Horn of Dilemma, S. 114. 30 Prozent allen maritimen Handels der am Indischen Ozean liegenden Länder mit Westeuropa passierte das Rote Meer, mehr als 90 Prozent aller Öltanker von den arabischen Golfstaaten und von Iran; siehe Colin Legum, The Red Sea and the Horn of Africa in International Perspective, in: William L. Dowdy/Russell B. Trood (Hrsg.), The Indian Ocean: Perspectives on a Strategic Arena, Durham: Duke University Press, 1985, S. 193–208, hier S. 193.

[105] Wie John Markakis, The Regional Significance of Sea Ports in the Horn of Africa, in: Martin Doornbos/Lionel Cliffe/Abdel Ghaffar/M. Ahmed und John Markakis (Hrsg.), Beyond Conflict in the Horn: The Prospects for Peace, Recovery & Development in Ethiopia, Somalia, Eritrea & Sudan, The Hague: The Institute of Social Studies in Association with James Currey, London 1992, S. 130f., hier S. 131, bemerkt, macht die strategische Bedeutung der regionalen Häfen sie zu einem politischen Faktor, mit Einfluss auf einige der größeren Konflikte in der Region.

[106] TASS, 8.2.1978, zitiert bei Brind, Soviet Policy in the Horn of Africa, S. 76.

[107] Mesfin Wolde-Mariam, The Horn of Africa: Conflict and Poverty, Addis Abeba 1999.

[108] Ebenda, S. 95; siehe auch Marina Ottaway, Soviet and American Influence in the Horn of Africa, New York 1982, S. 164.

[109] Brind, Soviet Policy in the Horn of Africa, S. 76.

[110] Siehe Farer, War Clouds on the Horn of Africa, S. 135. Dies exemplifiziert den wachsenden Glauben, im Gefolge der Ölkrise von 1973, dass die Wirtschaft der bedeutendsten imperialistischen Mächte vom Zugang zu Öl und Rohstoffen aus dem Mittleren Osten und aus Afrika abhänge; siehe Evgenii Tarabrin, The National Liberation Movement: Problems and Prospects, in: International Affairs [Moskau], No. 2, 1978, S. 2.

[111] Anderson, Soviets in the Indian Ocean: Much Ado About Something-But What, S. 912.

Viertens: Bei manchen der Waffengeschäfte mögen Barzahlungen erfolgt sein, doch deuten die gewaltigen Summen, die der Sowjetunion in den neunziger Jahren von der Dritten Welt geschuldet wurden, darauf hin, dass die militärischen Klienten der UdSSR, mit denen Freundschaftsverträge bestanden, ihre Waffen oft auf Kredit kauften[112], wie es bei Äthiopien der Fall war[113].

Jedoch haben, wie Westad konstatiert, die diplomatischen Berichte, in denen die schwierige Lage Mengistus – der damals als echter Revolutionär galt – geschildert wurde, viel dazu beigetragen, die Führer im Kreml von der Richtigkeit einer Intervention zu überzeugen.[114] In sowjetischen Augen hätte Inaktivität im äthiopisch-somalischen Konflikt womöglich den USA die Chance verschafft, sich nicht nur in Somalia, sondern auch in Äthiopien festzusetzen, sollte das Mengistu-Regime unter dem immensen inneren und äußeren Druck zusammenbrechen. Die Verschiebungen in den regionalen Machtverhältnissen[115] hätten für die Sowjetunion die Aussicht eröffnet, in einem Raum, den man damals für strategisch wichtig hielt, unterrepräsentiert zu sein. Durch die Unterbrechung der Verbindungen mit Ägypten, dem Sudan und Somalia sahen sich die Sowjets mit der Möglichkeit konfrontiert, vom Horn von Afrika, von Nordostafrika, vollständig verdrängt zu werden.

Konklusion: Brüderliche Hilfe und globale Strategie

Um besser zu verstehen, ob das sowjetische Engagement in Äthiopien eine Form von brüderlicher Militärhilfe oder nur ein Akt globaler Militärstrategie war, sind einige zusätzliche Bemerkungen erforderlich. Wenn wir die Erinnerung Sergej Sinicyns berücksichtigen, ergibt sich eine Modifizierung des bisher bekannten Bildes, wie es hier gezeigt worden ist. Der Diplomat hebt die Kommunikation auf persönlicher Ebene als anfängliche Antriebskraft heraus. Die Reminiszenzen eines beteiligten Akteurs wie Sinicyn führen uns vor Augen, bis zu welchem Grad seine geheimen, inoffiziellen, persönlichen Kontakte zu Mengistu dessen Handeln beeinflusst haben mögen, vornehmlich den Februar-Putsch. Ebenso können uns Sinicyns Bemerkungen zu Mengistus erster geheimer Auslandsreise, die nach Beijing ging, einiges über die Besorgnis sagen, die in Moskau eine mögliche Ausbreitung des chinesischen Einflusses am Horn von Afrika weckte; Botschafter Ratanov war sich dieser Möglichkeit sehr bewusst, wie uns das von Westad beigebrachte Material deutlich macht.[116]

Zum Schluss: Es ist in der Tat schwierig, mit einiger Sicherheit zu sagen, welche Einflüsse und Motive die Sowjetunion bewogen, Äthiopien 1977/78 zu unterstützen. Mit der Zeit, wenn wir unsere lückenhaften Kenntnisse erweitern, werden wir vielleicht eines Tages mit mehr Sicherheit plausible Erklärungen präsentieren können, die nicht bloß auf Schlussfolgerungen, sondern auf harte und bewiesene Fakten gestützt sind. Um die Dinge noch

---

[112] Margot Light, Conclusion: Continuity and Change in Soviet Policy, in: Dies. (Hrsg.), Troubled Friends: Moscow's Third World Ventures, London: British Academic Press, Royal Institute of International Affairs, 1993, S. 201.
[113] Gebru Tareke, The Ethiopia War of 1977 Revisited, in: The International Journal of African Social Studies, Vol. 33 (2000), No. 3, S. 635–667, hier S. 664.
[114] Westad, The Global Cold War, S. 253.
[115] Siehe Steve F. Kime, The Soviet View of War, in: Graham D. Vernon (Hrsg.), Soviet Perceptions of War and Peace, Washington, DC: National Defence University Press, 1981, S. 51–67, hier S. 55.
[116] Westad, The Global Cold War, S. 262, Anm. 32, und S. 268, Anm. 55.

mehr zu komplizieren, hat Karen Brutenc die These aufgestellt, die Sowjets hätten sich am Horn von Afrika sozusagen aus Zufall engagiert. In seinen Augen folgten die sowjetischen Aktionen in Afrika nicht einer ausgearbeiteten „afrikanischen Strategie", nicht einem „Grand Design" oder einem „Generalplan"[117]; die Rivalität habe sich nicht „um Afrika" gedreht, sondern „in Afrika" geherrscht.[118] Nach seinem Urteil war das sowjetische Engagement in Äthiopien ein Fehler, da die UdSSR keine Kontrolle über die dortige Situation hatte, die im Übrigen nie ihre nationalen Interessen berührte.[119] So haben wir derzeit die Skepsis von Brutenc und seine Leugnung einer zweckgerichteten Politik, andererseits die aktives Handeln stimulierenden Berichte und Initiativen sowjetischer Repräsentanten in der Region. Die 1977 von sowjetischen Regierungsvertretern gebrauchte Argumentation weicht gewiss erheblich von der revisionistischen Auffassung ab, die 1997 die Kritik von Brutenc bestimmte. Zwischen den beiden Extremen liegt unsere vorläufige Interpretation, die freilich unter einem offenkundigen Mangel an Primärquellen und einem überwältigenden Überfluss an jetzt überholten historischen Interpretationen leidet. Gleichwohl leiten wir aus dem mageren Material ab, dass Moskaus Entschluss, Hilfe zu leisten, ein Akt generöser Solidarität war, der, wie Westad festgestellt hat, von dem Rat und den Einsichten der am Horn von Afrika tätigen sowjetischen Funktionäre beeinflusst war. Die Aktionen, welche zwischen November 1977 und März 1978 folgten, sind freilich vom außenstehenden Beobachter im Geiste und in der Sprache des Kalten Krieges interpretiert worden, als Züge in einer globalen Strategie, die darauf gerichtet gewesen sei, den amerikanischen Einfluss in einer Region zu verringern, die damals als strategisch wichtig galt.

Aus dem Englischen übertragen von Dr. h. c. Hermann Graml

---

[117] Siehe Brutenc, Tridcat' let na Staroj ploščadi, S. 213. Auch Raymond L. Garthoff, A Journey through the Cold War: A Memoir of Containment and Coexistence, Washington, DC: Brookings Institution Press, 2001, S. 376, erklärt in seinen Memoiren, dass die vorherrschende „westliche Sicht falsch war, die dem Kreml einen großen Plan zuschreibt [...] und glaubt, die sowjetischen Führer seien auf einen historischen Kampf zwischen zwei Welten eingeschworen, bis ihre Welt ihre Bestimmung erfüllt und gesiegt habe".
[118] Brutenc, Tridcat' let na Staroj ploščadi, S. 215.
[119] Karen Brutenc, Interview für CNNInteractive, zugänglich über: http://www.cnn.com/SPECIALS/cold.war/episodes/17/interviews/brutents/

Bernhard Chiari
Kabul, 1979: Militärische Intervention und das Scheitern der sowjetischen Dritte-Welt-Politik in Afghanistan

Während in der Bundesrepublik Deutschland Kinder mit ihren neuen Weihnachtsgeschenken spielten, landeten in der Nacht vom 25. auf den 26. Dezember 1979 die ersten von 7000 Elitesoldaten der sowjetischen 103. Luftlandedivision in Kabul und Bagram, etwa 80 Kilometer im Norden der afghanischen Hauptstadt gelegen.[1] Sie nahmen zunächst die beiden Flughäfen und weitere Schlüsselobjekte in Kabul in Besitz. Unter dem Decknamen „Schtorm (Sturm) – 333" erreichten Teile eines insgesamt 650 Mann starken Sonderkommandos der militärischen Aufklärung (Hauptverwaltung für Aufklärung, *Glavnoe Rasvedyvatel'noje Upravlenije*, GRU und der Staatssicherheit (Komitee für Staatssicherheit, *Komitet Gosudarstvennoj Bezopasnosti*, KGB), am 27. Dezember den Regierungspalast „Tadsch Bek" auf einem Hügel nahe der Stadt. Spezialkräfte in afghanischen Uniformen liquidierten den afghanischen Chefkommunisten, Präsidenten und Führer der regierenden Demokratischen Volkspartei Afghanistans (DVPA), Hafisullah Amin.[2] Als seinen Nachfolger setzte die sowjetische Führung Babrak Karmal ein, Gründungsmitglied der 1965 ins Leben gerufenen DVPA, der auch Amin seit ihren Anfängen angehörte.[3]

Kurz nach den erfolgreichen Operationen in Kabul und der Besetzung weiterer Flugfelder im Land überschritten Truppenteile der 108. Mot.-Schützendivision den Fluss Amudarja, die südliche Grenze der UdSSR zu Afghanistan. Seit November 1979 hatte das Politbüro die Einberufung von Reservisten für Verbände im Militärbezirk Turkestan (*Turkestanskij voennyj okrug*) verfügt und schweres Brückengerät an den Wasserlauf schaffen lassen.[4] Am 27. und 28. Dezember stieß die 5. Garde-Mot.-Schützendivision auf Herat vor. Motorisierte Bodentruppen nutzten die große afghanische Ringstraße als Bewegungslinie.[5] Ihr Angriff bildete den Beginn der größten militärischen Operation, die sowjetische Streitkräfte – sieht man von den Interventionen in Ländern des Warschauer Paktes ab – in der Nachkriegszeit außerhalb der UdSSR durchführten. Der sowjetische Vormarsch traf nur in wenigen Städten auf den Widerstand afghanischer Truppen. Ohne nennenswerte Verluste verlegte die Führung in Moskau 80 000 Mann im Landmarsch sowie im Lufttransport nach Afghanistan. Ende Januar 1980 stand die Masse der sowjetischen 40. Armee im Land, bestehend aus zwei Mot.-Schützendivisionen, einer Luftlandedivision, einer Luftsturmbrigade sowie zwei selbständigen Mot.-Schützenregimentern und einem Hauptquartier im usbekischen Termes, mit Moskau direkt über Satellitenkommunikation verbunden.[6]

---

[1] Nikolaj F. Ivanov, Operaciju „Štorm" načat' ran'še, Moskau 1993, S. 315. Für die kritische Durchsicht des Manuskriptes danke ich meinen Kollegen Michael Thomae und Rüdiger Wenzke (Militärgeschichtliches Forschungsamt, MGFA) sowie Conrad Schetter (Zentrum für Entwicklungsforschung).
[2] Sergej P. Krachmalov, Zapiski voennogo attaše. Iran – Egipet – Iran – Afganistan, Moskau 2000, S. 220.
[3] Ivanov, Operaciju „Štorm" načat' ran'še, S. 316.
[4] Joseph J. Collins, The Soviet Invasion of Afghanistan. A Study in the Use of Force in Soviet Foreign Policy, Lexington, Mass. 1986, S. 71.
[5] Krachmalov, Zapiski voennogo attaše, S. 219.
[6] The Soviet-Afghan War. How a Superpower Fought and Lost. The Russian General Staff, übersetzt und hrsg. von Lester W. Grau und Michael A. Gress, Lawrence, Kansas 2002, S. 12; Collins, The Soviet Invasion of Afghanistan, S. 71.

Die Besetzung Afghanistans folgte dem Muster des sowjetischen Einmarsches in die Tschechoslowakei 1968. Hier wie dort versuchte man, eine kommunistische Führung zweifelhafter Loyalität und Zuverlässigkeit abzusetzen. In der ČSSR wie in Afghanistan inthronisierten die Sowjets neue, Moskau genehme Regime. Zwei der wichtigsten sowjetischen Beobachter, die den Einmarsch von Kabul aus vorbereitet hatten – General Aleksej A. Epišev, Chef der Politischen Hauptverwaltung (PHV) der Sowjetarmee, und General Ivan G. Pavlovskij, stellvertretender Verteidigungsminister und Chef der sowjetischen Landstreitkräfte –, hatten eine ähnliche Funktion auch in der ČSSR erfüllt, Pavlovskij sogar als Befehlshaber der Interventionstruppen.[7]

Im Gegensatz zur Tschechoslowakei, wo die UdSSR 20 kriegsstarke Divisionen zum Einsatz gebracht hatte, war das sowjetische Afghanistan-Kontingent lediglich dazu in der Lage, Städte und wichtige Verkehrsverbindungen oder Nachschublinien zu sichern. Von Beginn an stand außer Zweifel, dass die eingesetzten Kräfte nicht ausreichten, um flächendeckend die afghanischen Provinzen zu überwachen. Der sowjetische Einmarsch bildete den Auftakt für einen neun Jahre währenden Krieg zwischen den sowjetischen Interventionstruppen und der Armee der neuen kommunistischen Regierung in Kabul auf der einen sowie einem Heer von Stammeskriegern auf der anderen Seite.[8] Die Intervention rief zunächst einen spontanen Aufstand der afghanischen Stämme nach traditionellen Mustern und später einen Heiligen Krieg (Dschihad) hervor, den die Mudschaheddin, die islamischen Gotteskrieger, von den unzugänglichen Gebirgsregionen Afghanistans und von Pakistan aus führten.[9] Dabei erhielten sie immer wirksamere materielle und logistische Unterstützung durch die Regierungen und Geheimdienste vor allem der USA und Chinas.[10]

Trotz erheblicher technischer Überlegenheit gelang es den Besatzern nicht, dem Aufstand im Land, der mehr und mehr die Gestalt eines Bürgerkrieges annahm, ein Ende zu setzen. Neun Jahre lang dauerte der aussichtslose Kampf gegen kaum fassbare Guerillakrieger. Bis zu 15 000 sowjetische Soldaten und mehr als 1,2 Millionen Afghanen verloren dabei ihr Leben.[11] Nach fünf Jahren sowjetischer Okkupation befand sich nahezu jeder zweite von insgesamt 15 Millionen Afghanen auf der Flucht.[12] Erst die nach dem Amtsantritt von Generalsekretär Michail Gorbačev im März 1985 durch die Perestrojka veränderte

---

[7] Collins, The Soviet Invasion of Afghanistan, S. 77; Pierre Metge, Die Sowjetunion in Afghanistan. Von der Zusammenarbeit zur Besetzung: 1947 bis 1986 (= Militärpolitik Dokumentation 45/46, 1985), S. 50–53.
[8] Als Überblick zum militärischen Verlauf siehe Agha Z. Hilali, Afghanistan: The Decline of Soviet Military Strategy and Political Status, in: The Journal of Slavic Military Studies, Vol. 12 (1999), No. 1, S. 94–123.
[9] Michael Pohly, Krieg und Widerstand in Afghanistan, Berlin 1992, S. 253–261.
[10] Als Überblick dazu: Afghanistan: Eight Years of Soviet Occupation, United States Department of State, Special Report No. 173, prepared by Craig Karp, Washington, D. C., December 1987, sowie die ausführliche Chronik der Besatzungszeit bei Tom Rogers, The Soviet Withdrawal from Afghanistan. Analysis and Chronology, Westport, Conn. 1992, S. 61–223.
[11] Lester W. Grau/Mohammad Nawroz, The Soviet Experience in Afghanistan, in: Military Review, 1995 (9/10), S. 17–27, hier S. 20; Odd Arne Westad, Prelude to Invasion: The Soviet Union and the Afghan Communists, 1978–1979, in: The International History Review, Vol. XVI (1994), No. 1, S. 49–69, hier S. 49, spricht von bis zu 50 000 getöteten Sowjets, bezieht jedoch anscheinend jene sowjetischen Soldaten mit ein, die infolge von Krankheit oder Verwundung starben. Aktuelle Berechnungen in der Russländischen Föderation, die im Internet veröffentlicht werden, gehen von 15 000 gefallenen Soldaten aus (vgl. detailliert unter http://www.aeronautics.ru/nws001/afghanlosses01.htm, allerdings ohne Quellenangaben).
[12] Conrad Schetter, Kleine Geschichte Afghanistans, München 2004, S. 104. Die sowjetischen Verluste beziffert Schetter auf 14 000 bis 40 000, vgl. ebenda.

geopolitische Lage und das internationale Genfer Afghanistan-Abkommen von 1988 schufen die Voraussetzungen für den Abzug der sowjetischen Truppen aus Afghanistan bis zum 14. April 1989.[13] Rückzug und Niederlage hatten gravierende Auswirkungen auf das sowjetische System: Der Afghanistan-Krieg beschleunigte den Zerfall bestehender Strukturen und förderte eine Entwicklung, an deren Ende sich die UdSSR am 26. Dezember 1991 nach einem Beschluss des Obersten Sowjets auflöste.[14]

Ideologische und außenpolitische Rahmenbedingungen

Die sowjetische Propaganda erklärte 1979, die UdSSR habe durch die Intervention „unheilvollen Plänen zur Erdrosselung der afghanischen Revolution" durch den internationalen Imperialismus begegnen müssen, dem „das verbrecherische Handeln des Verräters Amin und seiner Clique in die Hände" gespielt habe.[15] Das Zentralkomitee der KPdSU verlautbarte am 27. Dezember, die „zeitlich befristete Aktion" (*vremennaja akcija*) der sowjetischen Streitkräfte müsse die Errungenschaften der kommunistischen Machtergreifung vom April 1978 retten.[16] Unmittelbar Beteiligte sahen die militärische Operation als „Export einer Revolution"[17] bzw. als den Versuch, am Hindukusch unterdrückte und ausgebeutete Kleinbauern (*bednjaki*) zu verteidigen.[18] Am 31. Dezember 1979 schrieb das Ost-Berliner „Neue Deutschland": „Eine feste Faustregel sagt: Wenn Imperialisten schreien: ‚Demokratie in Gefahr! Friede in Gefahr! Völkerrecht in Gefahr!' ist jedesmal eine Revolution vorangekommen. Heute ist es die afghanische."[19]

Westliche Analysten deuteten die Intervention als „Flucht nach vorn", nachdem die UdSSR trotz erheblichen finanziellen Engagements im Rahmen jahrelanger Entwicklungs- und Wirtschaftshilfe an die Grenzen ihrer Möglichkeiten gekommen sei, in Afghanistan Einfluss auszuüben. Und tatsächlich musste die Revolution Nur Mohammed Tarakis und Amins, die im April 1978 die kommunistische Demokratische Volkspartei Afghanistans (DVPA) an die Macht brachte, zum Zeitpunkt des sowjetischen Einmarsches – aus der Perspektive des Kreml – als gescheitert, zumindest aber als nicht mehr beherrschbar gelten.[20]

---

[13] Hannes Adomeit/Dieter Braun, Lagenotiz betr.: Der sowjetische Rückzug aus Afghanistan. Voraussetzungen, Bedingungen und mögliche Auswirkungen des Genfer Abkommens, Stiftung Wissenschaft und Politik, SWP – LN 2566, 5/1988; ausgewählte Schlüsseldokumente in: Gorbachev and Afghanistan, hrsg. von Christian F. Ostermann, Cold War International History Project Bulletin, Issue 14/15, 2003/4, S. 143–192.

[14] Rafael Reuveny/Aseem Prakash, The Afghanistan War and the Breakdown of the Soviet Union, Indiana Center for Global Business, Discussion Paper No. 123, Bloomington, Ind. 1996.

[15] W. F. Isgarschew, Notizen aus Afghanistan, Berlin (Ost) 1981, S. 3.

[16] Auszug aus dem Sitzungsprotokoll der 177. Sitzung des Politbüros, No. P177/151, 27. 12. 1979, Collection Soviet Invasion of Afghanistan, Cold War International History Project (CWIHP), www. CWIHP.org (Woodrow Wilson International Center for Scholars). Bezüglich der ursprünglichen Fundorte der zitierten Archivalien wird auf die dortige Dokumentation verwiesen.

[17] Aus der Perspektive eines ukrainischen Kriegsteilnehmers Gennadij P. Korž, Afganskoe dos'e. Istorija vojny SSSR v Afganistane, Char'kov 2003, S. 3.

[18] Afganskaja vojna: kak eto bylo. Fotoal'bom, hrsg. von Jurij V. Platonov, Moskau 1991, S. 5.

[19] Neues Deutschland, 31. 12. 1979, zitiert nach Paul Bucherer-Dietschi u. a. (Hrsg.), Strategischer Überfall – das Beispiel Afghanistan, I. Teilband: Das Geschehen bis Jahresende 1979, Liestal 1991, S. 254.

[20] Nikolaj I. Marčuk, Neob"javlennaja vojna v Afganistane: oficial'naja versija i uroki pravdy, Moskau 1993.

Unter dem Deckmantel des Sozialismus vollzog sich ein innerafghanischer Machtkampf, und hier hatte Hafisullah Amin durchaus Erfolge vorzuweisen.

Andere Beobachter nahmen die Intervention als sowjetisches Streben nach der Weltmacht wahr, als Abkehr vom Prinzip der Koexistenz hin zur Konfrontation im Äußeren. Die UdSSR habe mit dem Khyberpass das klassische Einfallstor in den Subkontinent erreicht.[21] Schließlich betonte man, die Führung der UdSSR habe die Folgen ihres Handelns falsch antizipiert und sich in ihrem opportunistischen Verlangen, in Afghanistan ein entstandenes Machtvakuum zu füllen, in das Abenteuer des Einmarsches hineinziehen lassen.[22] Afghanistan und „die Afghanen" spielten in den Betrachtungen überwiegend die Rolle passiver Opfer im Kampf der UdSSR und der Vereinigten Staaten um die Vorherrschaft in der Region – tatsächlich bildeten innerafghanische Entwicklungen jedoch einen wesentlichen Grund für die Intervention.

Das Zentralkomitee der UdSSR selbst informierte die Staaten des Warschauer Paktes über einen konterrevolutionären Angriff der seitens der pakistanischen Regierung unterstützten „Muslimbruderschaft", die in großem Umfang Bewaffnete über die kaum gesicherte Grenze nach Afghanistan schleuse, um dort einen Heiligen Krieg gegen die Regierung zu führen, einen Volksaufstand zu entfachen und Akte des Terrors und der Diversion zu verüben. Eingebunden in den Aufstand seien reaktionäre Gruppen schiitischer Muslime ebenso wie eine „Clique von Maoisten", trainiert in der Volksrepublik China.[23] Umfangreiche Propagandamaßnahmen der UdSSR sollten die Aufmerksamkeit der Weltöffentlichkeit auf die Unterstützung lenken, die die Aufständischen unter anderem aus Pakistan, den USA, Iran und China erhielten.[24] Aber selbst innerhalb des östlichen Bündnisses waren die Reaktionen uneinheitlich. Während Bulgarien, die ČSSR und die DDR die sowjetische Entscheidung in vollem Umfang unterstützten und tatkräftige Solidarität übten, brachten andere Staaten des Warschauer Paktes Zweifel an der Legitimation und Sinnhaftigkeit der Intervention zum Ausdruck. Ungarn hielt sich mit Kommentaren anfangs merklich zurück und vermittelte auch bei späteren Bekundungen von Zustimmung bestenfalls den Eindruck einer Pflichtübung. Noch reservierter verhielten sich die polnischen Kommunisten, die zum Jahresende 1979 nicht einmal das Glückwunschtelegramm Edward Giereks an den neuen afghanischen Staatschef Babrak Karmal veröffentlichten. Rumäniens Staats- und Parteichef Nicolae Ceauçescu schließlich kritisierte offen den sowjetischen Schritt und erhob grundsätzliche Einwände gegen das Vorgehen der UdSSR.[25]

Unterschiedliche Faktoren beeinflussten die Entscheidung für den Einmarsch. Zunächst bietet für die ausgehenden 1970er Jahre der heute häufig vernachlässigte Gesichtspunkt

---

[21] Gert Linde, Des Kremls Weg zum Khyberpass (= Berichte des BIOST, 23-1978), Köln 1978, S. 19.
[22] Astrid von Borcke, Die sowjetische Interventionsentscheidung: Eine Fallstudie zum Verhältnis sowjetischer Außen- und Innenpolitik, in: Heinrich Vogel (Hrsg.), Die sowjetische Intervention in Afghanistan. Entstehung und Hintergründe einer weltpolitischen Krise, Baden-Baden 1980, S. 119–180, hier S. 119f.
[23] Information über die Ereignisse in Afghanistan für die Führung Ungarns, übermittelt durch den sowjetischen Botschafter, Vladimir Pavlov, 29.3.1979, Collection Soviet Invasion of Afghanistan, CWIHP.
[24] Entscheidungen des Politbüros der KPdSU über Afghanistan, 18.3.1979, Collection Soviet Invasion of Afghanistan, CWIHP.
[25] Christian Meier, Die sowjetische Intervention in Afghanistan und die Reaktion im Warschauer Pakt, in: Vogel (Hrsg.), Die sowjetische Intervention in Afghanistan, S. 273–298.

von Ideologie und Prestige einen wesentlichen Hintergrund. Die Rechtfertigung der Intervention fußte auf der leninistischen Revolutionstheorie in Verbindung mit der sowjetischen Militärdoktrin. Leonid Brežnev hatte den afghanischen Kommunisten am 5. Dezember 1978 „revolutionäre Solidarität" zugesichert und versprochen, die Ergebnisse der afghanischen April-Revolution zu schützen. Die UdSSR sah sich wie alle sozialistischen Staaten verpflichtet, im Zeichen des „proletarischen Internationalismus" national- oder sozialrevolutionäre „Volksmassen" oder „Fortschrittskräfte" in anderen Ländern im Kampf gegen die „äußerste Reaktion" im Innern oder gegen fremde „Imperialisten" zu unterstützen. Im Falle Afghanistans fand die Lehre vom „Befreiungsbürgerkrieg" Anwendung, einem Haupttyp der sowjetischen Kriegsartenlehre.[26]

Die sowjetische Propaganda berief sich 1979 auf ein Hilfeersuchen der afghanischen Regierung, auf Artikel 4 des sowjetisch-afghanischen Freundschaftsvertrages vom 5. Dezember 1978 sowie – mit Blick auf eine angebliche Bedrohung der UdSSR von Pakistan aus – auf das Recht auf Selbstverteidigung nach Artikel 51 der Charta der Vereinten Nationen. Alle drei Begründungen für die Invasion hielten allerdings schon einer oberflächlichen Betrachtung nicht stand: Den einzig möglichen Urheber eines Hilfeersuchens, den ungeliebten Afisullah Amin, töteten Spezialkräfte unmittelbar nach dem Einmarsch. Die sowjetisch-afghanischen Verträge von 1921 und 1931, die das Abkommen von 1978 ergänzte, aber nicht außer Kraft setzte, schlossen eine militärische Intervention explizit aus. Die Bekämpfung von Gegnern der kommunistischen Regierung in Kabul schließlich missachtete alle Verfahren der Vereinten Nationen zur Konfliktregelung. Dies machte auch die Berufung auf die UN-Charta unglaubwürdig. Außenminister Andrei Gromyko selbst sprach im Politbüro die Konsequenzen an, die die Sowjetunion im Gegenzug zur fortdauernden Kontrolle über das rückständige, wirtschaftlich kaum entwickelte Afghanistan in Kauf nehmen müsse: „Wir müssen in Betracht ziehen, dass wir auch vom rechtlichen Standpunkt keine Rechtfertigung hätten, Truppen zu entsenden. Nach der UN-Charta kann ein Land um Unterstützung bitten, und wir könnten Truppen schicken, wenn es Ziel einer Aggression von außen ist. Afghanistan war nicht das Ziel irgendeiner Aggression. Das ist seine innere Angelegenheit, ein revolutionärer interner Konflikt, der Kampf einer Bevölkerungsgruppe gegen eine andere. Im Übrigen haben uns die Afghanen nicht offiziell gebeten, Truppen zu entsenden." Und KGB-Chef Jurij V. Andropov brachte es in der Politbüro-Sitzung vom 19. März 1979 auf den Punkt: „Truppen entsenden würde heißen, Krieg gegen das Volk zu führen, das Volk zu vernichten, auf das Volk zu schießen. Wir werden aussehen wie Aggressoren, und wir werden das nicht verhindern können."[27]

In der Ära Brežnev wurde unter anderem die Doktrin von bewaffneten Interventionen als Mittel der Außenpolitik in der UdSSR festgeschrieben. Militärisches Eingreifen oder die Unterstützung nationaler Befreiungsbewegungen konnten sich über den direkten sowjetischen Hegemoniebereich hinaus auf alle Bereiche des Globus richten, solange dies den Interessen des „proletarischen und sozialistischen Internationalismus" und damit der UdSSR diente. 1979 schien das marxistische, sowjetisch unterstützte Regime in Kabul zusammenzubrechen. Hierauf wird im Folgenden noch näher einzugehen sein. Von den USA und China als auch von den Dritte-Welt-Ländern wäre dies sowie die Passivität der

---

[26] Helmut Dahm, Afghanistan als Lehrstück der politischen und militärischen Doktrin Sowjetrußlands, in: Vogel (Hrsg.), Die sowjetische Intervention in Afghanistan, S. 181–246, hier S. 196–200.
[27] Mitschrift des Treffens des Politbüros des ZK der KPdSU, 19.3.1979, Collection Soviet Invasion of Afghanistan, CWIHP.

Supermacht Sowjetunion als Zeichen der Schwäche verstanden worden.[28] Das Ende der kommunistischen Herrschaft in Afghanistan hätte in Moskauer Augen eine schwere Niederlage des Sozialismus bedeutet und einen erheblichen Glaubwürdigkeitsverlust für dessen Führungsmacht mit sich gebracht.[29]

Die Entscheidungsträger in der UdSSR handelten dabei in dem Bewusstsein, dass die Zeichen insgesamt günstig standen für die Ausweitung des sowjetischen Machtbereichs. Die Niederlage der USA in Vietnam hatte diese Einschätzung ebenso gestärkt wie die sowjetischen Erfolge bei der Unterstützung linker Bewegungen in Angola und Äthiopien. Die Geiselnahme von Teheran, wo am 4. November 1979 alle Angehörigen der US-Vertretung durch aufgebrachte Studenten festgesetzt und teils bis 20. Januar 1981 festgehalten wurden, führte der Welt die Grenzen US-amerikanischer Dominanz vor Augen. Die zweite Runde der Abrüstungsverhandlungen über strategische Waffen (SALT II) hatte am 18. Juni 1979 in Wien zur Unterzeichnung eines Abkommens geführt und die 1972 in Genf begonnenen Gespräche erfolgreich beendet.[30] In der Carter-Administration waren die Befürworter einer Politik in der Mehrzahl, die die UdSSR nicht durch Konfrontation vom Verhandlungstisch fernzuhalten versuchte.[31] Auch die verhaltene Reaktion der amerikanischen Regierung auf die Stationierung sowjetischer Verbände auf Kuba im September 1979 schien die Hoffnung nahezulegen, die westliche Welt werde nach einer Intervention am Hindukusch rasch wieder zur Tagesordnung übergehen.[32]

Gleichzeitig sah sich das Politbüro bedrohlichen globalen Entwicklungen gegenüber: Eine Annäherung Chinas an die Vereinigten Staaten, die NATO und Japan machte eine Veränderung des Kräftegleichgewichts in Asien zuungunsten der UdSSR denkbar, während die NATO am 12. Dezember 1979 die Stationierung von Mittelstreckenraketen in Europa beschloss.[33] Im Iran hatte sich ein fundamentalistisches islamisches Regime etablieren können. Hier wie in Pakistan und den Ländern am Persischen Golf befanden sich die Islamisten auf dem Vormarsch.[34] Auch in Afghanistan traten seit der zweiten Hälfte der 1960er Jahre radikale islamische Gruppen auf. Sie bekämpften die Versuche König Sahir Schahs und später des Regimes Dauds, das Land zu säkularisieren, standen allerdings mit ihrer Vorstellung von einer islamischen Revolution auch im Gegensatz zum traditionellen Islam.[35] Nach der Niederschlagung eines Aufstandes im Pandschir-Tal flohen die Anhänger der radikalen „Muslimjugend" 1975 nach Pakistan. Dort entstanden neue Gruppen wie die „Islamische Gemeinschaft Afghanistans" und die „Islamische Partei Afghanistans", Mo-

---

[28] Quadir A. Amiryar, Soviet Influence, Penetration, Domination and Invasion of Afghanistan, Ann Arbor, MI 1990, S. 214–220.
[29] Wolfgang Berner, Der Kampf um Kabul. Lehren und Perspektiven der sowjetischen Militärintervention in Afghanistan (= Berichte des BIOST, 14–1980), Köln 1980, S. 11 f.
[30] Alvin Z. Rubinstein, Soviet Policy toward Turkey, Iran, and Afghanistan. The Dynamics of Influence, New York 1982, S. 170.
[31] Henry S. Bradsher, Afghan Communism and Soviet Intervention, Oxford 1999, S. 75–117.
[32] Henning Behrens, Die Afghanistan-Intervention der UdSSR. Unabhängigkeit und Blockfreiheit oder Mongolisierung Afghanistans: Eine Herausforderung für das internationale Krisenmanagement, München 1982, S. 64.
[33] Amiryar, Soviet Influence, S. 232 f.; Agha Z. Hilali, China's Response to the Soviet Invasion of Afghanistan, in: Central Asian Survey 20 (2001), No. 3, S. 323–351.
[34] Information des KGB an die Außenpolitische Kommission des Zentralkomitees, 10.10.1979, Collection Soviet Invasion of Afghanistan, CWIHP.
[35] Conrad Schetter, Kleine Geschichte Afghanistans, München 2004, S. 91 f.

toren des Widerstandes gegen die Kabuler Regierung und Ursprung zahlreicher wichtiger Führer der Mudschaheddin.[36]

Am 5. Juli 1977 rief in Pakistan Muhammad Zia-ul-Haq nach einem Putsch das Kriegsrecht aus. Zia unterstützte die Gegner der afghanischen Kommunisten auf vielfältige Weise, stellte in seinem Land Trainingscamps zur Verfügung und gab den Mudschaheddin die Möglichkeit, von hier aus ihre Angriffe gegen die Regierung in Kabul vorzubereiten und zu führen. Zias Bündnis aus Armee und islamischer Geistlichkeit hätte lieber heute als morgen den Zusammenbruch des prosowjetischen Regimes in Kabul gesehen.[37] Vertreter von KGB und sowjetischem Innenministerium malten die Gefahr eines „Brückenkopfes" für subversive Aktionen gegen die Sowjetunion an die Wand, würden islamische Rebellen am Hindukusch den Sieg über die Kabuler Führung erringen.[38]

Die US-Regierung setzte in Afghanistan keine Zeichen, die auf eine ernsthafte Reaktion im Falle einer Intervention hindeuteten. Eine solche Einschätzung stärkte die Passivität der Regierung Carter sowohl nach der Machtergreifung der afghanischen Kommunisten im April 1978 als auch nach der Ermordung des amerikanischen Botschafters Adolph Dubs am 14. Februar 1979 in Kabul: Dubs war von islamischen Regimegegnern gekidnappt worden und kam unter ungeklärten Umständen bei einem Feuergefecht mit afghanischen Sicherheitskräften ums Leben.[39] Die afghanische Regierung düpierte ungestraft die westliche Supermacht. Ihr Außenminister war während der Krise für die US-Botschaft nicht zu erreichen und fehlte später sowohl unter den Kondolenzgästen der Kabuler Vertretung wie bei der Überführung von Dubs Leichnam in die Vereinigten Staaten.[40] Als kurz vor dem Einmarsch am 8. und 9. Dezember 1979 die Aufklärung der Vereinigten Staaten die Verlegung eines sowjetischen Fallschirmjäger-Bataillons nach Bagram erkannte, beließ es die US-Regierung bei Nachfragen in Moskau nach den sowjetischen Absichten in Afghanistan.[41]

Wesentlich für den sowjetischen Entschluss war nicht die Hoffnung, Afghanistan für den Sozialismus zu gewinnen, sondern die Angst davor, mit dem Zusammenbruch des dortigen Regimes die Ergebnisse von Jahrzehnten substanziellen Engagements im Land aufs Spiel zu setzen. Die endgültige Einbindung Afghanistans in den sowjetischen Machtbereich hatte am 27. und 28. April 1978 begonnen, als die „Saur-Revolution" die autoritäre Regierung von Mohammad Daud stürzte und Nur Mohammed Taraki als Premierminister sowie Afisullah Amin als Außenminister ihr Land zur Demokratischen Republik erklärten. Der Umbau Afghanistans startete als Putsch von Armeeoffizieren, die Daud 1973 teils selbst mit zur Macht verholfen hatten. Der neue afghanische Präsident und seine Führungsmannschaft repräsentierten die 1965 gegründete Demokratische Volkspartei Afghanistans (DVPA), die seitdem das Land der UdSSR zugewandt hatte. Die Partei konnte 1978 bereits auf eine langjährige Geschichte friedlicher Koexistenz mit der Sowjetunion und auf erhebliche Entwicklungshilfe seitens des Nachbarn zurückblicken.[42]

---

[36] Mahmut A. Garejew, Afghanistan nach dem Abzug der sowjetischen Truppen, Zürich 1996, S. 15.
[37] Collins, The Soviet Invasion of Afghanistan, S. 69.
[38] Astrid von Borcke, Die Intervention in Afghanistan – Das Ende der sowjetischen Koexistenzpolitik? Determinanten des innersowjetischen Entscheidungsverhaltens (= Berichte des BIOST, 6-1980), Köln 1980.
[39] Thomas T. Hammond, Red Flag over Afghanistan. The Communist Coup, the Soviet Invasion, and the Consequences, Boulder, Col. 1984, S. 106.
[40] Rubinstein, Soviet Policy toward Turkey, Iran, and Afghanistan, S. 163.
[41] Metge, Die Sowjetunion in Afghanistan, S. 52.
[42] Linde, Des Kremls Weg zum Khyberpass, S. 3–6.

Die sowjetisch-afghanischen Beziehungen reichten zurück bis 1919, als die junge Russische Sozialistische Föderative Sowjetrepublik die erste sowjetische Mission nach Kabul entsandte. Am 27. März 1919 – also noch vor dem Vertrag von Rawalpindi, der im August die Unabhängigkeit Afghanistans von Großbritannien fixierte – annulierte das revolutionäre Russland sämtliche Verträge mit der afghanischen Regierung aus der Zarenzeit. In einem Brief an König Amanullah versprach Lenin sowjetische Hilfe im Falle eines Angriffs auf Afghanistan.[43] Noch im Jahre 1919 besuchten sowjetische und afghanische Delegationen Kabul bzw. Moskau.[44] Die sowjetische Politik der folgenden Jahre umfasste den Aufbau von Wirtschafts- und Kulturbeziehungen (Militär- und Wirtschaftsabkommen von 1921), begleitet von der aggressiven Einflussnahme auf die afghanische Innenpolitik, beispielsweise während des afghanischen Bürgerkrieges nach dem Sturz Amanullah Khans 1929. Spannungen mit der UdSSR führten in der Zwischenkriegszeit dann sogar mehrfach bis an den Rand eines militärischen Konfliktes.[45] Bis in die frühen fünfziger Jahre hinein blieb Afghanistan insgesamt auf die Vereinigten Staaten hin orientiert. Dies veränderte sich erst, als die USA mit der Aufrüstung des Nachbarn Pakistan begannen. Die Rahmenbedingungen des Kalten Krieges verschafften der UdSSR die Möglichkeit einer verstärkten Präsenz am Hindukusch.[46]

König Daud entsetzte 1955 auf einer Loya Dschirga versammelte afghanische Stammesvertreter mit der Nachricht, dass seine Regierung die Hilfe der Sowjetunion in Anspruch nehmen werde, um das Land voranzubringen. Ein am 18. Dezember 1955 durch Ministerpräsident Nikolaj A. Bulganin und Nikita Chruščev in Kabul unterzeichnetes Kommuniqué über die zukünftigen Wirtschaftsbeziehungen und ein wenig später von der UdSSR eingeräumter Kredit in Höhe von 100 Millionen Dollar bildeten den Beginn einer Erfolgsgeschichte sowjetischer Außen- und Entwicklungspolitik, in deren Verlauf die Sowjetunion wesentlichen Anteil am Aufbau der afghanischen Wirtschaft und Infrastruktur sowie bei der Aufstellung moderner Streitkräfte hatte.[47] 1969 besuchten 60 000 Touristen das Land. In den 1970er Jahren schien nichts darauf hinzudeuten, dass Afghanistan innerhalb weniger Jahre im Bürgerkrieg versinken würde.[48]

Bis 1979 erhielt Afghanistan sowjetische Kredite in Höhe von etwa drei Milliarden Dollar. Die UdSSR ermöglichte die Realisierung bedeutender Projekte wie der 1964 fertig gestellten Salang-Straße von Kabul bis an die sowjetische Grenze und der Verbindung von Kandahar nach Herat bzw. bis zur afghanisch-sowjetischen Grenze bei Torghondi, eingeweiht 1965. In den 1970er Jahren entstanden eine Brücke über den Amudarja bei Hairatan, der Binnenhafen Schir Khan Bandar am selben Fluss oder ein Militärflugplatz bei Herat. Die Ausbeutung erheblicher Gasreserven in Afghanistan – 1973 lieferte Afghanistan 2,7 Milliarden Kubikmeter an die UdSSR – kontrollierte die Sowjetunion ebenso wie die

---

[43] Sri Prakash Sinha, Afghanistan in Aufruhr, Freiburg u. a. 1989, S. 185.
[44] Afghanistan und der Nachbar im Norden, in: Vogel (Hrsg.), Die sowjetische Intervention in Afghanistan, S. 67-92, hier S. 71.
[45] Sergej B. Panin, Sovetskaja Rossija i Afganistan 1919–1929, Moskau u. a. 1998, S. 14 und 196–213.
[46] Henry S. Bradsher, Afghanistan and the Soviet Union, neue und erweiterte Ausgabe, Durham 1985, S. 22.
[47] Johannes Wachter, Die Krise Afghanistans 1978–1980. Ein Beitrag zur Geschichte der regionalen Ursachen der sowjetischen Interventionsentscheidung, Frankfurt a. M. u. a. 1993, S. 196–237; Agha Z. Hilali, The Soviet Penetration into Afghanistan and the Marxist Coup, in: The Journal of Slavic Military Studies, Vol. 18 (2005), No. 4, S. 673–716.
[48] Gilles Dorronsoro, Revolution Unending. Afghanistan: 1979 to the Present, London 2005, S. 1.

Suche, Förderung und Nutzung von Mineralien. Die Hoffnungen sowjetischer Fachleute richteten sich auch auf die Entdeckung größerer Erdölvorkommen sowie auf die Förderung von Uran.[49] Wirtschafts- und Militärhilfe gingen einher mit einer Beeinflussung des Bildungswesens und der Platzierung sowjetisch orientierter Kader an wichtigen Schaltstellen in der staatlichen Verwaltung oder in den Streitkräften. Das sowjetische Engagement mündete in einen Vertrag über die Entwicklung der wirtschaftlichen Zusammenarbeit, den beide Seiten am 14. April 1977 unterzeichneten und der auf eine Laufzeit von zwölf Jahren angelegt war.[50] Insgesamt erscheint die sowjetische Afghanistanpolitik bis zur Krise von 1978/79 als langfristig angelegter, systematischer Plan zur Einbindung des Landes in die sowjetische Machtsphäre.[51] Der hier vorgenommene skizzenhafte Überblick macht deutlich, dass es 1979 nach sowjetischer Logik gute Gründe dafür gab, in Afghanistan den aktiven Kampf um politische, wirtschaftliche und militärische Dominanz zu führen.

Revolution in der Provinz: DVPA-Kommunismus afghanischer Prägung

Nicht der Einmarsch der Sowjetarmee 1979, sondern die Machtergreifung der Demokratischen Volkspartei Nur Mohammed Tarakis eineinhalb Jahre zuvor läutete in Afghanistan den Bürgerkrieg ein und stürzte das Land in eine schwere Krise.[52] Innerhalb der Partei, seit ihrer Gründung 1965 ideell sowie finanziell abhängig von Moskau, kam es zu heftigen Machtkämpfen. Konflikte zwischen der Fraktion der „Chalk" (Volk) unter den Ghilsai-Paschtunen Taraki und Hafisullah Amin sowie den Anhängern der „Parcham" (Banner) unter Babrak Karmal, die die DVPA seit ihrer Aufstellung erschüttert hatten, brachen erneut aus. In den folgenden Auseinandersetzungen ging es einerseits um weltanschauliche Fragen, andererseits aber auch immer um die Sicherung indivueller Machtpositionen und die Ausschaltung von Gegnern. Unter dem Deckmantel des Marxismus-Leninismus sowjetischer Prägung verfolgten die „Chalkis" ein schillerndes Konglomerat politischer Ziele, das sozialrevolutionäre Elemente ebenso umfasste wie großafghanischen Nationalismus oder das Engagement für die Lösung der Paschtunistan-Frage, also das Streben nach einer Zusammenfassung paschtunischer Siedlungsgebiete in Afghanistan und Pakistan. Viele Führer der DVPA verstanden Ämter und Funktionen im kommunistischen Staatsapparat als Pfründe, die man an verdiente Gefolgsleute vergeben konnte. Insbesondere Hafisullah Amin bereicherte sich am Besitz König Sahir Schahs und Dauds oder verteilte diesen großzügig an eigene Günstlinge.[53]

---

[49] Hans Bräker, Die sowjetische Iran- und Afghanistan-Politik, Teil I: Wirtschaftliche Beziehungen und islamisch-revolutionärer Umbruch (= Berichte des BIOST, 47-1997), Köln 1979, S. 23–26.
[50] Assad Omar, Die russisch-afghanischen Beziehungen von der ersten russischen Gesandtschaft 1878/79 nach Afghanistan bis zum sowjetischen Einmarsch in Afghanistan am 27. 12. 1979, Frankfurt a. M. u. a. 1987, S. 104f.
[51] Said Musa Samimy, Sowjetische Afghanistanpolitik. Historischer Rückblick und künftige Perspektiven, in: Uwe Halbach (Hrsg.), Afghanistan nach dem sowjetischen Truppenrückzug, BIOST Sonderveröffentlichung, Dezember 1989, S. 5–27, hier S. 9–12.
[52] Agha Z. Hilali, The Soviet Decision-Making for Intervention in Afghanistan and Its Motives, in: The Journal of Slavic Military Studies, Vol. 16 (2003), No. 2, S. 113–145.
[53] Vasili Mitrokhin, The KGB in Afghanistan, Geographical Volume 1, S. 24, Collection Soviet Invasion of Afghanistan, CWIHP.

Taraki, Amin, Karmal und weitere Führer der DVPA verband ein komplexes, in Jahrzehnten gewachsenes Konkurrenzverhältnis, überlagert durch bestehende Stammes-, Familien- und Freundschaftsbeziehungen. Die intellektuellen Wortführer der DVAP begriffen sich dabei durchaus als Kämpfer für den Fortschritt. Die traditionelle afghanische Gesellschaftsordnung lehnten sie ebenso wie die Herrschaft lokaler Clanchefs als rückwärtsgewandt und perspektivlos ab. Das Projekt des Sozialismus sicherte in ihren Augen breiten Bevölkerungsschichten den Zugang zu Bildung und Kultur. Afghanistan öffnete sich der (sozialistischen) Welt. Erstmals verließen Menschen in größerer Zahl das Land für Zwecke der Ausbildung oder der Erholung. Mehr als 30 000 Kinder zwischen sechs und 14 Jahren brachte man – teils gegen den Willen der Eltern – zum Schulbesuch in die Sowjetunion. Die neue Zeit brachte eine neue Generation Schriftsteller, Filmemacher und Künstler hervor, allerdings um den Preis der Emigration, Verhaftung oder Liquidierung jener Intellektuellen, die sich dem Sozialismus entgegenstellten.[54]

Die herrschende Klasse Afghanistans bestand in den 1970er Jahren aus wenigen Tausend Personen, die aufgrund von Reichtum oder Prestige über sozialen und politischen Einfluss verfügten. Zu ihnen zählten die Stammesaristokratie, Intellektuelle aus Hochschulen und Geistlichkeit, Beamte und Kaufleute. Bis 1978 übten daneben die Angehörigen der Königsfamilie, die Muhammadsai, erheblichen Einfluss in Verwaltung und Armee aus.[55] Die „Chalk" rekrutierte sich vor allem aus Studenten, Lehrern, Beamten und Journalisten. Im April 1978 umfasste die Gruppierung nicht mehr als 2000 bis 3000 Mitglieder, vor allem in Kabul. Viele ihrer Vertreter hatten vor der Machtergreifung höhere Ämter im Staatsapparat bekleidet und selbst dem afghanischen Establishment angehört.

Führer der „Chalk" war der 1917 bei Ghazni geborene Paschtune Nur Mohammed Taraki, ein Aufsteiger aus dem Volk, dessen Karriere „Vom Schafhirten zum Revolutionsführer" der Züricher Tages-Anzeiger belächelte.[56] Nach Schule und Ausbildung arbeitete er unter anderem für eine Handelsgesellschaft in Britisch-Indien. 1937 nach Afghanistan zurückgekehrt, fand Taraki eine Anstellung im Pressebüro der Regierung in Badachschan. Taraki gehörte einer paschtunisch-dominierten Literatenbewegung an und stand als Übersetzer in Kontakt mit den USA und den Vereinten Nationen. Die Beschäftigung mit der sowjetischen Literatur brachte ihn in Verbindung mit der sowjetischen Botschaft, die den jungen Autor förderte und unterstützte. Als einer der Gründer der DVPA stand Taraki 1965 bereits in ständigem Kontakt mit dem KGB.[57]

Auch der zweite Mann in der Partei, Hafisullah Amin, erhielt seine Ausbildung zunächst in Kabul, wo er unterrichtete und später eine weiterführende Schule leitete. 1921 in Paghman bei Kabul geboren, studierte Amin in New York City und lebte mit seiner Familie in den USA, wo er sich intensiv mit marxistischen Ideen auseinandersetzte. Nach seiner Rückkehr nach Afghanistan arbeitete er seit 1958 in einer Ausbildungseinrichtung für Lehrer des Erziehungsministeriums in Kabul. 1962 ging er an die Columbia University und bewegte sich dort maßgeblich in marxistischen Kreisen: 1965 rief die afghanische Regierung

---

[54] Agha Z. Hilali, The Soviet Decision-Making for Intervention in Afghanistan and Its Motives, in: The Journal of Slavic Military Studies, Vol. 16 (2003), No. 2, S. 113–145, hier S. 135.
[55] Dorronsoro, Revolution Unending, S. 31.
[56] Tages-Anzeiger (Zürich), 8. 6. 1978, zitiert nach Bucherer-Dietschi u. a. (Hrsg.), Strategischer Überfall, S. 83f.
[57] Vasili Mitrokhin, The KGB in Afghanistan, Geographical Volume 1, S. 1–3, Collection Soviet Invasion of Afghanistan, CWIHP; Bradsher, Afghanistan and the Soviet Union, S. 36–39.

Amin aufgrund seiner politischen Betätigung nach Kabul zurück, wo er Mitglied der gerade gegründeten DVPA wurde.[58]

Die kleinere Fraktion der „Parcham" bekundete ebenfalls, den traditionellen Stammes- und Nationalitätenpartikularismus in Afghanistan in einem säkularisierten, modernen Nationalstaat überwinden zu wollen. Parcham-Chef Babrak Karmal, 1929 bei Kabul geborener Anwalt und Sohn des Generals Muhammad Hussain Khan, Gouverneur der Provinz Paktia, war Abkomme persisch sprechender Paschtunen aus dem Kaschmir. In der Hauptstadt besuchte er die Amani-Eliteschule. Als Jurastudent verbüßte er eine mehrjährige Haftstrafe wegen marxistischer Betätigung. Karmal führte „Parcham" im Schatten des Parteiideologen Mir Akbar Khyber, der am 17. April 1978 ermordet wurde und dessen Tod den Anlass für die kommunistische Machtergreifung bildete. 1973 hatte Karmal den Vetter des Monarchen und ehemaligen Ministerpräsidenten Mohammed Daud Khan unterstützt und beim Sturz König Sahir Schahs geholfen. „Parcham" stellte in Dauds Republik mehrere Kabinettsmitglieder, darunter den Innenminister, bevor es 1977 zur Aufkündigung der Kooperation mit Dauds National-Revolutionärer Partei kam. Erst im August 1977 verkündeten „Parcham" und „Chalk" offiziell wieder die Einheit der DVPA.[59]

In Moskau genoss Karmal angesichts seiner intimen Beziehungen zu den afghanischen Behörden sowie zum Königshof den Ruf, einer „königlich-kommunistischen Partei" vorzustehen. Als typisches Produkt der Kabuler Bourgeoisie stand er den afghanischen Stämmen ebenso fern wie dem bäuerlichen Leben in der Provinz. Eigene Anhänger warfen ihm vor, jenseits aller politischen Rethorik ebenso wie die „Chalk" in Afghanistan eine Politik der paschtunischen Dominanz voranzutreiben: Anfang der 1970er Jahre spaltete sich mit „Setem-i-Meli" (Gegen nationale Unterdrückung) ein aus Tadschiken, Usbeken und anderen Nicht-Paschtunen bestehender Kampfbund von „Parcham" ab.

Nach der kommunistischen Machtergreifung verfolgte „Chalk" die Anhänger der „Parcham" und schloss sie von der Arbeit in der Partei, in den Streitkräften oder im Staatsapparat aus. In vielen Fällen eskalierte der Kampf gegen die *„Parchamovcy"* bis zu deren physischer Liquidierung.[60] Kaum sechs Wochen nach der Revolution begannen Verhaftungen in Polizei und Armee. Am 5. Juli schied Babrak Karmal aus der Regierung aus und ging als Botschafter nach Prag. Der ebenfalls „Parcham" nahestehende Innenminister Nur Achmad Nur sowie die Sozialministerin Anahita Ratebzad wurden auf diplomatische Posten in Washington und Belgrad abgeschoben. Im August 1978 inhaftierte die Polizei den populären Verteidigungsminister Abdul Qadir und seinen Generalstabschef Schah Pour, wenig später auch den Planungsminister Ali Kischtmand und den Minister für Öffentliche Arbeiten, Mohammed Rafi. Kabuler Zeitungen veröffentlichten Berichte über eine Verschwörung des „Aristokraten" Babrak Karmal und seiner Anhänger.[61]

Taraki überzog Afghanistan mit einem Netz des Terrors. Im Land herrschten Angst und Schrecken. Im Rahmen von Massenverhaftungen säuberten die Kommunisten Behörden und Universitäten von ihren Gegnern. Die Armee übernahm dabei einen wichtigen Part und profitierte von sowjetischem Know-how. Gleichzeitig waren die Streitkräfte selbst das

---

[58] Bradsher, Afghanistan and the Soviet Union, S. 40–43.
[59] Berner, Der Kampf um Kabul, S. 22-24.
[60] Vgl. die Erinnerungen des späteren Generalmajors Krachmalov, Zapiski voennogo attaše, S. 209, der als Angehöriger der sowjetischen Auslandsaufklärung sowohl die Saur-Revolution als auch den sowjetischen Einmarsch in der Botschaft Kabul erlebte.
[61] Karl-Heinrich Rudersdorf, Afghanistan – eine Sowjetrepublik?, Reinbek bei Hamburg 1980, S. 75-83.

Ziel von Verhaftungen: Von etwa 8000 Offizieren und Unteroffizieren der afghanischen Armee wurde bis Oktober 1979 etwa die Hälfte aus politischen Gründen repressiert. Dies wiederum verstärkte die Abhängigkeit von den sowjetischen Militärberatern und Spezialisten in Afghanistan.[62]

Mullahs und Geistliche, Stammesführer oder Studenten, die einer regierungsfeindlichen Einstellung verdächtig waren, begrub man lebendig. Angehörigen verschwundener Beamter teilte die Polizei mit, ihre Verwandten seien in einen anderen Landesteil „versetzt" worden. Die Gerichte verschickten Vorladungen zu angeblichen Zivil- oder Wirtschaftsverfahren. Leisteten die Betroffenen der Aufforderung Folge, verschwanden sie für immer. Vermummte Soldaten brachen nachts die Türen von Privathäusern auf und verschleppten deren Bewohner. Politische Gefangene in eilig eingerichteten Gefängnissen vegetierten in Dunkelhaft ohne sanitäre Einrichtungen dahin. Jede Verbindung zur Außenwelt blieb ihnen versperrt. Im November 1979 veröffentlichte das Kabuler Innenministerium eine Liste mit den Namen von 12000 politischen Gefangenen, die vor der Machtergreifung Amins umgebracht worden seien.[63] Ein Sinnbild für die Brutalität des Regimes stellte das Gefängnis Pule Charkhi, 25 Kilometer vor Kabul gelegen, dar, wo Tausende Häftlinge Opfer von Massenerschießungen wurden, teilweise ohne zuvor auch nur verhört zu werden.[64]

Der Kampf des Regimes gegen seine Gegner zeigte die Züge von Bürgerkrieg und Auflösung.[65] Im Rahmen von Repressalien wurden häufig persönliche Rechnungen beglichen.[66] Um in den Gefängnissen Platz für die Verhafteten zu schaffen, ließ die Regierung bis Dezember 1978 nach eigenen Angaben Tausende Häftlinge frei, größtenteils gewöhnliche Straftäter und Verbrecher. Nicht einmal die Regierungsorgane verfügten über genaue Kenntnisse darüber, wen sie verhaftet und wohin gebracht hatten, wer erschossen wurde, an einer Krankheit starb oder plötzlich wieder freikam.[67] Selbst viele der verbliebenen Parteimitglieder mochten unter diesen Umständen nicht mehr so recht daran glauben, dass die DVPA aus dem eigenen Verhalten einen Alleinvertretungsanspruch für das afghanische Volk ableiten könne.[68] In Kabul tauchten handgeschriebene Flugblätter der „wirklichen Chalkis" auf, die Kritik am Personenkult um Taraki und dem brutalen Führungsstil Amins äußerten.

Die UdSSR hatte am marxistischen Staatsstreich vom April 1978 nach heutigem Kenntnisstand keinen nennenswerten Anteil und betrachtete den Umsturz überaus zurückhaltend. In Moskau genoss die DVPA von Anfang an den Ruf windiger Salonkommunisten, aber offensichtlich nicht den einer ernst zu nehmenden Revolutionspartei. Die Medien der internationalen kommunistischen Bewegung schwiegen sich über den Parteichef und seine Revolution weitgehend aus. Auf der 3. Weltkonferenz der kommunistischen Parteien

---

[62] Bradsher, Afghanistan and the Soviet Union, S. 123.
[63] Arab News, Jidda (Saudi-Arabien), 18.11.1979, zitiert nach Bucherer-Dietschi u.a. (Hrsg.), Strategischer Überfall, S. 180.
[64] Sinha, Afghanistan in Aufruhr, S. 51–56.
[65] Sidigullah Fadai, KGB und afghanischer Widerstand, in: Ostblick: Analysen, Dokumente, Informationen, 12 (1986), S. 11–17.
[66] Telegramm Außenminister Gromykos an die sowjetische Vertretung in Kabul, 15.9.1979, Collection Soviet Invasion of Afghanistan, CWIHP.
[67] Rudersdorf, Afghanistan – eine Sowjetrepublik?, S. 68–74.
[68] Ergänzung zum Sitzungsprotokoll No. P149/XIV, Sitzung des Politbüros des ZK der KPdSU vom 12.4.1979, S. 4, Collection Soviet Invasion of Afghanistan, CWIHP.

1969 fehlte die DVPA ebenso wie auf den KPdSU-Kongressen von 1966, 1971 und 1976. Auch nach der Revolution blieb Grußbotschaften der DVPA-Leitungsorgane – entgegen der in der Sowjetunion üblichen Gepflogenheiten – der Weg in sowjetische Zeitungen versperrt.[69] Moskau gegenüber denunzierten sich die Vertreter von „Chalk" und „Parcham" gegenseitig als Spitzel und Parteigänger von CIA und Mossad, was der DVPA zusätzliche Glaubwürdigkeit in der Sowjetunion nahm.[70]

Im ehemaligen Königs- und Präsidentenpalast in Kabul – nun umbenannt in „Haus des Volkes" – kündigte Taraki im Juni 1978 tiefgreifende Reformen an. Die neue afghanische Führung strebe nichts weniger als „die totale Abkehr von der Vergangenheit an, die umfassende Revolution", und werde selbst die untersten Posten des Staatsapparates mit loyalen Anhängern der DVPA besetzen.[71] Unter den Bedingungen außerhalb Kabuls weitestgehend traditionell organisierter Stammesgesellschaften erklärte die afghanische Regierung im Oktober 1978 die gesetzliche Gleichstellung von Mann und Frau. Schon die Saur-Revolution von 1978 hatten die Menschen in den Provinzen jedoch mehrheitlich als einen Kampf der Clans um die Macht verstanden. Die Herrschaft der in sich zerstrittenen und in landestypischen Verteilungskämpfen befangenen DVPA führte der sowjetischen Regierung vor Augen, dass sich eine zentral gesteuerte Umgestaltung des Landes nur unter größten Schwierigkeiten und gegen den Widerstand der Masse der ländlichen Bevölkerung erreichen ließ. Die „Diktatur des Proletariats", so schrieben sowjetische Beobachter, müsse in Afghanistan ohne Proletariat stattfinden.[72] Im Jahre 1978 waren unter 15 Millionen Afghanen kaum 20 000 Industriearbeiter, im Bereich der Konstruktion nochmals etwa 50 000 Menschen beschäftigt.[73] Parteichef Taraki selbst erklärte dem sowjetischen Ministerpräsident Aleksej Kosygin gegenüber, dass „kaum jemand die Regierung unterstützt. In Kabul haben wir keine Arbeiter, nur Handwerker."[74]

Die „Chalk" scheiterte mit dem Versuch einer rabiaten Landreform, welche die DDR-Führung 1980 ihren Bürgern als wichtigen Schritt „für die Festigung der Massenbasis der neuen revolutionären Machtorgane und die Befreiung der armen Bauern und Pächter von Schuldknechtschaft und vom Würgegriff der Wucherer und Feudalherren" anpries.[75] Jugendliche Aktivisten aus Schulen und Hochschulen, die die Spielregeln des Lebens in den traditionellen Stammesgesellschaften nicht einmal kannten, wurden in die Dörfer geschickt, um dort die Segnungen des Kommunismus zu verkünden. In ihrem Bestreben, unterprivilegierten Bevölkerungsgruppen Zugang zu Bildung und Boden zu verschaffen, ignorierten die afghanischen Kommunisten die Rahmenbedingungen traditioneller Stammesgesellschaften. Zwangen Repräsentanten der Regierung eine Bäuerin in eine Grund-

---

[69] Die sowjetische Invasion in Afghanistan, hrsg. von ICA/Botschaft der USA in Bonn (= Amerikadienst Dokumentation), 16. 4. 1980, S. 1.
[70] Berner, Der Kampf um Kabul, S. 24–29 und 31–36.
[71] Andreas Kohlschlüter, Die neue Klasse Kabuls. Interview mit Nur Mohammad Taraki, in: Die ZEIT, 9. 6. 1978, S. 4, zitiert nach Günter Schröder (Hrsg.), Afghanistan zwischen Marx und Mohammed. Materialien zur afghanischen Revolution, Teil I, Gießen 1980, S. 111–116.
[72] Aleksandr A. Ljachovskij/Vjačeslav M. Zabrodin, Tainy afganskoj vojny, Moskau 1991, S. 17–19.
[73] Bradsher, Afghan Communism and Soviet Intervention, S. 9.
[74] Mitschrift des Treffens des Politbüros des ZK der KPdSU, 17. 3. 1979, Collection Soviet Invasion of Afghanistan, CWIHP.
[75] Revolutionäres Afghanistan, hrsg. von der Akademie der Gesellschaftswissenschaften beim Zentralkomitee der SED durch ein Autorenkollektiv unter Hans-Joachim Radde und Egon Dummer, Berlin (Ost) 1980, S. 21.

schule, entehrten sie damit deren Ehemann: In den Dörfern setzten sich die Männer gegen eine solche Vergewaltigung herrschender Verhältnisse zur Wehr.[76]

Bei der Neuverteilung des Bodens legte die DVPA eine primitive Vorstellung von „Feudalherrschaft" zugrunde, die die komplexen wirtschaftlichen und gesellschaftlichen Bedingungen im Land ignorierte.[77] Höchst unterschiedliche naturräumliche Gegebenheiten in den verschiedenen Provinzen vernachlässigten die Reformer ebenso wie gravierende lokale Unterschiede bezüglich der Bewässerungssysteme, der Siedlungsformen und Betriebsgrößen. Hatten traditionell die Khane, Maleks bzw. die Geistlichkeit als Mittelsmänner die Beziehungen zwischen Stadt und Land geregelt, sollten nun nicht vorhandene Behörden deren Funktionen übernehmen. Die DVPA unterschied nicht zwischen unterschiedlichen Formen des Grundbesitzes (etwa Stammes- und Dorfeigentum an Grund und Boden), sondern verteilte Ackerland über sechs Hektar unabhängig von dessen Ertrag in stets gleichen Parzellen. Neben die Unsinnigkeit der Reform traten gravierende Mängel in ihrer Durchführung. Statt wie geplant 817000 landlose Bauernfamilien auszustatten, erhielten tatsächlich bloß 210000 Familien Land zugewiesen. Missbrauch und Bestechung bei der Verteilung konnten nicht eingedämmt werden, verlässliche kartografische Unterlagen fehlten. Die Ausstattung mit Saatgut unterblieb, zwangsweise gegründete Genossenschaften konnten die Rolle der als rückschrittlich gebranndmarkten dörflichen Solidargemeinschaften nicht auffangen. Während nur ein kleiner Teil der Landbevölkerung von den Veränderungen profitierte, erlitt der Staat erhebliche Steuereinbußen. Eine Versorgungskrise machte sich bemerkbar, während die Fläche des bearbeiteten Bodens durch die Flucht von Einzelpersonen oder geschlossenen Familienverbänden immer weiter abnahm.[78]

Während die Regierung in Kabul versuchte, das Land mit Gewalt nach sozialistischem Muster umzustrukturieren, litt die afghanische Verwaltung zunehmend unter den Folgen der Säuberungen. In vielen Bereichen fehlte durch die Verhaftung von Regimegegnern und „Feinden" qualifiziertes Fachpersonal. Statt die Gesellschaft zu verändern, vergrößerte die DVPA den Abstand zu den Provinzen und rief Feindschaft und Widerstand gegen die Reformbestrebungen hervor.[79] Selbst in der Hauptstadt der DDR sprach man von „bestimmte[n] Überspitzungen bei der Durchführung der Generallinie der DVPA, insbesondere hinsichtlich des Tempos der Bodenreform".[80] Sowjetische Diplomaten empfahlen den afghanischen Kommunisten, bei der Sowjetisierung einen behutsamen Kurs einzuschlagen, auf die regionalen und lokalen Machtverhältnisse Rücksicht zu nehmen und selbst der Religionsausübung zunächst keine Hindernisse zu bereiten. Die DVPA müsse klarmachen, dass sie Religionsführer nicht als solche verfolge, sondern lediglich gegen einzelne Extremisten vorgehe, die sich durch ihr Handeln gegen den revolutionären Aufbau stellten.[81]

Die Politik der DVAP rief den Widerstand breiter Bevölkerungsschichten und bewaffnete Aufstände islamischer Gotteskrieger (Mudschaheddin) hervor. Die Ablehnung des

---

[76] Said M. Samimy, Hintergründe der sowjetischen Invasion in Afghanistan. Berichte und Analysen, Bochum 1981, S. 48.
[77] Vgl. im Wortlaut Bodenreformgesetz der Demokratischen Republik Afghanistan. November 1978, in: Wolfram Brönner, Afghanistan. Revolution und Konterrevolution, Frankfurt a. M. 1980, S. 214–221.
[78] Samimy, Hintergründe der sowjetischen Invasion in Afghanistan, S. 12–19 und 48.
[79] Bradsher, Afghanistan and the Soviet Union, S. 90f.
[80] Revolutionäres Afghanistan, hrsg. von der Akademie der Gesellschaftswissenschaften, S. 49.
[81] Ergänzung zum Sitzungsprotokoll No. P149/XIV, Sitzung des Politbüros des ZK der KPdSU vom 12.4.1979, S. 9, Collection Soviet Invasion of Afghanistan, CWIHP.

volksdemokratischen Kurses vereinte die Gegner der „Chalk" über Stammesgrenzen hinweg. Die Lage in Afghanistan offenbarte auf dramatische Weise ein Aufstand, der am 15. März 1979 in Herat losbrach. Bewohner der Stadt, Bauern der umliegenden Dörfer und Soldaten der örtlichen Garnison lieferten sich in Herat vier Tage lang blutige Gefechte mit afghanischen Regierungstruppen. Die Märzunruhen forderten 5000 Tote, darunter 150 bis 200 sowjetische Militärberater und ihre Familienangehörigen.[82] Die Aufständischen vernichteten Panzer der Taraki ergebenen afghanischen Truppen und Jeeps der sowjetischen KGB-Leute mitsamt ihren Insassen.[83] Anders als bei früheren, rasch niedergeschlagenen Meutereien in Masar-i Scharif und Kabul konnten die Aufständischen Herat eine Woche lang halten. Ein überregionaler Plan oder entsprechende Netzwerke, die eine landesweite Koordinierung der Aufstände ermöglicht hätten, fehlten hingegen. Die Rebellion offenbarte den spontanen Volkszorn in den afghanischen Provinzen. Er war aber gerade darum viel erschreckender als vereinzelte Attentate der bis zu diesem Zeitpunkt noch kaum organisierten Islamisten, die 1978 nur geringen Rückhalt in der Bevölkerung fanden.[84]

Im sowjetischen Politbüro stieg durch den Aufstand in Herat die ohnehin vorhandene Nervosität.[85] Außenminister Gromyko konnte am 17. März ebenso wenig ein klares Lagebild zeichnen wie die militärische Führung. Gravierende Zweifel herrschten hinsichtlich der Zuverlässigkeit der afghanischen Streitkräfte – etwa 100 000 Mann, ausgebildet und ausgerüstet mit sowjetischer Hilfe. Das Politbüro musste zur Kenntnis nehmen, dass die 17. Division der afghanischen Armee, die im Raum Herat stationiert war, zum Teil zu den Aufständischen übergelaufen war. Der sowjetische Generalstab drängte darauf, die afghanischen Streitkräfte im Kampf gegen die „Bandenbildung" (*bandformirovanie*) zu unterstützen.[86] Der Aufstand in Herat könne der Anfang vom Ende der DVAP-Herrschaft im Lande sein.

Die Gefechte in Herat bildeten den Auftakt für schwere Kämpfe, in deren Verlauf im März und April Teile der Provinzen Kunar, Paktia, Badgis, Nangahar, Balch und selbst der Stadt Kabul zeitweise an aufständische Milizen verloren gingen.[87] Die Bewohner der südöstlichen Provinz Nuristan verteidigten ihre traditionelle Lebensweise gegen staatliche Eingriffe, vertrieben Repräsentanten der Regierung, fackelten Polizeistationen ab und plünderten die Distriktverwaltungen. Der Staat schickte Panzer, ließ die Dörfer bombardieren und trieb deren Bewohner über die Grenze nach Pakistan. In Badachschan eskalierte die Gewalt in ähnlicher Weise, als Abgesandte der kommunistischen Regierung in brachialer Weise einen „Alphabetisierungsfeldzug" starteten, in dessen Verlauf 1979 angeblich 5000 professionelle Lehrer und 20 000 freiwillige Helfer zum Einsatz kamen.[88] Im Sommer

---

[82] Dorronsoro, Revolution Unending, S. 97–102; Antony Hyman, Afghanistan under Soviet Domination, 1964–83, London 1982, S. 101.
[83] Vgl. den Augenzeugenbericht Der Hut-Aufstand von Herat – ein Wendepunkt, in: Schröder (Hrsg.), Afghanistan zwischen Marx und Mohammed, Teil II, S. 47–58.
[84] Pohly, Krieg und Widerstand in Afghanistan, S. 126–134.
[85] Mitschrift des Treffens des Politbüros des ZK der KPdSU, 17. 3. 1979, Collection Soviet Invasion of Afghanistan, CWIHP.
[86] Vgl. Afganistan. Spezoperacija v Kabule 1979 g. Vospominanija učastnikov. Russkie kommandos, hrsg. vom MOO „Vympel" – Veterany podrazdelenij specnaznačenija Organov Gosbezopasnosti, Moskau 1999, S. 28–60.
[87] Korž, Afganskoe dos'e, S. 551.
[88] Wolfram Brönner, Afghanistan. Revolution und Konterrevolution, Frankfurt a. M. 1980, S. 65.

1979 tobten Aufstände in Urusgan und Dschelalabad, wo die beiden Provinzgouverneure und Hunderte kommunistischer Lehrer, Richter und Beamte ums Leben kamen.[89]

Fehler im Umgang mit den regierungsfeindlichen Kräften im Land schob die Moskauer Führung mehrheitlich Tarakis Stellvertreter Amin in die Schuhe. Sie machte diesen – dem überdies Verbindungen zum amerikanischen Geheimdienst, zur Regierung Pakistans und zu islamistischen Führern nachgesagt wurden – auch für schwere Exzesse gegenüber der eigenen Bevölkerung verantwortlich.[90] Aber anstatt dass, wie von Moskau aus gewünscht, die Regierung Taraki durch die Ausschaltung Amins stabilisiert worden wäre, übernahm dieser am 14. September 1979 selbst die Macht, bildete die Regierung um und setzte Taraki ab. Taraki wurde – kurz nach seiner Rückkehr von einem Moskau-Besuch – nach einer Schießerei im Kabuler „Volkshaus" von Gefolgsleuten Amins verhaftet und später in seiner Zelle erdrosselt.[91] Die Zeitungen teilten an versteckter Stelle mit, er sei an einer Krankheit verstorben und sogleich beerdigt worden. Wollte die UdSSR den Zusammenbruch des prosowjetischen Regimes in Kabul verhindern, musste sie von nun an den ungeliebten Amin unterstützen, der in Moskau schon zum Zeitpunkt seiner Machtergreifung allen Kredit verspielt hatte.[92]

Amin bekundete in einer ersten programmatischen Rede nach seinem September-Coup mit Blick auf den beseitigten Konkurrenten Taraki, eine „Ein-Mann-Herrschaft" werde es in Afghanistan nie mehr geben. Er selbst etablierte allerdings im Lande ein autoritäres Regime, das neben ihm keinen zweiten starken Mann duldete.[93] Mit Fortdauer der Aufstände in Afghanistan erschien deren erfolgreiche Bekämpfung mit Hilfe der DVAP immer mehr in weite Ferne zu rücken. Diplomaten in Kabul sprachen offen über Amins Probleme mit Moskau und seine Suche nach möglichen neuen Partnern, während der KGB bereits über afghanische Auslandskommunisten Verbindung mit Babrak Karmal aufnahm und mit ihm über die Absetzung des Regimes in Kabul verhandelte.[94] Wenige Tage vor dem Einmarsch meldete im Dezember 1979 die sowjetische Botschaft, die afghanische Bevölkerung mache zunehmend den „Großen Bruder" im Norden für Amins Repressalien im Land verantwortlich.[95] Im Kreml stieg der Druck auf das Politbüro, die Krise in Afghanistan endlich in den Griff zu bekommen.

Die Entscheidung zur Intervention

Der sowjetische Machtapparat entwickelte einzigartige Mechanismen und Verfahren politischer Entscheidungsfindung. Bürokratie, Zensur und Zentralismus behinderten die Zusammenführung und Auswertung von Informationen auf mittlerer Ebene und überforder-

---

[89] Nasir Shansab, Soviet Expansion in the Third World. Afghanistan: A Case Study, Silver Spring, MD 1986, S. 51f. und 65f.
[90] Zusammenfassend vgl. Bericht Andropovs, Gromykos, Ustinovs und Ponomarevs zur Lage in Afghanistan, 31.12.1979, Collection Soviet Invasion of Afghanistan, CWIHP.
[91] Dorronsoro, Revolution Unending, S. 90; Rudersdorf, Afghanistan – eine Sowjetrepublik?, S. 79f.
[92] Bericht Gromykos, Ustinovs und Tsviguns an das Politbüro, 15.9. und 29.10.1979, Collection Soviet Invasion of Afghanistan, CWIHP.
[93] Als Überblick dazu: Bradsher, Afghan Communism and Soviet Intervention, S. XI-XVIII.
[94] Pesönliches Memorandum Andropovs an Brežnev, Collection Soviet Invasion of Afghanistan, CWIHP.
[95] Meldung des 1. Botschaftssekretärs Mišin vom 16.12.1979, vgl. Ivanov, Operaciju „Štorm" načat' ran'še, S. 302.

ten so die höchsten Instanzen. Zu den wesentlichen Akteuren wie dem Politbüro des Zentralkomitees der KPdSU, dem Zentralkomitee sowie der militärischen Führung bzw. der Leitung der Geheimdienste kamen weitere Führungszirkel wie die außenpolitische Kommission des Politbüros. Das sowjetische Außenministerium, formal Teil des Staatsapparates, unterstand faktisch unmittelbar dem Politbüro und damit der Partei. Bezüglich der Afghanistan-Krise 1978/79 stellt sich die Frage, inwiefern die dramatischen Ereignisse im Land auf diesen Apparat zurückwirkten und wie die Eigenlogik des Politbüros die Entscheidungsfindung beeinflusste, ja ob vielleicht die Diskussion um das „richtige" Vorgehen in Afghanistan teilweise nur die Bühne für Machtkämpfe innerhalb der Partei bildete. Die Entscheidung für die Intervention wäre dann nicht als strategisches Kalkül, sondern lediglich vor dem Hintergrund kurz- und mittelfristiger Motive verständlich.[96]

Die Kommunistische Partei hatte 1979 die Stellung Leonid Brežnevs gestärkt, gleichzeitig spekulierten die Mitglieder des Politbüros angesichts dessen schwacher Gesundheit bereits über einen möglichen Nachfolger. Innerhalb des engsten Führungszirkels herrschten Spannungen zwischen zivilen Mitgliedern und Militärs. Letztere setzten „Sicherheit" weitgehend mit militärischer Macht gleich und gingen von der Möglichkeit begrenzter lokaler Kriege unter dem Schirm des strategischen nuklearen Patts mit den USA aus.[97] Die Vertreter des sowjetischen Rüstungskomplexes und die Führung der Streikräfte selbst hofften auf eine Aufstockung des Verteidigungsetats und wünschten grundsätzlich jeden Anlass herbei, um die vitale Bedeutung eines schlagkräftigen Militärapparates unter Beweis stellen zu können. Die Ansprüche der Streitkräfte bei der Verteilung politischer und ökonomischer Ressourcen waren für die Mitglieder des Politbüros selbstverständlicher Teil des politischen Systems.[98]

Berater des Politbüros reisten 1979 wiederholt nach Afghanistan, um sich dort ein Bild der Lage zu machen. Im April führte General Aleksej A. Epišev, Chef der Politischen Hauptverwaltung, ein Beraterteam nach Kabul. Im Mai entsandte Moskau Vasilij Safrančuk an die Kabuler Botschaft, um dort nach Lösungsmöglichkeiten für den laufenden Konflikt zwischen den DVPA-Fraktionen zu suchen. Mitte August folgte General Ivan Pavlovskij, stellvertretender Verteidigungsminister und Chef der sowjetischen Landstreitkräfte, der bis Oktober in Afghanistan blieb und dem Politbüro empfahl, zur Stabilisierung des Landes zunächst Hafisullah Amin die Macht zu entziehen.[99] Drei Tage nach der Sitzung des Politbüros am 26. November 1979, auf dem die Entscheidung für die Eliminierung Amins fiel, traf schließlich Viktor S. Paputin in Kabul ein, erster Stellvertreter des Innenministers und zuständig für Polizei und Sicherheitsfragen. Zu diesem Zeitpunkt befanden sich bereits zwischen 3500 und 4000 Angehörige von Armee und KGB im Land.[100] Während Paputins offizielle Mission in der Unterstützung der afghanischen Regierung bei der Bekämpfung Aufständischer bestand, bereitete er in Wahrheit das Ende Amins vor: Am 19. Dezember schoss ein Attentäter auf Amins Neffen Assadullah, Chef der afghanischen Geheimpolizei, und verwundete ihn tödlich. Amin selbst entkam verletzt einem Anschlag auf sein Leben.[101]

---

[96] Vgl. hierzu Rubinstein, Soviet Policy toward Turkey, Iran, and Afghanistan, S. VII-X.
[97] Von Borcke, Die Intervention in Afghanistan; dies., Die sowjetische Interventionsentscheidung, in: Vogel (Hrsg.), Die sowjetische Intervention in Afghanistan, S. 119-180, hier S. 130-134.
[98] Amiryar, Soviet Influence, S. 239f.
[99] Bradsher, Afghanistan and the Soviet Union, S. 152; Bericht Ustinovs an das Zentralkomitee, 5.11.1979, Collection Soviet Invasion of Afghanistan, CWIHP.
[100] Rubinstein, Soviet Policy toward Turkey, Iran, and Afghanistan, S. 167.
[101] Amiryar, Soviet Influence, S. 228-231 und 234.

Insgesamt rieten die Militärs mit Blick auf eine mögliche Intervention zur Vorsicht: Es waren am Ende Leonid Brežnev und Politbüro-Mitglieder wie der KGB-Chef Andropov, die sich über derartige Bedenken hinwegsetzten. Als der Chef des sowjetischen Generalstabs, Marschall Nikolaj V. Ogarkov, am 10. Dezember eindringlich davor warnte, eine Invasion in Afghanistan würde dem Islamismus in der gesamten Region Auftrieb geben, schnitt ihm Andropov das Wort ab. Er schnauzte Ogarkov an, er solle sich auf militärische Angelegenheiten konzentrieren und die Politik Leonid Brežnev und der Partei überlassen.[102]

Noch zum Zeitpunkt der Kämpfe in Herat verfügte das Politbüro des ZK der KPdSU über mehrere Handlungsoptionen. Hätte man, erstens, die dortige kommunistische Regierung aufgegeben, hätte sich die UdSSR aus Afghanistan zurückziehen können. Die Unterstützung des Regimes konnte zweitens einhergehen mit der Forderung, die DVPA müsse sich im Land um einen Ausgleich bemühen, um so die Opposition zu spalten. Verhandlungen unter sowjetischer Moderation schienen ebenso denkbar wie die militärische Bekämpfung der Aufständischen in den Provinzen, vornehmlich durch Artillerie und Luftwaffe. Schließlich konnte die sowjetische Führung drittens einen Regimewechsel inszenieren und danach verstärkt auf die Neuordnung Afghanistans hinwirken. Der Einmarsch und die Übernahme der Macht im Land schien angesichts solcher Alternativen gefährlich und zunächst wenig erfolgversprechend.[103] Die Diskussionen im Politbüro machten deutlich, wie weit dessen Mitglieder zu Beginn der Krise davon entfernt waren, Bodentruppen nach Afghanistan zu entsenden. KGB-Chef Andropov erklärte während der Sitzung vom 17. März 1979, Panzer und Schützenpanzer könnten in Afghanistan „gar nichts retten".[104] Bei der Analyse des Aufstandes von Herat und der Taktik der Mudschaheddin fiel immer wieder der Ausdruck „Partisanenkrieg" (*partizanskaja vojna*), seit dem Zweiten Weltkrieg in der Sowjetunion ein beinahe mythischer Begriff. Höhere Funktionäre in Partei und Armee, die meist selbst der Kriegsgeneration angehörten, waren sich also durchaus darüber im Klaren, welche Probleme die Ausweitung der militärischen Operationen gegen die afghanischen Aufständischen mit sich bringen mussten.[105]

Das Politbüro unterstützte die Regierung in Kabul mit umfangreichen Nahrungsmittellieferungen, durch die Gewährung eines höheren Preises für Erdgaslieferungen aus Afghanistan und durch die Entsendung von Spezialisten aus Armee und KGB.[106] Ein Freundschaftsvertrag sah im Dezember 1978 umfangreiche Ausbildungs- und Rüstungshilfe für die afghanischen Streitkräfte vor. Der Luftwaffenstützpunkt in Bagram wurde zur logistischen Drehscheibe für sowjetische Militärtechnik, der bald Spezialpersonal, Ausbilder, Militärberater und Angehörige der Geheimdienste folgten. Am 20. März 1979 sagte Kosygin während eines persönlichen Treffens mit Taraki in Moskau umfangreiche kostenlose Rüstungshilfe zu, darunter zahlreiche Gefechts- und Luftfahrzeuge.[107] Mit der Exportversion

---

[102] Aufzeichnungen von A. A. Ljachovskij über eine Sitzung des Zentralkomitees am 10.12.1979, Collection Soviet Invasion of Afghanistan, CWIHP.
[103] Rubinstein, Soviet Policy toward Turkey, Iran, and Afghanistan, S. 164f.
[104] Mitschrift des Treffens des Politbüros des ZK der KPdSU, 17.3.1979, Collection Soviet Invasion of Afghanistan, CWIHP.
[105] Krachmalov, Zapiski voennogo attaše, S. 215. Vgl. auch die Schrift „Taktik des Partisanenkampfes" aus dem Iran, zitiert nach Korž, Afganskoe dos'e, S. 470–491, welche der sowjetischen Aufklärung für die Einschätzung der Taktik der Mudschaheddin diente.
[106] Gesprächsnotiz A. M. Puzanov – N. M. Taraki, 22.3.1979, Collection Soviet Invasion of Afghanistan, CWIHP.
[107] 33 Schützenpanzer BMP-1, 21 Hubschrauber der Typen MI-25 und MI-8T sowie 50 schwimmfähige Radpanzer BTR-60PB und 25 Aufklärungsfahrzeuge sowie Fliegerabwehr-Systeme, darunter das leis-

des Kampfhubschraubers Mi-24 (NATO-Bezeichnung „Hind") erhielten die afghanischen Streitkräfte auch solche Waffensysteme, die den letzten Stand sowjetischer Militärtechnik widerspiegelten. Die schwer bewaffneten „helicopter gunships", von ihren sowjetischen Crews als „fliegende Panzer" (*letajušćij tank*) bezeichnet, wurden nach dem Dezember 1979 zum Sinnbild für den sowjetischen Herrschaftsanspruch in Afghanistan. Die dortige Kriegführung revolutionierten sie ebenso wie der Einsatz moderner MiG-21-Kampfflugzeuge, die Napalm gegen Dörfer zum Einsatz brachten, in denen man Mudschaheddin vermutete.[108] Den Einsatz sowjetischer Kampfpiloten, wie von der afghanischen Regierung gefordert, lehnte das Politbüro hingegen ab und erteilte der unmittelbaren Teilnahme sowjetischer Militäreinheiten im Kampf gegen die Aufständischen wiederholt eine nachdrückliche Absage: Parteichef Taraki hatte dem sowjetischen Premierminister Kosygin in einem Telefonat am 17. März vorgeschlagen, Soldaten der Sowjetarmee mit afghanischen Uniformen sowie sowjetische Panzer und Flugzeuge mit afghanischen Hoheitsabzeichen zu versehen und gegen die Aufständischen einzusetzen. Die Sowjetunion solle „Usbeken, Tadschiken und Turkmenen in Zivilkleidung" nach Herat entsenden, um dort für den Kommunismus zu kämpfen. Auf die Anmerkung Kosygins, die UdSSR hätte doch Hunderte afghanischer Offiziere ausgebildet, die nun als loyale Gefolgsleute der Regierung bereitstünden, entgegnete Taraki, es handele sich größtenteils um „Moslem-Reaktionäre", auf die man sich nicht verlassen könne.[109]

Die Entscheidung für eine Intervention fiel zwischen März und November 1979. Taraki brachte Hilfeersuchen der DVPA-Führung wiederholt persönlich in Moskau vor, andere Bitten um Rüstungsgüter und Personal erreichten das Politbüro über die sowjetische Auslandsvertretung und den Residenten des KGB in Kabul. Zwischen dem 17. März und dem 17. Dezember 1979 wurde die afghanische Regierung insgesamt 21-mal in Moskau vorstellig und forderte Verlegung und Einsatz von bis zu zwei Divisionen (19. Juli), um gegen die Aufständischen im Land vorgehen zu können.[110] Die sowjetische Führung verlegte schließlich am 8. Juli ein Bataillon der 105. Luftlandedivision von Usbekistan auf den Luftwaffenstützpunkt Bagram. Die informelle Entscheidung zur Truppenentsendung im größeren Umfang fiel wahrscheinlich Ende Oktober, also etwa zwei Monate nach der Machtübernahme Amins. Am 6. Dezember beschlossen Brežnev, Andropov, Gromyko, Dmitrij F. Ustinov und Michail A. Suslov, ZK-Sekretär, Chefideologe und Nummer zwei der Partei, 500 Mann einer Spezialabteilung der GRU nach Afghanistan zu schicken. Vier Tage später befahl Ustinov dem Generalstab die Bereitstellung einer Luftlandedivision. Die endgültige Entscheidung für den Einmarsch trafen Brežnev, Geheimdienstchef Andropov, Außenminister

---

tungsstarke System „Strela" (Pfeil). Aufzeichnung des Gesprächs der ZK-Führung der KPdSU mit N. M. Taraki, 20.3.1979, zitiert nach Pierre Allan u.a. (Hrsg.), Sowjetische Geheimdokumente zum Afghanistankrieg (1978–1991), Zürich 1995, S. 27–56.
[108] Bradsher, Afghanistan and the Soviet Union, S. 102.
[109] Telefongespräch zwischen Aleksej Kosygin und Nur Mohammed Taraki, 17.3.1979, Foreign Broadcast Information Service, FBIS-SOV-92-138 (17.7.1992), S. 30f. (Auszüge); Boris Gromov, Ograničennyj kontingent, Moskau 1994; beides in Collection Soviet Invasion of Afghanistan, CWIHP. Auszug aus dem Sitzungsprotokoll des Politbüros des ZK der KPdSU (150/93) zu Frage der Hilfe sowjetischer Kampfhelikopter der Regierung der DRA [Demokratische Republik Afghanistan], 21.4.1979, zitiert nach Allan u.a. (Hrsg.), Sowjetische Geheimdokumente, S. 102–105; Auszug aus dem Sitzungsprotokoll des Politbüros des ZK der KPdSU (152/159): Gewährung zusätzlicher Militärhilfe an die DRA, 24.5.1979, zitiert nach ebenda, S. 106–112.
[110] Boris Ponomarev, Berichte aus Kabul, 19.7.1979, Collection Soviet Invasion of Afghanistan, CWIHP.

Gromyko und Verteidigungsminister Ustinov am 12. Dezember, wobei sie weder die übrigen Mitglieder des Politbüros oder das Präsidium des Obersten Sowjets noch die zahlreich vorhandenen Spezialisten befragten, die sich im Vorfeld zur Lage im Land geäußert hatten.[111] Einen Tag später begannen mit der Einrichtung einer „operativen Gruppe" im Verteidigungsministerium die unmittelbaren Vorbereitungen für die Invasion. Den Befehl zum Einmarsch erteilte Ustinov am 24. Dezember.[112]

Abschließend stellt sich die Frage, welches Bild die sowjetische Führung über die Lage in Afghanistan hatte. Dessen Entwicklung im 20. Jahrhundert war bestimmt durch ein kompliziertes Beziehungsgeflecht zwischen Hauptstadt und Provinzen, Stadt und Land sowie zwischen Ethnien und Stämmen. Die afghanische Gesellschaft der 1970er Jahre zerfiel entlang unterschiedlicher Trennlinien. Geht man von der sprachlichen Zugehörigkeit aus, so bildeten im Jahre 1978 Paschtunen (6,5 Millionen), Tadschiken (3,5 Millionen), Usbeken (eine Million), Hasara (870 000), Aimak (800 000), Turkmenen (125 000), Brahui (200 000), Belutschen (100 000) und Nuristaner (100 000) die wichtigsten Gruppen.[113] Die Stammeszugehörigkeit bot ein weiteres, wesentliches Kriterium für die Selbstverortung. Außerhalb von Dorf- oder Familienverbänden machten unklare Gruppenbildungen mit teils erheblichen Überschneidungen, Mehrfachzugehörigkeiten und Loyalitäten die Durchsetzung zentraler Entscheidungen schwer. Auf dem Land regelten Patron-Klienten-Verhältnisse und uralte Stammesgesetze den Alltag und schützten die Gemeinschaft gegen Eingriffe von außen.[114] Machtwechsel im fernen Kabul begriffen die Menschen in den Provinzen als Auseinandersetzungen, von denen man sich am besten fernhielt.[115] Eine überwiegend illiterate, immobile „Inward-Looking Society" hatte über Jahrhunderte erfolgreiche Mechanismen entwickelt, um sich der staatlichen Einflussnahme zu entziehen.[116]

Es greift zu kurz, der sowjetischen Führung zu unterstellen, sie habe 1979 im Größenwahn, ohne sorgfältige Analyse und lediglich „auf der Basis von Instinkten" gehandelt, ausgebildet in langen Jahren gewaltsamer Expansion.[117] Die Entscheidung zur Invasion fiel in einer Phase der sowjetischen Geschichte, in der die nationalen Republiken und Kulturen ebenso wie Religionen und religiöse Bewegungen verhältnismäßig viel Autonomie genossen.[118] Das Politbüro war sich über die Verfasstheit der afghanischen Gesellschaft im Klaren.[119] Jenseits sozialistischer Worthülsen und offizieller Kommuniqués begriff es Af-

---

[111] Helmut Hubel, Das Ende des Kalten Krieges im Orient. Die USA, die Sowjetunion und die Konflikte in Afghanistan, am Golf und im Nahen Osten. Auswirkungen für Europa und Deutschland, München 1995, S. 136.
[112] Manfred Sapper, Die Auswirkungen des Afghanistan-Krieges auf die Sowjetgesellschaft. Eine Studie zum Legitimitätsverlust des Militärischen in der Perestrojka, Münster u. a. 1994, S. 61-79, Übersicht S. 68.
[113] Die in der Literatur veröffentlichten Bevölkerungszahlen schwanken mangels Erhebungsgrundlagen sowie aufgrund der Verschiedenheit der angelegten Zuordnungskritierien stark; die Angaben hier nach Louis Dupree, Afghanistan, Princeton, N. J. 1973, S. 57-65; vgl. auch Dorronsoro, Revolution Unending, S. 15; ähnliche Zahlen bei Hyman, Afghanistan under Soviet Domination, S. 11.
[114] Dorronsoro, Revolution Unending, S. 10.
[115] Olivier Roy, The Lessons of the Soviet/Afghan War (= IISS, ADELPHI Paper 259), London 1991, S. 6f.
[116] Dupree, Afghanistan, S. 248f.
[117] Bradsher, Afghan Communism and Soviet Intervention, S. 75.
[118] Vgl. Boris Dubin, Gesellschaft der Angepassten. Die Brežnev-Ära und ihre Aktualität, in: Osteuropa 57 (2007), H. 12, S. 65-78, hier S. 68.
[119] Vgl. ausgewählte Schlüsseldokumente in: From Hesitation to Intervention: Soviet Decisions on Afghanistan, 1979, Cold War International History Project Bulletin, Issue 4, 1994, S. 70-76.

ghanistan als ein Land, in dem Auseinandersetzungen der Stämme, die Unabhängigkeitsbestrebungen etwa der Paschtunen und der geografisch wie mental große Abstand zwischen Hauptstadt und Provinzen den sowjetischen Vorstellungen vom Fortschritt enge Grenzen setzten.[120] Der KGB lieferte über viele Jahre lang erstklassige Aufklärungsberichte und warb wichtige afghanische Führer als Agenten an.[121] Zuletzt im Oktober 1979 entsandte der Geheimdienst Aufklärungsteams nach Afghanistan, die dort die Stimmungslage der Bevölkerung ergründen sollten. Bezüglich einer möglichen sowjetischen Militäroperation erhielt die Führung in Moskau eine überdeutliche Einschätzung: Sowjetische Truppen in Afghanistan, so die Aufklärungsberichte, bedeuteten einen Krieg, der nicht gewonnen werden könne, ohne die gesamte afghanische Nation auszulöschen.[122]

Bereits im April 1979 stellte das Politbüro fest, die Kräfte der Reaktion könnten sich in Afghanistan auf eine nahezu vollständig analphabetische Gesellschaft stützen, zudem profitierten sie von schweren nationalen Auseinandersetzungen und Stammeskonflikten sowie von religiösem Fanatismus und extremem Nationalismus. Die überwiegende Masse der Bevölkerung sei weit davon entfernt, den sozialistischen Aufbau des Landes als Vorteil zu empfinden und schätze nicht dessen fortschrittlichen Charakter. Der DVPA – nach wie vor alles andere als eine Massenpartei – sei es nicht gelungen, in den Provinz-, Stadt- und Dorfverwaltungen Fuß zu fassen, um so den Umbau des Landes auch außerhalb Kabuls voranzubringen.[123] Der Kampf verfeindeter Gruppierungen innerhalb der DVPA habe dazu geführt, dass die Führer wichtiger administrativer Einheiten immer wieder ausgetauscht worden seien. Taraki und Amin hätten ihre Gegner auf der oberen und mittleren Führungsebene der Parcham-Bewegung und in den Streitkräften ermorden lassen und sich damit gegen das eigene Volk gewandt.[124] „Fehler in der Kaderpolitik" (*ošibki v kadrovoj politike*), so Kosygin, würden der afghanischen Führung teuer zu stehen kommen. Die Sowjetunion habe dies während der Stalinzeit erfahren müssen.[125] Die Regierung in Kabul erreiche weder die Geistlichkeit noch die untereinander verfeindeten Stammesführer. Der Aufbau Afghanistans brauche „Zeit und ein etappenweise planendes und gut durchdachtes Vorgehen".[126]

Sowohl Andrej P. Kirilenko, Sekretär des Zentralkomitees, als auch Außenminister Gromyko stellten fest, dass der Märzaufstand in Herat nicht nur von Islamisten aus Pakistan, unterstützt aus dem Ausland, geführt werde, sondern breite Bevölkerungsschichten unter dem traditionellen Banner des Islam vereinige. Die sowjetische Armee müsse sich darauf einstellen, im Falle der Intervention auf die Bevölkerung zu schießen – mit unabsehbaren

---

[120] Vgl. für die Provinzen Bamian, Badachschan, Kunar, Paktia und Paktika entsprechende Aussagen bei Krachmalov, Zapiski voennogo attaše, S. 214.
[121] Vgl. Vasili Mitrokhin, The KGB in Afghanistan, Geographical Volume 1, Collection Soviet Invasion of Afghanistan, CWIHP. Mitrochin, selbst Angehöriger des KGB, lief 1992 nach Großbritannien über. Seine Aufzeichnungen vermitteln ein detailliertes Bild über das Engagement des sowjetischen Geheimdienstes in Afghanistan.
[122] Vgl. Bradsher, Afghan Communism and Soviet Intervention, S. 77.
[123] Shansab, Soviet Expansion in the Third World, S. 58.
[124] Ergänzung zum Sitzungsprotokoll No. P149/XIV, Sitzung des Politbüros des ZK der KPdSU vom 12.4.1979, S. 5 und 9, Collection Soviet Invasion of Afghanistan, CWIHP.
[125] Aufzeichnung des Gesprächs der ZK-Führung der KPdSU mit N. M. Taraki, 20.3.1979, zitiert nach Allan u.a. (Hrsg.), Sowjetische Geheimdokumente, S. 27-56, hier S. 52.
[126] Ergänzung zum Sitzungsprotokoll No. P149/XIV, Sitzung des Politbüros des ZK der KPdSU vom 12.4.1979, S. 1 und 3, Collection Soviet Invasion of Afghanistan, CWIHP.

Konsequenzen für die Wahrnehmung der UdSSR in der Welt.[127] Diese Erkenntnisse spiegeln auch sowjetische Versuche wider, mäßigend auf Taraki und Amin einzuwirken und die beiden Konkurrenten im Sinne der Revolution zur Versöhnung zu bewegen.[128]

Realistische Lagebeurteilungen änderten nichts daran, dass die Sowjetunion Schritt für Schritt in einen Krieg hineingeriet. Die Entscheidungsträger in Moskau waren insgesamt nicht dazu im Stande, aus den ihnen vorliegenden Berichten für ihr eigenes Handeln zu folgern. Am 20. März 1979, also bereits nach Ausbruch des Aufstandes in Herat, empfing Leonid Brežnev Nur Mohammed Taraki in Moskau. Der 72-jährige Brežnev empfahl die Bildung einer nationalen Front, um in Afghanistan die sozialistische Ordnung wiederherzustellen. Diese sollte die bereits bestehenden sozialen und politischen Organisationen zusammenfassen und unterstützt werden von „Arbeitern, Bauern, der kleinen und mittleren Bourgeoisie, von Intelligenzija und Studenten, der Jugend und progressiven Frauen". Die Landbevölkerung müsse durch die Schaffung von „Armutskommissionen" (*komitety bednoty*) gewonnen werden, in denen Landlose, Kleinbauern und Schuldner den Widerstand gegen Feudalherren und Gutsbesitzer (*pomeščiky-kapitalisty*) zu organisieren hätten. Ziel der Bewegung müsse es sein, „nationale patriotische Kräfte gegen lokale und fremde Reaktionäre" in Stellung zu bringen. Der Wirklichkeitsferne der Aufforderung Brežnevs, einer existenziellen Krise des volksdemokratischen Regimes mit den im afghanischen Kontext untauglichen Mitteln der gesellschaftlichen Mobilisierung zu begegnen, entspricht die Nüchternheit der Antwort Tarakis. In Gegenwart Kosygins, Gromykos, Ustinovs und des ZK-Sekretärs für Internationale Angelegenheiten Boris N. Ponomarev entgegnete er Brežnev, die DVPA könne das soziopolitische Leben in Afghanistan nicht durchdringen, da das Land ökonomisch rückständig und ein erheblicher Teil seiner Bevölkerung nicht ausreichend politisch entwickelt sei.[129]

Brežnev sagte am 20. September 1979 im Politbüro, die Ereignisse in Kabul hätten sich derart rasch entwickelt, dass es in Moskau im Grunde keine Möglichkeit gegeben habe, mit Blick auf die Krise innerhalb der DVPA und im ganzen Land Einfluss zu nehmen.[130] Die Führung der UdSSR wischte Ende des Jahres alle Bedenken beiseite und entschloss sich zum Einmarsch in Afghanistan. Sie hoffte darauf, das Land mit Hilfe einer neuen kommunistischen Führung unter Babrak Karmal zu stabilisieren, um dann das eigene militärische Engagement rasch verringern zu können.[131] Diese Hoffnung erwies sich bald als ebenso irrig wie der Versuch, den ausufernden Konflikt in Afghanistan mit Gewalt zugunsten der Kabuler Regierung zu entscheiden. Der Besatzung und dem Abzug der Sowjets mehr als neun Jahre später folgte der Zerfall der UdSSR. Die Intervention schuf 1979 die Rahmenbedingungen für die Fortsetzung und Radikalisierung des Bürgerkrieges, statt ihn zu beenden. Einer der Hauptgewinner der folgenden, furchtbaren Auseinandersetzungen war der internationale islamische Fundamentalismus, der heute eine weltweite Bedrohung der Sicherheit darstellt.

---

[127] Gromyko, Andropov, Ustinov und Ponomarev an das Zentralkomitee der KPdSU, 28. 6. 1979, Collection Soviet Invasion of Afghanistan, CWIHP.
[128] Dorronsoro, Revolution Unending, S. 91; Entscheidungen des Politbüros zu Afghanistan, 13. 9. 1979, Collection Soviet Invasion of Afghanistan, CWIHP.
[129] Gesprächsmitschrift L. I. Brežnev – N. M. Taraki, 20. 3. 1979, Collection Soviet Invasion of Afghanistan, CWIHP.
[130] Brežnev vor dem Politbüro, 20. 9. 1979, Collection Soviet Invasion of Afghanistan, CWIHP.
[131] Bericht Andropovs über Gespräche mit der neuen afghanischen Führung, 5. 2. 1980, Collection Soviet Invasion of Afghanistan, CWIHP.

Abkürzungen

AAASS	American Association for the Advancement of Slavic Studies
ACR	Africa Contemporary Record
ADF	Archives diplomatiques françaises (Archiv des französischen Außenministeriums)
ADN	Allgemeine Deutsche Nachrichtenagentur
AEA	Außereuropäische Abteilung
AFP	Agence France-Presse (französische Nachrichtenagentur)
AHB	Außenhandelsbetrieb
AMAEC	Archives du Ministère des Affaires étrangères chinois (Archiv des chinesischen Außenministeriums)
ANC	African National Congress
APK	Außenpolitische Kommission
APRF	Archiv Prezidenta Rossijskoj Federacii (Archiv des Präsidenten der Russischen Föderation)
ARB	Africa Research Bulletin
AUSDS	Archiv des U.S. Department of State
AVP RF	Archiv Vnešnej Politiki Rossijskoj Federacii (Archiv für Außenpolitik der Russischen Föderation)
BBIOst	Berichte des Bundesinstituts für ostwissenschaftliche und internationale Studien
BHEL	Bharat Heavy Electricals Limited
BIOst	Bundesinstitut für ostwissenschaftliche und internationale Studien
BRD	Bundesrepublik Deutschland
BStU	Die Bundesbeauftragte für die Unterlagen des Staatssicherheitsdienstes der ehemaligen Deutschen Demokratischen Republik
CC	Central Committee
CChDMO	Centr Chranenija Dokumentov Molodežnych Organizacij (Aufbewahrungszentrum der Dokumente der Jugendorganisationen)
CChSD	Centr Chranenija Sovremennoj Dokumentacii (Aufbewahrungszentrum für die zeitgenössische Dokumentation)
CCP	Chinese Communist Party
CDSP	The Current Digest of the Soviet Press
CDU	Christlich-Demokratische Union Deutschlands
CENTO	Central Treaty Organization
CGANTD	Central'nyj Gosudarstvennyj Archiv Naučno-Techničeskoj Dokumentacii (Zentrales Staatsarchiv für Wissenschaftlich-Technische Dokumentation)
CIA	Central Intelligence Agency
CK	Central'nyj komitet (Zentralkomitee)
Comecon	Council for Mutual Economic Assistance (Rat für gegenseitige Wirtschaftshilfe)

CPK	Communist Party of Kampuchea
CPSU	Communist Party of the Soviet Union
ČSSR	Československá socialistická republika (Tschechoslowakische Sozialistische Republik)
CSU	Christlich-Soziale Union
CWIHP	Cold War International History Project
d.	delo (Akte)
DCI	Director of Central Intelligence
DDR	Deutsche Demokratische Republik
DHI	Deutsches Historisches Institut
DIA	Defense Intelligence Agency
DINA	Dirección Nacional de Inteligencia (Direktion des nationalen Aufklärungsdienstes)
DPA	Deutsche Presse-Agentur
DRA	Demokratische Republik Afghanistan
DRV	Demokratische Republik Vietnam
DVPA	Demokratische Volkspartei Afghanistans
e.V.	eingetragener Verein
EAK	Evrejskij Antifašistskij Komitet (Jüdisches Antifaschistisches Komitee)
EKKI	Exekutivkomitee der Kommunistischen Internationale
EPTA	Expanded Program of Technical Assistance
EPW	Economic and Political Weekly
EVG	Europäische Verteidigungsgemeinschaft
EWG	Europäische Wirtschaftsgemeinschaft
Ezel	Irgun Zwai Leumi (Nationale Militärorganisation), s. a. IZL
f.	fond
FOIA	Freedom of Information Act
FRAP	Frente de Acción Popular (Volksaktionsfront)
FRG	Federal Republic of Germany
FRUS	Foreign Relations of the United States
FUNK	Front Uni National du Kampuchea (Nationale Einheitsfront Kampucheas)
g., gg.	god, gody (Jahr, Jahre)
GAP	Grupo de Amigos Personales (Gruppe der persönlichen Freunde) [Leibwache Allendes]
GDR	German Democratic Republic
Gen.	Genosse
GFPL	Gerald Ford Presidential Library
GKĖS	Gosudarstvennyj komitet Soveta Ministrov SSSR po vnešnim ėkonomičeskim svjazjam (Staatskomitee beim Ministerrat der UdSSR für Außenwirtschaftsbeziehungen)
GmbH	Gesellschaft mit beschränkter Haftung
GPRA	Gouvernement Provisoire de la République Algérienne (Provisorische Regierung der Republik Algerien)

GRU	Glavnoe Rasvedyvatel'noe Upravlenie (Hauptverwaltung für Aufklärung [des Generalstabs der sowjetischen Armee])
GRUNK	Gouvernement Royale d'Union Nationale du Kampuchea (Königliche Regierung der Nationalen Einheit Kampucheas)
H.	Heft
HA	Hauptabteilung
HAL	Hindustan Antibiotics Limited
HEC	Heavy Engineering Corporation
HMBP	Heavy Machine Building Plant
HVA	Hauptverwaltung Aufklärung
IA	Internationale Abteilung
IBFG	Internationaler Bund Freier Gewerkschaften
IDPL	Indian Drugs and Pharmaceuticals Limited
INR	Intelligence and Research
IOM	Institute of Materials, Minerals and Mining
ISCUS	Indo-Soviet Cultural Society
ISSUP	Institute for Strategic Studies, University of Pretoria
IZL	Irgun Zwai Leumi (Nationale Militärorganisation), s. a. Ezel
KC PZPR	Komitet Centralny Polskiej Zjednoczonej Partii Robotniczej (Zentralkomitee der Polnischen Vereinigten Arbeiterpartei)
KGB	Komitet Gosudarstvennoj Bezopasnosti (Komitee für Staatssicherheit)
KMT	Kuomintang
Komintern	Kommunistische Internationale
KP	Kommunistische Partei
KPdSU	Kommunistische Partei der Sowjetunion, s. a. KPSS
KPI	Kommunistische Partei Indiens
KPSS	Kommunističeskaja Partija Sovetskogo Sojuza (Kommunistische Partei der Sowjetunion), s. a. KPdSU
Krestintern	Krest'janskij internacional (Bauerninternationale)
KSZE	Konferenz über Sicherheit und Zusammenarbeit in Europa
l., ll.	list(y) (Blatt, Blätter)
LDC	Least Developed Countries
M.	Monsieur
MAMC	Mining and Allied Machinery Corporation
MAPAI	Mifleget Poalei Eretz Yisrael (Partei der Arbeiter des Landes Israel)
MEMO	Mirovaja Ėkonomika i Meždunarodnie Otnošenija (Weltwirtschaft und internationale Beziehungen)
MENA	Middle East News Agency
METO	Middle East Treaty Organization
MfAA	Ministerium für Auswärtige Angelegenheiten
MfS	Ministerium für Staatssicherheit
MGFA	Militärgeschichtliches Forschungsamt

MID	Ministerstvo Inostrannych Del (Außenministerium)
MIR	Movimiento Izquierda Revolucionaria (Bewegung der revolutionären Linken)
MM.	Messieurs
Mot.	motorisiert
MPLA	Movimento Popular de Libertação de Angola (Volksbewegung zur Befreiung Angolas)
MVD	Ministerstvo Vnutrennych Del (Innenministerium)
NATO	North Atlantic Treaty Organization
NE	Nationale Einheitsfront
NIE	National Intelligence Estimate
NKID	Narodnyj Komissariat Inostrannych Del (Volkskommissariat für Auswärtige Angelegenheiten)
NLF	National Liberation Front
NPMP	Nixon Presidential Materials Project
NSA	National Security Affairs
NSC	National Security Council
NSW	Nichtsozialistisches Weltsystem
NVA	Nationale Volksarmee
o.g.	oben genannt
o.J.	ohne Jahr
o.O.	ohne Ort
o.P.	ohne Paginierung
OAU	Organization of African Unity
OLAS	Organización Latino-americana de la Solidaridad (Lateinamerikanische Solidaritätsorganisation)
ONU	Organización de las Naciones Unidas (Vereinte Nationen), s.a. UNO
op.	opis' (Verzeichnis)
p.	papka (Mappe)
PA AA	Politisches Archiv des Auswärtigen Amts
PCCh	Partido Comunista de Chile (Kommunistische Partei Chiles)
PDC	Partido Demócrata Cristiano (Christlich-demokratische Partei)
PHV	Politische Hauptverwaltung
PKI	Partai Komunis Indonesia (Kommunistische Partei Indonesiens)
PLO	Palestine Liberation Organization
PNI	Partai Nasional Indonesia (Indonesische Nationalpartei)
PoC	Problems of Communism
PR	Političeskaja Razvedka (Politische Aufklärung)
PRC	People's Republic of China
PRO	Public Record Office
Profintern	Krasnyj internacional profsojuzov (Rote Gewerkschaftsinternationale)
PS	Partido Socialista (Sozialistische Partei)
PSUs	Public Sector Units

RAF	Rote-Armee-Fraktion
RGANI	Rossijskij Gosudarstvennyj Archiv Novejšej Istorii (Russisches Staatsarchiv für Neueste Geschichte)
RGASPI	Rossijskij Gosudarstvennyj Archiv Social'no-Političeskoj Istorii (Russisches Staatsarchiv für Sozialpolitische Geschichte)
RGNF	Rossijskij Gumanitarnyj Naučnyj Fond (Russische Stiftung für Geistes- und Sozialwissenschaften)
RGW	Rat für gegenseitige Wirtschaftshilfe
RI	Republik Indonesien
RSA	Republik Südafrika
RSV	Republik Südvietnam
s.	série
SACP	South African Communist Party
SAIL	Steel Authority of India Limited
SALT	Strategic Arms Limitation Talks (Gespräche zur Begrenzung strategischer Rüstung)
SAPMO-BArch	Stiftung Archiv der Parteien und Massenorganisationen der DDR im Bundesarchiv Berlin
SdM	Sekretariat des Ministers
SEATO	Southeast Asia Treaty Organization
SED	Sozialistische Einheitspartei Deutschlands
SIN	Servicio de Inteligencia Nacional (Nationaler Geheimdienst)
SIO	Sovetsko-izrail'skie otnošenija
SOA	Südostasien
SPD	Sozialdemokratische Partei Deutschlands
SRC	Supreme Revolutionary Council (Oberster Revolutionsrat)
SRV	Sozialistische Republik Vietnam
ss.	sous-série
SSSR	Sojuz Sovetskich Socialističeskich Respublik (Union der Sozialistischen Sowjetrepubliken), s. a. UdSSR
SUNFED	Special United Nations Fund for Economic Development
SWAPO	South West African People's Organization
TASS	Telegrafnoe Agenstvo Sovetskogo Sojuza (Telegrafische Agentur der Sowjetunion)
TNA	The National Archives of the UK
UAR	United Arab Republic (Vereinigte Arabische Republik)
UDN	Universitet Družby Narodov (Universität der Völkerfreundschaft)
UdSSR	Union der Sozialistischen Sowjetrepubliken
UK	United Kingdom
UN	United Nations
UNESCO	United Nations Educational, Scientific and Cultural Organization
UNO	United Nations Organization, s. a. ONU
UNSCOP	United Nations Special Committee on Palestine
UP	Unidad Popular (Bündnis linker Parteien in Chile)

URSS	Union des Républiques socialistes soviétiques (Union der Sozialistischen Sowjetrepubliken), s. a. UdSSR
USA	United States of America
USSR	Union of Soviet Socialist Republics
UVR	Ungarische Volksrepublik
VAP	Vietnamesische Arbeiterpartei
VAR	Vereinigte Arabische Republik
VDNCh	Vystavka Dostiženij Narodnogo Chozjajstva (Ausstellung der Errungenschaften der Volkswirtschaft)
VIP	Very Important Person
VKP (b)	Vsesojuznaja Kommunističeskaja Partija (bol'ševikov) (Kommunistische Allunionspartei [der Bolschewisten])
VOKS	Vsesojuznoe Obščestvo Kul'turnych Svjazej (Allunions-Gesellschaft für kulturelle Beziehungen)
VR	Volksrepublik
VWP	Vietnamese Worker's Party (Vietnamesische Arbeiterpartei)
WTO	World Trade Organization
ZA	Zentralarchiv
ZAIG	Zentrale Auswertungs- und Informationsgruppe
ZK	Zentralkomitee

Autoren dieses Bandes

Christopher Andrew, Prof. Dr., Präsident des Corpus Christi College Cambridge, Vorsitzender der British Intelligence Study Group; veröffentlichte u. a.: The Sword and the Shield. The Mitrokhin Archive and the Secret History of the KGB, New York 1999 (gemeinsam mit Vasilij Mitrochin); The World Was Going Our Way. The KGB and the Battle for the Third World, New York 2005 (gemeinsam mit Vasilij Mitrochin).

Wiebke Bachmann, M.A., Projektkoordinatorin des Masterstudiengangs Ethical Management an der Katholischen Universität Eichstätt-Ingolstadt, promoviert über die „Instrumentalisierung einer Großmacht. Sowjetische Beziehungen zu Israel und Ägypten vom II. Weltkrieg bis 1956"; veröffentlichte u. a.: Das Bild Gorbačevs, El'cins und Putins in der deutschen Presse, in: Forum für osteuropäische Ideen- und Zeitgeschichte 12 (2008), Nr. 1, S. 85-113.

Elizabeth Bishop, Dr., Assistant Professor an der Texas State University San Marcos; veröffentlichte u. a.: Imperialism on Trial. International Oversight of Colonial Rule in Historical Perspective, Lanham 2006 (hrsg. gemeinsam mit R. M. Douglas und Michael Callahan); Fanon in Furs: Theorist for North Africa's National Liberation in Russian Translation, in: al-Tawasool 22, Januar 2009; Control Room. Visible and Concealed Spaces of the Aswan High Dam, in: Panayiota Pyla (Hrsg.), Landscapes of Development. Modernization and the Physical Environment in the Eastern Mediterranean (im Druck).

Ragna Boden, Dr., Akademische Rätin an der Ruhr-Universität Bochum; veröffentlichte u. a.: Die Grenzen der Weltmacht: Sowjetische Indonesienpolitik von Stalin bis Brežnev, Stuttgart 2006; Cold War Economics: Soviet Aid to Indonesia, in: Journal of Cold War Studies 10 (2008), S. 110-128.

Bernhard Chiari, Dr., Wissenschaftlicher Direktor am Militärgeschichtlichen Forschungsamt Potsdam; veröffentlichte u. a.: Wegweiser zur Geschichte Afghanistan, Paderborn ³2009; Am Rande Europas? Der Balkan – Raum und Bevölkerung als Wirkungsfelder militärischer Gewalt, München 2009 (hrsg. gemeinsam mit Gerhard P. Groß).

Rossen Djagalov, Doktorand an der Yale University, New Haven; veröffentlichte u. a.: Pamjat'/Memorial: Rasputin, Aitmatov, and the Search for a Soviet Memory, in: Studies in Slavic Culture 8 (2009), S. 27-43; Varlam Shalamov and the Ways of Soviet Existentialism, in: Irina Sirotinskaja (Hrsg.), Varlam Shalamov at 100, Moskau 2007, S. 55-72.

Christine Evans, Doktorandin an der University of California, Berkely, Promotion über das Sowjetische Zentralfernsehen; veröffentlichte u. a.: How Terrorists Learned to Map. Plots and Plotting in Boris Savinkov's Recollections of a Terrorist and Pale Horse, in: Petersburg. Novel and City, 1900-1921, hrsg. von Olga Matich (im Druck).

Il'ja V. Gajduk, Dr., Leitender Wissenschaftlicher Mitarbeiter am Institut für Weltgeschichte der Russländischen Akademie der Wissenschaften; veröffentlichte u. a.: Sovetskij Sojuz i JuNESKO v gody „cholodnoj vojny", 1945-1967, in: Novaja i novejšaja istorija (2007), Nr. 1, S. 20-34; OON i mnogostoronnaja diplomatija v gody cholodnoj vojny, in: Natalija Egorova (Hrsg.), Mnogostoronnaja diplomatija v gody cholodnoj vojny, Moskau 2008, S. 51-64.

Galia Golan, Prof. Dr., Professorin an der Lauder School of Government, Diplomacy and Strategy des Interdisciplinary Center Herzliya, Israel; veröffentlichte u. a.: Soviet Policies in the Middle East from World War II to Gorbachev, Cambridge 1990; The Soviet Union and the Yom Kippur War – Twenty-Five Years Later, in: P. R. Kumaraswamy (Hrsg.): Revisiting the Yom Kippur War, London 2000, S. 127-152; The Soviet Union and the Outbreak of the June 1967 Six-Day War, in: Journal of Cold War Studies 8 (2006), S. 3-19.

Kristian Gustafson, Dr., Stellv. Direktor des Brunel Centre for Intelligence and Security Studies der Brunel University, London; veröffentlichte u. a.: Double-Blind: Predicting the Pinochet Coup, in: The RUSI Journal 150 (2005), Nr. 6, S. 78-83; Hostile Intent. US Covert Operations in Chile 1964-1974, Washington 2007.

Andreas Hilger, Dr., Lektor für besondere Aufgaben an der Helmut-Schmidt-Universität, Hamburg; veröffentlichte u. a.: Revolutionsideologie, Systemkonkurrenz oder Entwicklungspolitik? Sowjetisch-indische Wirtschaftsbeziehungen in Chruschtschows Kaltem Krieg, in: Archiv für Sozialgeschichte 48 (2008), S. 389-410; Indo-Soviet Relations: New Russian and German Evidence. Parallel History Project on Cooperative Security (PHP), 2008-2009, www.php.isn.ethz.ch (hrsg. gemeinsam mit Anna Locher, Roland Popp, Shana Goldberg und Matthias Pintsch).

Céline Marangé, Doktorandin am Institut d'Études politiques Paris (Sciences Po), Promotion über die Geschichte des vietnamesischen Kommunismus; veröffentlichte u. a.: Les relations politiques de l'Union soviètique avec le Vietnam de 1975 á 1995, in: Outre-mers 94 (2007), S. 147-172; „Coexistence pacifique" et decolonisation: au commencement d'un dilemme. La question indochinoise dans la politique étrangère soviétique de la mort de Staline à la chute de Dien Bien Phu (mars 1953 – mai 1954), in: Revue d'histoire diplomatique 123 (2009), Nr. 1, S. 37-54.

Bernd Schäfer, Dr., Senior Research Scholar im Cold War International History Project, Washington; veröffentlichte u. a.: North Korean „Adventurism" and China's Long Shadow, 1969-1972 (CWIHP, Working Paper Nr. 44, 2004); Ostpolitik 1969-1974: European and Global Responses, New York 2009 (hrsg. gemeinsam mit Carole Fink).

Ulrich van der Heyden, PD Dr., Privatdozent an der FU Berlin; veröffentlichte u. a.: Die Afrikawissenschaften in der DDR. Eine akademische Disziplin zwischen Exotik und Exempel. Eine wissenschaftsgeschichtliche Untersuchung, Hamburg 1999; Zwischen Solidarität und Wirtschaftsinteressen. Die „geheimen" Beziehungen der DDR zum südafrikanischen Apartheidregime, Münster 2005; Kalter Krieg in Ostafrika. Die Beziehungen der DDR zu Sansibar und Tansania, Berlin 2009 (hrsg. gemeinsam mit Franziska Benger).

Hari Vasudevan, Prof. Dr., Professor an der University of Calcutta; veröffentlichte u. a.: Indo-Russian Relations, 1917–1947, 2 Bde., Calcutta 1999–2000 (hrsg. gemeinsam mit Purabi Roy und Sobhanlal DattaGupta); The Solitude of Afanasii Nikitin in his 'Voyage over the Three Seas', in: India International Centre Quarterly 30 (2003), Bd. 3–4, S. 75–88.

Radoslav Yordanov, Doktorand am St. Antony's College, Oxford University, Promotion über die sowjetische Politik gegenüber Somalia und Äthiopien in den 1960er und 1970er Jahren.

290

Personenregister

Abdul Qadir Dagarwal   269
Achromeev, Sergej   160
Addou, Achmed   251
Aguirre Cerda, Pedro   167
Aidit, Dipa   131
Al-Assad, Hafiz   156, 161f.
Al-Atassi, Nureddin   149
Allam, Mohammed   74
Allende, Beatriz   171, 174
Allende Gossens, Salvador   165f., 168, 170–180
Amatar, Ali   249
Amer, Abd al-Hakim   70, 149f., 153
Amin, Hafisullah   259, 261f., 265, 267–269, 274–277, 279f.
Andropov, Jurij   177, 179, 263, 276f.
Anti-Taylor, William   99f.
Arif, Abdel Salam   76

Babing, Alfred   221
Badran, Shams ed-Din   149f.
Balkow, Julius   228
Bandaranaike, Sirimavo   88
Bao Dai   48
Barre, Siad   242, 249–252, 254
Basov, Aleksandr   176
Batista, Fulgencio   126
Bedell Smith, Walter   50, 55, 60
Beinin, Joel   69f.
Ben Gurion, David   24, 26, 28, 30
Berija, Lavrentij   42
Bidault, Georges   44, 48f., 51–55
Bolz, Lothar   228
Botha, Pieter Willem   234
Botman, Salma   69
Boumedienne, Hoari   158
Brežnev, Leonid   7, 135f., 140, 146–148, 150, 158–161, 168f., 175, 248, 253f., 263, 276f., 280
Brime, Harry   249
Brodecki, Selig   26
Brutenc, Karen   251, 258
Brzezinski, Zbigniew   254
Bulganin, Nikolaj   184, 266

Caccia, Harold Anthony   54, 61
Cahill, Kevin   251
Carter, James Earl „Jimmy"   251f.
Castro, Fidel   138, 168, 170, 172, 174, 179, 249
Castro, Raúl   254
Ceauçescu, Nicolae   262

Chaudhuri, Maitreyee   197
Chaudhuri, Sudip   191
Chauvel, Françoise   52, 55, 57f.
Chomeini, Ajatollah   137
Chruščev, Nikita   7, 13, 15, 41, 47, 65, 70f., 76f., 83f., 86, 88, 90, 92f., 97, 107–109, 112–117, 119, 131, 134, 136, 139, 143, 145, 168, 184, 240, 266
Churchill, Winston   44, 65
Corvalán, Luis   173

Daud, Mohammad   265–267
Dobrynin, Anatolij   159
Dorticós, Osvaldo   88
Dubs, Adolph   265
Duiker, Willem   63
Dulles, John Foster   46, 50, 53, 60, 144
Dutt, Subimal   185, 199

Eden, Anthony   48–50, 53–55, 59–63, 65
Eisenhower, Dwight   40, 48, 115, 118
Epišev, Aleksej   260, 275
Epstein, Eliahu   25f., 36
Erofeev, M.   46
Eschkol, Levi   150

Fefer, Isaak   31f.
Fermandois, Joaquin   180
Florin, Peter   228
Ford, Gerald   214
Frei Montalva, Eduardo   171

Gandhi, Indira   184–186
Garthoff, Raymond   252
Giap, Vo-Nguyen   56, 202
Gierek, Edward   262
Ginat, Rami   70
Goldman, Nahum   26
Gonzáles, Mońica   165
Gorbačev, Michail   7, 15, 139–141, 163, 237
Grečko, Andrej   149, 152, 156, 158f.
Gromyko, Andrej   22, 26, 107, 117, 148, 152, 159, 186, 263, 273, 277–280
Guevara, Ernesto „Che"   138, 179
Guillermaz, Jaques   60

Haig, Alexander   160
Haile, Alemayehu   244
Haile Selassie   243

Hammarskjöld, Dag 114–116
Hatta, Mohammed 127
Heikal, Mohammed Hassanein 70f., 76
Helms, Richard 172
Henze, Paul 248, 252
Herter, Christian 118
Ho Chi Minh 41, 43, 45, 47, 56, 58, 63, 128
Hoang Van Hoan 56
Honecker, Erich 221, 249

Ieng Sary 207f.
Iličev, Leonid 250
Ismael, Tareq 67

Johnson, Lyndon Baines 151f.

Karmal, Babrak 259, 262, 267–269, 274, 280
Kasavubu, Joseph 114
Kasim, Hussein Abdulkadir 250
Kassem, Abd al-Karim 76
Kennedy, John F. 169
Kerr, Malcom 69
Khan, Amanullah 266
Khieu Samphan 206f., 209f., 213
Kim Il-Sung 128
Kirilenko, Andrej 156, 253, 279
Kischtmand, Ali 269
Kissinger, Henry 157, 159–161, 214
Kohl, Helmut 234
Komzin, Ivan 77, 79
Kostylev, M. 31
Kosygin, Aleksej 123, 136, 149–152, 157, 205, 276f., 280
Krause, Alfred 231
Kulikov, Viktor 159, 161
Kuznecov, Svjatoslav 171, 173, 176
Kuznecov, Vasilij 57

Laloy, Jean 46
Laniel, Joseph 43, 53
Le Duan 202, 211f., 215
Legum, Colin 252
Lenin, Vladimir 7, 42, 125, 266
Leonov, Nikolaj 168f., 177
Leumi, Vaad 31
Li Xiannian 211
Litvinov, Maksim 26, 33
Lon Nol 204–206, 208, 210, 212f.
Lumumba, Patrice 12, 114
Luo Guibo 56

Macmillan, Harold 115
Majskij, Ivan 21, 26, 28–30, 32
Mal, L. R. 199
Malaka, Tan 124
Malenkov, Georgij 42, 65
Malinovskij, Rodion 40

Mandela, Nelson 223
Mansingh, Surjit 182, 199
Mao Zedong 41, 44, 46, 50, 55, 70, 126, 130, 201, 213f.
Maring, G. 124
Martin, Terry 92
McGuire, Elizabeth 102
Meir, Golda 36
Mendès-France, Pierre 54–57, 59–65
Mengistu Haile Mariam 239, 243–249, 252, 254
Menon, Krishna 56, 64, 185
Michoëls, Solomon 31f., 37
Mir Akbar Khyber 269
Mismang, Maindy 227
Mitrochin, Vasilij 165
Mittig, Rudi 231
Mobuto, Joseph Desiré 114
Molotov, Vjačeslav 35, 39, 42, 44–55, 58–65, 143
Musso 124f., 129

Naidoo, Indres 223
Nasser, Gamal Abdel 70f., 76f., 115f., 148–150, 152–155, 240
Nasution, Abdul Haris 122
Nehru, Jawaharlal 56, 71, 115, 183–185, 197
Neruda, Pablo 88, 173
Ngo Dinh Diem 65
Nguyen Huu Tho 212
Nguyen Van Thieu 203, 211f.
Nikitina, G. 67
Nixon, Richard 43, 160f., 165, 206, 208, 210
Nkrumah, Kwame 115f.
Novikov, Aleksandr 34, 58
Nukraschi, Mahmud Fahmi Al 22
Nur Achmad Nur 269

Offroy, Raymond 58
Ogarkov, Nikolaj 276
Oña, Luiz Fernández 171

Padmore, George 137
Paputin, Viktor 275
Pavlovskij, Ivan 260, 275
Penn Nouth 206f., 209
Pérez, Christián 174
Pham Van Dong 47, 51, 53, 56–59, 61f., 202f., 205, 211
Pillay, Vella 225
Pinochet, Augusto 179
Podgorny, Nikolaj 242
Pol Pot 201, 206–209, 213–215, 217
Ponomarev, Boris 130, 280
Potapov, A. 26
Požidaev, Dmitrij 149
Puškin, Georgij 40

Personenregister **293**

Quaison-Sackey, Alex 118

Radhakrishnan, Sarvepalli 88
Rafi, Mohammed 269
Ratanov, Anatoli 252f., 257
Ratebzad, Anahita 269
Retzlaff, Karin 223
Rifai, Ahmed al 70
Robeson, Paul 88
Romulo, Carlos 117
Ropp, Klaus Freiherr von der 234
Roth-Ey, Kristin 72-74
Roy, Bidhan Chandra 184
Roy, Manabendra Nath 124f.
Rubinov, Anatolij Z. 74
Rubinstein, Alvin 91

Sabri, Mohammed 79
Sacharov, Andrej 223
Sadat, Anwar 148f., 152, 155-159, 162
Sahir, Schah 264, 267
Salem Robaja Ali 249
Saloth Sar 201f., 215
Samawi, Al 73
Ščerbakov, Il'ja 215
Schah Pour 269
Schertok, Mosche 28
Schiewe, Helmut 223
Schulz, Brigitte H. 231
Šelepin, Aleksandr 72
Semenov, Vladimir 148
Senghor, Leopold 136
Shermake, Abdirashid Ali 242
Sidki, Ismail 22
Sien An 206
Sihanouk, (Prinz) Norodom 202-208, 210, 213
Singh, Swaran 186
Sinicyn, Sergej 15, 239, 246f., 257
Sirik Matak, (Prinz) Sisowath 204f.
Sneevliet, Henricus 124f.
Sneh, Mosche 150

Stalin, Iosif 7, 12, 21, 27, 37, 39, 41, 44, 92, 101, 107f., 130, 133, 143, 166
Stern, Avraham 24
Strauß, Franz Josef 233
Suharto, Haji Mohamed 121-123, 136
Sukarno 121f., 127, 135
Suslov, Michail 156, 277

Taraki, Mohammed 261, 265, 267-269, 271, 274, 276f., 279f.
Teferi Bante 244
Thompson, Llewellyn 113
Tienkin, Arthur 253
Tolstikov, Vasilij 210
Touré, Sékou 115f.
Truman, Harry 33
Tschin Du-liu 124

Ulbricht, Walter 227
Uljanova, Olga 165
Untung 122
Ustinov, Dimitrij 277f., 280

Valenzuela, Arturo 177
Vance, Cyrus 247, 251, 253
Vinogradov, Sergeij 26, 42, 46
Vogel, Wolfgang 223
Vyšinskij, Andrej 35

Wang Ping Nan 60f.
Wei Guoquing 56
Weizmann, Chaim 26-29, 32
Westad, Odd Arne 257
Wise, Stephen 26
Wolde-Mariam, Mesfin 256

Ždanov, Andrej 7, 129
Zhang Wentian 61
Zhou Enlai 39, 41-45, 47, 49-65, 202, 204f., 210f., 213
Zia-ul-Haq, Muhammad 265

www.ingramcontent.com/pod-product-compliance
Lightning Source LLC
Chambersburg PA
CBHW052014290426
44112CB00014B/2235